智慧媒体云平台
总体规划与建设实务

孙喜庆　曾　春　罗　轶　等 编著

电子工业出版社·
Publishing House of Electronics Industry
北京·BEIJING

内容简介

本书通过对传媒广电行业的现状分析、业务策略分析、ICT技术发展趋势分析、业界云平台实践案例分析，基于TOGAF方法论，对智慧媒体云平台从总体架构、业务架构、数据架构、应用架构、集成架构、部署架构等层面进行了全面规划和设计。同时，对云平台的建设步骤及演进策略、技术管理与组织治理、风险挑战与应对策略提出了建议。

本书适合智慧媒体云平台相关从业人员阅读参考，同时也可以作为TMT技术应用型教程，供全国各大高校相关专业的学生学习使用。

未经许可，不得以任何方式复制或抄袭本书之部分或全部内容。

版权所有，侵权必究。

图书在版编目（CIP）数据

智慧媒体云平台总体规划与建设实务 / 孙喜庆等编著. —北京：电子工业出版社，2020.9

ISBN 978-7-121-39307-5

Ⅰ. ①智… Ⅱ. ①孙… Ⅲ. ①互联网络—传播媒介—研究 Ⅳ. ①G206.2

中国版本图书馆CIP数据核字（2020）第139300号

责任编辑：朱雨萌　　特约编辑：王　纲
印　　刷：三河市鑫金马印装有限公司
装　　订：三河市鑫金马印装有限公司
出版发行：电子工业出版社
　　　　　北京市海淀区万寿路173信箱　邮编：100036
开　　本：787×1 092　1/16　印张：25.25　字数：646千字
版　　次：2020年9月第1版
印　　次：2020年9月第1次印刷
定　　价：128.00元

凡所购买电子工业出版社图书有缺损问题，请向购买书店调换。若书店售缺，请与本社发行部联系，联系及邮购电话：（010）88254888，88258888。

质量投诉请发邮件至zlts@phei.com.cn，盗版侵权举报请发邮件至dbqq@phei.com.cn。

本书咨询联系方式：zhuyumeng@phei.com.cn。

序1：智慧媒体理论与实战的工具书

近年来，媒体融合发展和建设数字中国、智慧社会、网络强国都被提升到国家战略层面，国家予以高度重视。智慧媒体是融媒体的必然发展方向，是智慧社会不可或缺的重要组成部分。我读完本书后，认识到了它的分量和价值。

作者作为长期实践于广电行业的老兵，并不局限于广电，而是跳出行业看战略，跳出技术看架构，这种格局使本书给传媒科技从业人员带来了更多维的参考，也使本书具备了更强的普适性。本书内容结构严谨，以业务为体、技术为用，对智慧媒体的业务流程、系统功能、数据结构、系统集成进行了详细的剖析，不仅适用于广电行业、传媒领域的专业技术人员，相信对相关企业领导和业务人员也会有益。

云平台规划与建设是庞大的系统性工程，如何运用系统性思维进行全面的规划设计至关重要。本书不满足于既有经验，而是把 TOGAF 方法论引入传媒科技领域，并结合 IBM、华为等知名企业的战略规划理念，为我们今后更好地进行云平台规划设计提供了有力的方法论工具。

云服务平台是今后很长一段时间 ICT 平台的基本参考架构，将广泛应用于数字中国、智慧社会的各个方面。如作者所言，本书从实践中来，理论结合实际，是难得的典型范例，具有极强的实践指导意义。同时我相信，本书对其他行业的云服务平台规划与建设同样具有参考价值。

国家广播电视总局
广播电视科学研究院院长
邹　峰
2019 年 10 月

序2：智慧媒体要重视高新技术与媒体的融合

"科学技术是第一生产力。"邓小平同志1988年提出的这一论断，在信息化浪潮席卷全球的这30多年里得到了充分验证。媒体是文化及意识形态的舆论阵地，是社会治理的重要手段，是服务经济和民生的高效工具。科技与传媒的有机融合，加速了媒体融合发展的进程，使得"智慧媒体"的新形态呼之欲出。

2010年以来，广电网、电信网、互联网"三网融合"的竞合过程中，竞争与融合相得益彰，最终促进了"宽带中国""互联网+"国家战略的形成，有效推进了我国ICT技术发展及国家信息化基础设施建设快速追赶并达到国际一流水平。在这个进程中，媒体传播渠道及媒介得到了前所未有的扩展，媒体传播能力得到了前所未有的提升，同时也应看到，国家主流媒体的影响力随着媒体的泛化，在一定程度上受到了冲击和分流。习近平主席高度重视媒体融合发展工作。在新的大众传播格局之下，要想更有效地提升主流媒体的影响力，培育和践行社会主义核心价值观，不仅要加强传播理论及方法论的创新，提升内容及应用的创新能力，更要高度重视先进科学技术与传媒的融合运用能力。

喜庆同志曾在央视网与我共事多年，他能钻研肯实干的精神给我留下了深刻印象，后虽多经辗转，但始终坚持在媒体云平台实践工作的第一线。当他把本书送到我面前时，我颇有感慨，这正是传媒行业近年来求之不得的东西。如何充分理解国家及行业政策，如何研判行业发展趋势，如何将业务战略与云计算、大数据、人工智能、5G泛在互联网等新一代ICT技术有机结合并有效落地，本书都给出了体系化的建议。十年磨一剑，喜庆同志的这份坚持不懈，终有所成，值得大力推荐。

中央广播电视总台
视听新媒体中心主任
汪文斌
2019年12月

序 3：是时候重新理解媒体与媒介了

当历史的指针拨向 21 世纪第三个十年时，媒体与媒介的发展，伴随着技术驱动与用户需求的双重震荡，呈现出一幅混沌而又无比美妙的图景。

这幅时代图景的底色，是信息社会的基础架构，已经毫无争议地跨入 ABC 时代（AI，人工智能；Big Data，大数据；Cloud，云计算）。于是，当 5G 带来泛在化的网络连接时，当数据中抽象出企业繁杂业务的竞争力本质时，当云计算／云服务提供了随需而变的开放算力赋能时，当大数据源源不断地为人工智能提供深度学习的成长养料时——我们无法再用过去的学术理论、经验范式、建设模型、运营经验，来定义今天的媒体与媒介发展环境，因此应主动地适应全新的时代挑战。

举一个很现实的例子。很多人用"降维打击"来形容传统媒体的网络发展窘境，这里所谓的"传统媒体"，可不仅仅包括报纸杂志、广播电视，亦包括 PC 互联网时代的门户网站、内容社区，更有面对移动 App 大行其道而深感左右为难的搜索引擎。就算是当下如日中天的抖音、快手，谁又能保证在短短几年后，不会被更年轻、更具有革命性创新冲动的后来者所颠覆和取代呢？须知，就在这短短几年间，我们已经遍历了多少新媒体的主战场和风口概念——博客、微博、微信公众号、直播、短视频，长尾效应、头部大咖、公域流量、私域流量……

别忘了，接下来全球业界的技术共识，还有沉浸式交互（VR/AR/MR）、拟人（Humanoid）机器人、物联网（IoT）、区块链（Block Chain）和可编程社会（Programmable Society）——当这些技术应用从量变走向质变的奇点降临时，我们又该怎么办？

所以，就个体而言，无论是创业者还是转型者，紧跟风口无疑能增大分享成长红利的概率。但是，就行业与企业机构而言，如果没有穿透繁复现象透视本质的定力，就只能被动地遭遇"降维毁灭"。

这种定力，有三个基本点。

首先，是对平台的深刻理解。一个开放的、可伸缩的、可被智能编程升级的系统，才是立足根本。

其次，是对生态的深刻洞察。从平台到生态，一定意味着双向赋能，凡是无法实现这一点的平台，都仅仅是一个技术系统，而无法升级为成功的商业生态。

最后，是对社会性的深刻把握。将信息时代的媒体与媒介仅仅理解为传播工具，是最大的战略误判。事实上，在人人是媒体、万物皆互联、开源即赋能的新时代，媒体与媒介的社会生产力属性被前所未有地激发出来，因为连接决定价值、链接才是一切。

千里之行，始于足下；越是乱花渐欲迷人眼，越要扎扎实实练好基本功、打好基本盘。

当喜庆兄主持编写的《智慧媒体云平台总体规划与建设实务》书稿摆在面前时，我欣喜地发现，这是一部兼具思想性、理论性和操作性的难得佳作，更是一部充满了开源、开放思维的动态行业发展与平台建设图谱，还是一部能够有效帮助行业与读者练好基本功、打好基本盘的功夫秘籍！

源于在 ICT 行业一线二十年奋斗的深厚积淀，喜庆兄通过对大量翔实的先进案例剖析，以技术前沿的架构组织，为广大读者提供了智能时代智慧媒体云平台建设的基本方法论；其不但能帮助读者和用户迅速厘清各类平台全貌，亦可择优而学、快速上手，并抽象、凝结出适合自身机构特色的平台机制。

更关键的是，本书不是一个静止的节点，而是一个动态持续的过程。我期待，能够在今后看到本书的演进和升级！

郑重推荐，是以为序。

著名财经评论员
北京网络视听节目服务协会秘书长
包 冉
2020 年 1 月

前　言

"十三五"规划以来，为应对三网融合的市场竞争压力，以及 ICT 技术发展、媒体融合、数字经济发展趋势的新要求，采用新型技术架构建设智慧媒体云平台，已成为传媒/广电行业战略转型的重要技术支撑。

为了从更高维度思考行业转型，必须突破行业现有边界，对当前所面临的格局进行全面分析。本书通过对传媒广电行业的现状分析、业务策略分析、ICT 技术发展趋势分析、业界云平台实践案例分析，基于 TOGAF 方法论，对智慧媒体云平台从总体架构、业务架构、数据架构、应用架构、集成架构、部署架构等层面进行了全面规划和设计。同时，对云平台的建设步骤与演进策略、技术管理与组织治理、风险挑战与应对策略提出了建议。

图 0-1 既是智慧媒体云平台总体规划设计的基本思路，也是本书核心内容的总体脉络。

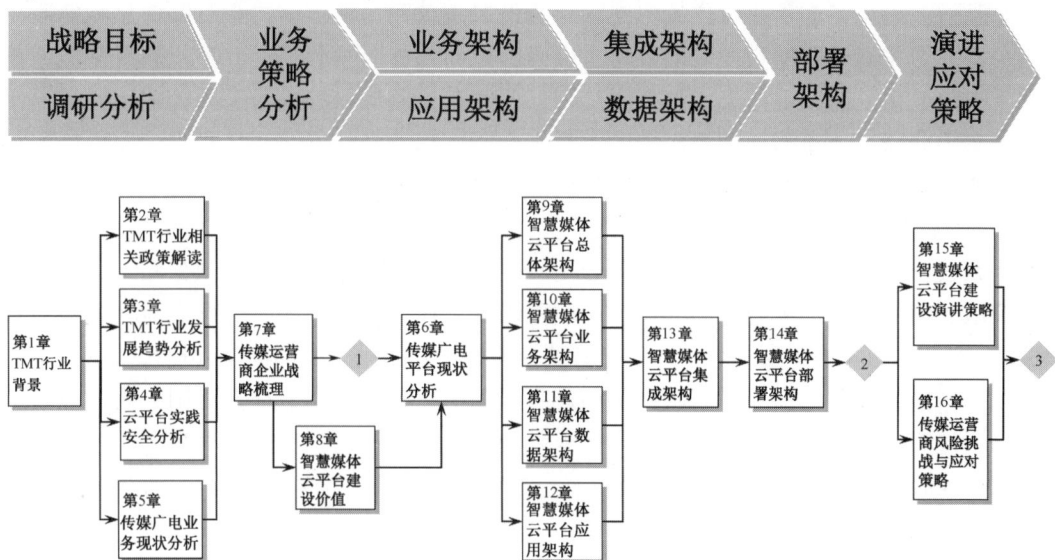

图 0-1　智慧媒体云平台总体规划设计的基本思路

本书从实践中来，是多年来业界专家基于实战项目的集体创作成果，对智慧媒体云平台建设具有颇高的指导价值，可作为传媒科技领域大专院校相关专业学生的参考教材和传媒科技领域从业人员的参考用书。新一代 ICT 技术在不同行业的应用正日益趋同，本书对其他行业的云服务平台建设也有很高的参考价值。

这不是一本纯讲云计算理论的书，也不只是一本探讨理念和思路的书，而是从项目实战中来的"从入门到精通"类的实务指南。希望本书能够帮助传媒科技工作者、其他从业者快速理解相关业务与技术的关系，以及云平台的基本架构，同时提供对实施工作的具体指导。

开源软件给应用产品的大规模开发提供了基础框架，本书也期望借鉴开源软件的理念，把智慧媒体云平台的架构方法和设计框架向行业开源，从而降低沟通成本、加快实施进程、提升应用效益。

技术发展和业务变化日新月异，由于编者水平有限，书中难免有不妥之处，敬请读者批评指正。我们将在后续版本中加以更新，以期不断完善。

鸣谢单位：

诚挚感谢所有曾经大力支持、参与和帮助过我们智慧媒体云平台规划实践的业界机构和企业。

这些企业中，部分是实践本书所介绍平台架构的运营商，部分是共同参与云平台项目建设的技术提供商，部分是为我们提供案例参考、设计理念、方法论及工具的友商。没有他们的支持和鼓励，本书不可能完成，也不可能使这套智慧媒体云平台架构得到应用和实践验证。他们是：北京歌华有线电视网络股份有限公司、四川省有线广播电视网络股份有限公司、华数传媒控股股份有限公司、国家广播电视总局广播电视科学研究院、中国科学院计算技术研究所、央视国际网络有限公司、深圳天威视讯股份有限公司、广东省广播电视网络股份有限公司、贵州省广播电视网络股份有限公司、江苏省广电有线信息网络股份有限公司、山东海看网络科技有限公司、山西广电新媒体有限公司、北京永新视博数字电视技术有限公司、北京视博云科技有限公司、北京东方网信科技股份有限公司、特美通传媒科技有限公司、北京网博视界科技股份有限公司、南京炫佳网络科技有限公司、广州如加网络科技有限公司、普元信息技术有限公司、亚信科技有限公司、IBM、百度在线网络技术（北京）有限公司、深圳市腾讯计算机系统有限公司、阿里巴巴网络技术有限公司、中国电信集团公司、中国移动通信集团有限公司、中国联合网络通信集团有限公司、深圳华为技术有限公司、新华三集团有限公司、深圳德讯信息技术有限公司、北京国能瑞达科技有限公司、杭州当虹科技有限公司、北京起步科技股份有限公司、成都精灵云科技有限公司、广州欢网科技有限公司、浙江岩华文化科技有限公司、成都华栖云科技有限公司、北京虚网互联科技有限公司、深圳茁壮网络股份有限公司、数码视讯科技股份有限公司、北京捷通华声科技股份有限公司等。

特别鸣谢：

亦非云互联网技术（上海）有限公司、南京中科软智信息技术有限公司为本书出版提供支持。

目　录

第 1 章　TMT 行业背景

TMT（Telecom，Media，Technology）行业是网络、传媒、高科技交叉融合的一个领域。自互联网规模发展以来，这三个细分行业已越来越难以分割。TMT 作为一个大行业，持续得到社会各方高度关注并获得快速发展。

进入"十三五"规划后期，推进十余年的中国"三网融合"进程终于基本结束，"宽带中国"战略成为国家 ICT 战略的新起点。随着 5G 技术快速成熟和商用，泛在互联网将连通电信网、广电网、互联网，融合固定接入网、移动网，扩展物联网、工业互联网，成为全球互联的信息化基础设施。

互联网企业、电信运营商、广电运营商之间的竞争并没有因此结束，由于业务创新，模糊了通信业务、信息业务、传媒业务之间的界限，各方业务交叉范围越来越大，竞争反而更加激烈和残酷。各方重叠最多的业务就是广告和传媒业务，电信运营商、互联网企业都具备了越来越多的媒体平台属性。

如何利用自身优势，在多方的竞争中留住老用户、拉新促活、提高 ARPU 值？传媒广电运营商必须想方设法巩固传统优势，同时拓展综合业务；而互联网企业、电信运营商也必须快速补足传媒相关业务的短板。因此，智慧媒体云平台的建设已成为各方都高度重视的 IT 平台建设任务。构建更加开放、统一、智能的云服务平台，基于云平台实现"智慧媒体"已逐渐成为行业共识。加快平台技术升级换代，在资源共享、媒体制作、聚合分发、开放服务平台等方面引入云计算、大数据、AI 等新一代 IT 技术，将帮助传媒行业开启下一代智慧媒体新纪元。

"十四五"规划阶段是传媒广电运营商由单一业务到综合服务、从推进技术创新到探索服务创新的重要阶段。保护性政策优势的时间窗口已经关闭，传统业务优势及用户规模已经在消解。电信运营商以 IPTV 作为培育型业务，采取捆绑策略，不断强化通信及宽带基础业务的优势。互联网平台企业日益渗透到民生服务、传媒文化、智慧城市等方方面面。传媒广电运营商必须在技术平台升级、产品应用创新、业务领域拓展、服务体系完善、机制体制创新等方面取得实质性进展，增强核心竞争力。传媒广电运营商必须构建有效的发展战略和战术决策，扎实解决内部效益问题，加快发掘新的盈利增长点，进一步通过网络升级、业务创新、服务提升，建立起可持续发展的全业务运营模式，以应对日益残酷的竞争格局。

智慧媒体云平台的建设，需要从如何有效提升企业竞争力、如何有效支撑全业务发展的战略高度来全面部署。在开展智慧媒体云平台建设工作之前，需要首先对企业内部、外部的现状及发展趋势进行调研分析，对企业发展策略及目标进行梳理；在此基础上，对云平台整体架构进行规划设计，同时需要考虑项目实施计划和技术演进策略。

第 2 章　TMT 行业相关政策解读

顺势而为，将可事半功倍。"取势，明道，优术"，其中首先就是要"取势"。传媒相关业务的发展及智慧媒体云平台建设，需要在深入理解国家、行业、省市的相关行业政策的基础上，明晰趋势，发掘机遇，然后果断决策，大力实施。

2.1　中央及两办相关精神

中央领导及中共中央办公厅、国务院办公厅（合称"两办"）出台过一系列相关文件和重要讲话。

《数字乡村发展战略纲要》

《关于促进人工智能和实体经济深度融合的指导意见》

《关于加强县级融媒体中心建设的意见》

《习近平在全国宣传思想工作会议上的重要讲话》

《决胜全面建成小康社会，夺取新时代中国特色社会主义伟大胜利》

《习近平在网络安全和信息化工作座谈会上的讲话》

《国家创新驱动发展战略纲要》

《国家信息化发展战略纲要》

《关于全面推进政务公开工作的意见》

《关于深化体制机制改革加快实施创新驱动发展战略的若干意见》

《关于加快构建现代公共文化服务体系的意见》

《加快推动传统媒体和新兴媒体融合发展》

《总体布局统筹各方创新发展，努力把我国建设成为网络强国》

《努力构建现代传播体系，提高国内国际传播能力》

国家经济从高速增长进入"新常态"，增长速度进入换挡期，产业结构调整面临阵痛期，前期刺激政策进入消化期。国家领导人找到了"创新驱动"的新引擎，做出了建设网络强国、数字中国、智慧社会的战略部署，把"网络安全及信息化"提升到了前所未有的战略高度。新冠肺炎疫情期间，国家再次强调"新基建"计划，要加快 5G 网络、数据中心等新型基础设施建设进度。

深入推动媒体融合发展、全媒体建设，构建现代公共文化服务体系，成为我们面临的一项紧迫课题，智慧媒体云平台建设，是国家创新驱动战略、信息化发展战略在文化传媒领域的具体体现。

2.2　国务院相关政策

国务院及其下属各部委，从实施政务治理、推进发展经济层面出台了相关系列政策。

《关于全面开展国土空间规划工作的通知》

《公共数字文化工程融合创新发展实施方案》

《关于推进政务新媒体健康有序发展的意见》

《关于促进移动互联网健康有序发展的意见》

《关于促进全域旅游发展的指导意见》

《推进互联网协议第六版（IPv6）规模部署行动计划》

《关于深化"互联网+先进制造业"发展工业互联网的指导意见》

《关于组织实施 2018 年新一代信息基础设施建设工程的通知》

《新一代人工智能发展规划》

《关于推动数字文化产业创新发展的指导意见》

《文化部"十三五"时期文化科技创新规划》

《关于深化制造业与互联网融合发展的指导意见》

《关于深入推进新型城镇化建设的若干意见》

《2018 年政府工作报告》

《三网融合推广方案》

《促进大数据发展行动纲要》

《关于加快高速宽带网络建设推进网络提速降费的指导意见》

《关于积极推进"互联网+"行动的指导意见》

《关于发展众创空间推进大众创新创业的指导意见》

《关于促进云计算创新发展培育信息产业新业态的意见》

《关于大力推进大众创业万众创新若干政策措施的意见》

《国家新型城镇化规划（2014—2020 年）》

《"宽带中国"战略及实施方案》

《关于推进物联网有序健康发展的指导意见》

《推进三网融合的总体方案》

"三网融合"提出十多年后，2013 年提出了"宽带中国"战略，2015 年《三网融合推广方案》给出了倒排时间表和量化指标，这意味着广电网、电信网都被要求融入以宽带为基础的"泛在互联网"体系。

"互联网+"战略，正是基于"宽带中国"的国家信息基础设施而提出的两化融合、产业升级的总体策略。5G 及互联网要与工业制造、新型智慧城市、金融、民生、文化、旅游、媒体等领域及行业融合。

"大众创业、万众创新"的开放模式可在创新机制上突破原有体制约束，释放大众智力潜能，从而有效支撑国家"创新驱动"总体发展战略的实施。智慧媒体云平台建设要采用云计算、大数据、物联网、AI、VR/AR 等新一代 IT 技术，采用平台开放、应用创新的模式，承载融媒体、全媒体业务。

2.3　工业和信息化部相关行业政策

工业和信息化部相应出台了一系列落实国务院政策的细化文件和指导意见。

《关于调整 700MHz 频段频率使用规划的通知》

《关于推动 5G 加快发展的通知》

《关于推动工业互联网加快发展的通知》

《超高清视频产业发展行动计划（2019—2022 年）》

《关于加快推进虚拟现实产业发展的指导意见》

《信息通信行业发展规划（2016—2020 年）》

《工业绿色发展规划（2016—2020 年）》

《关于实施"宽带中国"专项行动的意见》

《关于组织实施"宽带乡村"试点工程（一期）的通知》

《信息产业发展规划》

《信息化发展规划》

工业和信息化部坚持以"宽带中国"为旗帜，以 5G 为"新基建"的引领，加强信息基础设施建设，在全光网、5G、绿色 IDC、云计算、大数据、人工智能、物联网等方面取得了一系列进展。

2.4　国家广播电视总局相关行业政策

国家广播电视总局结合中共中央宣传部及国务院的相关文件要求，出台了一系列传播体系建设方面的文件。

《关于推动广播电视和网络视听产业高质量发展的意见》

《县级融媒体中心建设规范》

《关于促进智慧广电发展的指导意见》

《关于进一步加快广播电视媒体与新兴媒体融合发展的意见》

《网络出版服务管理规定》

《专网及定向传播视听节目服务管理规定》

《新闻出版广播影视"十三五"发展规划》

《新闻出版业"十三五"科技发展规划总体思路》

《关于当前阶段 IPTV 集成播控平台建设管理有关问题的通知》

《关于促进主流媒体发展网络广播电视台的意见》

《持有互联网电视牌照机构运营管理要求》

《关于三网融合试点地区 IPTV 集成控制平台建设有关问题的通知》

2014 年以来，传媒广电行业政策热词从三网融合、集成播控、互联网电视，开始转向宽带中国、媒体融合、智慧媒体。

媒体融合发展，使传媒广电行业面临全面战略转型，采用云计算、大数据等新一代 IT 技术建设媒体制播云、媒体服务云已成为必然选择。国家广播电视总局在行业内云平台互联互通、媒体制播平台与服务平台的协同联动方面也提出了要求，这将成为构筑传媒广电行业云、实现"互联网+智慧媒体"的基础。高度重视县级融媒体建设，不局限于新闻出版、广播影视、互联网应用的媒体融合，要建成主流舆论阵地、综合服务平台和社区信息枢纽，成为新时代沟通群众、治国理政的新平台。

作为"宽带中国""数字中国"的重要组成部分，传媒广电网络不仅要加强内部有线、卫星、地面、宽带网、5G 网的融合覆盖，更要积极推进网络双向化，以及和智慧媒体云平台的融合，通过创新驱动、云-管-端协同可以承接媒体、政务、行业、民生各类应用，实现广电行业生态繁荣，成为智慧城市、数字中国的重要组成部分。

媒体融合、平台云化对安全提出了更高的要求，需要在传统广电安全播出和监测体系基础上，构建全面的网络及平台安全保障体系，这也将成为国家信息安全的重要组成部分。

第3章 TMT 行业发展趋势分析

在当前开放、融合的社会发展态势下，我们不建议仅仅局限于传媒行业来进行趋势分析，而是希望站在更高的层面，从产业发展、业务模式演进、技术革新、应用创新这四个维度进行分析和借鉴，从而探寻并厘清智慧媒体的发展方向。传媒行业发展趋势分析如图 3-1 所示。

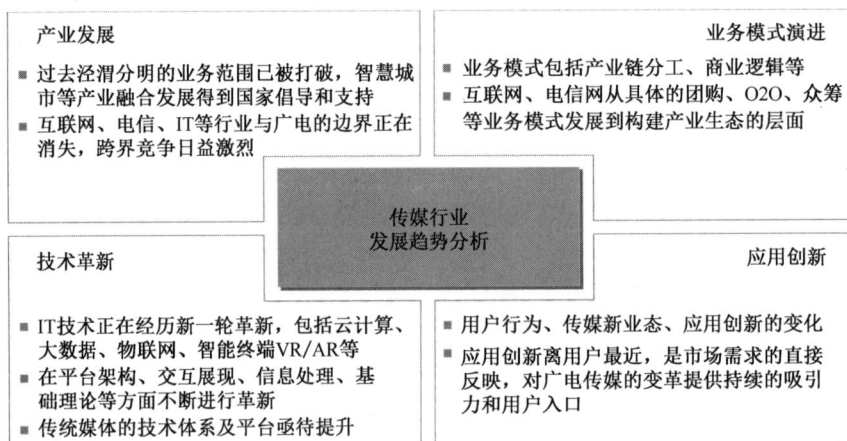

产业发展
- 过去泾渭分明的业务范围已被打破，智慧城市等产业融合发展得到国家倡导和支持
- 互联网、电信、IT等行业与广电的边界正在消失，跨界竞争日益激烈

业务模式演进
- 业务模式包括产业链分工、商业逻辑等
- 互联网、电信网从具体的团购、O2O、众筹等业务模式发展到构建产业生态的层面

传媒行业
发展趋势分析

技术革新
- IT技术正在经历新一轮革新，包括云计算、大数据、物联网、智能终端VR/AR等
- 在平台架构、交互展现、信息处理、基础理论等方面不断进行革新
- 传统媒体的技术体系及平台亟待提升

应用创新
- 用户行为、传媒新业态、应用创新的变化
- 应用创新离用户最近，是市场需求的直接反映，对广电传媒的变革提供持续的吸引力和用户入口

图 3-1　传媒行业发展趋势分析

3.1　产业发展

产业发展跨界融合，要求传媒行业积极布局跨界业务，争取更大发展空间。

技术的融合发展推动了产业的跨界融合，原来不相干的产业之间正产生越来越多的交叉。广播影视行业属于文化传媒产业，广电网络则属于信息网络产业。三网融合是广电网、电信网、互联网技术通用化及业务边界淡化的必然趋势。TMT（网络、媒体、高科技）是文化传媒产业、信息网络产业融合的体现。ICT（IT、CT）则是信息网络产业与传统产业信息化融合的体现。智慧城市是产业融合发展更综合的体现。产业发展跨界融合如图 3-2 所示。

产业跨界融合使跨界竞争加剧。传统媒体、广电网络如固守原有业务范围，将可能遭遇跨界"打劫"。在智慧城市大产业中，广电传媒有条件跨界到更广泛的领域，基于自身优势为其提供各类服务。国家对县级融媒体中心的定位正是这一发展趋势的集中体现。

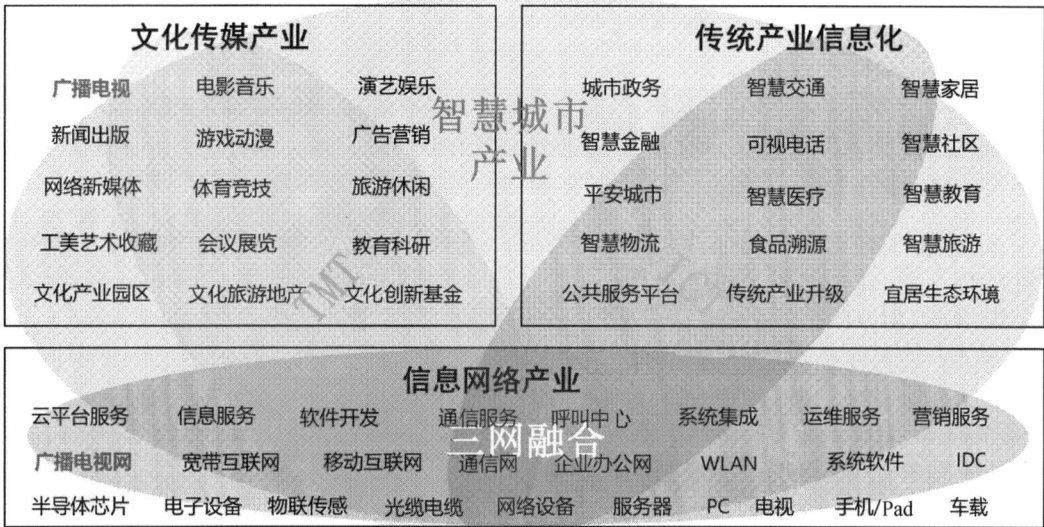

图 3-2　产业发展跨界融合

3.2　业务模式演进

业务模式不断演进，要求传媒行业主动引领业务转型。

2004 年以来，传媒广电经历了由各地分散到 IPTV/OTT 集成播控，再到全媒体业务模式的发展过程。2012 年以后，江苏等部分省市开始建设和探索开放云平台模式。相比之下，互联网领域不大看重播控、牌照等政策话语，由于更多的参与方和更充分的市场竞争，互联网业务模式创新更加活跃，2014 年之后，规模性平台已转向围绕自身云平台打造产业生态的业务模式，业务模式不断演进，如图 3-3 所示。

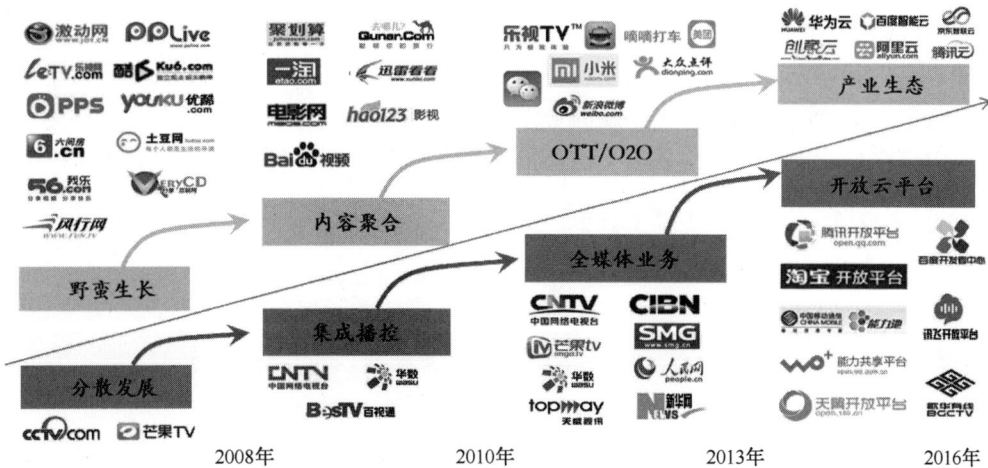

图 3-3　业务模式不断演进

互联网业务模式的发展主要经历了如下几个过程。

1）野蛮生长

2008 年之前网络视频处于起步快速发展阶段，内容盗版、违规擦边球的管制不严，大量视频网站竞争者进入造就了国内网络视频的繁荣期。

2）内容聚合

随着互联网同类网站的增多，内容聚合平台应运而生。内容聚合平台提供一站式服务，解决了用户多处查找所需内容的烦恼。

3）OTT/O2O

互联网应用在聚合了大量用户后，开始提供语音、微信等业务，对电信运营商业务造成了巨大冲击，这就是 OTT 模式；同期产生出 O2O、P2P 等大量创新的互联网业务模式。

4）产业生态

2013 年后建成的大规模开放云平台开始围绕自身核心资源吸引产业链各环节的合作伙伴，形成产业协同，打造围绕自身平台的产业生态。

传媒广电行业业务模式发展主要经历了如下几个过程。

1）分散发展

2008 年之前各地广电按地域分散发展，互联网上只建有官网，系统技术简单，访问量小、用户体验差；广电新媒体未得到重视，发展缓慢。

2）集成播控

国家提出三网融合总体要求，广电媒体通过集成播控平台，掌握了内容发布控制权，在与电信运营商 IPTV、互联网智能电视终端商的竞合角逐中略占上风；广电网络在本网内天然具备集成播控属性，与电信运营商 IPTV/互联网电视业务开展完全竞争。

3）全媒体业务

国家广播电视总局分别颁发了 IPTV、手机电视、户外电视、互联网电视等牌照；广电媒体运营商需要整体考虑全媒体业务才能高效运营；出于竞争，广电网络也推出了一云多屏的全媒体业务模式。

4）开放云平台

传媒广电行业充分借鉴互联网及电信运营商的经验，突破过去封闭业务模式，开始自建开放云平台，使广泛开展应用创新的合作成为可能。

传媒广电行业内广泛关注各云平台间的互联，以形成全国性的传媒行业云，打造传媒产业生态。

3.3 技术革新

技术革新日新月异，要求传媒行业快速跟进吸收并升级技术平台。

云计算作为新一代 ICT 技术基本架构，推动了应用模式的变革；大数据/AI 驱动是应用平台智能化的主要动力；智能终端、HTML5、H.265/AVS、VR/AR/MR、IoT 等技术大大降低了应用创新门槛，提升了应用交互和展现水平；泛在互联网/5G 成为国家战略性公共基础设施，承载着国家新一代信息化发展和产业升级。

技术革新如图 3-4 所示。下面对各相关技术进行概要性介绍，并对平台技术架构、"云-管-端"体系架构进行重点说明。

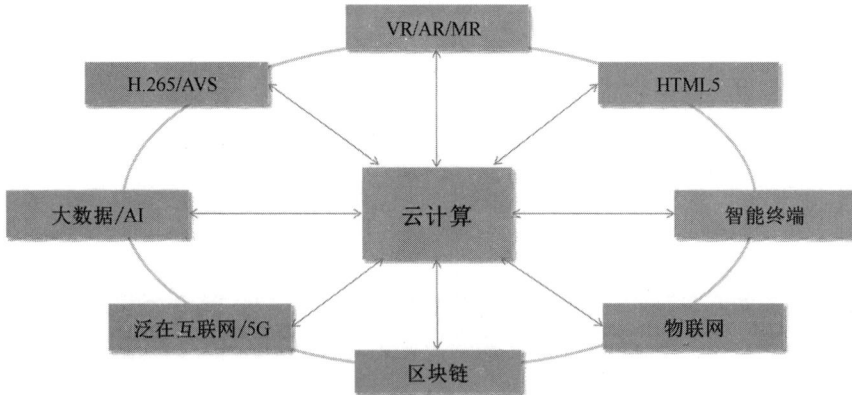

图 3-4 技术革新

1）云计算

云计算的两大支撑技术是虚拟化、SOA。

虚拟化是 IaaS 层的基石，实现对计算、存储、网络资源的虚拟池化及弹性管理。

SOA 是 SaaS/PaaS 层的主要开发方法，基于服务治理理念，实现系统能力的模块化，实现服务、信息、流程的复用和共享。

2）大数据/AI

当日志及元数据达到 PB 级，且以非结构化为主时，传统数据库技术已无法应对；新一代的 NoSQL 数据库及流式计算等海量数据处理技术，在电子商务、定向广告、智能推荐、社交网络、规划决策等领域广泛应用并取得了巨大成功。

数据的价值日渐得到重视，被视为国家、企业的重要资产。

人工智能，主要体现为大数据应用的高阶智能算法，可在特定领域模拟、超越人类的能力。

3）HTML5

HTML5 规范重点加强了音视频特性、WebGL 的 3D 图形特性，以及屏幕自适应特性的支持。

HTML5 有望奠定开放 Web 平台的基石，对面向多终端跨屏业务的交互展现提供一致的国际标准参照。

4）VR/AR/MR

VR 是指在 IT 技术生成的 3D 虚拟环境中，用户可实时交互，产生身临其境的感觉；AR 技术可实现真实环境与虚拟环境的结合，通过系统提供的信息增加用户对现实环境的感知。

VR/AR 技术已在游戏娱乐、科研模拟、航天模拟、医学研究、商品展示等专业方面得到了应用，也在城市管理、教育培训、文化旅游、社交会议等更多领域得到了广泛应用。

5）H.265/AVS

H.265 与之前的 H.264 相比，在相同的画面质量情况下只需要原来码流的 50%，效率明显提升。

国内自主 IP 的 AVS 标准也在逼近 H.265 的编码效率。

随着音视频质量需求的提升，信源编解码技术不断进步。

6）智能终端

随着芯片技术、传感器技术、高新材料技术的快速发展，网络终端更加智能化，同时推动了互联网接入的移动化、泛在化。

智能终端已突破机顶盒、智能音箱、手机的形态，演化出无人机、无人驾驶车、机器人、XR 眼镜等更加多样化的形态。

7）泛在互联网/5G

三网融合形成的泛在互联网，包括宽带网、互联网、有线网、移动互联网及工业互联网。

泛在互联网已成为国家战略性信息基础设施，是整个社会信息传播的主要载体，对生活方式和社会发展会带来根本的改变。

5G 网络的规模化商用可以更加有效地实现互联网的泛在接入。

8）物联网

物联网是互联网的延伸，即通过 RFID、红外感应、GPS/北斗、激光扫描、气体感应等传感技术，按约定协议把物品与互联网连接，进行通信，以实现物品的智能化识别、定位、跟踪、监控和管理。

在实现人人互联之后，物联网可实现物物互联，进一步推进智慧社会的演进进程。

9）区块链

与以 PKI 为基础的传统中心认证机制不同，区块链提出了去中心化、基于共享账本的共识机制，具备了客观的防篡改能力，避免了主观的人为操控。

在巨量数据与超大规模网络环境下，区块链或可成为数字资产价值保证的基础技术。

10）体系架构进化

IT 关键技术在企业、行业、城市乃至国家、国际各层面的大规模应用，推动了计算机体系架构、网络体系架构、软件体系架构的逐步成熟。软件系统的体系架构，从 C/S 架构、B/S 架构、面向对象的 MVC/AOP/ORM 体系架构到 SOA/Cloud，再到开放云平台的体系架构，日趋成熟，并取得了巨大成功。

百度、腾讯、阿里巴巴作为国内领先的互联网企业，其平台的体系架构演进历程很具代表性和先进性。大中型互联网企业都走向了开放的云平台架构，电信运营商也紧随其后对其 IT 平台进行了云化升级改造。平台技术架构演进如图 3-5 所示。

"云-管-端"是 2010 年华为提出的自身发展战略[1]，它很好地顺应、归纳了业务 IT 化、网络 IP 化、终端智能化的发展趋势。对网络运营商而言，"云-管-端"将成为其宏观的未来信息服务体系架构蓝图，同时将成为主要的技术路线。"云-管-端"体系架构如图 3-6 所示。

---

1 华为技术有限公司."云-管-端"：未来信息服务新架构[J]. 移动通信，2010(10):14-16.

云服务平台：云服务平台彻底抛弃了过去传统电信烟囱式的业务垂直系统，通过虚拟化、资源共享大大提升了资源的利用率和资源使用的弹性，从而大大提升了业务部署速度和处理能力。云服务平台是未来信息服务架构的核心，将带来个人和企业获取业务能力的全新商业模式。以 Web、SOA、Hadoop 为代表的新一代 IT 技术成为电信业务的主导技术，实现了业务平台的 IT 化、数据处理的智能化。以 OpenStack 为代表的新一代分布式计算和虚拟化技术替代了传统的单机计算，成为了新的计算和存储模式，从而促进了数据中心"云化"和业务"云化"。

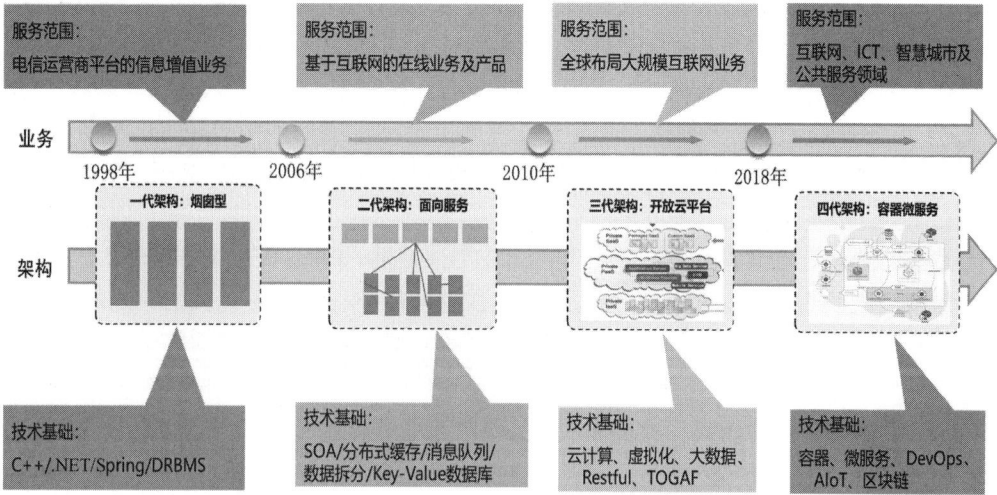

图 3-5　平台技术架构演进

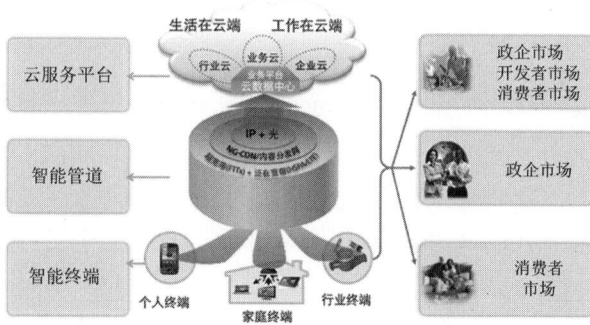

图 3-6　"云-管-端"体系架构

智能管道：网络是业务从"云"到"端"的传输管道，也是云的重要承载基础。在高清视频和 3D 视觉的驱动下，固定接入向超宽带方向发展，移动宽带是业界发展的最大趋势。全网的 IP 化已经成为业界共识，并取得了长足的进展。IP 作为一个与业务无关的技术，成为接入网、城域网、骨干网等设备的共同技术，成为下一代网络的核心，IP 以其开放性、统计复用的高效率成为降低网络成本的关键。

未来 10 年的网络流量将提高 75 倍，而运营商的收入每年只增长 5%~10%，这样一方面必须保证保质保量的海量信息传送，另一方面还必须将成本降低到原来的 1/10 甚至

1/100，才能保证网络的超宽带、可管理和可盈利。OTN、GEPoN、Docsis3.0、基于 IP 的融合网络是长期、可持续的最佳选择，可实现结构性降低 OPEX，从根本上解决技术演进和流量增长带来的成本问题。从网络架构上看，IP 融合网络把"多张垂直网络"融合成"一张水平网络"；从产品形态上看，IP 融合网络把网络每层的"多种产品形态"整合成"统一的平台，进一步是单一的设备"。管道智能化，融合 CDN 对于面向多屏的视频业务及宽带数据业务的统一分发和调度，通过 SDN/NFV 实现 IP 融合网络全网资源的均衡分配、动态路由端到端管理，以及运维的可视化管控。

智能终端：终端智能化建立在强大的 CPU 和开放的操作系统的基础上，可以运行各种应用程序，接入云端的服务。终端有两大发展趋势，一个是综合化，另一个是专业化。综合化表现在个人手持终端，融合手机、数码相机、音乐播放器、电子书、PDA 等各种功能，即数字"瑞士军刀"。专业化表现在各种行业终端及专业功能的数字设备上，如电子书等。丰富的业务对终端的智能性提出了更高的要求：处理低成本化、高效性、信息业务呈现一致性等。

家庭网络内会存在传统电视、智能电视、STB、手机、Pad、PC、VR/AR 及各类物联网终端。这些终端实现与互联网的连通是越来越强烈的需求。与业务无关的家庭智能网关，可承担边缘计算节点的功能，作为运营商接入网和互联网到家庭网络的终结，同时也是家庭网络与外网的桥梁。家庭智能网关可通过相对较低的硬件配置及可保持较长时期稳定的软件，实现业务与网络的分离。具体业务的实现则在业务终端上通过 Web/App/VR/AR 等形式进行实现。

3.4 应用创新

从 2014 年媒体融合发展成为国家战略以来，主流媒体进行了非常积极、全方位的尝试。在实践中取得了很多成果，涌现了许多爆款产品，但也不得不承认，还要面对很多问题，面临着"有爆款没用户，有流量没平台"的困境。具体而言，就是媒体平台运营商没有建立起一个自主可控的基于互联网的融合平台，互联网上最有竞争力的平台不在媒体运营商手里。

目前，党和国家从上到下已经意识到主流媒体缺少平台的情况。失去了平台，就失去了话语权，失去了主流媒体在当地作为最有权威的信息枢纽的功能。没有平台，就无法有效变现，就不得不面对各种经营业务的下滑，包括用户流失；没有平台，就无法整合别人的内容，反而导致自己的内容被别人拿去变现。

所以，在互联网环境下，主流媒体运营商没有自主可控的互联网平台，就解决不了联系群众、服务群众的问题，甚至无法解决自身在社会主义市场经济下，靠自己的规范运营来获得持续发展的造血能力问题。近年来，一些媒体集团在平台融合方面做出了艰苦努力，它们绝大多数没有在互联网上建设和运营平台的能力。运营互联网平台需要强大的资金支持。互联网平台动辄年收入上千亿元还未必实现盈利，而主流媒体收入大多在几亿元、几十亿元。那么主流媒体运营商怎么办？从整体来看，主流媒体只有把体制内从上到下各个方面的资源聚合起来，开辟新的赛道，才有可能在互联网上形成竞争力[2]。

"大众创业、万众创新"的云时代，要求传媒广电行业自破围墙，构建应用创新产业生态。

受国企体制的局限，媒体运营商内部创新、内部孵化模式往往无法奏效。因此，需要通过外部合作或嫁接外部更为灵活的机制，来刺激传媒广电行业的应用创新。

具体到各省市传媒平台运营商的应用创新方向，主要分为媒体类、民生类、行业类、政务类，可对接具备一定基础的 SP 合作平台，也可基于自建媒体云平台来孵化中小微企业的创新应用。除提供平台能力支撑外，还可为应用创新者提供客户资源共享、市场协同、资金支持等。

面对媒体融合业务跨界带来的广阔发展空间，各地传媒广电云平台通过对等互联构成"媒体云联盟"，将形成规模可观的用户基数，通过"孵化器+创新基金"模式激活创新机制，构造多边共赢的商业模式，共同构建围绕"媒体云平台"的产业生态环境。构筑的媒体云平台产业生态如图 3-7 所示。

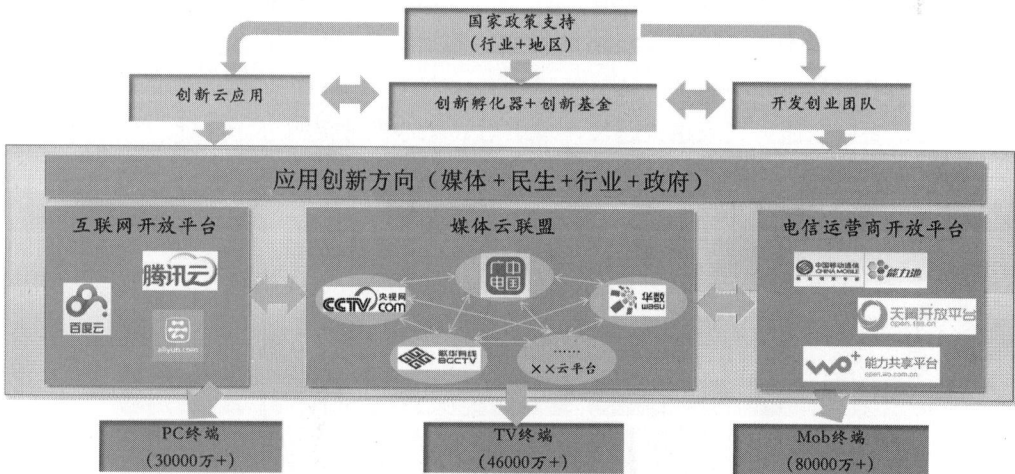

图 3-7　构筑的媒体云平台产业生态

2　宋建武. 县级融媒体中心的历史方位与路径[EB/OL]. [2019-01-21]. http://media.people.com.cn/n1/2019/0121/c14677-30580106.html.

第 4 章　云平台实践案例分析

通过分析 TMT 行业相关的云平台实践案例，可以借鉴其战略决策、架构规划等经验，有助于我们更好地规划智慧媒体云平台。这里分别给出国内互联网百度、阿里巴巴、腾讯的案例，并对 OVP 模式做了概要分析。对华为云平台，以及电信、移动、联通的云平台做了概要分析，进一步对广电行业内起步较早的江苏有线、华数、歌华的云平台做了对比分析。所有健康的云平台，都将在持续运营中不断演进，案例分析也将是一个持续跟进的过程。

4.1　互联网运营商

2005 年开始，国际 IT 巨头 Google、Amazon、IBM、Facebook、Microsoft 纷纷推出云平台，并快速得到了大规模商用。2010 年前后，国内互联网行业也陆续启动了云战略。最早提供云平台并且技术及规模领先的包括阿里云、腾讯云、百度云等，近 10 年来这些云平台都在持续演进中，服务列表越来越长，本节对其基本参考架构进行分析。

4.1.1　阿里云平台

阿里云平台命名为"飞天"，于 2011 年 7 月正式上线，其中包括飞天内核和飞天开放服务平台。阿里云平台架构如图 4-1 所示。

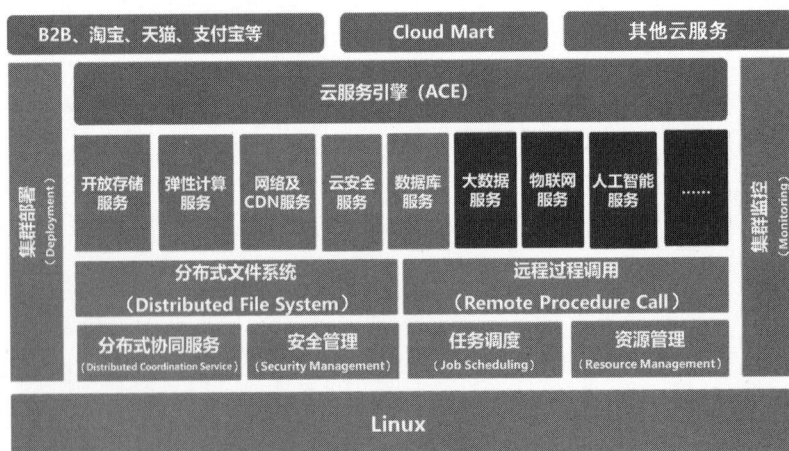

图 4-1　阿里云平台架构

飞天内核负责管理数据中心 Linux 集群的物理资源，控制分布式程序运行，隐藏下层故障恢复和数据冗余等细节，有效提供弹性计算和负载均衡。飞天内核体系架构主要包含如下部分。

（1）资源管理+任务调度（伏羲）。

（2）安全管理（钟馗）。

（3）远程过程调用（夸父）。

（4）分布式文件系统（盘古）。

（5）分布式协同服务（女娲）。

（6）集群部署（大禹）。

（7）集群监控（神农）。

（8）虚拟网络（洛神）等。

飞天开放平台对外提供一系列云服务，IaaS 服务类别包括弹性计算服务、开放存储服务、数据库服务、网络及 CDN 服务、云安全服务等，PaaS 服务类别包括大数据服务、人工智能服务、物联网服务等，通过阿里云服务引擎（ACE）为第三方应用开发、运行和托管提供服务，基于以上服务，又推出了面向行业、企业的 SaaS 服务及解决方案。

阿里云平台不仅是阿里巴巴自有各业务群的基础支撑平台，也是阿里巴巴生态赖以整合的 IT 基础。2015 年，阿里云已是全球领先的公有云服务提供商，成为阿里巴巴除电商、支付之外最重要的成长性新业务。

4.1.2 腾讯云平台

腾讯云在 2013 年之前主要构筑了计算、存储、网络、CDN、安全方面的平台及服务能力。2014 年后，高度重视面向连接的开放服务，针对移动、游戏等方向推出了万象优图、信鸽推送、维纳斯、蓝鲸游戏云等分平台，之后不断扩充了大数据分析、M2M、AI、区块链相关的服务能力，并陆续对外开放。腾讯云平台架构如图 4-2 所示。

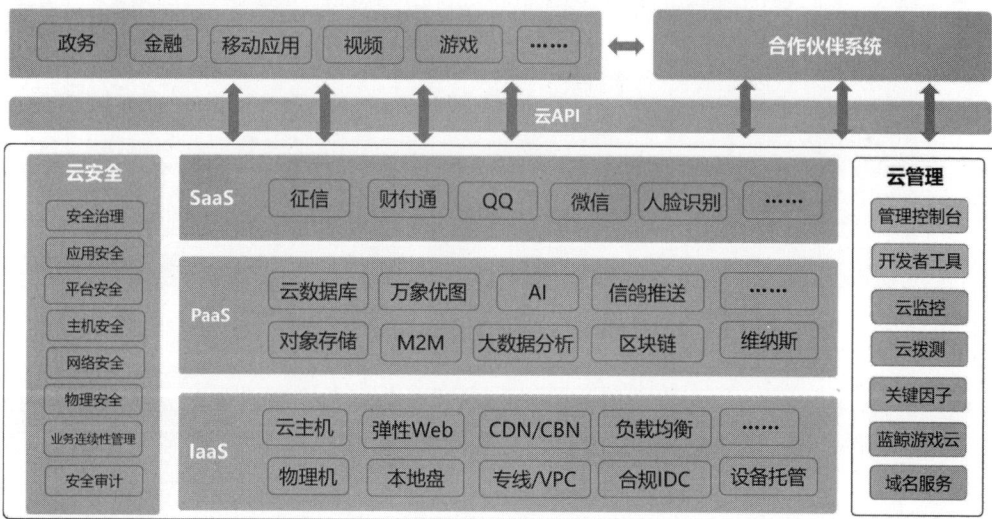

图 4-2　腾讯云平台架构

腾讯云通过提供社交关系链相关服务，打通微信、手机 QQ 等对开发者具有吸引力的资源，从而把开发者留在腾讯的生态系统中。腾讯在大力发展社交、游戏、视频、移动、金融等互联网业务的同时，倡导以"互联网+"理念，促进互联网云平台技术与电子商务、工业互联网和互联网金融相结合，以提升其发展。

4.1.3　百度云平台

2013 年开始，百度云在私有云积累基础之上，面向开发者提供云主机、云存储、大数据等基础资源开放云服务，2014 年之后构建起相对完整的对外开放 IPS 云服务体系。

2016 年，百度正式发布了"云计算+大数据+人工智能"三位一体的 ABC 云战略。百度云推出了天算、天像、天工三大智能平台，分别提供智能大数据、智能多媒体、智能物联网服务；同年，对话式人工智能系统 DuerOS 发布。2017 年，面向汽车行业及自动驾驶领域的 Apollo 计划正式发布。

2019 年 4 月，百度云品牌升级为"百度智能云"，以期对原来分散、紊乱的云平台架构加强中台整合，形成以 AI 开放平台、地图开放平台为核心，为移动应用、智能硬件、自动驾驶等提供 AI 赋能，强化其在全球人工智能领域的领先地位。百度云平台架构如图 4-3 所示。

图 4-3　百度云平台架构

综合来看，互联网云平台发展时间长，IT 技术优势明显，平台架构完整成熟，服务类别涉及底层硬件资源、通用软件、安全服务、监控服务、多媒体服务、行业应用服务、数据分析服务及开放开发测试平台，内容类别齐全，生态链完整，聚集客户数量众多，产生的集聚效应明显，技术先进成熟，能够快速满足各级别客户的需求，拥有传媒广电运营商所不具备的优势，但其在内容方面和视频应用行业比较弱，广电传媒行业与其能够进行优势互补。

4.1.4　OVP 运营商

国内的视频云平台基本由两大方向发展而来，一是包括爱奇艺、优酷、央视频等前期专注于视频内容的提供商，根据行业发展在不断进行企业合并时提出的内部要求，首先改造内部系统的技术架构，向云平台架构发展，其次在整合其他资源并拓展对外其他行业服务领域时，为快速满足客户的需求，提出了视频云平台的整体架构并对外开放。二是视频技术与服务提供商根据行业技术发展，自主将原技术架构改造为云平台技术架构，以便更高效地提供视频服务，包括较早的乐视云、CC 视频、石山视频，以及近期发展迅速的抖音、快手、火山、虎牙、西瓜等手机视频应用，提供基于云计算的视频平台，包括视频的上传、存储、管理、转码、CDN 分发、播放、统计、互动、变现等综合视频应用服务及管理后台，通过云端服务器的实现给用户以高端的体验，可以帮助用户在短时间内搭建专业的视频云平台,在极短时间内用户就可以体验到视频云服务带来的专业级视频享受。国外著名的 OVP 运营商有 brightcove、OOYALA、KitDigital 等。OVP 平台架构如图 4-4 所示。

图 4-4　OVP 平台架构

目前视频 OVP 运营商自用或对外提供的平台虽都声称为云平台架构，但深入来看，其提供的服务内容单一，行业客户偏少。在标准云平台服务的三个层次中，只集中于最上层 SaaS 应用，优势为长期参与视频相关应用，如在线教育、在线旅游等，提供的视频服务比较专业；劣势为与大型合作伙伴对接的平台开发者服务基本没有，行业拓展受限。

4.2　技术提供商

华为是全球著名的 ICT 设备及软件方案提供商，其云平台解决方案广泛应用于全球各国的政企行业、电信运营商等。2017 年，华为公有云正式开始对外提供云服务。华为云平台架构如图 4-5 所示。

华为云基于 Docker+K8S 开发了容器平台 FusionStage，基于 Hadoop、Spark 开源家族

开发了大数据平台 FusionInsight。以 AI 计算框架 MindSpore、模型及推理平台 ModelArts 为基础提供统一 API，为 AI 应用开发平台 HiLens 提供全场景 AI 能力支持。华为自研芯片鲲鹏（Kunpeng）、AI 芯片昇腾（Ascend）及自研 OS，支持国密算法，为平台提供了高可信的安全保障。

图 4-5　华为云平台架构

华为云基于服务集成平台 ROMA、应用开发平台 ABC，整合 AI、大数据、IoT、视频、融合通信、GIS、BIM 等新一代 ICT 服务能力打造"沃土"数字平台，作为赋能智慧城市及行业转型的数字"底座"。华为积极参与和引领国际、国内标准化工作，同时大力发展合作生态，与合作伙伴一起面向不同业务场景提供了丰富的行业解决方案。

4.3　电信运营商[3]

我国的电信运营商移动、联通、电信紧跟互联网云平台技术发展，约在 2012 年开始独立建设完成云计算数据中心，基本都采用云计算技术，参考互联网运营商模式，提供基础资源、平台能力、软件应用等服务。

相比互联网云平台企业而言，电信运营商 CT 技术优势明显，IT 技术略显薄弱，多基于 OpenStack、CloudStack、Hadoop 等国际开源架构进行建设，但由于发展相对较晚，服务内容集中在基础的软硬件资源上，且目前以各大运营商自用的私有云为主，提供少量商业化公有云服务，与大型合作伙伴对接的集成接口少，行业应用解决方案集中在医疗、媒体、

---

3 成晓旭. 电信运营商云计算体系架构分析[EB/OL]. [2012-10-15]. https://blog.csdn.net/CXXSoft/article/details/8072497.

金融、教育、政务行业，依托电信运营商强大的网络优势，拓展其他行业应用，优势明显。

4.3.1　中国移动"大云"平台

中国移动 2010 年发布了"大云"平台 1.0。最初的"大云"以 x86 架构的 PC 服务器为主，主要目标在于实现自身业务支撑系统的"云化"，借以支撑客户行为分析、精确营销、智能移动搜索、互联网应用分析等电信 BI 应用，降低居高不下的 IT 系统部署成本。2013年发布的 2.5 版平台开始对外提供公有云服务。

2019 年发布了 5.0 版本，可实现 IPS 全栈云服务，在金融、政务、教育、医疗、交通等行业实现广泛应用。中国移动"大云"体系架构如图 4-6 所示。

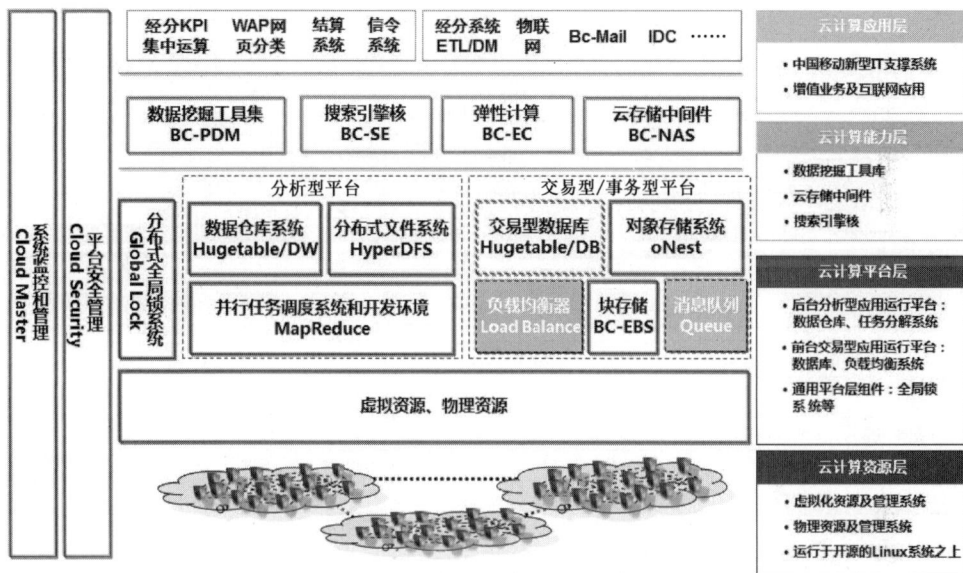

图 4-6　中国移动"大云"体系架构

"大云"体系架构总体上并未完全遵从常见的云计算系统的逻辑层次结构。根据 IT 资源整合和业务能力提供的电信业务运行特性，进行了云计算平台体系架构的创新，按照资源的整合与利用的逻辑关系划分为 4 层：云计算资源层、云计算平台层、云计算能力层和云计算应用层。

云计算资源层：完成 IT 设备及网络设施等物理资源的虚拟化和集中管理，包括弹性计算、云存储、云网络、云安全等服务，可对外提供公有云服务。

云计算平台层：首先完成对中国移动现有业务支撑系统、服务管理系统的云化和集中管理，包括通用平台层组件、前台交易型应用运行平台、后台分析型应用运行平台等，可对外提供消息队列/通知、容器等服务。

云计算能力层：进行云计算核心技术能力聚合，包括数据挖掘工具库、云存储中间件、搜索引擎核等。中国移动主要采用 Google 的开源云技术进行定制开发来构建自己的云计算能力层。

云计算应用层：基于全面云化的 IT 资源和业务能力，打造全新的中国移动 IT 支撑体系，以期在未来的电信全业务、移动互联网、物联网等领域，通过企业信息化战略的创新，在三大运营商中继续保持领头羊地位。

4.3.2　中国电信"天翼云"平台

中国电信 2011 年 8 月正式对外发布名为"天翼云"的云计算战略、品牌及解决方案，2012 年 9 月对外提供云主机和云存储服务，成为三大运营商中对外提供 IaaS 服务的第一家。2016 年以后陆续对外提供企业中间件、大数据标签、人工智能、电信能力、视频能力等 PaaS/SaaS 服务。中国电信"天翼云"体系架构如图 4-7 所示。

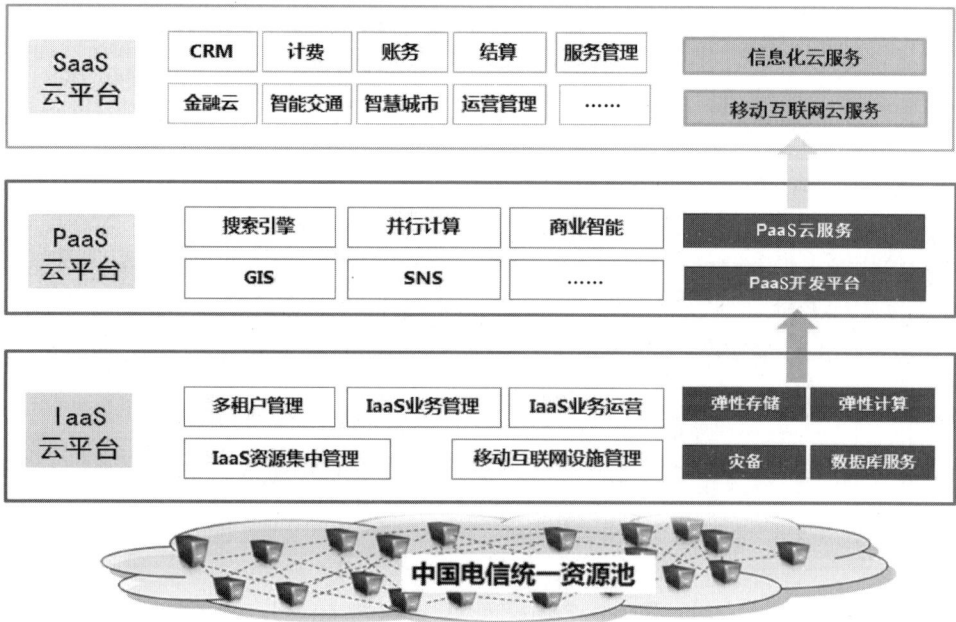

图 4-7　中国电信"天翼云"体系架构

中国电信"天翼云"总体上按照云服务方式划分为 3 个层次：IaaS 云平台、PasS 云平台和 SaaS 云平台。

IaaS 云平台：完成计算机设备、网络设施、移动互联网设施等 IT 资源的虚拟化和基础管理，通过 IDC 和号百等现有业务渠道，对外提供弹性存储、弹性计算、数据库、灾备等 IaaS 云服务。

PasS 云平台：整合电信业务服务能力，IaaS 平台的计算、存储能力，以及 GIS、SNS、搜索等互联网热门应用，为企业、政府和其他社会机构提供综合的云平台服务。2016 年后 PaaS 服务得到了进一步丰富。

SaaS 云平台：构建基于云架构的电信 IT 支撑系统，建立相应的多租户管理、服务管理、计费、账务等云服务管理系统，为政府、企业、SP、CP 及个人提供 CRM、ERP、BI、OA、在线协助平台、邮箱等 IT 应用及服务。2016 年后增加了智慧城市、地产、交通、旅游、金融等行业的大数据分析 SaaS 公有云服务。

4.3.3 中国联通"沃云"平台

2013 年 12 月，中国联通发布"沃云"平台。"沃云"平台初期主要面向联通企业内部，完成内部电信支撑系统的云化。2017 年中国联通实行混改，仅对外提供有限的 IaaS 云服务，之后通过与阿里云、腾讯云合作逐步丰富其公有云服务能力。中国联通"沃云"体系架构如图 4-8 所示。

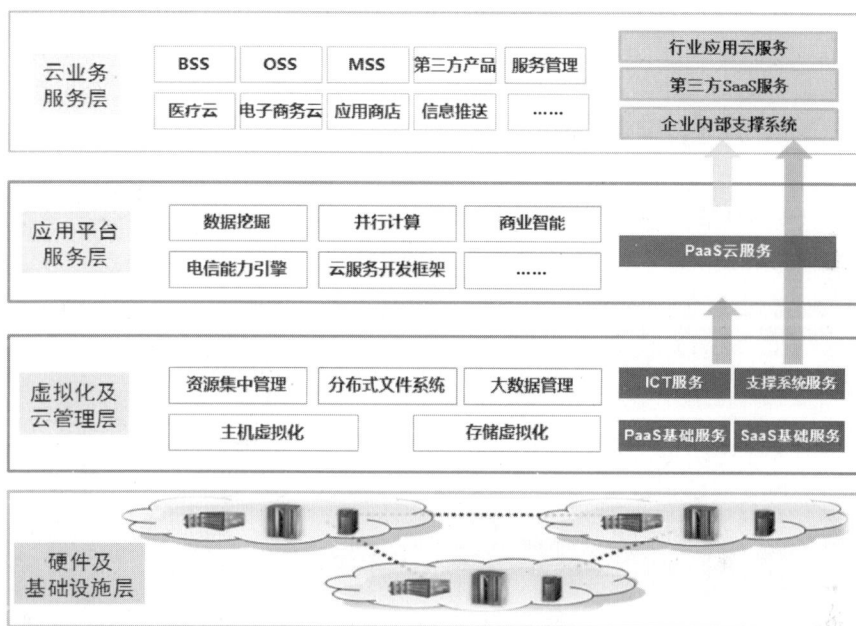

图 4-8 中国联通"沃云"体系架构

中国联通"沃云"的体系架构，按照云计算资源的整合与应用的逻辑划分为 4 个层次：硬件及基础设施层、虚拟化及云管理层、应用平台服务层、云业务服务层。

硬件及基础设施层：由中国联通云计算体系中所有的主机、存储设备、网络设施等 IT 资源构成。

虚拟化及云管理层：通过资源集中管理、主机虚拟化、分布式文件系统、大数据管理、存储虚拟化等中间件和 IT 运行监控系统构成，完成对 IT 基础设施的虚拟化和集中管理。在"沃云"的体系架构中，硬件及基础设施层、虚拟化及云管理层协同工作，可对"沃云"的云业务服务层提供基于 IaaS 的支撑系统服务，也可对最终客户提供基于 IaaS 的 ICT 服务。

应用平台服务层：由数据挖掘、并行计算、商业智能、电信能力引擎、云服务开发框架等中间件系统构成，通过整合中国联通的 IT 资源、电信业务能力，对外提供 PaaS 云服务。

云业务服务层：由中国联通企业内部支撑系统、行业应用云服务和第三方 SaaS 服务构成，统一对企业内部、政府、企业和个人提供 SaaS 云服务。

4.4　广电运营商

我国传媒广电行业采用的技术架构相较互联网行业及其他电信运营商而言，普遍偏落后，目前仅有少数几个省份的传媒广电集团整体系统技术架构采用了真正的开放云平台技术架构，大多数正在建设或已经建设的平台，一方面整体开放性不足，各平台分头建设，缺乏统一的技术规划协同，各平台割裂，未构建起开放平台架构，应用创新、推广乏力；另一方面只重点考虑了视频业务的升级和多屏发展，未重视基于开放平台的能力建设，各省已建平台普遍以自用为主，没有足够的创新应用上线或对行业应用支持不足，平台价值无法体现。

4.4.1　江苏有线媒体云

2012 年，江苏有线开始实施多业务融合平台，它是中国广电行业较早建设融合服务平台的广电运营商。江苏有线媒体云体系架构如图 4-9 所示。

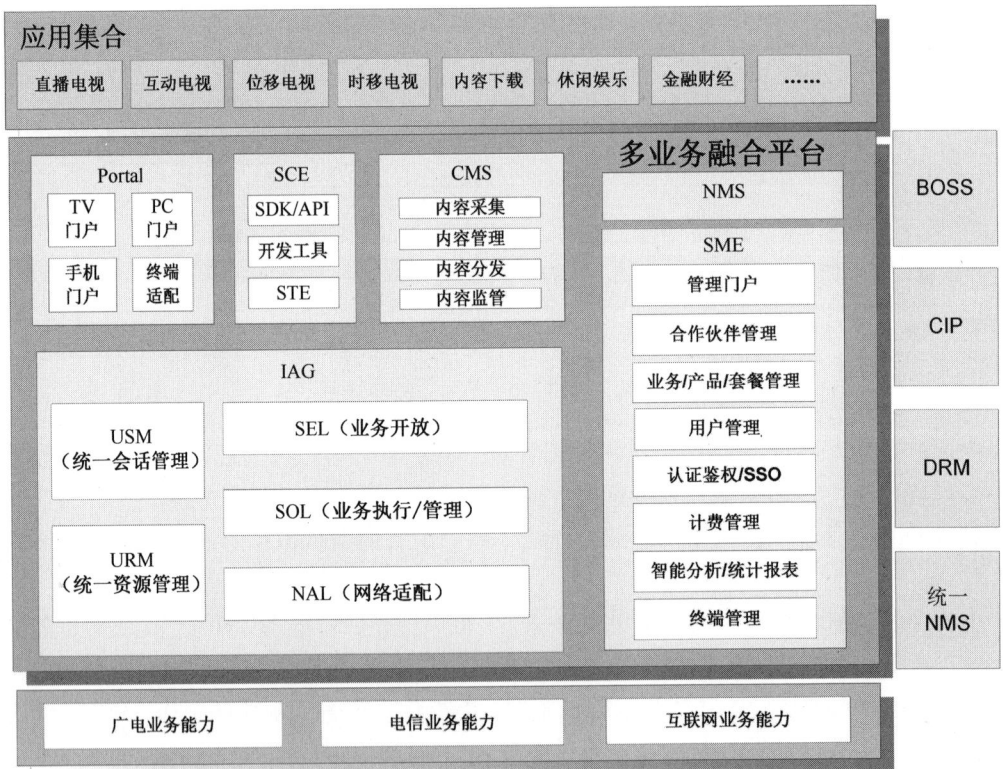

图 4-9　江苏有线媒体云体系架构

江苏有线媒体云实施的多业务融合平台——ISMP 平台，当时初步具备了开放平台特点；新平台在建设时，考虑了已有传统业务的融合与过渡，以及电信业务、互联网业务的扩展。

同时也可看到，当时只重点考虑了视频业务的升级和多屏发展，取得了良好效果，但未足够重视基于开放云平台的能力建设。ISMP 平台建设周期长达两年，服务平台能力较弱，当时未能形成有价值的业务创新机制。

4.4.2　浙江华数云平台

2013 年，华数传媒提出了自己的云平台体系框架，在当时的中国传媒广电行业中是考虑最全面的广电运营商。华数传媒具有很强的业务拓展能力，能够快速把业务发展起来，而当时的云平台建设并没有完全落地到位。浙江华数云平台体系框架如图 4-10 所示。

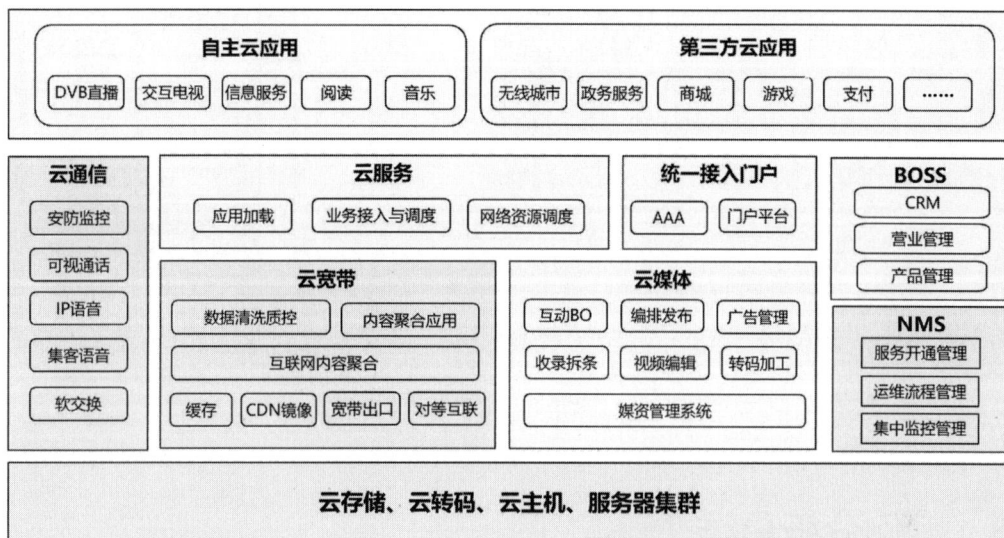

图 4-10　浙江华数云平台体系框架

华数传媒决策层高瞻远瞩，视野开阔，当时提出了云媒体、云宽带、云服务、云通信、云家庭、智慧城市的全局云平台战略及发展路径；通过与阿里云合作成立华通云计算公司，提升华数云宽带及整体云平台的战略高度。华数传媒紧跟互联网先进技术的脚步，快速学习并应用，在当时是传媒行业的先行者。

4.4.3　歌华有线云平台

2013 年，歌华有线也敏锐感受到了云平台带来的技术变革，正式启动了云服务平台规划及建设项目。歌华有线云平台于 2014 年 11 月正式上线发布，之后又进行了更新迭代，是当时架构最完善的广电云平台案例。歌华有线云平台体系架构如图 4-11 所示。

歌华有线云平台建设真正做到了"一把手工程"，公司领导高度重视，并成立了专门的 PMO 管理办公室，全力负责云平台项目的实施。通过严格的 PMO 工作沟通机制，对诸多参与云平台建设的技术提供商进行有效协同，保障了项目计划的顺利完成。

歌华有线云平台当时的规划设计，相对而言更为先进合理，可扩展性、灵活性强；通过传统平台向云平台的技术升级，促进了公司的业务转型，实现了传统业务与新业务的有效融合。不足之处：一是服务治理、数据治理实施不够彻底；二是未进行有效的业务与技术的协同创新，媒体云平台的价值未得到充分发挥。

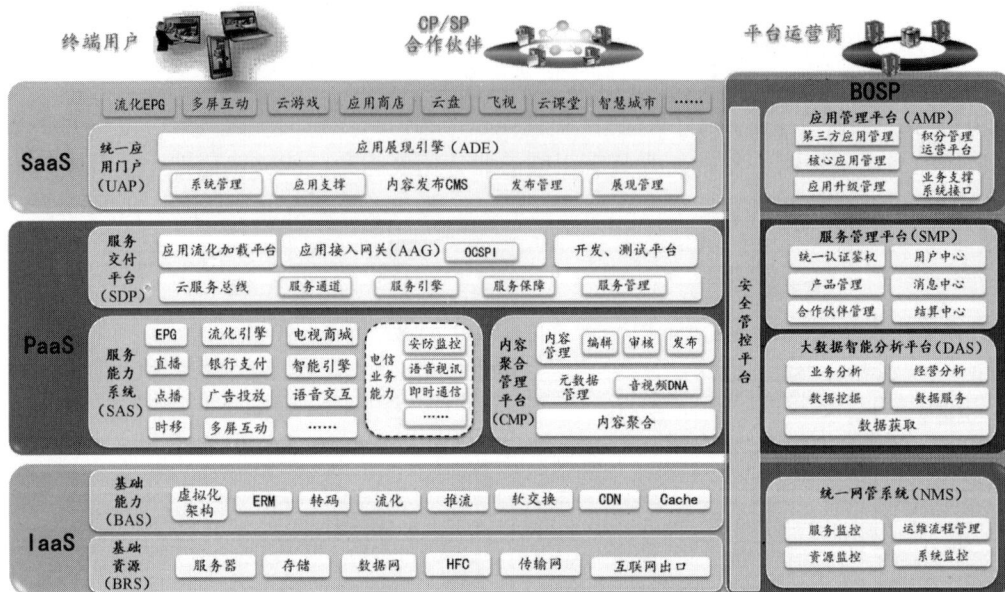

图 4-11　歌华有线云平台体系架构

4.5　案例分析总结

总结以上云平台实践案例，可以发现传媒广电运营商在媒体云平台的实践上明显落后，在实践深度上也相对欠缺。2015 年之后，随着互联网新媒体、电信运营商 IPTV 的快速发展，各地传媒广电运营商开始受到资金紧缩的压力，媒体云平台建设进程也基本停滞。这是导致后续竞争格局持续恶化，变得更为不利的一个重要原因。下面对当时传媒广电运营商面临的主要问题进行概要分析。

1. 经验不足

（1）行业内企业对云服务平台架构理解不深入、技术储备不足。

（2）对云平台的规划设计、集成建设、业务运营缺乏经验。

2. 平台复杂

（1）云服务平台比传统技术平台复杂，基于 SOA 的服务治理、数据治理对方案设计能力要求更高。

（2）由于业务模式的变革，对组织架构的适应也会提出新的要求。

3. 方法缺失

（1）缺乏有效的架构管理的方法论支持，架构规划、设计难度较大，造成流程、功能、数据、接口等方面的梳理不畅。

（2）业务、应用、数据、技术架构无法结构化，无法形成有效资产，维护及迭代管理困难。

4. 观念滞后

（1）传媒广电行业对设备采购、系统定制开发容易认可，对前期规划和设计重视程度不足。

（2）重视技术项目建设，轻视业务创新；重视自主应用，不能有效开展产业合作创新。

第 5 章　传媒广电业务现状分析

传媒行业涵盖广播电视电影、动漫游戏、新闻出版、文化传播、网络媒体等领域。这里以传统媒体中最具代表性和影响力的传媒广电运营商作为对象，对其业务现状进行分析。纵观全国传媒广电运营商的业务，不同省市业务各有特色，但典型的业务现状基本一致。

5.1　数字电视收视业务

5.1.1　业务现状简介

数字电视收视业务是传媒广电行业的传统业务，也是最基本的电视业务之一，需要做好网络维护及客户服务工作，提高用户满意度，同时提升用户 ARPU 值。数字电视收视业务产品单一，不能满足用户的需求，须考虑与其他产品包装成套餐打包销售。

5.1.2　业务场景分析

数字电视系统分为省平台和地市平台，主要由信号处理、节目组织、发布控制等功能模块组成，完成数字电视直播信号收录、存储、转码、EPG、加扰及节目播出，实现将卫星、国干信号及本地节目等实时地输送到终端机顶盒，用户通过机顶盒收看自己喜欢的节目。数字电视收视业务场景如图 5-1 所示。

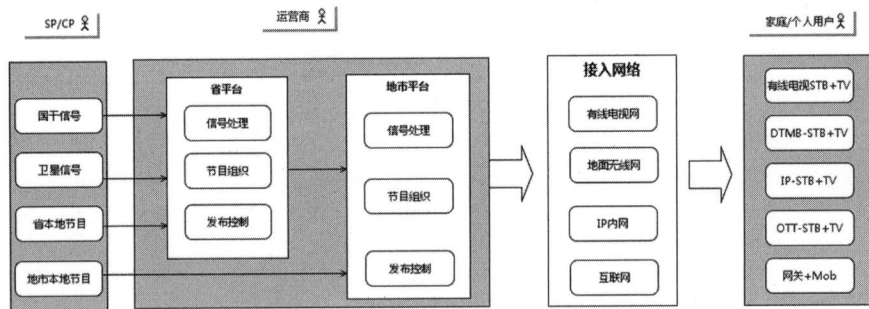

图 5-1　数字电视收视业务场景

5.1.3　业务流程分析

数字电视收视业务流程如图 5-2 所示。

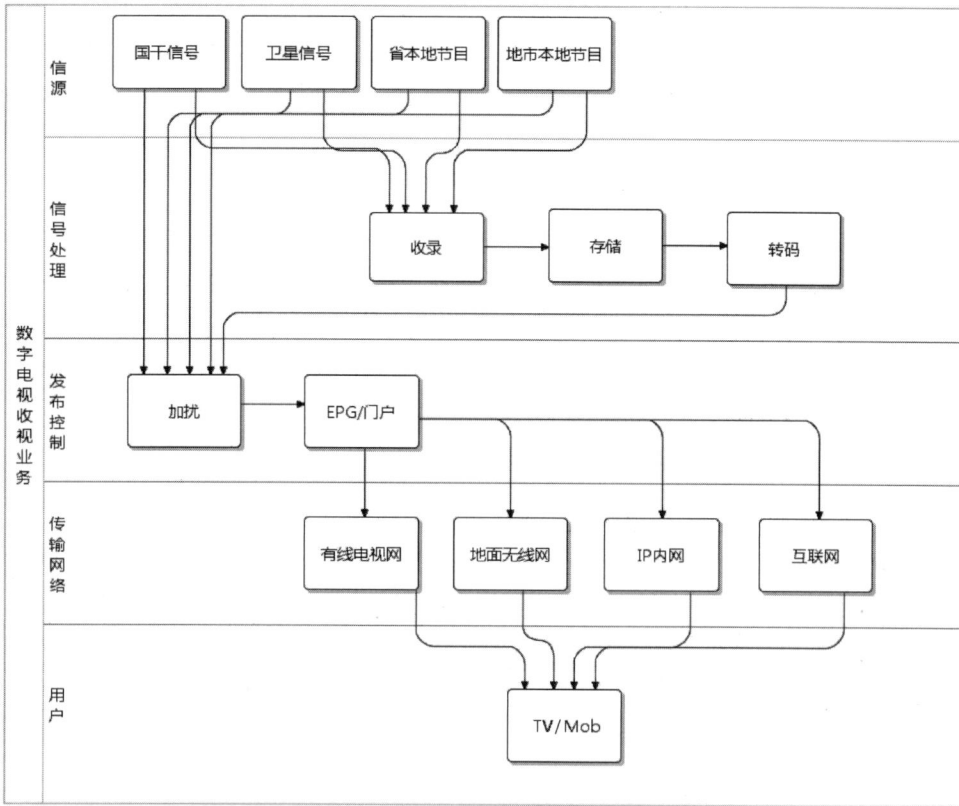

图 5-2　数字电视收视业务流程

数字电视收视业务流程的重点功能分析见表 5-1。

表 5-1　数字电视收视业务流程的重点功能分析

系　　统	功能模块	说　　明
信号处理	收录	实现内容录制
	存储	实现内容存储
	转码	实现对收录内容的转码
发布控制	EPG/门户	实现节目单及索引导航
	加扰	实现节目的加密
传输网络	有线电视网	HFC 网络
	地面无线网	数字电视地面无线网络
	IP 内网	运营商的 IP 网络
	互联网	公网
门户系统	电视门户	提供电视终端访问系统的入口
	移动门户	提供移动终端访问系统的入口

5.2 视频付费点播业务

5.2.1 业务现状简介

视频付费点播业务突破了传统电视单向传输、用户被动接收的播放模式,使用户从"看"电视转变到"用"电视,在一定程度上提高了用户的黏性。但面对越来越多的网络视频竞品,用户不满足于电视端简单的付费点播模式。传媒运营商亟待拓展移动端视频业务,提升内容数量与质量,并丰富用户的互动功能。

5.2.2 业务场景分析

视频付费点播系统分为省平台和地市平台,主要由媒资管理平台、内容聚合平台、互动 VOD 业务系统及 BOSS 组成。其中,媒资管理平台主要实现自制节目及 SP/CP 提供的元数据的收录、存储、编辑、发布等功能。内容聚合平台主要将媒资管理模块中的元数据加工整合出一份独立的聚合元数据标本库,包括影片的基本信息、属性信息及多来源的关系信息,可向下游系统提供聚合数据服务及聚合数据 API,以达成多系统的数据归一和关联调用。互动 VOD 业务系统通过节目编排、产品关联、内容分发、门户展示等功能模块为用户提供按需收看的交互式电视观看功能。视频付费点播业务场景如图 5-3 所示。

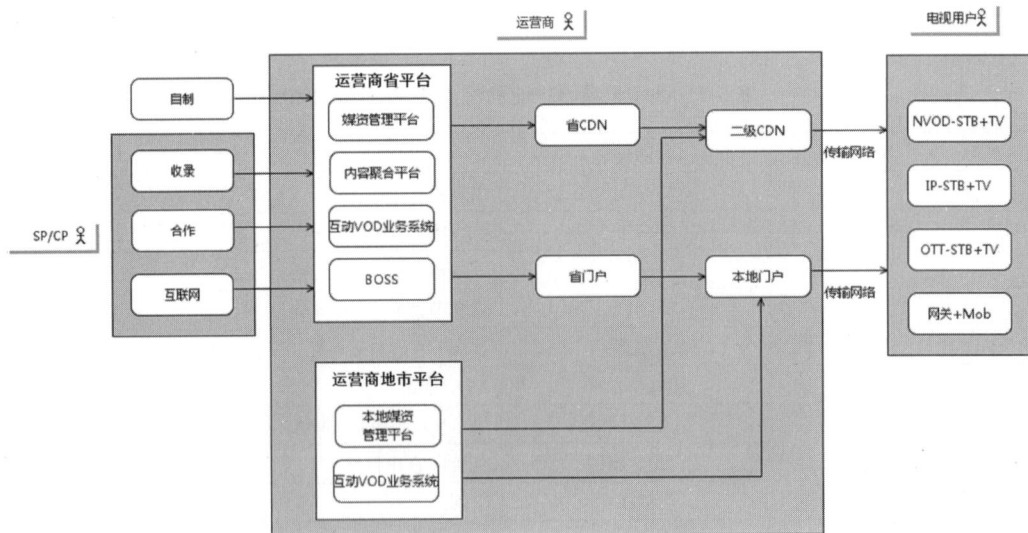

图 5-3　视频付费点播业务场景

视频付费点播业务系统应用于双向网络，打破了传统广播电视单一、被动的播放模式，使用户可以在任意时间点播自己喜欢的节目，并且实现了自己控制节目的播放进度，如快进、快退、暂停等，给用户提供了全新的收视体验。

5.2.3　业务流程分析

视频付费点播业务流程如图 5-4 所示。

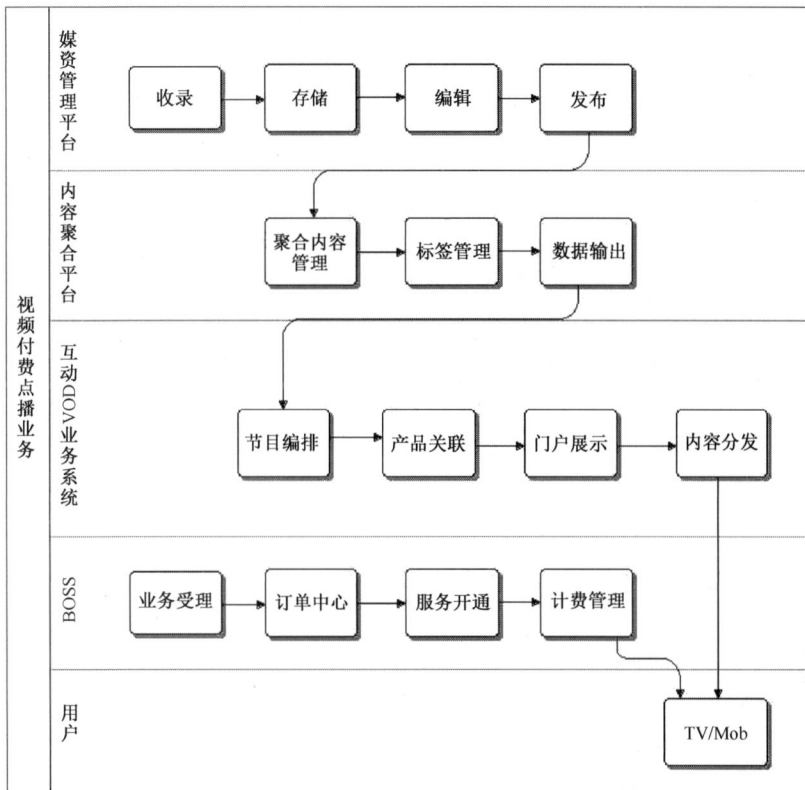

图 5-4　视频付费点播业务流程

视频付费点播业务流程的重点功能模块分析见表 5-2。

表 5-2　视频付费点播业务流程的重点功能模块分析

系　　统	功能模块	说　　明
媒资管理平台	收录	实现内容录制
	存储	实现内容存储
	编辑	实现对收录内容的剪辑
	发布	实现视频节目流的输出
内容聚合平台	聚合内容管理	通过对媒资管理模块中元数据的聚合加工整合出一份独立的聚合元数据标本库，包括影片的基本信息、属性信息及多来源的关系信息，可向下游系统提供聚合数据服务及聚合数据 API，以达成多系统的数据归一和关联调用

系　　统	功能模块	说　　明
内容聚合平台	标签管理	对元数据进行标签化分组，对标签的生成与导入进行管理
	数据输出	把节目输出到 VOD 平台
互动 VOD 业务系统	节目编排	对待发布节目的元数据进行分栏目、分组
	产品关联	对待发布节目与 BOSS 定义的产品进行关联
	内容分发	对待发布节目的媒体文件注入 CDN，进行分发
	门户展示	系统提供终端访问页面展示
BOSS	业务受理	实现产品销售的业务受理功能
	订单中心	实现对订单的分类、统计、分析
	服务开通	实现按客户要求开通相应的服务
	计费管理	实现按照计费规则进行费用合算

5.3　互动电视增值业务

5.3.1　业务现状简介

互动电视增值业务平台通常已聚合教育、居家生活、益智游戏、生活信息等适合电视端及移动端的增值业务，以提升用户 ARPU 值、增强用户黏性。部分地方会借助数据分析系统实现新片、类似影片、广告等内容的个性化推荐和投放，但受限于数据规模及分析能力，智能化程度不高。

5.3.2　业务场景分析

互动电视增值业务平台通常分为省级平台和地市平台，主要由互动 VOD 业务系统、数字电视直播系统、信息发布业务系统等组成。其中，互动 VOD 业务系统通过节目编排、产品关联、门户展示、内容分发等功能模块为用户提供按需收看的交互式电视观看功能；数字电视直播系统通过存储、转码、加扰、播出等功能模块实现节目信号实时传输；信息发布业务系统通过模板管理、内容管理、信息发布等模块为用户提供图片、文档、音乐等内容的选择性观看功能。

互动电视增值业务平台为用户提供多种交互式多媒体业务（视频、图片、文档等），支持全终端接入，如 STB、PC、Pad、Phone 等，从而满足不同需求、不同年龄段的用户。互动电视增值业务场景如图 5-5 所示。

5.3.3　业务流程分析

互动电视增值业务流程如图 5-6 所示。

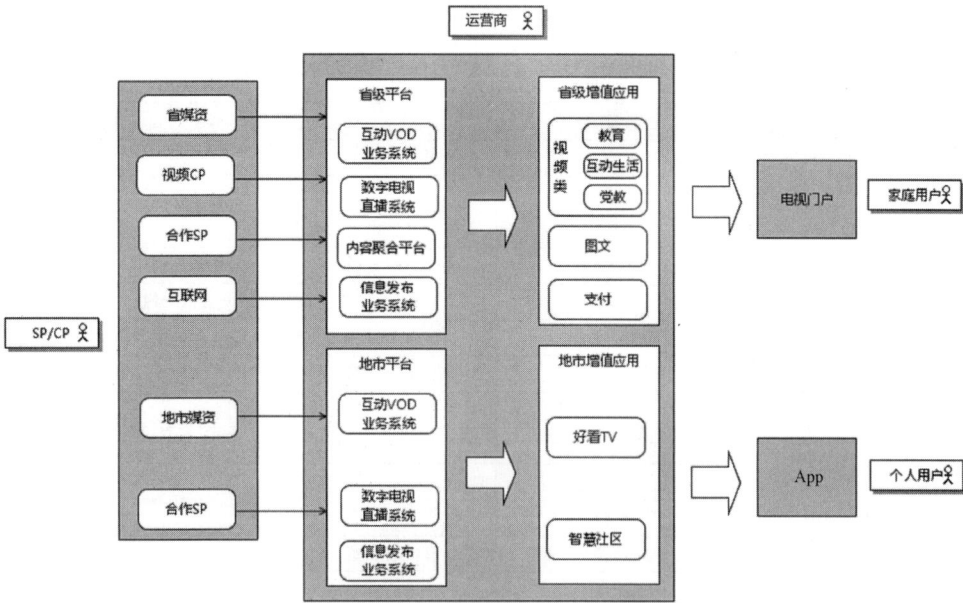

图 5-5　互动电视增值业务场景

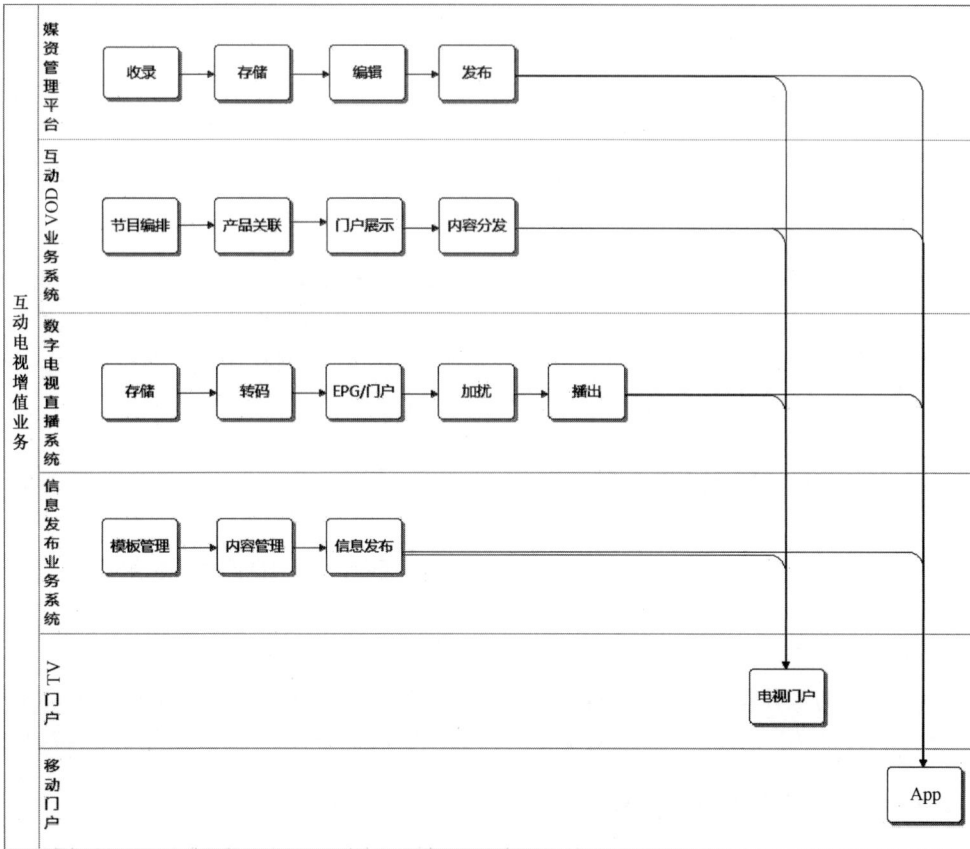

图 5-6　互动电视增值业务流程

互动电视增值业务流程重点功能模块分析见表 5-3。

表 5-3　互动电视增值业务流程重点功能模块分析

系　　统	功能模块	说　　明
媒资管理平台	收录	实现内容录制
	存储	实现内容存储
	编辑	实现对收录内容的剪辑
	发布	实现节目的发布
互动 VOD 业务系统	节目编排	对待发布节目的元数据进行分栏目、分组
	产品关联	对待发布节目与 BOSS 定义的产品进行关联
	内容分发	对待发布节目的媒体文件注入 CDN，进行分发
	门户展示	系统提供终端访问页面展示
数字电视直播系统	存储	实现内容存储
	转码	实现对收录内容的转码
	EPG/门户	实现节目单及索引导航
	加扰	实现节目的加密
	播出	实现直播频道的信号输出
信息发布业务系统	模板管理	对模板进行编辑（增、删、改等功能）
	内容管理	对待发布的图文内容进行管理
	信息发布	实现图文内容发布到门户

5.4　个人宽带接入业务

5.4.1　业务现状简介

目前电信运营商已普遍提供 FTTH 或 1000MB 宽带接入，5G 规模部署后将实现有线无线双 1000MB 入户。相比之下，传媒广电网络运营商提供的宽带接入业务，带宽通常较小，稳定性较差。"降费增速"是国家发展"宽带中国"战略提出的具体举措要求，传媒广电网络运营商必须跟进推出相应性价比的宽带产品，才能保持和增强竞争力。

5.4.2　业务场景分析

个人宽带接入业务系统主要由宽带出口链路、省 IDC、地市 IDC 及域名解析系统组成，为用户提供宽带上网业务。

用户根据自身情况（带宽需求、经济状况等）选择宽带套餐（爱家套餐、缤纷套餐或单独宽带业务），通过计算机或智能手机浏览网页、观看视频、查询资料等，同时可以通 STB 观看互动视频、付费点播或查询、浏览相关信息。个人宽带接入业务场景如图 5-7 所示。

5.4.3　业务流程分析

个人宽带接入业务流程重点功能模块分析见表 5-4。

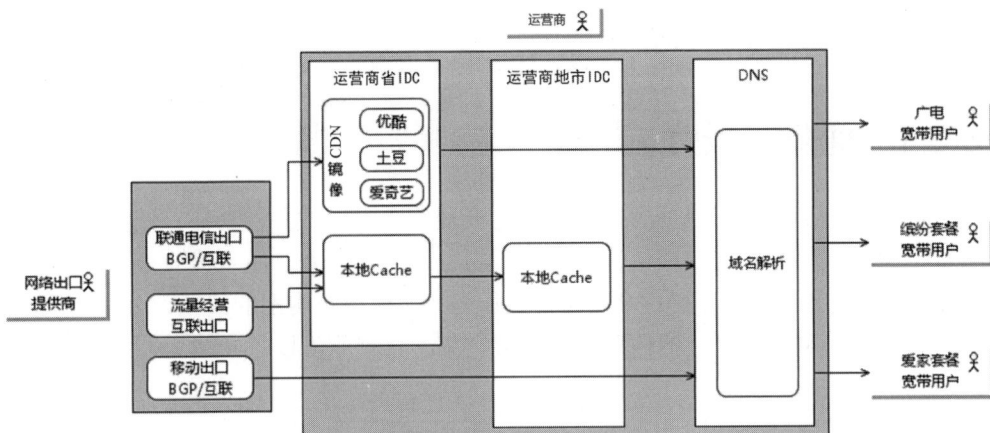

图 5-7　个人宽带接入业务场景

表 5-4　个人宽带接入业务流程重点功能模块分析

系　　统	功能模块	说　　明
DNS	域名解析	通过 DNS 实现用户域名访问与 IP 的转换
本地 Cache	本地 Cache	经用户访问过的互联网内容的本地缓存
CDN 镜像	CDN 镜像	热点互联网网站内容的本地镜像
BOSS	流量计费	按照互联入口、互联出口的流量进行计量
	费用结算	根据与移动、联通及流量经营合作伙伴的协议进行费用结算

个人宽带接入业务流程如图 5-8 所示。

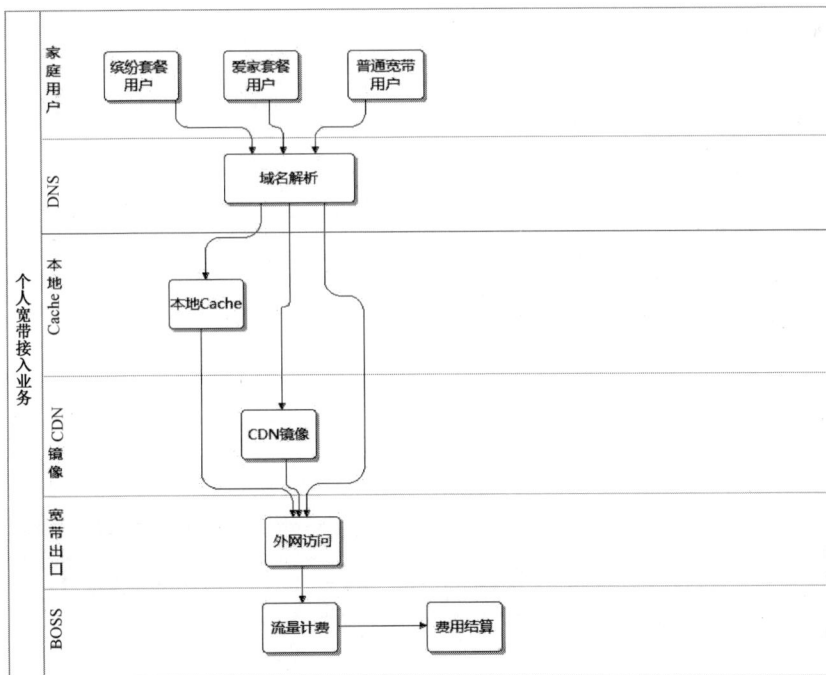

图 5-8　个人宽带接入业务流程

5.5 政企集团客户业务

5.5.1 业务场景分析

传媒网络运营商的政企集团客户业务还主要局限于专网业务的形态，能够提供智慧城市、智能交通等大规模系统集成解决方案类业务的还是极少数。主要为政企集团客户（如公安、政法委、交通等部门）提供高带宽专线服务，实现客户内部的数据、语音、视频的高质传输，保障与外网高安全性的信息交换。政企集团客户业务场景如图 5-9 所示。

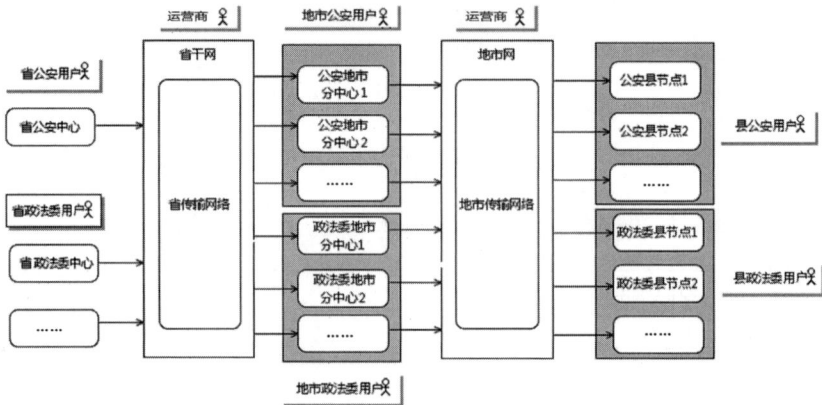

图 5-9 政企集团客户业务场景

5.5.2 业务流程分析

政企集团客户业务流程如图 5-10 所示。

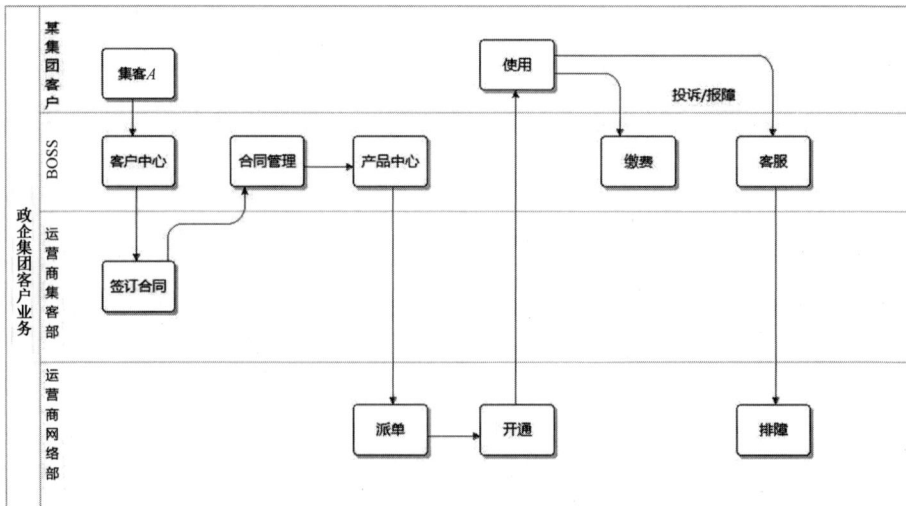

图 5-10 政企集团客户业务流程

政企集团客户业务流程重点功能模块分析见表 5-5。

表 5-5 政企集团客户业务流程重点功能模块分析

系 统	功能模块	说 明
BOSS	客户中心	客户信息包括客户、用户、账户信息 针对在网的客户、流失离网的客户、竞争对手的客户及潜在的客户，提供其基本资料的维护功能，确保客户资料的真实、准确、完整
	合同管理	实现合同的管理
	产品中心	（1）提供产品设计与研发、上市过程的管理功能 （2）提供产品资源属性、销售对象等管理功能 （3）提供产品对外销售的资费策略定义管理功能 （4）提供产品研发、预上线、发布、暂停、终止和退市等状态管理功能 （5）提供产品的销售目录、收入统计目录等多维度的多级目录管理功能
	营销中心	集客用户根据协议如期缴纳租赁费用
集客部	签订合同	实现产品销售的业务受理功能
网络部	开通	实现业务开通流程管理
	排障	对故障进行定义、分析、关联排除

第6章 传媒广电平台现状分析

第5章对传媒广电运营商的业务现状进行了分析,本章将对传媒广电运营商的典型平台现状进行分析。

6.1 传媒广电平台现状概况

目前全国传媒广电运营商多数已在成熟的 DVB-C 直播平台基础上,完成了基于 NGOD 标准的高清交互系统建设,通常采用省市两级架构,服务于全省数百万甚至上千万用户,并已经开展了一定规模的互联网接入业务,拥有数十万或百万级用户。典型传媒网络运营商平台架构如图 6-1 所示。

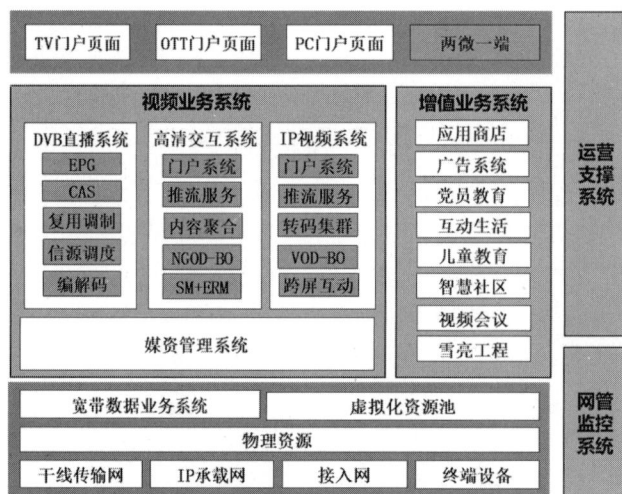

图 6-1　典型传媒网络运营商平台架构

各省市传媒运营商平台普遍存在技术落后、架构陈旧的问题,无法适应业务竞争带来的随机应变的要求。随着新一代技术如云计算、大数据、智能终端、IPv6、物联网、5G 网的逐步深入应用,传媒运营商技术体系亟待进一步升级和完善。考虑到多数传媒运营商的技术平台仍是按业务条块分割建设的,下面将分不同业务系统进行概要分析。

6.1.1 视频业务系统

视频业务是传媒广电运营商的核心业务,通常其支撑系统主要包括数字电视直播系统、媒资管理系统、高清交互系统、IP 视频系统、家庭视讯系统等。

1. 数字电视直播系统

数字电视 DVB 直播系统由省、市两级构成，通过省干传输网将直播信号分发到市级平台，传输数字电视节目 200 余套，其中高清节目超过 50 套。

2. 媒资管理系统

媒资管理系统能为内外提供内容收录、制作的基础服务，对高清交互系统、OTT 平台提供内容分发服务，基于 PB 级 FC/SAN/NAS 存储空间进行所有高清直播节目收录、拆条工作，支持每天互动电视的节目加工和发布上线。

3. 高清交互系统

高清交互系统通常由省、市两级组成，部署推流服务器集群，支撑全省数百万高清交互用户访问。系统支持高清节目的时移、回看功能。

4. IP 视频系统

IP 视频系统通常提供基于本区域的 OTT 业务，支持手机、Pad、智能电视通过内部 IP 宽带网或互联网接入，提供直播、点播、时移、回看、多屏互动等功能。

5. 家庭视讯系统

采用高清机顶盒及相应的摄像头，集成视频通信系统，通过全省传输网络，面向家庭用户提供视讯服务，如亲情宝（亲友家庭间）、看家宝（家庭安防）、家校通（远程实时监控孩子在校情况）等；也可为集团客户提供虚拟视频会议系统，实现覆盖全省的政企行业专网视频会议业务。

从多数省市来看，直播、高清交互、IP 视频、视讯等系统仍多是独立烟囱式部署，技术封闭，导致功能扩展难、新应用开发周期长、接口对接协调难，基本形成了统一的媒资管理及节目制作系统，但采集、存储、分发和调度的对外服务能力较弱。

6.1.2　增值业务系统

目前传媒运营商增值业务中，视频增值业务多基于高清交互系统，页面类业务仍以单独业务系统方式进行建设，主要基于电视端展现，在移动端的影响力和应用创新不足。

普遍已开展的智慧社区、党员教育、互动生活、儿童教育等业务尝试，积累了宝贵经验，但未形成完善的增值平台架构，在整体业务管理方面缺乏有效手段。后续须基于云平台架构，建设应用开放平台，有力支撑面向多终端的、各类增值业务的开展。

6.1.3　互联网业务系统

传媒广电运营商的互联网业务，由于无法与电信运营商实现对等互联，须购买出口资源，同时基于缓存系统、引入 CDN 镜像节点的方式，来增加本网内的资源，以保证宽带用户访问体验。

多数传媒广电运营商缺少完整的互联网业务平台，对相应的设备、端口、互联网出口、缓存流量及 DNS 调度机制等缺乏统一标准的管控，运维及网络优化能力不足。

6.1.4 集客业务系统

传媒广电运营商通常可为省内众多政企集团客户提供 SDH/MSTP/VPN 专网、互联网接入，以及视频会议、安防监控等集成服务，衍生出公安天网、雪亮工程、数字城管、集团电视 V 网、智能社区、智慧城市等多种新业态业务。

但对比电信、联通等主要的竞争对手，传媒广电运营商的集客业务多停留在网络资源出租的粗放模式，缺乏完备的平台支撑，在用户认知/品牌、客户群、互联网接入业务、移动业务、固定电话业务、IDC 及增值业务等方面存在一定差距。

6.1.5 运营支撑系统

各省市传媒运营商目前均建有 BOSS 系统，可以满足基本业务的管理需求。但由于建设时间早，系统架构落后，功能单一，开放性差，无法适应业务的快速变化和竞争激烈的需求。另外，已有的 OA、财务、HR 等内控系统，尚未与 BOSS 系统进行整合形成统一的 ERP 平台。BOSS 系统无法完全满足经营发展需要，无法完全满足公司领导对企业决策的宏观管控和数据支撑。

6.1.6 基础网络系统

1. 干线传输网

各省市广电网络干线光缆网均已实现省、市、县、乡镇四级网络全程贯通，采用 OTN、MSTP 和 SDH 技术，用于承载干线传输系统、IP 网络和有线电视传输系统，网络层级结构合理。省、市、县三级机房建设日趋规范，各中心机房基础配置相对完善。由于传输网建成时间一般都超过 10 年，存在光纤及设备老化、厂商支持不到位等问题，部分需要更新换代。

2. IP 承载网

各省市 IP 骨干承载网主要承载互联网业务，基于 MPLS VPN 技术承载内部专用网络（OA 网、BOSS 网、CallCenter 网、统一计费认证系统、省数字电视网管专网）和省应急广播专网、集客专线业务等。

由于部分汇聚和接入层设备不支持 IPv6，IPv4 公网地址不足，会对未来物联网、智慧家庭、云计算、虚拟现实等业务布局有影响。

3. 接入网

有线接入网由 HFC 和 IP 数据网组成，实现数字电视、互动电视业务及宽带数据业务传输。采用 EPON+EOC/LAN、CMTS 等技术的 IP 接入网已难以适应业务发展的要求，多种接入网架构并存也使得网络维护难度加大。接入网正向 FTTH 模式演进，Cable 网络占比逐步降低。

部分省市已开展公共 Wi-Fi 宽带数据服务，试验基于 NGB-W 的 700MHz 蜂窝无线为用户提供 IP 数据、语音、视频等业务，试验基于 Lora、NB-IoT 等技术体系的物联网业务。由于没有统一规范约束，面临 Wi-Fi 接入网络缺少统一 SSID、Portal 认证等基本管理体系等问题。物联网接入网络刚刚起步试验，尚未有完善规范的一揽子解决方案。700MHz 蜂窝无线接入网无法进行规模技术积累，随着 5G 牌照发放，中国广电网络加快发展可有望突破困局。

6.1.7 IT 基础资源现状

多数省市传媒运营商已实施了部分 IT 资源池化建设，但存在规模不大、技术水平不高、弹性伸缩能力差等问题。随着智慧媒体各种业务应用的不断增长，资源池扩展需求不断提高。

传媒广电运营商一向对安全播出高度重视。随着系统 IT 化、网络 IP 化的逐步深入，安全体系建设要求越来越高。传媒广电运营商在传统安全播出体系基础上需要进一步加强，以满足"净网"政策要求，并应对层出不穷的网络攻击威胁。

6.1.8 业务终端现状

截至 2019 年，全国各省市广电高清互动机顶盒已成为主流，标清机顶盒经过 10 余年的使用，正逐步替代下线，部分先进地区启动了 4K 超高清机顶盒推广。传媒运营商自主 App 在各类品牌智能电视机和基于手持智能设备的装机量有所增长，但未形成理想的市场占有率。

6.2 传媒广电平台问题分析

传媒广电运营商面对电信运营商 IPTV、互联网 OTT 业务的冲击暴露了不少问题，比如技术体系设计开放性有限，无论是直播的 DVB 体系还是点播的 NGOD 体系，业务开放性均未成为体系设计的主要特性。DVB 目前业务开放标准化程度低，NGOD 体系设计未考虑非自营模式，也未考虑扩展支持 OTT 能力。

传媒运营商的技术平台及业务开发实现，通常过于依赖厂家的解决方案。平台建设及改造成本高、周期长的问题，导致新业务的开发及上市时间（Time to Market）过长，影响了竞争力的提升。

6.2.1 平台开放性有限

互联网平台通常非常注重开放性，而传媒运营商则往往对此不够重视，具体体现在如下几个方面。

（1）开放性有限：DVB 直播平台、NGOD 平台开放能力低，未考虑非自营模式，面对后来居上的互联网直播、短视频业务的火热，无法快速跟进，传统优势反变成了劣势。

（2）规范性不高：系统建设及业务开发过于依赖厂商，缺乏技术规范体系对厂商解决方案的约束，造成类似功能重复建设，不同平台间互通性差，平台建设及业务开发成本高、周期长。

6.2.2 业务能力须补足

对比电信运营商，传媒广电运营商在直播业务上用户规模和用户体验略有优势，在互动电视及增值业务上已逐渐被超越，而且在用户认知/品牌、客户关系管理、互联网接入、移动端、通信业务、IDC 资源等方面都存在一定差距，这些都需要相应的先进技术平台作为支撑才能获得业务能力的提升。

6.2.3 技术架构须重构

从目前传媒广电运营商的平台架构看，大多仍采用"烟囱模式"进行建设，即每类业务开发完整独立的业务平台。传统"烟囱模式"架构如图 6-2 所示。

以"烟囱模式"建设的业务平台存在以下弊端。

（1）类似的系统功能重复建设，浪费投资。

（2）新业务开发难度较大，运营效率较低。

（3）新业务交付速度慢，不能满足增值业务快速发展的需要。

（4）跨系统的融合业务开发难度大。

（5）系统之间接口复杂，运行维护难度大。

图 6-2　传统"烟囱模式"架构

6.2.4 技术体系要换代

面对新一代 ICT 技术的快速演进，传媒广电运营商技术体系如仍停留在专用封闭的技术体系，必然会被淘汰；一系列新技术的战略性选择必须做出，才有机会变"被动式追赶"为后发领先。

（1）媒体技术换代：4K/8K、3D/VR/AR、融合媒体等新一代媒体技术正在走向成熟，传媒广电运营商须积极主导升级换代，保持媒体技术方面的领先优势。

（2）ICT 技术换代：云计算、大数据、AI、IoT、区块链、3D/VR/AR、5G 技术在产业化应用方面已走向纵深，传媒广电运营商缺乏对其演进的能力，须积极跟进以降低代际风险，在应用层面多做创新以获得局部竞争优势。

第 7 章　传媒运营商企业战略梳理

基于第 2~4 章对外部环境的分析，以及第 5、6 章对内部业务及技术现状的分析，本章将对省市级传媒运营商的企业战略进行总体梳理并给出建议以供参考。本章内容更加注重企业战略模型及分析工具的应用示例，具体传媒运营商可根据自身实际情况进行具体制定。

企业战略制定需要基于内外环境的深度思考，明确企业的愿景和使命，通过对产业链定位、竞争合作策略的分析，持续梳理优化自身业务产品体系，并将近 3~5 年的业务发展目标分解落实，以达成企业战略的有效落地。本章内容将参照以上企业战略模型进行分析和阐述。企业战略模型如图 7-1 所示。

- 愿景和使命：集中体现企业的战略定位及目标，价值观是其补充和细化。
- 产业链定位：通过分析自身资源的优劣，明确企业在产业链上的战略重点。
- 竞争合作策略：厘清上下游的竞争者及合作伙伴的利害关系，明确竞争合作策略。

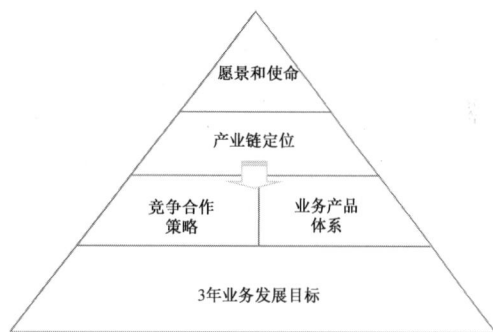

图 7-1　企业战略模型[4]

- 业务产品体系：对企业目前及近三年的业务产品进行梳理，分出优先级。
- 3 年业务发展目标：参照相关数据量化各业务产品的发展目标，作为平台建设及业务开展的依据。

7.1　传媒运营商企业愿景和使命

企业愿景、使命、价值观集中体现企业战略定位及目标，可以彰显企业文化，凝聚团队精神；愿景设计须考虑企业发展轨迹、企业资源、竞争环境、核心竞争力、利益相关者等因素，应是激动人心、聚焦、清晰、付诸行动的，而不是流于形式和口号的。

根据我们对传媒运营商情况的深入理解，以及对"五年规划"的认真解读，做出如下总结。

愿景：立足本省，成为最具影响力的融合媒体服务运营商。

使命：通过网络和媒体提供无处不在的内容和信息服务，丰富人民的生活。

价值观：客户至上，服务提供都以客户为中心；优质服务，以提供高品质和实惠的服务为骄傲；合作创新，创新是发展的动力，伟大的事通过合作产生；开放合作，与各行各业开

---

4 参考 IBM 企业战略分析工具。

放合作、共赢未来。

1. 愿景解读

（1）立足本省：3 年内立足本省，充分发挥本地化优势，为后续全国发展奠定良好基础。

（2）最具影响力：深受用户喜爱、认同，并深入用户生活的方方面面。

（3）融合媒体：融合传统媒体与新兴媒体、官方媒体与民间媒体的优势。

（4）服务运营商：不局限于网络服务、有线电视服务，更要拓展丰富的云服务。

2. 使命解读

（1）网络和媒体：实现网络运营商和广电媒体的完美结合。

（2）无处不在：不仅提供电视服务，还提供面向 TV、Mob、PC、户外大屏的泛在服务。

（3）内容和信息服务：不仅提供视频媒体内容，还提供政务、行业、民生等丰富的信息服务。

（4）丰富人民的生活：不仅是主流价值观的宣传工具，更是人民生活方方面面的贴心好助手。

7.2 传媒产业链定位分析[5]

随着传媒数字化的发展，传媒产业链参与者的不断增多，分工越来越细。无论是网络运营商（电信、移动、联通）、内容服务商（CCTV、芒果 TV），还是平台运营商（微信、爱奇艺、华数）、终端制造商（苹果、华为、小米、乐视），各方都希望基于自身优势进行上下游产业链整合，产品运营、平台运营两个核心环节竞争尤其激烈。传媒产业链定位分析如图 7-2 所示。

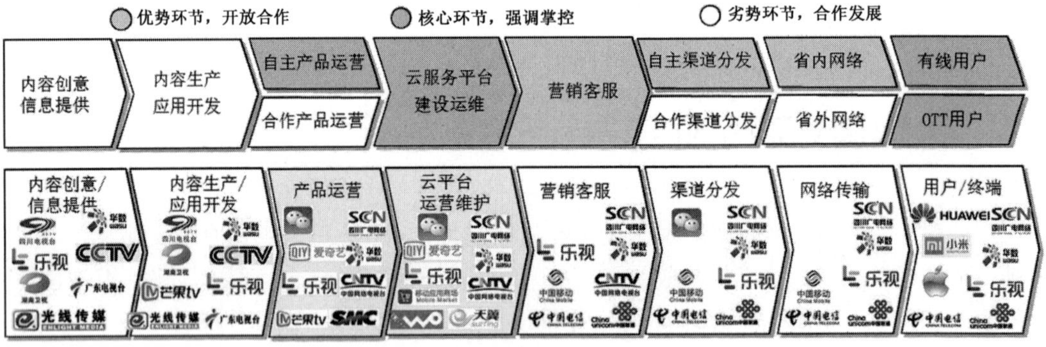

图 7-2　传媒产业链定位分析

我们将传媒运营商涉及的产业链划分为八大环节。传媒运营商既有文化传媒属性，又有信息网络属性，因此涉及的价值链较长。考虑到不同运营主体专网、公网业务的竞争，跨区域发展的互相渗透，传媒运营商的产业链定位就更加复杂了。

---

5 参考 IBM 企业战略分析工具。

分析传媒运营商自身作为区域运营商的资源优劣势，基于"融合媒体服务运营商"的战略定位，其产业链定位的建议如下。

- 优势环节：自有省内全程网络、省内用户规模基础良好、省内营销客服、自主渠道分发。
- 核心环节：自主产品运营、云服务平台建设运维、终端用户直接服务。
- 劣势环节：内容创意/信息提供、内容制作/应用开发、SP 产品运营、省外渠道分发/网络传输。

在全国各省市的传媒运营商中，湖南广电拥有优质内容资源，浙江华数业务拓展能力强，其他省市传媒在进行全国布局的则相对少。鉴于多数传媒运营商的实力现状，建议近几年以省内发展为主，发挥本地优势，潜心打磨云平台和自有产品，同时聚合上游内容和应用，为后续省外业务拓展打下扎实基础。

7.3　竞争合作策略分析[6]

通过战略控制点策略矩阵，可针对省级传媒运营商在产业链 8 个主要环节的战略重要性上，结合自有资源及能力进行相对量化的评估，可将 12 个细分环节对应划分到策略矩阵的 4 个象限。

竞争合作策略分析如图 7-3 所示。针对策略矩阵 4 个象限可采用不同的策略，以最大限度地发挥企业优势，扬长避短，更好地达成企业战略目标。

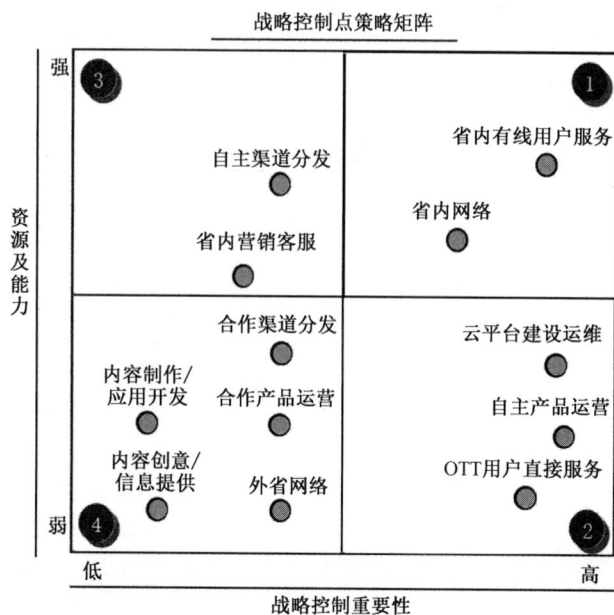

图 7-3　竞争合作策略分析

---

6 参考 IBM 企业战略分析工具。

1. 象限 1：省内网络、省内有线用户服务

- 保持优势现状，并增加投资构筑壁垒。
- 发挥省内网络及有线用户的优势，通过建设云平台进一步加以巩固，增强内容/应用聚合的能力，如 CCTV 专区、互联网电视牌照商、视频网站、本地 SP、互联网 SP 的引入。

2. 象限 2：云平台建设运维、自主产品运营、OTT 用户直接服务

- 快速弥补重要但能力不足的环节。
- 快速建设云平台并提升平台运维能力，运营商负责"搭台"，众多合作伙伴 CP/SP "唱戏"。
- 改善自主产品运营能力，在同类产品竞争中取得突破和领先优势。
- 须快速建立并提升对在有线用户之外发展的 OTT 用户直接服务的能力。
- 进一步提升技术团队、产品团队、运营团队的业务能力。

3. 象限 3：自主渠道分发、省内营销客服

- 发挥自身优势环节的潜力，进一步增强战略控制环节优势。
- 发挥省内自主渠道分发、省内营销客服体系的优势，广泛建立与上游 CP/SP 及应用开发者的合作关系，增强云平台的内容/应用聚合的能力。

4. 象限 4：内容创意/信息提供、内容制作/应用开发、合作产品运营、合作渠道分发、外省网络

- 对战略重要性低且缺乏优势的环节不投入，而选择"借船出海"策略。
- 内容创意/制作、信息提供/应用开发不是运营商的优势所在，通过增强云平台的影响力，将可增强对 CP/SP 的吸引力。
- 各类 SP 的合作产品运营工作由 SP 自己负责，传媒运营商则可提供云平台运维、自主渠道分发、省内营销客服、省内网络传输等支持。
- 当准备就绪进行省外业务拓展时，可通过广泛合作方式解决渠道分发、省外网络传输等问题。

基于以上竞争合作策略 4 象限分析，我们可进一步对产业链进行细分，并参照合作/竞争策略进行相关的利益关系分析，同时给出典型竞争/合作伙伴的建议，基于产业链定位的竞争合作策略分析见表 7-1。产业链相关企业的发展状况因时因势也会有较大的变化，这里给出的建议仅供参考，具体可据实际情况进行选择。

表 7-1　基于产业链定位的竞争合作策略分析

产业链环节	产业链细分	合作/竞争策略	利益关系	典型竞争/合作伙伴
内容创意/信息提供	内容创意	可为全国性的、本地特色的内容创意团队提供用户偏好分析数据服务 可提供用户调查、线下互动活动等服务 可在内容创意阶段，就进行用户互动环节的内容创新设计，增强用户互动体验	合作分成中体现或收取服务费用	合作 SP：政府、行业、企业、互联网企业、个人

续表

产业链环节	产业链细分	合作/竞争策略	利益关系	典型竞争/合作伙伴
内容创意/ 信息提供	信息提供	为没有应用开发能力的客户提供 SaaS 服务，向云平台提供相关信息，即可进行内容发布	合作分成中体现或收取服务费用	合作 SP：政府、行业、企业、互联网企业、个人
		通过数据采集接口对接合作的政府、行业、企业客户，作为大数据平台的数据来源，并为客户提供数据分析服务	合作分成中体现或收取服务费用	合作 SP：政府、行业、企业、互联网企业、个人
内容制作/ 应用开发	内容制作	版权内容引入，以 CP/SP 方式引入内容合作伙伴	合作分成中体现	华数、百视通、CIBN、优酷、爱奇艺 天华、迪斯尼、乐视、中影
	应用开发	开发者基于云平台开发应用，并合作运营	合作分成中体现	合作 SP：政府、行业、企业、互联网企业、个人
		第三方应用引入，云平台作为分发渠道，直接引入第三方应用	合作分成中体现	合作 SP：政府、行业、企业、互联网企业、个人
产品运营	自主产品运营	自主的基础及核心产品，在产品创新、运营创新方面与对手进行正面竞争	正面竞争	联通电信移动（宽带、IPTV、IDC、本地智慧应用）、七大 OTT 互联网电视牌照商、小米、乐视
	合作产品运营	第三方合作的产品，以合作伙伴为主负责产品运营，运营商提供支持	合作分成中体现	合作 SP：政府、行业、企业、互联网企业、个人
云平台建设运维	云平台建设	自主负责云平台总体规划及架构管理 选择有技术优势的技术合作伙伴，负责局部系统功能开发	支付软件费用、开发费用、集成费用	理念领先，局部技术有优势，了解广电及互联网业务的技术提供商
	云平台运营	为产品运营、营销客服提供平台通用的合作伙伴管理、客户管理、分账结算等运营支撑	合作分成中体现或收取服务费用	合作 SP：政府、行业、企业、互联网企业、个人
	云平台维护	为云平台的安全、稳定运行提供保障	合作分成中体现或收取服务费用	合作 SP：政府、行业、企业、互联网企业、个人
营销客服	省内营销客服	充分发挥省内营销客服优势，为自主产品、合作产品提供有力的营销客服支持	合作分成中体现或收取服务费用	合作 SP：政府、行业、企业、互联网企业、个人
	省外营销客服	借助外部销售渠道，加大自主产品、合作产品的销售	支付代理费用	当地销售代理渠道
渠道分发	自主渠道分发	充分发挥省内自主发布渠道，为自主产品、合作产品提供广泛的发布服务	合作分成中体现或收取服务费用	合作 SP：政府、行业、企业、互联网企业、个人
	合作渠道分发	借助其他第三方发布渠道，增加自主产品、合作产品的用户触达	支付渠道费用	小米、七大 OTT 互联网电视牌照商 微信、360、木蚂蚁、爱家 TV

产业链环节	产业链细分	合作/竞争策略	利益关系	典型竞争/合作伙伴
网络传输	省内网络	充分发挥省内自有网络优势，为自主产品、合作产品提供网络传输和内容分发服务	合作分成中体现或收取服务费用	合作SP：政府、行业、企业、互联网企业、个人
	省外网络	与兄弟广电网络对等互联，实现广电行业内的数据共享和跨区域内容分发	流量对冲结算	全国各省市广电网络
		专线租赁，互联网出口带宽购买/合作	支付链路费用	联通、电信、移动
		商业IDC/CDN服务购买/合作	支付流量费用	联通、电信、移动、广电网、鹏博士、世纪互联、蓝讯、网宿、东方网信
用户/终端	有线用户	省内自有用户	正面竞争	联通、电信、移动（宽带、IPTV、IDC、本地智慧应用），以及七大OTT互联网电视牌照商、小米、乐视
		与兄弟省市广电网络合作，以实现自主特色App的用户直接服务为目的	合作分成中体现	全国各省市广电网络
	OTT用户	以实现自主特色App的用户直接服务为目的，不推自主品牌的终端，与有市场规模、品质有保障的制造商广泛合作，借助其应用分发渠道，推广自主特色App	支付渠道费用或合作分成	乐视、小米、创维、华为海美迪、开博尔、美如画、迈乐、金亚、泰捷

7.4 业务产品体系梳理

7.4.1 业务产品体系

基于现有业务及行业"五年规划"计划开展的业务，结合企业愿景、产业链定位、竞合策略分析，进行智慧媒体云平台运营商业务产品体系的整体梳理，总体可分为基础业务、云平台业务、核心业务、拓展业务四大类，见表7-2。

基础业务、核心业务目前已有良好基础，云平台业务、拓展业务需要以新一代技术平台作为支撑才能有效开展。

云平台的IaaS云服务将有效提升基础业务的核心竞争力及投资回报。

云平台的融合视频云服务将有效提升核心业务中现有2C视频业务的竞争优势，并通过平台开放带来2B/2G新的业务模式。

拓展业务主要是指从传统媒体广电业务向智慧城市领域跨界发展而产生的新业务，是企业成功转型的重要支柱。此类业务的开展需要强有力的拓展能力，以获得政府的有力支持。

表 7-2　智慧媒体云平台运营商业务产品体系

类别	业务线	产品线	核心功能/应用方向	客户对象	盈利模式
基础业务	网络接入	有线电视	有线电视信号入户	家庭用户	用户付费
		固网宽带	宽带入户	家庭/个人用户	用户付费
		商业 Wi-Fi	宽带接入+屏屏通直播	政企、商户	用户付费
	网络传输	专线	纤、波、链路	政企、商户	用户付费
		VPN	MPLS VPN	政企、行业客户	
	通信	视频会议	融合通信 IMS	政企、行业客户	用户付费
		IP 语音		家庭用户	用户付费
		消息通信		个人用户	
	IDC	基础资源	大规模、高品质 IDC 机房	政企、行业客户、商户	购买服务
云平台业务	IaaS 云服务	虚拟资源	云主机、云桌面、云存储、云转码、云分发、云安全	政企、行业客户、开发者	购买服务
	PaaS 云服务	大数据服务	热点追踪、舆情分析、用户画像、经营分析等	政企、行业客户、商户	购买服务
		其他服务	AAA、支付、SNS 传播、GIS 等	政企、行业客户、开发者	购买服务
	融合视频云	全媒体视频云	提供视频内容编辑、转码、存储、管理、加密、多屏发布、CDN 分发、定制播放器、广告变现、数据分析等功能	政府：文化/交通/党建等	购买服务
				行业：传媒/教育/电商等	
		多屏直播云		演唱会、赛事、活动等	用户付费，合作分成
		品牌视频云		企业、工作室	企业付费
		视频云博客		家庭/个人用户	用户付费或广告分成
核心业务	电视直播	电视频道	直播/时移/回看/智能 EPG	家庭用户	家庭用户付费
		卫视落地		各省市电视台	电视台付费
	高清互动	影视点播	华数、HBO 等 CP 合作	主流 CP 合作	用户付费，合作分成
		视频专题	新闻综艺、生活资讯、体育教育等	电视内容加工	内容免费，广告收费
				本地视频 SP 合作	
		牌照商合作专区	IP 视频、多屏互动	七大互联网电视牌照商	用户付费，合作分成
		互联网内容聚合	网络直播聚合	主流视频网站	
	互动增值	广告	图文/视频/互动广告	家庭/个人用户	用户付费，合作分成
		游戏	小游戏、云游戏等	家庭/个人用户	
		智能推荐	个性化推荐、智能搜索	家庭/个人用户	
		多屏互动	推拉屏、手机遥控器	家庭/个人用户	
拓展业务	智慧家庭	智能家居	智能网关+家庭物联网	家庭用户、智能家电商	用户付费，合作分成
		居家养老	体检、健身、养生等	家庭用户、养老服务商	
		信息服务	信息发布+互动服务	家庭用户、信息发布客户	
		O2O 服务	信息发布+互动服务	家庭用户、商户	

续表

类别	业 务 线	产 品 线	核心功能/应用方向	客户对象	盈利模式
拓展业务	智慧社区	城市社区	对接可提供社区服务的 SP	家庭用户、社区服务商	
		智慧乡村	乡村服务、T2O 电商等	家庭用户、政府部门	
	智慧城市	雪亮工程	对接政府各部门的城市服务	政法委、家庭/个人用户	购买服务
		政务公开	对接政府各部门的城市服务	政府部门、家庭/个人用户	购买服务
		行业应用	安防监控、指挥交通、在线金融等	行业客户	购买服务
	集客业务	虚拟 V 网	宽带+定制门户+其他服务	酒店、政企客户	
		远程党教	党员教育专区+互动服务	组织部	购买服务
		精准扶贫	广播电视+宽带接入+应急广播	扶贫办	

7.4.2　业务实施优先级

以上所有业务及产品须根据战略重点及目前条件的实际情况分批逐步实施。

建议采用业务优先级评估[7]对每个产品，从对运营商自身的价值（Value From）、对客户的价值（Value To）、实施难度三个维度进行量化分析，见表 7-3。公司业务团队也可基于此方法，根据自身情况做进一步具体评估。

表 7-3　业务优先级评估

序号	产品列表	Value From								Value To							小计	实施难度			小计
		社会价值				经济价值				个人用户			行业用户					业务难度	技术难度	资源投入	
		用户规模	增长率	社会影响	服务民生	市场规模	增长率	利润率	竞争优势	使用习惯	情感价值	功能价值	品牌塑造	用户增长	收入增长						
1	网络接入-有线电视	4	3	4	3	4	1	2	4	4	4	3	3	2	2	43	10	10	9	29
2	网络接入-固网宽带	3	4	2	4	4	4	3	1	2	2	3	3	2	3	40	9	9	7	25
3	网络接入-商业 Wi-Fi	2	3	3	4	2	3	2	3	3	3	3	3	3	3	41	9	8	6	23
4	网络传输-专线	2	2	2	2	3	2	3	3	0	0	0	3	3	2	27	10	9	6	25
5	网络传输-VPN	2	3	2	3	3	3	3	3	1	1	1	3	3	2	31	9	9	8	26
6	通信-视频会议	2	3	2	3	2	3	3	3	2	2	3	2	3	4	37	8	8	7	23
7	通信-IP 语音	2	2	2	2	2	2	1	1	2	1	2	2	2	2	25	7	7	7	21
8	通信-消息通信	2	3	2	3	2	3	2	2	3	3	3	3	2	2	36	7	7	7	21
9	IDC-基础资源	2	3	3	3	2	3	3	3	0	0	0	2	2	3	28	9	9	7	25
10	IaaS-虚拟资源	4	3	3	3	3	3	2	3	2	2	3	1	3	3	39	7	6	6	19
11	PaaS-大数据服务	4	4	4	4	4	4	3	2	2	2	4	2	4	4	47	4	4	6	14
12	PaaS-其他服务	3	3	4	4	3	4	3	2	2	2	3	3	3	4	43	4	4	6	14
13	视频云-全媒体视频云	4	3	4	4	3	4	3	2	2	2	5	4	4	3	47	6	5	6	17
14	视频云-多屏直播云	3	3	4	3	3	3	2	2	3	3	3	3	3	3	41	7	8	7	22
15	视频云-视频云博客	3	3	3	3	2	3	2	2	3	2	2	2	2	3	35	9	7	6	22
16	电视直播-电视频道	5	1	5	4	4	1	2	4	2	4	2	2	2	2	45	9	10	9	28

7　参考 IBM 企业战略分析工具。

续表

| 序号 | 产品列表 | Value From | | | | | | | | Value To | | | | | | 小计 | 实施难度 | | | 小计 |
| | | 社会价值 | | | | 经济价值 | | | | 个人用户 | | | 行业用户 | | | | | | | | |
		用户规模	增长率	社会影响	服务民生	市场规模	增长率	利润率	竞争优势	使用习惯	情感价值	功能价值	品牌塑造	用户增长	收入增长		业务难度	技术难度	资源投入	
17	电视直播-卫视落地	4	1	4	3	4	1	2	4	3	3	3	4	3	2	42	10	10	9	29
18	高清互动-影视点播	4	2	3	3	4	2	3	4	3	4	4	3	2	2	43	9	9	9	27
19	高清互动-视频专题	3	3	3	3	3	2	2	4	4	4	3	3	2	2	41	9	9	9	27
20	高清互动-牌照商合作专区	3	3	3	3	3	3	2	4	4	3	3	3	2	2	40	9	9	9	27
21	高清互动-互联网内容聚合	3	3	4	3	3	2	2	4	3	3	3	3	2	2	40	9	9	8	26
22	互动增值-广告	4	3	3	3	4	3	4	3	2	1	1	4	3	4	42	8	10	9	27
23	互动增值-游戏	2	3	2	1	3	3	4	2	3	4	2	2	3	3	37	4	5	6	15
24	互动增值-智能推荐	4	3	4	4	4	3	3	4	4	4	3	4	4	4	51	5	4	4	13
25	互动增值-多屏互动	3	3	2	3	3	2	3	2	3	3	2	2	2	2	35	7	8	8	23
26	智慧家庭-智能家居	4	4	4	5	4	4	3	4	4	4	4	4	4	4	56	5	5	4	14
27	智慧家庭-居家养老	4	4	4	4	3	4	3	4	3	3	3	3	3	3	48	5	5	4	14
28	智慧家庭-信息服务	4	4	4	4	4	4	3	4	3	3	4	4	3	3	48	6	8	8	22
29	智慧家庭-O2O服务	4	4	3	4	4	4	4	4	3	3	3	4	2	2	48	4	5	5	14
30	智慧社区-城市社区	4	4	4	5	4	4	3	4	4	4	4	4	4	4	55	7	4	4	15
31	智慧社区-智慧乡村	4	4	4	5	4	4	3	4	4	4	4	4	4	4	56	7	6	5	18
32	智慧城市-雪亮工程	3	3	4	5	2	2	2	3	3	3	3	3	2	2	38	7	8	6	21
33	智慧城市-政务公开	4	3	4	5	3	3	3	4	4	4	4	4	3	3	47	8	7	7	22
34	智慧城市-行业应用	3	3	4	4	3	3	3	4	4	4	4	4	2	2	47	5	5	6	16
35	集客业务-虚拟V网	2	2	2	2	2	2	2	3	2	3	3	2	2	2	30	8	9	9	26
36	集客业务-远程党教	3	2	3	2	2	2	2	4	2	2	4	5	2	1	37	8	9	10	27
37	集客业务-精准扶贫	4	3	5	5	4	2	1	5	3	4	5	4	2	1	48	8	9	7	24
		每项 5 分制打分															每项 10 分制打分			

7.4.3 业务发展阶段

对于传媒运营商业务产品体系中的每项产品，根据其综合价值及实施难易程度，基于上一节的量化评估结果，可投射形成业务产品优先级评估矩阵，如图 7-4 所示。大体可将业务发展分为三个阶段。

第一阶段：建设基础条件及融合媒体云平台，综合考虑传媒视频服务，对外提供视频云服务。

第二阶段：平滑扩展到完整的云平台架构，快速实现现有业务及新媒体业务、视频增值服务等能力。

第三阶段：在完整云平台的基础上，集中精力拓展传媒广电的政府及增值业务，承接更多新业务，积极参与智慧城市、智慧社区、智慧家居等综合性项目建设运营，成为智慧城镇的重要组成部分，并与其他媒体云平台实现跨区域互联，将业务拓展到全国各地，提供更多、更丰富的服务内容，满足客户需求。

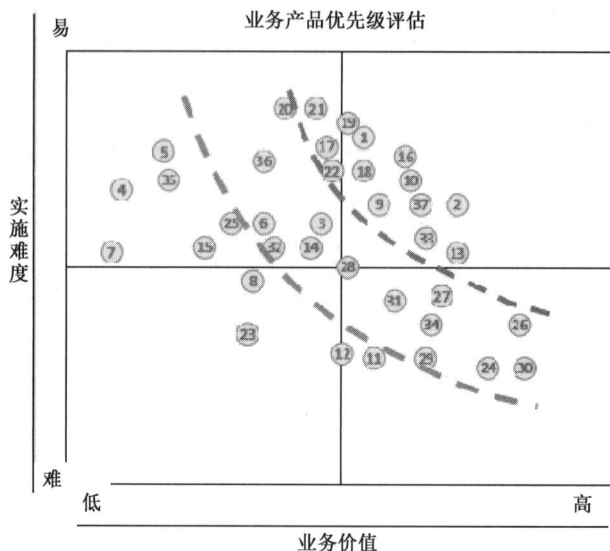

图 7-4　业务产品优先级评估矩阵[8]

7.5　企业发展关键能力建设

传统媒体运营商正处于战略转型的关键阶段。基于前文的企业战略及业务策略梳理，可发现，面对激烈的产业竞争能否获得成功，取决于以下三个关键因素。

（1）产品：跨界融合的创新产品、差异化的优质产品、丰富的合作产品体系。

（2）客户：满足客户的差异化需求，提供良好的服务体验，扩大用户规模及市场份额。

（3）平台：双向网络的高渗透率、强大的云平台支撑、优质的终端及应用。

企业战略的执行依赖于团队的有效组织。传媒运营商要将以上三大关键因素落到实处，需要相匹配的团队组织及执行能力。各省市传统主流媒体多数是国有体制，普遍存在人员积极性不高、创新力不足的问题。面对互联网新媒体、电信运营商等竞争对手，必须建立对人才的有效激励机制，吸引关键人才，组织培养团队，将企业发展的关键能力建设切实做好。企业发展关键能力建设如图 7-5 所示，下面做进一步说明。

1. 战略及执行力

● 　正确的总体战略方向、业务运营策略、平台技术策略。

● 　高效的企业管理机制、团队执行力。

● 　获得政府的大力支持，建立良好的上下游产业链协作关系。

---

8 参考 IBM 企业战略分析工具。

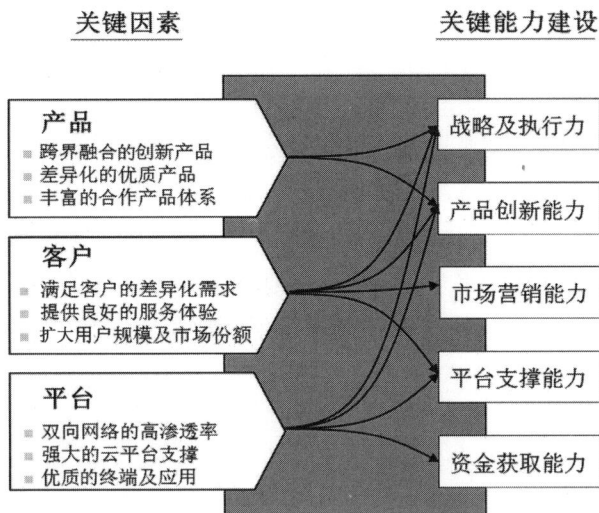

图 7-5　企业发展关键能力建设

2. 产品创新能力

● 实现自主产品的持续创新及优化，增强互动功能及用户体验，强化品牌。

● 通过合作引入具备资源优势的合作伙伴，共同开发媒体、政务、行业、民生应用。

● 基于云平台吸引大量开发者，共同进行产品策划、创新、试错，丰富业务产品体系。

3. 市场营销能力

● 建立完善的营销客服体系，让企业团队冲劲足，提高客户满意度。

● 基于云平台建立强大的市场洞察力，开展更加高效、精准的销售活动。

● 通过日常的创新性营销措施，在各个细分市场的争夺战中取得主动和胜利。

4. 平台支撑能力

● 有效落实总体规划，建立架构开放、弹性扩展、功能强大的云端技术平台。

● 紧密跟进云计算、大数据、HTML5/VR/AR 等新技术，持续提升平台能力，为产品创新、市场营销、企业管理提供有力支撑。

● 建立强大的云平台运维团队，保障平台稳定、高效运行。

5. 资金获取能力

● 通过自主的基础、核心、拓展业务的有效运营，带来持续增长的现金流。

● 通过跨界拓展业务领域，积极参与智慧城市建设，获得政务、行业、民生类业务收入。

● 从多个渠道获取快速发展所需的资金，确保资金对战略布局、平台建设、业务发展的支持。

7.6　业务策略调整建议

2017—2019 年是全国传媒广电网络业务快速下行的阶段，各省市都面临类似的阵痛和发展困境。格兰研究与国网业务部联合发布的《中国有线电视行业发展公告 2018 第四季度》显示，2018 年我国收视多元化特征越发明显，其中有线电视用户总量达到 22316 万户，全年减少 2319.6 万户，同比降幅达到 8.7%，有线电视用户负增长加速。在全网用户大量流失、收入骤减、新业务开发不利的情况下，业务竞争力被严重削弱。之前制定的相对激进的业务策略须适当放缓，转攻势为守势，以实现当下的脱困。

举措 1：收缩战线，力保有线电视、高清互动、宽带接入收入生命线和政企集客业务；除融合媒体云平台等关键技术平台外，降低次要建设投入及无谓损耗。

举措 2：大幅裁员 30%，可采用 N+1 赔补方案鼓励冗余人员下岗，提高重点岗位薪资，优化人才结构，提高执行力。

举措 3：以鼓励内部创业方式推进核心增值业务、拓展业务的创新，以 N+1 赔补金作为入股资金，鼓励青年优秀员工创业，保留编制，允许团队占大股。

受制于目前传统媒体平台运营商的国有体制，企业活力不足，自救难度大，须寻求外部战略合作，以获得新的发展转机。

转机 1：通过外部战略合作，借力发展传统媒体平台相关的 VR/AR/AI 等新兴技术及业务。

转机 2：通过与省内其他国有资本合作，发挥传统媒体平台存量优势，寻求其他业务的突破。

转机 3：借中国广电网络强力整合之机，对省市广电运营商资产进行并购、重组，纳入全国广电网络。

随着新一代 ICT 技术的快速发展，市场格局也在快速变化。企业战略及业务策略须依据外部环境、内部实际情况，适时做出相应调整。

第 8 章　智慧媒体云平台建设价值

科技发展的大潮滚滚向前，一刻都不停歇。在 TMT 行业各细分领域融合发展、跨界竞争的丛林法则下，适者生存，劣者淘汰。无论企业过去如何辉煌，都需要面对后来者的挑战；如企业不能适应市场竞争，不能获得广大用户，尤其是新生代用户的青睐，终将被时代无情抛弃。

媒体的竞争，表面上看是内容和产品的竞争，但随着新型关键技术的不断应用，支撑平台的重要性及价值日益凸显。智慧媒体云平台是传媒行业发展规划中的重点，不仅是传媒运营商自身业务发展的重要支撑平台，也将成为传媒行业乃至城镇信息化基础支撑的重要组成部分。智慧媒体云平台项目建设势在必行，且意义重大。

8.1　传媒运营商技术升级的重要举措

格兰研究与中国广电国网业务部联合发布的《中国有线电视行业发展公告 2019 第三季度》显示：有线电视用户自 2016 年以来持续减少，双向网及互动电视渗透率逐年提升。截至 2019 年 9 月，全国有线电视用户为 2.12 亿户，数字电视用户为 1.93 亿户，双向网覆盖用户为 1.77 亿户，双向网转化用户为 1.03 亿户，互动电视用户为 6980.9 万户，宽带用户为 4163 万户，直播星用户达 12527.9 万户。

工信部发布的《2019 年通信业统计公报》显示：三家基础电信运营商的固定宽带接入用户总数达 4.49 亿，100Mbit/s 及以上接入用户总数达 3.84 亿，占固定宽带用户总数的 85.4%。其他运营商宽带用户数约 5000 万。移动电话用户总数达 16 亿，其中 4G 用户总数达到 12.8 亿，占比 80.1%。电信运营商 IPTV 连续 6 年加速发展，自 2016 年突破 1 亿户大关后，2019 年用户数达 2.94 亿。

《2020 年中国智慧大屏发展预测报告》显示，OTT 用户连续 7 年稳定增长，OTT 终端激活规模已达 2.6 亿台，其中智能电视激活量为 21604 万台，OTT 盒子达 4384 万台。

随着网络环境的不断完善及智能终端的进一步普及，移动互联网应用向用户各类生活需求深入渗透，促进手机上网使用率增长。《第 44 次中国互联网发展报告》显示，截至 2019 年 6 月，我国网络视频用户规模达 7.59 亿户，较 2018 年年底增长 3391 万户，占网民整体的 88.8%。我国网民规模达 8.54 亿人，互联网普及率达 61.2%。其中手机网民规模达 8.47 亿人。手机已取代电视成为第一媒体终端。

传媒广电网络的主要收入来自家庭电视用户，在面临互联网 PC、手机终端分流的同时，还面临电信运营商 IPTV 及互联网电视 OTT 的直接竞争。市场上的此消彼长，无疑给传媒广电网络造成巨大的竞争压力，传媒广电网络运营商不得不面临用户数增长停滞甚至负增长、存量用户开机率下降、收入增长乏力、业务转型方向不明等严峻问题。因 IPTV 获得快速增长的传媒广电播控平台业务，由于缺乏有效的平台支撑，在与电信运营商合作过程中也相对被动。

传媒广电运营商的云服务平台建设、应用创新和业务拓展都仍在探索过程中，核心竞争力仍相对较弱。从业务和技术角度来分析，缺乏扎实强大的技术平台支撑，技术体系存在明显短板，是其中较为重要的因素。因此，如何积极采用云计算、大数据、物联网等先进技术，快速完成技术平台的升级改造，是传媒广电运营商的当务之急。

8.2 传媒行业业务转型的重要支撑平台

基于前面章节的分析，可以更加清晰地看到传统媒体运营商与竞争对手的差距，也可更为清晰地了解企业自身现状与企业战略目标之间的差距。智慧媒体云平台的建设，首先要缩小与竞争对手之间的技术差距，并尽力追赶或超越。但在技术平台之上，如不能实现传媒和文化产业资源的有效聚集，不能进行行业业务范围的跨界创新，不能构建起开放的行业生态，那传统媒体的转型依然无法破局。智慧媒体云平台的建设，不仅要支撑媒体运营商自身业务，也要考虑对传媒行业业务转型的支撑。我们需要对传媒行业面临的重大问题给出解决方案。

1. 传统媒体转型还未探索出成功模式

大多省市传媒行业进入下行线，广播电视台的广告运营收入持续下滑，尽管每年由 IPTV 业务可获得收益分成，但仍未实现真正的媒体融合平台，传统媒体生产流程、业务形态还没有跟上广大用户需求的变化，未探索出有效的转型业务模式。各地市县传媒行业的形势则更为严峻，直接面临生存的问题。

2. 跨界融合的公共服务应用创新不足

各省市传媒行业的新闻出版、广播电视、电影、文化创意等业务各自独立发展，尚未有效协同并产生"化学反应"，须积极探索交叉合作的融合创新模式。传媒行业与外部的跨界融合创新已进行了"雪亮工程"等项目的有益尝试，但与旅游、教育、地产、交通城管、环保水利、国土住建、公安、工商、民政等行业和部门的跨界合作仍未有效开展，惠及民生的公共服务类应用创新、业务拓展的潜力仍未被真正发掘出来。

3. 还未形成传媒行业生态

各省市传媒行业还没有建立起用户基数过千万、功能强大的开放云平台。单个省市的规模不足以与互联网业务体量相抗衡，全国范围内媒体云平台互联互通的布局尚未出现。没有数千万、上亿用户规模的统一市场，将无法吸引大量开发者、合作伙伴前来进行应用开发、运营、创新；产业不能上规模，行业生态也将很难快速形成。

4. 尚未孕育出大型传媒集团

中共中央宣传部和国家领导层面提出要求，传统媒体与新兴媒体融合发展要首先在局部区域取得突破性进展，形成几种基本模式。2020 年，媒体融合发展要取得全局性进展，建成多个形态多样、手段先进、具有竞争力的新型主流媒体，打造出数家拥有较强实力的新型媒体集团，基本形成布局合理、竞争有序、特色鲜明、形态多样并具有可持续发展能力的中国媒体融合新格局。

目前传统媒体行业尚未孕育出具有全球影响力的新型传媒集团，在国内由各省市传媒发展的具备全国影响力的新型传媒集团也寥寥可数。

我国文化资源进入大整合时期。文化资源的行政化配置已不适应社会主义市场经济体制，这种不适应不仅造成了地区封锁，还造成了行业垄断，最终对文化企业非常不利，表现为现有的文化企业普遍弱小、同构化严重。文化体制改革方向应该是打破这种桎梏，让市场机制更多地在文化资源配置上起基础性作用。但是，市场机制也有弊端。为了充分发掘传媒及文化产业的潜力，主管部门加强规划及调控引导，研究和制定文化产业发展的布局规划将非常必要。各省市传媒行业的产业龙头企业主要有广播电视台、广电网络公司、报业集团、出版集团、新华发行集团、电影集团、党建期刊集团等实体。省新闻出版广电局及各地市文广新局管理的新闻出版、广播电视、文化艺术团体、文物博物馆、图书馆、文化馆（站）、美术馆（画院）等资源，以及各类相关的社会企业不计其数，具备巨大的产业潜力。根据国家统计局 2012 年颁发的《文化及相关产业分类》标准[9]，文化及相关产业大体被分为以下十大类。

- 新闻出版发行服务：新闻、出版、发行。
- 广播电视电影服务：广播电视、电影和影视录音。
- 文化艺术服务：文艺创作与表演、图书馆、档案馆、文化遗产保护、群众文化、文化研究等。
- 文化信息传输：互联网信息、增值电信服务、广播电视传输。
- 文化创意与设计：广告、文化软件（含动漫游戏）、建筑设计、专业设计等。
- 文化休闲娱乐：景区游览、娱乐休闲、摄影扩印等。
- 工艺美术品的生产：工艺美术品制造/销售、园林陈设艺术及制造、文物鉴赏等。
- 文化产品生产的辅助生产：版权、印刷、文化经纪代理、文化贸易代理/拍卖、文化出租、会展等。
- 文化用品生产：办公用品、乐器、玩具、游艺器材及娱乐用品、视听设备等。
- 文化专用设备生产：印刷专用设备、广播影视设备、舞台照明等。

各省市传媒行业须考虑如何构建起"大众创业、万众创新"的有利于文化及传媒行业创新的生态环境，充分发挥龙头企业的带动和平台支撑作用，同时大力调动行业内各级机构、企业实体及社会资源共同参与，快速、有效地进行"智慧媒体"和"融媒体"的应用创新，并切实做好业务经营和持续发展。

各省市传媒行业面向媒体融合发展的整体转型，要合力打造传媒行业生态，扩大产业规模，急需一个千万级用户基数、功能强大的开放媒体云平台。在文化传媒行业中，通常传媒广电运营商是 IT 基础设施条件最好的大型龙头企业，最有条件承担此重任。

---

9 国家统计局设管司. 文化及相关产业分类（2012），2012.

8.3　实现智慧媒体与智慧城市的有机融合

智慧城市是近年来全国布局的一个超大产业生态。传媒广电运营商作为各省市政府的直属机构，肩负着党和国家政治宣传、文化传播、信息公共服务等职能，在智慧城市建设中可承担为政务应用、行业应用、民生应用提供传播和信息发布渠道的任务。

全国信息技术标准化技术委员会 2014 年发布的《中国智慧城市标准化白皮书》中指出，智慧化应用的建设可以促进各行业信息化和智慧化的发展，比如智慧政务、智慧交通、智慧园区、智慧教育、智慧医疗、智慧社区、智慧家居等方案，为社会公众、企业用户、城市管理决策用户等提供整体的信息化应用和服务，促进城市实现智能化运行、高效的社会管理和普适的公共服务，同时可以带动城市的现代化产业体系发展。中国智慧城市标准体系中管理与服务部分，初步规划了电子政务、市场监管、公共安全、应急管理、国土管理、人口管理、社区管理、房产管理、交通管理、物流服务、教育服务、文化服务、医疗卫生服务、劳动就业服务、社会保障服务、养老服务、住房保障服务、旅游服务、金融服务和电子商务共 20 个子类标准。

媒体平台运营商通过建设"智慧媒体云"，积极参与智慧城镇的建设，基于智慧媒体云平台、下一代广播电视网（NGB）、家庭大数据服务平台、智慧家庭物联网平台等工程，与智慧城市建设中各行业的智慧应用进行融合创新，融入更大的智慧城市产业生态，实现共同繁荣发展。

智慧媒体云平台的建设，顺应应用创新跨界融合发展的趋势，有利于传媒产业生态与智慧城市产业生态的构建。在传媒行业"五年规划"具体执行的过程中，需要从传媒行业产业布局的高度审视、定位媒体平台运营商的地位和作用，认真理解"智慧媒体"与"智慧城市"的关系。

8.3.1　智慧媒体是智慧城市的重要组成部分

随着我国城镇化建设的加速发展，许多地区"城市病"问题日益严峻。为解决城市发展难题，实现城市可持续发展，建设智慧城市已成为当今世界城市发展不可逆转的历史潮流。2014 年国务院发布了《关于深入推进新型城镇化建设的若干意见》，城镇化建设作为重大创新和投资的驱动力，已成为重要的国家战略。

在多个部委的积极推动下，目前作为智慧城市试点的城市已超过 400 个，其中 310 个城市跟移动、电信、联通三大运营商签署了战略合作协议。这其中传媒行业参与较少，只有湖北、陕西、浙江等少数省市的广电网络有所行动。

早期的智慧城市应用通常分为政务服务、行业服务、民生服务三大类，主要完成城市政务综合管理、优化城市产业结构、提升城市公共服务水平。2014 年《国家新型城镇化规划 2014—2020》[10]对智慧城市的重点建设方向给出了要求。智慧城市建设方向见表 8-1。

表 8-1　智慧城市建设方向

信息网络宽带化： 　推进光纤到户和"光进铜退"，实现光纤网络基本覆盖城市家庭，城市宽带接入能力达到 50Mbit/s，50%家庭达到100Mbit/s，发达城市部分家庭达到 1Gbit/s。推动 4G 网络建设，加快城市公共热点区域无线局域网覆盖
规划管理信息化： 　发展数字化城市管理，推动平台建设和功能拓展，建立城市统一的地理空间信息平台及建（构）筑物数据库，构建智慧城市公共信息平台，统筹推进城市规划、国土利用、城市管网、园林绿化、环境保护等市政基础设施管理的数字化和精准化
基础设施智能化： 　发展智能交通，实现交通诱导、指挥控制、调度管理和应急处理的智能化。发展智能电网，支持分布式能源的接入、居民和企业用电的智能管理。发展智能水务，构建覆盖供水全过程、保障供水质量安全的智能供排水和污水处理系统。发展智能管网，实现城市地下空间、地下管网的信息化管理和运行监控智能化。发展智能建筑，实现建筑设施、设备、节能、安全的智慧化管控
公共服务便捷化： 　建立跨部门跨地区业务协同、共建共享的公共服务信息服务体系。利用信息技术，创新发展城市教育、就业、社保、养老、医疗和文化的服务模式
产业发展现代化： 　加快传统产业信息化改造，推进制造模式向数字化、网络化、智能化、服务化转变。积极发展信息服务业，推动电子商务和物流信息化集成发展，创新并培育新兴业态
社会治理精细化： 　在市场监管、环境监管、信息服务、应急保障、治安防控、公共安全等社会治理领域，深化信息应用，建立完善相关信息服务体系，创新社会治理方式

　　同时，更加强调人文城市建设，发掘城市文化资源，强化文化传承创新，把城市建设成为历史底蕴厚重、时代特色鲜明的人文魅力空间。注重在旧城改造中保护历史文化遗产、民族文化风格和传统风貌，促进功能提升与文化文物保护相结合。注重在新城新区建设中融入传统文化元素，与原有城市自然人文特征相协调。加强历史文化名城名镇、历史文化街区、民族风情小镇文化资源挖掘和文化生态保护，传承和弘扬优秀传统文化，推动地方特色文化发展，保存城市文化记忆。培育和践行社会主义核心价值观，加快完善文化管理体制和文化生产经营机制，建立健全现代公共文化服务体系、现代文化市场体系。鼓励城市文化多样化发展，促进传统文化与现代文化、本土文化与外来文化交融，形成多元开放的现代城市文化。人文城市建设重点见表 8-2。

10　中共中央国务院. 国家新型城镇化规划 2014—2020. 新华社，2014-3-16.

表 8-2　人文城市建设重点

文化和自然遗产保护：
加强国家重大文化和自然遗产地、国家考古遗址公园、全国重点文物保护单位、历史文化名城名镇名村保护设施建设，加强城市重要历史建筑和历史文化街区保护，推进非物质文化遗产利用设施建设
文化设施：
建设城市公共图书馆、文化馆、博物馆、美术馆等文化设施，每个社区配套建设文化活动设施，发展中小城市影剧院
体育设施：
建设城市体育场（馆）和群众性户外体育健身场地，每个社区有便捷实用的体育健身设施
休闲设施：
建设城市生态休闲公园、文化休闲街区、休闲步道、城郊休憩带
公共设施免费开放：
逐步免费开放公共图书馆、文化馆（站）、博物馆、美术馆、纪念馆、科技馆、青少年宫和公益性城市公园

在加强和创新社会治理方面，提出创新立体化社会治安防控体系，改进治理方式，促进多部门城市管理职能整合，鼓励社会力量积极参与社会治安综合治理。完善城市应急管理体系，加强防灾减灾能力建设。在《国家智慧城市（区、镇）试点指标体系》[11]中也可看出，传媒广电行业在网络基础设施、公共平台与数据库、历史文化保护、政务服务、基本公共服务、智能应急、智慧社区、智能家居、现代服务业等方面均承担有重要业务。智慧媒体是智慧城市/城镇化建设中不可或缺的重要组成部分。国家智慧城市（区、镇）试点指标体系见表 8-3。

表 8-3　国家智慧城市（区、镇）试点指标体系

一级指标	二级指标	三级指标	指标说明
保障体系与基础设施	保障体系	智慧城市发展规划纲要及实施方案	智慧城市发展规划纲要及实施方案的完整性和可行性
		组织机构	成立专门的领导组织和执行机构，负责智慧城市创建工作
		政策法规	保障智慧城市建设和运行的政策法规
		经费规划和持续保障	智慧城市建设的经费规划和保障措施
		运行管理	明确智慧城市的运营主体并建立运行监督体系
	网络基础设施	无线网络	无线网络的覆盖面、速度等方面的基础条件
		宽带网络	包括光纤在内的固定宽带接入，提供宽带服务的基础设施
		下一代广播电视网	下一代广播电视网络建设和使用情况
	公共平台与数据库	城市公共基础数据库	建设城市基础空间数据库、人口基础数据库、法人基础数据库、宏观经济数据库、建筑物基础数据库等公共基础数据库
		城市公共信息平台	建设能对城市各类公共信息进行统一管理、交换的信息平台，满足城市各类业务和行业发展对公共信息交换/服务的需求
		信息安全	智慧城市信息安全的保障措施和有效性

11　住房和城乡建设部. 国家智慧城市（区、镇）试点指标体系[N]. 中国建设报，2012-12-10.

续表

一级指标	二级指标	三级指标	指标说明
智慧建设与宜居	城市建设管理	城乡规划	编制完整合理的城乡规划，并根据城市发展的需要，制定道路交通规划、历史文化保护规划、城市景观风貌规划等具体的专项规划，以综合指导城市建设
		数字化城市管理	建有城市地理空间框架，基于国家相关标准的数字化城市管理系统、完善的考核和激励机制，实现区域网格化管理
		建筑市场管理	通过制定建筑市场管理的法律法规，利用信息化手段促进政府在建筑勘察、设计、施工、监理等环节的监督和管理能力提升
		房产管理	通过制定和落实房产管理的有效政策，并利用信息技术手段进行房产管理，促进政府提升在住房规划、房产销售、中介服务、房产测绘等多个领域的综合管理服务能力
		园林绿化	通过遥感等先进技术手段的应用，提升园林绿化的监测和管理水平，提升城市园林绿化水平
		历史文化保护	通过信息技术手段的应用，促进城市历史文化的保护水平
		建筑节能	通过信息技术手段的应用，提升城市在建筑节能监督、评价、控制和管理等方面的工作水平
		绿色建筑	通过制定有效的政策，并结合信息技术手段的应用，提升城市在绿色建筑的建设、管理和评价等方面的水平
	城市功能提升	供水系统	利用 IT 手段对从水源地监测到龙头水管理的整个供水过程实现实时监管，制定合理的信息公示制度，保障居民用水安全
		排水系统	生活、工业污水排放，城市雨水收集、疏导等方面的排水系统设施建设，以及利用现代 IT 手段提升其整体功能的状况
		节水应用	城市节水器具的使用和水资源的循环利用情况，以及利用现代信息技术手段提升其整体水平的发展状况
		燃气系统	城市清洁燃气使用的普及状况，以及利用现代信息技术手段提升其安全运行水平的发展状况
		垃圾分类与处理	社区垃圾分类的普及情况及垃圾无害化处理能力，以及利用现代信息技术手段提升其整体水平的发展状况
		供热系统	北方城市冬季供暖设施的建设情况，以及利用现代信息技术手段提升其整体水平的发展状况
		照明系统	城市各类照明设施的覆盖面和节能自动化应用程度
		地下管线与空间综合管理	实现城市地下管网数字化综合管理、监控，并利用三维可视化等技术手段提升管理水平
智慧管理与服务	政务服务	决策支持	建立支撑政府决策的信息化手段和制度
		信息公开	通过政府网站等途径，主动、及时、准确公开财政预算决算、重大建设项目批准和实施、社会公益事业建设等政府信息
		网上办事	完善政务门户网站的功能，扩大网上办事的范围，提升网上办事的效率
		政务服务休系	各级各类政务服务平台的连接与融合，建立上下联动、层级清晰、覆盖城乡的政务服务体系

一级指标	二级指标	三级指标	指标说明
智慧管理与服务	基本公共服务	基本公共教育	通过制定合理的教育发展规划，利用 IT 手段提升目标人群获得基本公共教育服务的便捷度，促进教育资源覆盖和共享
		劳动就业服务	通过法规和制度的不断完善，结合现代信息技术手段的应用，提升城市就业服务的管理水平，通过建立就业信息服务平台等措施提升就业信息的发布能力，加大免费就业培训的保障力度，保护劳动者合法权益
		社会保险	通过信息技术手段的应用，在提升覆盖率的基础上，通过信息服务终端建设，提高目标人群享受基本养老保险，基本医疗保险，失业、工伤和生育保险服务的便捷程度，提升社会保险服务的质量监督水平，提高居民生活保障水平
		社会服务	通过信息技术手段的应用，在提升覆盖率的基础上，通过信息服务终端建设，提高目标人群享受社会救助、社会福利、基本养老服务和优抚安置等服务的便捷程度，提升服务的质量监督水平，提高服务的透明度，保障社会公平
		医疗卫生	通过信息技术手段应用，提升基本公共卫生服务的水平。通过信息化管理系统建设和终端服务，保障儿童、妇女、老人等各类人群获得满意的服务；通过建立食品药品的溯源系统等措施，保障食品药品安全供应，并促进社会舆论监督，提高服务质量监督的透明度
		公共文化体育	通过 IT 手段应用，促进公益性文化服务覆盖，提高广播影视接入的普及率，通过信息应用终端的普及，提升各类人群获得文化内容的便捷度；提升体育设施服务的覆盖度和使用率
		残疾人服务	在提高服务覆盖率的基础上，通过信息化、个性化应用开发，提升残疾人社会保障、基本服务的水平，提供健全的文、体、卫服务设施和丰富的服务内容
		基本住房保障	通过信息技术手段应用，提升廉租房、公租房、棚户区改造等方面的服务水平，增强服务的便利性，提升服务的透明度
	专项应用	智能交通	城市整体交通智慧化的建设及运行情况，包含公共交通建设、交通事故处理、电子地图应用、城市道路传感器建设和交通诱导信息应用等方面情况
		智慧能源	城市能源智慧化管理及利用的建设情况，包含智能表具安装、能源管理与利用、路灯智能化管理等方面的建设
		智慧环保	城市环境、生态智慧化管理与服务的建设情况，包含空气质量监测与服务、地表水环境质量监测与服务、环境噪声监测与服务、污染源监控、城市饮用水环境等方面的建设
		智慧国土	城市国土资源管理和服务的智慧化建设情况，包含土地利用规划实施、土地资源监测、土地利用变化监测、地籍管理等方面的建设
		智慧应急	城市智慧应急的建设情况，包含应急救援物资建设、应急反应机制、应急响应体系、灾害预警能力、防灾减灾能力、应急指挥系统等方面的建设

一级指标	二级指标	三级指标	指标说明
智慧管理与服务	专项应用	智慧安全	城市公共安全体系智慧化建设,包含城市食品安全、药品安全、平安城市建设等
		智慧物流	物流智慧化管理和服务的建设水平,包含物流公共服务平台、智能仓储服务、物流呼叫中心、物流溯源体系等
		智慧社区	社区管理和服务的数字化、便捷化、智慧化水平,包含社区服务信息推送、信息服务系统覆盖、社区传感器安装、社区运行保障等方面的建设
		智能家居	家居安全性、便利性、舒适性、艺术性和环保节能的建设状况,包含家居智能控制(如智能家电控制、灯光控制、防盗控制和门禁控制等)、家居数字化服务内容、家居设施安装等
		智慧支付	包含一卡通、手机支付、市民卡等智慧化支付新方式,支付终端设备,顾客支付服务便捷性、安全性,商家支付便捷性、安全性等方面的建设
		智能金融	城市金融体系智慧化建设与服务,包含诚信监管体系、投融资体系、金融安全体系等方面的建设
智慧产业与经济	产业规划	产业规划	城市产业规划制定及完成情况,围绕城市产业发展、产业转型与升级、新兴产业发展的战略性产业规划编制、规划公示及实施的情况
		创新投入	城市创新产业投入情况,包括产业转型与升级的创新费用投入、新兴产业发展的创新投入等
	产业升级	产业要素聚集	城市为产业发展、产业转型与升级而实现的产业要素聚集情况、增长情况
		传统产业改造	在实现城市产业升级过程中,对传统产业的改造情况
	新兴产业发展	高新技术产业	城市高新技术产业的服务与发展,包含支撑高新技术产业的人才环境、科研环境、金融环境及管理服务状况,高新技术产业的发展状况及在城市整体产业中的水平状况
		现代服务业	城市现代服务业发展状况,包含现代服务业发展的政策环境、发展环境、发展水平及投入等
		其他新兴产业	反映城市其他新兴产业的发展及提升状况

8.3.2 智慧媒体与智慧城市的业务跨界融合

　　智慧城市的建设离不开网络基础设施,各类政务服务、公共服务、专项行业应用、产业发展都离不开信息发布及媒体传播。传媒行业将为智慧城市发展提供必不可少的智慧媒体服务。智慧媒体长期以来服务于家庭和个人用户,是政务、行业、民生应用触达家庭和个人用户最佳的通路和入口。智慧媒体云平台业务体系如图 8-1 所示。

　　目前各地媒体平台已经在部分地区尝试推出智慧社区、智能家居等增值服务。从更加贴近用户需求和体验的角度分析,目前用户通过互联网获得的各类服务,均须下载、安装专用的 App,通常手机上都会装数十个 App,但许多平时很少用到。如果用户只安装一个超级 App 就能解决 80%以上的需求，岂不带来很大的便捷？

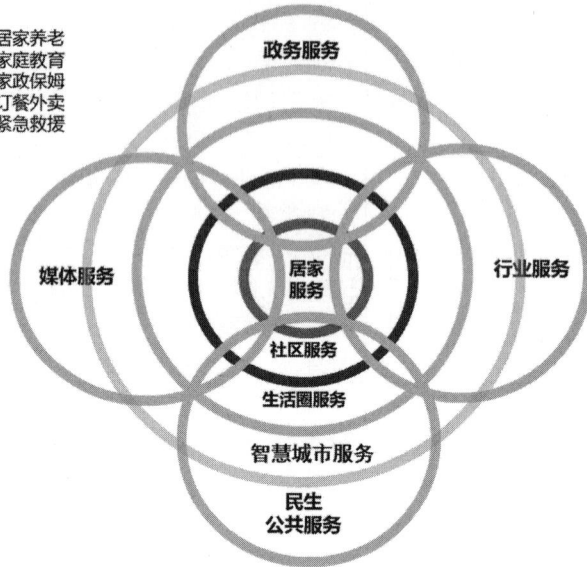

居家服务：
- 家电控制
- 家庭安防
- 家庭娱乐
- 公共缴费
- 居家养老
- 家庭教育
- 家政保姆
- 订餐外卖
- 紧急救援

社区服务：
- 物业管理
- 维修维护
- 附近菜场
- 餐饮小店
- 便利连锁
- 回收调剂
- 卫生所
- 停车场

生活圈服务：
- 超市商场
- 婚姻殡葬
- 美容美发
- 运动健身
- 中介咨询
- 家政亲子
- 幼儿园
- 药房

政务服务：
- 街道居委
- 消防环卫
- 交通出行
- 农牧水利
- 市政城管
- 公检法
- 民政人保

民生公共服务：
- 法律援助
- 图书馆
- 电影院
- 教育培训
- 残疾人康复中心
- 儿童福利院
- 敬老院

行业服务：
- 传媒广告
- 网络通信
- 普惠金融
- 商业贸易
- 加工制造
- 供水
- 煤气
- 电力
- 医院
- 旅游

图 8-1 智慧媒体云平台业务体系

因此，智慧媒体云平台运营商可借助自身强大的本地分发渠道为广大用户提供一款具有本地特色的超级 App，在提供自身基础视频业务的基础上，可允许用户方便地获得居家服务、社区服务、生活圈服务，也可获得更广泛的政务服务、行业服务和民生公共服务。这款超级 App 可以定位为当地"融媒体"总入口，它不仅是媒体平台的自身业务，还可成为省市各级政府与广大市民群众实时互动的智慧城市便民窗口，更可成为当地对外的一张标志性电子名片。

随着移动互联网流量红利日趋消失，App 下载推广的成本已居高不下，全新打造下载安装形态的 App，的确难度较大，可选择基于 H5 的轻应用形式。如能充分发挥本地分发渠道优势，打造出一个"融媒体"主流超级应用，未尝不可实现。

在我国，据统计有超过 80%的数据资源掌握在各级政府手中。县级融媒体的建设，应帮助当地政府通过云平台让数据创造价值，让"数据跑"代替"百姓跑"，让百姓有真正的获得感。县级政府可与当地金融机构（农商行、城商行）合作提供普惠金融服务，通过数据共享推送"政务服务+普惠金融"，优化服务流程。普惠金融，不仅可解决个人及中小微企业融资难、融资贵的问题，还可净化本地金融环境，减少因高额借贷产生的恶性催贷现象，可作为县级融媒体建设一个很好的结合点和切入点。

第9章 智慧媒体云平台总体架构

9.1 智慧媒体云平台规划目标

智慧媒体云平台将是传媒运营商几乎所有业务的承载，由于要采用不同以往的全新云架构，过去传统的业务系统的边界将被打破，系统概念将淡化，平台将由数以百计的能力组件构成有机的整体。为保障云平台方案的全局一致性，须采用成熟、先进的架构设计方法论进行总体规划及初步设计，以便指导云平台的有序建设及后续平台架构的持续迭代，同时也为平台上服务及应用的开发、管理提供了基本规范。

9.2 智慧媒体云平台指导思想

针对智慧媒体云平台的总体规划，在第5、6章业务及系统现状分析的基础上，遵循第7、8章企业战略及业务策略建议，提出相应的业务体制及规划原则性要求。在此总体思想指导下，将采用先进的云平台架构设计方法论进行全面规划和初步设计。

9.2.1 业务体制

基于智慧媒体业务开展及运营需求，对云平台的建设提出如下总体要求。

1. 分级管理

云平台总体上采用统一规划、统一建设、三级应用的原则进行整体规划和建设。"统一规划"是指省平台和分平台统筹规划。"统一建设"是指业务平台全省统一建设，避免出现相同业务能力的多个系统及冗余的系统接口关系。"三级应用"是指业务平台应支持省、地、县提供分权分域的应用能力。

2. 业务继承

原来按"烟囱模式"建设思路构建的业务平台应能融入新建智慧媒体云平台整体架构。后续不再单独建设"烟囱模式"的业务平台，所有新建业务平台都必须遵循智慧媒体云平台体系框架。

在原有业务平台的过渡过程中，须将原有系统的共享功能模块改造为云平台的服务能力。

3. 平台开放

智慧媒体云平台将遵循开放架构设计理念，可实现外部合作伙伴的快速引入和系统对接，也可实现基于云平台的快速开发、部署。云平台能够以多租户方式向合作伙伴提供视频云平台的 SaaS 服务，也可对外提供大数据分析、智能推荐、自然交互、支付、3D-GIS 等各类能力系统的 PaaS 服务，还可对合作伙伴提供云主机、云存储、云分发、云安全的 IaaS 服务。

4. 敏捷开发

基于智慧媒体云平台，应可实现上层应用开发的轻量化、快速部署上线。同时，可实现平台服务能力、应用的敏捷开发和部署运维。这需要在生产云平台之外，构建一套同步并行的开发测试体系。开发测试云平台的架构及服务能力与生产云平台完全一致，可为开发者提供集成开发测试环境、代码托管、编译、测试、部署、发布的全程服务支持。对于可回归的测试项目尽量实施自动化测试。

5. 资源共享

通过智慧媒体云平台建设，要实现 IT 资源的充分共享、能力系统的充分复用。

整合严重重叠的应用系统或功能模块以提高运营效率和决策水平，同时减少因系统重复建设造成的资源浪费。过去以业务需求为单位分别建设的系统模式虽然满足了快速增长时期的业务需求，但易造成严重的资源浪费。未来的系统建设应以 SOA 为导向满足业务需求，从而形成统一合理的规范体系。整合系统是一个逐步发展的持续过程，应首先完成省中心不同系统的标准化整合，再实现省公司与分公司平台间的垂直承载。

9.2.2　规划原则

云平台的技术规划须遵循如下基本原则，以实现对业务运营、应用创新提供有力的技术保障。

1. 全局性

从企业发展全局视角进行云平台的总体规划，避免功能的交叉、重复、缺失。

2. 开放性

基于资源及能力接口的规范化，实现对内、对外的开放性；依据开放技术标准建设平台，有利于建设、运维及扩展。

3. 模块化

系统设计实现前后台的松耦合、功能单元的松耦合，系统开发、部署模块化。

4. 可扩展

系统规模、能力服务、系统功能可随业务发展需求灵活扩展。

5. 可运营

针对云平台聚合的海量内容、应用及开展的各类业务，为媒体平台运营商、合作伙伴、云租户提供有效的运营管理支撑手段。

6. 可运维

对云平台的日常运行维护，提供流程化、可视化的运维管理工具。

7. 可管控

对云平台众多的网络、系统、应用、数据、人员提供全局的安全监控管理体系。

9.3 智慧媒体云平台设计方法论[12]

在第 7 章，我们借鉴了 IBM 的战略规划方法论，灵活使用了 IBM 的若干分析工具。在第 9～14 章，将引入 TOGAF 架构设计方法论，从企业战略、业务策略到平台架构设计一脉贯通，使本书的逻辑更为严谨。

TOGAF（The Open Group Architecture Framework）是 IT 架构设计的一种方法论，是目前在商业与企业领域较有影响的 IT 架构框架之一，由国际云计算标准化组织 The Open Group 发布，其最初的版本（1995）在 TAFIM 基础上完成。这一 IT 架构框架标准一直在改进之中，目前已发行了第 9 版。

TOGAF 架构框架设计方案主要提供如下规范指导内容。

架构开发方法：架构定义，定义基线架构和目标架构，通过差距分析定义路线图。

架构治理：如何根据定义的架构对实施进行有效的治理。

架构内容框架：新的 IT 架构模式下，业务架构、技术架构应该包括什么内容。

参考模型：技术构件标准化、应用构件标准化。

架构连续序列：基础架构、通用系统架构、行业架构、组织特定架构。

架构能力框架：新的能力要求，包括人员技能、流程成熟度、技术工具的支持。

TOGAF 架构核心内容如图 9-1 所示。

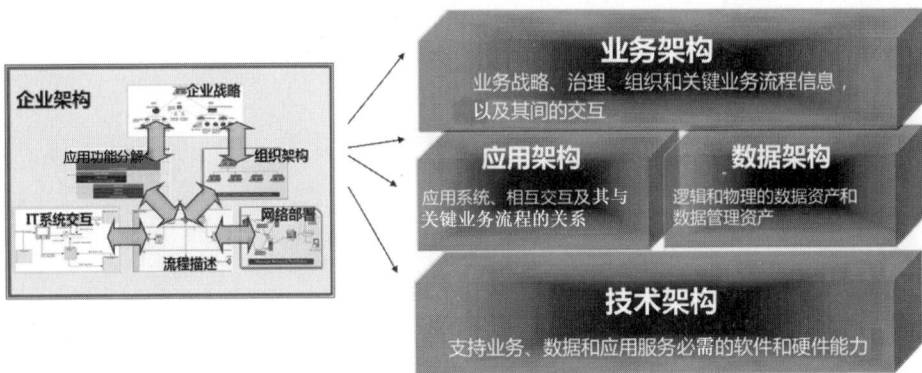

图 9-1 TOGAF 架构核心内容

在深刻理解 TOGAF 方法论基础上构建的实用性极强的架构资产管理系统，不仅可用于架构的规划和详细方案设计，还可为平台后续的持续演进提供有效的工具，其输出的云平台规划方案主要包括业务架构、应用架构、数据架构、技术架构。其价值主要体现在以

---

12 参考德讯 ADT 架构资产管理系统手册。

下方面。

- 固定设备是资产，媒体内容是资产，平台架构也是企业重要的 IT 资产。
- 过去对平台架构的管理停留在文档描述层面，技术方案与系统实际情况是否吻合、各系统之间是否有冲突、数据是否一致、流程是否缺失、流程与岗位角色的对应是否合理都很难检查。架构资产管理工具，可以提供一个平台架构结构化的管理方式，把原来平台和系统的黑盒变成白盒，让客户对自己的 IT 平台有更全面、深入的掌握。
- 基于结构化的架构管理工具，客户可以很方便地进行平台规划、系统设计的迭代，大大缩短了管理周期。
- 通过架构资产管理系统的使用，客户可培养出一批具有架构设计能力的技术骨干。

9.3.1　业务架构

业务架构把企业的业务战略转化为日常运作的渠道，定义了商业策略、管理、组织、业务模型和关键业务流程等内容。通过业务架构来描述企业、认识企业，反映企业需求，它是企业知识的一种表现形式，也是实现企业知识积累的有效方法。

业务架构基于业务需求、框架约束、价值链分析、业务环境、组织机构等信息输入进行分析，对业务域的业务流程进行梳理；结合业务数据，生成数据流程图。云平台业务架构设计方法如图 9-2 所示。

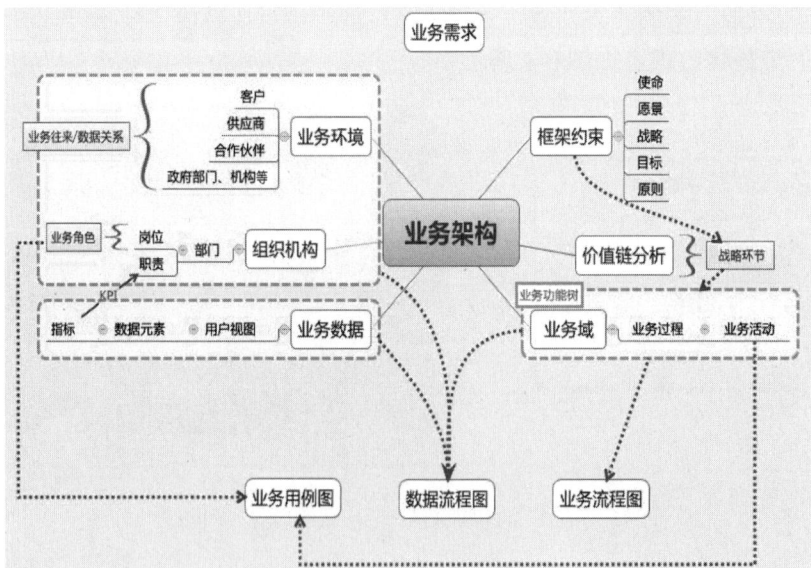

图 9-2　云平台业务架构设计方法

9.3.2　应用架构

应用架构用于表达企业所拥有的应用及其功能构成,包括应用组合、应用和功能模型、各类应用接口和服务等内容。

应用架构对业务架构实现所需的子系统功能进行定义,归纳抽象共享功能及服务,梳理逻辑子系统与物理子系统间的对应关系,描述功能与数据间的 CURD 关系。云平台应用架构设计方法如图 9-3 所示。

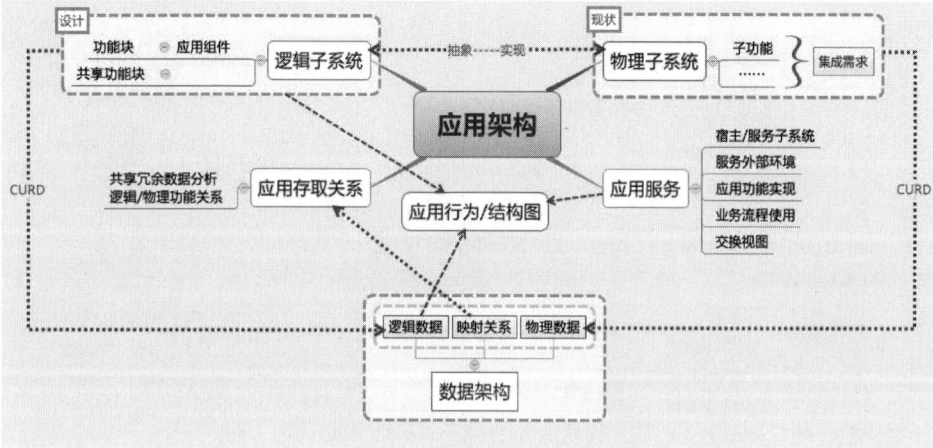

图 9-3　云平台应用架构设计方法

9.3.3　数据架构

数据架构用于表达企业所拥有的数据和数据管理资源,包括数据标准、数据元素、数据模型及数据运行环境映射。

数据架构通过数据分域、主题数据库、逻辑实体的分析,梳理出 E-R 图;建立逻辑数据与物理数据间的映射关系;制定全局数据字典,实现信息分类编码。云平台数据架构设计方法如图 9-4 所示。

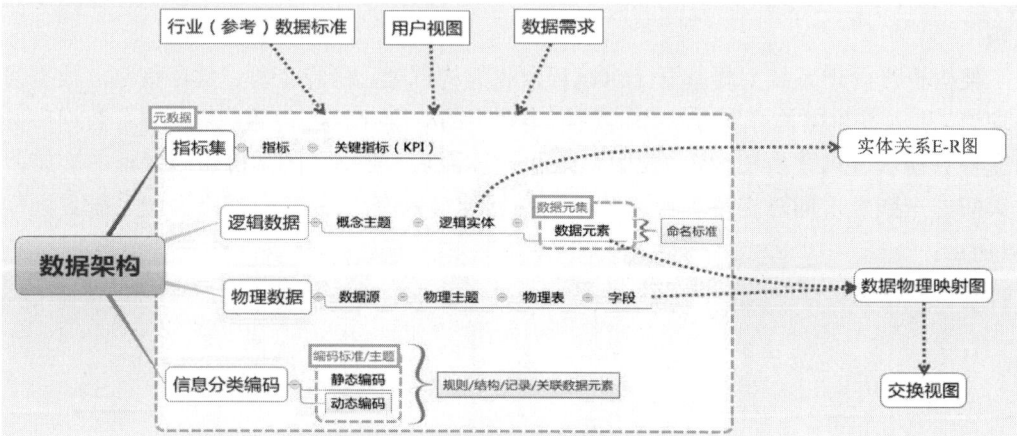

图 9-4　云平台数据架构设计方法

9.3.4 技术架构

技术架构基于对业务架构、应用架构、技术架构的综合分析，识别出系统间的接口关系，完成集成架构设计，并对平台地理部署、网络部署、服务器部署、数据库部署、平台集成关系进行设计。云平台技术架构设计内容如图9-5所示。

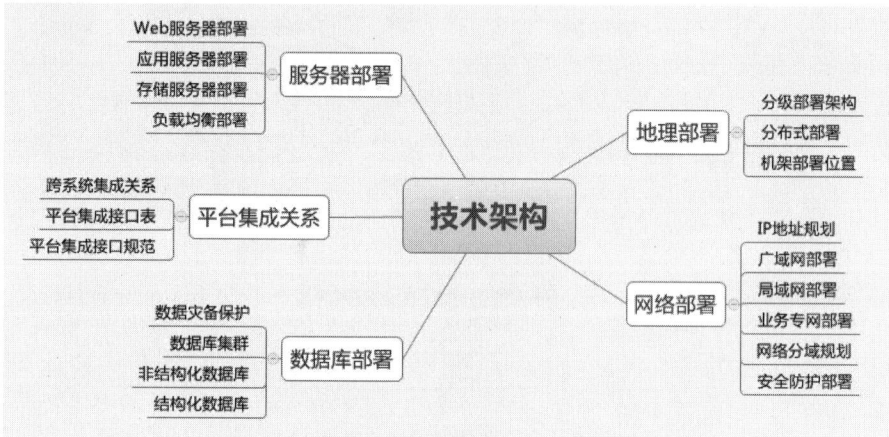

图9-5　云平台技术架构设计内容

9.3.5 架构开发工具[13]

架构资产管理系统（Architecture Assets Development System，AADS）主要用于云平台架构规划及企业IT架构资产管理，可辅助架构及信息管理部门，对业务、数据、应用、技术等进行可视化构建，并支持彼此之间的关联和可持续改进，形成清晰、完整的IT架构模型。管理层、决策层可从不同角度审视企业IT结构及其运作，帮助企业有效实现业务及IT战略。

架构资产管理系统主要基于TOGAF企业架构框架、信息工程、数据规划、数据管理等理论，引入高阶架构开发方法和信息化建设中的标准化核心内容，通过中心数据库共享功能将各模块有机联系在一起，集中记录和管理需求，支持多团队协作并保证各实施阶段成果间的一致性，同时支持主流建模标准文档的输入/输出。架构资产管理系统界面如图9-6所示。

---

13 参考德讯ADT架构资产管理系统手册。

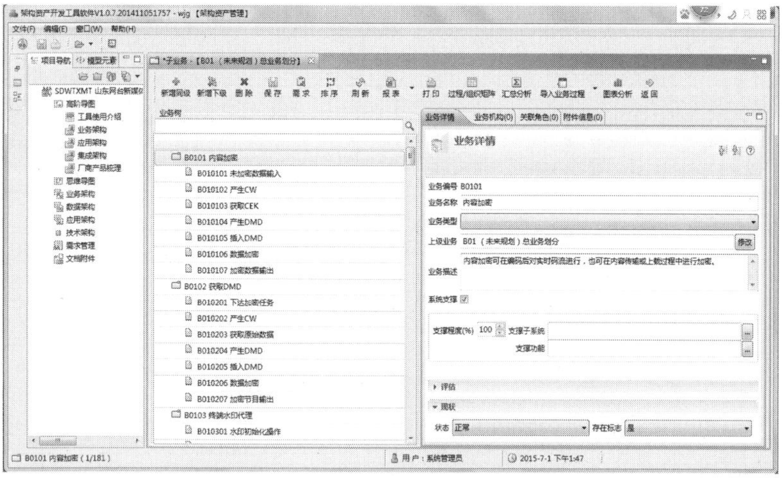

图 9-6　架构资产管理系统界面

9.4　智慧媒体云平台总体架构简介

9.4.1　参考框架

国际上最主流的两个云平台架构标准是 ITU 规范与 ISO/IEC 规范，两者的平台分层架构模型有所不同。ITU 规范的云计算 IaaS、PaaS、SaaS 分层架构以对外提供的服务类型为主要依据，而 ISO/IEC 规范的分层架构则以功能实现为主要依据。ITU 与 ISO/IEC 规范云平台架构对应关系如图 9-7 所示。

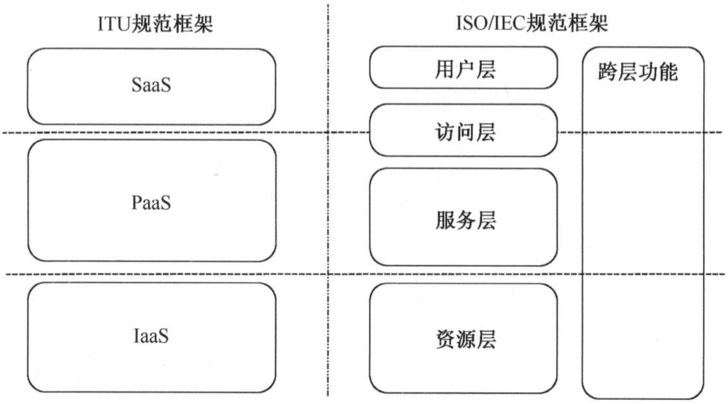

图 9-7　ITU 与 ISO/IEC 规范云平台架构对应关系

智慧媒体云平台既要重视功能实现，又要考虑服务提供，因此建议吸收两个规范的优点，兼顾服务分层及跨层功能，综合采用这两个参考规范框架，形成本规划的参考模型。智慧媒体云平台架构参考模型如图 9-8 所示。

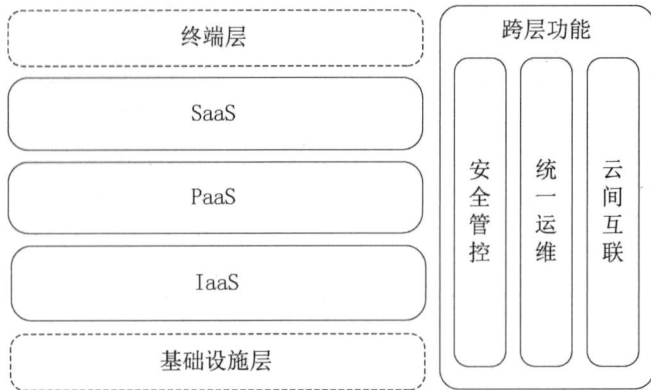

图 9-8　智慧媒体云平台架构参考模型

　　云平台总体规划方案的规划内容是针对智慧媒体云平台的软件体系架构规划及概要设计，不涉及用户终端设备的规划设计，也不包含对 IDC 基础环境，以及作为管道的传输网、交换网、接入网的规划设计。规划方案包含的内容及其关系形成云平台的参考框架。智慧媒体云平台规划参考框架如图 9-9 所示。

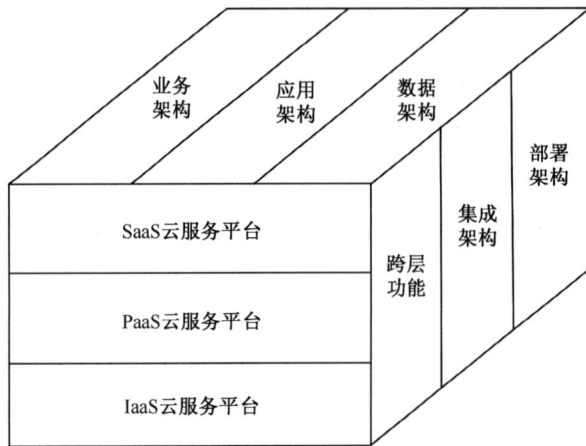

图 9-9　智慧媒体云平台规划参考框架

　　智慧媒体云平台可对外提供 IaaS、PaaS、SaaS 三大类云服务。在智慧媒体云平台中，三层云服务之间分别提供资源、能力、应用的开放接口，各层之间是松耦合关系，IaaS 层向 PaaS 层提供基础资源服务或基础能力支撑，PaaS 层可以按需调用 IaaS 层服务，但不需要依赖特定的硬件；PaaS 层向 SaaS 层提供业务类服务、管理类服务等能力支撑；SaaS 层以 PaaS 层、IaaS 层为基础，进一步对外提供完备的软件服务。基于完整的开放云平台架构可对外提供层次丰富的云服务。同时，贯穿 IPS 三层架构，需要实现统一的安全管控、统一运维和云间互联功能。

1. 平台 SaaS 层

平台 SaaS 层将云平台的业务管理及运营能力以云服务的方式对外开放，为客户、合作伙伴提供方便、快捷的软件服务。该层主要包括统一门户、用户应用及管理应用。其中，用户应用包括媒体应用、政务应用、行业应用、民生应用等，管理应用包括运营门户、运维门户、自服务门户等。

用户应用是指面向家庭、个人提供的应用。从业务提供角度分为运营商自主应用、第三方合作应用，实现形式包括 Web/H5 应用、App 应用、VR/AR 应用等，业务类型可分为媒体应用、民生应用、行业应用、政务应用等。

管理应用是指面向云平台管理者、合作伙伴及用户自服务所需的管理门户应用。其实现形式通常为 HTML 应用，与面向用户的应用没有什么不同；也可以是 H5 应用、App 应用，通过手机等智能设备登录使用，如自助服务掌厅、自助服务微信厅、网格化管理 App 是典型的管理类应用。

2. 平台 PaaS 层

平台 PaaS 层将云平台内的各种能力通过服务交付平台进行集成，遵循 SOA 服务治理实现模块化和组件化。通过合理划分平台内各系统的功能和边界，降低各系统间的耦合度，通过系统之间的接口调用和服务编排实现上层业务所需的各种能力。同时，将云平台内可以对外服务的能力通过服务交付平台以可管控、可计量的方式对外开放，以最大限度发挥云平台的各种能力。

随着微服务及容器技术的成熟，可在现有 SOA 服务治理的基础上择机对 PaaS 平台进行升级扩容，并通过容器平台向下与 IaaS 层的虚拟化进行整合演进，通过容器化部署实现对 SaaS 层业务的有效支撑，通过与应用开发平台、统一运维平台协同实现 DevOps 的全流程打通。

3. 平台 IaaS 层

平台 IaaS 层通过利用虚拟化技术，有效整合底层各种基础设施和能力，使底层基础设施及能力以资源服务的方式对上提供、对外开放，以满足上层应用对服务器、网络、加密、视频处理、视频分发等各种资源及能力的使用需求。

4. 平台终端层

平台终端层包括交互电视终端、IP 电视终端、Phone、Pad、PC、VR/AR、网关类终端等。传媒广电平台运营商现有交互电视终端作为目前的存量终端，通过应用流化能力延续其生命周期，提供与高配智能终端近似的业务展现及交互能力。用户自有的 PC、Pad、Phone 等智能终端，也可以 Web/App 方式通过无线网接入智慧媒体云平台。后续新增的电视终端将更多采用 IP 交互智能终端，经由网关接入智慧媒体云平台。

IP 电视终端作为云平台的接入端，将为 App 的运行提供硬件环境，并采用 Android 或 TVOS 系统。为保障云平台对终端的管控能力，须专门设计可驻留的终端软件。终端软件提供部分开放接口服务，可供应用开发者结合云端 OpenAPI 服务，用于 App 及应用系统的开发。通过在终端部署相关功能组件，可减少终端与云平台间的交互，以最大限度地协同发挥终端和云平台的能力，为客户提供方便、快捷的服务。

5. 安全与运维

在安全与运维方面，首先，建立与云平台相适应的信息安全保障体系，确保平台服务安全，保证网络、终端及基础设施稳定正常，有效防范和控制安全风险，增强云平台安全预警和应急处置能力。其次，建立一套基于 ITIL 的 IT 运维体系，建立 IT 服务流程，实现对应用系统、基础设施的综合管理监控和日常技术支持，快速响应和及时解决平台运行过程中出现的各种问题和故障。通过安全与运维方面的建设，为平台提供良好的运行环境，保障平台稳定、可靠运行。

6. 云间互联

已建设媒体云服务平台的运营商之间，遵循一致的互联协议进行互联，共享存储及流量基础资源，并为云服务运营提供更大的用户规模基础，促进媒体行业云的健康发展。开放的云服务平台互联协议（OCSPI），首先须明确云间互联的总体架构及基本约束，并对跨云平台、跨区域的云服务互通相关的业务流程、平台互联功能、集成接口进行基本规范。云间互联协议也可扩展适用于与电信运营商、互联网云平台的开放互联，同时对混合云的互联和实现提供支持。

9.4.2 基本业务场景

智慧媒体云平台通过构建丰富的媒体能力及服务资源，形成开放视频平台（Open Video Platform，OVP）、开放应用平台（Open Application Platform，OAP）两大业务场景的解决方案，不仅可以更加快捷地部署自主发展的基础业务、核心业务，而且更便于吸引政府、企业、行业客户到云平台上来，还可进一步吸引大量中小型开发者基于云平台进行更多的应用创新。智慧媒体云平台基本业务场景如图 9-10 所示。

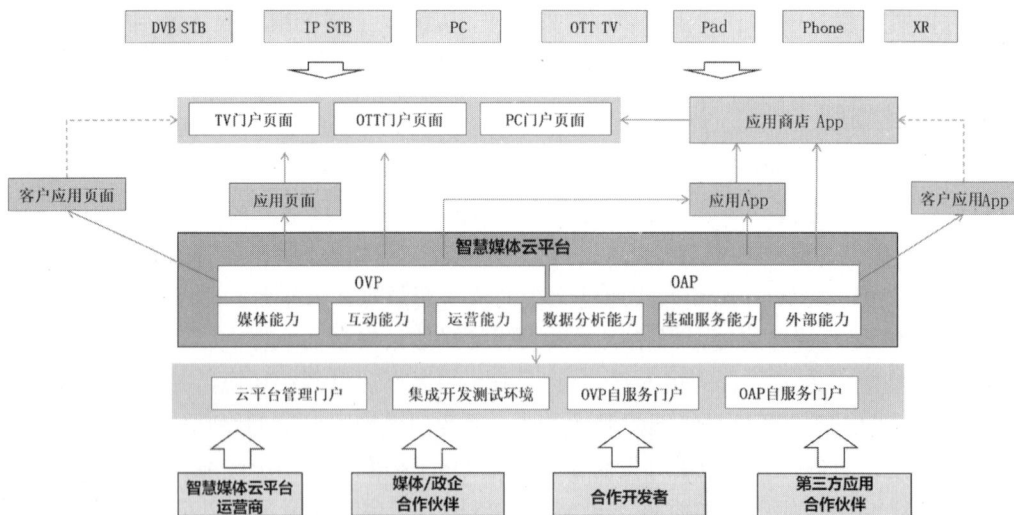

图 9-10 智慧媒体云平台基本业务场景

开放视频平台是提供 B2B 专业视频服务的云平台，可帮助行业客户以最简单的方式实现自主品牌的视频网站，提供视频加工、存储、发布、分发、定制播放器、广告变现、数据分析等完善的功能。与纯民营的 OVP 相比，传媒运营商是主流媒体平台，在社会上具备良好的公信力，因而更具竞争力。借助开放视频平台的各类能力以 SaaS 服务模式对外提供服务，允许政府、企业、行业客户不做任何开发，即可开展自主品牌的视频应用。

开放应用平台是面向开发者的能力开放云平台，可以 PaaS 服务模式为合作伙伴提供丰富的媒体能力、互动能力、运营能力、数据分析能力、基础服务能力及外部能力，帮助其更快速、低成本地开发、运行各类创新应用。开放应用平台是目前各大互联网企业高度重视的业务模式，国内百度、阿里巴巴、腾讯、华为云平台均在大力发展自己的开放平台，聚集了数以万计的开发者合作伙伴，开发出数百万的各类应用。电信、移动、联通三大运营商也先后推出了自己的开放应用平台，目的也是通过吸引、聚集大量应用开发者来构建自己的产业生态，形成更强的综合竞争力。传媒广电行业则存在分散发展、规模过小的问题，独立建设和运营 PaaS 平台不易做大，因此各地智慧媒体云平台通过对等互联形成"联邦"智慧媒体云平台，是做大做强 PaaS 平台、进行应用创新的有效途径。

智慧媒体云平台可实现面向电视、PC 终端的门户，也可实现面向智能电视终端、个人Pad/Phone 终端的应用商店 App，作为 OVP、OAP 自主管控的应用发布渠道。OVP、OAP上运营商自己开发或合作伙伴开发的应用，可以是页面形式，也可以是 App 形式；可通过自主管控的渠道发布，也可通过第三方渠道进行更广泛的发布。

智慧媒体云平台将实现管理门户的有机整合，除了为自己的运维人员、管理人员提供易用的管理界面，还将为 OAP、OVP 的合作伙伴提供便捷的自服务门户，并为开发者提供集成开发测试环境。

9.4.3　IPS 分层架构

智慧媒体云平台遵循业界技术规范及共识，采用 IaaS、PaaS、SaaS 的分层架构，每一层为上层提供服务，同时是下一层的使用者。云服务平台在实现传统媒体业务和新兴媒体业务融合发展的同时，还将带来更丰富的 IaaS、PaaS、SaaS 开放平台业务模式。

智慧媒体云平台 IPS 分层架构如图 9-11 所示。云平台的三大支撑技术是虚拟化/容器化、SOA、大数据。

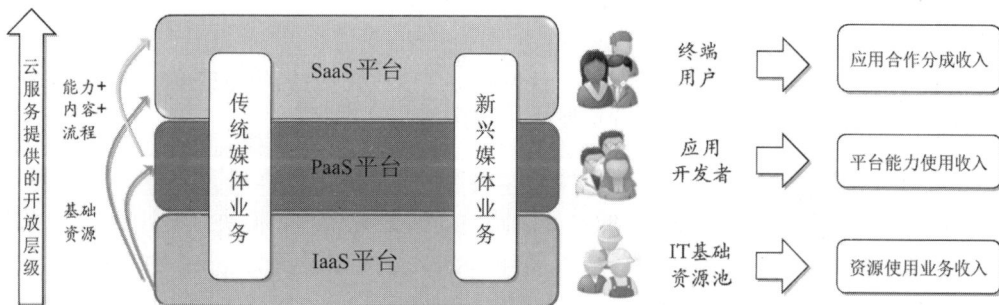

图 9-11　智慧媒体云平台 IPS 分层架构

- 虚拟化/容器化是 IaaS 资源池化的基石，实现对计算、存储、网络资源的虚拟池化及弹性管理。
- SOA 是 SaaS、PaaS 层的主要开发方法，基于服务治理理念，实现系统能力的模块化，以及服务、信息、流程的复用和共享。继 SOA 之后，微服务及容器日渐成为 PaaS 层主流技术。
- 大数据的价值日渐得到重视，被视为国家、企业的重要资产。当日志及元数据达到 PB 级，且以非结构化为主时，传统数据库技术已无法应对，大数据技术应运而生；新一代的 NoSQL 数据库及流式计算等海量数据处理技术，在电子商务、定向广告、智能推荐、社交网络、规划决策等领域得到广泛应用并取得巨大成功。

智慧媒体云平台可提供的典型 IaaS、PaaS、SaaS 服务如下。

- SaaS 服务：如前所述，智慧媒体云平台可面向政府、企业、行业客户提供 OVP 服务，客户不用做任何系统开发，即可开展自主品牌的视频业务。
- PaaS 服务：如前所述，智慧媒体云平台可面向合作伙伴提供 OAP 服务，提供媒体能力、互动能力、运营能力、数据分析能力、基础服务能力及外部能力，开发者不用做重复功能的系统开发，可更快速、低成本地开发、运行各类创新应用。
- IaaS 服务：智慧媒体云平台的 IaaS 资源主要用于支持自有业务发展，同时为 OVP、OAP 合作伙伴业务发展提供资源支持。虚拟主机、虚拟存储及内部网络资源自己建设，广域网资源可通过与其他媒体云平台互联或租用公有云服务等合作方式获得。

9.4.4 云端协同架构

智慧媒体云平台的云端协同架构理念是：应用逻辑和计算尽可能在云端运行，降低对网络、终端的要求和依赖，实现对业务的可管可控。

智慧媒体云平台分为以 SOA 为基础的云服务平台，以及以流化为基础的应用流化平台两大部分。云服务平台以服务治理为主要手段实现向下的能力整合，而应用流化平台则以云端虚拟终端应用的方式实现向上的应用聚合。尤其是当云 VR 的需求显著提升后，两者互相补充，可以更高效地实现智慧媒体云平台架构。

终端的计算能力在逐步提升，但应用对终端运行资源的要求增长更快，因此终端资源不足成为常态。应用流化平台有效解决了用户终端对高资源要求应用的限制，并大大延长了终端的生命周期。基于应用流化引擎，可建立起云端协同的机制，即允许终端选择下载运行资源足以支持的应用，而当终端资源不足时则选择云端运行。

1. SOA 及微服务

智慧媒体云平台采用基于 SOA 的设计思路，遵循服务治理、模块化设计原则，以及容器部署实现开放平台的理念。以服务交付平台（Service Delivery Platform，SDP）作为核心的服务交换中心，云平台中各模块之间信令的交换都要通过 SDP 完成。SDP 是一个服务交换机，提供高效、快速的服务交换。SOA 服务治理方法遵循一个基本的模型。云平台 SOA

服务治理方法如图 9-12 所示。

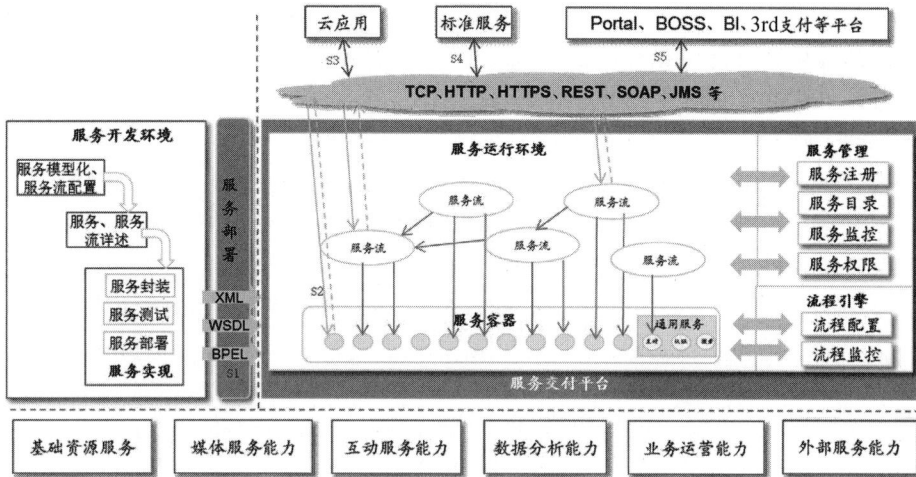

图 9-12　云平台 SOA 服务治理方法[14]

SOA 服务治理从平台架构、子系统、功能模块到服务的定义，均贯彻模块化的设计理念，实现应用、能力、管理的严格解耦。系统间、模块间、服务间的接口遵循如下原则。

● 通过模块化实现组件、服务可复用，增强系统应对变化的能力。

● 业务功能收敛，业务组件之间避免功能重叠。

● 服务接口遵循无状态原则，遵循一致的数据格式、服务异常处理原则。

建设开放的云服务平台，将可积极参与行业生态的构建，其对外 API 须遵循如下原则。

1）可用性原则

● 遵从 CAP 定理，可用性为必须保证的特性。

● 根据能力特点，强事务性能力系统保证一致性，其他保证分区容错性。

2）无状态设计原则

除非强事务性会话过程场景要求会话机制实现，否则所有 API 必须遵循无状态设计原则。

3）数据表示原则

● 所有字符编码、参数必须采用 UTF-8 标准。

● 建议数据交互格式为 JSON，可以同时具备 XML 格式。

● FEED 的输出形式建议支持 ATOM 标准，或同时支持 RSS 标准。

在面向服务的 SOA 架构之后，随着虚拟化技术的进一步发展，基于容器 Container 的微服务技术快速成熟并得到了广泛应用。微服务本质上还是采用 SOA 架构，不同之处在于，微服务并不绑定某种特殊的技术。在一个微服务的系统中，可以有用 Java 编写的服务，也可以有用 Python 编写的服务，它们靠 RESTful 架构风格统一形成一个系统。

Docker 是广受认可的容器引擎技术，比虚拟化技术更为轻便、快捷。镜像保存在仓库 registry 里，容器是镜像 image 运行时的实体。容器内的进程运行在一个隔离的环境里，使

---

14 参考 IBM 服务治理方法论。

用起来就好像在一个独立于宿主的系统下操作。使用 Docker 容器技术可以通过定制应用镜像来实现应用、服务的持续集成、交付、部署，也可把服务拆分得足够小。容器不仅可运行微服务，而且可以运行任何服务，甚至现有的完整业务系统。这也是我们将容器与虚拟化同样看成资源虚拟池化实现方法的原因所在。

Kubernetes（K8S）是目前主流的容器编排工具，是管理容器化应用和服务全生命周期的工具。有了 Kubernetes，微服务化变得更加容易。通过 Kubernetes 能够进行应用的自动化部署和扩缩容。在 Kubernetes 中，会将组成应用的容器组合成一个逻辑单元，使之更易被管理和发现。容器微服务架构及编排调度如图 9-13 所示。

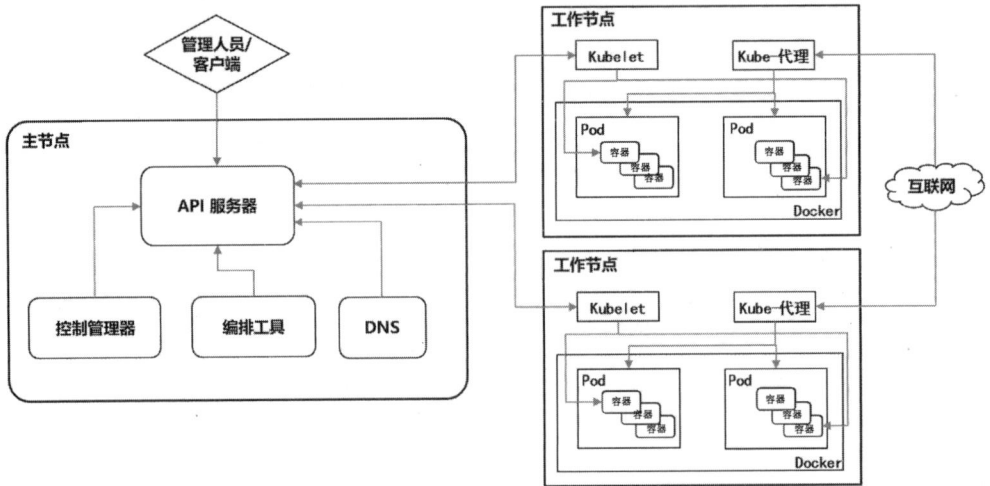

图 9-13　容器微服务架构及编排调度

2. 应用流化平台

云端运行应用+软件定义终端，即将计算要求高的应用在"云端"（云平台侧）运行，终端不用再加载应用程序，采用视音频流作为云端向终端呈现处理结果，终端精简为仅提供网络能力、视音频解码能力和人机交互能力。应用流化平台架构如图 9-14 所示。

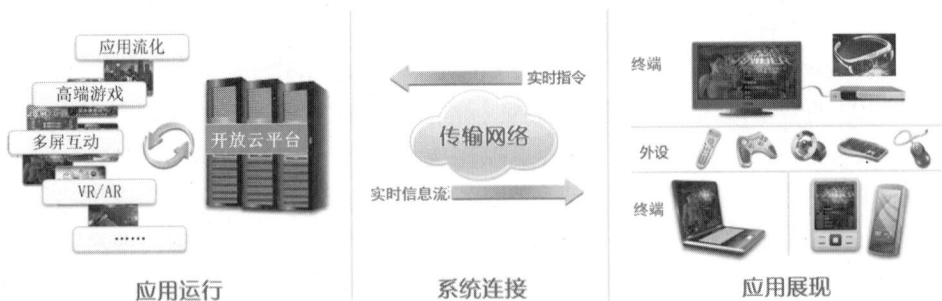

图 9-14　应用流化平台架构[15]

---

15 参考视博云平台架构。

在应用流化平台中，应用程序的处理、显示图像的渲染等运算都在云端完成，云端将运算结果经过视音频编码处理后，通过网络传送到终端，终端进行视音频解码并显示结果，不需要进行额外的计算；用户的交互指令通过终端的上传通道上传后，由云端运行处理后再一次以视音频的形式下发。

直观地理解，就是将我们常见的主机与显示器、鼠标、键盘分离，把主机放到云端，将显示器、鼠标、键盘等留在用户家里，因为用户不需要独占一台主机，且一台主机的处理能力由多个用户共享，从而实现"按需访问"。

应用流化平台是一个开放平台，其开放性体现在两方面：一方面是云端的开放，在云端流化引擎上，支持多种应用的运行，包括 Windows 应用、HTML5 应用、Linux 应用、Android 应用、Flash 应用等，业务形态表现为 3D 游戏、视频服务、多屏互动、VR/AR 等；另一方面是终端的开放，将终端变成瘦终端，将原来依赖于或受限于终端的性能转移到云端系统，其开放性体现在支持多种终端，包括 Linux 机顶盒、Android/TVOS 机顶盒、PC/Pad/Phone、VR/AR 眼镜等，支持多种外设，包括遥控器、鼠标、键盘、手柄、体感设备、基于 USB HID 的外设，以及虚拟遥控器等虚拟外设控件。此外，对于中间的网络层，应用流化平台不限制某一种网络环境，对 HFC 网、IP 网、4G/5G 移动互联网均能很好支持。

3. 终端驻留软件

一个完整的业务系统通常由终端软件、云端系统两部分构成。为实现云端协同架构，云端开放提供的 OpenAPI 可作为开发者应用系统开发的可选共享服务，可避免应用中通用功能的重复开发，大大缩短开发者应用系统的开发周期。在智能终端和 Linux 终端上，须植入受云端控制的软件内核。终端软件内核包括多个能力组件，这些终端软件能力组件将与相关的云端业务能力系统的 OpenAPI 能力集成后以 SDK 的形式对外提供。终端 App 开发者基于云平台 SDK 进行应用开发，其工作量与对接难度将大大降低。这里以典型的智能电视终端为例来说明。终端驻留软件参考模型如图 9-15 所示。

4. 云平台安全支撑体系

云平台安全支撑体系由信息安全基础设施、网络与边界安全、系统与主机安全、服务与内容安全、终端安全、人员分析、虚拟化防护、安全态势分析等技术和管理机制构成，形成一体化的安全体系。云平台安全支撑体系架构如图 9-16 所示。

云平台安全支撑系统依托 PKI 等信息安全基础设施，从网络与边界安全、系统与主机安全、服务与内容安全、终端安全等多个层面入手，结合虚拟化安全防护技术，为云服务平台构建全面、纵深的安全防护机制，并通过建立人员安全管理机制和方法降低业务管理和系统运维的风险，通过安全态势管理机制建立资产脆弱性评估、事件关联分析和安全告警等管理机制和方法，将云服务平台安全风险降至最低，满足云服务平台的安全运营需求。

安全支撑体系将底层的安全能力进行封装，以 OpenAPI 和安全 SDK 的形式，为平台和终端的内部业务和第三方应用提供统一的数字证书颁发、数字证书验证、加解密、签名验签等安全服务，构建以 PKI 为信任根的信任体系。

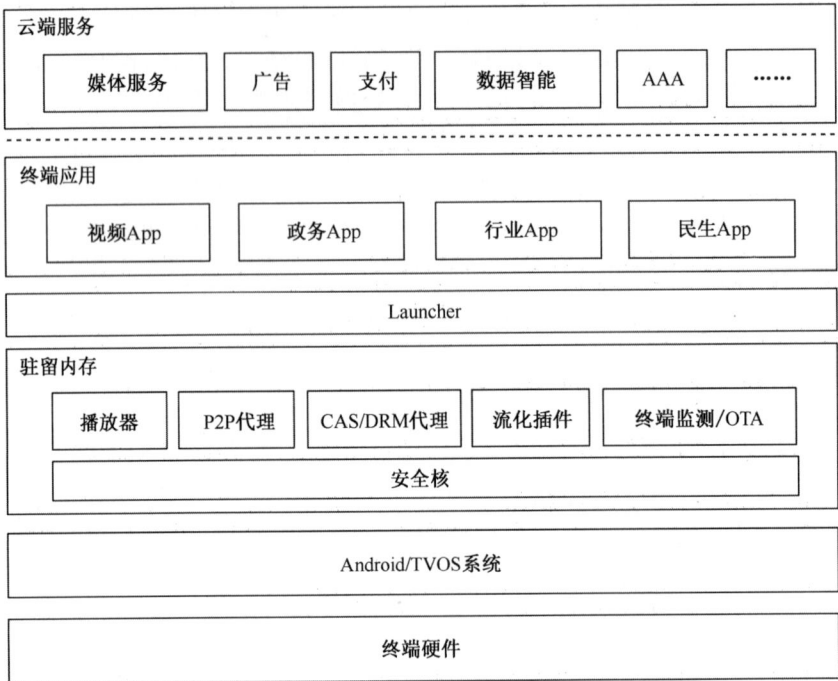

图 9-15　终端驻留软件参考模型

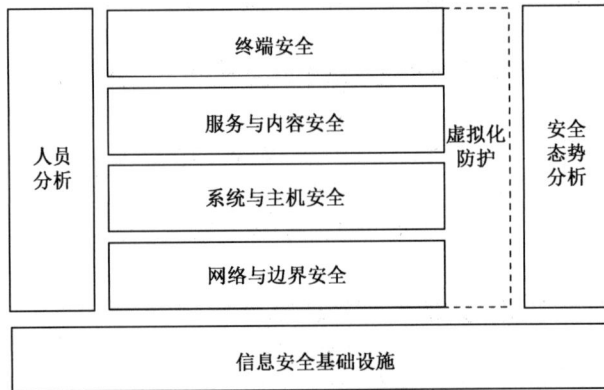

图 9-16　云平台安全支撑体系架构

1）信息安全基础设施

信息安全基础设施指利用密码理论和技术建立的密码管理和服务。

公钥密码服务：基于公钥密码体制，为云平台提供数据加解密、数字签名/验签等密码服务，以及所需的密钥和证书管理体系，完成用户证书、设备证书的发放，具有证书查询和撤销、证书更新、密钥归档等功能。在云平台中包括服务器、终端在内的各类实体和业务系统之间的加密数据通信、身份认证和鉴别等功能都需要依托该基础设施来完成。

对称密码服务：构建 AES 等对称密码服务，为视频内容的加密（加扰）提供密钥生成、内容加密支持。

信任体系构建：通过为终端、服务、应用和人员发放数字证书的方式，建立以 PKI 为信任根的一体化的信任体系，形成终端与平台、应用与服务和人员与系统间的可信链。

2）虚拟化防护

基于虚拟化的安全防护机制，采用宿主机+虚拟机的构建方式，将实际业务系统运行在虚拟机中，在其宿主机中实现访问控制、安全审计、特权控制等安全功能，将系统安全防护措施隐蔽到被保护系统无法探测和干扰的底层，从而建立起一道可超越被保护系统的、透明的安全屏障。主机虚拟化防护原理如图 9-17 所示。

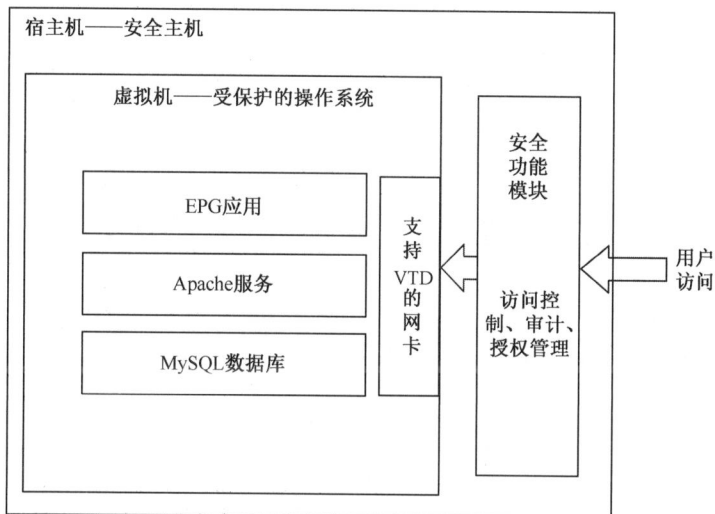

图 9-17　主机虚拟化防护原理

由于虚拟机内的所有指令都需要通过宿主机模拟执行，因此可通过指令判别和响应实现对虚拟机内部操作系统进行完全透明的安全加固，最大限度降低虚拟机感染恶意代码、接收非授权指令等的可能，保护关键数据不被篡改。宿主机与网络进行物理隔离，断绝攻击者对宿主机进行攻击的渠道，形成安全主机。虚拟机中原有的应用、网络配置、数据库都不需要更改配置。与传统的操作系统加固方法相比，这种加固方式更具优势。

3）网络与边界安全

通过密码算法、网络过滤、网络代理等技术，防止外部用户对云平台的非法接入，同时防止重要信息在网络传输中泄露和被非法篡改。网络与边界安全所构建的安全功能如下。

传输加密（VPN）：基于 SSL 等安全协议，使用适用的密码算法，通过安全 SDK 和 OpenAPI 接口，对终端与平台间的数据通信提供机密性和完整性保护，防止重要信息泄露或被非法篡改。终端和平台建立安全的加密隧道。

网络边界防护（防火墙）：第一，依照平台内部的安全策略，限制互联网用户和第三方运营商对平台内部主机和服务的访问，降低平台内部主机被攻击的风险。第二，在不同管理域、不同安全防护需求的网络间部署安全隔离设备，防止安全风险在不同安全区域间扩散，防止低等级区域的风险向高等级区域扩散。

业务功能分区：按照平台业务系统的功能和服务对象，可将整个业务系统划分为外部服务区、CDN 服务区、业务转发区、核心业务区、安全管理区和播控宿主区。各区域通过防火墙进行隔离，根据业务交互关系，严格控制分区间的数据流向和连通关系。

4）系统与主机安全

通过操作系统加固、防入侵、漏洞扫描等安全机制，及时发现系统的安全漏洞，实时阻止攻击者对操作系统进行入侵攻击，避免操作系统的关键进程和用户重要文件被非法篡改，实现操作系统及其服务的可信性和完整性。系统与主机安全所构建的安全功能包括操作系统加固、入侵监测、漏洞扫描。

5）服务与内容安全

防止攻击者对服务内容进行非法篡改和越权访问，保障服务及节目内容的可信性。服务与内容安全所构建的安全功能包括：服务进程完整性校验、文件级防篡改、业务流量安全监控、版权控制、数据库行为检测等。

6）终端安全

通过构造安全内核，防止攻击者对终端操作系统和播放器等重要组件的篡改，使终端视频播放行为无法影响云平台节目内容的完整性和可信性。

安全内核位于终端操作系统与应用之间，其作用：一是为上层应用提供安全存储、加密传输、签名验签等安全接口；二是通过操作系统加固、应用管控、应用防篡改、身份认证、内容加扰等安全机制，为上层应用提供安全可信的计算环境；三是对安全芯片的密码算法调用、安全存储等接口进行封装，为上层提供统一的用户接口，使上层应用可适应各种软、硬件安全机制。

7）人员分析

人员操作分区：将管理和开发人员按照角色和职责进行分工，划分专门的区域，将不同人员的访问和操作限制相应的区域内，如播控操作区、开发测试区、办公区等。在这些操作区域和平台内部被管理的主机之间部署连接代理设备，如堡垒机等，并对业务系统的操控行为进行审计，提高播控管理的可信性。

单点登录：基于口令、数字证书、智能卡等多种身份认证方式，对业务管理员和运维人员访问后台系统进行统一身份认证，防止管理员越权进行业务维护和系统运维。

8）安全态势分析

收集安全系统及数据探针的安全态势数据，进行全局性态势分析，主要功能包括：安全基线评估、安全态势展示、综合风险评估、脆弱性管理、关联分析、综合警告管理等。

9.4.5 分级部署架构

智慧媒体云平台部署遵循业务管控集中、能力下沉的分级部署原则，以达到业务管控与运行效率兼顾的目的。

以四川省级媒体云平台的部署为例，在中心平台部署云服务平台的核心管理功能，主要包括门户系统、业务支撑 BOSS、应用商店、广告系统、服务交付平台、业务 BO、大数据分析、CDN 源中心、网管及安全管控。在分平台主要部署本地媒资管理、本地业务 BO、基础资源/能力。SCCN 云平台分级部署架构如图 9-18 所示。

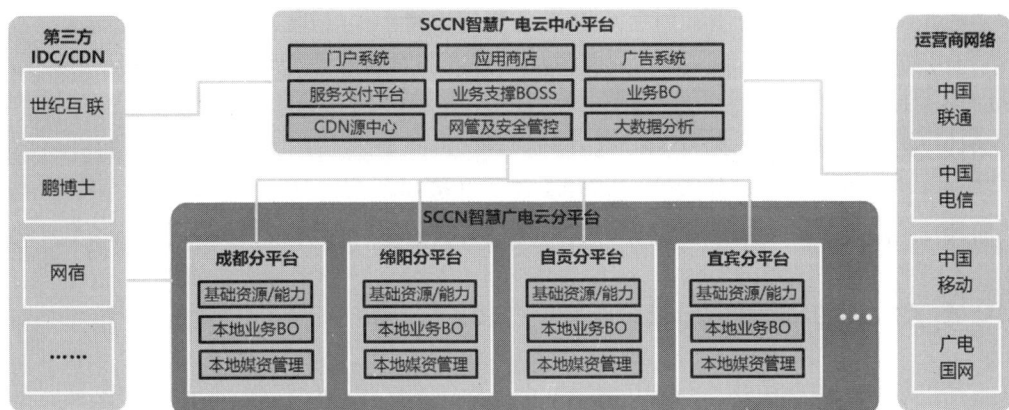

图 9-18　SCCN 云平台分级部署架构

以上分级部署方案支持分平台通过运营专网远程访问中心平台的 BOSS、门户系统等管理系统，实现对当地部署的基础资源/能力、本地业务 BO、本地媒资等的管理。面向当地用户的业务发布、业务受理、业务开通、用户缴费、区域日常运营及区域系统运维等功能，均通过远程方式接入中心平台进行管理。

9.4.6　云服务部署模式

根据 NIST 云计算参考架构（NIST SP 500-292）对云服务部署模式的分类，其可分为公有云、私有云、混合云、社区云。以四川广电网络公司（SCCN）为例，云服务部署模式参考模型如图 9-19 所示。

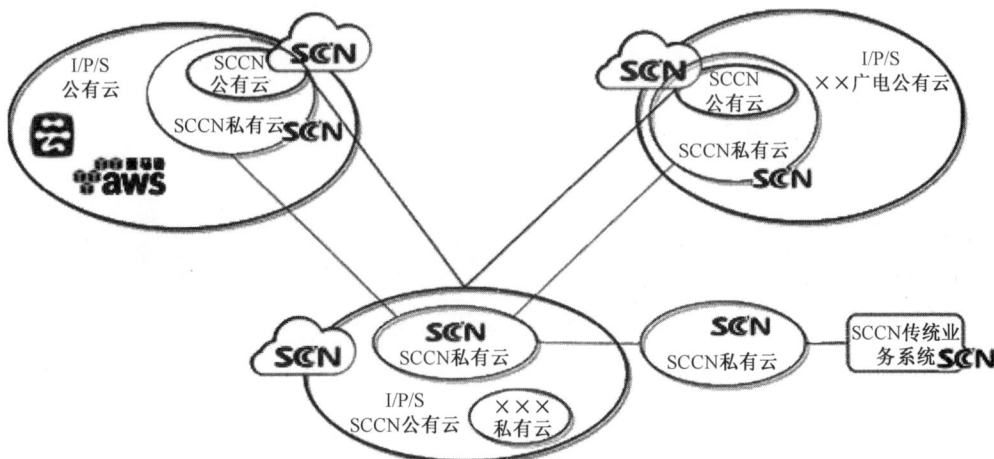

图 9-19　云服务部署模式参考模型

媒体运营商在建设自有云平台之前，沿用传统业务系统的部署模式。在自建私有云之后，生产性业务系统、业务支持系统、企业内部管理系统均可考虑迁移到私有云上。

随着云平台架构的完善，运营商可以考虑对外提供公有云服务。当要提升全国覆盖的云服务质量时，可通过与业内其他省市媒体云平台对等互联，或租用商业公有云服务资源，实现自身云服务的全网 QoS 保障。云服务部署扩展的发展阶段建议如下。

阶段 1：传统业务系统。

阶段 2：自建私有云。

阶段 3：自建公有云对外服务，同时承载自身私有云。

阶段 4：混合云——基于自建云与第三方公有云的混合部署。

9.4.7　对等互联架构

每个区域性的媒体云平台规模并不大，有条件在本区域内做强做大，但要跨区域发展，就有必要对外进行云平台互联。各地媒体云平台对等互联可构成"媒体行业云"，共同构建围绕媒体开放云平台的产业生态环境，构造多边共赢的商业模式。基于"媒体行业云"，将会聚合大量开发者，通过提供创新孵化基金，并配套行业及地区性的政策扶持，这些合作开发者的创新动力将会被大大激发，产生大量云应用，进而实现行业整体繁荣。有了达到一定规模的"媒体行业云"，才具备进一步与电信运营商开放平台、互联网开放平台进行对等互联的基础。

以四川广电网络为例来说明智慧媒体云平台与外部合作的媒体云平台、运营商网络的四种互联关系。SCCN 云平台对外互联架构参考模型如图 9-20 所示。

模式 1：网络不对等互联，强势运营商 CM/CT/CU 通过高价互联网出口资源构筑门槛。

模式 2：网络对等互联，基于 Cache 对等互联，通过流量对冲，降低网络出口压力及成本。

模式 3：网络传输覆盖，云服务平台通过对接合作方网络向其用户提供云服务。

模式 4：云平台对等互联，云服务平台之间遵循一致的 OCSPI 协议进行互联。

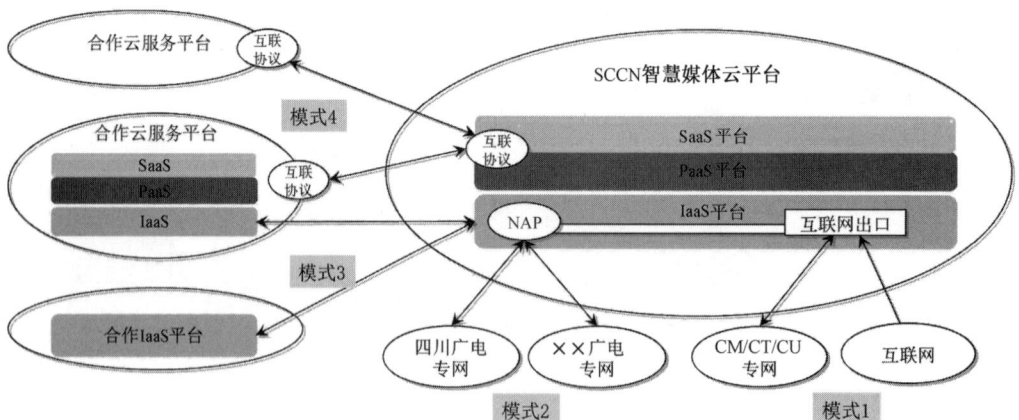

图 9-20　SCCN 云平台对外互联架构参考模型

通过开放云服务对等互联协议（OCSPI）进行云平台之间的互联，主要实现云平台的注册与互信、云间产品上线与发现、云间产品订购与计费结算、云间业务访问的安全保护、云间业务数据采集等各项接口标准的约定。开放云服务对等互联协议对"媒体行业云"的快速形成意义重大。协议的制定与推广，需要有力的牵头组织机构及业界的广泛参与和支持，才能得以有效实施。

第 10 章 智慧媒体云平台业务架构

10.1 企业管理流程框架

从提高企业管理整体水平的层面考虑，需要构建整体的企业流程体系，其中包括战略流程、核心流程、支持流程三大类。其中，核心流程直接关系到未来平台建设、运行和维护，是本次规划的重点梳理模块，战略流程和支持流程在本次规划中未涉及。

业务架构以"业务域－业务过程－业务活动"结构化的模型进行表示，这种表达方式易于展示各业务过程的具体流向、前后顺序，以及各项活动的责任者、参与者，各项活动还具有更为细化的处理规则、流转规则。这对流程的理解、使用及提供信息化支持等都十分重要，特别是对于关键的业务流程，以及打算进行流程优化的业务过程，以规范化、贴近用户的方式将业务过程表述出来就显得十分必要。

智慧媒体云平台运营商的企业管理流程框架如图 10-1 所示。根据云平台的运营策略、所支撑业务及过程管理，可划分为业务运营流程、融合媒资流程、运营支撑流程、门户展现流程、服务交付流程、运维安全流程、用户应用流程和管理应用流程共 8 个业务域。本章将对每个业务域做进一步的流程图规范和业务数据流向梳理。

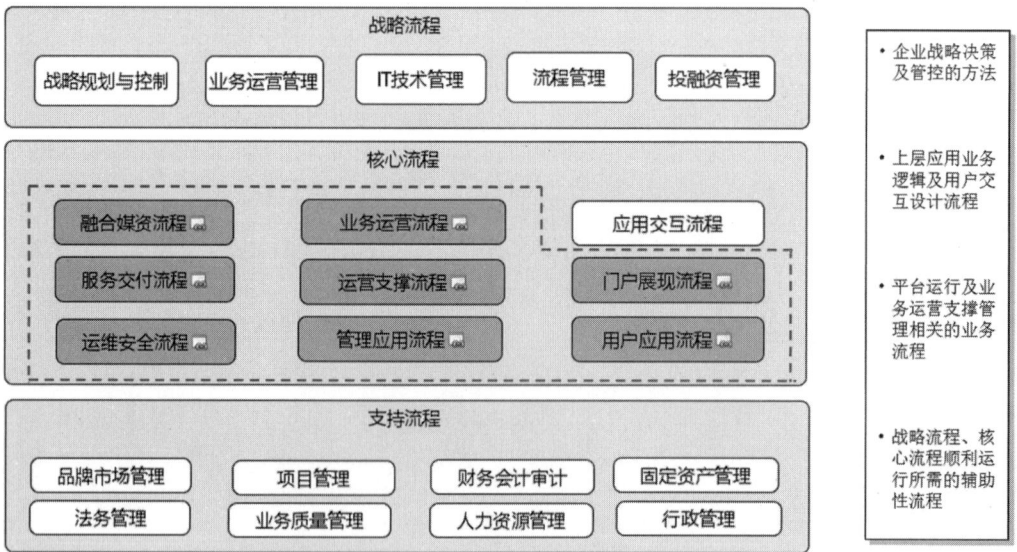

图 10-1　智慧媒体云平台运营商的企业管理流程框架

10.2 业务运营流程

业务运营流程主要描述运营商在开展业务过程中需要做的运营工作流程，主要包括视频业务（直播时移回看业务、互动 VOD 业务）、宽带业务、融合通信业务、广告业务、O2O 电商业务、应用商店管理业务等。

10.2.1 直播时移回看业务

直播业务是最基础的广电视频业务，在此基础上扩展实现了时移、回看业务，NGOD 规范的 VOD 业务是基于 HFC 网络的，这些业务也可基于 IP 网络进行传播。

近年网络直播异军突起，数以亿计的 UGC、PGC 直播内容通过移动互联网快速传播，从传统媒体抢走了大量观众。两者在业务形态和技术实现上大体相似，但网络直播具有更好的互动性，借助 SNS 传播力更强大。

DVB 直播和 IP 直播业务流程基本相同，具体功能实现在应用架构中描述。在实际运营过程中，可借鉴网络直播的经验来增强互动，或尝试与网络直播打通。直播时移回看流程如图 10-2 所示，直播时移回看流程活动描述见表 10-1。

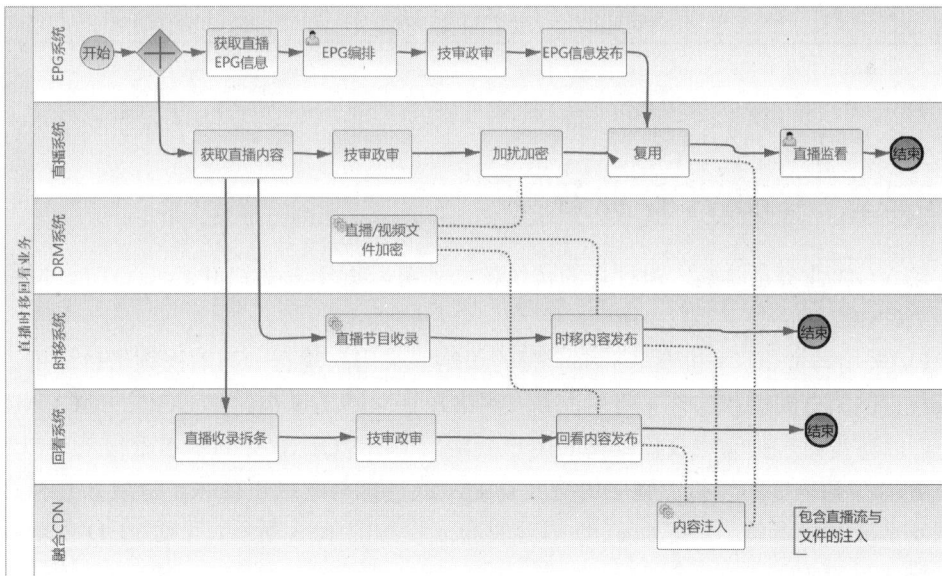

图 10-2　直播时移回看流程

表 10-1　直播时移回看流程活动描述

序　号	活动名称	活动描述
1	获取直播EPG信息	通过码流获得自带EPG信息，或通过离线方式获得EPG文件；对自办直播频道，须同步提供EPG信息
2	EPG编排	针对直播、时移、回看节目信息，实现EPG信息的编辑、校正，以确保与直播节目同步
3	技审政审	完成对内容的技术审核，包括内容是否有黑场、马赛克、爆音、文字错误等问题 完成对内容的审核，保证内容没有违规、违法、错误等，可根据业务需要重复部署
4	EPG信息发布	系统将编排审核完成的EPG信息发送给门户系统
5	获取直播内容	对转播频道直接获取直播码流；对自办节目，由播出服务器将节目顺序播出形成直播码流
6	加扰加密	系统调用CAS/DRM加密服务，对节目内容及密钥进行加密
7	复用	将EGP与直播码流进行复用形成SPTS，多路直播码流可组合成为MPTS；直播码流经IP网络传输，须将内容注入融合CDN，以进行分发
8	直播监看	负责对直播电视节目进行监看，记录播出情况，出现播出故障则启动垫播
9	直播节目收录	直播码流全部缓存进入云存储，根据EPG信息设定的内容开始、结束时间对存储的TS码流进行打点
10	时移内容发布	（1）调用CAS/DRM服务，实现时移内容的版权保护 （2）调用内容注入功能模块提供的服务，将时移内容注入融合CDN主站，以进行分发
11	直播收录拆条	根据EPG信息编排收录计划对直播码流进行栏目的自动收录、拆条，对新闻、精彩片段的拆条须通过人工编辑完成。新闻播报通过语音识别或字幕OCR识别，可自动生成文字稿 拆条的视频TS文件、文字内容提交入媒资库进行技审政审；入库同时伴随转码生成低码文件，以便发布之前进行内容浏览
12	回看内容发布	（1）调用CAS/DRM服务，实现回看内容的版权保护 （2）调用内容注入功能模块提供的服务，将回看内容注入融合CDN主站，以进行分发

10.2.2　互动 VOD 业务

互动 VOD 业务是传媒广电行业的传统核心业务，近年来受到 IPTV、OTT、网络短视频的巨大冲击。

IPTV 采用与宽带、手机业务捆绑套餐的策略强推用户渗透；OTT 视频平台靠抢占头部内容版权、创新自制爆款综艺来吸引流量；网络短视频则迅速构建起 UGC、PGC、MCN 内容生态，以海量内容去满足众口难调的用户兴趣。互动 VOD 业务的基本流程是类似的，后续可充分借鉴竞争者的经验加强应用交互功能，或尝试与网络短视频平台展开互补合作，以增强媒体云平台竞争力。互动 VOD 内容发布流程如图 10-3 所示，互动 VOD 内容发布流程活动描述见表 10-2。

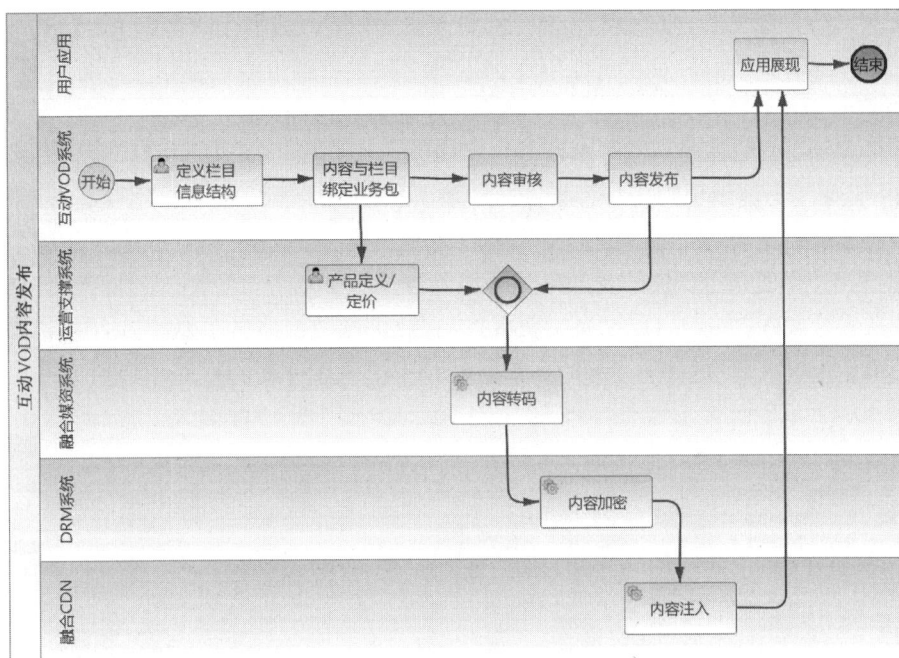

图 10-3　互动 VOD 内容发布流程

表 10-2　互动 VOD 内容发布流程活动描述

序　号	活动名称	活动描述
1	定义栏目信息结构	定义 VOD 业务的栏目结构，如分类、排行、专题、专区、推荐、搜索等
2	内容与栏目绑定业务包	通过融合媒资系统获得内容列表及元数据，对内容与栏目进行编排并匹配绑定
3	内容审核	节目编排完成后，须进行发布前的预览审核工作
4	内容发布	审核通过后，可将内容面向多渠道（VOD、IPTV、OTT）进行发布
5	产品定义/定价	VOD 产品定义，可以采用单片付费、以栏目为基础的业务包付费或包月/年付费
6	内容转码	内容编排审核发布、产品定义都完成后，内容须根据不同终端进行转码
7	内容加密	转码后的视频内容须调用 DRM 加密服务，以保障版权
8	内容注入	将加密后的内容注入融合 CDN，并根据发布渠道进行分发
9	应用展现	以上准备工作完成后，可供用户访问

10.2.3　宽带业务

"宽带中国"战略的实施，对互联网提速、普及惠民起到积极推动作用。为宽带业务提供支撑的 IDC、CDN、Cache 等基础设施至关重要，尤其是占据 70%以上互联网流量的视频业务，更需要这些设施来保障良好的用户体验。

1. 宽带访问引导

宽带用户访问目标视频网站，有运营商自有 CDN、Cache、CDN 镜像等多种流量模式提供服务。

通过在内网部署源站的 CDN 镜像、部署通用 Cache，或提供自有融合 CDN 承载的内网业务，都可将用户访问流量尽可能引导到运营商网络内部可提供视频流服务的服务器上，不仅能节约大量互联网出口流量，而且可大大提升用户访问体验。

典型的融合 CDN 提供内网业务的基本逻辑是，由源站 DNS 用户进行域名解析，此时源站 DNS 服务器会根据用户所处位置及吐流服务器服务状态情况，给用户返回一个合适的 A 记录或者 CNAME 记录。融合 CDN 的全局调度系统（GSLB）接收到用户的域名解析请求后，根据用户所处位置，以及 CDN 边缘服务器的负载情况，给用户返回最合适的 A 记录。用户从融合 CDN 的全局调度系统获取到融合 CDN 边缘服务节点的 A 记录，后续的服务由本地 CDN 边缘节点提供。宽带访问引导流程如图 10-4 所示，宽带访问引导流程活动描述见表 10-3。

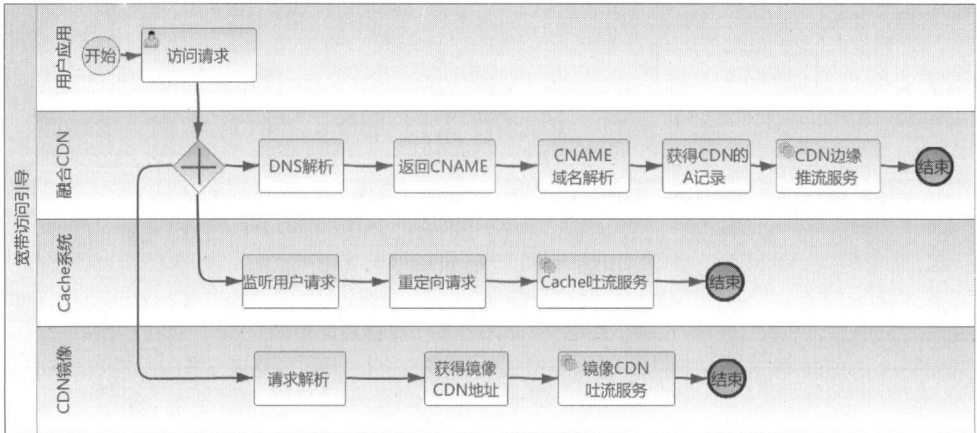

图 10-4　宽带访问引导流程

表 10-3　宽带访问引导流程活动描述

序　号	活动名称	活动描述
1	访问请求	用户通过应用发起访问请求，系统对请求做出响应
2	DNS 解析	源站 DNS 服务器在用户请求源站数据前，首先进行域名解析，此时源站 DNS 服务器会根据用户所处位置及吐流服务器服务状态，给用户返回一个合适的 A 记录或者 CNAME 记录
3	返回 CNAME	源站 CDN 服务器检测到用户所处网络有合作的自建 CDN，此时源站 DNS 服务通过 CNAME 方式向用户返回自建 CDN 的服务域名
4	CNAME 域名解析	融合 CDN 的全局调度系统（GSLB）接收到用户的域名解析请求后，根据用户所在位置，以及 CDN 边缘服务器的负载情况，给用户返回最合适的 A 记录
5	获得 CDN 的 A 记录	用户从融合 CDN 的全局调度系统获取到融合 CDN 边缘服务节点的 A 记录，后续的服务由本地 CDN 边缘节点提供
6	CDN 边缘推流服务	融合 CDN 边缘服务节点接收到由全局调度系统引导来的用户的访问请求，从本地磁盘读取数据提供给终端用户，降低运营商网络出口流量压力，同时提升终端用户的访问体验
7	监听用户请求	通过对访问流镜像数据的实时分析，监听用户请求
8	重定向请求	Cache 系统已实现缓存的本地资源，将用户请求重定向到本地资源；未实现本地缓存，则放行请求，代理用户通过外网访问的同时，实现资源的本地缓存
9	Cache 吐流服务	已实现本地缓存的资源，通过边缘节点服务器提供吐流或文件下载服务

序　号	活动名称	活动描述
10	请求解析	互联网源站的调度服务器接收到用户请求后，根据用户所在位置，发现用户所在网络部署了 CDN 镜像服务集群，因此将用户调度到 CDN 镜像服务集群上
11	获得镜像 CDN 地址	用户从源站调度服务器获取 CDN 镜像服务集群访问链接，向 CDN 镜像服务器发起访问请求
12	镜像 CDN 吐流服务	镜像 CDN 的边缘节点服务器向本地用户提供吐流或文件下载服务

2. 宽带运营服务

由于互联网上各类业务和内容逐年快速增长，运营商要为用户提供良好服务质量保障的宽带业务，需要不断根据自身网络情况，基于数据分析进行策略优化，这就是宽带运营的主要工作。宽带运营服务流程如图 10-5 所示，宽带运营服务流程活动描述见表 10-4。

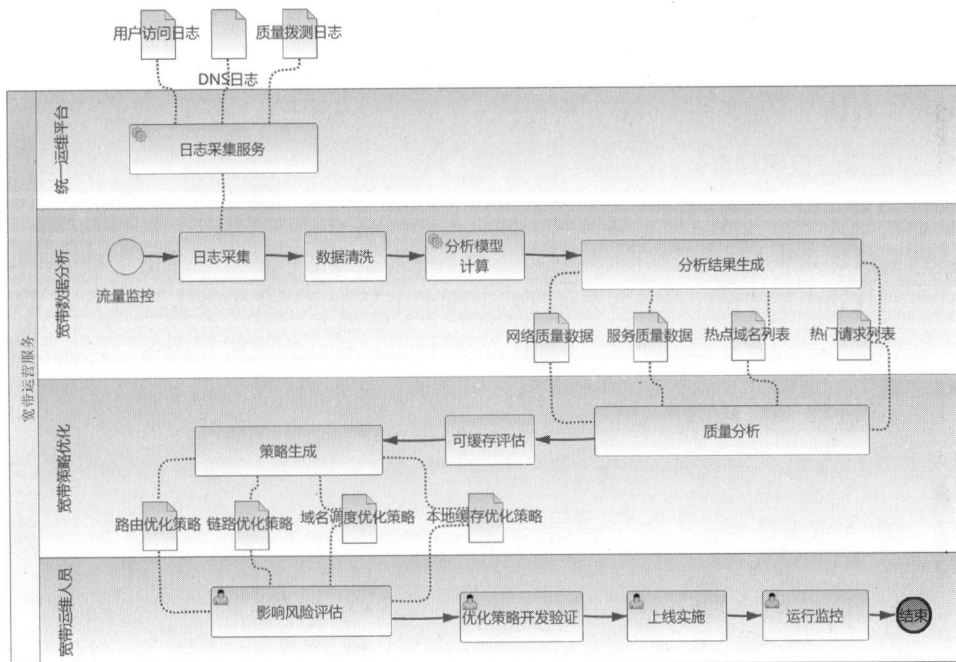

图 10-5　宽带运营服务流程

表 10-4　宽带运营服务流程活动描述

序　号	活动名称	活动描述
1	日志采集	调用日志采集服务将各类日志通过离线或实时采集方式收集到系统中，进行预处理，为日后日志分析做好数据准备工作
2	数据清洗	根据日志类型、数据分析需求等因素，对日志进行清洗，去重纠错，为接下来的分析模型计算做好准备
3	分析模型计算	基于建立的分析模型，调用模型计算服务，对日志及监控数据进行多维分析，抽象关键信息进行统计
4	分析结果生成	根据网络质量、服务质量、域名热度、请求热度等，生成分析结果，提供直观呈现，以及查询、导出接口

序　号	活动名称	活动描述
5	质量分析	基于多维分析数据，对宽带业务的整体质量、性能瓶颈、问题定位进行分析评估
6	可缓存评估	对各类业务相关内容是否可通过缓存来优化服务进行评估
7	策略生成	人工与系统分析相结合，经综合评估分析后生成各项宽带优化策略
8	影响风险评估	运维人员通过路由、链路、域名调度、本地缓存测试对优化策略做风险及效果评估
9	优化策略开发验证	基于测试及风险评估，对各项优化策略做配置调整或开发，进一步验证效果
10	上线实施	经过分析评估和验证的各类优化策略方可上线实施
11	运行监控	运维人员对优化策略进行数据监控

10.2.4　融合通信业务

融合通信（Unified Communication）系统基于 SIP 协议及 IMS 体系架构，实现包括语音通信、视频/多媒体会议、即时通信在内的通信全业务服务。这里提供与直播点播视频、视频通信、视频监控相关的部分业务流程。

1. 融合通信视频调度

直播点播视频、视频通信、视频监控通常是相对独立的三类业务。但随着业务的跨界融合，在监控场景中可能需要引入视频通信或电视直播画面，在视频会议场景中也可能要引入视频监控、电视画面，在一些强调现场互动的节目中也会需要接入视频会议、监控画面。必须通过统一的融合通信系统的控制台，对以上三种视频流进行调度，以满足各类需求。融合通信视频调度流程如图 10-6 所示，融合通信视频调度流程活动描述见表 10-5。

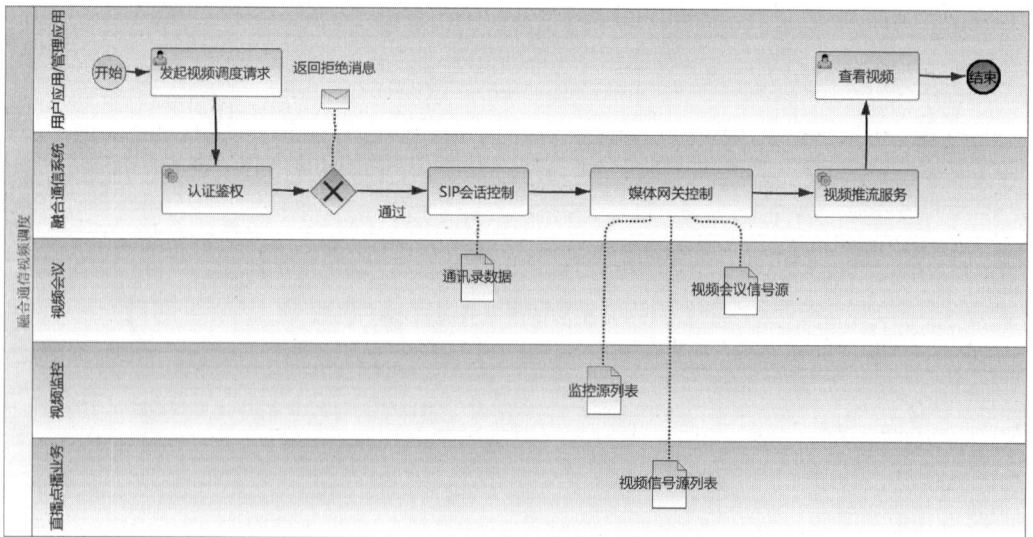

图 10-6　融合通信视频调度流程

表 10-5 融合通信视频调度流程活动描述

序　号	活动名称	活动描述
1	发起视频调度请求	云平台的终端用户,包括视频会议、视频监控、互动电视、智能手机等,均可向融合通信系统发起调度视频请求
2	认证鉴权	对用户请求进行认证鉴权,如判定不具备本次调度权限,则反馈拒绝信息
3	SIP 会话控制	通过认证鉴权的请求,由 SIP 会话控制响应,查看通讯录数据,并建立会话服务
4	媒体网关控制	媒体网关控制负责融合通信相关资源匹配及管理,查看可调度资源是否处于就绪状态,如对视频流转码、加密,则调用转码服务、内容安全保护服务
5	视频推流服务	与融合 CDN 系统配合,选择请求终端与目标资源间的最优路径,并调度距请求终端最近的目标资源向终端推流
6	查看视频	终端应用可获得请求的目标视频流进行视频查看

2. 监控视频处理

视频监控技术在公共场所安防、城市交通、出入卡口等各类综合治理场景,以及居家环境中得到了广泛应用。监控视频处理流程如图 10-7 所示,监控视频处理流程活动描述见表 10-6。

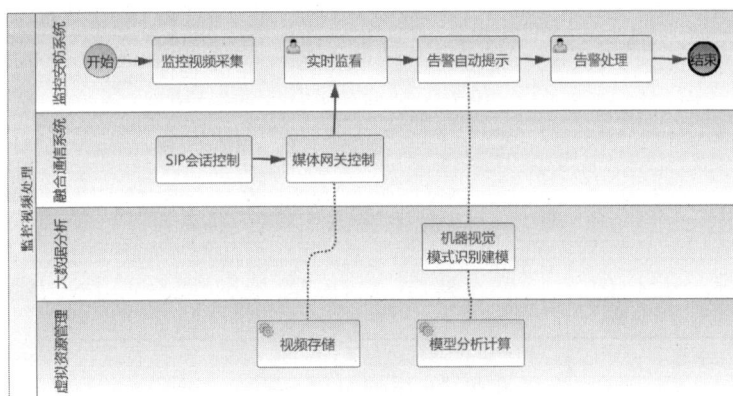

图 10-7 监控视频处理流程

表 10-6 监控视频处理流程活动描述

序　号	活动名称	活动描述
1	监控视频采集	通过分布部署的摄像头,对视频监控网络的多路信号进行采集
2	SIP 会话控制	对监控网建立会话及调度服务
3	媒体网关控制	对所有监控网内的视频信号进行集中管理,提供给目标终端进行实时监看
4	视频存储	对指定的监控视频流按指定时间进行存储
5	实时监看	对监控视频实时查看,对视频录像实时查询
6	机器视觉模式识别建模	利用机器视觉技术,以及人脸、步态、号牌、人流等模式识别算法进行分析建模
7	模型分析计算	借助大数据强大算力资源池实现对视频流的实时分析,或对存储视频进行海量检索,提取特征进行研判
8	告警自动提示	模式识别出来的告警信息即时出现在监控系统的监看屏幕上,提示监看人员
9	告警处理	监看人员对分析告警结果进行后续应用、处理

3. 一键报警处理

"雪亮工程"在全国各地都有实施，在社会综合治理、联防联治方面起到了积极作用。"雪亮工程"的一个亮点就是发动广大群众参与监控和报警。当自己或看到别人遭遇危险时，可按下紧急报警按钮向"雪亮工程"报警，以及时得到帮助。一键报警处理流程如图 10-8 所示，一键报警处理流程活动描述见表 10-7。

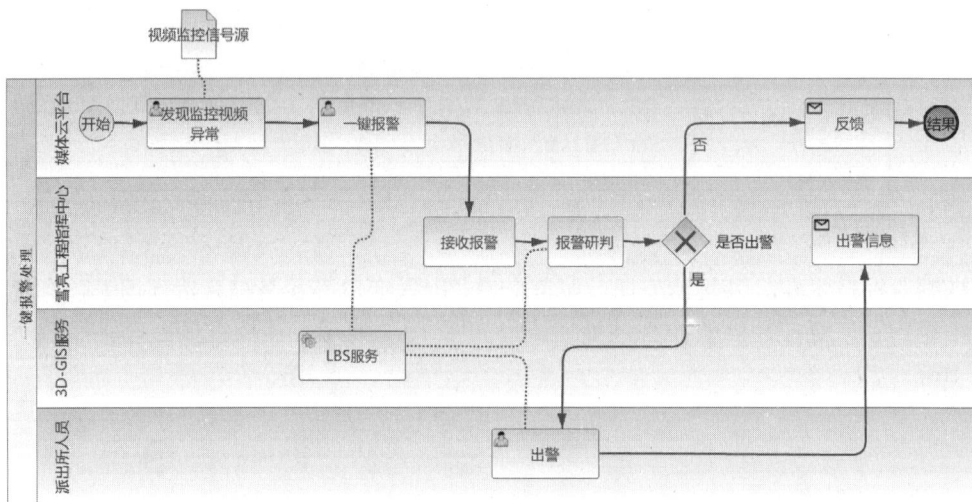

图 10-8　一键报警处理流程

表 10-7　一键报警处理流程活动描述

序　号	活动名称	活动描述
1	发现监控视频异常	用户通过 TV、Mob 等终端发现异常情况，或自身受到威胁
2	一键报警	用户发出一键报警请求，上传位置信息、个人信息及可能的现场监控视频
3	接收报警	"雪亮工程"智慧中心或其他社会综合治理中心统一接收报警请求
4	报警研判	人工或借助机器视觉模式识别算法对报警信息进行快速分析判断，如无危险，则不出警
5	出警	如发现报警达到出警等级，则通知最近的派出所安排出警处理
6	LBS 服务	调用 3G-GIS 引擎为报警、报警研判、出警提供 LBS 服务
7	出警信息	记录出警原因、时间、人员、报警人信息、现场情况、处理结果等
8	反馈	向用户反馈报警处理的结果

10.2.5　广告业务

广告是传统媒体机构的支柱性收入业务，尤其是内容以公益性服务为主的传媒运营商。当前的广告业务，借助广告影响和效果大数据分析及智能推荐引擎，可以实现精准投放、变骚扰广告为有用消费信息，这种方式将在后面另行介绍，这里仅介绍基础广告业务的流程。

广告位资源可以出现在媒体应用的各种位置，但考虑到不对用户体验造成过多干扰，往往需要提前设定。融合媒体的展现终端、应用更加多样，对所有广告位资源进行统一规划和管理，可以为客户提供更多样、更有效的受众覆盖。

广告物料可以是图片、文字、视频、互动小应用。广告排期就是把计划投放的广告与所有的广告位对应，按不同时间段进行投放。广告业务流程如图 10-9 所示，广告业务流程活动描述见表 10-8。

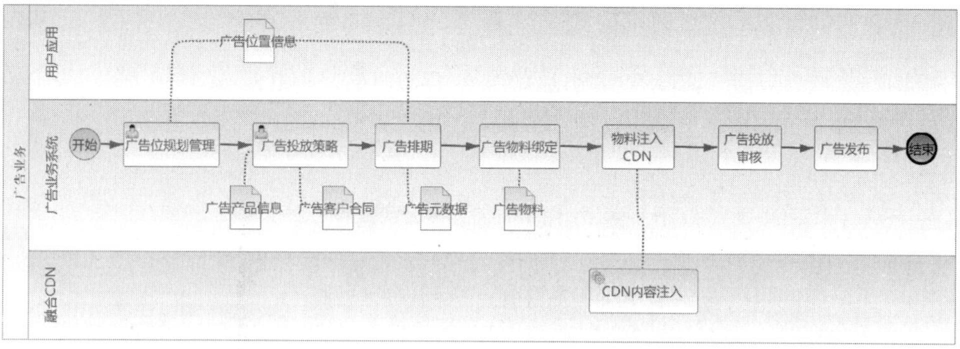

图 10-9　广告业务流程

表 10-8　广告业务流程活动描述

序　号	活动名称	活动描述
1	广告位规划管理	所有广告投放都以广告位方式体现，广告位是广告展示的基本资源。广告位创建后一般会使用默认图片作为内容展示。根据终端类型统一规划广告位，不同终端广告位可投放不同的广告。广告位与相关目标业务关联。广告类型包括网页广告、贴片广告、叠加广告、弹出广告、走马灯广告、互动小应用广告、植入广告等
2	广告投放策略	广告系统根据广告产品信息，结合广告客户合同信息，配置相应的广告投放策略，广告按用户反馈方式分为 CPM、CPC、CPA、RTB 等，广告策略须考虑物料形式、投放方式、终端、地域、人群、频次、时段、有效期等因素
3	广告排期	基于拟投放广告元数据，与广告位资源对应创建广告投放排期。排期可按月、周、天、时、分、秒，可根据区域、频道、栏目、媒资、用户群体进行投放
4	广告物料绑定	将广告物料导入广告业务系统，与完成排期的广告位进行绑定
5	物料注入 CDN	根据广告排期，将广告物料内容提前注入融合 CDN，并进行网络分发
6	广告投放审核	对拟投放广告进行预览审核，包括内容审核、技术审核，发现问题应及时修正
7	广告发布	审核完成的广告即可面向既定的终端、应用、用户群发布，并根据相应的投放策略严格执行

10.2.6　O2O 电商业务

O2O 电商业务是智慧媒体云平台的一种增值业务，其优势是可打通 TV 大屏与互联网，结合线上线下资源开展电商业务。

1. 商铺管理

商铺管理主要指创建、修改商铺及商铺上下线的管理，如管理商铺的布局、风格、基本功能等。商铺管理基本流程如图 10-10 所示，商铺管理基本流程活动描述见表 10-9。

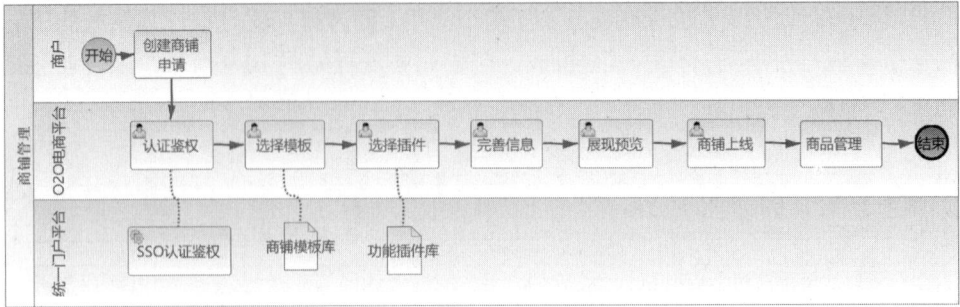

图 10-10 商铺管理基本流程

表 10-9 商铺管理基本流程活动描述

序　号	活动名称	活动描述
1	创建商铺申请	商户提交开通商铺的申请，填写申请信息
2	认证鉴权	对申请商铺的商户进行身份认证、业务鉴权
3	选择模板	商铺管理功能由统一门户平台提供支持，商户自己基于模板框架搭建商铺结构
4	选择插件	商户基于选定的模板通过选择插件增加所需功能，如商品分类、图文或视频展现商品、购物车、评论、客服、配送进度跟踪等
5	完善信息	商户对商铺信息进行完善，包括上架部分商品，测试功能、展现是否正常
6	展现预览	商户通过预览对商铺进行测试、检查、调整，直至满足要求
7	商铺上线	商户正式提交商铺上线
8	商品管理	商户对商铺内的商品进行全面自主管理

2. 商品经营管理

商户对自己商铺的商品上下架、库存、营销、订单、配送、评价等进行全面自主管理。商品经营管理基本流程如图 10-11 所示，商品经营管理基本流程活动描述见表 10-10。

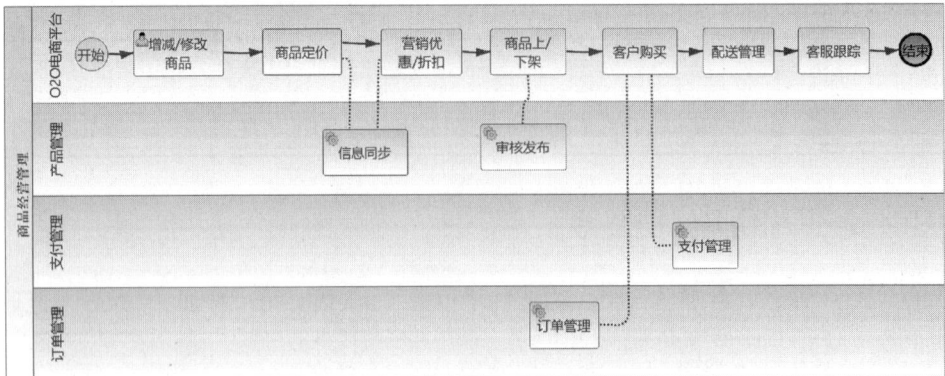

图 10-11 商品经营管理基本流程

表 10-10　商品经营管理基本流程活动描述

序　号	活动名称	活动描述
1	增减/修改商品	商户新增、修改、调减部分商品，对其基本信息、海报等进行修改
2	商品定价	商户对商品的定价须同步到云平台产品中心
3	营销优惠/折扣	商户对商品做促销优惠、折扣须同步到云平台产品中心、营销中心
4	商品上/下架	商品上/下架发布须通过云平台的审核
5	客户购买	客户在商铺下订单，商铺的订单管理、支付管理可由云平台运营支撑平台提供服务支持
6	配送管理	参见后续内容
7	客服跟踪	及时响应顾客的投诉和反馈，做好服务的同时推新品

3. 配送管理

随着电商行业的规模化发展，社会分工更加细化，商品配送通常由专业配送公司提供服务。配送管理基本流程如图 10-12 所示，配送管理基本流程活动描述见表 10-11。

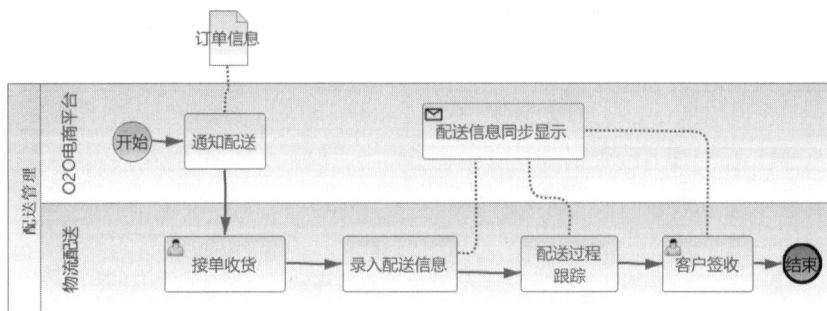

图 10-12　配送管理基本流程

表 10-11　配送管理基本流程活动描述

序　号	活动名称	活动描述
1	通知配送	商铺通过订单信息通知物流公司接收商品
2	接单收货	物流公司接收商品
3	录入配送信息	物流配送员根据商户提供的信息录入物流配送信息
4	配送过程跟踪	物流公司负责对商品配送过程进行跟踪
5	客户签收	物流公司将商品送至客户处，客户签收，配送完成
6	配送信息同步显示	物流公司配送全过程的跟踪信息同步至 O2O 电商平台，供客户查询

10.2.7　应用商店管理业务

应用商店是随着智能移动终端兴起的一种新型门户，其管理对象从页面转变为 App，从链接式访问转变为下载安装、即点即用的方式。应用商店在 TV、Mob、VR 端都可提供。

1. 应用提供商管理

应用提供商在云平台应用商店注册后，可上传应用，并接受相应管理。云平台原生应用的开发者也可转换为应用提供商，如需要租用 OVP 云服务或 PaaS/IaaS 云服务，则同时具有租户的身份。应用提供商管理流程如图 10-13 所示,应用提供商管理流程活动描述见表 10-12。

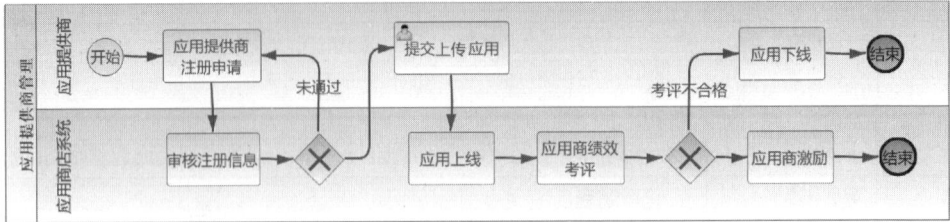

图 10-13　应用提供商管理流程

表 10-12　应用提供商管理流程活动描述

序　　号	活动名称	活动描述
1	应用提供商注册申请	应用提供商提交注册请求,填写注册信息
2	审核注册信息	平台管理人员对应用提供商的申请信息进行审核,审核通过的应用商可上传应用
3	提交上传应用	应用提供商将已开发完成的应用提交上传到云平台应用商店
4	应用上线	参见后续内容
5	应用商绩效考评	对应用商的绩效从下载量、活跃度、评分、评价、投诉、收益等方面进行考评,考评不通过的,要求其下线
6	应用下线	参见后续内容
7	应用商激励	通过提供营销及服务支持、奖金等方式对应用商进行正向、负向激励

2. 应用上线

应用上线主要体现应用提供商发布应用的流程,包括应用提交、审核、测试、发布等。应用上线流程如图 10-14 所示,应用上线流程活动描述见表 10-13。

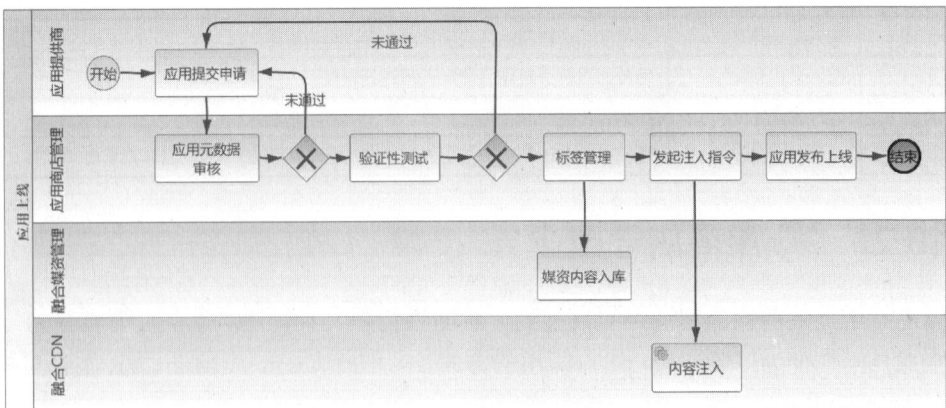

图 10-14　应用上线流程

表 10-13　应用上线流程活动描述

序　号	活动名称	活动描述
1	应用提交申请	应用提供商提交应用上线请求
2	应用元数据审核	对应用提供商提交的应用信息进行技审政审
3	验证性测试	测试应用程序的基本功能，并进行安全性检查
4	标签管理	为应用打标签，并基于标签进行分类
5	发起注入指令	应用商店向融合 CDN 发起内容注入的请求
6	应用发布上线	应用注入完成后，应用产品发布上线，即可提供给用户下载安装
7	媒资内容入库	将审核通过的 App、元数据及其标签存入融合媒资管理系统

3. 应用下线

应用下线主要体现应用提供商根据市场现状和业务发展等需求主动申请应用下线的流程。因考核不通过被动下线的流程与此类似。应用下线流程如图 10-15 所示，应用下线流程活动描述见表 10-14。

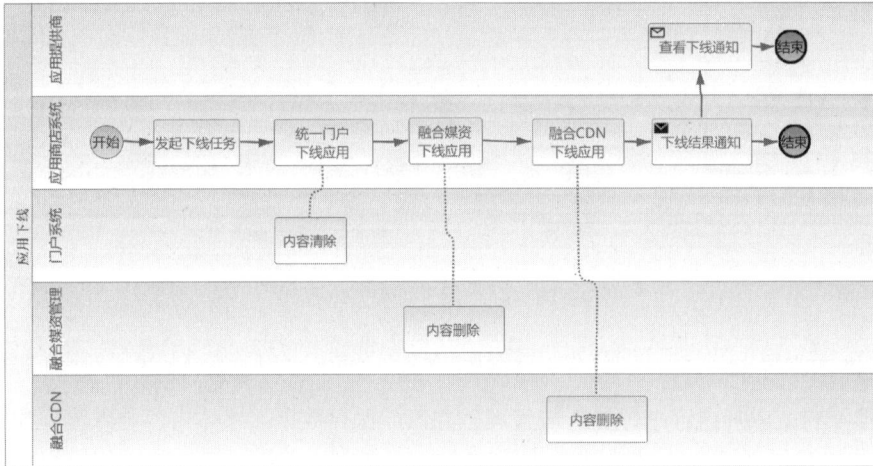

图 10-15　应用下线流程

表 10-14　应用下线流程活动描述

序　号	活动名称	活动描述
1	发起下线任务	应用提供商发起下线请求，应用提供商填写下线申请表，提交下线申请表，或云平台管理者对考核不合格的应用进行下线
2	统一门户下线应用	应用商店系统由统一门户平台提供支持，因此在统一门户平台对下线应用进行清除
3	融合媒资下线应用	对下线的应用，融合媒资管理系统中存储的应用程序及元数据可选择删除
4	融合 CDN 下线应用	对下线的应用，融合 CDN 中须对应用程序进行删除
5	下线结果通知	应用商店系统向用户发出下线通知
6	查看下线通知	应用提供商在应用商店的消息通知渠道可获得应用下线通知

10.3 融合媒资流程

融合媒资流程主要描述视频内容的多来源聚合、媒资管理相关业务流程，主要包括内容获取、媒体元数据归一化、媒体内容编辑加工、转码、技审政审、标签管理、融合 CDN、媒资内容发布等业务环节。融合媒资流程基本框架如图 10-16 所示。

10.3.1 内容获取

媒资内容获取主要有媒体内容导入、直播收录拆条、网络爬取、内容质控等途径，实现外部成品内容的导入，同时继承媒资原有的元数据，提交媒资入库存储。

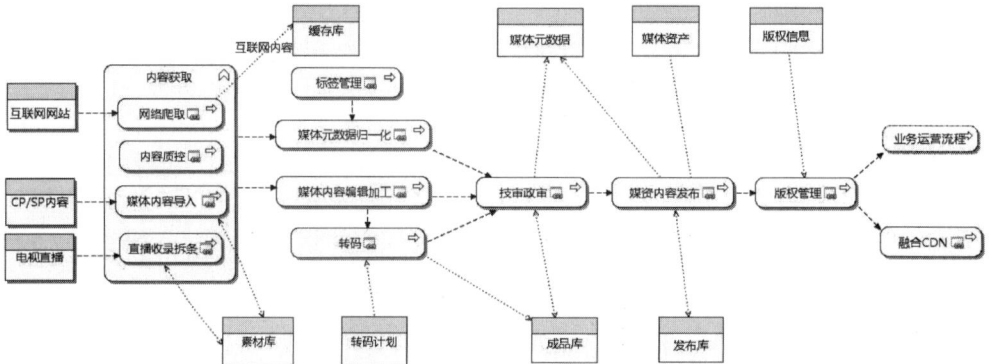

图 10-16 融合媒资流程基本框架

1. 媒体内容导入

将媒体素材或成片内容进行导入与整理，并入库保存数据。媒体内容导入流程如图 10-17 所示，媒体内容导入流程活动描述见表 10-15。

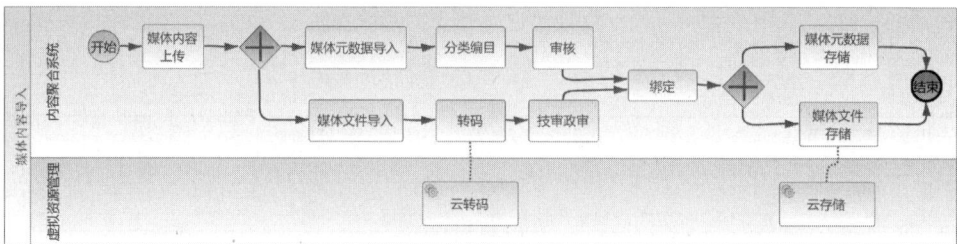

图 10-17 媒体内容导入流程

表 10-15 媒体内容导入流程活动描述

序　号	活动名称	活动描述
1	媒体内容上传	将媒体文件本地上传或远端上传到云平台的内容聚合系统
2	媒体元数据导入	将媒体文件相应的元数据导入，如元数据缺失，须进行人工补录
3	分类编目	按内容聚合平台的元数据分类编目规范进行元数据整理

序　号	活动名称	活动描述
4	审核	通过审核保证媒体元数据信息的完整性、准确性
5	媒体文件导入	将媒体素材或成片文件导入
6	转码	将媒体文件原格式转码成媒资存储要求的格式，同时伴随转码生成低码率文件，便于后续环节审核、预览
7	技审政审	进行自动化及人工介入的技审政审
8	绑定	将媒体文件与元数据进行关系绑定
9	媒体元数据存储	将媒体元数据存入 SQL 数据库
10	媒体文件存储	将完成转码的媒体文件存入分布式云存储

2. 直播收录拆条

完成直播信号的录制拆条工作，在节目收录环节根据需要可通过任务预约实现多频道批量录制，可在直播信号录制的同时实现内容快速打点拆条剪辑。辅以语音识别、广告识别等内容加工工具，可实现内容信息的快速录入。直播收录拆条流程如图 10-18 所示，直播收录拆条流程活动描述见表 10-16。

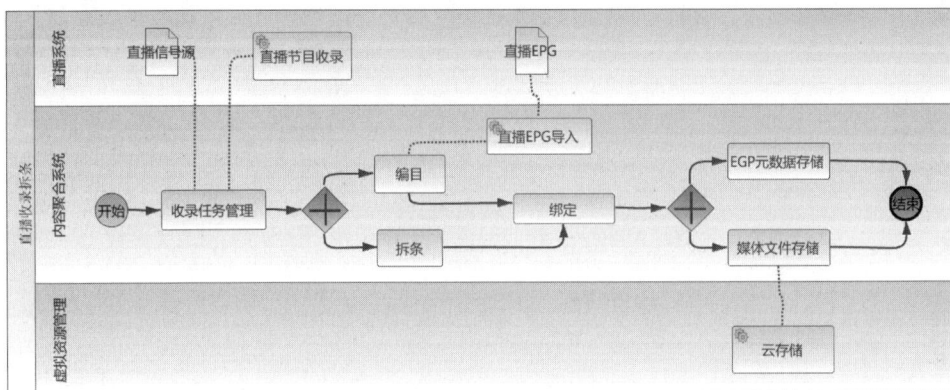

图 10-18　直播收录拆条流程

表 10-16　直播收录拆条流程活动描述

序　号	活动名称	活动描述
1	直播信号源	直播业务系统为收录任务提供将要被收录的直播信号源
2	收录任务管理	建立并管理直播收录任务，对收录任务执行状态做全程管理
3	直播节目收录	根据预约收录任务的设置，实现指定节目的收录，并打点形成编辑任务供编辑人员处理
4	拆条	对收录打点的直播流文件进行切分、编辑，同时辅以字幕、台标叠加、遮罩等处理
5	编目	继承直播 EPG 元数据，并利用语音识别、字幕 OCR 识别技术进一步完善拆条后媒体文件的元数据，同时完成内容版权信息录入。编目可根据不同工作需要细化，以保证元数据信息的完整性、准确性
6	绑定	对拆条编辑完成的媒体文件与编目后的元数据进行关系绑定
7	媒体文件存储	向内容聚合系统提交入库申请，将媒资文件存入分布式云存储
8	EPG 元数据存储	将拆条完成后的媒体文件的 EPG 元数据信息存入 SQL 数据库

3. 网络爬取

互联网内容非常丰富,通过网络爬取,可以广泛采集公开数据,用于舆情分析、热度分析,也可作为 UGC、PGC 内容平台建立内容合作的途径。针对互联网在线资源进行数据采集的过程,首先对指定 URL、指定互联网排行榜、指定网站创建爬取任务,通过爬虫调度系统实现对互联网内容的快速、稳定、高效爬取;然后对爬取结果进行数据解析,完成分词提取等数据清洗流程,形成规范完整的媒资元数据并入库。网络爬取流程如图 10-19 所示,网络爬取流程活动描述见表 10-17。

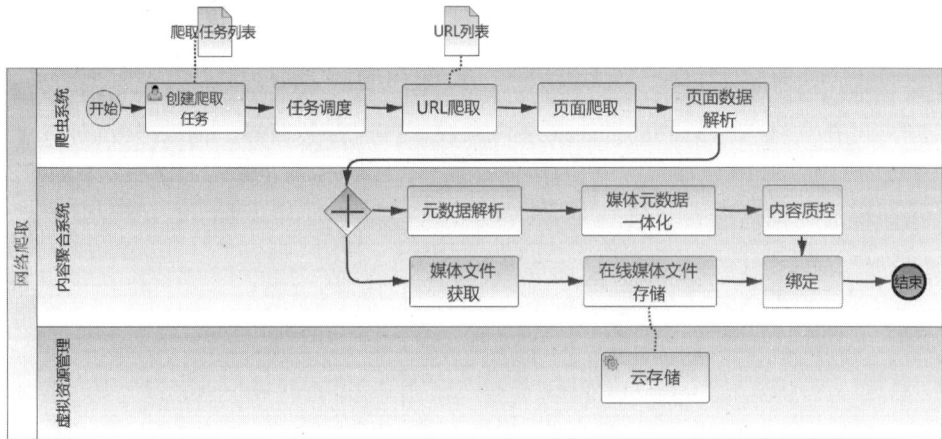

图 10-19 网络爬取流程

表 10-17 网络爬取流程活动描述

序　号	活动名称	活动描述
1	创建爬取任务	根据爬取任务列表,在爬虫系统中新建网络爬取任务
2	任务调度	通过爬虫任务调度,对分布式爬虫服务进行负载及状态监控,并按照爬取任务优先级对爬取任务进行调度
3	URL 爬取	根据 URL 列表数据,对指定 URL 的内容资源进行快速爬取和存储
4	页面爬取	对指定页面的内容资源进行快速爬取和存储
5	页面数据解析	执行页面解析算法,对指定页面进行解析,形成结构化数据
6	元数据解析	从爬取数据中解析出媒体文件相关的部分元数据
7	媒体元数据一体化	参见后续内容
8	内容质控	参见后续内容
9	媒体文件获取	从目标 URL 获取播放 URL,并下载对应的媒体文件
10	在线媒体文件存储	将在线获取的媒体文件存储到分布式云存储
11	绑定	将媒体文件与元数据进行关系绑定

4. 内容质控

经互联网爬取获得的内容经常面临链接失效等问题,须周期性对媒体内容做有效性检查以确保其可用性。内容质控流程如图 10-20 所示,内容质控流程活动描述见表 10-18。

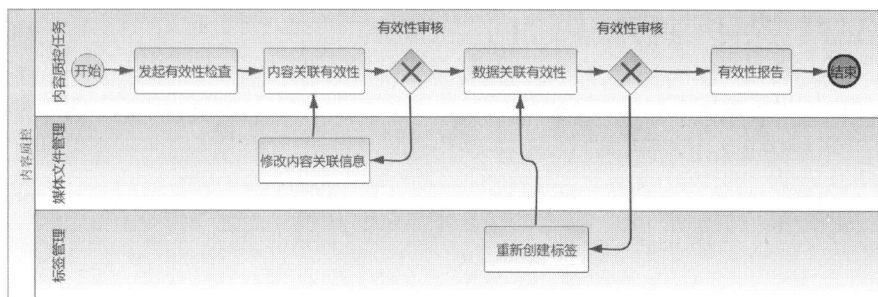

图 10-20　内容质控流程

表 10-18　内容质控流程活动描述

序　号	活动名称	活动描述
1	发起有效性检查	根据内容质控任务周期性执行内容有效性检查
2	内容关联有效性	检查视频内容的实际存储地址与存储目录描述是否一致
3	修改内容关联信息	若审核不通过，则修改视频内容的存储位置或修改存储位置描述信息
4	数据关联有效性	检查元数据结构是否完整、正确、有效
5	重新创建标签	若审核不通过，则重新创建标签，重新描述数据结构信息
6	有效性报告	质控任务结束后，给出内容关联与数据关联有效性审核报告

10.3.2　标签管理

为内容添加标签，是一种更为灵活、运营性更强的数据分组方式。标签管理模块主要针对聚合元数据样本库的媒体元数据进行标签化分组，支持标签的自动化生成及批量导入，支持定义标签与数据自动关联的策略。通过标签服务，有助于聚合内容的高效有序查询和输出。标签管理流程如图 10-21 所示，标签管理流程活动描述见表 10-19。

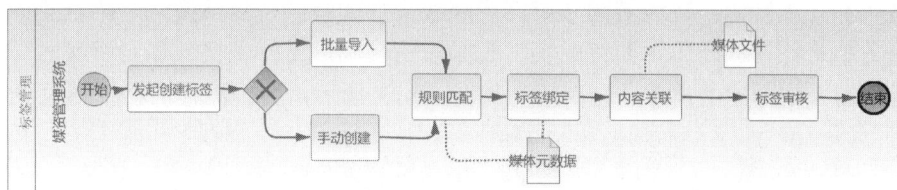

图 10-21　标签管理流程

表 10-19　标签管理流程活动描述

序　号	活动名称	活动描述
1	发起创建标签	发起创建标签的任务
2	批量导入	按导入模板批量导入外部已有标签体系，或通过文本分析自动批量生成标签
3	手动创建	若标签库中没有查到的标签，可手动添加标签
4	规则匹配	制定标签与内容的匹配规则，并根据匹配规则对媒体元数据进行过滤、分析
5	标签绑定	通过核对标签，与相应的媒体元数据建立标签绑定关系
6	内容关联	将媒体文件与标签数据进行关联
7	标签审核	对标签质量及其与媒体文件的关联进行质控审核

10.3.3 媒体内容编辑加工

将媒体内容进行剪辑、编目、合成等加工后入库存储。媒体内容编辑加工流程如图 10-22 所示，媒体内容编辑加工流程活动描述见表 10-20。

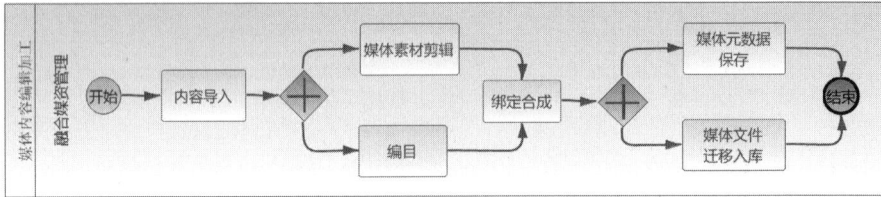

图 10-22 媒体内容编辑加工流程

表 10-20 媒体内容编辑加工流程活动描述

序　号	活动名称	活动描述
1	内容导入	导入需要编辑加工的内容
2	媒体素材剪辑	将导入内容进行剪辑加工
3	编目	继承内容元数据，根据语音识别的内容完善内容信息，同时完成内容版权信息录入，编目可根据不同工作需要细化，保证信息的完整性、准确性
4	绑定合成	将媒体内容与媒体元数据建立绑定关联关系
5	媒体文件迁移入库	将编辑合成后的媒体文件迁移到存储库
6	媒体元数据保存	将编辑完成的媒体元数据迁移到元数据存储库

10.3.4 转码

云转码系统负责转码任务管理，根据转码集群的忙闲状态动态分配转码任务。转码分为离线转码和在线转码。离线转码主要完成离线文件的转码，包括格式、码率等的转换，支持多任务执行；在线转码主要完成实时视频流的转码，支持多格式多码率实时转码，以适应不同屏幕及清晰度的需求。转码流程如图 10-23 所示，转码流程活动描述见表 10-21。

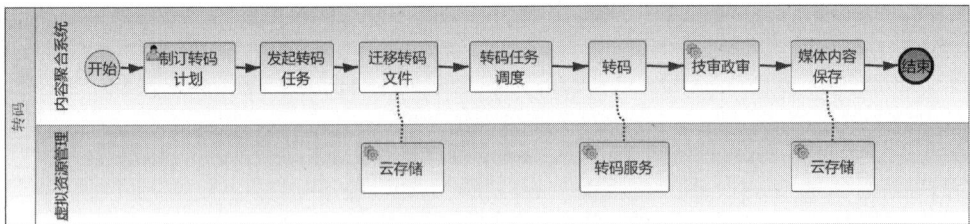

图 10-23 转码流程

表 10-21 转码流程活动描述

序　号	活动名称	活动描述
1	制订转码计划	根据自身业务需要制订转码计划，或接收上层应用、客户下达的转码任务
2	发起转码任务	发起转码任务的申请

续表

序　　号	活动名称	活动描述
3	迁移转码文件	将需要转码的文件迁移到转码系统
4	转码任务调度	根据离线、实时等不同要求的转码任务规则与优先级，对云转码集群做任务调度，以保证云转码的最佳运行效率
5	转码	调取转码功能模块服务，对媒体内容进行相应的码率、格式等转换，以适配多屏应用
6	技审政审	完成对转码成品内容的审核，包括内容是否有黑场、马赛克、爆音等技术问题，保证内容画面准确无误。可根据工作需要重复部署
7	媒体内容保存	将转码、审核完成的媒体内容迁入云存储

10.3.5　媒体元数据归一化

元数据归一化是指将从多种来源聚合而来的同一内容的元数据整理成一份完整、准确的元数据。媒体元数据归一化流程如图 10-24 所示，媒体元数据归一化流程活动描述见表 10-22。

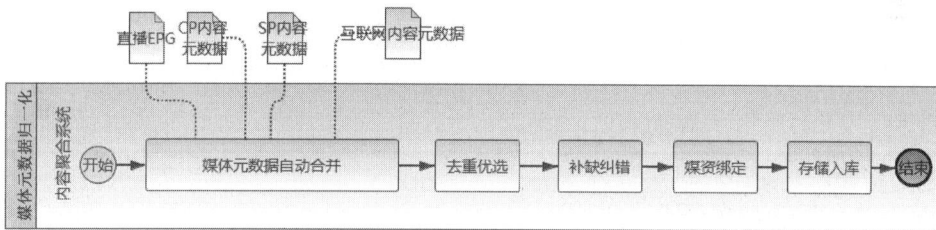

图 10-24　媒体元数据归一化流程

表 10-22　媒体元数据归一化流程活动描述

序　　号	活动名称	活动描述
1	媒体元数据自动合并	将从网络上获取的相同节目的元数据基于特定算法进行自动合并
2	去重优选	将相同媒体内容的元数据按不同字段、维度进行去重与优选
3	补缺纠错	对去重、优选处理后的元数据进行补缺纠错
4	媒资绑定	将清洗处理后的元数据与其对应的媒体内容进行绑定
5	存储入库	处理且审核通过后，将完整、准确的媒体元数据入库存储

10.3.6　媒资内容发布

对通过视频编辑加工、元数据编目及技审政审的媒资内容进行媒资发布审核。

媒资管理系统具备全媒体内容聚合、生产、调度、智能审核，以及多码率、自适应、全终端的视听节目发布能力，以数据服务方式为门户系统、应用系统提供基础内容的输出。媒资内容发布流程如图 10-25 所示，媒资内容发布流程活动描述见表 10-23。

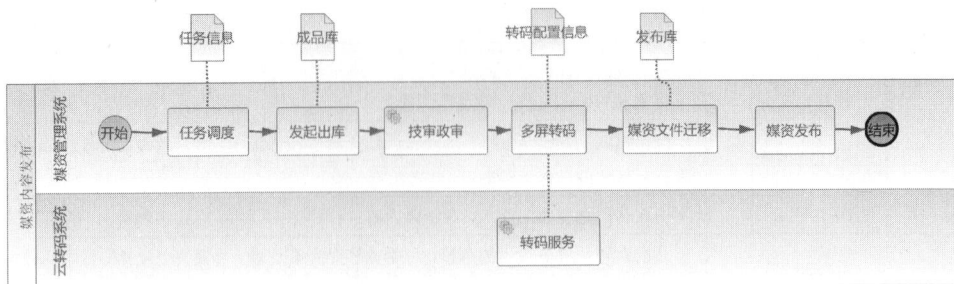

图 10-25　媒资内容发布流程

表 10-23　媒资内容发布流程活动描述

序　号	活动名称	活动描述
1	任务调度	获取媒资内容发布的任务信息，按照任务的优先级及定义的调度规则进行调度
2	发起出库	根据任务调度的指令将媒体内容从成品库中迁移出来
3	技审政审	调用技审政审服务，完成对提交出库内容的审核，包括内容是否有黑场、马赛克、爆音等技术问题，保证内容画面准确无误。该活动为可选项，可根据实际工作需要决定是否部署
4	多屏转码	读取媒资内容发布任务要求的转码配置信息，调用转码功能模块的服务完成媒体文件的转码，包括格式、码率等，以适配不同屏幕
5	媒资文件迁移	将完成多屏转码的媒资文件保存到发布库
6	媒资发布	将媒体内容从媒资管理系统输出到发起任务请求的门户平台或应用系统

10.3.7　版权管理

对媒资内容的版权信息、版权加密保护、版权监测、侵权举证进行管理。版权管理流程如图 10-26 所示，版权管理流程活动描述见表 10-24。

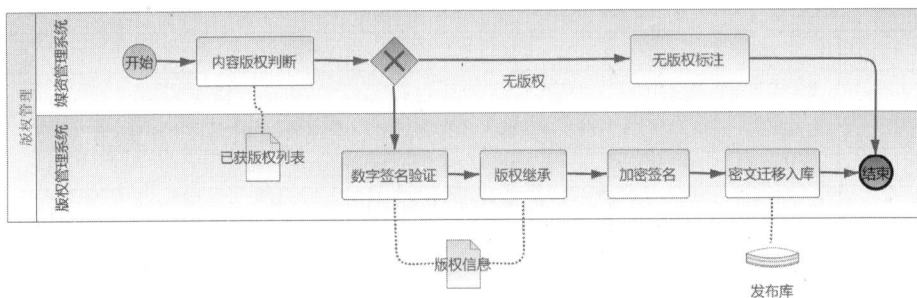

图 10-26　版权管理流程

表 10-24　版权管理流程活动描述

序　号	活动名称	活动描述
1	内容版权判断	通常由正规渠道获得的媒体内容均会内嵌版权信息，根据云平台运营商的已有版权列表，判断入库媒资内容是否已获得相应版权
2	无版权标注	对发现的未获得版权的内容做无版权标注，不允许对外发布
3	数字签名验证	对做了数字签名的媒体内容，如运营商已获得相应授权，可进行数字签名验证

序　号	活动名称	活动描述
4	版权继承	对多来源聚合的媒体内容，经版权验证后，对其内嵌版权信息进行继承与管理。内容版权方会采用分终端、分区域等方式进行分授权，因此在面向多终端发布时，须进行版权过滤，以避免授权范围溢出 在媒体发布后的端到端传播过程中，须进行版权信息传递
5	加密签名	如要对媒体内容（包括视频、音频、文档、图片、应用等）进行版权保护，可调用内容保护系统对待发布内容进行加密、水印嵌入、签名等处理
6	密文迁移入库	经加密签名处理后的媒体内容可正式迁入发布库

10.3.8　技审政审

对提交入库的媒体文件进行技术审核，包括内容是否有黑场、马赛克、爆音等技术问题；对入库媒体文件进行内容审核，保证内容画面准确无误，且无违规问题。技审政审模块可根据业务所需重复部署。技审政审流程如图 10-27 所示，技审政审流程活动描述见表 10-25。

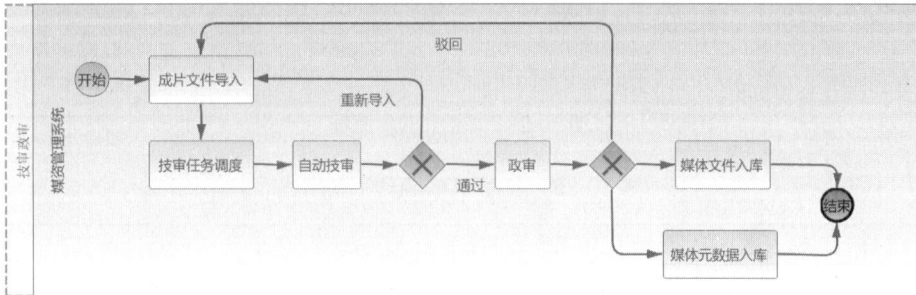

图 10-27　技审政审流程

表 10-25　技审政审流程活动描述

序　号	活动名称	活动描述
1	成片文件导入	将要审核的成片文件导入技审政审系统
2	技审任务调度	按照审核任务的优先级规则实现任务调度
3	自动技审	通过特定算法，对媒体文件可能出现的黑场、马赛克、爆音等技术问题进行自动审核，辅以人工复核手段
4	政审	通过特定算法对媒体文件可能出现的涉黄、涉恐、涉暴、涉政等问题进行自动审核，辅以人工复核手段，以保证内容画面准确无误，确保播出内容的安全
5	媒体文件入库	将通过技审政审的媒体文件迁移到存储库
6	媒体元数据入库	将通过技审政审的媒体元数据迁移到元数据存储库

10.3.9　融合 CDN

融合 CDN 实现将中心节点的内容分发到各分中心节点，将分中心节点内容推送到边缘节点，最终实现为用户服务的目的。融合 CDN 推送的内容包括直播视频流、媒体文件、安装包文件等。融合 CDN 通过分发调度负载均衡、边缘节点文件维护策略等措施，提高推送的效率，节省网络和存储资源。融合 CDN 流程如图 10-28 所示，融合 CDN 流程活动描述见表 10-26。

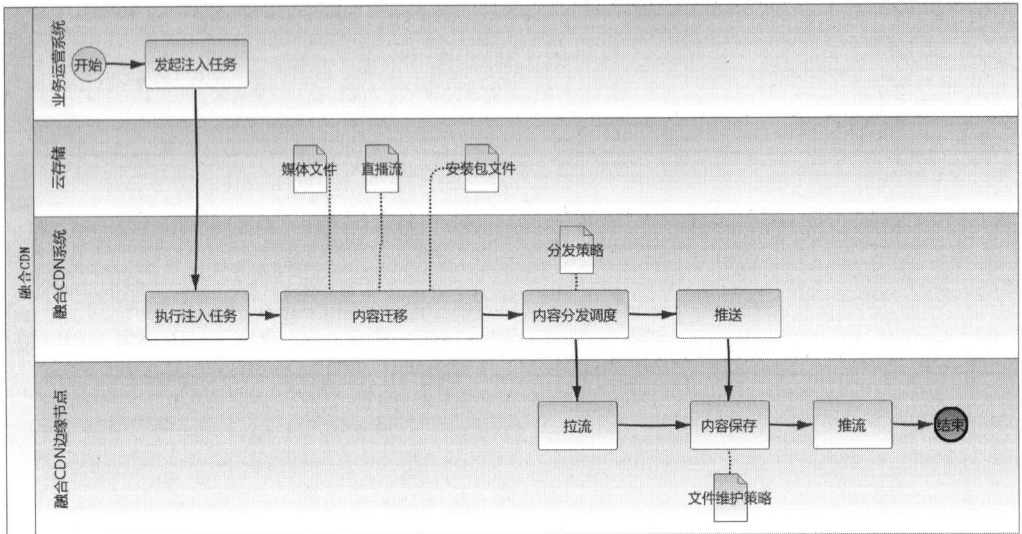

图 10-28　融合 CDN 流程

表 10-26　融合 CDN 流程活动描述

序　　号	活动名称	活动描述
1	发起注入任务	内容管理系统准备好待分发内容，通过调用融合 CDN 的内容注入接口，通知内容注入系统注入分发该内容
2	执行注入任务	融合 CDN 的内容注入系统从标准接口接收来自内容管理系统的内容注入分发消息，在内容注入系统中形成内容注入任务
3	内容分发调度	内容注入系统从内容管理系统获取待分发内容
4	内容保存	融合 CDN 边缘节点从内容存储中心下载文件，保存到本地磁盘。当用户请求该文件时，融合 CDN 的边缘节点从本地读取数据返回给用户
5	内容迁移	将注入的直播流、媒体文件、安装包文件等进行整理与迁移
6	推送	将分发调度后的内容推送到 CDN 边缘服务器
7	内容保存	按照文件维护策略（如根据热度、时间对文件进行副本增减）进行保存
8	拉流	将分发调度后的内容进行拉流并保存
9	推流	将节目流推到终端用户

10.4　运营支撑流程

运营支撑流程主要描述运营商开展业务运营所需的支撑类业务流程，主要包括 BOSS

（客户管理、产品管理、营销管理、订单管理、计费结算、支付管理）相关业务流程、大数据分析流程、大数据应用服务流程。运营支撑流程基本框架如图 10-29 所示。

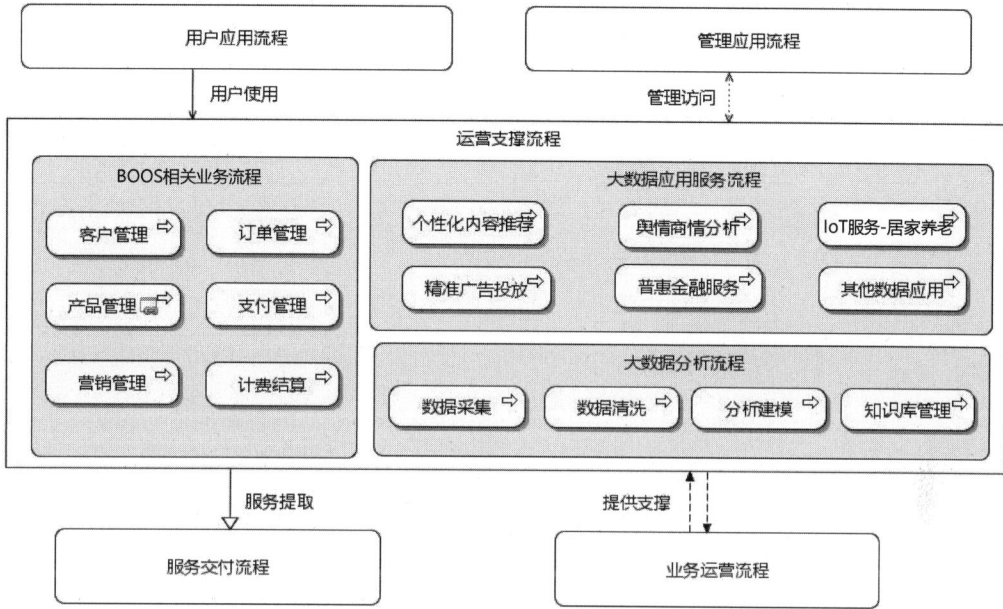

图 10-29　运营支撑流程基本框架

10.4.1　客户管理

客户（包括用户、合作伙伴）资料在 CRM 系统中统一管理。CRM 系统进行客户资料的新建、变更时，需要将资料的更新同步给计费结算中心。

1. 客户信息管理

客户信息管理提供增加、编辑、删除、查询、批量处理等业务功能。通过客户信息服务方式为计费结算、认证鉴权、客服管理等系统提供数据服务。客户信息管理流程如图 10-30 所示，部分客户信息管理流程活动描述见表 10-27。

表 10-27　部分客户信息管理流程活动描述

序　号	活动名称	活动描述
1	客户信息新建/更新	客户管理系统对用户、合作伙伴信息进行新建及更新
2	账户创建及更新	计费结算系统对客户对应的用户、合作伙伴的账户信息进行维护
3	客户信息服务	客户管理系统以服务方式对云平台内部系统提供数据服务

2. 合作伙伴管理

合作伙伴（代理商、工程队、供应商、子公司、分公司、物业公司、郊区县、SP、CP、其他合作方）信息管理汇集各类合作伙伴基本信息，统一合作伙伴资料管理和查询统计，具体功能包括：支持合作伙伴目录的生成、变更和维护，记录合作伙伴的详细资料信息，包括合作伙伴类型、合作内容描述、合作伙伴规模和企业性质、企业资质、企业组织结构、合作时间、责任人和联系人、合作变更等；支持合作伙伴信息的创建、变更、调整、维护等管理；支持合作伙伴多维信息查询统计和分析结算，如合作伙伴类型、编号、服务区域、合作时间等维度。合作伙伴管理流程如图 10-31 所示，合作伙伴管理流程活动描述见表 10-28。

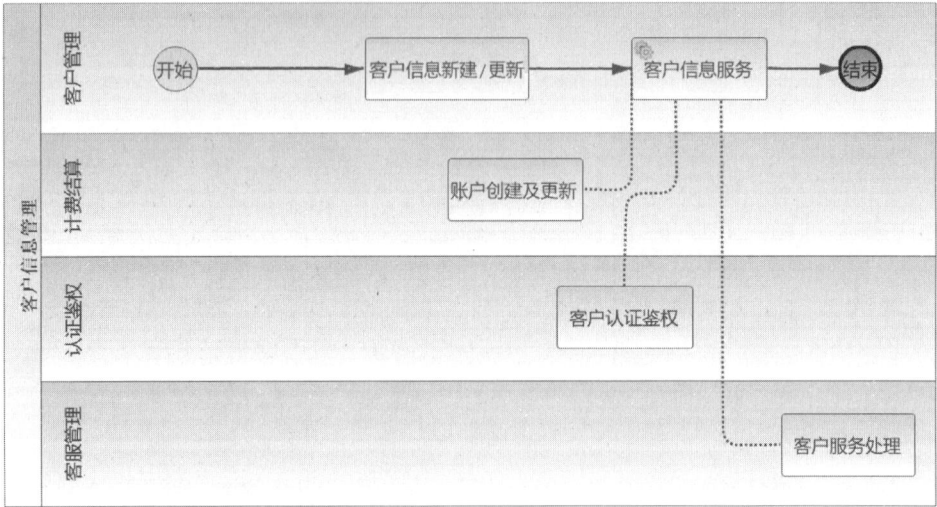

图 10-30　客户信息管理流程

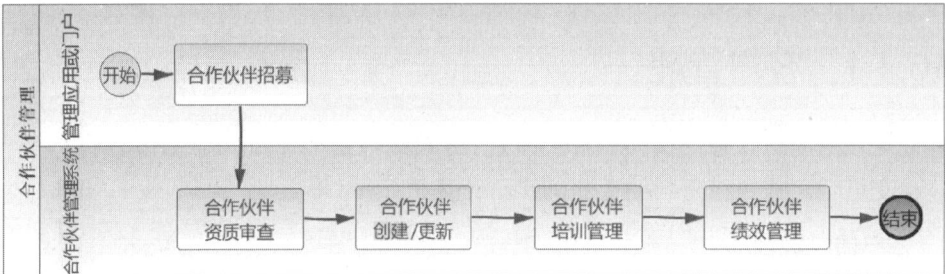

图 10-31　合作伙伴管理流程

表 10-28　合作伙伴管理流程活动描述

序号	活动名称	活动描述
1	合作伙伴招募	汇集各类合作伙伴基本信息，招募有意向的合作伙伴，参与共同建立的活动、工作、任务等
2	合作伙伴资质审查	针对合作伙伴的相关资质进行评审，通过审核的才能成为合作伙伴
3	合作伙伴创建/更新	为新的合作伙伴创建账号，完善合作伙伴基本信息
4	合作伙伴培训管理	针对市场推广的产品服务、营销方案，对合作伙伴进行相应培训
5	合作伙伴绩效管理	针对合作伙伴所提供的服务、产品等合作内容，进行业绩量化并考核，作为奖惩依据

3. 集客管理

集客管理包括：集团客户目录的生成、变更和维护，记录集团客户的详细资料信息，包括集团客户类型、合作内容描述、集团客户规模和企业性质、企业资质、企业组织结构、合作时间、责任人和联系人、合作变更等。集客管理流程如图 10-32 所示，集客管理流程活动描述见表 10-29。

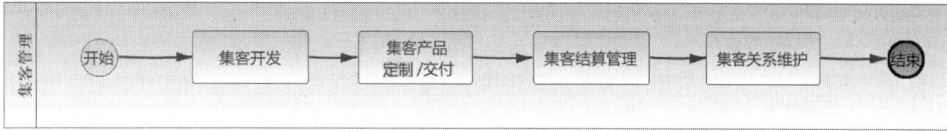

图 10-32　集客管理流程

表 10-29　集客管理流程活动描述

序　号	活动名称	活动描述
1	集客开发	开发新的集团客户
2	集客产品定制/交付	为集团客户提供针对性的产品，并负责集成交付
3	集客结算管理	为集团客户所提供的业务进行记账、结算、支付管理，获得相应收益
4	客户关系维护	持续跟进、维护集团客户关系，以实现相应业务的顺利延续、增长

4. 卖家管理

卖家管理指电商业务系统中对入驻卖家的生命周期管理。卖家管理流程如图 10-33 所示，卖家管理流程活动描述见表 10-30。

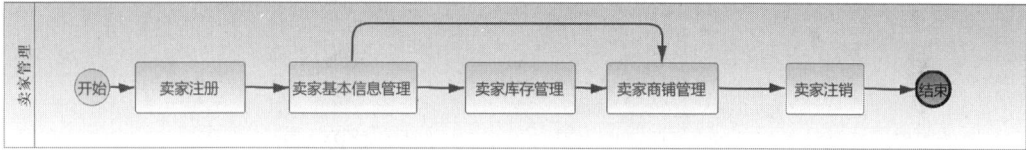

图 10-33　卖家管理流程

表 10-30　卖家管理流程活动描述

序　号	活动名称	活动描述
1	卖家注册	电商卖家在商户系统中设置账号、密码、注册邮箱，填写真实姓名、身份证号码、验证码，并同意用户协议
2	卖家基本信息管理	卖家对个人基本信息进行编辑、修改等操作
3	卖家商铺管理	卖家对商铺进行上下线管理
4	卖家库存管理	卖家对商铺中的产品数量做盘存管理
5	卖家注销	卖家在系统中注销账号，系统删除商铺信息

5. 买家管理

买家管理指电商业务系统中对前来购买商品的买家的生命周期管理。买家管理流程如图 10-34 所示，买家管理流程活动描述见表 10-31。

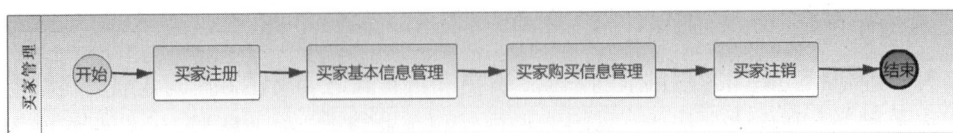

图 10-34　买家管理流程

表 10-31　买家管理流程活动描述

序　号	活动名称	活动描述
1	买家注册	电商买家在商户系统中设置账号、密码、注册邮箱,填写真实姓名、身份证号码、验证码,并同意用户协议
2	买家基本信息管理	买家对个人基本信息进行编辑、修改等操作
3	买家购买信息管理	买家对已购买产品进行评论、打分、晒图等操作
4	买家注销	买家在系统中注销账户信息,系统删除买家注册信息

10.4.2　产品管理

产品包括基础、核心和增值类产品,也包括 OpenAPI 服务类、容器类产品。其中,O2O 电商增值类产品中销售的商品须单独进行流程说明。产品管理流程如图 10-35 所示,产品管理流程活动描述见表 10-32。

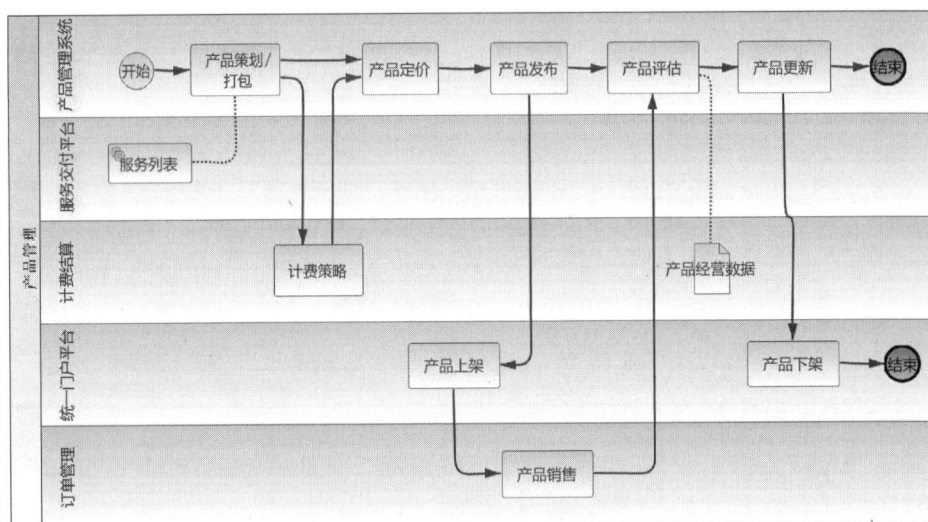

图 10-35　产品管理流程

表 10-32　产品管理流程活动描述

序　号	活动名称	活动描述
1	产品策划/打包	运营人员根据平台可提供的内容、服务、业务进行产品策划。配置多个组成部分为一个产品,也可对多个产品进行套餐打包
2	服务列表	服务交付平台为产品定义及打包提供所需的内容信息、服务等
3	产品定价	对打包的产品或套餐进行定价,并进行审核

序　　号	活动名称	活动描述
4	计费策略	在产品定价的同时，确定产品计费策略
5	产品发布	通过审核确认的产品可正式发布
6	产品上架	正式发布的产品可在多屏门户进行展现
7	产品销售	对产品销售产生的订单进行管理
8	产品评估	依据产品的经营数据，对其进行效果评估、分级
9	产品更新	对发现不足的产品进行完善，对多次考核不合格的产品加以取消
10	产品下架	正式取消的产品，须在多屏门户进行下架处理

10.4.3　营销管理

营销管理流程描述了市场洞察、市场营销及商机管理的基本流程。营销管理流程如图 10-36 所示，营销管理流程活动描述见表 10-33。

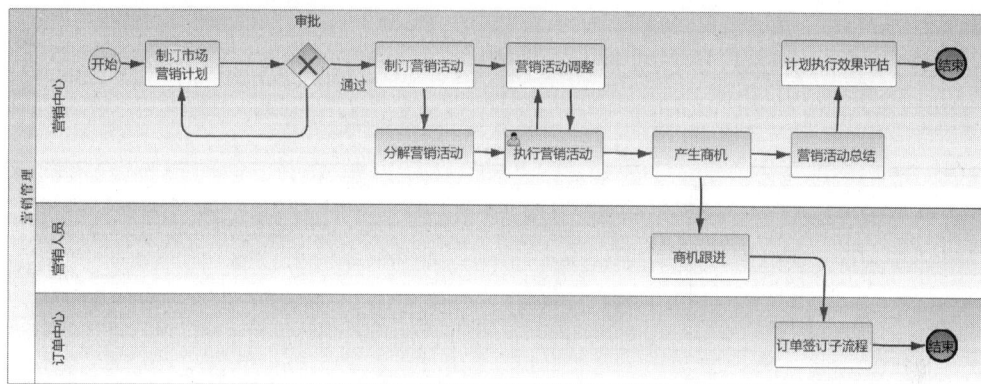

图 10-36　营销管理流程

表 10-33　营销管理流程活动描述

序　　号	活动名称	活动描述
1	制订市场营销计划	基于市场分析及洞察，制订市场营销计划，用于明确市场营销的目标和方向
2	制订营销活动	制订具体的营销活动，如广告、小区推广、竞赛活动等
3	分解营销活动	按季、月、周等在不同区域分解营销活动
4	执行营销活动	营销团队执行营销活动
5	营销活动调整	在执行过程中根据反馈及时进行调整
6	产生商机	营销活动中产生商机，发现潜在客户
7	营销活动总结	营销员针对执行的营销活动反馈数据、效果进行分析总结
8	商机跟进	客户经理对潜在客户进行跟进交流，获取商业机会
9	订单签订子流程	客户与企业达成共识，完成订单
10	计划执行效果评估	对市场营销计划的执行效果进行客观评估，作为考核依据

10.4.4 订单管理

1. 业务受理

本流程描述了客户订单受理、支付、生成订单、服务开通的基本流程。业务受理流程如图 10-37 所示，业务受理流程活动描述见表 10-34。

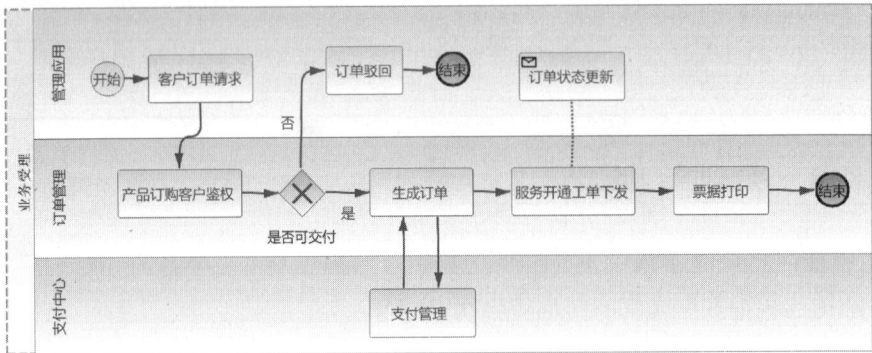

图 10-37 业务受理流程

表 10-34 业务受理流程活动描述

序 号	活动名称	活动描述
1	客户订单请求	客户通过业务受理门户选择某项业务，并发起订单请求
2	产品订购客户鉴权	订单系统对客户的身份、客户所申请业务的开通条件进行鉴权
3	订单驳回	如发现所在范围不具备业务交付条件，则驳回订单
4	生成订单	如鉴权已通过，所受理客户的业务将生成待支付订单
5	支付管理	参见 10.4.5 节相关流程
6	服务开通工单下发	订单完成支付后，系统将生成服务开通工单，并下发给工程部门负责交付；工单完成并获得客户签字后，订单状态将更新为服务开通状态，并可在管理应用中查询
7	票据打印	已支付订单生成后，可为客户提供票据打印服务

2. 撤销订单

本流程描述了客户撤销订单及退费处理的基本流程。撤销订单流程如图 10-38 所示，撤销订单流程活动描述见表 10-35。

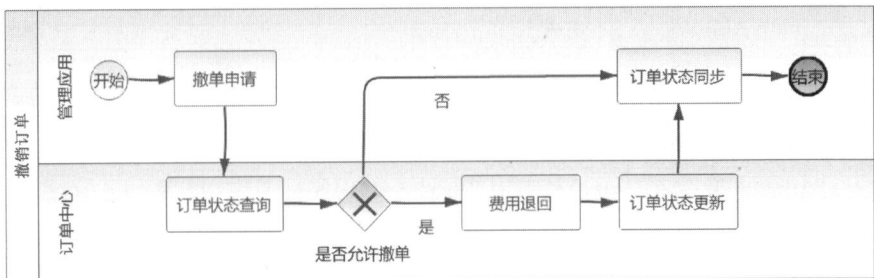

图 10-38 撤销订单流程

表 10-35　撤销订单流程活动描述

序　号	活动名称	活动描述
1	撤单申请	用户对已完成支付的订单提出撤单退款请求
2	订单状态查询	通过订单系统对该用户申请的订单状态进行查询
3	费用退回	如审核通过，则费用按原支付账户退给用户
4	订单状态更新	费用退回后，系统要对已处理完成的订单状态进行更新
5	订单状态同步	订单状态要从订单系统同步到相应的管理应用，并可随时查看

10.4.5　支付管理

1. 银行支付

银行支付需要用户首先到合作银行网点办理相关托收协议开户手续，经由云平台运营商统一支付平台、账务方的 BOSS 系统成功受理后，托收协议签署完成。之后，账务方系统将定期向统一支付平台发出请求，银行根据请求完成扣款。用户不继续使用时，可到银行办理托收协议销户业务。银行托收还提供托收协议信息查询及批量托收功能。银行支付流程如图 10-39 所示，银行支付流程活动描述见表 10-36。

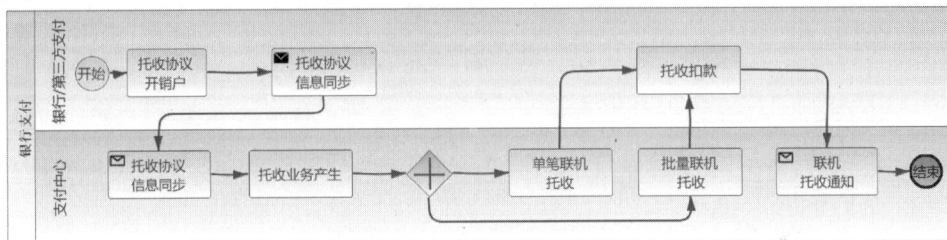

图 10-39　银行支付流程

表 10-36　银行支付流程活动描述

序　号	活动名称	活动描述
1	托收协议开销户	在开展联机托收业务的银行签订/取消托收协议，银行对客户进行托收协议开户/销户
2	托收协议信息同步	合作银行或第三方支付平台将托收协议签署情况同步给云平台运营商支付中心，包括账务方类型、客户姓名、账户编号、客户编号、业务号码、托收开户银行、托收银行账号、托收银行账户类别等信息
3	托收业务产生	用户从云平台运营商购买服务，从合作银行或第三方支付平台进行支付
4	单笔联机托收	实时托收接口在每笔交易中只能针对一个账户进行一次扣款。实时托收接口是账务方发起的，作用对象是签订托收协议的用户。因为该交易接口没有人工干预，所以涉及的交易明细需要参与对账
5	批量联机托收	付费方接收到经账务方批量传递过来的托收信息，对其所有托收客户在付费方的账户进行扣款操作
6	托收扣款	完成托收扣款过程
7	联机托收通知	批量通知接口由统一支付平台发起，在统一支付平台处理完账务，以报文形式发来所有记录后，生成托收结果报文发给账务方

2. 线上扫码支付

用户通过云平台 PC/TV/Mob 终端应用进行线上订购时，可通过移动支付 App 扫码支付。网上支付流程如图 10-40 所示，网上支付流程活动描述见表 10-37。

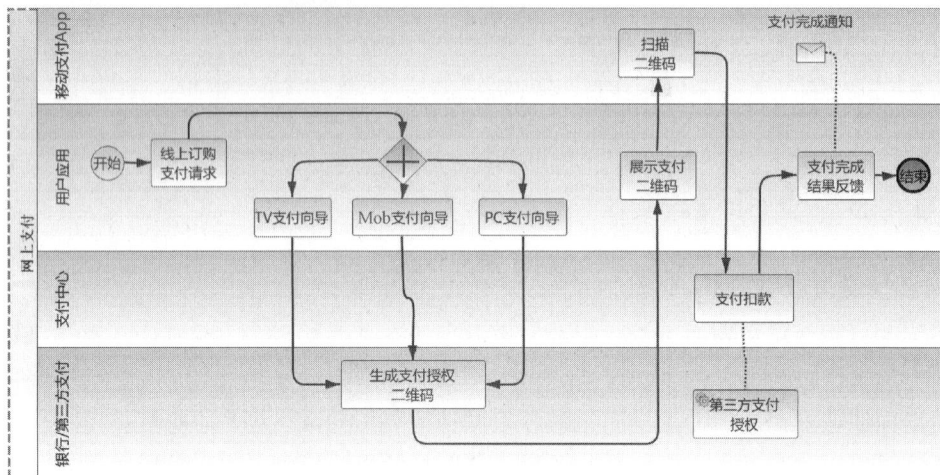

图 10-40　网上支付流程

表 10-37　网上支付流程活动描述

序　号	活动名称	活动描述
1	线上订购支付请求	用户通过云平台 PC/TV/Mob 终端应用进行线上订购，生成订单，发起支付请求
2	TV 支付向导	用户订购行为在 TV 端，支付行为在向导页上交互
3	Mob 支付向导	用户订购行为在 Mob 端，支付行为在向导页上交互
4	PC 支付向导	用户订购行为在 PC 端，支付行为在向导页上交互
5	生成支付授权二维码	响应云平台支付中心的支付调用，银行/第三方平台生成本次支付的授权二维码
6	展示支付二维码	二维码在用户应用支付向导页展现
7	扫描二维码	用户通过移动支付 App 扫描该二维码
8	支付扣款	云平台支付中心对用户本次支付进行扣款，调用其银行/第三方支付平台提供的服务接口，将其账户的金额扣款至账务方账户；也可通过统一支付平台调用银行或者第三方平台提供的账务接口，进行对账、结账等账务操作
9	支付完成结果反馈	支付完成后的结果反馈到支付导航页，并通知移动支付 App

3. 虚拟币购买

用户在终端发起虚拟币购买请求，通过 BOSS 生成订单后，在统一支付平台完成现金支付，然后在虚拟币系统中完成充值。虚拟币购买流程如图 10-41 所示，虚拟币购买流程活动描述见表 10-38。

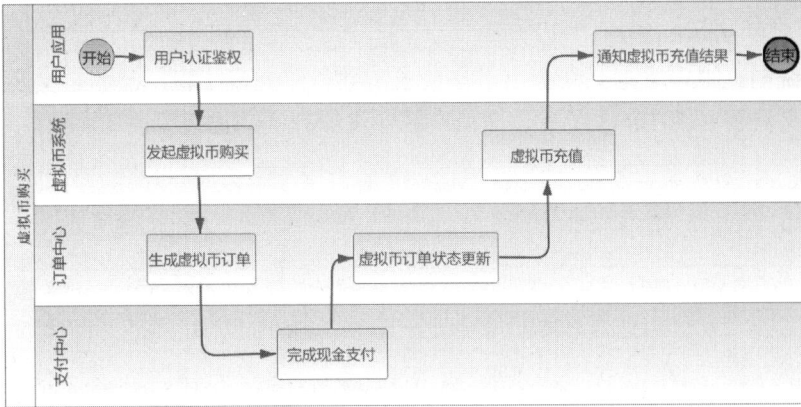

图 10-41　虚拟币购买流程

表 10-38　虚拟币购买流程活动描述

序　号	活动名称	活动描述
1	用户认证鉴权	用户在需要使用虚拟币的应用中通过认证鉴权
2	发起虚拟币购买	用户查看虚拟币购买规则，并发起虚拟币购买请求
3	生成虚拟币订单	订单中心接收到虚拟币购买请求，生成虚拟币订单，并流转至支付中心
4	完成现金支付	用户为虚拟币订单完成现金支付
5	虚拟币订单状态更新	订单中心收到现金支付结果后，对订单状态进行更新
6	虚拟币充值	根据现金充值数量，在虚拟币系统中增加该账户相应的虚拟币数量
7	通知虚拟币充值结果	在应用中可查询并显示用户充值的虚拟币数量

4. 虚拟币支付

账户申请虚拟币消费后，通过虚拟币系统完成转账支付功能，完成消费。虚拟币支付流程如图 10-42 所示，虚拟币支付流程活动描述见表 10-39。

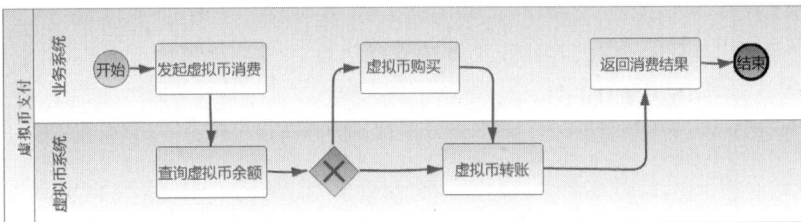

图 10-42　虚拟币支付流程

表 10-39　虚拟币支付流程活动描述

序　号	活动名称	活动描述
1	发起虚拟币消费	用户在某业务中发起该业务中所设计的虚拟币消费
2	查询虚拟币余额	虚拟币扣费前，须经虚拟币系统查询该用户虚拟币账户中的余额
3	虚拟币购买	若用户账户中的虚拟币余额不足，则会提示用户购买虚拟币，进入虚拟币购买子流程
4	虚拟币转账	若用户账户中的虚拟币余额充足，则进入虚拟币转账环节
5	返回消费结果	转账成功后，业务系统向用户显示虚拟币的消费结果

5. 虚拟产品定义

业务系统向虚拟币管理系统提出定义请求，并最终完成虚拟产品的定义及上线运行。虚拟产品定义流程如图 10-43 所示，虚拟产品定义流程活动描述见表 10-40。

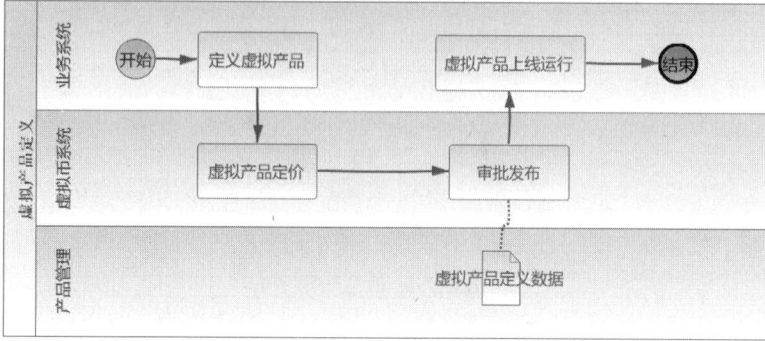

图 10-43　虚拟产品定义流程

表 10-40　虚拟产品定义流程活动描述

序　号	活动名称	活动描述
1	定义虚拟产品	在各业务系统中，根据运营需求提出相应虚拟产品（礼物、虚拟形象、表情包、道具等）的定义
2	虚拟产品定价	各业务系统中的虚拟产品定价由虚拟币系统统一管理，并设置虚拟产品的变更策略
3	审批发布	对虚拟产品的定义及定价进行审批，并对外发布
4	虚拟产品上线运行	虚拟产品最终上线运行，用户可在业务系统中消费这些虚拟产品

10.4.6　计费结算

1. 正常计费

根据业务的使用时间、购买的套餐及计费规则进行计费。正常计费流程如图 10-44 所示，正常计费流程活动描述见表 10-41。

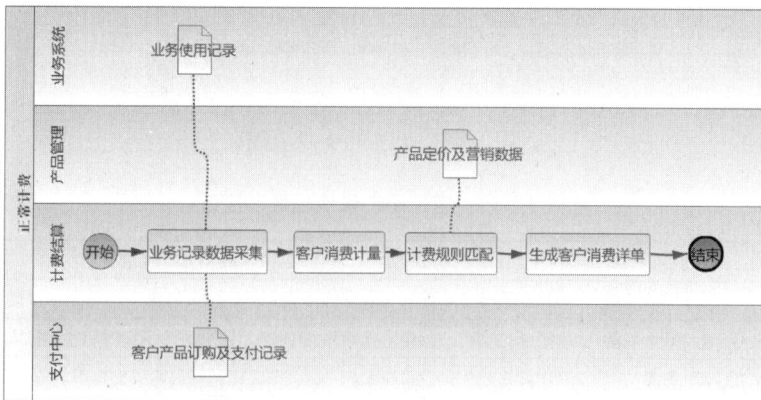

图 10-44　正常计费流程

表 10-41　正常计费流程活动描述

序　　号	活动名称	活动描述
1	业务记录数据采集	计费结算系统从各业务系统采集业务使用记录、客户产品订购及支付记录，为计费做准备
2	客户消费计量	根据已采集数据对客户消费活动进行计费
3	计费规则匹配	根据不同产品定价及营销数据，对不同客户的消费计费进行规则匹配
4	生成客户消费详单	系统根据计费规则自动生成客户消费详单，为后续缴费、结算提供依据

2. 退费管理

退费是指由于系统原因或用户自身的原因（如销户），将账户上的可退资金退还给用户。退费管理流程如图 10-45 所示，退费管理流程活动描述见表 10-42。

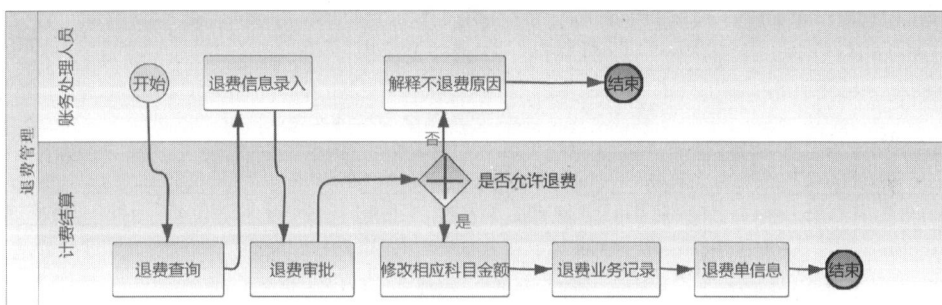

图 10-45　退费管理流程

表 10-42　退费管理流程活动描述

序　　号	活动名称	活动描述
1	退费查询	查询当前用户资金信息（如可退的资金总额及明细）
2	退费信息录入	账务处理人将查询到的可退资金信息录入系统
3	退费审批	根据系统规则，确认该笔业务是否可退费，或人工介入审批流程，对无法退费的须做出说明
4	修改相应科目金额	变更当前用户的账单信息，并更新账务数据
5	退费业务记录	对该笔业务退费相关信息进行记录
6	退费单信息	生成退费信息及发票所需要的信息

3. 欠费停复

计费结算系统按照信用控制要求对欠费用户发起欠费处理流程，客户管理系统进行欠费工单处理，通过服务开通及相关网元进行服务的停复处理，对完成缴费的用户进行账单状态的更新，对未完成缴费的进行催缴处理。欠费停复流程如图 10-46 所示，欠费停复流程活动描述见表 10-43。

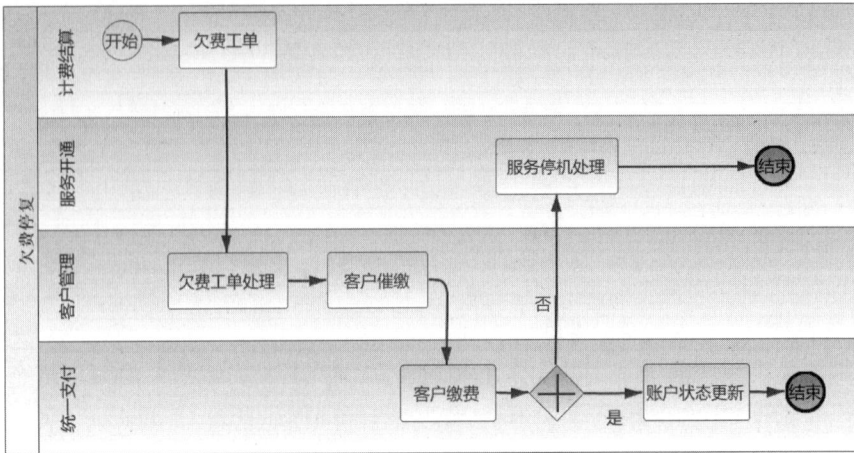

图 10-46　欠费停复流程

表 10-43　欠费停复流程活动描述

序　号	活动名称	活动描述
1	欠费工单	随着用户不断消费，用户账户里的余额会逐渐减少直到欠费，当用户欠费时，系统会产生欠费工单
2	欠费工单处理	将系统产生的欠费工单分类处理，并对客户状态进行更新
3	客户催缴	对须催缴的用户发出催缴通知
4	客户缴费	如客户及时缴费或后续完成补交，则更新客户及其账户状态
5	服务停机处理	如客户超时仍未缴费，则对其进行停机处理；对后续完成补交的客户，进行业务恢复

4. 结算管理

结算管理指根据合作关系、结算协议及结算规则，完成与各类合作伙伴之间的结算账务处理、收入分配、核对和监管的过程，具体功能包括：支持与运维管理、综合账务等功能模块的信息交互，获取内外部合作结算的基础数据，包括业务量、收入、服务工作量等；支持面向各类结算对象按照相应结算原则进行结算批价处理，包括业务部门间结算管理、合作伙伴结算管理、总分公司结算管理相关的信息统计等。结算管理流程如图 10-47 所示，结算管理流程活动描述见表 10-44。

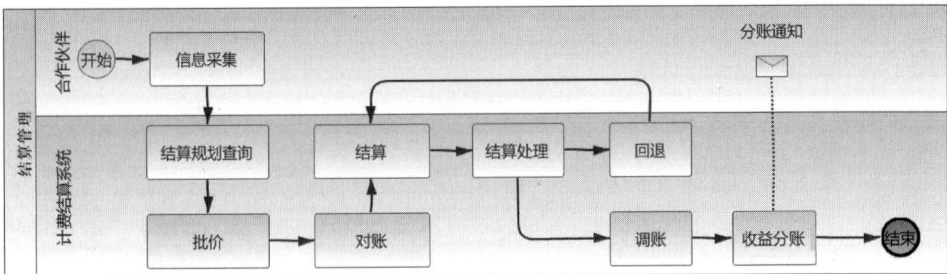

图 10-47　结算管理流程

表 10-44　结算管理流程活动描述

序　号	活动名称	活动描述
1	信息采集	采集结算依据的基础数据和信息，如业绩数据、服务质量信息、考核评价信息等
2	结算规划查询	对各类合作伙伴的结算规则进行统一管理和控制
3	批价	按结算对象和类别进行分类汇总，形成结算基础报表
4	对账	结算双方通过多种手段进行账务核对，包括结算报表对账、分类明细对账、结算记录对账等
5	结算	根据合作关系、结算协议及结算规则，完成与各类合作伙伴之间的结算账务处理、收入分摊、核对和监管的过程
6	结算处理	向各类结算对象按照相应结算原则进行结算批价处理，包括业务部门间结算管理、合作伙伴结算管理、总分公司结算管理相关的信息统计
7	回退	结算回退功能，解决对账误操作等问题
8	调账	结算调账功能，解决对账差异等问题
9	收益分账	根据最终确定的结算报表向合作伙伴支付分账收益，并通知对方；同时记录详细的结算明细和过程信息，并支持结算统计查询功能

5. 虚拟币结算

基于云平台建立的合作生态中，如果 CP/SP 通过合作业务产生了虚拟币充值收入，则云平台运营商须与合作的 CP/SP 进行虚拟币分账结算。虚拟币结算流程如图 10-48 所示，虚拟币结算流程活动描述见表 10-45。

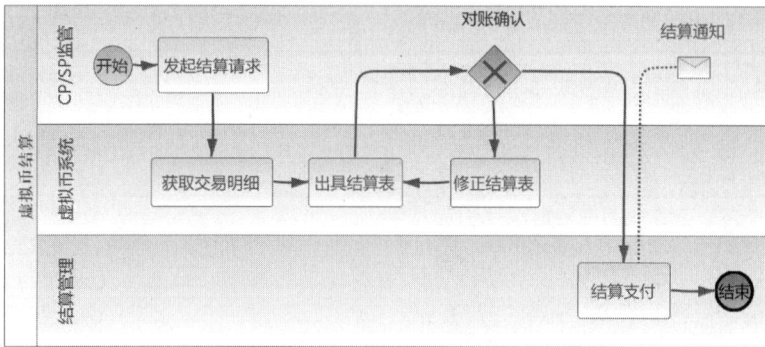

图 10-48　虚拟币结算流程

表 10-45　虚拟币结算流程活动描述

序　号	活动名称	活动描述
1	发起结算请求	CP/SP 管理系统向虚拟币系统发起结算请求
2	获取交易明细	查询结算对象相关的虚拟币交易明细，包括交易时间、业务类型、数额、消费者等
3	出具结算表	根据结算规则出具合作伙伴的虚拟币结算表
4	修正结算表	双方对账如有出入，须将交易明细与结算表对比，并做修正
5	结算支付	根据双方确认的最终结算表向合作伙伴支付分账，发出结算通知，并保存记录

10.4.7 大数据分析

大数据分析及应用业务域是实现智慧媒体的驱动引擎。通过先进的大数据、AI 技术，对海量的视频数据、用户行为数据等进行采集、转换、清洗后，进行针对性分析建模，形成有序知识库，进而对上层应用系统提供数据服务。

本节以 Hadoop 家族技术作为基础，对大数据分析进行抽象化流程梳理；在大数据应用服务部分，将结合智慧媒体云平台业务特点进行业务流程分析。

1. 数据采集

数据采集是大数据分析的源头，包括抽取（Extract）、转换（Transform）、加载（Load）的过程。数据采集的质量具体表现为正确性、完整性、一致性、完备性、有效性、时效性和可获取性等。多样、全面的数据供应才能为后续大数据分析及应用提供基础和依据。因此，智慧媒体云平台中的大多数系统均是数据供应者，数据采集的规范性将对基础数据的质量从源头提供保障。数据采集流程如图 10-49 所示，数据采集流程活动描述见表 10-46。

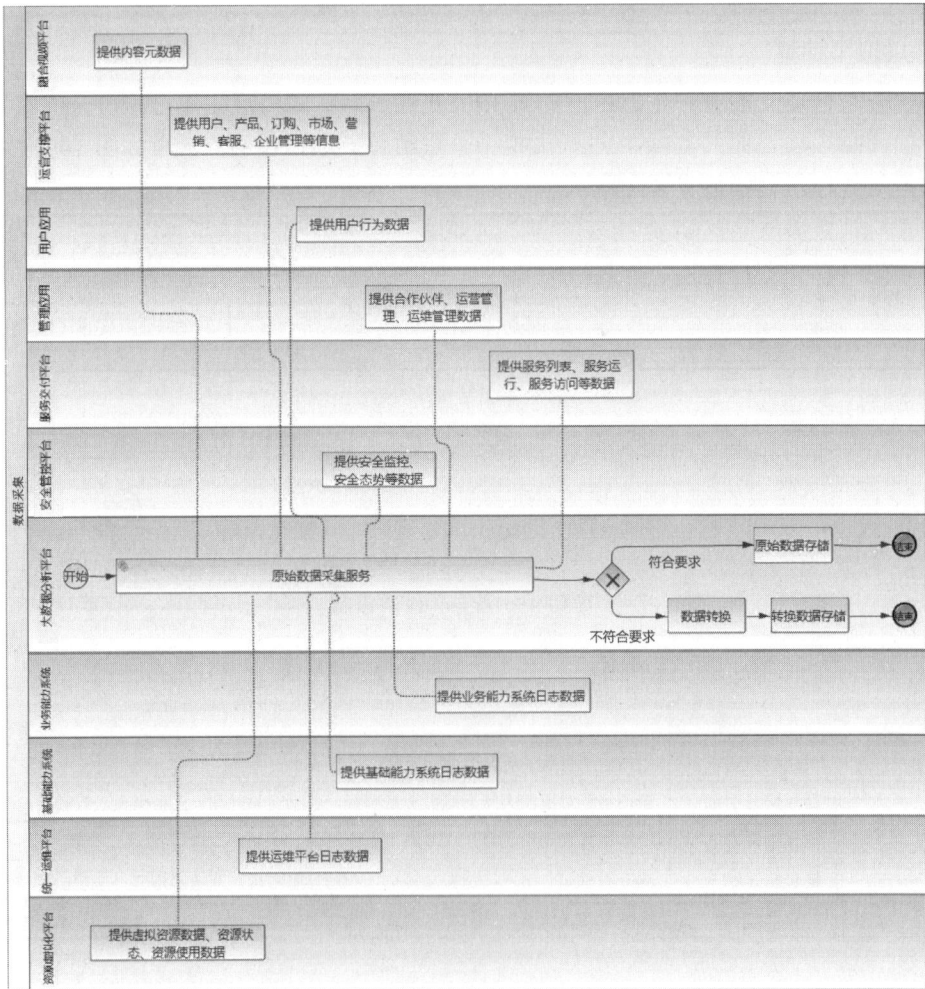

图 10-49 数据采集流程

表 10-46　数据采集流程活动描述

序　号	活动名称	活动描述
1	提供内容元数据	向大数据平台提供内容元数据信息
2	提供用户、产品、订购、市场、营销、客服、企业管理等信息	提供用户、产品、订购、市场、营销、客服、企业管理等信息
3	提供合作伙伴、运营管理、运维管理数据	提供合作伙伴、运营管理、运维管理数据
4	提供服务列表、服务运行、服务访问等数据	提供服务列表、服务运行、服务访问等数据
5	提供安全监控、安全态势等数据	提供安全监控、安全态势等数据
6	提供业务能力系统日志数据	提供业务能力系统日志数据
7	提供基础能力系统日志数据	提供基础能力系统日志数据
8	提供运维平台日志数据	提供运维平台日志数据
9	提供虚拟资源数据、资源状态、资源使用数据	提供虚拟资源数据、资源状态、资源使用数据
10	原始数据采集服务	通过各系统采集原始数据到大数据平台
11	原始数据存储	将符合要求的原始数据存入 HDFS，供后续处理
12	数据转换	对不符合要求的原始数据进行格式转换等预处理
13	转换数据存储	将转换后的数据存入 HDFS，供后续处理

2. 在线数据清洗

在线数据清洗是指发现并纠正数据文件中可识别的错误，包括检查数据一致性、处理无效值和缺失值等。在线数据清洗流程如图 10-50 所示，在线数据清洗流程活动描述见表 10-47。

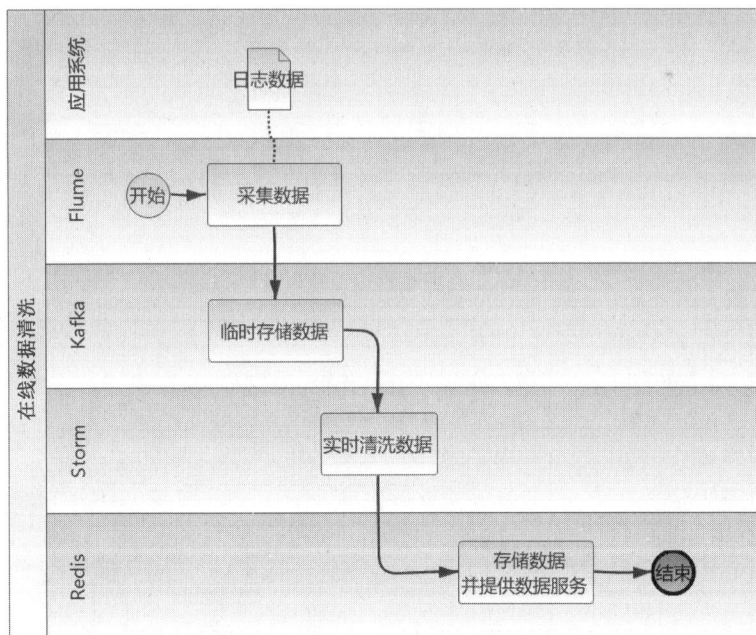

图 10-50　在线数据清洗流程

表 10-47　在线数据清洗流程活动描述

序　号	活动名称	活动描述
1	采集数据	通过 Flume 从目标应用系统实时采集数据
2	临时存储数据	将采集获取的数据存入 Kafka 集群
3	实时清洗数据	通过 Storm 进行实时清洗处理
4	存储数据并提供数据服务	将清洗后的数据存入 Redis 内存数据库，并对外提供实时数据服务

3. 离线数据清洗

对离线数据采用离线清洗方式，如检查数据一致性、处理无效值和缺失值等。离线数据清洗流程如图 10-51 所示，离线数据清洗流程活动描述见表 10-48。

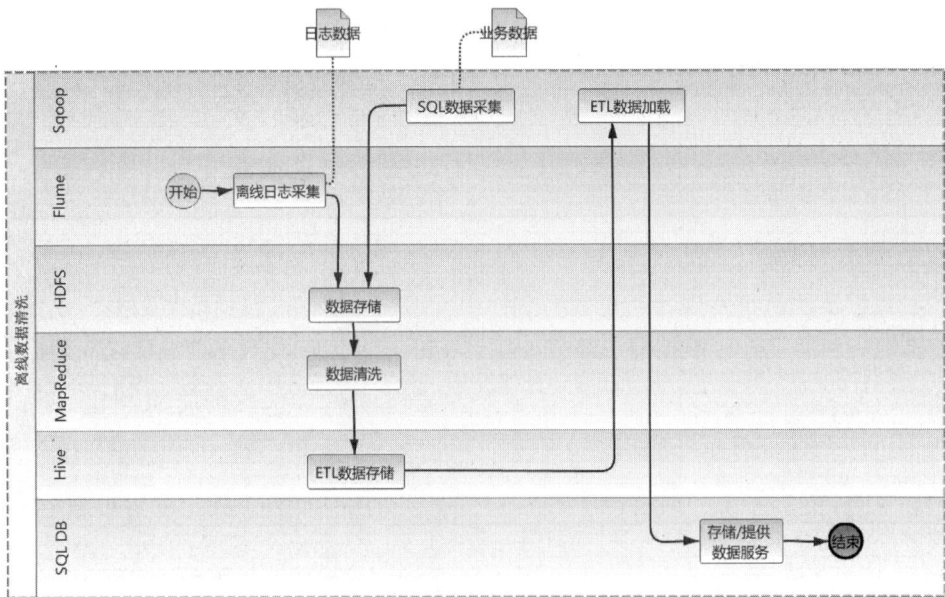

图 10-51　离线数据清洗流程

表 10-48　离线数据清洗流程活动描述

序　号	活动名称	活动描述
1	SQL 数据采集	通过 Sqoop 从目标业务系统进行结构化数据采集
2	离线日志采集	通过 Flume 从目标业务系统进行日志采集
3	数据存储	将离线采集的数据写入 HDFS
4	数据清洗	过滤掉不合格数据，进行分类或聚类处理，实现基础数据的规范化
5	ETL 数据存储	将清洗后的数据写入 Hive
6	ETL 数据加载	通过 Sqoop 将数据加载到 SQL DB
7	存储/提供数据服务	通过数据服务 API 对外提供服务

4. 离线数据分析建模

大数据平台对获取的原始数据进行有效性检测，排除无效数据项并进行归纳总结。根据分析结果配置运行最优化算法，创建更新内容特征模型和用户喜好模型。离线数据分析建模流程如图 10-52 所示，离线数据分析建模流程活动描述见表 10-49。

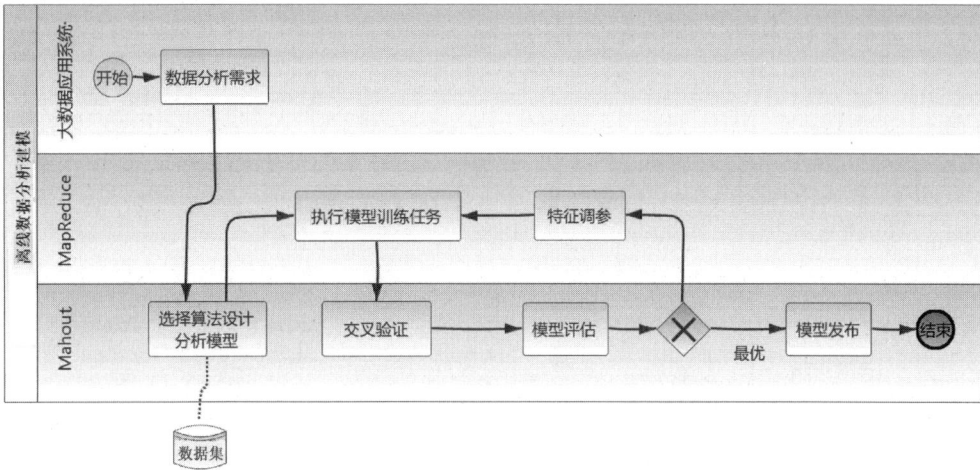

图 10-52　离线数据分析建模流程

表 10-49　离线数据分析建模流程活动描述

序　号	活动名称	活动描述
1	数据分析需求	明确大数据应用的概念模型及目标，梳理业务规则，尽可能明确评估指标
2	选择算法设计分析模型	根据概念及逻辑模型，从 Mahout 中选择合适的算法（聚类、分类、协同过滤、逻辑回归、决策树、随机森林、关联规则分析、相关分析、神经网络等），并加载相应数据集
3	执行模型训练任务	MapReduce 输入相应数据集，执行模型训练任务
4	交叉验证	用指定数据集的一部分数据来训练模型，然后用另一部分数据来测试模型的泛化误差
5	特征调参	通过数据增强、模型改进、变化学习率、增加网络层数、使用残差网络等方法一步步堆叠、一步步递进，使得网络的拟合能力和泛化能力越来越强，最终获得更高的分类准确率
6	模型评估	选择具有最小泛化误差的模型作为最终模型，并且在整个训练集上再次训练该模型，从而得到最终的模型
7	模型发布	将模型持久化存储，并以服务形式对外发布

5. 在线数据分析建模

以大数据平台对原始实时数据的前期预处理为基础，进一步对数据进行有效性检测，排除无效数据项并进行归纳总结。根据分析结果配置运行最优化算法，创建更新内容特征模型和用户喜好模型。在线数据分析建模流程如图 10-53 所示，在线数据分析建模流程活动描述见表 10-50。

表 10-50　在线数据分析建模流程活动描述

序　号	活动名称	活动描述
1	获取实时业务数据	通过 Kafka 获取实时业务数据
2	选择确定的实时分析模型	针对特定业务需求，须提前设计分析模型，以供实时分析所用
3	Spark 流计算	根据所选择的实时分析模型进行快速流计算

序　号	活动名称	活动描述
4	检查点数据存储	中间过程的检查点数据存储在 Redis 中
5	提供实时数据服务	流计算的结果经 Kafka 对外提供实时数据服务
6	UI 展现	经由业务系统 UI 进行实时分析结果的呈现

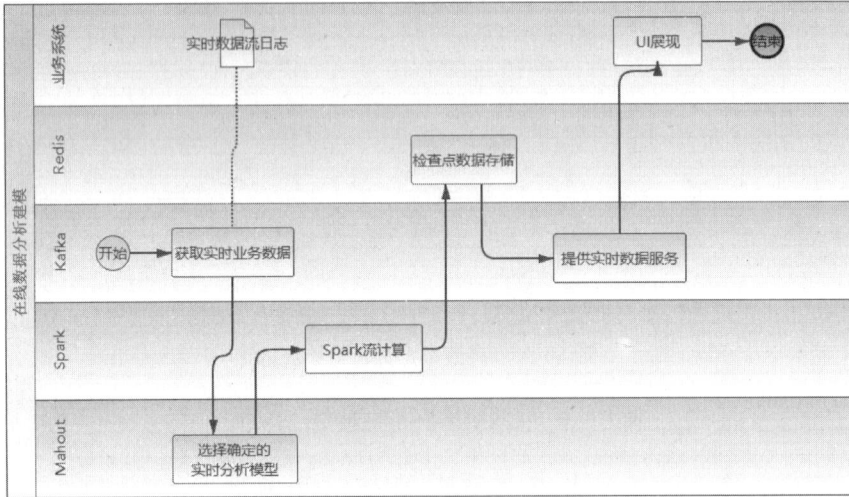

图 10-53　在线数据分析建模流程

6. 知识库管理

通过知识图谱对技术、业务、运营、运维、客服、企业管理等相关知识进行统一管理，包括知识创建、更新、删除等。知识库管理流程如图 10-54 所示，知识库管理流程活动描述见表 10-51。

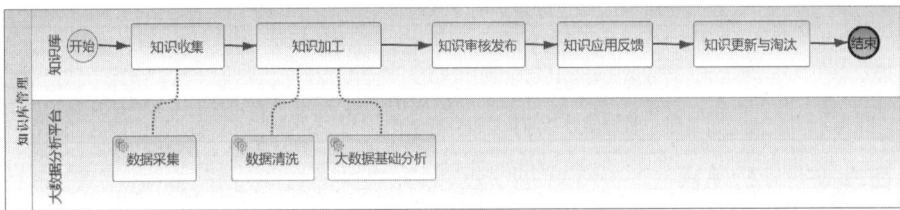

图 10-54　知识库管理流程

表 10-51　知识库管理流程活动描述

序　号	活动名称	活动描述
1	知识收集	调用大数据分析平台的数据采集服务收集相关知识，包括标题、贡献者、贡献部门、主题词、知识简介、所属知识域、所属类别等
2	知识加工	调用大数据分析平台的数据清洗及基础分析服务，对收集的知识进行重新编辑、修改
3	知识审核发布	管理员审核新增知识的正确性，并发布通过审核的知识
4	知识应用反馈	反馈知识被使用情况
5	知识更新与淘汰	对旧的知识内容进行更新或删除

10.4.8 大数据应用服务

大数据应用通常会通过特定算法来实现相应的业务需求。采用复杂度较高的机器学习算法、类脑计算、计算机视觉、自然语言处理等技术，就属于人工智能领域了。当前的 AI 尚处于弱人工智能阶段，暂时都归为大数据应用服务。大数据及 AI 技术在智慧媒体领域的应用还处于初步探索阶段，目前主要体现在内容与用户个性化需求的精准匹配方面。随着县级融媒体政策的大力推行，在县域范围将有可能促进政务、民生、行业应用与媒体业务的深度融合，由此可催生出更加丰富的大数据及人工智能相关应用。

1. 个性化内容推送

基于大数据平台从相关业务系统采集海量数据并清洗，智能推荐系统对内容元数据和用户数据进行分析，基于用户画像提供个性化内容推荐和搜索服务。个性化内容推送流程如图 10-55 所示，个性化内容推送流程活动描述见表 10-52。

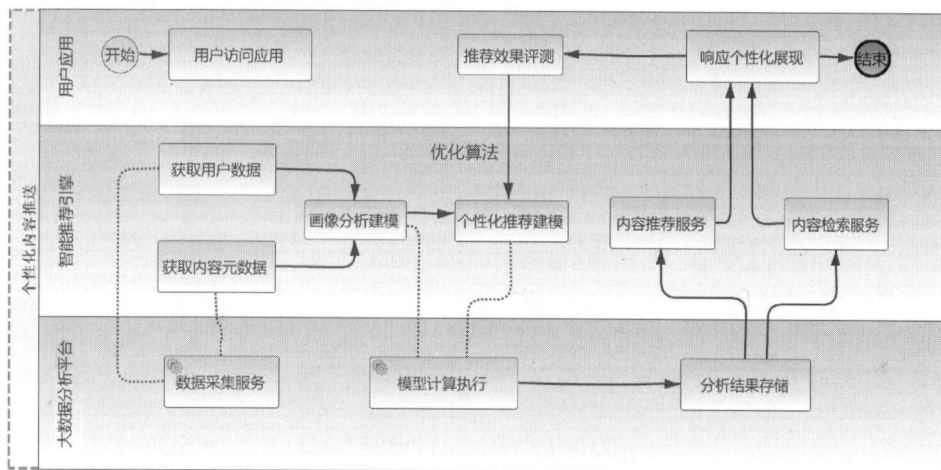

图 10-55　个性化内容推送流程

表 10-52　个性化内容推送流程活动描述

序　号	活动名称	活动描述
1	获取内容元数据	智能推荐系统通过链接到数据采集系统获取内容元数据。元数据包括直播、点播、游戏、广告多种数据源。数据获取可采用批量或增量方式
2	获取用户数据	智能推荐系统通过链接到数据采集系统获取用户数据。用户数据包括用户基本信息、产品权限、历史行为数据和实时行为数据。数据获取可采用批量或增量方式
3	画像分析建模	对获得的内容元数据、用户数据进行相似度分析、偏好分析、聚类分析，形成物品画像、用户画像
4	个性化推荐建模	基于物品画像、用户画像结果，通常采用相似、关联、协同过滤、CTR 预估等算法，针对不同的应用场景及推荐时机定义不同的推荐模型，具备规则调参配置
5	模型计算执行	大数据分析平台对画像分析模型、推荐模型进行高效的计算执行
6	分析结果存储	将待推荐的元数据特征模型、搜索索引和用户行为喜好模型存入数据存储

序　号	活动名称	活动描述
7	内容推荐服务	对外提供内容数据的推荐服务接口，供应用系统调用
8	内容检索服务	对外提供内容数据的搜索服务接口，供应用系统调用
9	响应个性化展现	应用对用户的访问及操作做出响应，实现个性化结果展现
10	推荐效果评测	对业务数据进行分析，评估推荐模型的效果，并根据评估结果对模型进行优化

2. 精准广告投放

精准广告投放与个性化内容推送的流程相似，但由于广告业务的一些特性，其推荐模型会有所不同。精准广告投放流程如图 10-56 所示，精准广告投放流程活动描述见表 10-53。

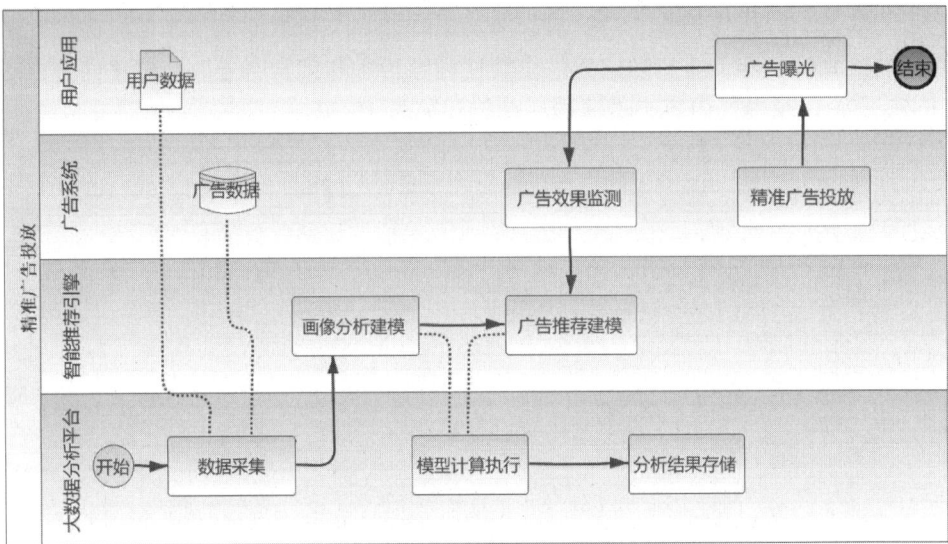

图 10-56　精准广告投放流程

表 10-53　精准广告投放流程活动描述

序　号	活动名称	活动描述
1	数据采集	大数据分析平台采集用户基本信息、行为数据，以及广告物料、广告投放计划等数据，经过 ID 打通等数据清洗后，供智能推荐引擎分析使用
2	画像分析建模	对获得的广告数据、用户数据进行分析，形成广告画像、用户画像
3	广告推荐建模	针对不同广告物料，基于地理位置、终端、受众、时段、媒体、竞价机制等多维度进行广告精准投放模型设计，生成精准广告投放服务
4	模型计算执行	大数据分析平台对画像分析模型、广告推荐模型进行高效的计算执行
5	分析结果存储	将待推荐的元数据特征模型、搜索索引和用户行为喜好模型存入数据存储
6	精准广告投放	根据确定的广告推荐投放模型，进行针对性的精准投放
7	广告曝光	将广告在指定的目标人群、范围、媒体、时段、频次进行曝光
8	广告效果监测	对广告投放数据进行分析，评估模型的效果，为投放效果优化提供参考；同时，对广告主提供投放效果报告

3. IoT 服务–居家养老

根据不同业务场景及不同物联网传感器采集的数据，可提供丰富的物联网数据服务。这里仅以居家养老为例，给出简要流程。随着我国老龄化程度的提高，居家养老将会是养老的主要模式。由于年轻人异地就业，空巢老人和需要辅助医护的居家养老需求值得重视。可借助智能终端（手机、TV 等）、专用辅助设备（血压计、血糖仪、体脂体重仪、制氧器、雾化器、护理床等），通过健康数据的采集和分析，提供日常健康管理、疾病预测、辅助诊治等服务。IoT 服务–居家养老服务流程如图 10-57 所示，IoT 服务–居家养老服务流程活动描述见表 10-54。

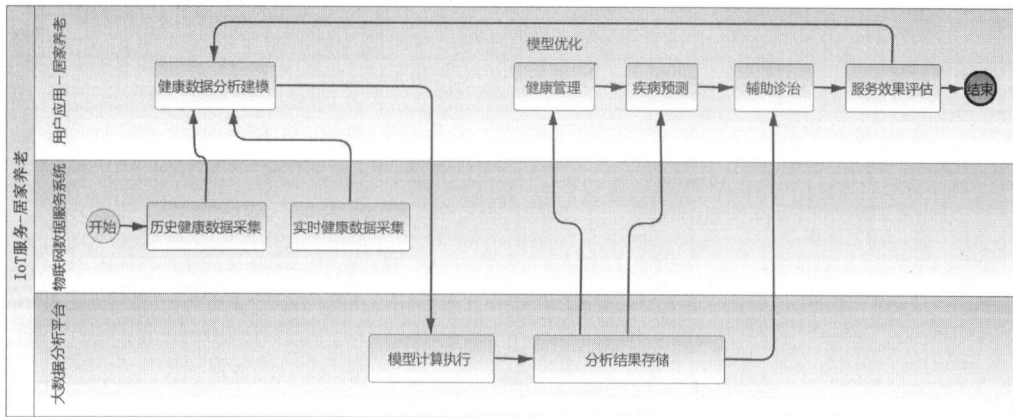

图 10-57　IoT 服务–居家养老服务流程

表 10-54　IoT 服务–居家养老服务流程活动描述

序　　号	活动名称	活动描述
1	历史健康数据采集	采集用户历史健康数据，如生活习惯、以往病史、诊治情况、家族病史、现病史、体检结果，以及疾病的发生、发展、治疗和转归的过程等
2	实时健康数据采集	借助智能终端（手机、TV 等）、专用辅助设备（血压计、血糖仪、体脂体重仪、制氧器、雾化器、护理床等）对用户的健康数据进行实时采集
3	健康数据分析建模	针对居家养老的服务需求，设计健康数据分析模型，用于系统自动处理数据并给出针对性的健康医治建议，通过与专业医疗机构的配合，提供更有效的居家养老服务
4	模型计算执行	大数据分析平台对模型进行高效的计算执行
5	分析结果存储	将待推荐的模型存入数据存储
6	健康管理	基于数据分析自动向用户推荐合理的饮食、健身、养生等信息
7	疾病预测	基于数据分析向用户提供疾病预测的分析报告，及时预警，并给出健康保持建议
8	辅助诊治	基于数据分析向用户提供辅助诊治建议，也可与专业医疗机构配合，提供更有效的诊治服务
9	服务效果评估	基于大量居家养老用户服务的数据分析，给出针对服务内容设置、算法模型的评估报告，并对算法模型进行持续优化

4. 普惠金融服务

普惠金融服务是基于大数据分析的一个典型应用，既有助于解决中小微企业的融资困难问题，也可作为县级融媒体平台上的便民金融服务。普惠金融服务流程如图 10-58 所示，普惠金融服务流程活动描述见表 10-55。

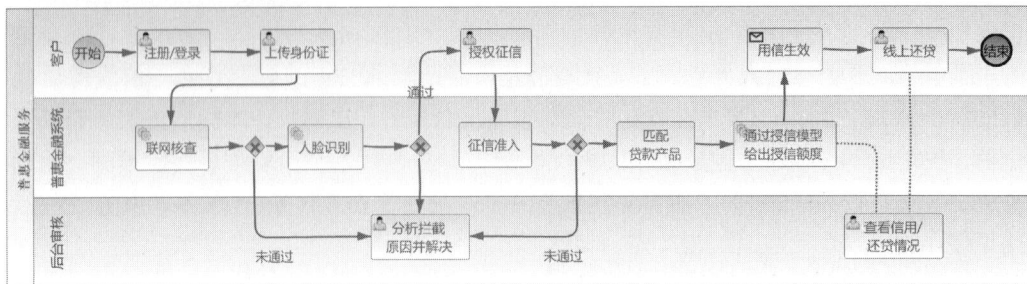

图 10-58 普惠金融服务流程

表 10-55 普惠金融服务流程活动描述

序 号	活动名称	活动描述
1	注册/登录	用户通过普惠金融应用进行线上注册，注册成功后用户可登录使用该业务
2	上传身份证	用户将身份证拍照上传
3	联网核查	普惠金融系统通过远程联网合作银行系统，进行用户身份信息核查
4	人脸识别	通过手机采集用户人脸信息，并与身份证上的人脸信息进行对比，确认是不是用户本人
5	授权征信	用户在线授权普惠金融系统查询其征信
6	征信准入	普惠金融系统通过征信查询确认该用户符合贷款条件
7	分析拦截原因并解决	如联网核查、人脸识别、征信准入环节出现拦截，则在后台分析原因并进行排除
8	匹配贷款产品	系统根据个性化推荐模型，为用户推荐匹配的贷款、金融产品
9	通过授信模型给出授信额度	系统根据授信模型及用户征信，输出该用户的最高授信额度
10	用信生效	用户确认使用该贷款、金融产品后，用信生效
11	线上还贷	用户可通过线上方式每月如期还贷
12	查看信用/还贷情况	系统后台可随时查看用户的信用信息、还贷情况，如有问题，则提供客服呼出服务

10.5 门户展现流程

门户展现流程主要描述云平台提供业务展现的流程，主要包括统一门户管理（模板管理、站群管理、多屏内容发布等）、展现快速定制、应用开发框架。

10.5.1 统一门户管理

1. 站群管理

站群管理主要实现站群信息共享、交换、推送等；同时，各站点不直接进行信息交换、共享，充分保障权限的唯一性和系统安全性。

除门户站群的形态外，还包括 App Store、小程序等形态，由多个商店、商店内多个 App、公众号、小程序等共同构成站群。站群管理流程如图 10-59 所示,站群管理流程活动描述见表 10-56。

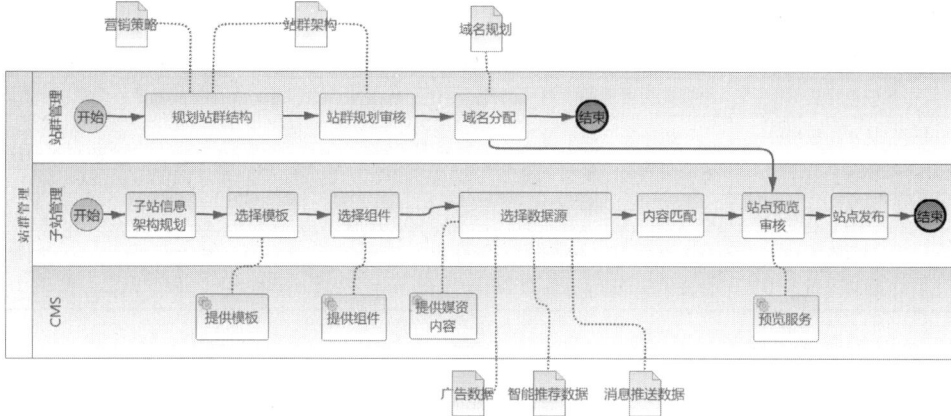

图 10-59　站群管理流程

表 10-56　站群管理流程活动描述

序　号	活动名称	活动描述
1	规划站群结构	按照营销策略、域名规划、站群架构等信息对站群结构进行统一规划
2	站群规划审核	依据总体战略及营销策略、站群架构等对站群规划进行审核调整
3	域名分配	按照站群规划、域名规则对群属子站进行域名的分配
4	子站信息架构规划	对每个子站的基础功能、信息处理流程、UX 逻辑进行规划设计
5	选择模板	调取 CMS 模板服务,选择符合子站功能、信息、交互组织的模板
6	选择组件	通过 CMS 为子站匹配合适的组件,如播放器、Flash、评论、Top 排行等
7	选择数据源	调取 CMS 的媒资内容数据服务实现子站的视频、图文等内容的即时展现,同时匹配广告数据、智能推荐数据、消息推送数据等,实现用户应用千人千面的个性化展现
8	内容匹配	将选择的数据源与子站对应模板、组件进行匹配,实现正常的展现效果
9	站点预览审核	调用 CMS 提供的预览服务,实现子站的预览审核
10	站点发布	实现站点正式发布上线

2. 模板管理

实现查询模板库、检索模板、编辑模板、新增模板,根据设计需要对模板进行框架修改、编辑。对编辑后的模板结合现有的发布数据进行预览。在形成可用模板之前,须进行模板审核,将审核通过的模板按照定义的数据结构保存到模板库中。模板管理流程如图 10-60 所示,模板管理流程活动描述见表 10-57。

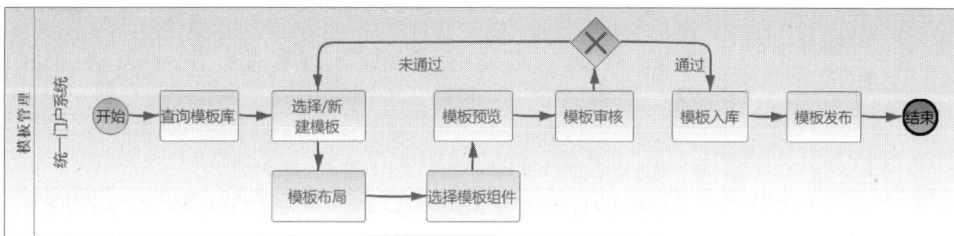

图 10-60　模板管理流程

表 10-57 模板管理流程活动描述

序 号	活动名称	活动描述
1	查询模板库	读取模板库，查找所需模板
2	选择/新建模板	若模板库中有符合要求的模板则直接调用，若没有则新建模板
3	模板布局	根据所需展现的内容（栏目、专题、焦点图、推荐等）进行框架修改、编辑
4	选择模板组件	为模板匹配合适的组件
5	模板预览	对编辑后的模板结合现有的发布数据进行预览
6	模板审核	在形成可用模板前，须进行模板审核
7	模板入库	将审核通过的模板保存到模板库中
8	模板发布	通过审核的模板才能用于发布，模板发布不等于门户发布

3. 多屏内容发布

多屏内容发布指将视频、图片、广告、应用等内容发布到 TV、PC、Pad/Phone、公众号、小程序等不同终端，并实现完美匹配的过程。实现多屏发布将有效扩展传媒覆盖渠道，并实现跨屏流程有机协同，是融合媒体的具体体现。多屏内容发布流程如图 10-61 所示，多屏内容发布流程活动描述见表 10-58。

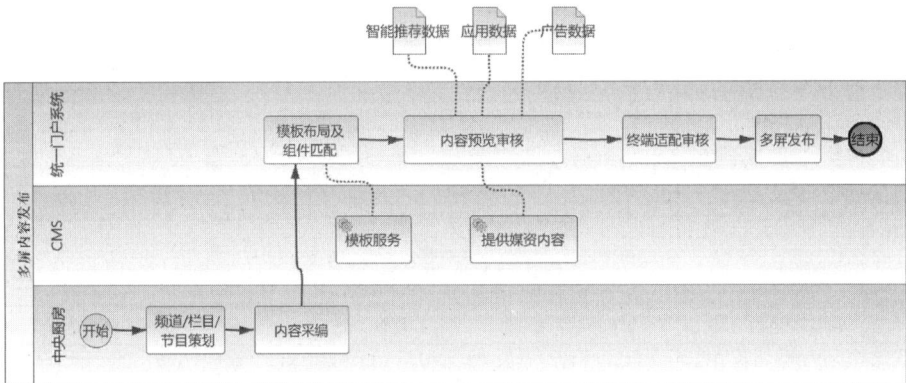

图 10-61 多屏内容发布流程

表 10-58 多屏内容发布流程活动描述

序 号	活动名称	活动描述
1	频道/栏目/节目策划	基于融媒体中央厨房首先完成频道/栏目/节目的策划，确定相应的目标市场、地域、人群、时段、终端、形态
2	内容采编	根据策划进行内容的采编、组织
3	模板布局及组件匹配	根据策划选择模板，针对不同终端可自适应调整布局，必要时进行模板人工布局调整。选择组件列表中的所需功能组件（如播放器、Flash、评论、Top 排行等）匹配入模板，如暂无相应组件，须开发后经组件库加载使用
4	内容预览审核	通过调用 CMS 的媒资内容、智能推荐、广告投放、应用商店获得面向多终端发布的内容。通过预览功能对多屏的内容、功能、形态进行审核
5	终端适配审核	查看各类终端的适配是否存在问题。将提前完成终端适配测试的内容自动发布，此步骤可省略
6	多屏发布	将通过审核的内容发布到对应终端上正式对外展现

10.5.2 展现快速定制

1. 播放器定制

根据客户、项目、终端等需求，快速定制开发个性化的播放器，可定制播放器的皮肤、参数、接口等。播放器定制流程如图 10-62 所示，播放器定制流程活动描述见表 10-59。

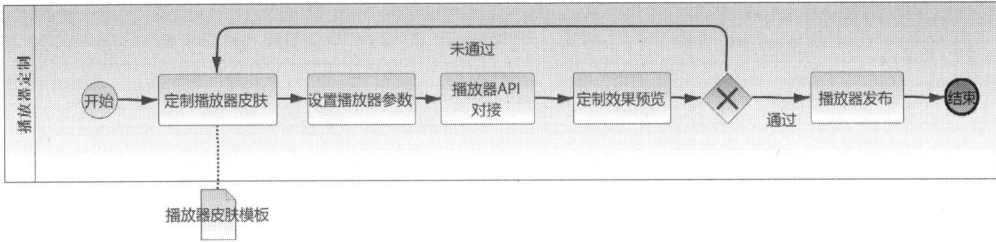

图 10-62　播放器定制流程

表 10-59　播放器定制流程活动描述

序　　号	活动名称	活动描述
1	定制播放器皮肤	根据终端、客户、项目的需求，对播放器的皮肤进行个性化定制，如颜色、按钮等
2	设置播放器参数	根据需要设置播放器的参数，如支持的视频格式、支持的终端、系统等。这些参数针对不同终端有所不同
3	播放器 API 对接	根据需求，确定该播放器需要对接哪些 OpenAPI
4	定制效果预览	提供虚拟或实际的终端，如手机、计算机、机顶盒，供播放器预览使用。需要考虑不同的操作系统、终端类型等
5	播放器发布	播放器发布是将播放器上传到播放器定制库。当消费用户使用播放器开发者的业务时，可以从播放器定制库下载（自动）播放器进行播放

2. SSO 认证

在登录门户时调用 SSO 认证服务，实现在多个应用系统中，用户只需要登录一次就可以访问所有相互信任的应用系统。SSO 认证流程如图 10-63 所示，SSO 认证流程活动描述见表 10-60。

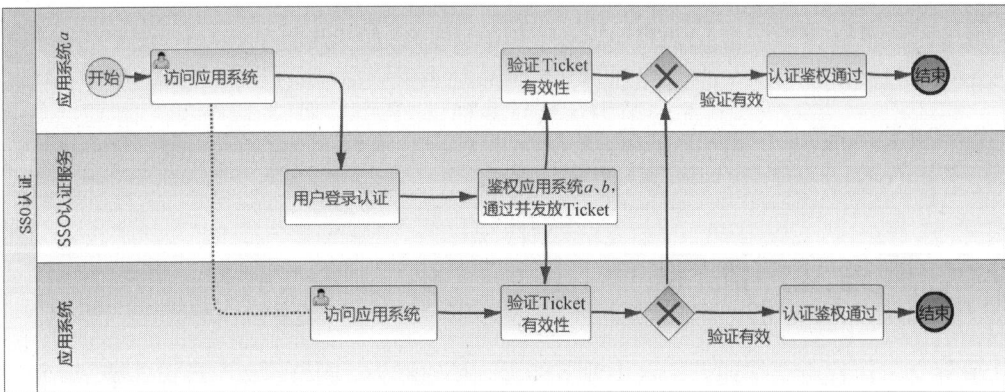

图 10-63　SSO 认证流程

131

表 10-60　SSO 认证流程活动描述

序　号	活动名称	活动描述
1	访问应用系统	用户访问应用系统，或打开门户登录页面，发起登录申请
2	用户登录认证	SSO 服务器对用户进行身份认证，Ticket 验证通过，则终端用户登录成功
3	鉴权应用系统 a、b，通过并发放 Ticket	SSO 服务器用户就应用系统 a、b 进行鉴权，与用户的账号、ID、应用系统 a 和 b 的注册信息等做比对，确认无误后通过鉴权，生成 Ticket 并传递应用系统 a 和 b
4	验证 Ticket 有效性	当在 Ticket 有效期内，用户再次访问应用系统 a、b 时，系统验证 Ticket 有效性后通过鉴权；如果 Ticket 失效，则再次弹出用户登录认证界面
5	认证鉴权通过	Ticket 验证有效，则 SSO 认证通过，用户可合法访问应用系统 a、b

10.5.3　应用开发框架

成熟的应用开发框架可为用户提供无码化应用开发环境，缩短应用开发周期，提高开发效率。应用开发框架流程如图 10-64 所示，应用开发框架流程活动描述见表 10-61。

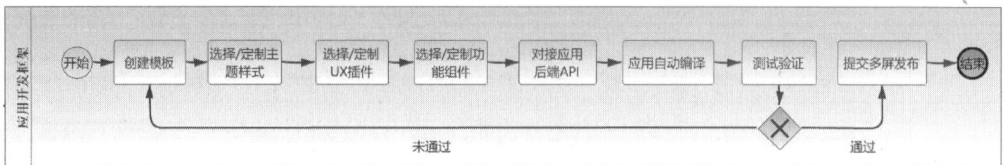

图 10-64　应用开发框架流程

表 10-61　应用开发框架流程活动描述

序　号	活动名称	活动描述
1	创建模板	针对具体应用的开发需求创建新的应用开发模板
2	选择/定制主题样式	按照所开发应用的特点、要求及使用群体，合理选择或定制应用的界面风格
3	选择/定制 UX 插件	根据应用的具体要求，选择合适的 UX 插件，如无可用组件，则定制开发
4	选择/定制功能组件	根据应用的具体要求，从功能组件列表选择合适的组件，如无可用组件，则定制开发、上传组件库并使用。组件可调用终端的 SDK 或云端服务 API
5	对接应用后端 API	根据应用的具体要求，通过服务列表选择合适的 API，以快速实现某些所需功能
6	应用自动编译	应用开发完成后，通过应用开发平台后台实现自动编译，打包生成不同 OS 的版本
7	测试验证	将编译后的应用程序部署到测试环境中，并记录应用版本号、环境参数、运维管理参数。进行测试确认后部署到生产环境中，做好发布前的准备
8	提交多屏发布	将应用做多屏匹配后，发布上架到应用商店或多屏门户，供用户下载或直接使用

10.6　服务交付流程

服务交付流程主要描述云平台中业务能力、基础能力、融合媒体、运营支撑、大数据分析等各类能力系统所实现功能的服务化治理所需的业务流程，主要包括服务治理、开发者管理、应用开发维护等相关业务流程。服务交付流程基本框架如图 10-65 所示。

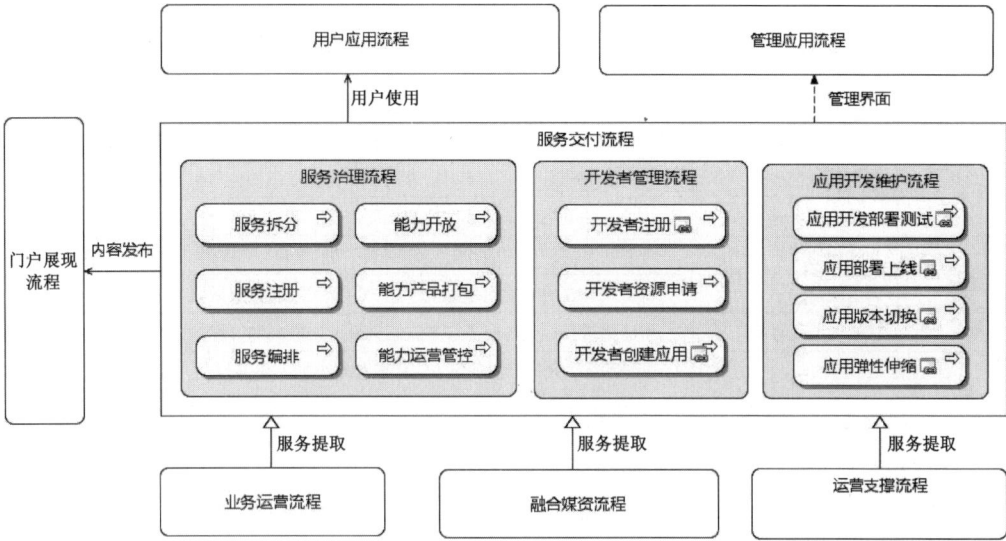

图 10-65　服务交付流程基本框架

10.6.1　服务治理

服务治理是实施微服务架构的前提和基础。因此，须实现基于 SOA 的服务交付平台建设，并结合容器技术进行平台提升，以适应 DevOps 的需求。

1. 服务拆分

服务拆分关键在于粒度的把控，不是某个功能模块独立，就得变成一个服务独立出来，服务拆分存在不确定性，需要事先进行充分的技术论证和预演。服务拆分流程如图 10-66 所示，服务拆分流程活动描述见表 10-62。

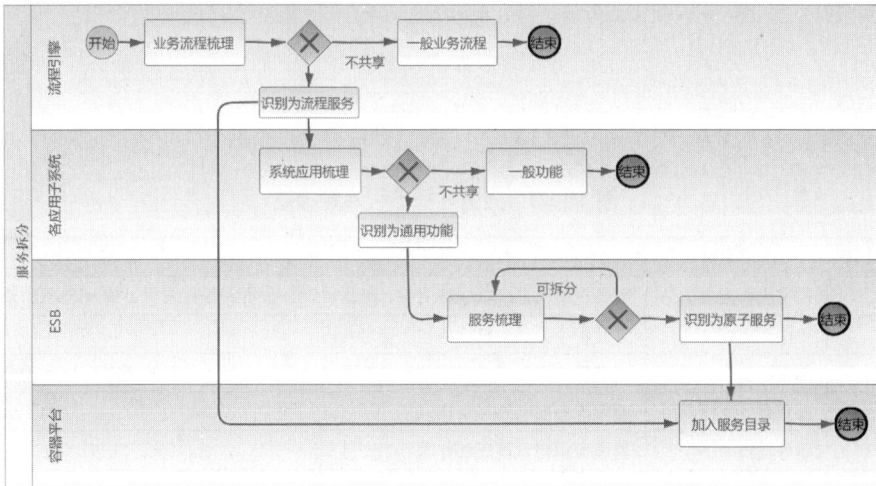

图 10-66　服务拆分流程

表 10-62　服务拆分流程活动描述

序　号	活动名称	活动描述
1	业务流程梳理	全面考虑业务场景，明确各系统或角色之间的流程关系
2	一般业务流程	比较独立、单一的业务场景，和其他业务关联性较低
3	识别为流程服务	可共享的业务流程，被识别为流程服务，可作为一项服务供应用系统调用
4	系统应用梳理	从使用场景与数据运营等角度梳理系统应用功能
5	识别为通用功能	可以共享的应用功能，被识别为通用功能模块，可作为一项服务供应用系统调用
6	服务梳理	在可共享通用功能的基础上，进一步拆解为服务或微服务
7	识别为原子服务	不能再进行拆分的服务，被识别为原子服务
8	加入服务目录	原子服务、通用功能服务、流程服务均可加入服务目录，可在虚拟资源池或容器平台上进行部署

2. 服务注册

服务提供者将服务描述性信息注册到服务管控平台并将服务正式发布，以便后续统一管理。服务注册流程如图 10-67 所示，服务注册流程活动描述见表 10-63。

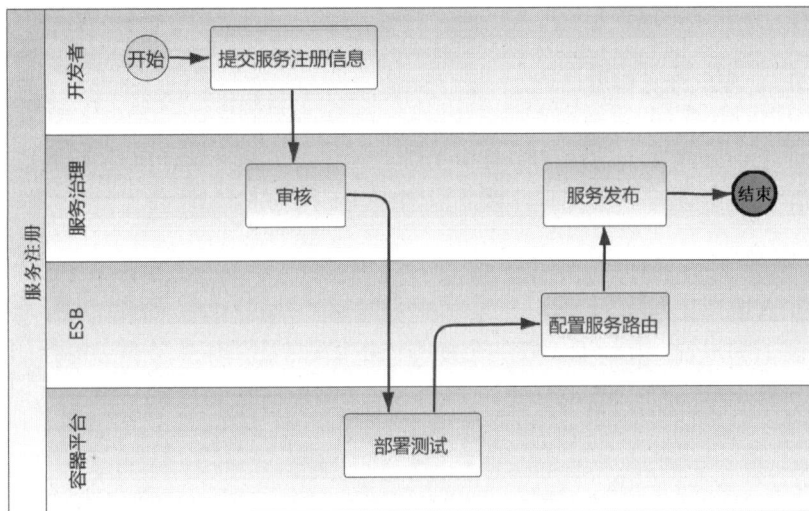

图 10-67　服务注册流程

表 10-63　服务注册流程活动描述

序　号	活动名称	活动描述
1	提交服务注册信息	服务注册信息包括服务名称、版本、ID、负责人联系方式、输入/输出参数及描述等
2	审核	运营管理人员审核服务注册信息
3	部署测试	运营管理人员在虚拟资源池或容器平台上部署服务，并按规定流程测试
4	配置服务路由	配置服务的网络路由信息
5	服务发布	将服务由测试区迁移部署到生产区

3. 服务编排

ESB 或 Kubernetes 所发布的服务，简单情况下可直接提供穿透服务，中间不做任何转换处理；复杂情况下可对多个服务进行组合，即服务编排。服务编排流程如图 10-68 所示，服务编排流程活动描述见表 10-64。

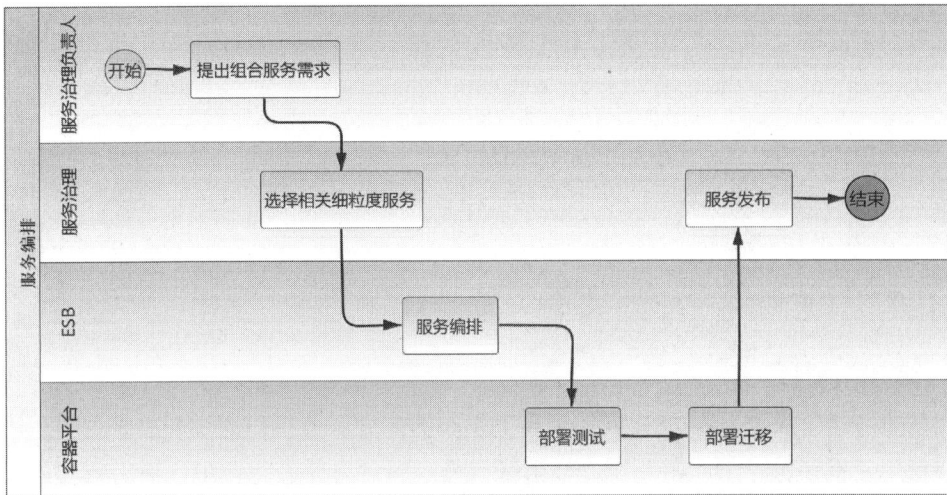

图 10-68　服务编排流程

表 10-64　服务编排流程活动描述

序　号	活动名称	活动描述
1	提出组合服务需求	提交组合服务的申请
2	选择相关细粒度服务	根据服务相关性及实际需要选择相关的服务
3	服务编排	一个系统或功能模块被拆分成多个微服务，为实现较复杂的业务，须通过微服务间协作来实现完整的流程，有两种实现方式 编制（Orchestration）：面向可执行流程，通过一个可执行的流程来协同内部及外部的服务交互。通过中心流程来控制总体的目标、涉及的操作、服务调用顺序 编排（Choreography）：面向合作，通过消息的交互序列来控制各部分资源的交互。参与交互的资源都是对等的，没有集中的控制
4	部署测试	将组合服务部署到测试环境中，并测试其性能指标
5	部署迁移	将测试通过的服务迁移至生产系统
6	服务发布	将通过测试并完成部署迁移的组合服务发布上线

4. 能力开放

从服务治理发布的服务列表中选择可对外开放的服务，通过开放平台对外提供 OpenAPI。能力开放流程如图 10-69 所示，能力开放流程活动描述见表 10-65。

表 10-65　能力开放流程活动描述

序　号	活动名称	活动描述
1	新建 OpenAPI	在开放平台创建 OpenAPI，指向 ESB 上注册的服务
2	配置 OpenAPI	定义 API 并设置 API 接口参数，提供 API 接口功能介绍及使用的描述文档
3	OpenAPI 部署测试	将新建 OpenAPI 部署到测试区，并按测试文档验证其接口参数及性能
4	发布 OpenAPI	将新建的 OpenAPI 迁移部署到生产区，并通过开放平台正式对外发布

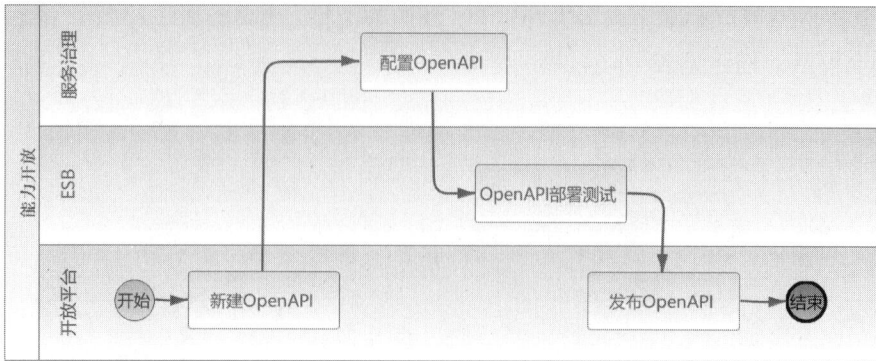

图 10-69　能力开放流程

5. 能力产品打包

根据业务运营需要，将 ESB 管控平台上发布的部分服务接口通过开放平台提供给第三方应用使用。根据具体的运营策略，一组接口可以组合为能力包，形成能力包产品。第三方应用采用了能力包产品后，该应用就被授权访问能力包中的服务接口。能力产品打包流程如图 10-70 所示，能力产品打包流程活动描述见表 10-66。

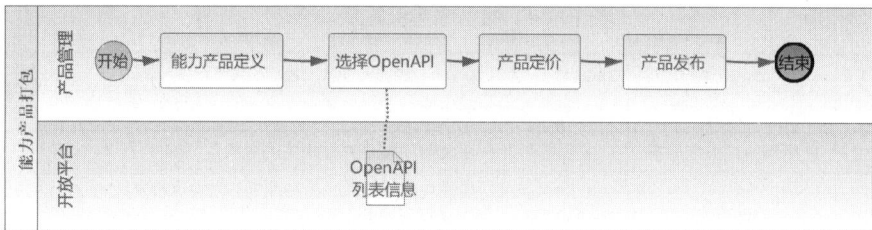

图 10-70　能力产品打包流程

表 10-66　能力产品打包流程活动描述

序　　号	活动名称	活动描述
1	能力产品定义	运营人员根据运营需要定义一个服务能力产品
2	选择 OpenAPI	读取 OpenAPI 列表信息，选择需要组合的 OpenAPI 加入能力产品包
3	产品定价	提供该产品对外销售的资费策略定义
4	产品发布	产品上架，在门户界面展现，供应用客户（开发者）查询、浏览、购买

6. 能力运营管控

运营人员根据运营需要，对提供给第三方应用使用的能力包进行运营管理，如设置配额、流控等。第三方应用通过 OpenAPI 调用 ESB 上发布的服务，OpenAPI 对接口访问行为进行安全、流控等检查，并对接口访问次数进行计量。计量结果可提供给 BOSS 作为计费依据。能力运营管控流程如图 10-71 所示，能力运营管控流程活动描述见表 10-67。

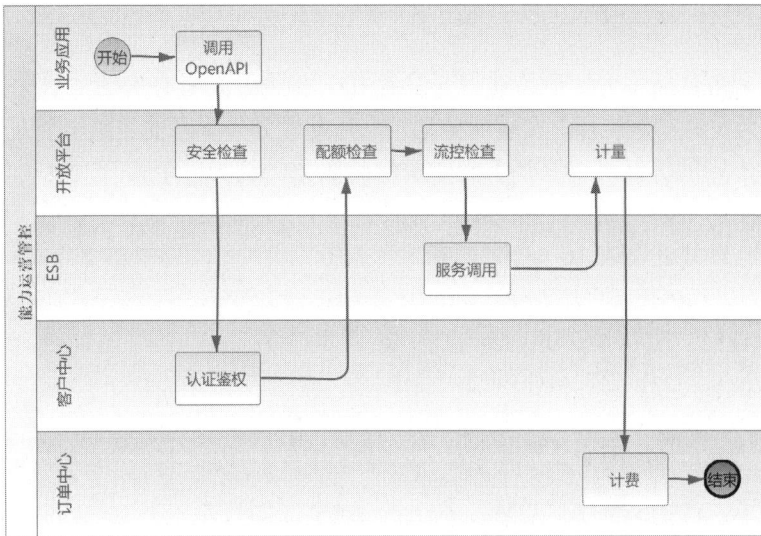

图 10-71　能力运营管控流程

表 10-67　能力运营管控流程活动描述

序　　号	活动名称	活动描述
1	调用 OpenAPI	第三方应用或开发者调用开放平台 OpenAPI 上的开放接口
2	安全检查	OpenAPI 进行加密/解密、数字签名/签名验证等处理
3	认证鉴权	对接口调用者的身份进行审核、确认
4	配额检查	OpenAPI 对第三方应用调用接口是否超出配额进行检查
5	流控检查	OpenAPI 对第三方应用调用接口是否超出流控限制进行检查
6	计量	OpenAPI 对接口访问次数进行计量
7	服务调用	OpenAPI 调用 ESB 上发布的服务
8	计费	根据 OpenAPI 的计量结果进行计费及结算

10.6.2　开发者管理

　　基于智慧媒体云平台进行原生应用创新的开发者，可以是云平台运营商内部部门或员工，也可以是外部第三方合作伙伴或个人开发者。云平台须对开发者提供相应的支持。开发者管理及应用开发维护流程基本框架如图 10-72 所示。

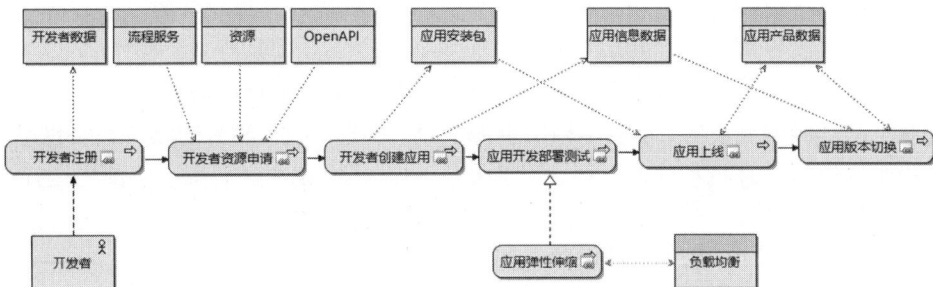

图 10-72　开发者管理及应用开发维护流程基本框架

137

1. 开发者注册

开发者在业务创新平台注册后获得开发者 ID，作为开发者身份的唯一标识，并以此获得平台资源，开发并部署应用，实现业务运营。开发者分为不同的等级（个人开发者、企业开发者等），不同的等级可以获得不同的资源和服务。例如，个人开发者可以获得较少的以免费形式为主的资源，而服务形式以自助服务为主。开发者注册流程如图 10-73 所示，开发者注册流程活动描述见表 10-68。

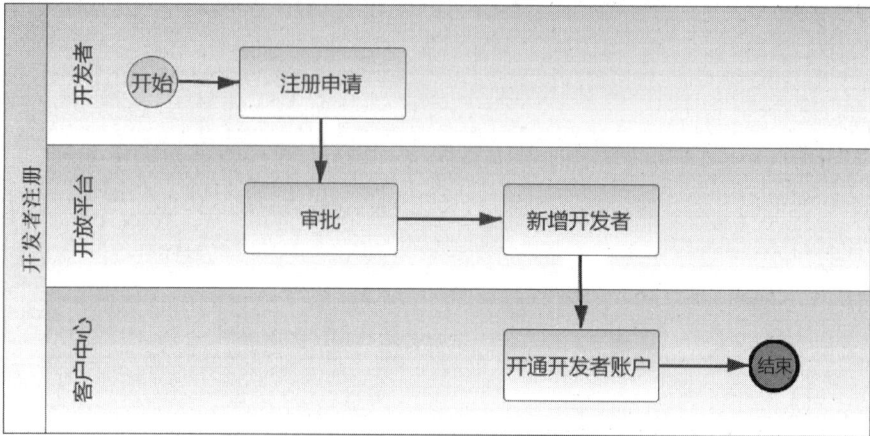

图 10-73　开发者注册流程

表 10-68　开发者注册流程活动描述

序　　号	活动名称	活动描述
1	注册申请	开发者在开发者门户中填写申请信息并提交，包括名称、ID、联系人信息、等级
2	审批	运营管理人员审核申请信息，必要时通过其他手段核实联系人身份等，最终确定是否同意开发者的申请
3	新增开发者	在开放平台中增加一个开发者记录
4	开通开发者账户	在客户中心为开发者（作为合作伙伴）创建账户并开通

2. 开发者资源申请

开发者为开发、测试、运行应用申请相关资源。资源包含以下几类。

（1）环境资源：主机资源（包括操作系统、CPU、内存）、网络资源、存储资源等。

（2）基础软件资源：数据库、消息中间件、J2EE 服务器、负载均衡等。

（3）工具类软件资源：开发工具、测试工具、配置管理工具等。

（4）服务资源：日志服务、监控服务、负载均衡服务、数据库服务等。

针对不同等级的开发者，可以申请的资源类别、指标不同，相应的收费策略也不同。所申请的资源区分测试环境和生产环境，分别用于测试环境和生产环境下的部署运行，二者不能混用。测试环境属于 STE 的一部分，生产环境则属于 SEE 的一部分。开发者资源申请流程如图 10-74 所示，开发者资源申请流程活动描述见表 10-69。

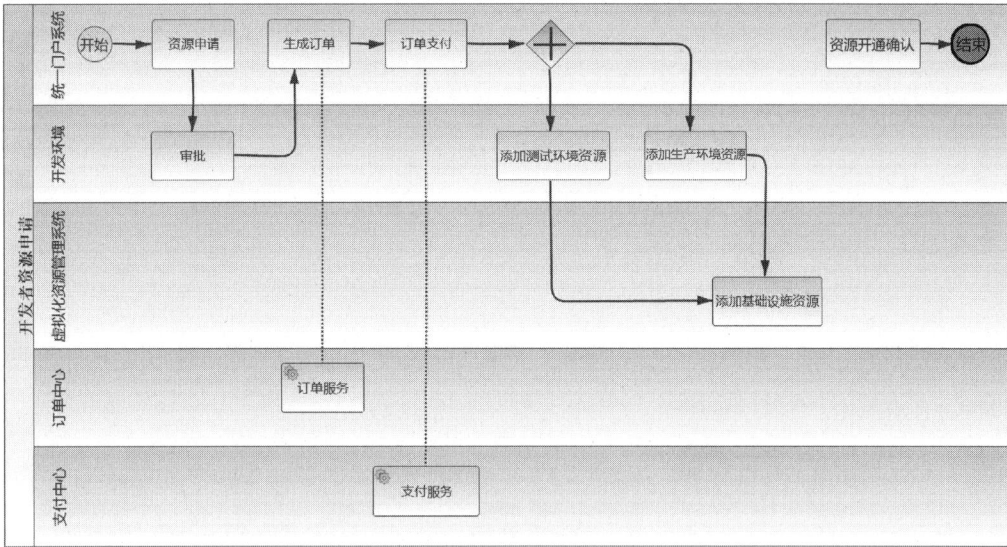

图 10-74　开发者资源申请流程

表 10-69　开发者资源申请流程活动描述

序　号	活动名称	活动描述
1	资源申请	开发者在开发者门户中填写资源申请信息并提交，包括资源类别及相应的指标要求
2	审批	运营管理人员审核申请信息
3	生成订单	调用订单中心的订单服务，生成购买订单
4	订单支付	调用支付中心的支付服务，完成订单的付款
5	添加生产环境资源	按资源需求申请添加生产环境资源
6	添加测试环境资源	按资源需求申请添加测试环境资源
7	添加基础设施资源	按资源需求申请添加基础设施资源（主机、网络、存储、容器等）
8	资源开通确认	申请资源的开发者确认资源已开通

3. 开发者创建应用

开发者申请创建一个应用，每个应用在创建后都对应一个唯一的应用 ID，并以此获得相应的安全密钥、接口访问权限、SLA 等。SLA 内容包括：流量控制（如按调用次数或字节）、安全性（传输加密等）、可用性（热备、负载均衡、动态伸缩等）、监控管理（监控级别及方式、分析及告警策略等）。开发者创建应用流程如图 10-75 所示，开发者创建应用流程活动描述见表 10-70。

表 10-70　开发者创建应用流程活动描述

序　号	活动名称	活动描述
1	创建应用	开发者在开发者门户中填写应用创建申请信息并提交，包括应用 ID、应用名称、描述、接口访问权限、SLA
2	审批	开放平台运营管理人员审核申请信息
3	分配密钥	通过 PKI 基础设施为该应用分配安全密钥
4	下发密钥	开发者从开发者门户下载安全密钥，用于应用调用开放平台接口时的安全通信

序　号	活动名称	活动描述
5	开发应用	开发者在开发环境中进行应用开发、测试工作
6	访问 OpenAPI	通过开放平台访问所需的服务 OpenAPI
7	OpenAPI 流量控制	OpenAPI 根据针对该应用的流控设置进行访问流控
8	OpenAPI 权限控制	OpenAPI 根据针对该应用的接口访问权限设置进行权限控制

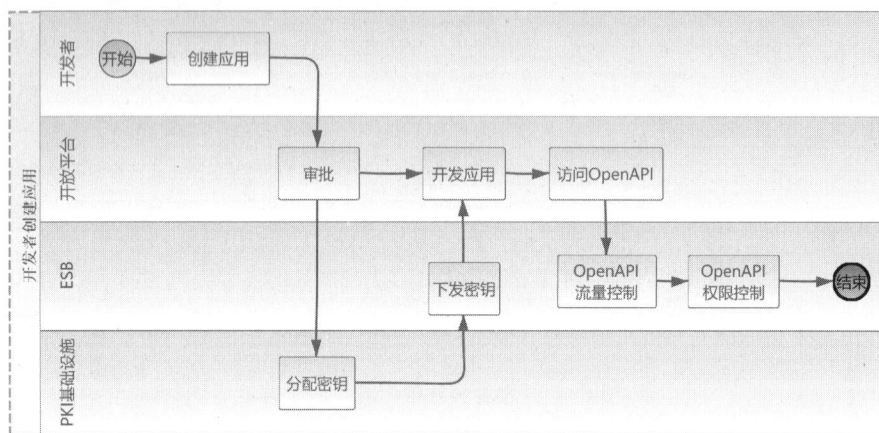

图 10-75　开发者创建应用流程

10.6.3　应用开发维护

基于容器平台，结合应用开发框架，可实现应用的开发部署运维一体化流程。开发人员设计、开发自己的应用，提交代码后自动编译、打包，进行自动化测试、发布，以及版本切换、资源弹性伸缩，做到持续交付迭代。

1. 应用开发部署测试

开发者利用开发及调试工具进行应用开发及调试。开发完成后生成部署文件，部署到开放平台的测试环境中运行。开发者不能直接将应用部署到生产环境中，只能部署到测试环境中。从测试环境到生产环境的迁移由运维人员完成。开发者须确保应用对环境的依赖支持这种迁移（如数据库连接地址可以动态修改，以支持在迁移过程中从连接测试环境数据库切换到连接生产环境数据库）。开发者在部署应用时须指明应用的运行环境及运维管理方面的需求。例如，部署到哪几个主机、连接哪个数据库、是否需要双机热备及负载均衡、是否支持动态伸缩、有哪些监控指标及告警策略等。而且，针对测试环境和生产环境要分别指定。以上需求所涉及的应用资源必须已由开发者申请，且处于有效状态。应用在测试环境中部署完成后，开发者可以对应用的运行效果进行验证，并进行上线前的测试。测试通过后才可以申请上线。根据管理需要，应用版本在测试环境下可以短期存在（上线后即删除）、仅保留最后部署版本、保留多个历史版本等。如果保留了多个历史版本，最多只能有一个版本处于当前在线状态，即作为在线版本，在线版本可以在多个历史版本间切换。应用开发部署测试流程如图 10-76 所示，应用开发部署测试流程活动描述见表 10-71。

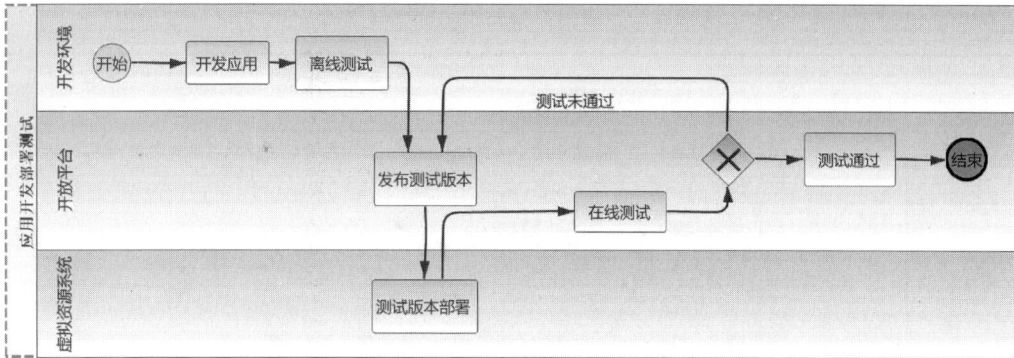

图 10-76　应用开发部署测试流程

表 10-71　应用开发部署测试流程活动描述

序　号	活动名称	活动描述
1	开发应用	开发者利用离线开发工具完成应用开发
2	离线测试	开发者利用离线测试工具（终端模拟、服务端模拟等）在离线状态下初步完成应用的功能测试。对新提交代码进行单元测试、静态检查，确保代码编写规范、无纰漏
3	发布测试版本	开发者将应用的测试版本打包为部署文件，并指定版本号
4	测试版本部署	开发者申请资源，并在指定的环境中完成测试版本部署
5	在线测试	通过在线测试发现问题，并维护 buglist
6	测试通过	如未通过测试，则开发更新测试版本；如测试通过，则将测试通过的正式版本应用提交上线审核

2. 应用部署上线

将通过测试的应用正式版本部署并发布到应用商店或统一门户系统，并做上架展现。应用部署上线流程如图 10-77 所示，应用部署上线流程活动描述见表 10-72。

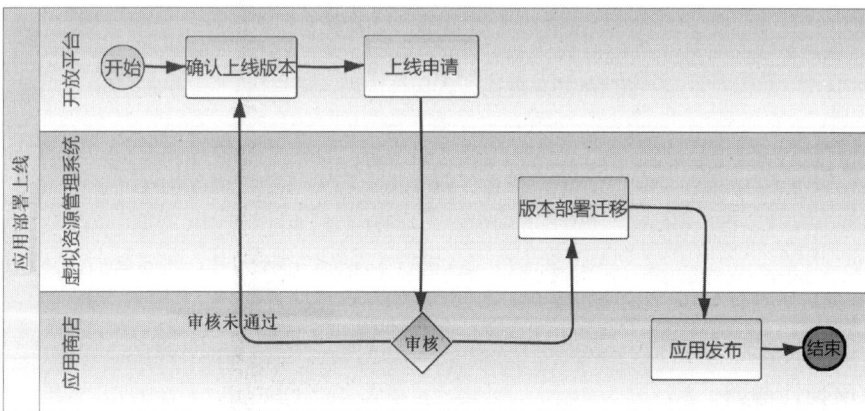

图 10-77　应用部署上线流程

表 10-72　应用部署上线流程活动描述

序　号	活动名称	活动描述
1	确认上线版本	开发者确认要上线的应用正式版本
2	上线申请	开发者在经过测试环境下的充分验证后，认为部署版本已具备上线条件，向应用商店或统一门户系统提交上线申请。申请时指明应用 ID、版本号，并针对生产环境指定运行环境需求参数及运维管理参数
3	审核	运营管理人员审核上线申请。审核未通过的，则完善新的待测试版本
4	版本部署迁移	审核通过的，则将正式版本由虚拟资源系统或容器平台的测试环境部署迁移到生产环境中，并记录应用部署版本号、环境需求参数、运维管理参数
5	应用发布	部署迁移完成后，应用商店或统一门户系统将应用正式发布并上架展现

3. 应用版本切换

在测试环境及生产环境下，均可以切换在线版本，即将一个离线版本改为在线状态，而将原来的在线版本改为离线状态。版本切换可能因应用逻辑不一致导致业务上的不一致性，这需要应用层根据业务特性自行解决。应用版本切换流程如图 10-78 所示，应用版本切换流程活动描述见表 10-73。

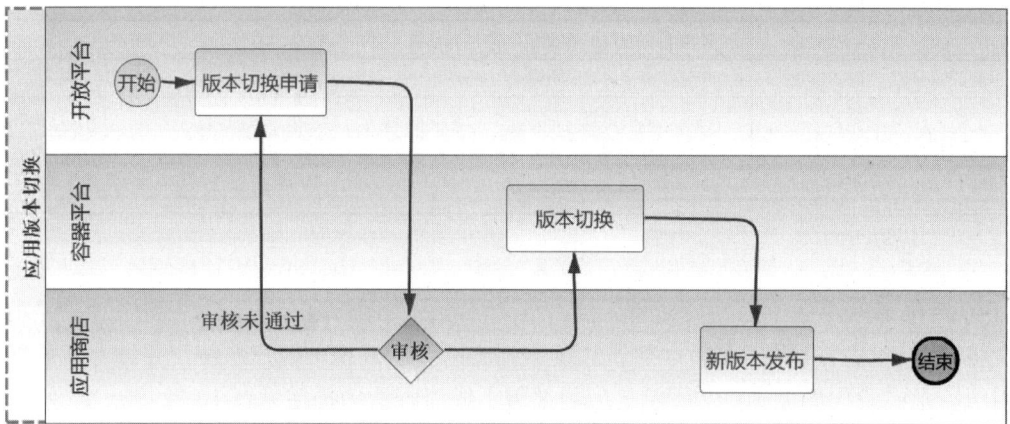

图 10-78　应用版本切换流程

表 10-73　应用版本切换流程活动描述

序　号	活动名称	活动描述
1	版本切换申请	开发者根据需要申请切换版本，指明拟被替换版本及新的在线版本号
2	审核	运营管理人员审核版本切换申请。审核未通过的，则重新检查新旧版本
3	版本切换	审核通过的，则将虚拟资源系统或容器平台中在线的拟被替换版本更换为新的在线版本，并记录应用部署版本号、环境需求参数、运维管理参数
4	新版本发布	应用商店或统一门户系统将被替换版本应用下线，将新版本正式发布上线

4. 应用弹性伸缩

根据应用运行需要，动态调整应用所需的环境资源。例如，某项业务在高峰期可动态增加部分环境资源以支持高峰期的访问量，高峰期过后则释放资源，回到原有的资源配置。可伸缩的资源分为如下几类：

（1）虚拟主机的 CPU、内存；

（2）网络资源；

（3）存储资源；

（4）虚拟主机数量；

（5）软件或服务实例数量；

（6）容器资源。

在以上资源发生变化时，应用运行环境须做相应调整，如新增的虚拟主机须安装并启动必要的软件或服务，新启动的软件或服务需要加入负载均衡策略等。这些都需要在应用部署的运维管理参数中指定。动态伸缩可以根据需要人工执行，也可以根据运维管理策略自动执行。应用弹性伸缩流程如图 10-79 所示，应用弹性伸缩流程活动描述见表 10-74。

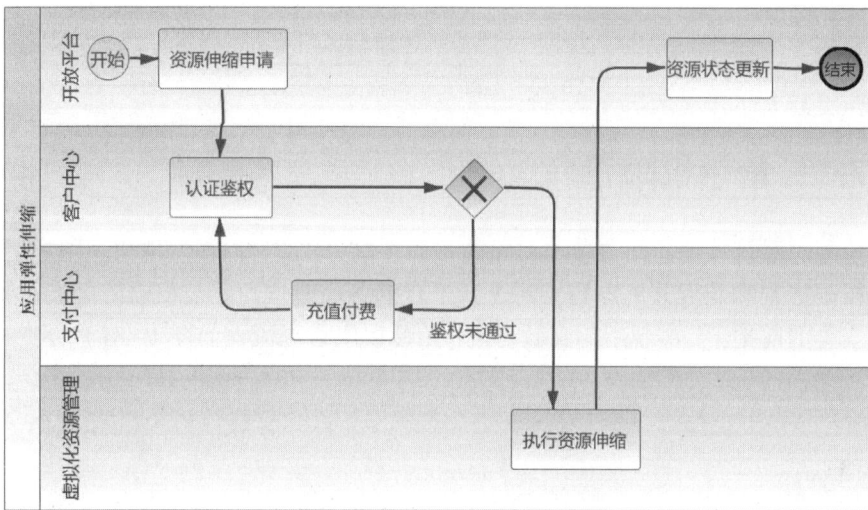

图 10-79　应用弹性伸缩流程

表 10-74　应用弹性伸缩流程活动描述

序　号	活动名称	活动描述
1	资源伸缩申请	开发者根据业务需要，申请调整运行环境的虚拟资源或容器资源
2	认证鉴权	客户中心对申请者进行身份认证，对资源使用权限进行鉴权
3	充值付费	鉴权发现客户预存账户余额不足的，通知其进行充值付费
4	执行资源伸缩	认证鉴权通过的，则由虚拟资源管理系统或容器平台按资源伸缩申请调整相关资源数量或参数
5	资源状态更新	返回资源伸缩调整通知，并记录新的运行环境需求参数

10.7　运维安全流程

运维安全流程主要描述保障云平台正常运行所必需的用户权限管理、安全管控、运维管理、虚拟资源管理等相关业务流程。运维安全流程基本框架如图 10-80 所示。

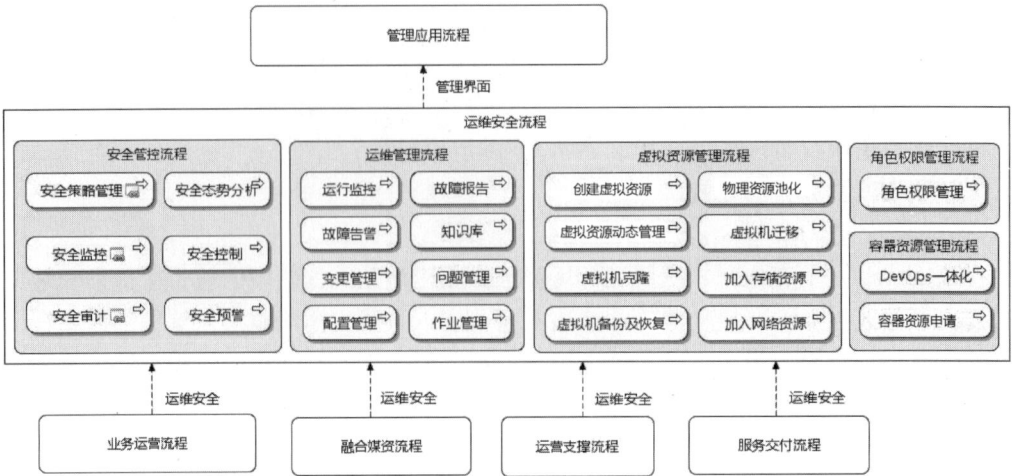

图 10-80　运维安全流程基本框架

10.7.1　角色权限管理

基于角色对系统管理界面菜单与对象的访问控制方法，可以很好地描述角色层次关系，实现最少权限原则和职责分离原则。对于云平台的各类管理角色与权限的定义及分配，在保障系统安全的前提下，实现组织高效协同。角色权限管理流程如图 10-81 所示，角色权限管理流程活动描述见表 10-75。

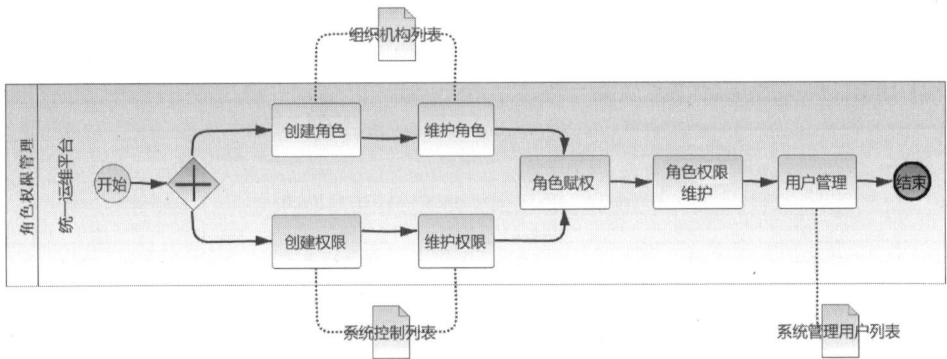

图 10-81　角色权限管理流程

表 10-75　角色权限管理流程活动描述

序　号	活动名称	活动描述
1	创建角色	根据云平台管理应用的参与者，结合组织结构，定义平台管理的角色 角色会按岗位、职责、负责地域、行业、负责平台系统功能、控制对象进行分组，最终以一个完整的层级树的结构显示组织结构（机构、部门）的关系
2	维护角色	由于组织结构、业务调整等变化，须对管理角色进行相应的调整

序　号	活动名称	活动描述
3	创建权限	平台的管理控制权限，可从如下两个维度来创建： （1）按模块授权（也称菜单控制），由业务功能模块列表和管理菜单模块共同组成。每个角色有默认菜单，每个用户也可以拥有自己的管理菜单（当用户同时充当多个角色且权限重复时，重复的权限仅一次有效） （2）按动作权限分配（也称对象控制），对象是指系统管理界面中的可视对象，如菜单项、按钮、下拉列表框、数据编辑控件及数据编辑控件的字段等
4	维护权限	由于系统迭代升级、功能增减等变化，须对管理控制权限进行相应的调整（增、删、改、禁用/启用等）
5	角色赋权	角色赋权，就是将平台管理控制权限细分粒度的不同组合与不同角色建立对应关系的过程。要认真分析角色职责、控制权限之间的匹配度
6	角色权限维护	由于组织架构、经营思路、系统迭代等变化，须对角色与权限的关系进行相应调整
7	用户管理	角色与具体管理操作用户（User+Password）间需要建立严格对应关系，操作用户的保密制度要严格执行；由于人员流动带来变化，须对用户进行及时调整（新建用户、修改信息、禁用、删除、内部/外部等数据维护）

10.7.2　安全管控

云平台安全管控体系由安全基础设施、传输与边界安全、平台与主机安全、服务与内容安全、终端安全、人员安全、安全审计、安全态势分析等技术和管理机制构成，形成了一体化的安全保障体系。这里仅列出几个关键业务流程。

1. 安全审计

安全审计是对云平台系统运行、数据库合规、网络行为、业务流量、服务调用等安全相关事件的分析调查工作。由于数据量日益增长，以人工方式为主的审计工作中逐渐加入基于模型的自动分析审计方法。安全审计流程如图 10-82 所示，安全审计流程活动描述见表 10-76。

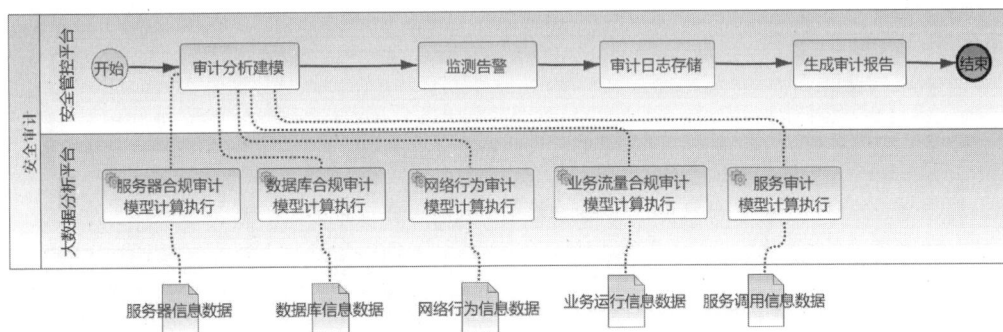

图 10-82　安全审计流程

表 10-76　安全审计流程活动描述

序　号	活动名称	活动描述
1	审计分析建模	针对服务器合规审计、数据库合规审计、网络行为审计、业务流量审计、服务审计进行专门的审计分析建模，通过大数据分析平台做计算执行，并实时反馈分析结果数据
2	监测告警	当审计模型分析结果反馈有异常时，将生成安全审计告警
3	审计日志存储	审计告警日志将被安全存储
4	生成审计报告	自动生成各类分项审计报告
5	服务器合规审计模型计算执行	读取服务器信息数据，如 Syslog、SNMP、文件、DB 等信息，进行分析，判断各类操作行为是否合规
6	数据库合规审计模型计算执行	对运维人员、设备厂商和代维人员利用 Telnet、SSH 等工具远程登录数据库系统，进行数据库操作的行为进行审计。本流程需要采集标准的网络数据流作为输入，与业务系统没有直接数据交互
7	网络行为审计模型计算执行	对企业内部网络流量进行监控，对流量异常进行告警，对可疑事件、恶意 IP 攻击等行为提供实时审计和分析
8	业务流量合规审计模型计算执行	对企业内部设备进行分析，梳理出企业内部设备互联关系，为网络管理员进行防火墙策略梳理提供依据
9	服务审计模型计算执行	基于监控日志对应用调用服务的行为进行事后审计

2. 安全态势分析

收集安全系统及数据探针的安全态势数据，进行安全基线评估、脆弱性分析、综合风险评估，对实时发生的安全事件信息进行分级管理，结合综合风险评估数据进行关联分析，最终对告警信息进行有序可视化，呈现平台的安全态势分析结果。安全态势分析流程如图 10-83 所示，安全态势分析流程活动描述见表 10-77。

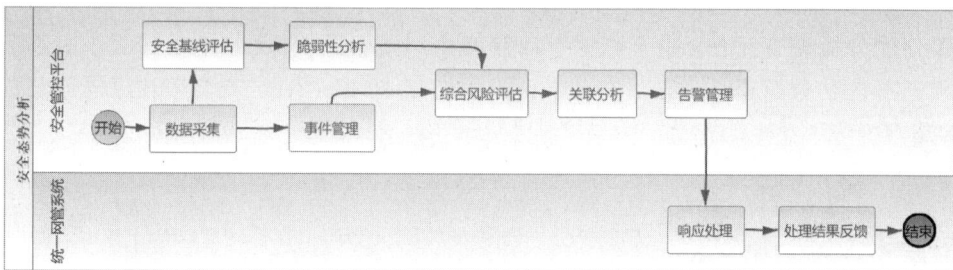

图 10-83　安全态势分析流程

表 10-77　安全态势分析流程活动描述

序　号	活动名称	活动描述
1	数据采集	通过大数据基础分析系统对网络设备、安全设备、服务器主机和应用系统日志等数据进行采集、清洗
2	安全基线评估	基于对主机、数据库、网络设备、中间件的信息采集进行安全基线检测
3	脆弱性分析	基于漏洞扫描日志分析被保护对象的脆弱性，根据潜在威胁度和各自的权重结合概率算法计算出资产的脆弱性等级

序　号	活动名称	活动描述
4	事件管理	对采集获取的防病毒控制、入侵检测、漏洞扫描、身份认证和防火墙日志信息进行聚并、过滤、范式化整合，实现全网安全事件的高效集中处理
5	综合风险评估	接收来自安全事件监控的事件、脆弱性评估结果（包括漏洞扫描结果、基线检查结果），进行综合的事件协同分析，评估形成统一的风险级别
6	关联分析	结合业务应用系统的事件特征，分析与制定安全控制策略、关联分析规则，安全事件的规则关联、统计关联，安全事件和安全漏洞的关联等
7	告警管理	基于以上安全分析，可视化动态展现平台的整体安全态势，支持黑白名单秩序基线学习、告警分级功能，按安全告警的级别以电话、短信、邮件等方式进行自动通告
8	响应处理	运维人员根据安全告警及通告，针对具体的安全告警进行实质性响应处理
9	处理结果反馈	对安全告警的处理结果进行反馈、存档

10.7.3　运维管理

运维管理工作要保障云平台及业务的高性能及高可用性，除了平台架构设计合理，还要做到系统运行监控常态化、性能监控可视化、运维流程化。

1. 运行监控

实现对虚拟资源池、容器平台、转码服务器、推流服务器、页面服务器、业务系统等运行状况的实时监控，并提供显示和统计报表功能。运行监控流程如图 10-84 所示，运行监控流程活动描述见表 10-78。

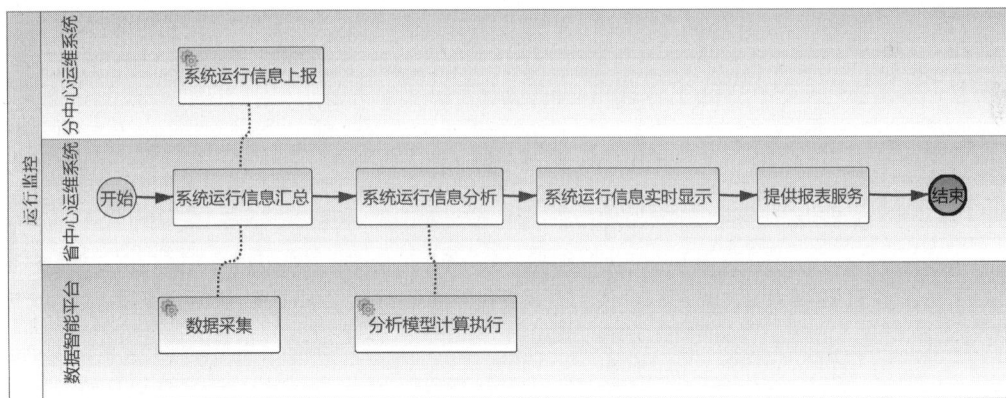

图 10-84　运行监控流程

表 10-78　运行监控流程活动描述

序　号	活动名称	活动描述
1	系统运行信息汇总	调取数据采集功能模块及系统运行信息上报功能模块所提供的服务，汇总整个平台的运行信息，如故障时间、故障描述、CPU 利用率等
2	系统运行信息分析	调取大数据基础分析功能模块提供的服务，对汇总的系统运行信息进行分析，可以将历史数据与现有数据叠加对比，为系统的运维提供依据及预测

序　号	活动名称	活动描述
3	系统运行信息实时显示	按一定规则，将分析的系统运行信息展现出来 按地点，如省中心、分中心进行监控信息显示；按信息类别显示，如带宽、存储、CPU、GPU、内存使用，以及当前在线用户数、并发访问数、访问时延、报错等
4	提供报表服务	拥有相应权限的管理者，可通过管理应用或门户访问系统运行信息报表
5	分析模型计算执行	采集云平台所有系统运行监控的历史数据进行分析，相应的计算交给大数据分析平台执行。可将历史数据与现有数据叠加对比显示

2. 故障告警

系统服务器或应用发生异常，将异常信息以声光或其他形式展现在管理应用门户上。故障告警流程如图 10-85 所示，故障告警流程活动描述见表 10-79。

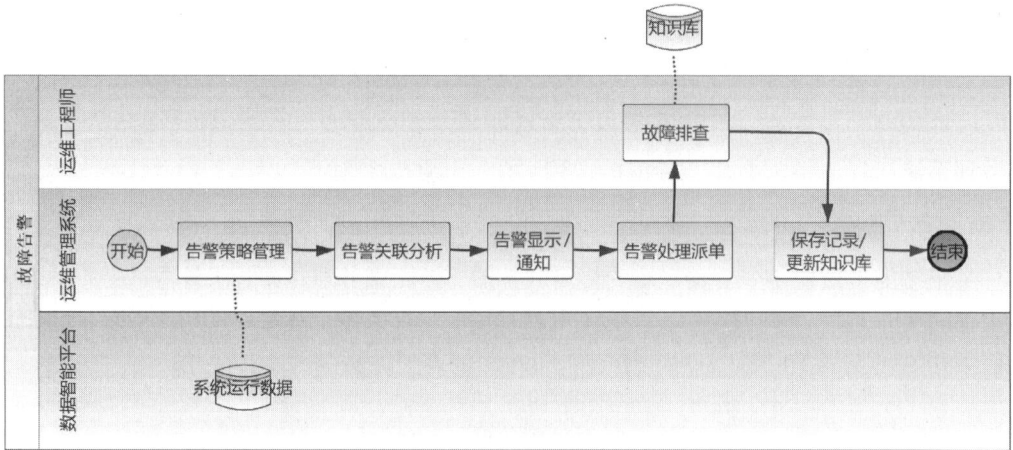

图 10-85　故障告警流程

表 10-79　故障告警流程活动描述

序　号	活动名称	活动描述
1	告警策略管理	基于对系统运行数据的实时监测分析，根据不同的系统告警阈值对告警信息进行分级，根据告警的不同级别，选择不同的告警途径，本地有声音、图标状态变化，远程可支持电话、短信、邮件、微信、QQ 等方式
2	告警关联分析	基于系统关联关系，对告警的上下文进行分析，并给出故障的定位判断
3	告警显示/通知	基于关联分析的结果对告警进行可视化显示；根据告警的不同级别，选择不同途径通知管理员
4	告警处理派单	系统根据预先设定的故障处理流程，派单给一线、二线工程师或支持专家
5	故障排查	运维工程师或支持专家基于个人经验结合查询系统的知识库进行故障排查处理
6	保存记录/更新知识库	处理完成后，对处理措施进行记录；如果有首次遇到的问题，须对知识库进行更新

10.7.4　虚拟资源管理

1. 物理资源池化

传统 IDC 采用的服务器、存储、网络设备的使用方式越来越不能满足大型系统运行维护的需要，基于虚拟化或容器技术实现物理资源池化的方案，已得到市场认可和规模化普及。物理资源池化有两个方向：

（1）一虚多，一台服务器虚拟化成多个虚拟机；

（2）多虚一，多台服务器的集群虚拟成一个资源池，再分配给更多的服务/系统去使用。

物理资源池化实现对计算、存储、网络等物理设备的精细化管理，通过共享资源池提高资源的利用效率。物理资源池化流程如图 10-86 所示，物理资源池化流程活动描述见表 10-80。

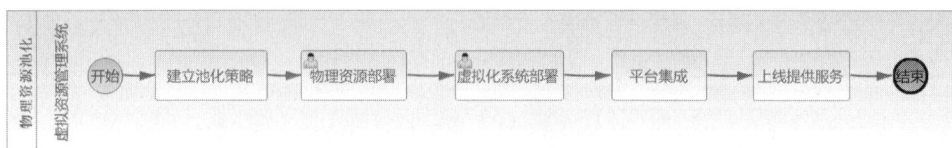

图 10-86　物理资源池化流程

表 10-80　物理资源池化流程活动描述

序　号	活动名称	活动描述
1	建立池化策略	地域分级（如省中心、分中心），安全分域（如外部服务域、内部服务域、核心业务域、办公操作域），分池（如 CPU 计算、GPU 计算、云存储、核心业务 DB、网络分发等不同性能需求的资源分别池化）
2	物理资源部署	服务器、网络、存储、DNS、FW 的分级、分域部署调试
3	虚拟化系统部署	安装虚拟化软件，实现多组服务器的集群化、存储池化，配置 VxLAN、FW，实现在分级、分域策略框架下的资源池化
4	平台集成	虚拟化管理系统与统一运维平台进行集成，实现虚拟资源池管理的流程化、自动化、可计量化；与运营支撑系统进行集成，实现虚拟资源池的产品化；与统一安全管控系统进行集成，实现平台安全、应用安全的全局保障
5	上线提供服务	对虚拟资源池进行测试，确保其可用性后，通过管理门户对外发布 IaaS 服务

2. 创建虚拟资源

根据运营需求或客户订单，创建虚拟资源实例（云主机、容器、云存储、云网络、云安全等）。创建虚拟资源流程如图 10-87 所示，创建虚拟资源流程活动描述见表 10-81。

表 10-81　创建虚拟资源流程活动描述

序　号	活动名称	活动描述
1	发起创建虚拟资源	根据平台运营需求或客户的订单发起虚拟资源实例的创建申请，生成虚拟资源有两种方式：（1）从虚拟资源产品列表中选择现有镜像；（2）新建虚拟资源实例镜像，再复制镜像创建所需虚拟资源
2	选择虚拟资源镜像	根据申请从产品列表中选择已有的镜像类型
3	创建虚拟资源实例	克隆选定的现有镜像，并创建新的虚拟资源实例

续表

序　号	活动名称	活动描述
4	新建虚拟资源实例	在没有现成镜像的情况下，须新建实例以定义所需的镜像，目的是便于后续快速创建和部署实例
5	定义虚拟资源镜像	基于新建的实例，根据实际需求进行资源配置（如 CPU、GPU、RAM、Disk、网卡等），安装相应 OS、中间件、DB、应用系统等软件，定义新的虚拟资源镜像
6	设置虚拟资源实例参数	选择镜像，创建并在所需地域位置部署虚拟资源实例，对该实例参数进行配置，说明用途、网络信息、所属集群等
7	设置虚拟资源网络信息	根据需要设置虚拟资源的浮动 IP 及网络配置，并完成测试
8	获得虚拟资源授权	系统授权，获得所创建虚拟资源的管理账号、密码
9	虚拟资源实例创建完成	完成虚拟资源创建并交付

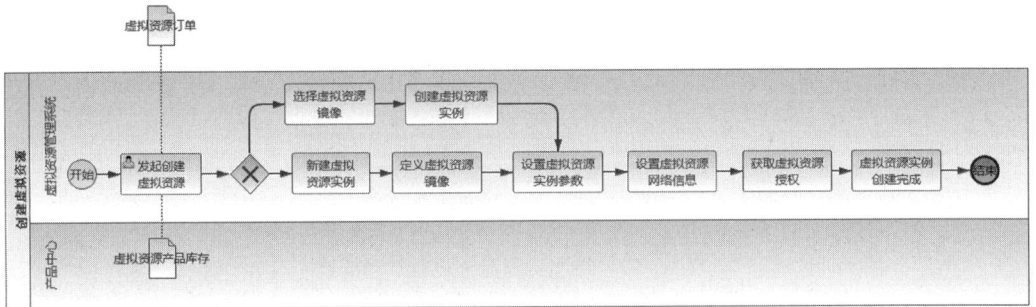

图 10-87　创建虚拟资源流程

3. 虚拟资源动态管理

根据虚拟资源的业务负载情况，基于资源的弹性伸缩策略，实现虚拟资源的动态管理。在保障业务性能的情况下，尽量减少闲置资源，提高资源利用率。虚拟资源动态管理流程如图 10-88 所示，虚拟资源动态管理流程活动描述见表 10-82。

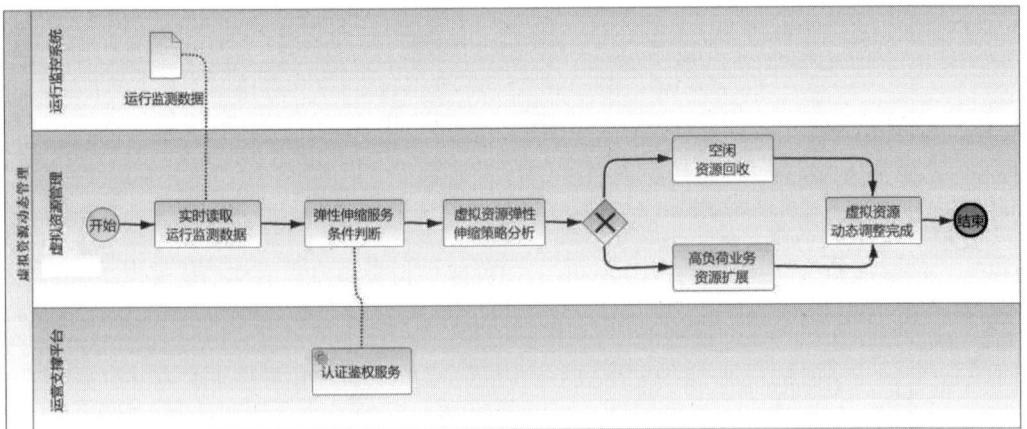

图 10-88　虚拟资源动态管理流程

表 10-82　虚拟资源动态管理流程活动描述

序　号	活动名称	活动描述
1	实时读取运行监测数据	虚拟资源管理系统实时读取所有设备、虚拟资源、运维管理系统的监测数据，用于实时监测性能状态
2	弹性伸缩服务条件判断	弹性伸缩服务启动的条件是该服务的用户能够通过认证鉴权。对运营商自有业务纳入弹性扩展服务范围的，以及客户托管业务购买了弹性伸缩服务的，均可通过认证鉴权，给予相应的配额
3	虚拟资源弹性伸缩策略分析	平台对虚拟资源的弹性伸缩策略对应不同地域、不同业务、不同对象，同时对应不同优先级及 SLA。对系统实时监测，通过认证鉴权，且负载达到阈值的业务，将执行弹性伸缩任务
4	空闲资源回收	对业务负载一定时长低于下限阈值的空闲资源自动进行回收
5	高负荷业务资源扩展	对负载高于上限阈值的合法业务，自动进行资源扩展，直至逼近整体资源池的警戒线
6	虚拟资源动态调整完成	资源动态伸缩完成后，在系统日志中进行记录，发出通知

4. 虚拟机备份及恢复

根据规划及业务需要，进行虚拟机的备份与恢复。虚拟机备份须在不同的物理主机上进行。虚拟机备份及恢复流程如图 10-89 所示，虚拟机备份及恢复流程活动描述见表 10-83。

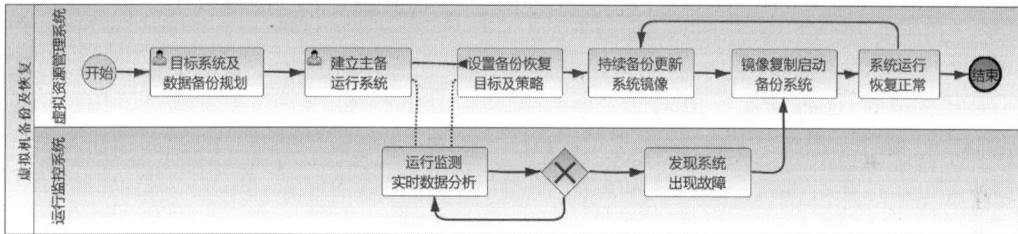

图 10-89　虚拟机备份及恢复流程

表 10-83　虚拟机备份及恢复流程活动描述

序　号	活动名称	活动描述
1	目标系统及数据备份规划	云架构允许虚拟机在物理服务器间无缝迁移，提供了革命性的灾难恢复计划。要制定系统备份规划，须明确系统应用软件与虚拟资源之间的依存关系，须明确哪些核心软件和数据需要实现灾备保护
2	建立主备运行系统	在同一机房或异地机房的不同物理主机上建立系统的虚拟机主备运行方案
3	设置备份恢复目标及策略	建立恢复点目标（RPO）和恢复时间目标（RTO）
4	持续备份更新系统镜像	通过建立系统镜像，获取目标业务系统代码、其运行的 OS 环境、虚拟机配置等所有信息；初始化数据的复制数据传输规模较大，但随后增量数据块的复制将会小很多
5	运行监测实时数据分析	运行监控系统对虚拟资源池、目标业务系统的运行状态进行实时监控，并对监控数据进行实时分析

序　号	活动名称	活动描述
6	发现系统出现故障	当发现系统出现故障，且影响达到目标业务系统运行故障阈值时，通过集群负载均衡启动备份自动恢复机制
7	镜像复制启动备份系统	通过镜像复制，使目标业务系统的灾难恢复变得简单、快速，最多损失 RTO 之内的增量业务数据
8	系统运行恢复正常	系统运行恢复正常后，将重新建立系统镜像，重新进行数据增量备份

10.7.5　容器资源管理

1. 容器技术与虚拟化技术

容器是虚拟机的一种替代品，它能够帮助开发者构建、迁移、部署和实例化应用。一个容器是多个进程的集合，这些进程独立于包含进程依赖的计算机。各个容器尽管共享一个操作系统实例，但是它们独立运行、互不影响。容器并不需要一个完整的操作系统，这个特性使得它比虚拟机更加轻量。从虚拟化层面来看，传统虚拟化技术是对硬件资源的虚拟，容器技术则是对进程的虚拟，从而可提供更轻量级的虚拟化，实现进程和资源的隔离。

Docker 是一个开源的应用容器引擎，基于 Go 语言并遵从 Apache 2.0 协议开源，可让开发者打包他们的应用及依赖包到一个轻量级、可移植的容器中，然后发布到任何流行的 Linux 计算机上，也可实现虚拟化。容器完全使用沙箱机制，相互之间没有任何接口（类似 iPhone 的 App），更重要的是容器性能开销极低。

从架构来看，Docker 比虚拟机少了两层，取消了 Hypervisor 层和 Guest OS 层，使用 Docker Engine 进行调度和隔离，所有应用共用主机操作系统，因此在体量上，Docker 比虚拟机更轻量级，在性能上接近裸机。虚拟机和容器的比较如图 10-90 所示。

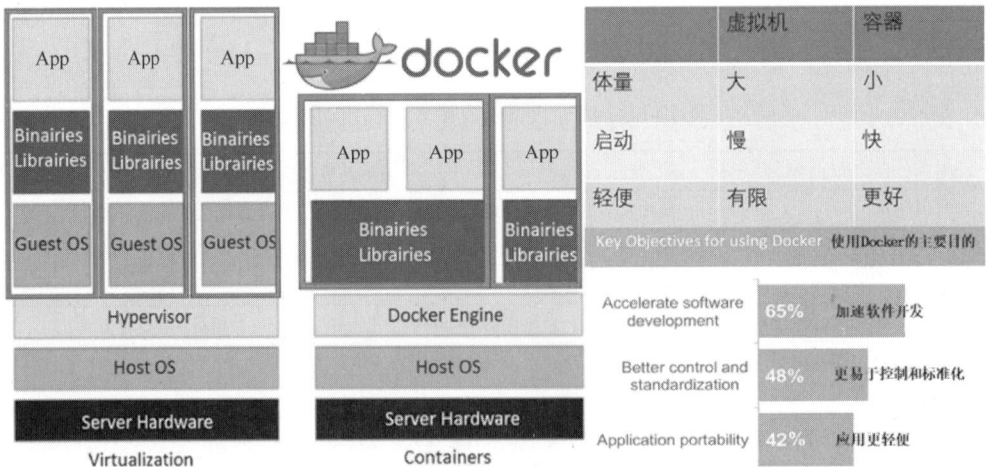

图 10-90　虚拟机和容器的比较

从应用场景来看，容器技术和虚拟化技术有各自擅长的领域，在软件开发、测试场景和生产运维场景中各有优劣。一些虚拟化技术提供商开始支持容器技术。亚马逊推出了弹性容器服务（ECS），在 AWS 客户启动容器后，ECS 将负责扩展容器，并提供中央管理门户网站来追踪它们。这提高了云移植性，降低了成本。VMware 已经宣布将支持容器技术，强调采用虚拟机作为介质部署容器可对容器安全性和管理控制进行补充。Docker 公司也主动向虚拟化靠拢，Docker 公司发布了跨容器的分布式应用编排服务，编排服务可以帮助开发者和运维人员创建并管理新一代可移植的分布式应用程序[16]。

2. DevOps 一体化

基于容器可实现开发、测试、部署、运营基于云平台进行统一支撑和管理，有效实现敏捷开发、持续集成和 DevOps 一体化。DevOps 一体化流程如图 10-91 所示，DevOps 一体化流程活动描述见表 10-84。

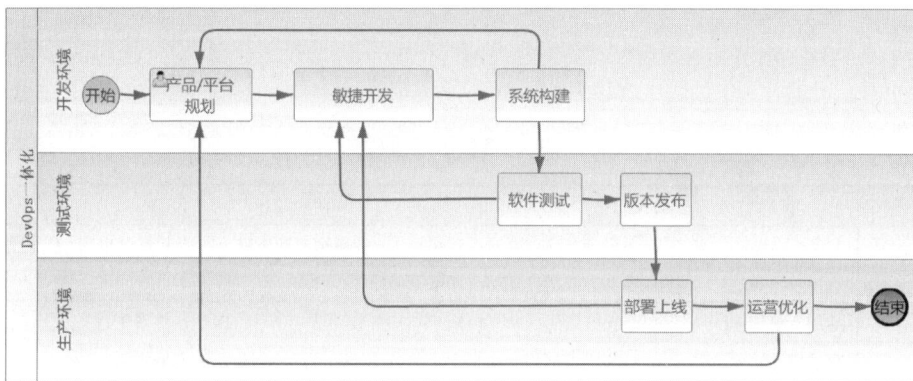

图 10-91　DevOps 一体化流程

表 10-84　DevOps 一体化流程活动描述

序　号	活动名称	活动描述
1	产品/平台规划	客户总负责人或产品经理对拟开发产品或业务平台进行规划，明确项目目标、需求、路线图、项目团队资源，正式启动项目
2	敏捷开发	基于项目任务分解、迭代计划，组建全栈开发小组，申请容器资源，构建代码库、分支/Tag、组件库、代码质量、自动化测试的管理工具，进行模块代码开发、测试
3	系统构建	持续集成过程，除代码管理外，须完成编译、测试、打包、提交等任务
4	软件测试	以自动化测试为主，辅以人工测试，保障代码质量
5	版本发布	通过测试的版本，将提供版本测试报告、版本说明，供版本审核、发布使用
6	部署上线	通过容器的部署迁移，实现版本从测试环境到生产环境的迁移上线；用新版本替换旧版本，做版本更新记录
7	运营优化	在正式的运营过程中，持续反馈问题，推进版本迭代优化

3. 容器资源申请

容器资源申请应实现由用户发起申请，由管理员进行审批。开放租户，按照用户申请资源进行租户配额限制，最终下发租户。容器资源申请流程如图 10-92 所示，容器资源申请

---

16 严丽云. 新旧力量博弈云计算市场——虚拟化与 Docker 容器之争[N]. 人民邮电，2015-08-06.

流程活动描述见表 10-85。

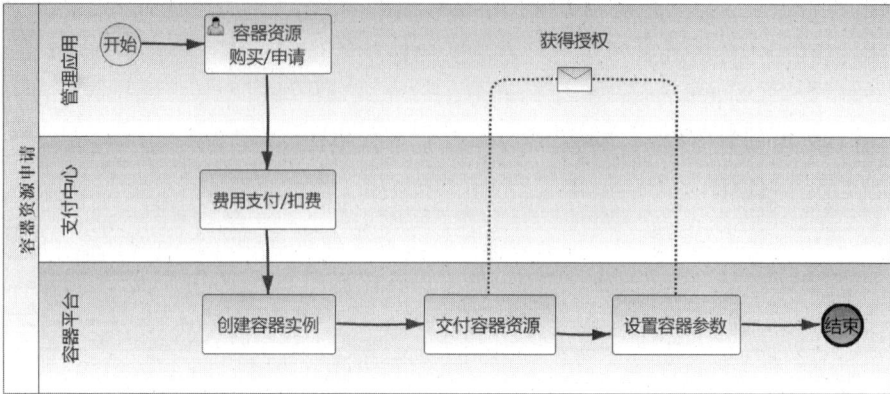

图 10-92　容器资源申请流程

表 10-85　容器资源申请流程活动描述

序　号	活动名称	活动描述
1	容器资源购买/申请	用户发起容器资源购买请求，或者运营商管理人员发起资源申请，提交需要使用容器的数量、规格、期限等信息
2	费用支付/扣费	支付费用或从用户账户中扣费成功后，工单流向容器管理平台
3	创建容器实例	容器管理平台根据申请单自动克隆镜像，创建所需容器实例
4	交付容器资源	反馈容器访问地址，并将授权通知给用户
5	设置容器参数	用户可自行访问容器，并进行参数设置、服务/软件部署

10.8　用户应用流程

用户应用流程主要描述消费者（家庭、个人、租户等）在使用运营商及其合作伙伴提供的业务产品时所涉及的基本业务流程，主要包括产品订购、用户认证鉴权、视频业务、互动应用、融合通信等基本流程。

用户应用流程基本框架如图 10-93 所示。

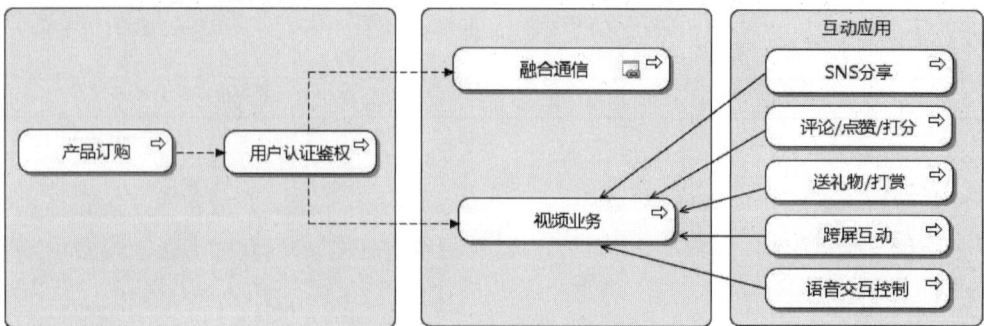

图 10-93　用户应用流程基本框架

10.8.1　产品订购

用户通过门户界面浏览产品列表及产品介绍，选择购买适合自己的产品。产品订购流程如图 10-94 所示，产品订购流程活动描述见表 10-86。

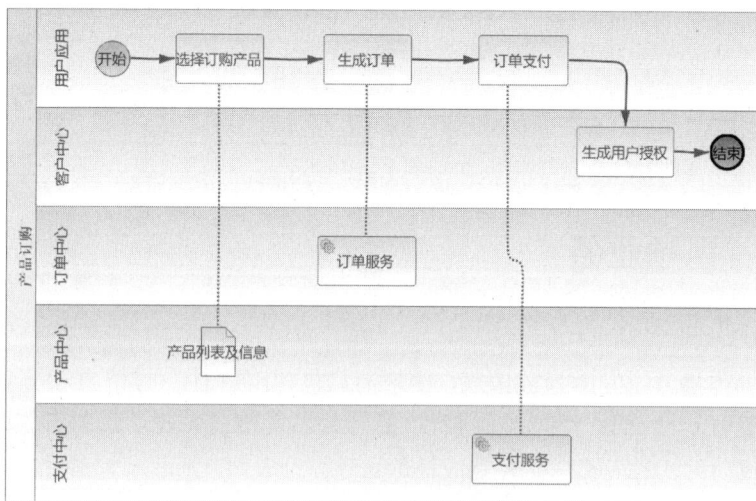

图 10-94　产品订购流程

表 10-86　产品订购流程活动描述

序　　号	活动名称	活动描述
1	选择订购产品	读取产品列表及信息数据，用户通过浏览该数据选择购买适合自己的产品
2	生成订单	调用订单服务功能模块，将用户确认购买的产品加入购买列表，形成订单
3	订单服务	为其他应用提供订单服务，包括生成各类产品订单的申请、变更、取消信息等
4	订单支付	调用支付服务功能模块，完成待支付订单的支付动作
5	支付服务	为其他应用提供支付服务，包括支付方式的选择、支付状态和结果通知等
6	生成用户授权	订单支付成功后，客户中心将用户购买产品的相应授权赋予用户

10.8.2　用户认证鉴权

用户登录统一门户系统，门户系统调用客户中心，提交用户 ID 对用户身份进行认证，判断是否为合法用户。用户认证鉴权流程如图 10-95 所示，用户认证鉴权流程活动描述见表 10-87。

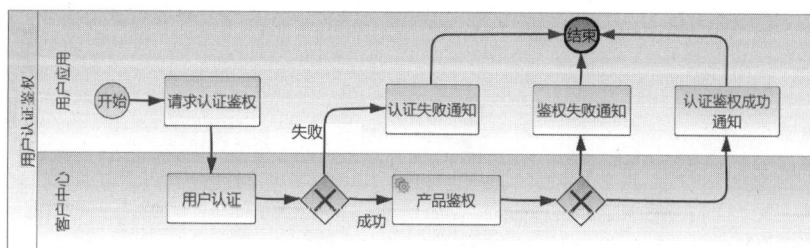

图 10-95　用户认证鉴权流程

表 10-87　用户认证鉴权流程活动描述

序　号	活动名称	活动描述
1	请求认证鉴权	用户端或第三方系统发起认证请求
2	用户认证	根据认证请求的信息校验当前用户认证的服务是否合法
3	产品鉴权	调用产品鉴权功能模块的产品鉴权服务，根据终端提供的信息进行鉴权，判断用户是否有权访问产品，并返回鉴权结果
4	认证失败通知	将认证授权处理结果返回给请求方
5	鉴权失败通知	将认证授权处理结果返回给请求方
6	认证鉴权成功通知	将认证授权处理结果返回给请求方

10.8.3　视频业务

1. 点播访问

终端用户向点播系统发送播放请求，请求消息包含用户 ID、媒资 ID。点播系统根据媒资 ID 匹配产品 ID，并调用客户中心进行产品鉴权。若鉴权失败，则调用订单中心进行产品订购，订购成功后，则获取视频并完成播放；若鉴权成功，则获取视频并完成播放。点播访问流程如图 10-96 所示，点播访问流程活动描述见表 10-88。

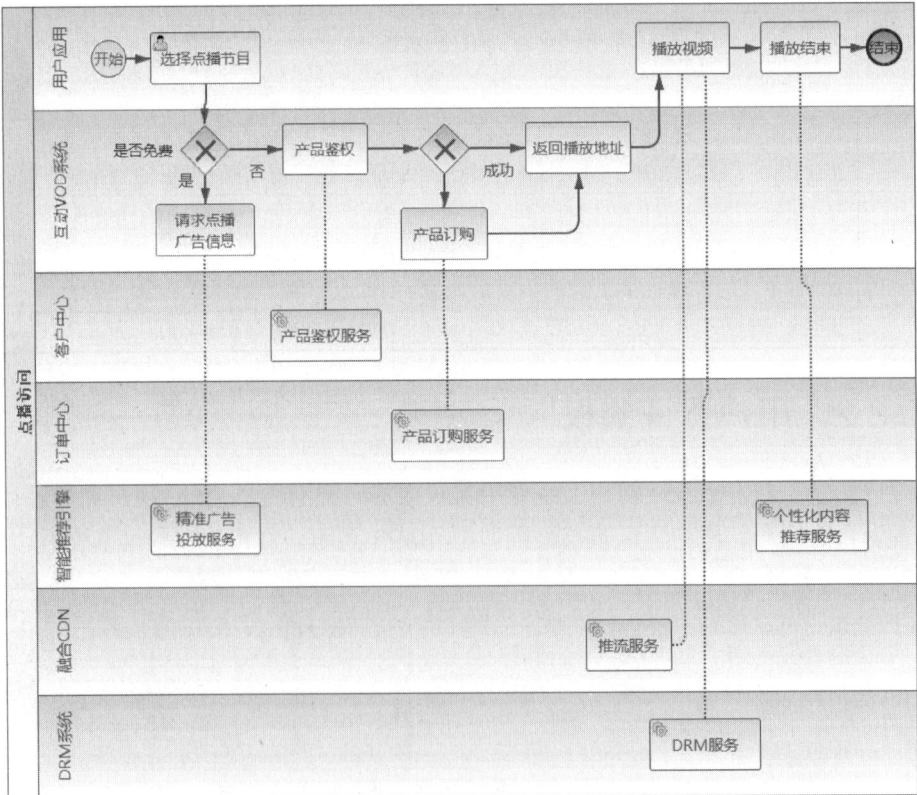

图 10-96　点播访问流程

表 10-88 点播访问流程活动描述

序　号	活动名称	活动描述
1	选择点播节目	系统读取点播 EPG 菜单数据，并将可点播节目列表展现在门户上，用户选择要收看的节目
2	请求点播广告信息	若用户点播的节目为免费节目，则请求广告信息，该广告服务可由智能推荐引擎提供精准广告投放服务；如没有智能推荐引擎，则由广告系统提供传统广告投放
3	产品鉴权	若用户点播的节目不是免费节目，则对用户进行产品鉴权
4	产品订购	若产品鉴权失败，则弹出让用户订购该节目的界面
5	返回播放地址	若产品鉴权成功或广告信息播放完毕，则向用户返回待点播节目的播放地址
6	播放视频	终端调用 DRM 服务及 CDN 推流服务，实现码流解密并播放用户点播节目
7	播放结束	节目播放完成后返回节目详情页，由智能推荐引擎推荐个性化内容，供用户再次选择

2. 直播访问

终端用户选择某个直播频道收看时，终端向直播平台发送播放请求，用户中心根据用户 ID、产品 ID 进行鉴权，然后向门户系统返回鉴权结果，若鉴权成功，则播放直播节目。直播访问流程如图 10-97 所示，直播访问流程活动描述见表 10-89。

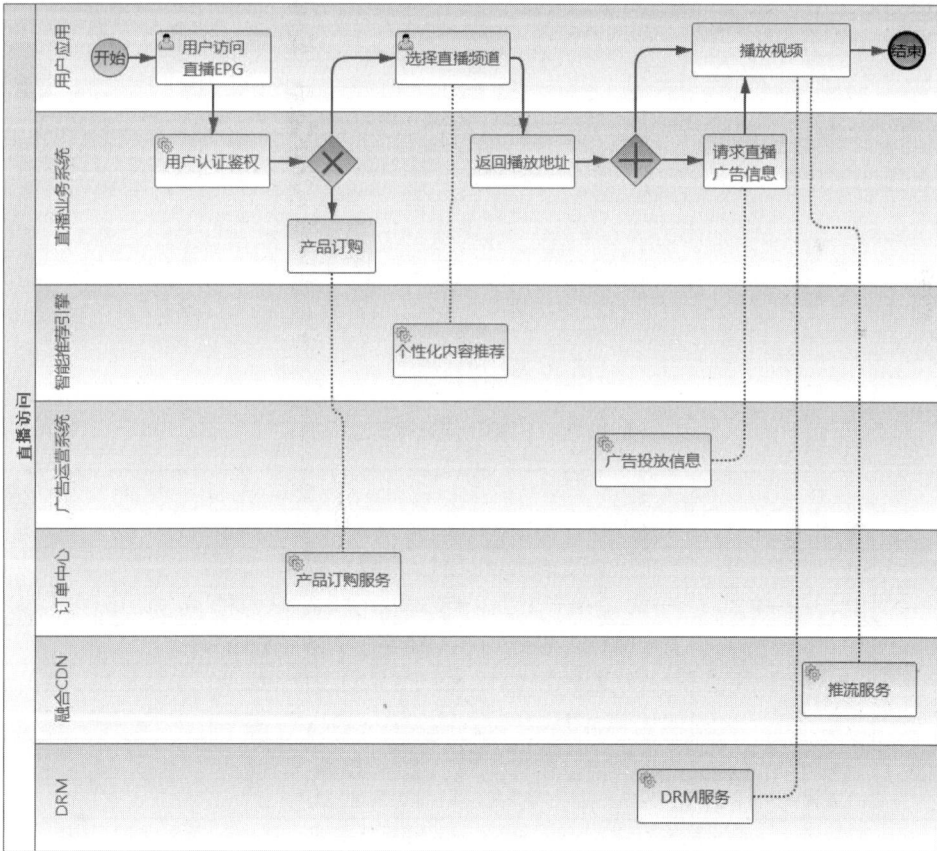

图 10-97　直播访问流程

表 10-89　直播访问流程活动描述

序　号	活动名称	活动描述
1	用户访问直播 EPG	用户访问直播 EPG
2	用户认证鉴权	用户认证鉴权通过则可看全部频道，如未通过则只能看免费频道
3	产品订购	若产品鉴权失败，则弹出让用户订购付费频道的界面，该服务由产品订购功能模块提供
4	选择直播频道	用户根据喜好通过 EPG 频道列表进行选择，系统可进一步提供节目详情、个性化点播内容、增值业务等
5	返回播放地址	用户选定频道后，系统向终端返回该频道节目的播放地址
6	播放视频	终端调用 DRM 服务及 CDN 推流服务，实现直播码流解密并播放用户点播节目
7	请求直播广告信息	用户观看免费直播频道时，系统可投放部分广告，该服务由广告投放功能模块提供

3. 时移访问

终端用户观看直播频道时可进入时移状态，向后拖动进度键再松开时，终端向门户后台发送播放请求，请求消息包含用户 ID、频道唯一标识、拖动偏移时间。融合 CDN 系统根据播放的时移时间计算并定位资源，并向终端提供播放地址。时移访问流程如图 10-98 所示，时移访问流程活动描述见表 10-90。

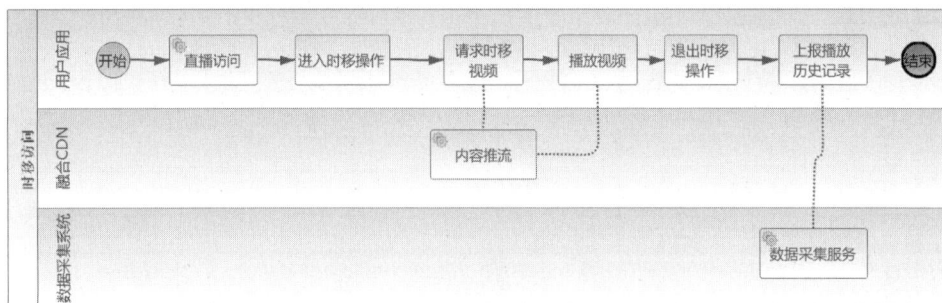

图 10-98　时移访问流程

表 10-90　时移访问流程活动描述

序　号	活动名称	活动描述
1	直播访问	终端用户观看直播频道时，部分频道可能提供时移服务
2	进入时移操作	用户向后拖动进度键再松开时，进入时移操作状态
3	请求时移视频	终端向时移系统发送时移播放请求，请求消息包含用户 ID、频道 ID、拖动偏移时间等
4	内容推流	时移系统调用融合 CDN 推流服务，向用户推送时移视频流
5	播放视频	CDN 根据时移的 Timeshift 指令计算并定位资源，向终端提供推流，终端获取 CDN 时移推流并播放视频
6	退出时移操作	用户退出时移观看，返回本频道直播状态
7	上报播放历史记录	用户终端向时移系统、数据采集系统上报用户行为记录

4. 回看访问

终端用户观看直播频道时可进入回看状态，回看页面将本频道各时段节目按时序排列供用户点播观看。从技术角度看，直播频道回看实质上是点播类服务，其流程与点播访问流程类似。回看访问流程如图 10-99 所示，回看访问流程活动描述见表 10-91。

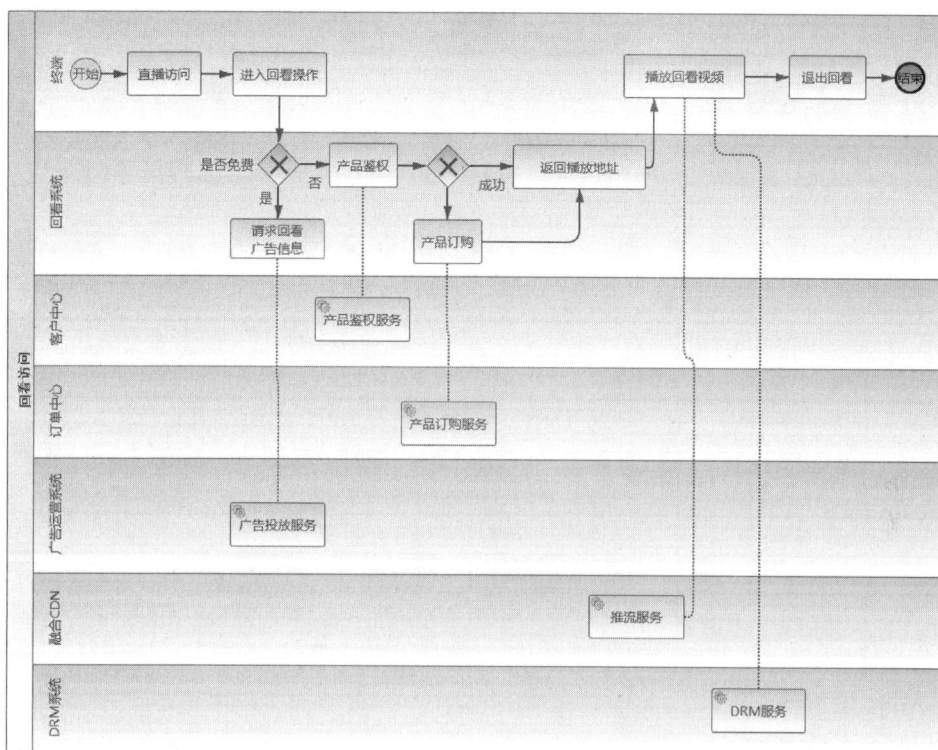

图 10-99　回看访问流程

表 10-91　回看访问流程活动描述

序　号	活动名称	活动描述
1	直播访问	终端用户观看直播频道时，部分频道可能提供回看服务
	进入回看操作	用户选择进入回看操作页面，该频道的各时段节目按时序排列供用户点播观看
2	请求回看广告信息	若用户点播的回看节目为免费节目，则请求广告信息，该广告服务可由智能推荐引擎提供精准广告投放服务；如果没有智能推荐引擎，则由广告系统提供传统广告投放
3	产品鉴权	若用户点播的回看节目不是免费节目，则对用户进行产品鉴权
4	产品订购	若产品鉴权失败，则弹出让用户订购该回看节目的界面
5	返回播放地址	若产品鉴权成功或前贴片广告播放完毕，则向用户终端返回已点播回看节目的播放地址
6	播放回看视频	终端调用 DRM 服务及 CDN 推流服务，实现码流解密并播放用户回看节目
7	退出回看	播放完成后返回该频道回看列表页，用户可回看其他节目或选择退出回看

10.8.4　互动应用

1. SNS 分享

SNS 分享是提供用户向自己的社交圈分享当前所阅读内容或观看节目的服务，如新闻、文章、课题、视频等。SNS 分享流程如图 10-100 所示，SNS 分享流程活动描述见表 10-92。

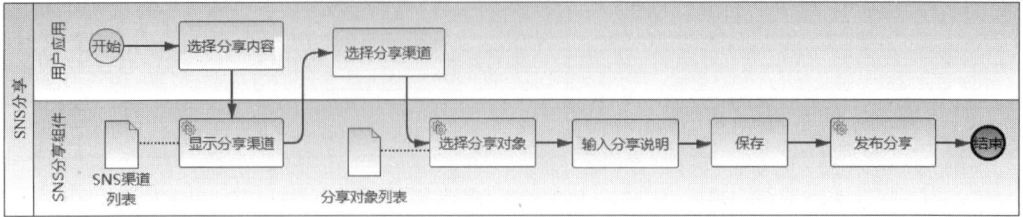

图 10-100　SNS 分享流程

表 10-92　SNS 分享流程活动描述

序号	活动名称	活动描述
1	选择分享内容	选择要分享的内容，并发起分享当前内容的申请
2	显示分享渠道	应用调用 SNS 分享组件提供的分享渠道列表数据并显示，如微信、QQ、微博等
3	选择分享渠道	用户从分享渠道列表中选择所需分享渠道
4	选择分享对象	应用调用 SNS 分享组件提供的分享对象数据并显示，如朋友圈、QZone、好友等
5	输入分享说明	用户对自己拟分享的内容添加说明、描述等
6	保存	将拟分享内容及自己添加的分享说明保存到 SNS 分享系统中
7	发布分享	将拟分享内容及说明发布到 SNS 分享平台并展现。对分享的视频、图片等内容，分享对象可通过分享的链接首次访问源地址，播放后转为本地存储播放

2. 评论/点赞/打分

用户可对当前所阅读内容或观看节目进行评论、点赞、打分等。评论/点赞/打分流程如图 10-101 所示，评论/点赞/打分流程活动描述见表 10-93。

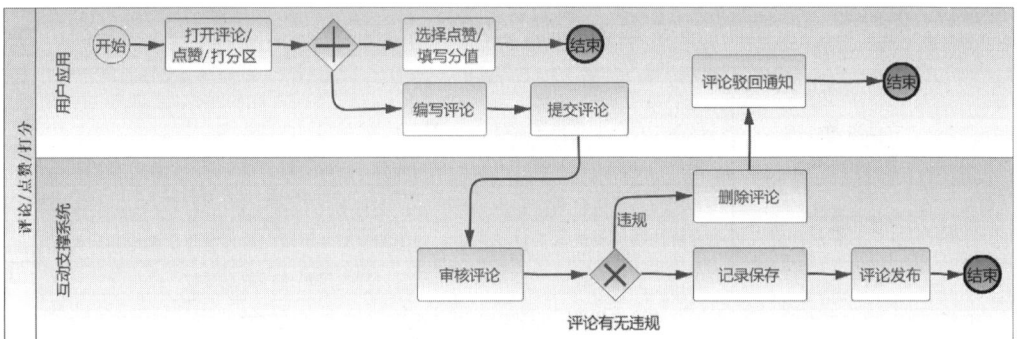

图 10-101　评论/点赞/打分流程

表 10-93　评论/点赞/打分流程活动描述

序号	活动名称	活动描述
1	打开评论/点赞/打分区	用户在应用界面打开某内容对应的评论/点赞/打分区
2	选择点赞/填写分值	（1）用户在表情列表中选择点赞或表情，并发出 （2）用户在打分区选择打分项，并发出
3	编写评论	用户在评论区输入评论内容

续表

序号	活动名称	活动描述
4	提交评论	用户提交已输入的评论内容
5	审核评论	系统自动审核或人工检验用户提交的评论是否违规
6	删除评论	若用户所提交的评论违规，则删除该条评论
7	评论驳回通知	用户提交的评论若被删除，则返回删除通知
8	记录保存	若用户所提交的评论没有违规，则保存评论
9	评论发布	将该用户评论发布到应用界面并展现出来

3. 送礼物/打赏

用户可对当前所阅读内容或观看节目进行打赏，或者向作者送礼物等。送礼物/打赏流程如图 10-102 所示，送礼物/打赏流程活动描述见表 10-94。

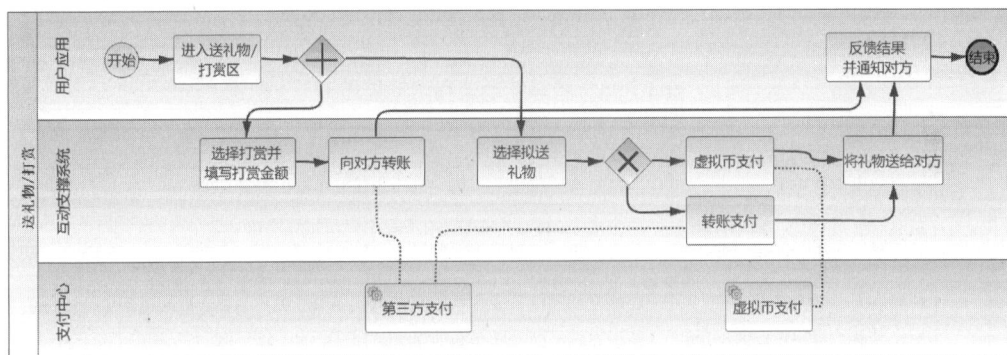

图 10-102　送礼物/打赏流程

表 10-94　送礼物/打赏流程活动描述

序　号	活动名称	活动描述
1	进入送礼物/打赏区	用户在应用界面打开某内容对应的送礼物/打赏区
2	选择打赏并填写打赏金额	系统仅提供现金打赏方式，用户选择打赏并填写打赏金额
3	向对方转账	通过第三方支付服务（微信、支付宝、银行卡等）向对方转账
4	选择拟送礼物	用户通过虚拟礼物列表选择拟送礼物
5	转账支付	通过第三方支付服务（微信、支付宝、银行卡等）购买虚拟礼物
6	虚拟币支付	通过云平台的虚拟币系统以虚拟币方式购买虚拟礼物
7	将礼物送给对方	用户确认将虚拟礼物送给对方
8	反馈结果并通知对方	系统记录用户参与互动的数据，将送礼物/打赏结果反馈给用户，同时通知对方

4. 跨屏互动

跨屏互动主要指 TV 与 Pad/Phone 之间的跨屏互动操作，主要实现小屏→大屏推屏、手机遥控器等功能。跨屏互动的前提是所有相关终端均在线，有些跨屏互动系统会要求所有相关终端在同一 Wi-Fi 网络内。跨屏互动流程如图 10-103 所示，跨屏互动流程活动描述见表 10-95。

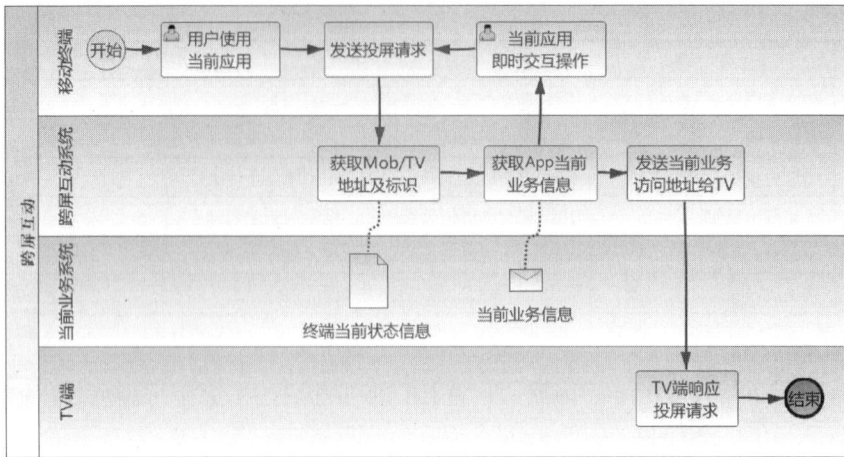

图 10-103　跨屏互动流程

表 10-95　跨屏互动流程活动描述

序　号	活动名称	活动描述
1	用户使用当前应用	用户正在使用当前应用，且该应用具备跨屏互动功能
2	发送投屏请求	用户通过 Mob 终端在当前应用中启动投屏操作
3	获取 Mob/TV 地址及标识	跨屏互动系统识别 Mob/TV 终端标识，判断当前状态，并获取终端地址
4	获取 App 当前业务信息	跨屏互动系统从业务系统获得当前视频或图片名称、地址、播放进度等信息
5	发送当前业务访问地址给 TV	跨屏互动系统发送当前业务访问地址给 TV 端
6	TV 端响应投屏请求	TV 端获得视频或图片访问地址，并呈现
7	当前应用即时交互操作	基于已建立的会话连接，移动端的当前应用交互操作可即时传递到 TV 端，从而实现遥控操作

5. 语音交互控制

语音交互是当前得到广泛认可和应用的一种人机自然交互方式，关键技术有声纹识别（VPR）、文字识别（OCR）、手写识别（HWR）、语音识别（ASR）、语音合成（TTS）、自然语义理解（NLP）等。语音交互适用于身份识别、实时翻译、自然朗读、客服咨询、车载导航、教育、陪伴、机器人等应用场景。语音交互用于媒体应用，可提供语音对话、语音菜单导航、语音搜索、语音换台等交互服务。语音交互控制流程如图 10-104 所示，语音交互控制流程活动描述见表 10-96。

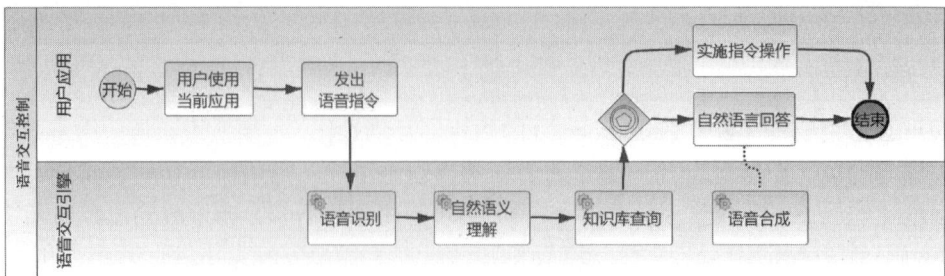

图 10-104　语音交互控制流程

表 10-96　语音交互控制流程活动描述

序　号	活动名称	活动描述
1	用户使用当前应用	用户正在通过 TV、Mob、智能音箱、陪伴机器人等终端使用当前应用，且该应用已集成语音交互功能
2	发出语音指令	用户通过语音发出指令，如搜索内容、换频道、提问题、关机等
3	语音识别	语音交互引擎通过语音识别服务进行指令辨识
4	自然语义理解	语音交互引擎通过自然语义理解服务对指令进行分析理解
5	知识库查询	语音交互引擎通过现有知识库查询响应指令
6	自然语音回答	对问答式语音交互，通过语音合成服务给出自然语音回答
7	实施指令操作	对控制性指令，则通过接口实施指令操作

10.8.5　融合通信

融合通信可满足用户点对点、点对多、多对多通信的需求，如即时消息、语音通信、视频通信、视频会议及监控视频查看等。融合通信流程如图 10-105 所示，融合通信流程活动描述见表 10-97。

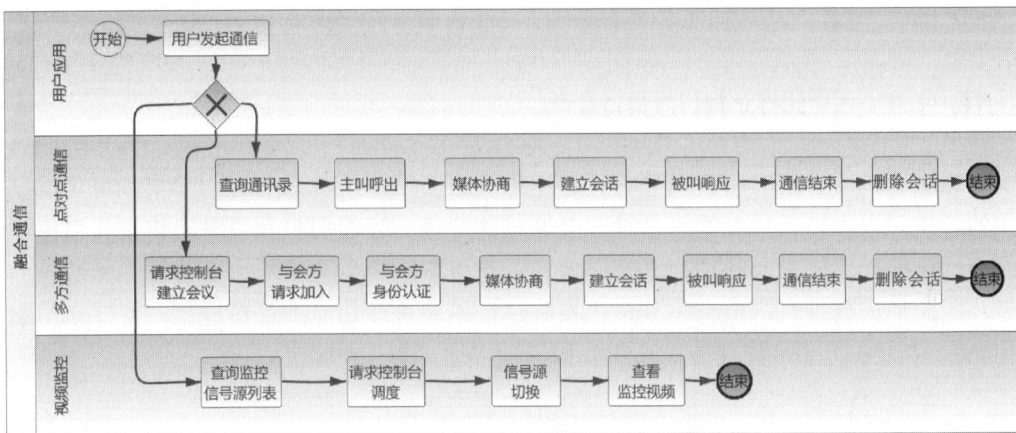

图 10-105　融合通信流程

表 10-97　融合通信流程活动描述

序　号	活动名称	活动描述
1	用户发起通信	用户通过门户界面发起通信请求，可以选择通信的方式，如即时消息、语音通信、视频通信、视频会议及监控视频查看等
2	查询通讯录	读取通讯录数据，选择通信对象
3	主叫呼出	用户通过门户系统主动发出通信邀请
4	媒体协商	系统根据会话的发起方与接收方进行会话参数协商
5	建立会话	通过媒体协商后，系统建立通信链路
6	被叫响应	接收方接受会话邀请，双方进行通话
7	通信结束	通信结束，由会话双方的任一方发出会话结束指令

序　号	活动名称	活动描述
8	删除会话	系统删除通信会话，释放资源
9	请求控制台建立会议	多方通信中，会议的发起者向控制台发起创建会议的申请
10	与会方请求加入	会议的接收方向控制台发起加入会议的申请
11	与会方身份认证	系统审核确认申请参加会议者的身份
12	查询监控信号源列表	用户在门户界面选择展现的监控信号源列表
13	请求控制台调度	用户选择要监看的信号源后，向控制台发起该视频的调度请求
14	信号源切换	控制台调度用户申请查看的视频源
15	查看监控视频	用户查看所需的监控视频

10.9　管理应用流程

管理应用流程主要描述运营商、合作伙伴（CP、SP、应用提供者、能力提供者、应用开发者等）作为管理者角色，对平台及业务进行管理操作时所涉及的业务流程。用户（消费者、租户）的自服务也是一种业务管理行为，因此自服务相关流程也被纳入管理应用流程。

10.9.1　管理应用通用流程

管理应用是云平台上所有运营管理、运维管理门户的统称。通过门户集成可形成一个统一的管理门户入口。所有的平台管理者通过这个统一管理门户登录时，将按其角色权限进行个性化展现。云平台的租户、合作伙伴、自服务用户也是云平台部分资源和业务的管理者，因此他们登录时，也会按其角色权限进行相应管理功能的菜单展现。管理应用通用流程如图 10-106 所示，管理应用通用流程活动描述见表 10-98。

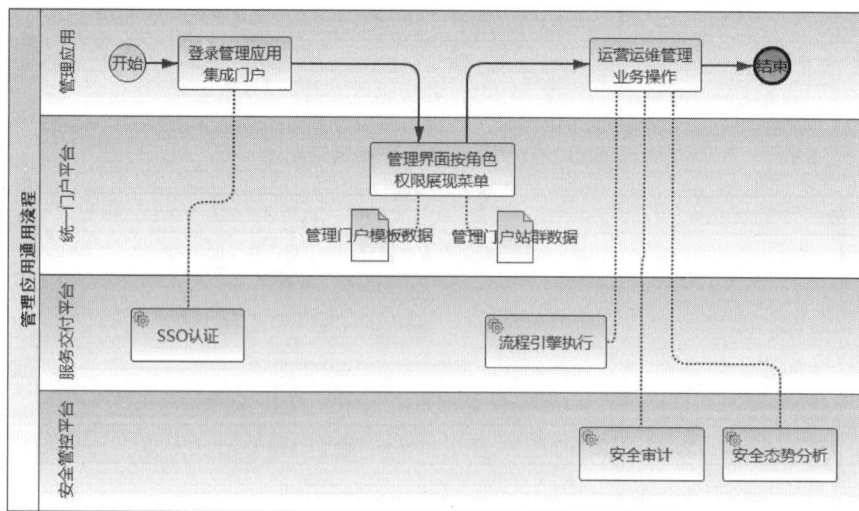

图 10-106　管理应用通用流程

表 10-98　管理应用通用流程活动描述

序　号	活动名称	活动描述
1	登录管理应用集成门户	运营者、运维者、自服务者等管理角色通过统一的管理应用集成门户登录
2	管理界面按角色权限展现菜单	针对不同角色权限，展现相应的个性化管理门户界面
3	运营运维管理业务操作	不同角色的管理者根据权限对其被授权范围内的各系统功能、业务流程、数据、资源进行管理业务操作
4	SSO 认证	SSO 认证以云平台的角色权限管理服务为依据，对某一登录管理用户进行认证鉴权，实现在多个应用系统间，该用户只要登录一次就可访问所有被授权管理的内容
5	流程引擎执行	具体管理业务操作所遵循的流程，由流程引擎提供服务，使各项管理业务按照已建立的流程有序执行
6	安全审计	所有管理业务操作均须进行安全审计
7	安全态势分析	管理应用的安全信息是整体云平台安全态势分析的重要数据源

10.9.2　网厅自服务

除了去线下营业厅，用户也可通过登录云平台运营商的各类网上营业厅自助办理业务。网厅自服务流程如图 10-107 所示，网厅自服务流程活动描述见表 10-99。

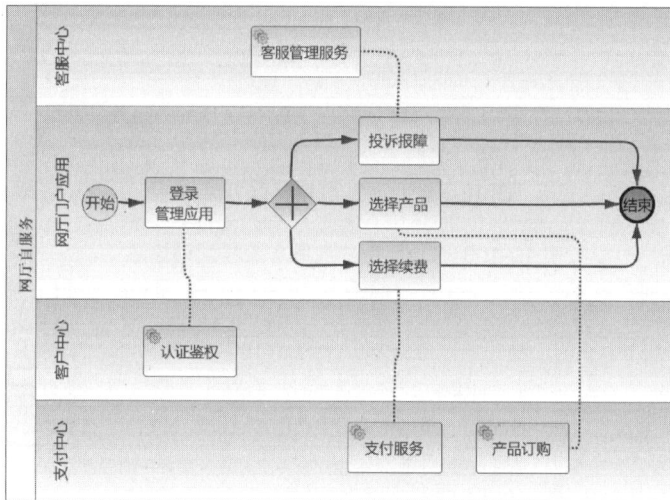

图 10-107　网厅自服务流程

表 10-99　网厅自服务流程活动描述

序　号	活动名称	活动描述
1	登录管理应用	登录管理应用进行用户认证鉴权，可浏览应用的服务内容
2	投诉报障	用户通过网厅向运营商发起故障投诉、故障维修申请等，由客服中心派发工单跟踪处理结果
3	选择产品	用户通过浏览网厅上展现的产品列表及描述，选择适合自己的产品
4	产品订购	用户可在网厅直接对自己选择的产品下单订购，并完成支付
5	选择续费	用户可在网厅选择续费服务，通过支付服务完成转账支付

10.9.3　OVP 租户自服务

租户可通过自服务门户自助完成业务办理。这里以 OVP 租户自服务为例进行说明。
OVP 租户自服务流程如图 10-108 所示，OVP 租户自服务流程活动描述见表 10-100。

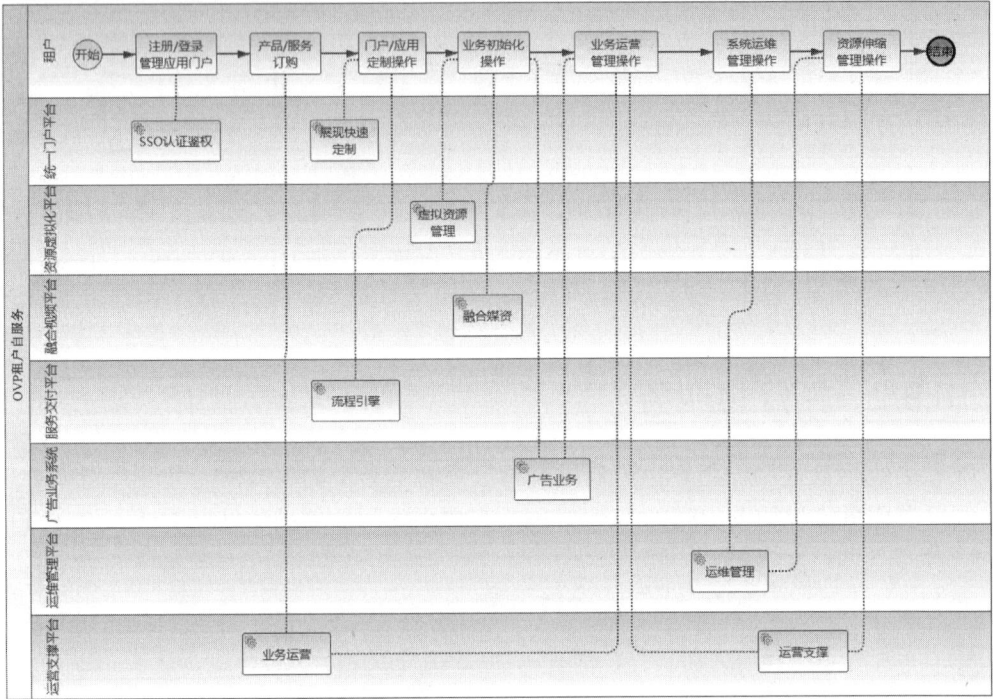

图 10-108　OVP 租户自服务流程

表 10-100　OVP 租户自服务流程活动描述

序　号	活动名称	活动描述
1	注册/登录管理应用门户	租户注册或登录管理应用集成门户，进入 OVP 租户自服务默认模式页面
2	产品/服务订购	通过自服务门户选择需要的云平台产品或服务，完成支付后资源和功能生效
3	门户/应用定制操作	租户利用应用开发框架及快速开发工具，定制自己所需的门户或应用
4	业务初始化操作	通过自服务界面定制租户自身要开展视频业务的基本流程，配置相应功能，使其具备开展业务的条件，如内容上传、存储、转码、审核、发布、VOD、直播、互动、电商、广告。至此，租户就拥有了一个专属视频业务系统
5	业务运营管理操作	通过自服务界面实现对自身业务的产品、营销、客户、订单、计费、客服、统计等的管理操作
6	系统运维管理操作	通过自服务界面对自身虚拟视频业务系统的资源使用率、运行状况进行监管
7	资源伸缩管理操作	随着业务规模的增长，云存储、云主机、网络带宽资源不足时，可通过自服务门户购买相应资源，开通并实现资源的弹性伸缩
8	SSO 认证鉴权	通过认证鉴权服务，支持租户注册、登录的认证鉴权
9	虚拟资源管理	通过虚拟资源管理服务，为租户提供部署运行专属视频业务系统所需的云主机、云存储、云转码、云分发等资源

序　号	活动名称	活动描述
10	展现快速定制	通过门户展现快速定制服务，支持租户的门户、应用定制操作
11	流程引擎	通过流程引擎服务，支持租户前期的门户、应用定制，以及后续业务运维管理
12	融合媒资	通过融合媒资平台，为租户提供构建专属视频业务系统所需的各项系统功能
13	广告业务	通过广告业务服务为租户提供广告变现的途径，如接收云平台推荐投放的广告，可参与广告收益分成
14	业务运营	通过云平台的业务运营服务，支持租户前期产品、服务订购，以及后续的业务开展
15	运营支撑	通过运营支撑服务，为租户提供从用户管理、产品管理到支付结算的运营支撑
16	运维管理	通过运维管理服务，为租户提供专属视频业务系统的运行监控、弹性伸缩管理

10.9.4　短视频 Vlog 管理

从互联网早期 BBS、Blog、朋友圈，到近两年发展迅猛的短视频 Vlog，网民参与表达的形式越来越丰富，参与内容生产的 UGC、PGC 也越来越多，这促进了互联网内容生态翻天覆地的变化，对主流媒体也产生了巨大影响。下面介绍 Vlog 管理的基本流程。短视频 Vlog 管理流程如图 10-109 所示，短视频 Vlog 管理流程活动描述见表 10-101。

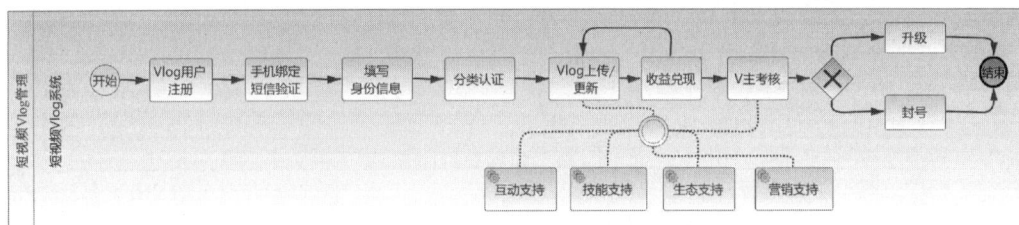

图 10-109　短视频 Vlog 管理流程

表 10-101　短视频 Vlog 管理流程活动描述

序　号	活动名称	活动描述
1	Vlog 用户注册	短视频用户登录短视频 Vlog 系统注册、开通账号
2	手机绑定短信验证	账号绑定手机，并通过短信认证
3	填写身份信息	填写身份信息，包括昵称、介绍、头像、身份证号码等
4	分类认证	从兴趣、职业、公司等维度的列表中选择符合自己的标签，通过答题进行分类认证
5	Vlog 上传/更新	V 主可随时上传、更新自己的 Vlog 内容
6	互动支持	平台提供点赞、关注、粉丝、评论、打赏等互动功能
7	技能支持	平台提供人设定位、技巧培训等技能支持
8	营销支持	平台提供优惠券、推荐等营销支持
9	生态支持	平台提供签约、带货合作、线下活动等生态支持
10	收益兑现	V 主通过上传内容点击量、打赏、DAU、广告等量化业绩获得相应收益兑现
11	V 主考核	平台对 V 主的活跃度、影响力进行考核
12	升级	达到等级阈值线的 V 主可获得升级
13	封号	触碰平台管控红线的 V 主将被封号

10.9.5　网格营维

网格营维是市场营销和网络维护服务结合而成的新型用户服务模式,使营维人员更加贴近用户,为用户提供及时、高效、个性化的服务,提高用户满意度。网格营维流程如图 10-110 所示,网格营维流程活动描述见表 10-102。

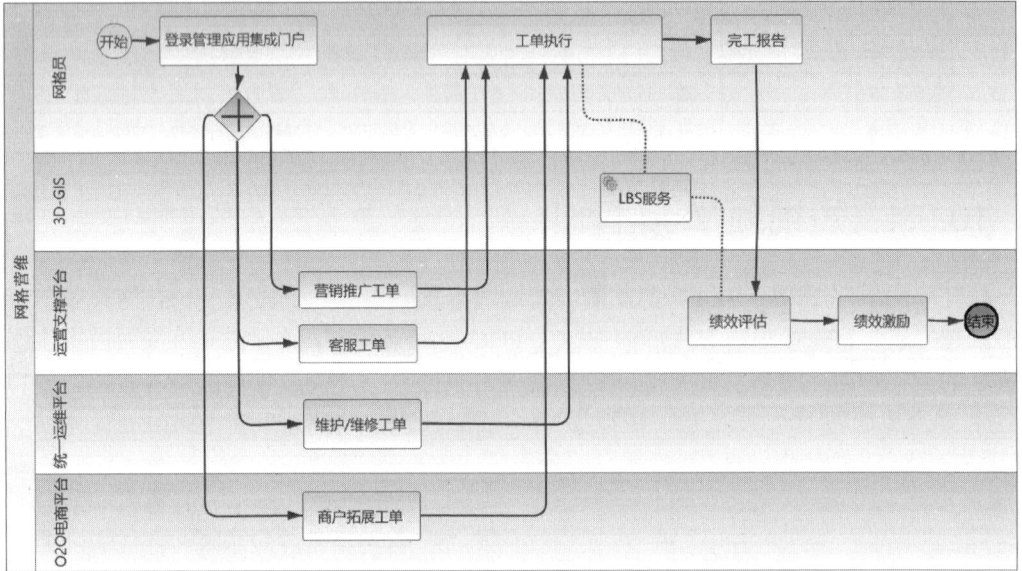

图 10-110　网格营维流程

表 10-102　网格营维流程活动描述

序　　号	活动名称	活动描述
1	登录管理应用集成门户	登录管理应用门户并浏览门户内容
2	工单执行	执行营销推广工单、客服工单、维护工单、维修工单、商户拓展工单等
3	完工报告	工单执行完成后,填写完工报告,如工单的完成情况、工作内容等
4	营销推广工单	根据市场营销需求,制定合适的推广任务
5	客服工单	客服工单指需要客服人员完成的工作任务,如客户回访、新品推荐等
6	绩效评估	根据各类工单的完成情况、公司相关规定、客户的满意度等,对工单执行者进行考核
7	绩效激励	根据绩效评估的情况与公司相关规定,对工单执行者进行相应的奖励,如物质奖励、公司内部表扬等
8	维护/维修工单	指需要运维人员或售后人员完成的工作任务,如服务器、数据库的定期巡检
9	商户拓展工单	指拓展 O2O 电商商户的工作任务

第11章 智慧媒体云平台数据架构

云平台通常会有多个团队或技术提供商分别负责不同系统的开发建设。不同系统之间的设计开发过程必然面临数据定义不一致的棘手问题。为了解决云平台中各子系统数据的一致性问题，须通过云平台的数据架构设计做出必要的一致性定义和约束。

11.1 数据架构建模方法[17]

11.1.1 术语定义

主题域（Subject）：一个抽象的概念，是在较高层次上将云平台中的数据进行归类、分组并进行综合分析。

主题数据库（Subject Database）：面向主题的数据组织方式，是在较高层次上对与分析对象有关的数据进行完整、一致的描述，能完整、统一地刻画分析对象所涉及的各项数据，以及数据之间的联系。

实体（Entity）：任何具体或抽象的事物，包括事物间的联系。

对象（Object）：可以想象或感觉的世界的任一部分。

信息分类（Information Classifying）：根据信息内容的属性或特征，将信息按一定的原则和方法进行区分和归类，并建立一定的分类系统和排列顺序，以便管理和使用信息。

信息分类编码（Information Classifying and Coding）：在信息分类的基础上，将信息对象（编码对象）赋予有一定规律性的、易于计算机和人识别与处理的符号。

11.1.2 建模方法

模型是现实世界中事物（包括客观规律）的一种客观的抽象表示或模拟。抽象的含义是强调事物的本质特性，摒弃事物的次要因素。因此，模型既反映事物的原型，又不等于该原型，或者说它是原型的一种近似。模型是理解、分析、开发或改造事物原型的一种常用手段。模型的表现形式可以是数学公式、物理装置、计算机仿真、专用的图/文字/形式化语言等。

---

17 参考德讯 ADT 架构资产管理系统手册。

11.1.3　数据模型概念

数据模型（Data Model）是对用户信息需求的科学反映，是对客观事物及其联系的数据描述，是规划系统的信息组织框架结构。数据模型主要分为概念数据模型、逻辑数据模型、物理数据模型。本书中的参考模型只是概念数据模型和逻辑数据模型，不包括物理数据模型。

概念数据模型：简称概念模型，通过抽象、归纳、概括、分类等方法对数据库信息进行描述，以主题数据库名称及其内容说明的方式来体现。

逻辑数据模型：简称逻辑模型，是对概念数据模型的细化，由一组规范化的基本表构成，基本表中的属性由标准的数据元素和信息分类编码组成。建立逻辑数据模型的主要工作是采用数据结构规范化的理论与方法，将每个概念数据库分解、规范化成三范式的一组基本表。

基本表（Base Table）是云平台业务开展所需要的基础数据组成的表，而其他数据则是在这些基础数据之上衍生出来的。基本表可以代表一个实体，也可以代表一个关系，基本表中的数据项就是实体或关系的属性。

物理数据模型：简称物理模型，在逻辑数据模型的基础上，考虑各种具体的技术实现因素，进行数据库体系结构设计，真正实现数据在数据库中的存储。

物理数据模型包括确定所有的表和列，定义外键用于确定表之间的关系，基于用户的需求进行范式化等内容。在物理实现上的考虑，可能会导致物理数据模型和逻辑数据模型有较大的不同。

物理数据模型的目标是指定如何用数据库模式来实现逻辑数据模型，以及真正地保存数据。

1. 第三范式

范式理论是关系数据模型设计的基础，关系数据模型可以从第一范式到第五范式进行无损分解，该过程也称规范化（Normalize）。规范化的基本思想是逐步消除数据依赖中不合适的部分，使各关系模式达到某种程度的分离，即"一事一地"（One Fact in One Place）的设计原则，它有非常严格的数学定义。

理论上数据库设计一般采用第三范式，从所表达的含义看，一个符合第三范式的关系须满足三个条件：

（1）每个属性的值唯一，不具有多义性；

（2）每个非主属性必须完全依赖于整个主标识，而非主标识的一部分；

（3）关系模式中不存在传递依赖。

考虑到可扩展能力、稳定性和易于管理等多种因素，云平台逻辑数据模型遵照第三范式进行设计。

2. 实体-关系模型

实体-关系方法是一种具有代表性的语义数据建模方法，其图形化表示称为实体-关系图（简称 E-R 图）。按照实体-关系方法建立的系统数据模型称为实体-关系模型（Entity Relationship Model，E-R 模型）。E-R 模型经过多年的发展完善，逐渐形成了完整、统一的建模标准，同时许多工具软件支持用 E-R 模型完成数据库的概念、逻辑和物理建模过程。IE 和 IDEF1X 是两种常见的基于实体-关系模型的图形化建模方法及符号体系，它们所表达的概念基本相同。云平台逻辑数据模型可采用 IE 符号体系的 E-R 模型。

3. E-R 模型用例说明

实体（Entity）：对应现实世界中可区别于其他对象的"事件"或"事物"，每个实体都有用来描述实体特征的一组性质，称为属性，一个实体由若干属性来描述。

关系（Relationship）：实体之间可以通过关系来相互关联，关系是具有方向性的。按照实体类型中实例之间的数量对应关系，可分为一对一和一对多。

一对一：主表实体中的记录至多对应从表实体中的一条记录。

一对多：主表实体中的记录对应多条从表实体中的记录。

数据实体及实体间关系图例如图 11-1 所示。

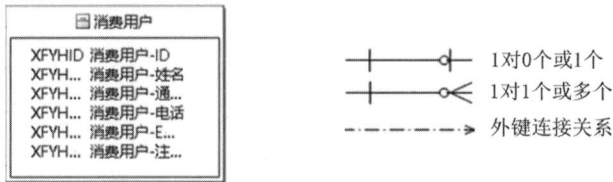

图 11-1　数据实体及实体间关系图例

数据模型建模时通常采用"自顶向下、逐步求精"的方法，建模从设计过程上可分为以下三个阶段。

（1）概念模型设计（Concept Data Modeling）：这一阶段的首要工作是通过需求分析，明确需求所涵盖的业务范围，然后对需求范围内的业务及其关系进行高度概括性的描述，把密切相关业务对象进行归类，即划分主题域。概念模型设计是为逻辑模型设计做准备，它没有统一的标准，主要依据设计者的经验。

（2）逻辑模型设计（Logical Data Modeling）：分别对概念模型的各个主题域进行细化，定义其中的实体并描述实体之间的关系，产生实体-关系图，然后遵照规范化思想在实体关系的基础上明确各个实体的属性。实体产生于智慧媒体云平台开展的业务、服务及其涉及的对象（如客户、账户、员工、机构、资源），实体间的对应、约束关系则来自各业务过程中的规则。可以说，这一阶段面对的是业务。

（3）物理模型设计（Physical Data Modeling）：主要依据逻辑模型针对具体的分析需求和物理平台采取相应的优化策略。此时会在一定程度上增加数据冗余或者隐藏实体之间的关系，是一种反规范化的处理，目的是提高数据分析的速度，适应具体数据库的容量、性能等限制。可以说，这一阶段面对的是具体的软硬件平台和性能要求。

在建立了概念模型和逻辑模型后，物理模型的设计须遵循概念模型和逻辑模型。鉴于系统可能采用不同的数据库平台、不同的配置方案并具有不同的分析需求侧重点，在遵循该标准的基础上可根据自身的实际业务情况进行特别补充说明。

实际的智慧媒体云平台涉及的数据规模异常庞大，本章的数据结构仅提供概念及逻辑模型作为参考。

4．建模原则

原子性：数据模型所涵盖的实体属性项是云平台数据元标准中涵盖的数据元。

规范性：数据模型满足第三范式要求。

完整性：数据模型涵盖的数据是客观存在的数据，是管理工作需要的数据，包含云平台数据元素标准。

稳定性：数据模型的结构可确保数据一处一次输入、多处多次使用、长期保存。

扩展性：数据模型要考虑到新业务、新技术的扩充，要具有一定的扩展性，能够灵活地表示和组织，随着业务的发展和需要可对数据模型进行扩充。

11.2　智慧媒体云平台主题数据域划分

11.2.1　主题数据域划分说明

云平台数据域规划的基本原则：专注用户、发展伙伴、创新产品、治理服务、聚合内容、共享资源。基于此，云平台整体规划为 8 个主题数据域：客户、服务、产品、业务、内容、资源、事件、角色。智慧媒体云平台主题数据域如图 11-2 所示。

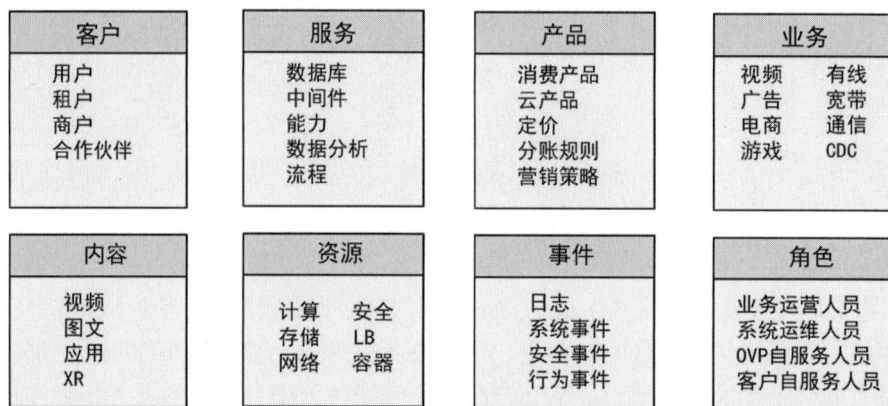

客户	服务	产品	业务
用户 租户 商户 合作伙伴	数据库 中间件 能力 数据分析 流程	消费产品 云产品 定价 分账规则 营销策略	视频　　有线 广告　　宽带 电商　　通信 游戏　　CDC

内容	资源	事件	角色
视频 图文 应用 XR	计算　　安全 存储　　LB 网络　　容器	日志 系统事件 安全事件 行为事件	业务运营人员 系统运维人员 OVP自服务人员 客户自服务人员

图 11-2　智慧媒体云平台主题数据域

客户数据域：以客户为基础描述模型，并基于客户的订单、账单进行认证授权。

服务数据域：基于基础服务、组合服务、流程服务，形成开放平台的 OpenAPI，为应用及其他业务提供丰富的服务。

产品数据域：基于产品、套餐的价格及优惠策略，实现灵活的产品打包及营销。

业务数据域：云平台面向租户、消费用户的业务，包括广告、视频、电商、宽带、通信等。

内容数据域：内容的类型包括图文、视频、应用等，统称媒体资产。

资源数据域：基于虚拟化、容器实现计算、存储、网络等资源的池化，须对这些虚拟资源做有效管理。

事件数据域：云平台内部服务调用、计费结算、服务监控等运行数据，以及客户访问云平台应用产生的用户行为数据，均属于事件数据，基于此类数据可进行大数据分析，以提升运营、运维管理水平。

角色数据域：云平台的使用者包括云平台相关的管理者，须对角色进行权限分配、行为分析、信用评估等管理。

11.2.2 主题数据域间的关系

从智慧媒体云平台全局来看，主题数据域关键实体间的关系如图 11-3 所示。

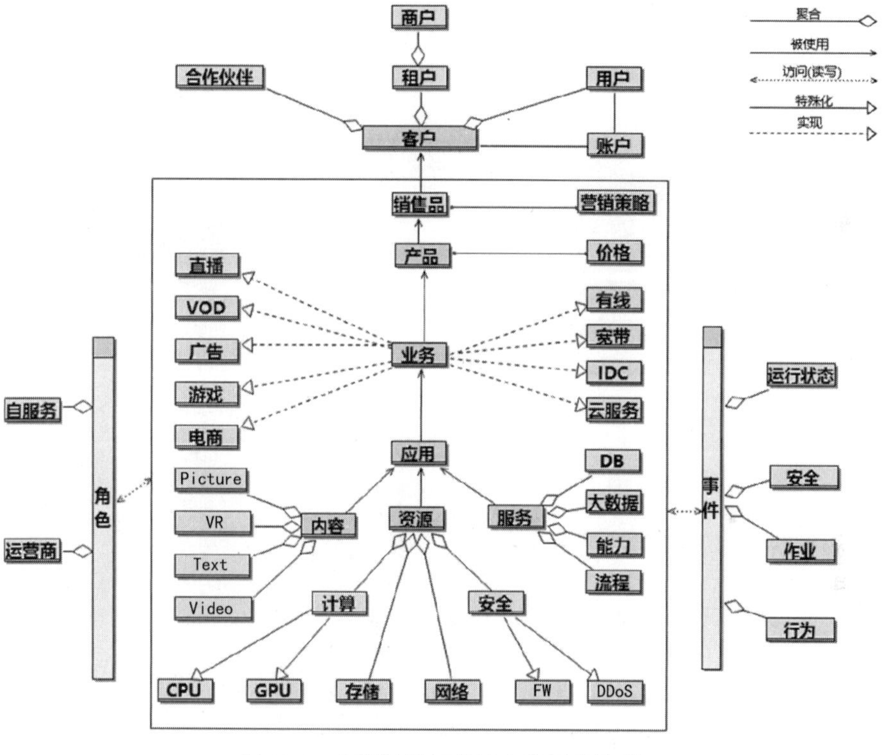

图 11-3 主题数据域关键实体间的关系

11.3 智慧媒体云平台逻辑实体及关系

E-R 图分概念主题进行绘制，每个概念主题只能创建一个 E-R 图。下面对智慧媒体云平台各数据域涉及的逻辑实体及关系进行简要介绍。

11.3.1 客户数据域

1. 客户数据域关系分析

客户包括用户与合作伙伴。用户为智慧媒体云平台产品的付费消费者，包括租户和消费用户。租户是租用云服务产品的系统消费者，消费用户指观看视频内容、购买电商商品及宽带产品的用户。合作伙伴是为云平台提供系统或产品的合作商或个人，他们与平台运营商共同提供产品或服务给系统消费者。本节也会描述客户与产品之间的关系，如租户与云产品之间的关系、合作伙伴与分账规则之间的关系等。客户数据域主要数据 E-R 图如图 11-4 所示。

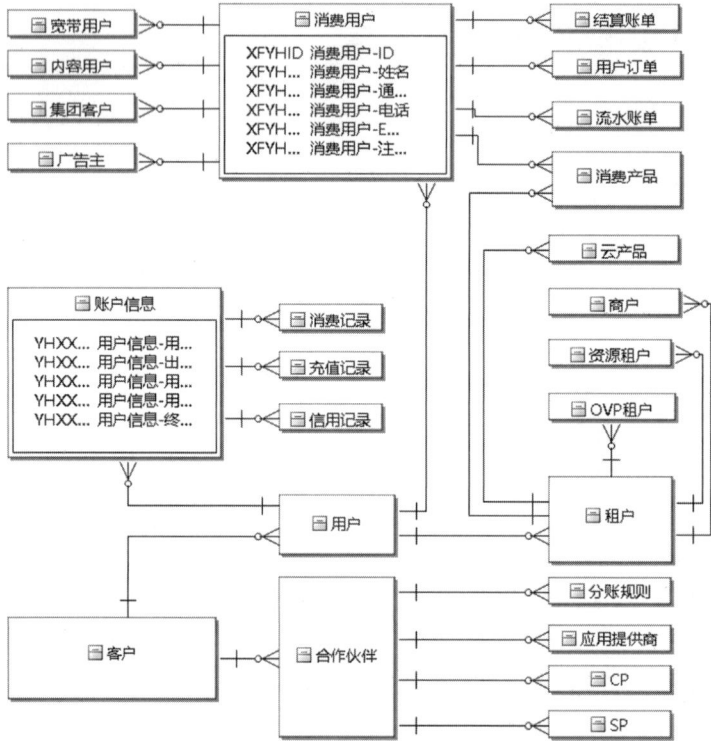

图 11-4　客户数据域主要数据 E-R 图

2. 合作伙伴

合作伙伴是与云平台运营商进行合作的个人或公司。云平台的合作伙伴有 CP（内容提供商）、应用提供商、应用开发者、SP（服务提供商）、物联业务提供商、能力提供者等。合作伙伴 E-R 图如图 11-5 所示。

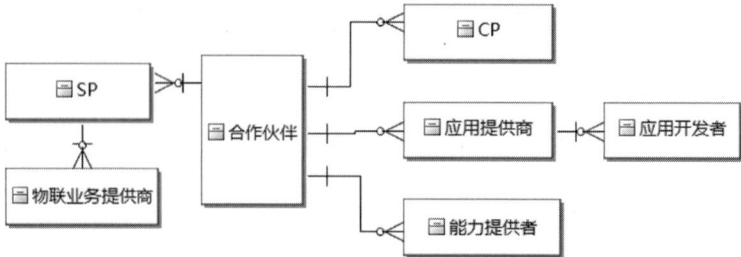

图 11-5　合作伙伴 E-R 图

3. 消费用户

消费用户指的是云平台最终的消费者，按用户主体类别可分为家庭用户、个人用户、集团客户三大类，按产品业务属性可分为宽带用户、内容用户（观看直播或点播业务的用户）、电商用户（从电商手中购买商品的用户）、应用用户、增值用户、物联网用户、广告主、OpenAPI 用户等。消费用户都有对应的用户信息及终端信息。消费用户 E-R 图如图 11-6 所示。

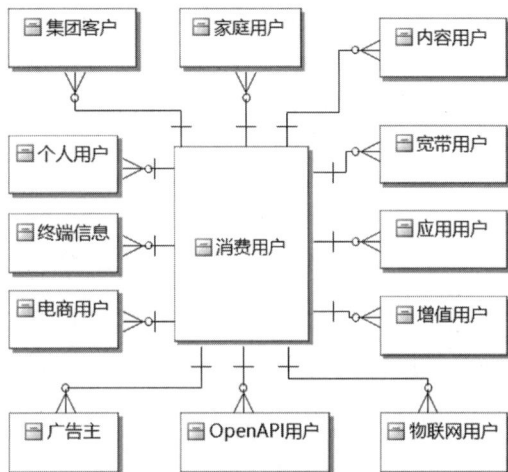

图 11-6　消费用户 E-R 图

4. 用户账户

一个用户可拥有用于支付结算账单的一个或多个账户，用户账户拥有一对一的账户信息，但可对应多个消费记录、充值记录、信用记录、结算账单。用户账户可以对应不同应用中的多个虚拟币账户，不同虚拟币系统与运营商的现金支付结算系统之间可以有不同的映射关系。用户账户 E-R 图如图 11-7 所示。

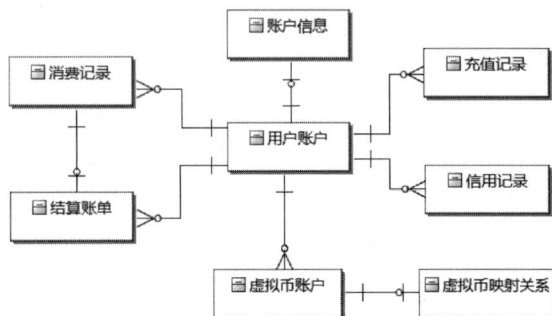

图 11-7　用户账户 E-R 图

5. 租户与云产品的关系

不同的云服务产品的目标租户会有所区别。资源租户主要是 IaaS（CDC 产品）、PaaS（OpenAPI 产品）云产品的使用者；OVP 租户主要是 OVP 平台 SaaS 服务的使用者，当然也有可能同时使用部分 PaaS、IaaS 产品。O2O 电商平台的租户、商户是典型的 SaaS 服务使用者，商户主要使用电商商铺 SaaS 云产品。租户与云产品 E-R 图如图 11-8 所示。

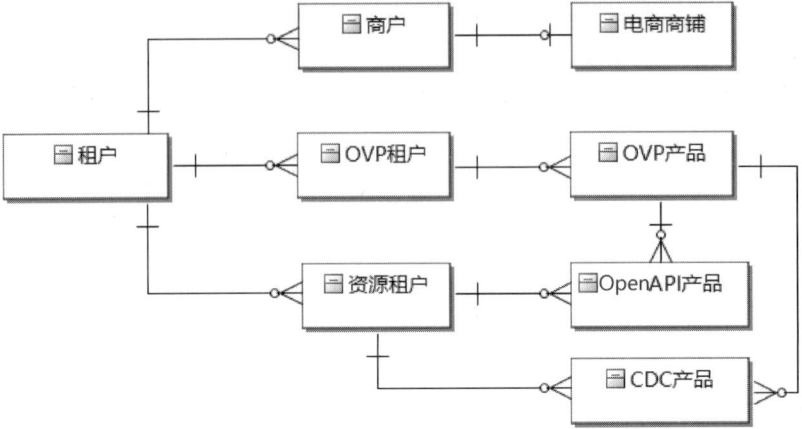

图 11-8　租户与云产品 E-R 图

6. 消费用户与产品的关系

不同业务属性的消费产品面向不同的目标消费用户。这些产品可以面向个人、家庭、集团客户等不同类别的用户提供。通常基础、核心产品由云平台运营商自主提供，部分内容产品也可由 CP 合作伙伴提供，增值业务产品则多数通过 SP 合作伙伴提供。消费用户与消费产品 E-R 图如图 11-9 所示。

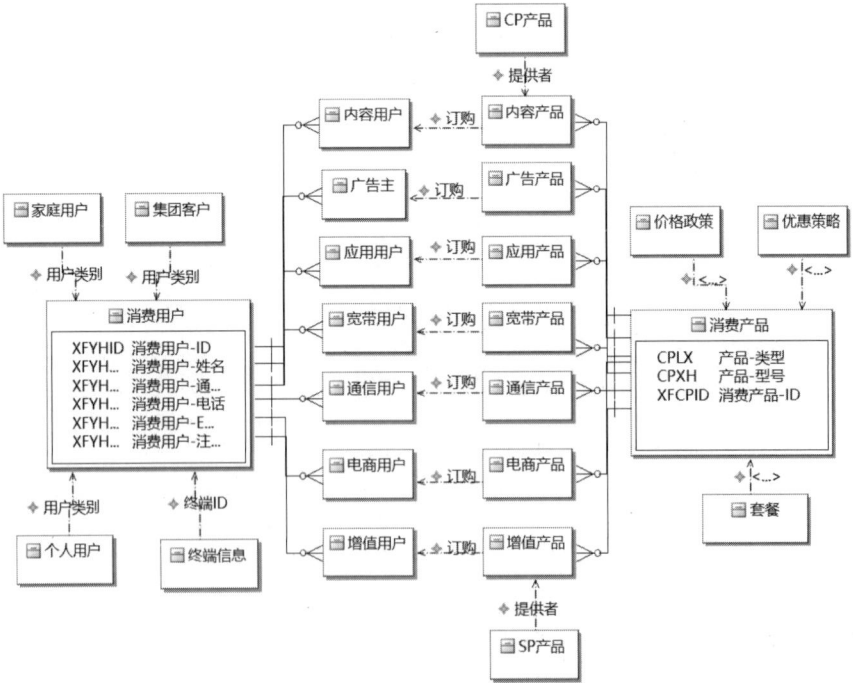

图 11-9　消费用户与消费产品 E-R 图

7. 用户画像标签体系

对用户多维度数据的聚合分析形成用户画像，对提供"千人千面"的个性化内容及服务至关重要。数据可以由云平台内部及各应用采集而来，也可以通过互联网等外部数据源补充。数据的维度越多，标签体系越丰富，其画像越接近真实用户。

针对个人、家庭消费者的用户画像，可从其自然属性、家庭属性、社会属性、消费行为属性四个方面进行分析。不同数据源间用户标识的打通和归一化是数据分析的前提。只有实现了多源数据的用户标识归一化，才能建立有效聚合的用户标签体系。用户画像标签体系 E-R 图如图 11-10 所示。

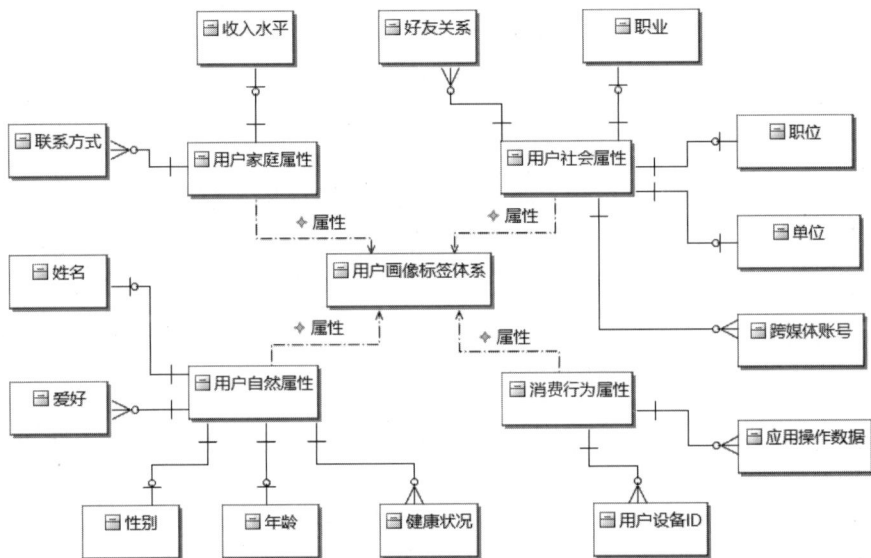

图 11-10　用户画像标签体系 E-R 图

8. 合作伙伴与分账规则的关系

合作伙伴根据类别可分为 CP（内容提供商）、SP（业务提供商）、应用提供商、能力提供者等。SP 通常会与运营商有较深入的合作，其业务系统也会在云平台进行部署，随着 5G 商用及 IoT 的广泛应用，物联业务的合作值得重视。基于云平台的应用开发者通常会成为云平台的应用提供商，当然应用提供商也可以将独立开发完成的应用只通过云平台运营商的渠道进行分发。能力提供者，包括提供 IaaS 服务给运营商包装成 CDC 产品的第三方云服务提供商，也包括提供能力系统、OpenAPI 的服务提供者。

不同业务、合作伙伴的分账规则会有所区别，这里简单梳理了合作伙伴与分账规则之间的关系。合作伙伴与分账规则 E-R 图如图 11-11 所示。

11.3.2　内容数据域

1. 内容数据域关系分析

内容数据包括媒体资产相关数据，如媒体元数据、内容索引、媒资标签、媒体资源、内容版权、内容提供商、用户行为等。媒体资产包括视频、图文、音乐、游戏、App、XR（VR/AR/MR）等多种类型的内容。视频、图文、音乐都属于静态数据，因此均作为媒体资产进行处理。游戏、App、XR 由于都涉及程序和交互，不同于静态数据，因此可归入应用类资产。

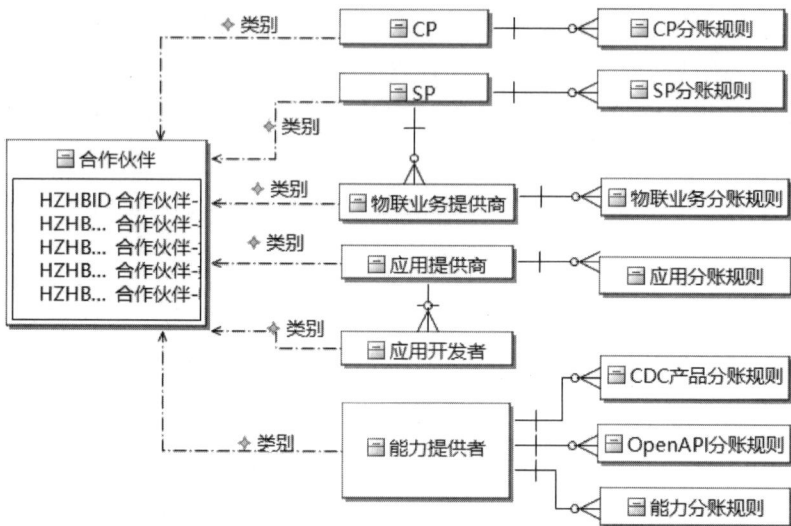

图 11-11　合作伙伴与分账规则 E-R 图

应用作为媒体资产的一种，也具有媒体元数据和相应扩展的媒资标签及内容索引。应用的用户行为与视频、图文有不同之处，除观看次数、点赞、评分外，还有更多应用内部的用户操作行为数据。可能存在多个应用版本，但每个版本对应一个应用安装包。内容数据域主要数据 E-R 图如图 11-12 所示。

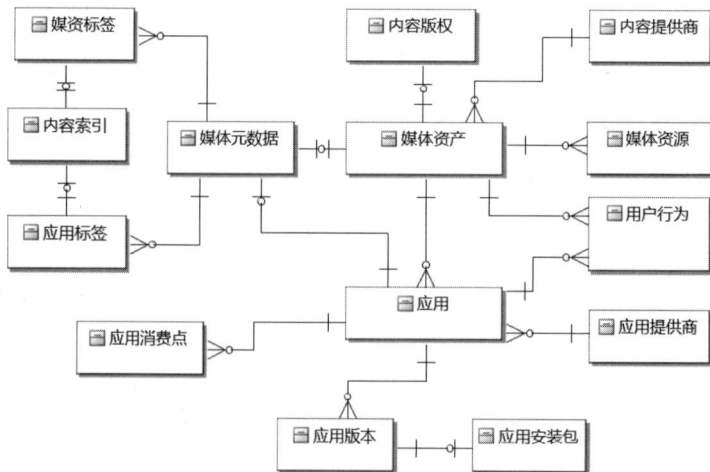

图 11-12　内容数据域主要数据 E-R 图

2. 媒体资产与媒体资源

媒体资产的类别包括图文、视频、音乐、App、游戏、XR 等。媒体资源是媒体资产对应的媒体实体文件或获取地址。图文、视频、音乐类媒资都有素材、待审文件、成品文件、缓存文件几种形态，也具备访问地址、播放地址、下载地址几种获取方式。

应用（App、公众号、小程序）、游戏、XR 通常都可综合运用图文、视频、音乐等素材，配合交互程序实现比传统静态媒资更加灵活、强大的功能。App、游戏、XR 客户端文件通过网络分发，存在缓存文件。用户须通过访问地址了解应用的介绍信息，通过下载地址获得客户端软件，但通常不需要播放地址。媒体资产与媒体资源 E-R 图如图 11-13 所示。

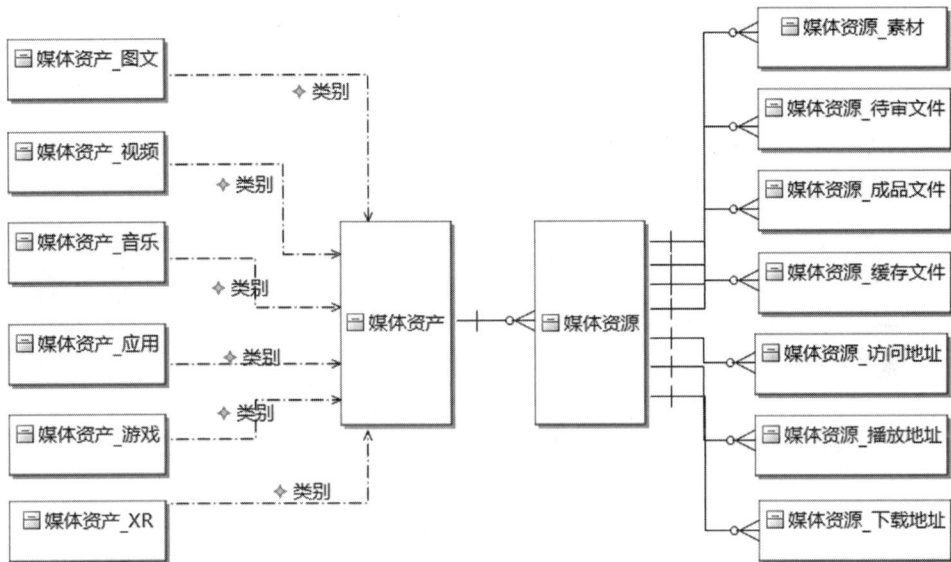

图 11-13　媒体资产与媒体资源 E-R 图

3. 媒体资产元数据

在媒体融合发展环境下，媒体资产的类别早已突破单纯的音视频，媒体资产元数据的范围已大为扩展，这里仅列出部分典型实体及属性。除媒体资产直接相关的静态元数据实体及属性外，通过 OCR、语音识别、人脸识别、多语翻译、语义分析等技术手段，可对媒体资产做多粒度跨模态的分析，从而进一步提供更丰富的描述信息，实现对内容的画像分析。除传统关系型数据库描述方法外，知识图谱等新的媒体资产元数据组织方法也在探索中。媒体资产元数据 E-R 图如图 11-14 所示。

11.3.3　资源数据域

资源数据域是指 ICT 基础设施的资源，包括物理资源、虚拟资源，以及资源管控相关的数据。

1. 资源数据域数据关系

物理资源主要包括计算、存储、网络、安全四类。基于物理资源而生成的虚拟资源，包括虚拟机、块存储资源、对象存储资源、NFV、容器等。对资源的管控，包括物理资源的池化策略、虚拟资源池的动态伸缩策略、对资源的监控配置、资源计量、对资源的 SDN 配置、数据迁移计划、业务迁移计划等。资源数据域主要数据 E-R 图如图 11-15 所示。

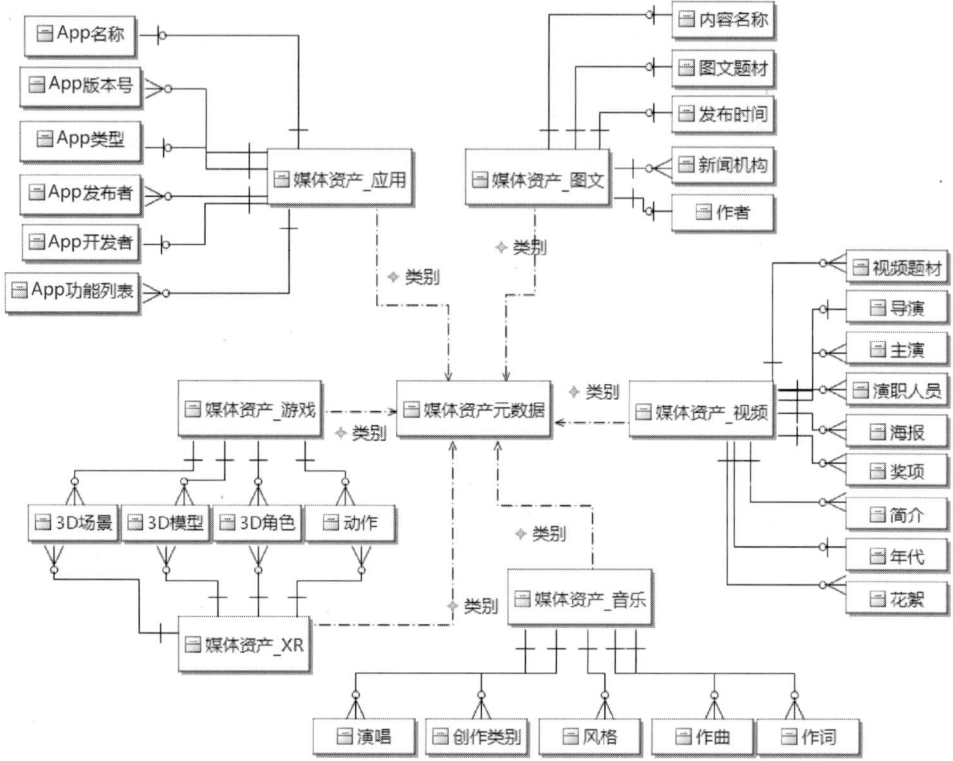

图 11-14　媒体资产元数据 E-R 图

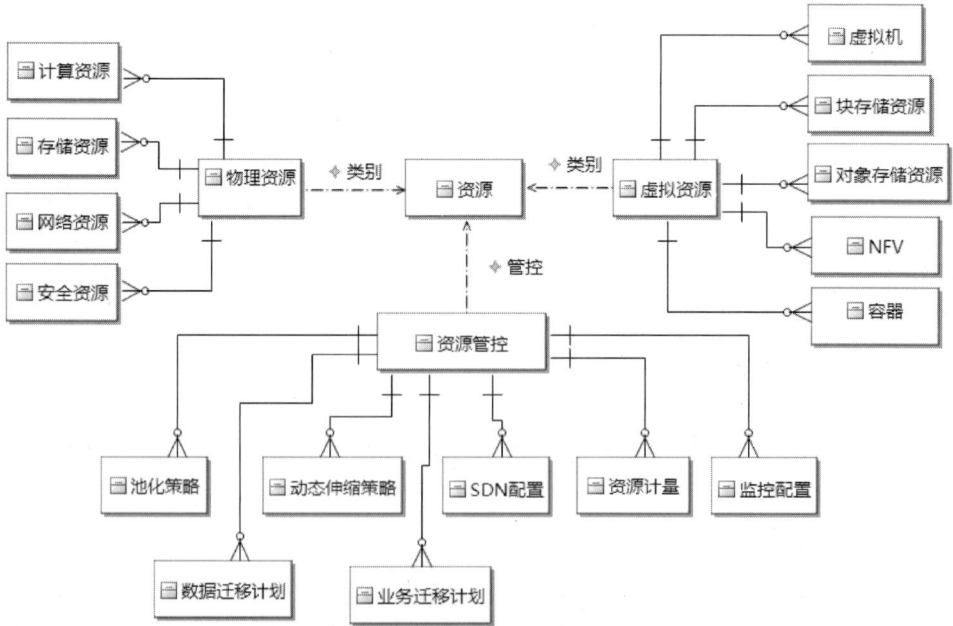

图 11-15　资源数据域主要数据 E-R 图

2. 物理资源

计算资源主要包括 CPU（x86、ARM、RISC-V 等）、GPU、FPGA、OS 等资源。

存储资源主要包括 HDD、SSD、文件存储、ROM，以及存储的镜像资源等。

网络资源主要包括网络 I/O、IP 地址、域名、负载均衡等资源。

安全资源主要包括防火墙、DDoS 防御、入侵检测过滤、PKI 体系及加密认证等资源。

物理资源数据 E-R 图如图 11-16 所示。

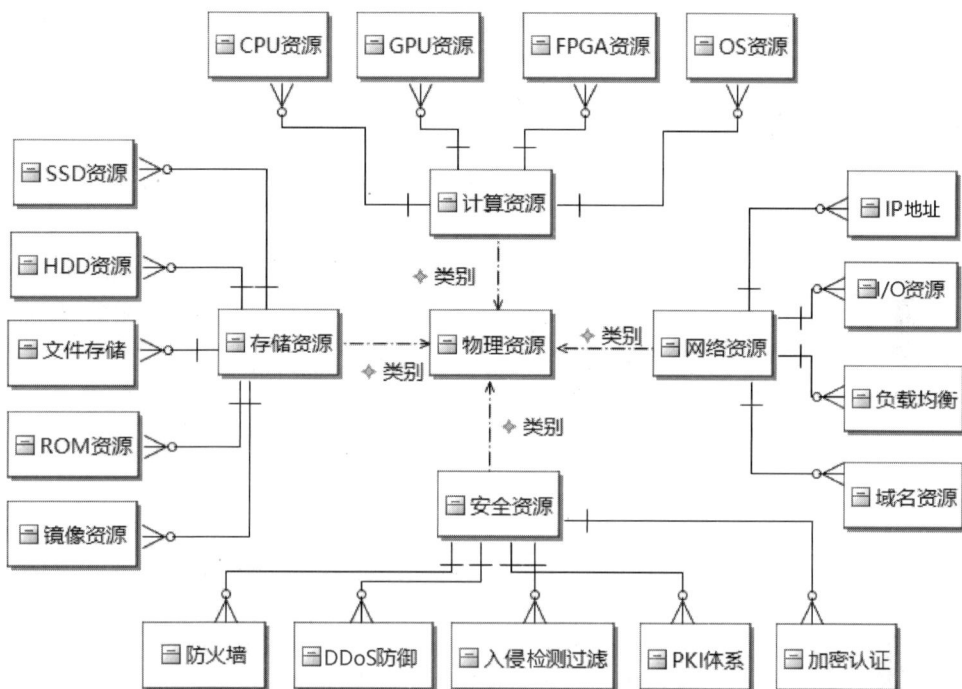

图 11-16　物理资源数据 E-R 图

3. 虚拟资源

虚拟资源主要包括虚拟机、对象存储及块存储资源、弹性 IP、弹性 LB、云解析 DNS、云 FW、VxLAN、NFV、VPC，以及虚拟资源模板、SDN 配置等。虚拟资源数据 E-R 图如图 11-17 所示。

4. 资源管控

资源管控除虚拟化及相应管理策略外，还包括监控配置。监控配置包括监控对象、监控模板、监控阈值、监控触发器等实体。资源管控数据 E-R 图如图 11-18 所示。

11.3.4　服务数据域

服务数据域对云平台内部以共享组件或 RESTful API 形式提供服务，对外提供服务的实体类型。

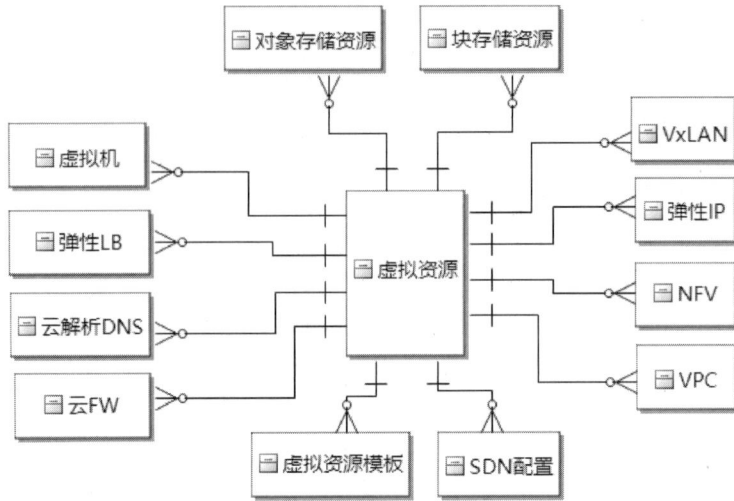

图 11-17　虚拟资源数据 E-R 图

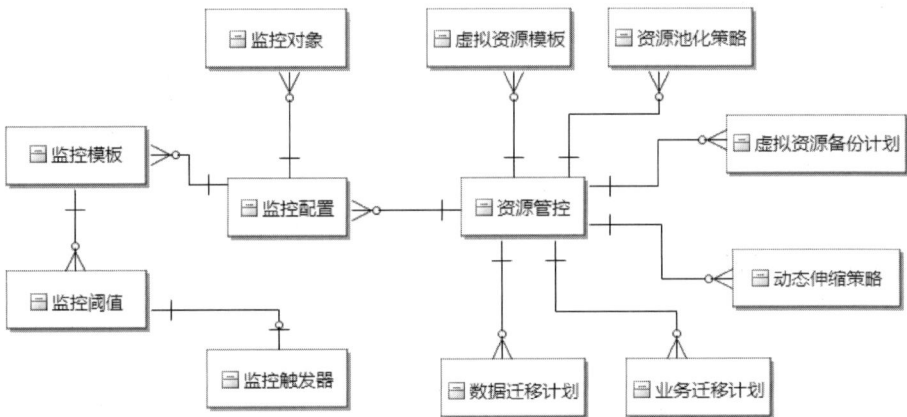

图 11-18　资源管控数据 E-R 图

1. 服务数据域数据关系

服务可从颗粒、类别、管理三个维度进行分析。服务包括能力包、OpenAPI、服务容器部署信息、OpenAPI 访问计量。服务数据域主要数据 E-R 图如图 11-19 所示。

2. 服务管理

服务管理是服务对外接口模型，包括基础服务、组合服务、OpenAPI 等。服务拆分粒度的原则可参考微服务治理 12 因素法。服务管理 E-R 图如图 11-20 所示。

3. 流程服务

流程服务实例基于流程模板生成，其执行过程包括多个活动，由人员执行的活动称为任务项，不由人员执行的活动则由调用的原子服务或组合服务自动执行。流程服务 E-R 图如图 11-21 所示。

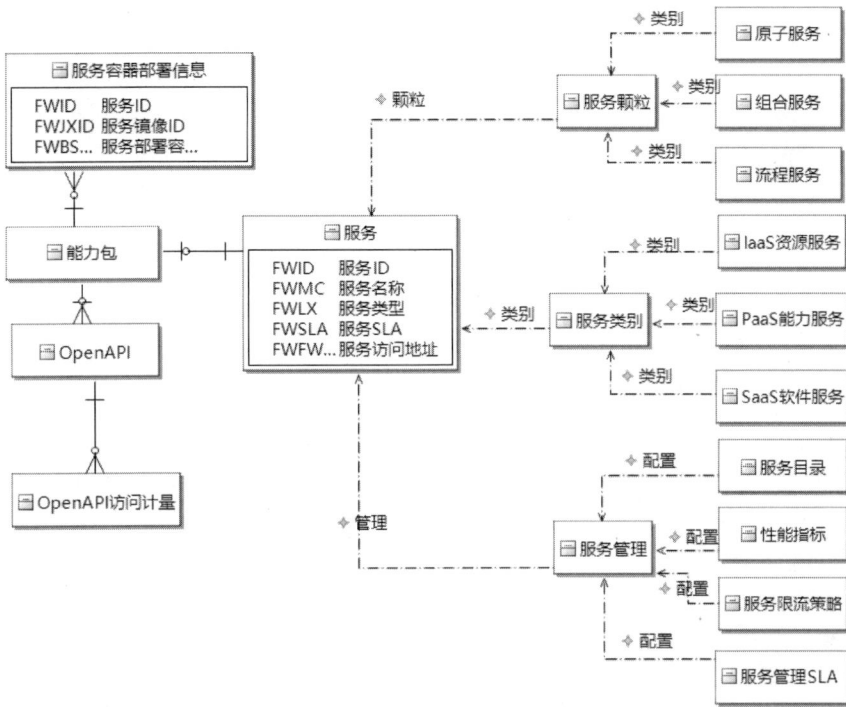

图 11-19　服务数据域主要数据 E-R 图

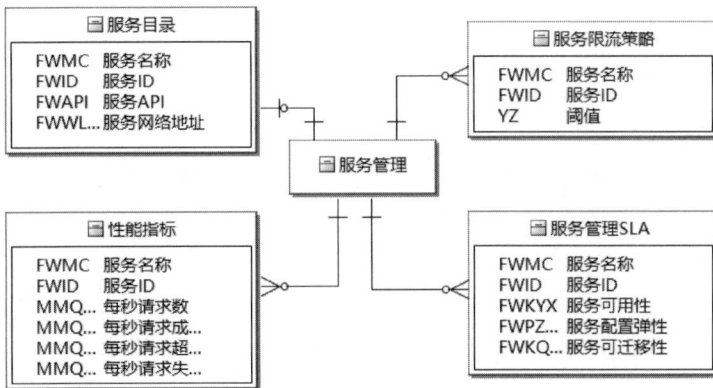

图 11-20　服务管理 E-R 图

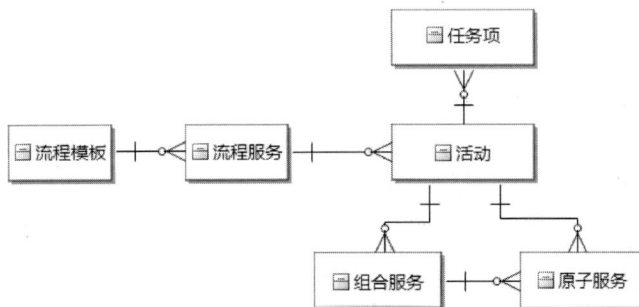

图 11-21　流程服务 E-R 图

4. IaaS 资源服务

IaaS 资源服务，一类是物理资源虚拟化提供的云主机、云存储、云安全、NFV、LB、FW、镜像等服务，另一类是转码、云渲染、分发、推流、宽带等基础能力服务。每类服务列表中都包括多个具体服务。IaaS 资源服务 E-R 图如图 11-22 所示。

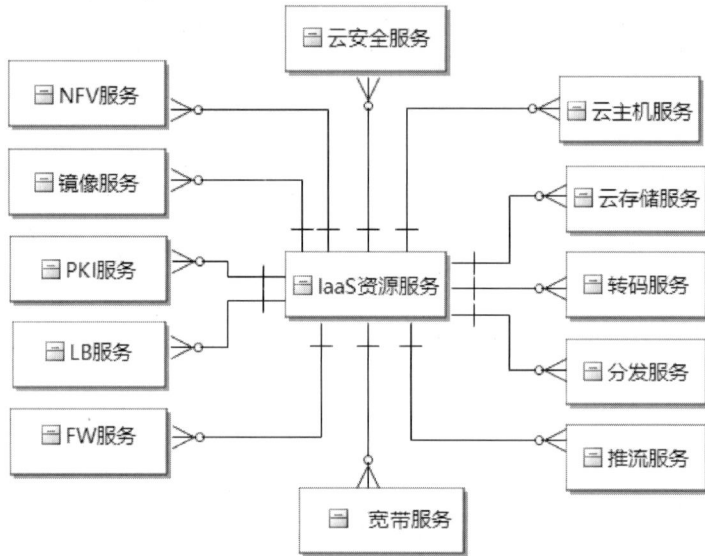

图 11-22　IaaS 资源服务 E-R 图

5. PaaS 能力服务

PaaS 能力服务，一类是平台提供的基础服务，如数据库服务、消息服务、流程引擎服务、容器服务等；另一类是业务相关组件，如融合视频类服务、业务能力类服务、大数据分析类服务、管理支撑类服务、运营支撑类服务、电商类服务等。每类服务列表中都包括多个具体服务。PaaS 能力服务 E-R 图如图 11-23 所示。

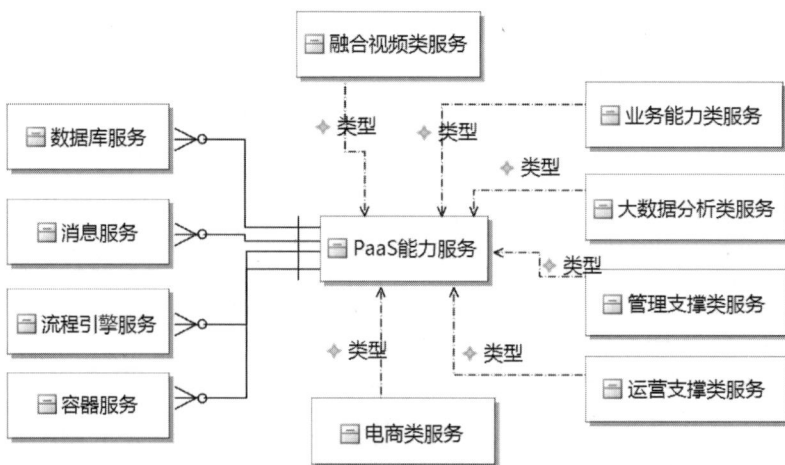

图 11-23　PaaS 能力服务 E-R 图

6. SaaS 软件服务

SaaS 软件服务包括用户应用、管理应用、多屏门户、应用开发平台等软件服务。每类服务列表中都包括多个具体服务。SaaS 软件服务 E-R 图如图 11-24 所示。

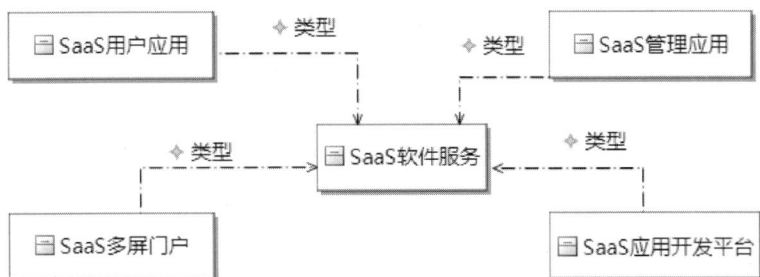

图 11-24　SaaS 软件服务 E-R 图

7. 智能推荐服务

大数据分析既包括大数据基础分析，也包括在此之上的 AI 算法及其具体应用相对应的服务。这里以智能推荐为例，简要描述其数据结构。

智能推荐数据分析的基础是推荐内容、数据标签、用户画像等，核心是推荐模型及包括分类聚类等的算法库，推荐模型可根据不同推荐位提供不同推荐策略，推荐模型的推荐效果可按一定评测指标通过 ABTest 模型来对比测试。智能推荐服务 E-R 图如图 11-25 所示。

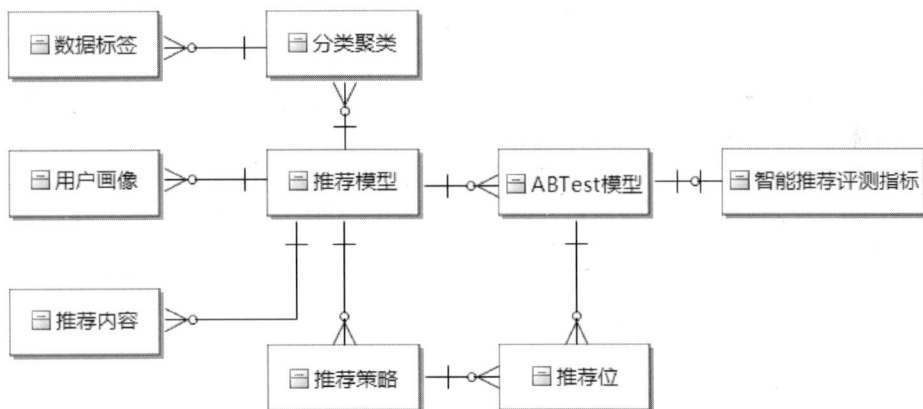

图 11-25　智能推荐服务 E-R 图

11.3.5　业务数据域

业务数据域从数据架构的角度对智慧媒体云平台可支撑的业务进行分析。

1. 业务数据域数据关系

从面向客户角度，可分为 2C（消费者）、2B（企业）、2G（政府）、2M（开发者）四大类；从业务属性角度，可分为基础业务、云平台业务、核心业务、拓展业务。业务数据域主要数据 E-R 图如图 11-26 所示。

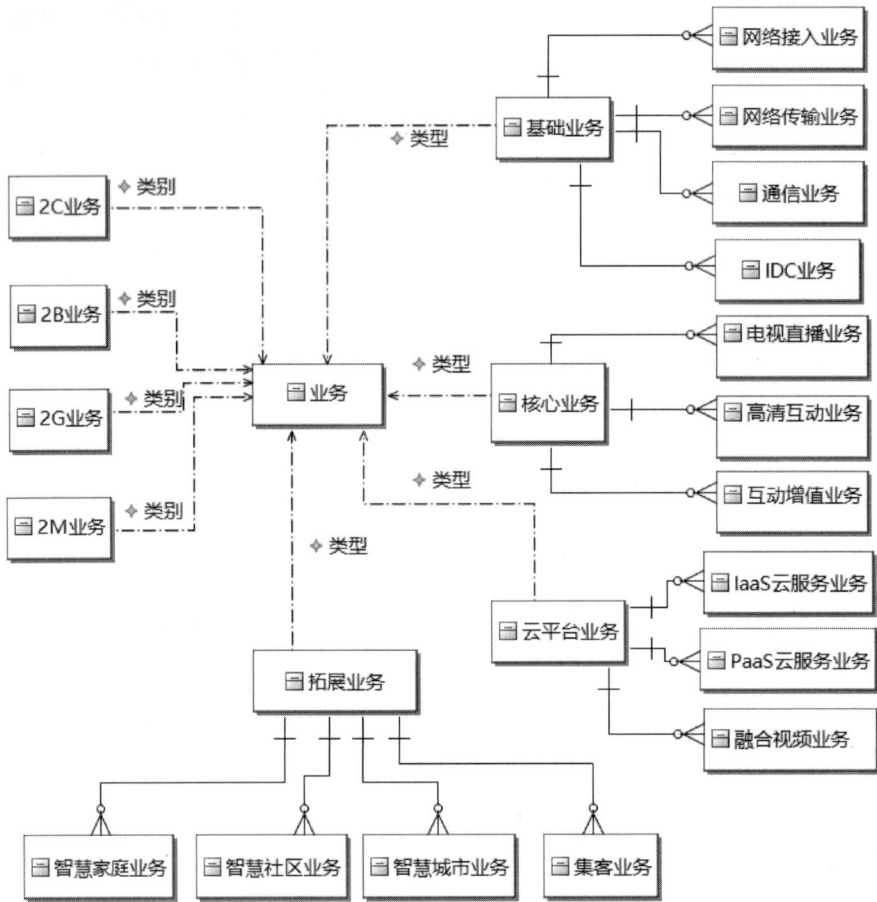

图 11-26　业务数据域主要数据 E-R 图

在实际运营中，复杂业务多体现为综合解决方案。这些复杂业务可以被拆分成多个相对独立的基本业务，如广告、视频、游戏、电商、宽带、通信、IDC、云服务等。

2. 融媒广告业务

融媒广告业务按付费模式可分为 CPM、CPC、CPA、CPS 等，按媒体形态可分为图片、视频、口播、动画、弹出、软文、冠名、植入等，按投放渠道可分为广播、电视、互联网、户外、DM、主播种草带货等。

广告业务合同实例：在选定的投放渠道及约定的广告位，按媒体计划的广告排期来确认有效广告位资源；根据广告形态、展示模板准备广告物料；根据广告标签及用户画像生成广告匹配模型，设置广告投放策略，并完成广告投放；根据实际的广告监测数据，进行广告效果分析，并将分析结果作为向广告主的反馈报告。融媒广告业务 E-R 图如图 11-27 所示。

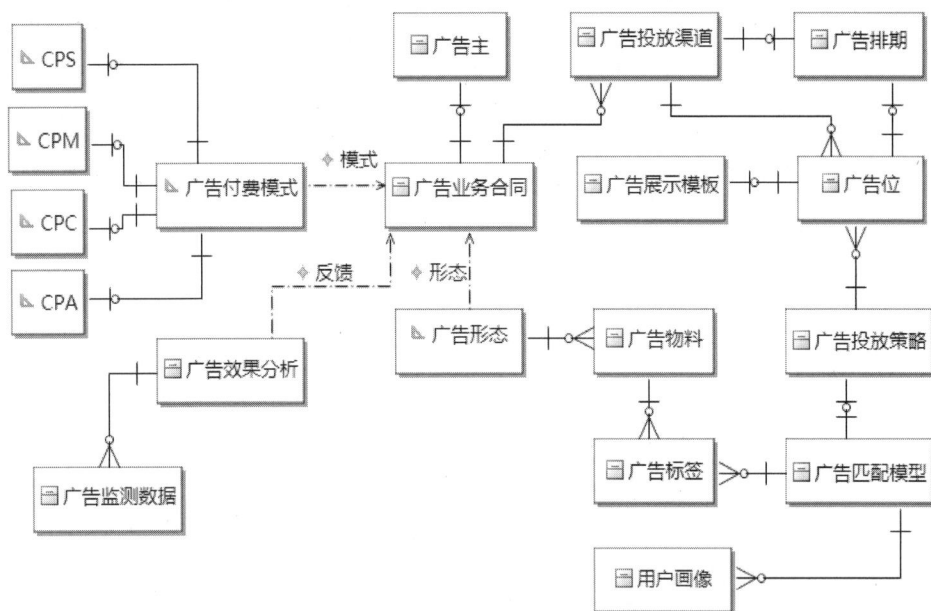

图 11-27　融媒广告业务 E-R 图

3. 融合视频业务

融合视频业务包括传统的广播电视频道、影视点播、视频专题、SP 专区及网络聚合内容分类业务等，也包括基于 OVP 平台提供的行业视频云、多屏直播云、品牌视频云、视频云博客等业务。

广播电视频道业务的关键数据是频道信息、直播回看 EPG 等，点播类视频业务的关键数据包括点播节目单、热播节目单、推荐节目单等，和牌照方或 SP 合作的专区业务的关键数据有合作伙伴信息等。

基于 OVP 平台的视频业务可面向政府行业客户、需要主打自主品牌的企业客户、要推出多屏直播业务的客户等。其关键数据是 OVP 租户信息、好友关系、SNS 互动信息等。

所有的视频业务都需要通过 CDN 进行内容分发，涉及 CDN 分发注入策略、CDN 内容信息等数据，通常还会涉及内容版权信息、消费用户信息及业务鉴权等数据。具体到每一类细分视频业务，需要有更具体的数据结构。融合视频业务 E-R 图如图 11-28 所示。

4. 电商业务

电商业务涉及商品分类、商品信息、商户信息、商铺信息、消费用户信息等关键数据。消费用户会产生用户商品浏览历史、商品评价、用户商品购买历史、购买商品形成的电商订单信息、电商物流配送信息。一个商户可以开办一个或多个商铺，其经营活动会产生商品进销存数据、营收分析数据等。电商业务 E-R 图如图 11-29 所示。

5. 宽带业务

近期的宽带业务可分为家庭宽带业务、商用宽带业务、个人数据业务三大类。宽带产品须有相应的定价策略、SLA 定义；消费用户订购宽带产品，产生产品订单。用户上网行为日志、宽带流量监测数据、本地缓存资源列表等相关数据，都是确定宽带性能优化策略的重要参考数据。宽带业务 E-R 图如图 11-30 所示。

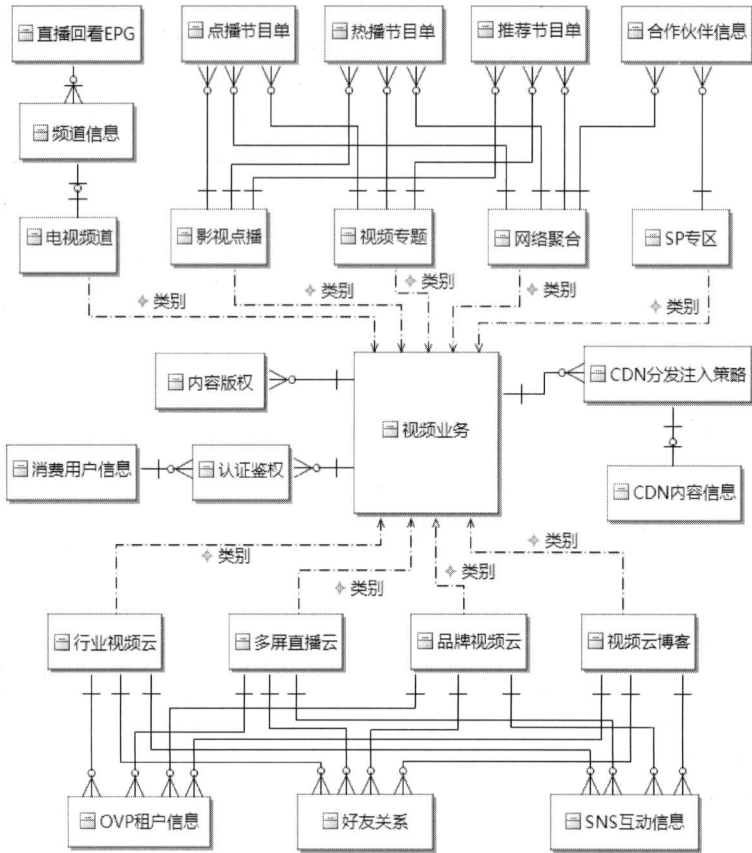

图 11-28　融合视频业务 E-R 图

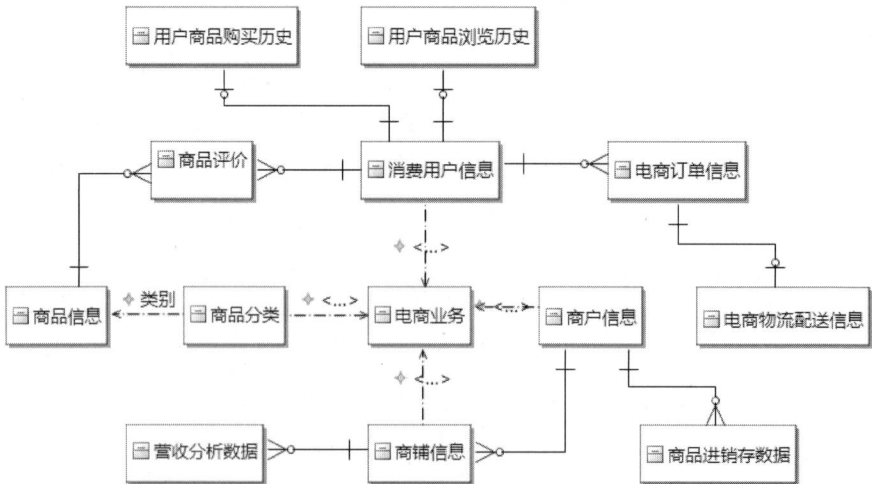

图 11-29　电商业务 E-R 图

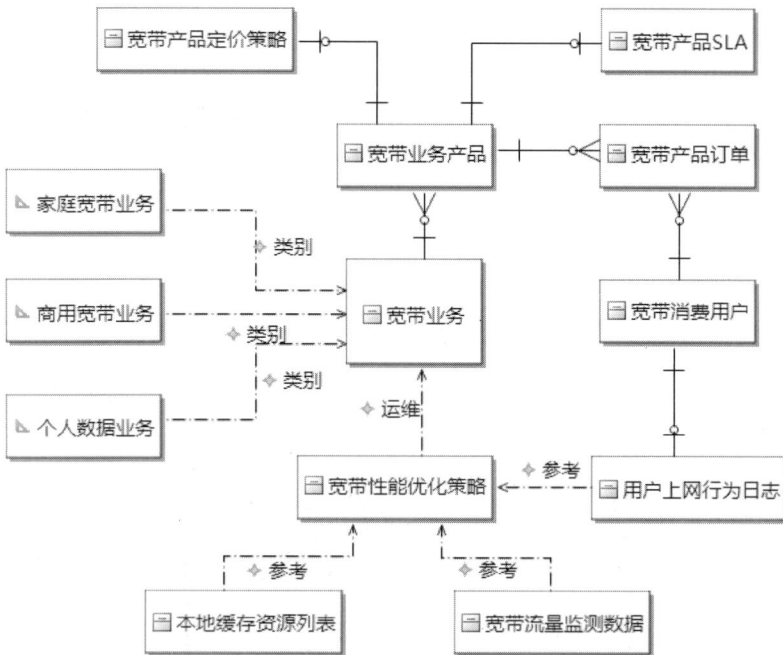

图 11-30　宽带业务 E-R 图

6. 融合通信业务

融合通信业务可分为语音通信业务、视频通信业务、多媒体会议业务、即时通信业务、视频监控业务等。通信业务产品定义须明确产品 SLA 信息。消费用户订购产品产生订单信息，消费用户使用通信业务，须首先具有用户设备，用户设备信息是提供通信业务的基本前提。消费用户与其他用户通信，产生通信行为日志，以及与资费相关的用户消费详单。融合通信业务 E-R 图如图 11-31 所示。

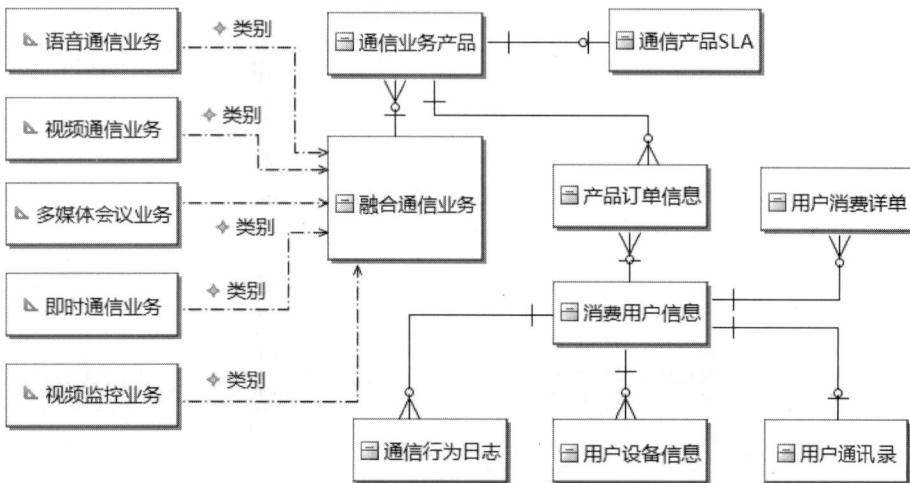

图 11-31　融合通信业务 E-R 图

7. 云 VR 游戏业务

随着 5G 的商用化，由于其高带宽、低时延的特性，使得 VR 业务云端运行成为可能，这将大大加速 VR 应用在消费市场的普及。VR 应用中，3D 游戏是典型应用。此外，也有其他类型应用，如 3D 智慧城市、VR 培训、工业设计、模拟演练、建筑/家装效果展示等，这些应用和游戏都以 3D 模型、自然交互、实时渲染为特征。这类云端运行的 3D 交互应用统称云 VR 游戏业务。

云 VR 游戏业务往往与自然交互技术、人工智能技术相结合。自然交互技术是指借助语音、人脸、指纹等人体自然属性进行身份识别，并借助图像、眼动、手动、肢体动作识别所进行的人机交互。游戏业务借助自然交互技术可获得更好的用户体验。

云 VR 游戏业务的运行需要云主机、边缘设备、VR 终端的协同，确保性能满足良好用户体验的需求。VR 应用列表中列出了云 VR 游戏平台汇聚的大量应用，每个应用都有唯一的 SP 合作伙伴，但一个 SP 合作伙伴可能提供一个或多个应用，对应多个分账规则。

消费用户订购并消费云 VR 产品，生成产品订单信息。云 VR 游戏应用有 PVE、PVP 两种模式，PVE 指用户单独玩，PVP 允许用户和多位在线好友共同玩。云 VR 游戏业务 E-R 图如图 11-32 所示。

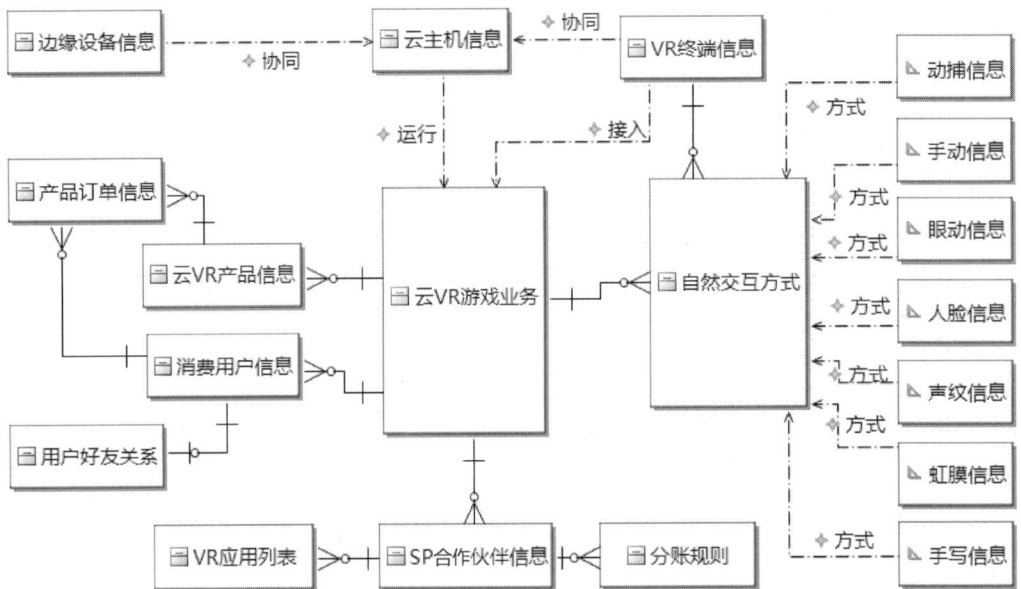

图 11-32　云 VR 游戏业务 E-R 图

11.3.6　产品数据域

1. 产品数据域数据关系

产品数据域把产品分为两大类——消费产品、云产品。消费产品是消费用户直接消费的产品，云产品是提供给租户使用的产品。产品的营销策略直接影响产品带来的收入，其中包括价格政策、套餐、优惠策略等。另外，云平台上很多产品其实都是通过第三方合作来共同提供的，这将涉及云平台与各合作伙伴的分账规则。

云产品是平台提供的面向租户的服务产品，如 CDC 产品（IaaS 资源服务产品）、OVP 产品（开放视频平台服务产品）、电商商铺（SaaS 服务产品）、OpenAPI 产品等。

消费产品是云平台提供的面向消费用户的产品，如内容产品、应用产品、广告产品、宽带产品、通信产品、增值产品等。

分账规则因业务不同会有所区别。这里仅列出几类分账规则，具体实例可根据实际情况细化。产品数据域主要数据 E-R 图如图 11-33 所示。

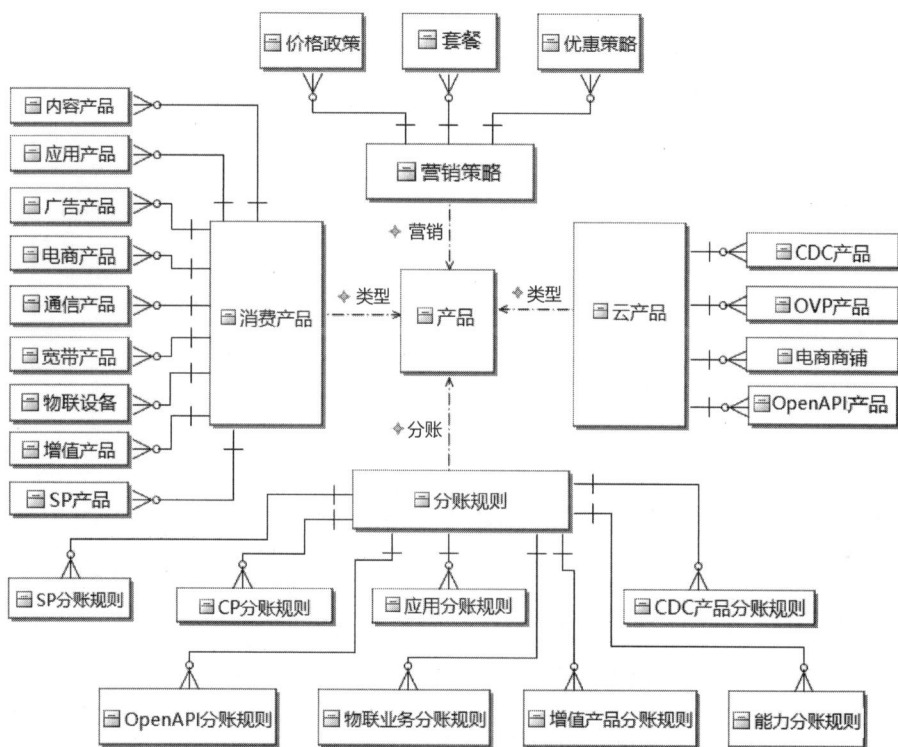

图 11-33　产品数据域主要数据 E-R 图

2. 产品定价与营销策略

产品定价与营销策略 E-R 图如图 11-34 所示。产品的价格政策涉及业务功能、时长、次数、流量等因素。产品套餐是多个产品的组合营销，其定价通常须考虑包含的业务功能，会提供限量包、限价包、限时包等。

市场营销的优惠策略很灵活，通常采用秒杀、团购、满减、买赠等活动方式，活动期间也会采用优惠券等形式。根据不同用户的会员等级可给予相应的优惠，会员也可用积分权益兑换相应的服务或礼品。

3. 产品订购及分账规则

用户订购的如果是云平台运营商与合作伙伴合作的产品，并且是采用收益分成合作模式的，则须对该产品进行计费结算、分账等处理。云平台对每个用户的该产品订购计费详单相应生成结算账单，运营商通常会按月对该合作业务收入进行统计，并与该合作伙伴进行对账调账，确认无误后，生成该合作伙伴收入结算表，进行收益分成并通知该合作伙伴。产品订购及分账规则 E-R 图如图 11-35 所示。

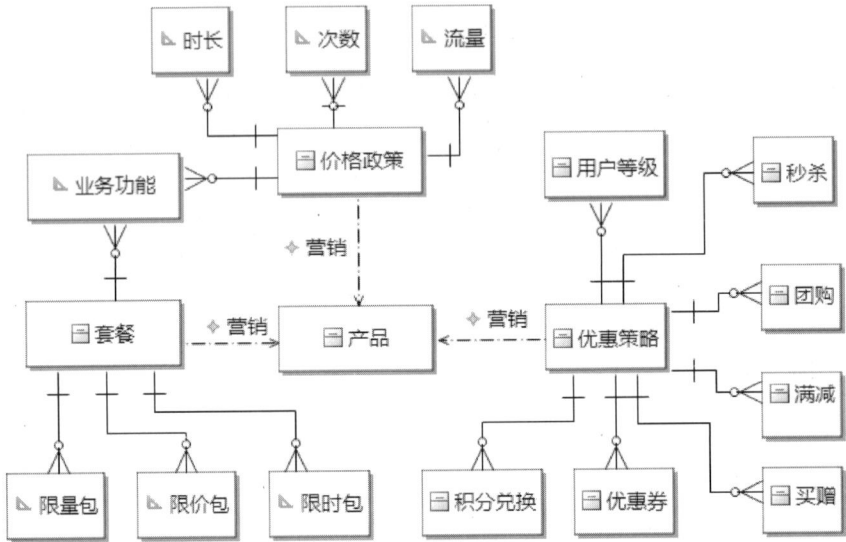

图 11-34　产品定价与营销策略 E-R 图

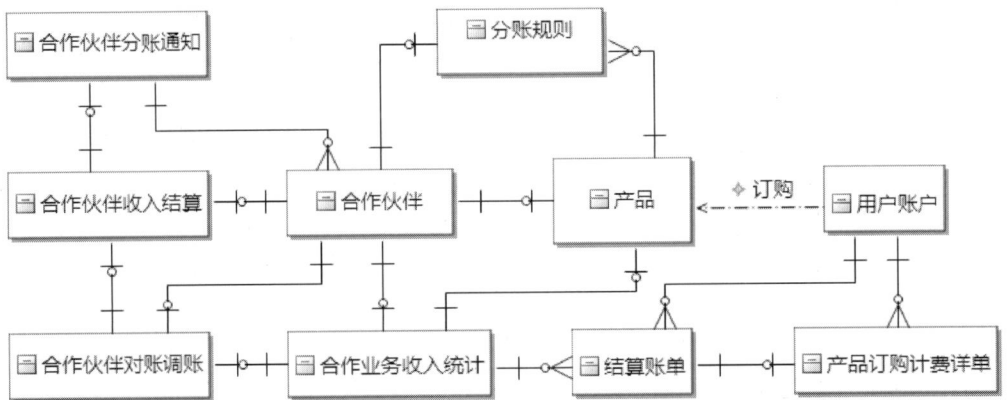

图 11-35　产品订购及分账规则 E-R 图

11.3.7　事件数据域

事件数据域集中描述了云平台相关的各类事件，是云平台各类数据的采集来源和大数据分析的重要基础。

1．事件数据域数据关系

事件数据主要分为三大类：系统监测事件、系统管理行为、用户使用行为。事件数据域主要数据 E-R 图如图 11-36 所示。

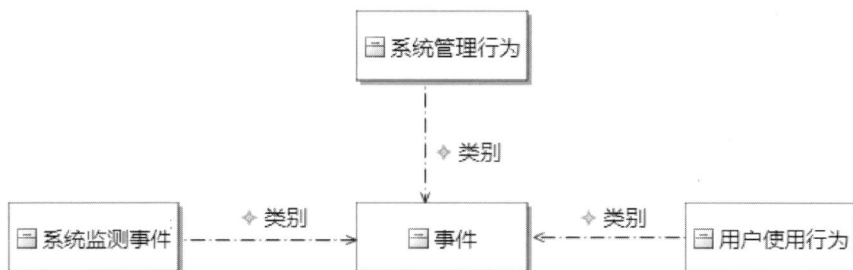

图 11-36 事件数据域主要数据 E-R 图

2. 系统监测事件

云平台需要通过系统监测来感知平台的运行状况。监控对象列表用于明确云平台中需要进行监测的对象。系统告警日志在明确各项监测的标准和阈值后，随时对告警信息进行记录。系统监测事件可分为安全监测日志、状态监测日志、负载监测日志、性能监测日志、服务调用监测日志、网络流量监测日志。监测数据统计分析在各项监测日志的基础上，进行统计分析以形成监测报告。系统监测事件 E-R 图如图 11-37 所示。

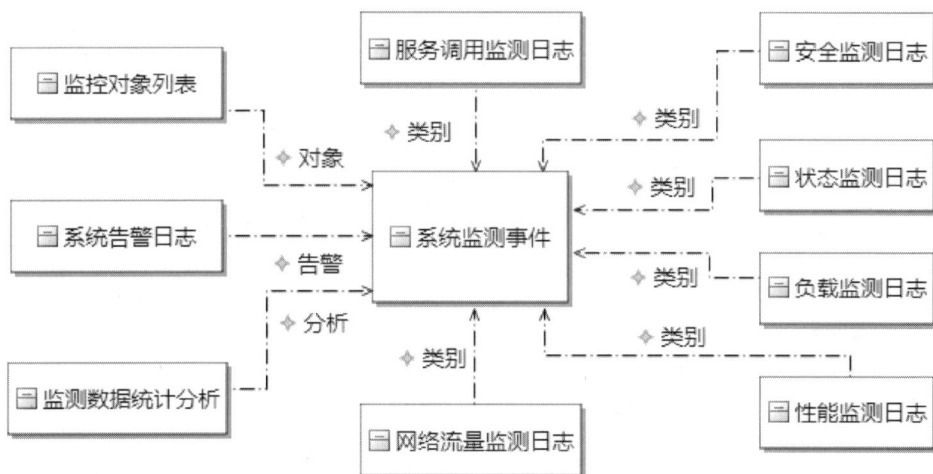

图 11-37 系统监测事件 E-R 图

3. 系统管理行为

系统管理行为主要指云平台管理的相关事件。系统构成列表用于明确需要被管理的对象，系统管理角色用于明确实施系统管理行为的主体，系统权限分配用于明确各角色拥有的管理权限。系统管理行为主要分为四大类：运维操作日志、运营操作日志、自服务操作日志、系统认证鉴权日志。自服务操作的主体包括租户、合作伙伴、开发者。系统管理行为 E-R 图如图 11-38 所示。

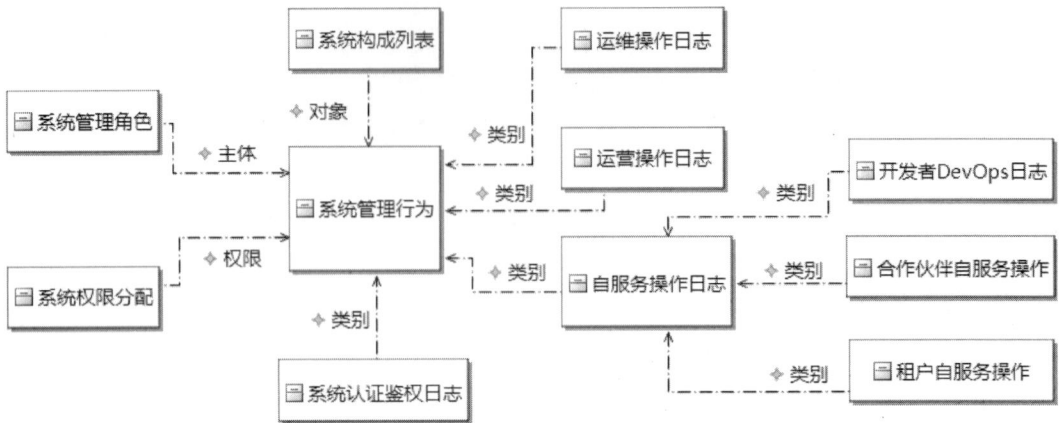

图 11-38　系统管理行为 E-R 图

4. 用户使用行为

用户使用行为主要指云平台消费用户的相关事件。用户订购产品列表用于明确该用户可能操作的业务范围。终端开关机日志用于记录该用户接入云平台的起止时间和频次。用户使用行为具体包括上网行为日志、通话记录日志、App 操作日志、视频观看日志、电商交易日志、游戏操作日志、SNS 交互日志、广告行为日志。用户使用行为 E-R 图如图 11-39所示。

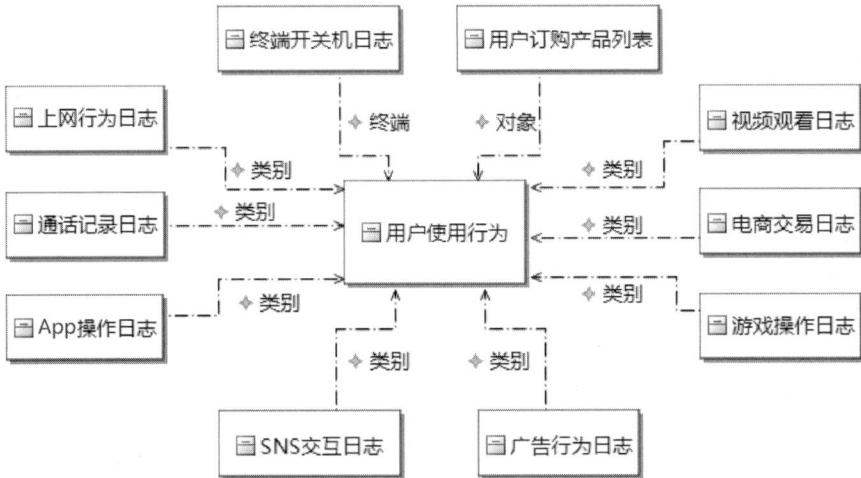

图 11-39　用户使用行为 E-R 图

11.3.8　角色数据域

角色数据域分析云平台各类相关管理者的数据。角色数据域与客户数据域对应，客户为云平台业务的使用者或消费者，角色则是云平台业务的后台管理者。合作伙伴、租户、自服务人员都拥有相应角色。

1. 角色数据域数据关系

角色数据域描述了智慧媒体云平台相关管理人员，角色包括运营商的云平台管理人员和自服务人员。云平台管理人员是运营商的员工或紧密合作伙伴。自服务人员不是运营商的工作人员，但能够利用该平台进行相关自主业务的运营和维护，或办理自己的业务。

角色的定义与运营商组织架构、系统构成列表、系统权限分配等要素相关。云平台管理人员的角色与运营商组织架构中的对应岗位相关；系统权限分配须与云平台系统构成列表中的权限标识相对应，也要与角色权限相对应。角色数据域主要数据 E-R 图如图 11-40 所示。

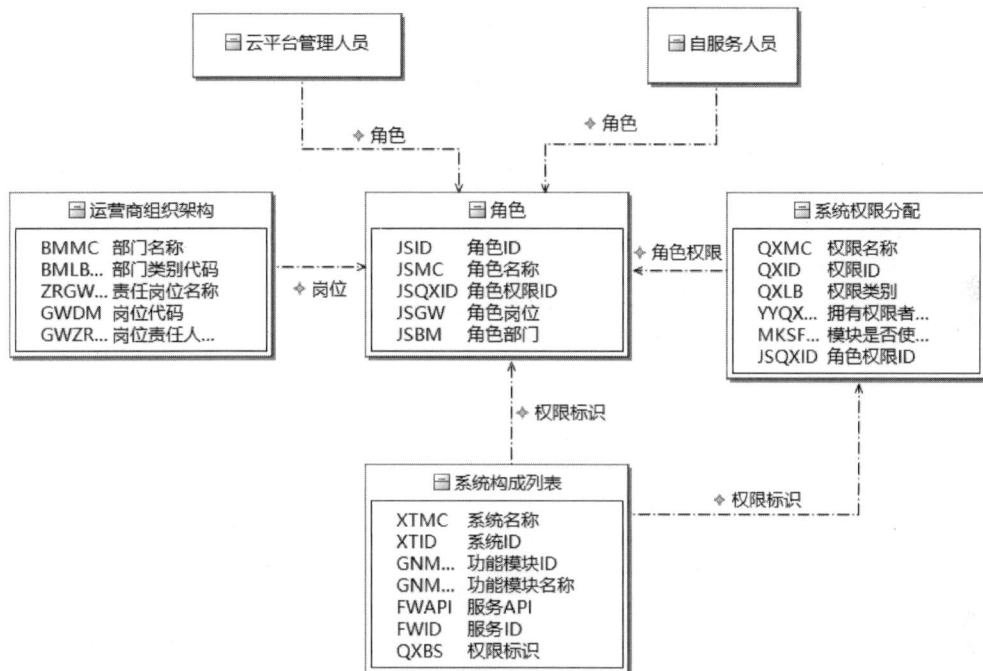

图 11-40　角色数据域主要数据 E-R 图

2. 云平台管理人员

云平台管理人员可分为运营工作人员、运维工作人员、规划管理人员、开发测试人员、工程实施人员、HR 及绩效考核人员。每个类别都包括多个岗位角色。云平台管理人员 E-R 图如图 11-41 所示。

3. 运维工作人员

运维工作人员包括系统管理员、系统 DBA、系统安全人员、服务治理人员、作业计划人员、运维值班人员、系统巡检人员、系统变更人员、系统配置人员、故障处理人员、网络优化人员、数据分析人员。每个类别都包括多个岗位角色。运维工作人员 E-R 图如图 11-42 所示。

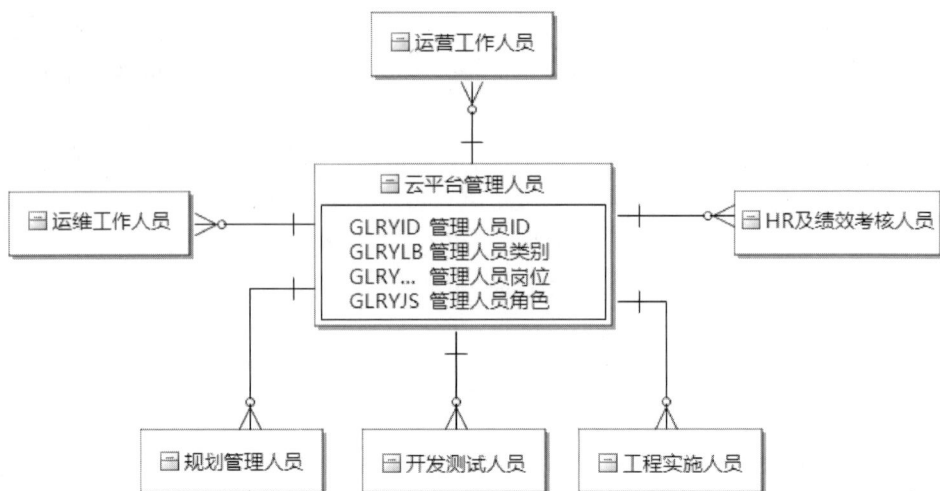

图 11-41　云平台管理人员 E-R 图

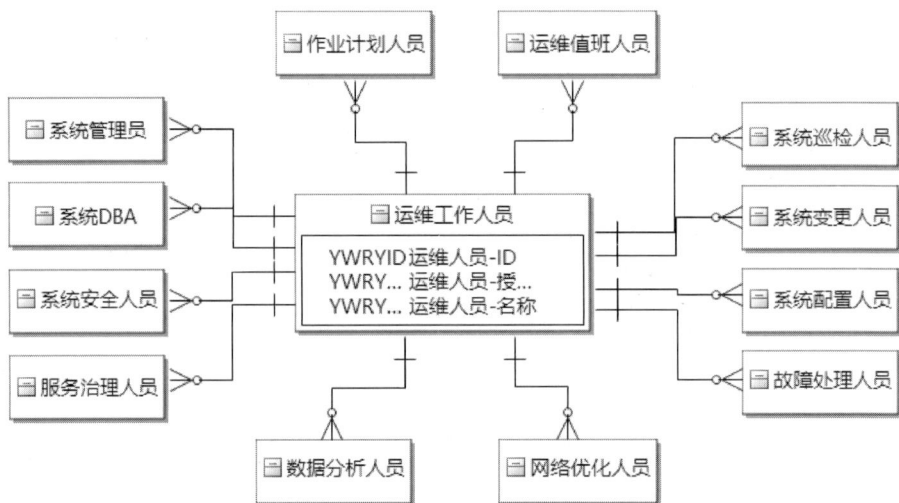

图 11-42　运维工作人员 E-R 图

4. 运营工作人员

运营工作人员包括产品管理人员、市场营销人员、前台营业员、客户服务人员、行业拓展人员、内容采编审发人员、宽带运营人员、广告运营人员、服务治理人员、门户应用管理人员等。后台支撑线主要包括业务流程管理人员、资产管理人员、数据统计分析人员，对外合作线主要包括生态建设运营人员、合作伙伴管理人员。运营工作人员 E-R 图如图 11-43 所示。

5. 自服务人员

云平台的自服务人员主要是指通过运营商管理人员的授权，获得部分操作权限的外部相关角色，主要包括合作伙伴、商户、租户、开发者、广告主等角色。随着云平台开放性的不断提升，许多原来要运营商自己的运营工作人员来处理的业务办理、缴费、客服问题解答等服务，也都通过系统功能开放给消费用户，允许他们通过自服务方式来解决。自服务人员 E-R 图如图 11-44 所示。

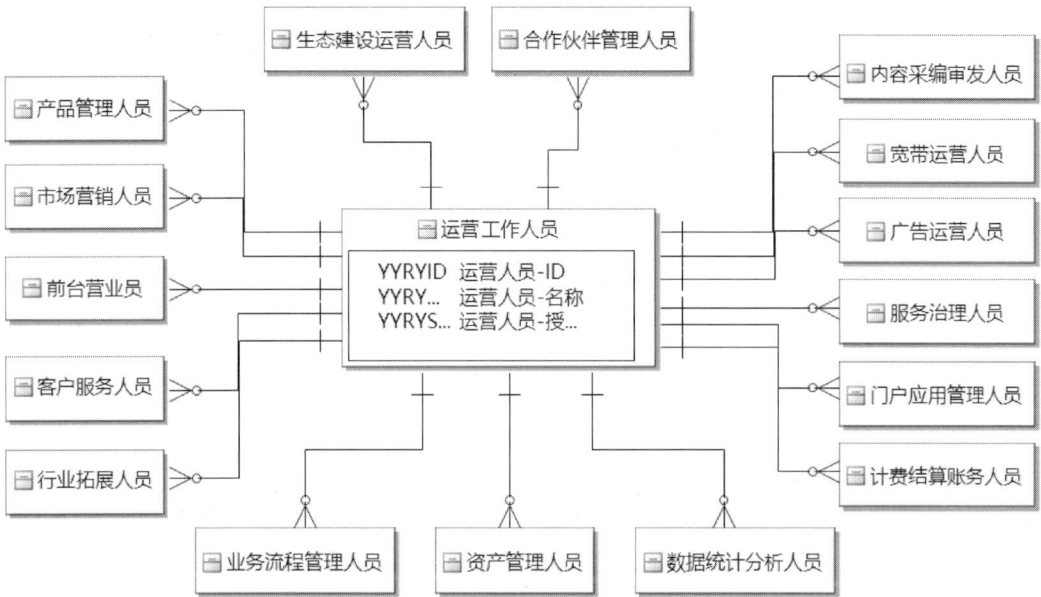

图 11-43　运营工作人员 E-R 图

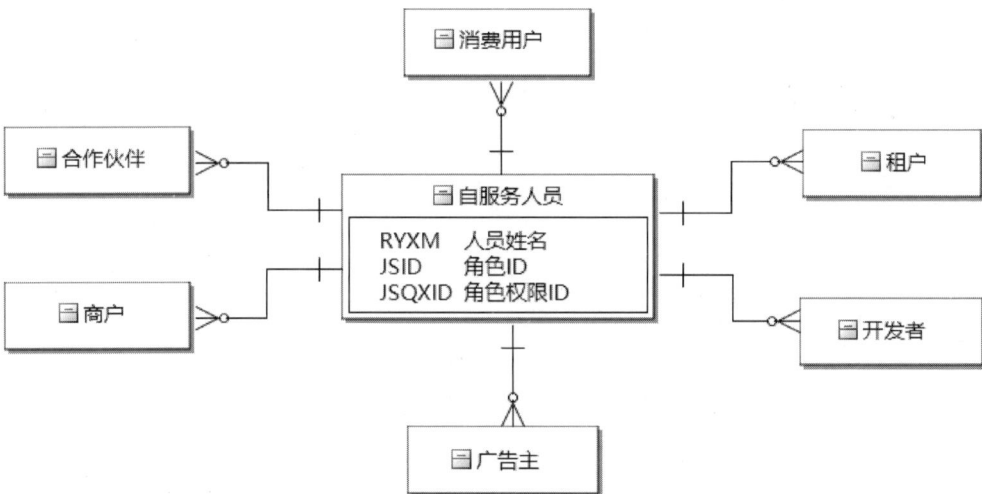

图 11-44　自服务人员 E-R 图

11.4　公用基础数据字典

信息分类编码标准化是简化信息交换、实现信息处理和信息资源共享的重要前提，是建立各种信息管理系统的重要技术基础和信息保障依据，是企业标准化的重要组成部分，目的是满足在云平台建设中实现互联互通、资源共享、信息交换及处理的需要。

通过分类编码标准化，可以最大限度地消除信息命名、描述、分类和编码不一致造成的混乱、误解等现象，可以减少信息的重复采集、加工、存储等操作，使事物的名称和代码的含义统一化、规范化，确立代码与事物或概念之间的一一对应关系，以保证数据的准确性和相容性，为信息集成与资源共享提供良好的基础，并为建立公共数据库创造有利条件。这里针对各相关子系统对数据的使用提出几点建议：

（1）尽可能使同样数据的数据源保持唯一；

（2）系统划分尽可能不对数据跨域管理；

（3）跨系统的数据交互尽可能使用服务交互；

（4）对数据的操作须具有权限控制；

（5）数据规划的逻辑实体为云平台的主要实体，各子系统可遵循数据规划进行系统详细设计。

这里不提供云平台全部的数据信息编码，仅给出跨系统的重点对象作为参考，跨系统重点公用基础数据字典见表 11-1。

表 11-1　跨系统重点公用基础数据字典

序　号	对　象	字段名	字段描述	数据类型	长　度
1	用户标识	UserCode	账号唯一标识	Str	14
2	客户标识	CustomerID	自然人唯一标识	Str	14
3	账户标识	AccountID	付款目标唯一标识	Str	20
4	服务标识	ServiceID	云平台对外提供服务的唯一标识	Str	64
5	API 标识	APICode	API 接口的唯一标识	Str	64
6	业务标识	BusinessID	对客户提供业务的唯一标识	十进制 Dec	9 位
7	产品标识	PrdOfferID	对客户销售的产品的唯一标识	十进制 Dec	12 位
8	合作伙伴标识	PartnerID	合作伙伴的唯一标识	十进制 Dec	9 位
9	应用标识	AppCode	应用的唯一标识	Str	32
10	频道标识	ChannelID	直播频道的唯一标识	Int	11
11	节目标识	ProgramID	直播节目（频道的时间事件）唯一标识	Int	11
12	内容标识	AssetID	用于播放的媒体（视音频）唯一标识	Str	64
13	在线资源标识	PlayUrlID	在线资源播放地址的唯一标识	Int	20
14	内容供应商标识	ProviderID	内容供应商的唯一标识	Str	32
15	媒资元数据标识	MetaDataID	对应内容的元数据的唯一标识	Int	11
16	播放平台标识	PlayPlatform	内容播放的类别	Str	32
17	栏目标识	ColumnID	对节目、内容以栏目分类的唯一标识	Str	13
18	广告位标识	AdAddID	广告位的唯一标识	Int	32
19	设备标识	DeviceNo	包括 STB（CA 卡号）、SmartPhone、Pad、VR/AR 等终端的标识号	Str	64
20	设备类型	DeviceType	说明终端的类型	Str	4

第 12 章　智慧媒体云平台应用架构

12.1　智慧媒体云平台应用架构总体蓝图

　　智慧媒体云平台应用架构的规划设计方法按照平台服务分层、平台分域、逻辑系统、功能块、程序块 5 个层次进行描述。在功能逐层细化的过程中，结合业务架构中的核心业务流程，提取共享功能块、应用服务，结合数据架构中的实体进行关系梳理，从而界定各系统间的关系及接口。本章将对关键服务接口进行分析。

　　智慧媒体云平台按照功能分为 IaaS 层、PaaS 层、SaaS 层，对外提供资源、能力、应用服务的开放接口，实现开放云架构。同时，建设统一运维平台、安全管控平台，保障云平台正常运行。智慧媒体云平台应用架构一级视图如图 12-1 所示。

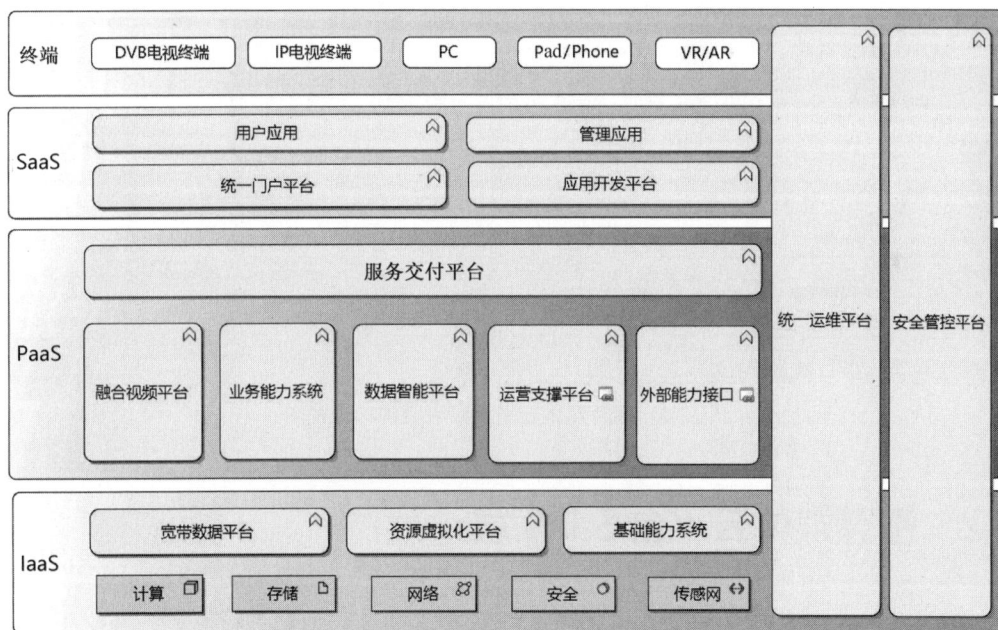

图 12-1　智慧媒体云平台应用架构一级视图

　　IaaS 层：提供基础设施云服务。IaaS 层划分为基础能力系统、资源虚拟化平台、宽带数据平台。

　　PaaS 层：主要完成平台内部资源和能力的标准化，通过 API 接口方式对外开放，提供平台级云服务，并提供对外开放接口所需的管理功能。PaaS 层划分为服务交付平台、融合视频平台、业务能力系统、数据智能平台、运营支撑平台、外部能力接口。

SaaS 层：使平台可对消费者提供面向多终端的用户类应用，同时为广大合作伙伴提供高效的 SaaS 管理类应用。SaaS 层分为用户应用、管理应用、统一门户平台、应用开发平台。

统一运维平台：负责云平台整体的运行状态监控、流程化运维管控，保障云平台正常、高效运转，发生故障可及时发现、排除。

安全管控平台：负责云平台整体安全的保障和管控。

智慧媒体云平台应用架构二级视图如图 12-2 所示，将上述应用平台或系统划分为若干个逻辑子系统。逻辑子系统的划分遵循如下原则：

● 各子系统相对独立，完成部分功能；

● 按业务信息逻辑划分子系统，而不受管理体制变化的影响；

● 高内聚、低耦合，各子系统边界清晰，系统内业务与数据关联紧密。

下面将按照分层架构，对各应用域及各逻辑子系统进行描述。

图 12-2　智慧媒体云平台应用架构二级视图

12.2　智慧媒体云平台 SaaS 层

SaaS 层将云平台的业务管理及运营能力以云服务的方式对外开放，为合作伙伴和客户提供方便、快捷的软件云服务。该层主要包括统一门户平台、用户应用、管理应用、应用开发平台。其中，用户应用包含 PC 门户页面、TV 门户页面和 Mob-App 等，管理应用包含运营门户、运维门户等，统一门户平台包含多屏门户管理、门户个性化展现和 SSO 系统。

12.2.1　SaaS 层业务需求

智慧媒体云平台 SaaS 层的用户应用提供面向客户（用户、合作伙伴）的消费业务，包括媒体、政务、行业、民生等应用；管理应用提供面向云平台管理者（云平台运营商管理者、自服务人员）的管理功能，包括运营门户、运维门户、自服务门户等。用户应用、管理应用可以通过 HTML5、App、VR / AR 等形式展现，根据应用需求可支持 TV、PC、手机、VR / AR 等多媒体设备登录使用。

12.2.2　用户应用

用户应用可以借助统一门户平台进行内容发布；也可自主独立发布，只借用门户页面提供的入口。

从业务提供方角度可分为云平台运营商自主应用、第三方合作应用。

从应用展现形式上可分为 Web / H5 应用、App 应用、视频应用、VR / AR 应用等。

从业务类型上可分为视听类应用、民生类应用、医疗类应用、教育类应用、健康类应用、旅游类应用、政务类应用等。PC、TV、Mob、VR / AR 终端用户应用的功能实现五花八门，这里对其核心应用功能进行说明。用户应用功能架构如图 12-3 所示，用户应用功能架构的功能块 / 程序块要点描述见表 12-1。

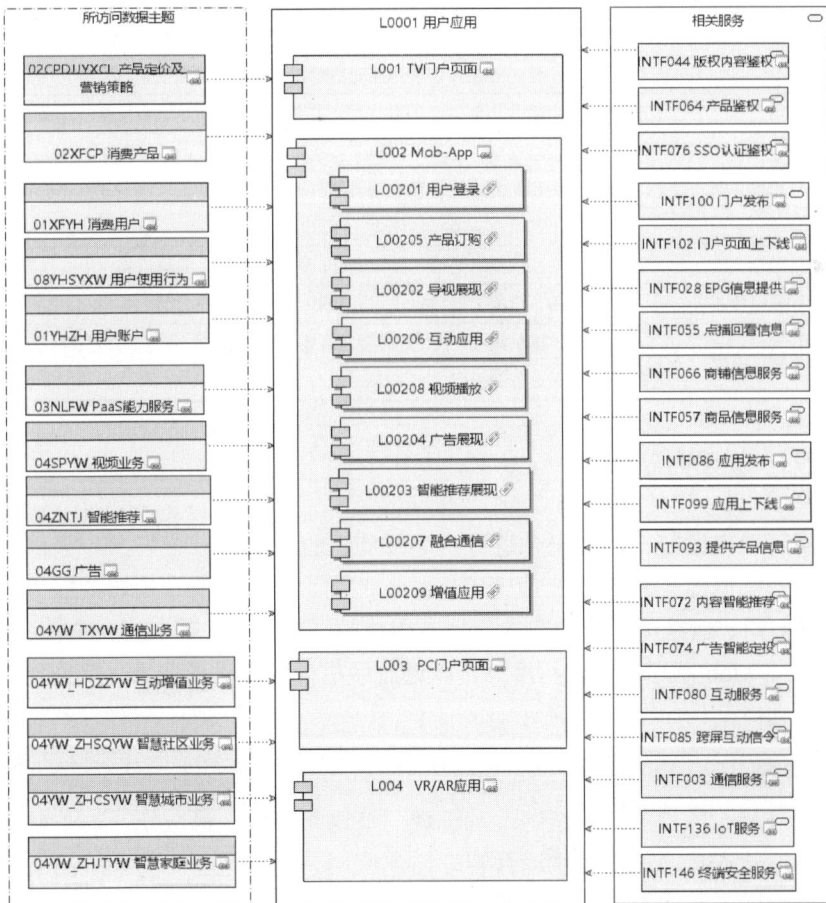

图 12-3　用户应用功能架构

表 12-1　用户应用功能架构的功能块/程序块要点描述

应用功能编号	应用功能名称	描　述
L001	TV 门户页面	通过 TV 门户页面展现各种应用，为用户提供丰富的业务访问入口。TV 门户页面可基于传统机顶盒、智能机顶盒、智能电视进行展现。具体应用因需求不同，其功能也有明显不同，典型应用功能可参照 Mob-App
L003	PC 门户页面	通过 PC 门户页面展现各种应用，为用户提供丰富的业务访问入口。具体应用因需求不同，其功能也有明显不同，典型应用功能可参照 Mob-App
L004	VR/AR 应用	通过 VR/AR 应用为用户提供沉浸体验的 XR 交互服务。VR/AR 应用也可通过 TV/PC 终端的 XR 客户端访问，但仅能看到局部画面，交互功能也会受限。具体应用因需求不同，其功能也有明显不同，典型应用功能可参照 Mob-App
L002	Mob-App	通过手机 App/H5 门户页面展现各种应用，为用户提供丰富的业务访问入口。可基于 Andriod、iOS、小程序进行展现
L00201	用户登录	用户对单个应用或跨应用的单点登录
L00202	导视展现	直播时移的 EPG 导视、点播回看的门户导视、增值业务的导航
L00203	智能推荐展现	门户页面上为智能推荐、智能搜索提供的推荐位展现
L00204	广告展现	门户页面及应用中为图文、视频等各类广告提供广告位展现
L00205	产品订购	对于付费业务，为未订购用户提供未付费提示，并提供在线订购自服务界面
L00206	互动应用	在用户观看视频、文章或使用应用的过程中，可提供常见的评论、投票、文件调查、踩、顶、赞、送花、分享等互动功能。互动功能组件可灵活扩展
L0020601	用户信息中心	为用户提供一个与自己相关的个人信息、行为历史、积分兑换等操作的窗口
L0020602	跨屏互动	通过网络连接，在不同终端上（Phone/Pad、PC、TV、XR 等）进行多媒体（音频、视频、图片）内容的转移展示、控制等一系列操作，实现在不同平台设备上同时展示内容，丰富用户的多媒体体验
L00207	融合通信	为用户提供消息通信、视频通信、语音通信、多方通信的应用操作界面
L00208	视频播放	为直播、点播、监控等视频应用提供播放及操作界面
L00209	增值应用	为用户提供政务、民生、行业等各类增值应用，具体包括教育、健康、养老、家居服务、社区服务等应用

12.2.3　管理应用

管理应用可以借助统一门户平台进行内容发布；也可自主独立发布，只借用门户页面提供的入口。其实现形式通常为 H5 应用或 App 应用，与面向消费用户的应用没有什么不同。运营管理门户、运维管理门户通常使用专用终端，由专业人员负责。自服务应用有 TV 网厅、PC 网厅、Mob 网厅、微信网厅等，可通过手机等智能设备登录，操作相对简单、便捷。管理应用功能架构如图 12-4 所示。

1. 运营管理门户

对媒体云平台业务相关各系统的运营管理门户进行集成，形成统一的平台运营管理界面，为云平台运营人员、租户提供运营管理门户应用。随着运营相关系统的增减，运营管理门户可相应增减子系统的管理界面模块。

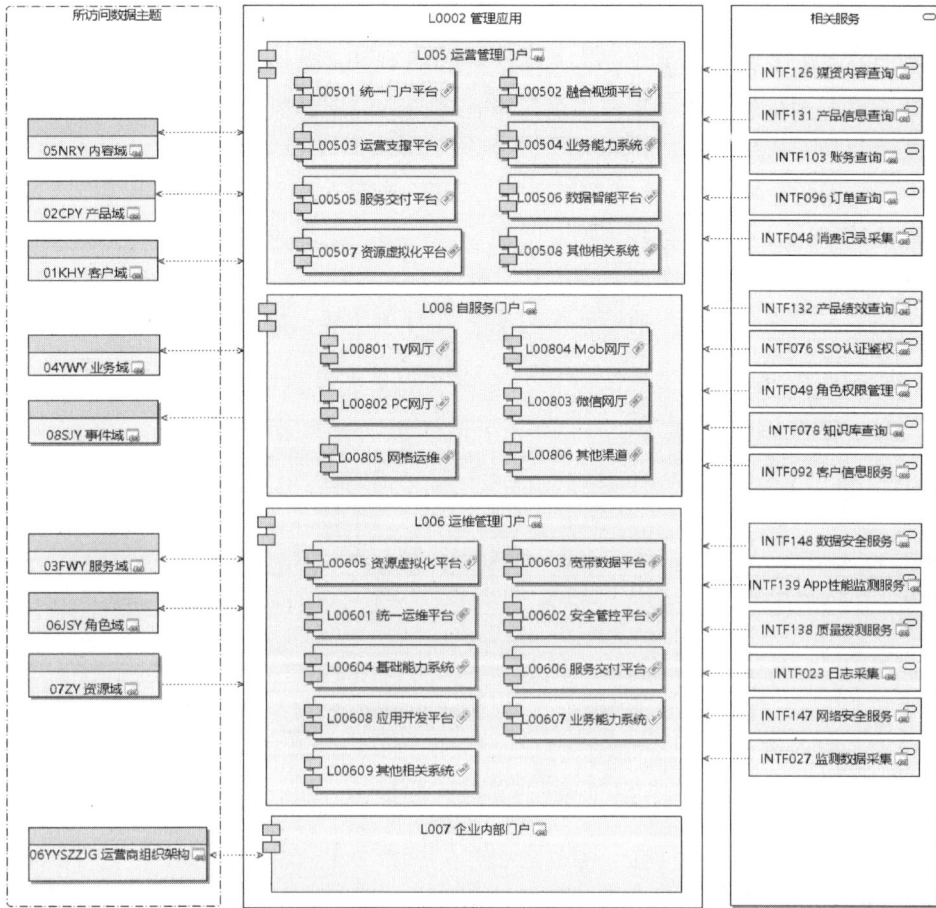

图 12-4　管理应用功能架构

　　运营管理通常包括内容编辑、栏目编排、审核发布、应用发布、广告排期及投放、产品定义、客户管理及服务、市场营销、活动推广、账务结算等工作。通过角色权限控制，实现企业内不同部门、岗位的职责分工，实现云平台多租户的权限分配和访问控制。通过流程引擎实现业务流程贯通，通过 SSO 实现统一角色的跨系统便捷登录。运营管理门户功能架构的功能块/程序块要点描述见表 12-2。

表 12-2　运营管理门户功能架构的功能块/程序块要点描述

应用功能编号	应用功能名称	描　　述
L00501	统一门户平台	在运营管理门户上集成统一门户平台管理界面，提供登录入口
L00502	融合视频平台	在运营管理门户上集成融合视频平台管理界面，提供登录入口
L00503	运营支撑平台	在运营管理门户上集成运营支撑平台管理界面，提供登录入口
L00504	业务能力系统	在运营管理门户上集成业务能力系统管理界面，提供登录入口
L00505	服务交付平台	在运营管理门户上集成服务交付平台管理界面，提供登录入口
L00506	数据智能平台	在运营管理门户上集成数据智能平台管理界面，提供登录入口
L00507	资源虚拟化平台	在运营管理门户上集成资源虚拟化平台管理界面，提供登录入口
L00508	其他相关系统	为其他业务系统提供运营管理门户界面集成

2. 运维管理门户

基于统一运维平台，对云平台各系统的管理门户进行集成，形成统一的平台运维管理界面，为云平台的运维人员、租户提供运维管理门户应用。原则上，云平台所有子系统的运维管理均应纳入运维管理门户。

运维管理通常包括 IT 物理/虚拟资源部署、平台部署、软件升级、系统配置、资源分配、数据库维护等工作。通过角色权限控制实现不同部门、岗位的职责分工，实现云平台多租户的权限分配和访问控制。通过流程引擎实现业务流程贯通，通过 SSO 实现统一角色的跨系统便捷登录。运维管理门户功能架构的功能块/程序块要点描述见表 12-3。

表 12-3　运维管理门户功能架构的功能块/程序块要点描述

应用功能编号	应用功能名称	描　述
L00601	统一运维平台	在运维管理门户上集成统一运维平台管理界面，提供统一运维界面的登录入口
L00602	安全管控平台	在运维管理门户上集成安全管控平台管理界面，提供安全管控运维界面的登录入口
L00603	宽带数据平台	在运维管理门户上集成宽带数据平台管理界面，提供宽带运维界面的登录入口
L00604	基础能力系统	在运维管理门户上集成基础能力系统管理界面，提供能力系统运维界面的登录入口
L00605	资源虚拟化平台	在运维管理门户上集成资源虚拟化平台管理界面，提供虚拟化运维界面的登录入口
L00606	服务交付平台	在运维管理门户上集成服务交付平台管理界面，提供 SDP 运维界面的登录入口
L00607	业务能力系统	在运维管理门户上集成业务能力系统管理界面，提供业务系统运维界面的登录入口
L00608	应用开发平台	在运维管理门户上集成应用开发平台管理界面，提供应用开发界面的登录入口
L00609	其他相关系统	为其他系统提供运维管理门户界面集成

3. 自服务门户

自服务门户按不同访问终端类型分为 TV 网厅、PC 网厅、Mob 网厅、微信网厅等，具体功能不做介绍。网格运维是基于 GIS 服务，按地域划分网格开展基层运营、维护的管理模式，主要为网格员提供作业工具。网格运维自服务的功能块/程序块要点描述见表 12-4。

表 12-4　网格运维自服务的功能块/程序块要点描述

应用功能编号	应用功能名称	描　述
L0080501	工单管理	工单包括上级、客户、客服等发出的问题、营销任务、维护任务、故障
L0080502	工单下发	相关人员将工单指派给相关运维人员
L0080503	工单跟踪	在工单执行过程中，运维人员或系统自动更新状态，相关人员可以通过查询看到工单的状态
L0080504	LBS 定位	在工单执行中，运维人员可以将服务位置实时上传到服务器
L0080505	绩效管理	对运维人员的工作进行全面的考核、评估、激励
L0080506	绩效评估	根据工单完成情况，按月度、季度、年度对运维人员工作绩效进行评估
L0080507	绩效激励	根据评估结果，对运维人员进行激励

12.2.4　统一门户平台

统一门户平台负责面向多终端的内容发布及展现交互，主要包括待发布内容管理、站群管理、模板管理、发布管理等子系统，同时提供多屏应用开发框架、播放器定制、SSO 认证等功能。统一门户平台在对用户应用提供支撑的同时，还可为管理应用提供支撑。统一门户平台功能架构如图 12-5 所示。

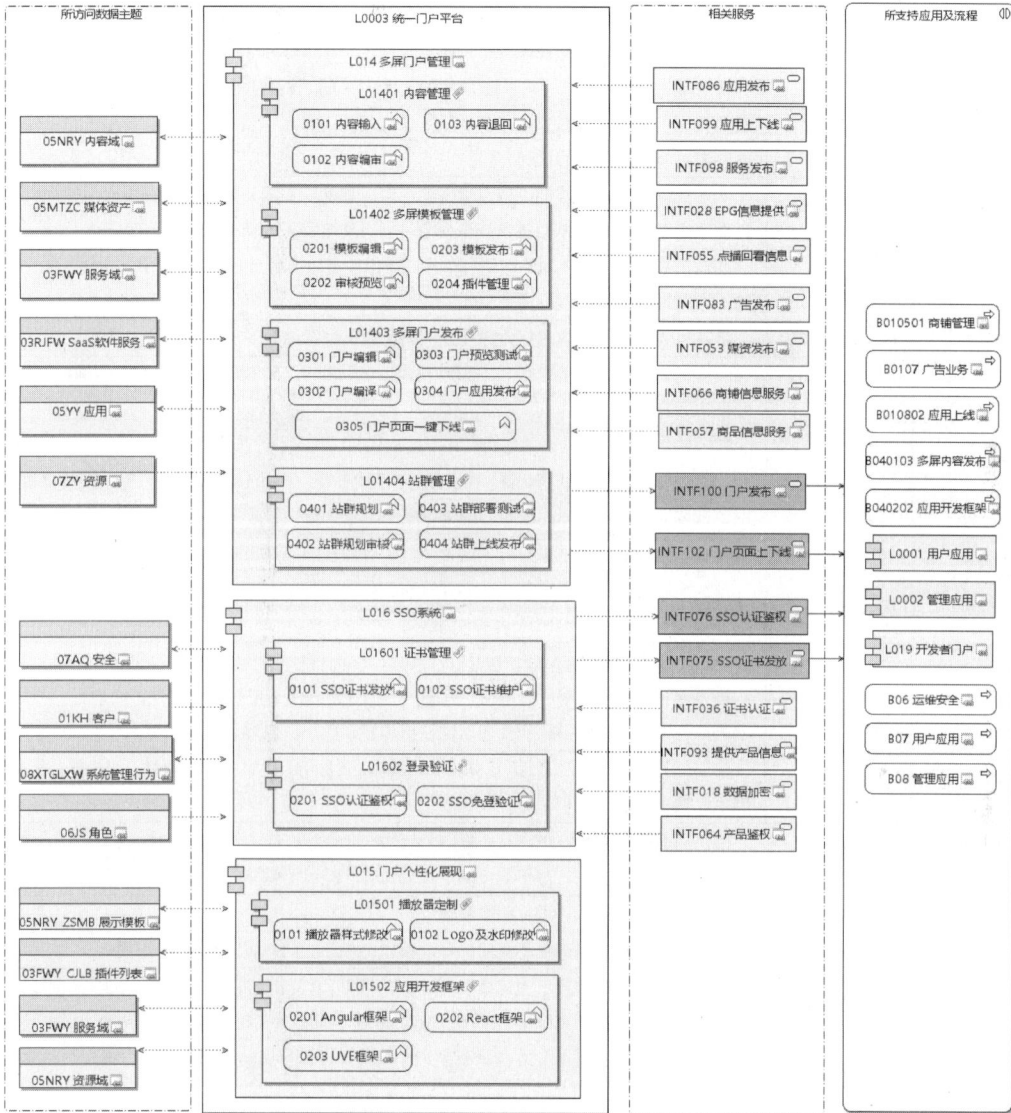

图 12-5　统一门户平台功能架构

1. 多屏门户管理

多屏门户管理根据发布的内容数据，以设计好的模板格式生成相应的门户页面，并输出给最终展现的应用，主要包括内容管理、多屏门户发布、多屏模板管理、站群管理。多屏门户管理系统功能架构的功能块/程序块要点描述见表 12-5。

表 12-5　多屏门户管理系统功能架构的功能块/程序块要点描述

应用功能编号	应用功能名称	描　　述
L01401	内容管理	负责门户首页应用的栏目结构及内容接收、更新、维护等，也可为各类用户应用、管理应用提供待发布内容信息管理功能 针对融合视频业务，门户平台的内容管理子系统接收直播业务系统、互动 VOD 系统发布的栏目结构及内容元数据，并在本系统进行门户的发布审核管理。内容管理子系统保留对内容进行编辑、更新的机制
L0140101	内容输入	从各业务系统获得需要经门户展现的内容，如从应用商店业务系统获得应用的列表、从直播系统获得 EPG、从点播系统获得节目表、从电商系统获得商品信息等
L0140102	内容编审	通过简单的列表方式对内容进行展示，操作人员对内容进行浏览、查找、审核，如发现问题，可在授权范围内进行简单编辑
L0140103	内容退回	将有重大问题的内容退回，通知业务系统人员进行修改
L01402	多屏模板管理	负责门户系统的模板库管理，提供对模板的编辑、设计功能，并将设计好的模板以结构化数据格式存储 需要针对不同终端、不同地区设计不同的模板，考虑不同屏幕的兼容问题，供门户多屏发布。模板内容包括栏目、专题、焦点图、推荐、搜索、广告位、区域专栏等。模板管理可以用于视频业务，也可以用于电商商铺、商品管理、应用管理等
L0140201	模板编辑	模板编辑包括选择模板布局、选择插件、对插件的属性进行编辑
L0140202	审核预览	模板编辑完成后需要审核才能进行发布。提供预览的功能，查看模板的效果。预览时可以选择获取
L0140203	模板发布	通过审核的模板才能用于内容发布。模板发布不等于门户内容发布
L0140204	插件管理	插件包括图片、视频、文本框、列表等。插件管理用于编辑插件属性，如增删一种插件、增删插件的一种属性等。插件的属性包括位置、大小、内容、超链接等
L014020401	插件创建	建立插件，定义插件的名称，如文本、图片、视频等，定义插件的属性，如位置、长宽高、颜色、透明度等
L014020402	插件浏览	提供所有插件列表，供浏览、修改、选用
L01403	多屏门户发布	根据不同屏幕类型，基于模板绑定相应内容，经过测试审核后进行门户发布
L0140301	门户编辑	选择模板、数据源，进行编辑管理
L0140302	门户编译	根据模板、数据源适配不同的屏幕，编译出相应的门户页面或 APK 应用
L0140303	门户预览测试	提供模拟或真实的门户测试终端环境，如手机、计算机、机顶盒、智能电视等。测试环境须支持多种操作系统（Android、iOS、Windows、Linux）支持多种屏幕分辨率、多种码率等 通过模拟测试环境从业务系统获取实际数据进行内容展示测试，并对各种交互功能进行测试
L0140304	门户应用发布	测试通过的门户应用方可正式发布
L0140305	门户页面一键下线	对于即将上线的和已经上线的内容可以实现一键下线操作。更新后的发布列表须反馈给相应业务系统 BO，通过业务系统 BO 与 CDN 的接口实现业务缓存内容下线
L01404	站群管理	由于用户终端多样化、业务入口分化，导致企业往往形成站群或业务矩阵
L0140401	站群规划	站群规划用于规划各级门户的内容和域名，根据营销策略和域名规划，确定在各地区、各页面展现的内容、投放的广告，形成站群/矩阵架构
L0140402	站群规划审核	站群规划需要通过审核才能进行部署
L0140403	站群部署测试	根据规划，对站群包括各子站、门户、APK、小程序等应用进行设计、内容匹配测试，分别完成部署测试
L0140404	站群上线发布	通过各子站的上线发布和下线操作，实现站群/矩阵的全局管理

2. 门户个性化展现

门户展现可快速个性化定制，主要通过播放器定制、应用开发框架实现客户的个性化展现需求。门户个性化展现功能架构的功能块/程序块要点描述见表 12-6。

表 12-6　门户个性化展现功能架构的功能块/程序块要点描述

应用功能编号	应用功能名称	描　　述
L01501	播放器定制	为用户提供快速定制个性化播放器的支持功能
L0150101	播放器样式修改	播放器的皮肤风格、控件的颜色及形式，均可根据用户喜好进行选择 播放器支持主流音视频的格式，如编码格式、码率等。这些参数可作为用户选择项，针对不同终端可有所不同
L0150102	Logo 及水印管理	OVP 租户可为自身业务的播放器添加自有品牌 Logo、水印
L01502	应用开发框架	以 MVC 模型来界定，这里的应用开发框架主要是指 View 层面的框架。基于成形的应用框架及组件，降低开发难度和工作量。可选择如下流行的三种应用框架之一，也可采用国内逐渐成熟的牛刀等框架
L0150201	Angular 框架	Angular 是 Google 提供的应用框架。HTML 模板功能强大，拥有完善的服务调用、模块化、路由、过滤器、数据双向绑定等功能
L0150202	React 框架	React 是 Facebook 2013 年开源的框架 （1）声明式设计：React 采用声明范式，可以轻松描述应用 （2）高效：React 通过对 DOM 的模拟，最大限度地减少与 DOM 的交互 （3）灵活：React 可以与已知的库或框架很好地配合
L0150203	UVE 框架	UVE 框架的官方文档很清晰，简单易学，提供丰富的组件支持 （1）快速，以异步批处理方式更新 DOM （2）紧凑，无依赖 （3）强大，无须声明依赖的可推导属性（Computed Properties）

3. SSO 系统

SSO 系统主要实现用户对多个系统登录的一次性认证功能。用户第一次访问应用系统时，将用户引导到认证系统中进行登录。根据用户提供的登录信息，认证系统进行身份校验，如果通过校验，会返回一个认证的凭据（Ticket）。用户之后访问别的应用系统时，就会将这个 Ticket 带上，作为自己认证的凭据。应用系统接收请求之后会把 Ticket 送到认证系统进行校验，检查 Ticket 的合法性。如果通过校验，用户就可以在不用再次登录的情况下访问其他应用系统。SSO 系统功能架构的功能块/程序块要点描述见表 12-7。

表 12-7　SSO 系统功能架构的功能块/程序块要点描述

应用功能编号	应用功能名称	描　　述
L01601	证书管理	管理所有使用 SSO 单点登录服务的系统相应证书
L0160101	SSO 证书发放	为使用单点登录系统的其他系统发放证书
L0160102	SSO 证书维护	对证书的有效性进行维护
L01602	登录验证	用户登录系统时，SSO 系统对其进行认证鉴权
L0160201	SSO 认证鉴权	用户登录 SSO 系统，通过认证后，系统创建 Ticket 并返回客户端，SSO 客户端保存 Ticket
L0160202	SSO 免登验证	用户登录其他系统时，这些系统将用户的 Ticket 传送给 SSO 系统进行验证，如通过，则向用户分配功能权限

12.2.5 应用开发平台

应用开发平台基于微服务架构、容器技术，以 DevOps 模式实现开发、发布、部署、维护的统一管理。它与 PaaS 层 SDP、终端应用开发框架 SDK 相协同，为开发者提供统一的 Web/App/H5 应用的集成开发测试环境，开发的应用可运行在机顶盒、手机等终端上，支持 Android/iOS/TVOS 等操作系统，具备可视化、组件化特性，可提升应用开发效率，缩短开发周期。它一方面可降低开发者技术门槛，另一方面可对开发者及应用进行有效管控，因此更适用于中小开发者。应用开发平台功能架构如图 12-6 所示，应用开发平台功能架构的功能块/程序块要点描述见表 12-8。

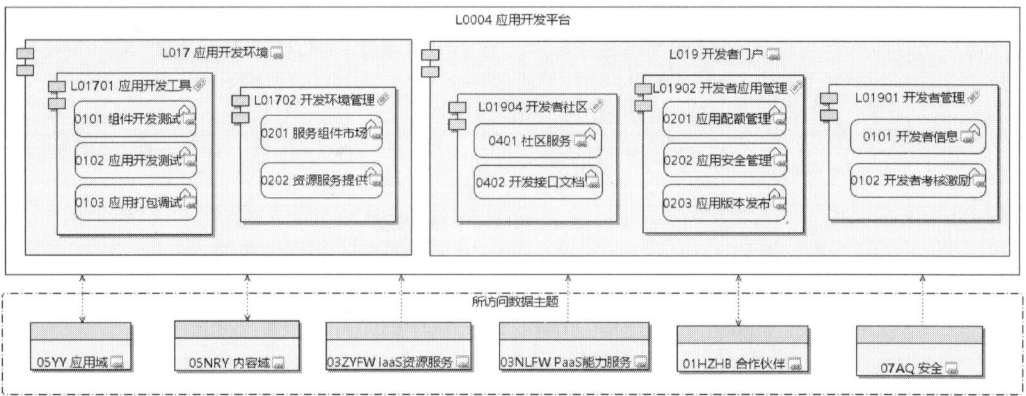

图 12-6 应用开发平台功能架构

表 12-8 应用开发平台功能架构的功能块/程序块要点描述

应用功能编号	应用功能名称	描　述
L017	应用开发环境	为开发者提供图形化开发工具，支持以图形化方式完成展现层、逻辑层及数据层的设计。通过 SaaS 形式提供给开发者，通过多租户隔离实现功能共享、数据分离、资源复用的目的
L01701	应用开发工具	基于容器和微服务的开发工具，与应用开发框架结合使用，可快速开发企业级应用及 Web 应用
L0170101	组件开发测试	基本组件开发，组件测试通过后进入组件列表，方便应用开发时选用
L0170102	应用开发测试	在工具中基于组件、API 进行应用开发，并对开发完成的应用进行测试，提供测试日志及测试报告
L0170103	应用打包调试	根据不同终端选择相应打包方式 基于容器平台，提供完全模拟生产环境的调试环境，便于开发者进行调试
L01702	开发环境管理	将媒体云平台侧服务、终端 SDK、第三方应用框架及组件进行有机整合，形成媒体云平台原生应用的开发环境（IDE），并提供应用开发所需组件、资源
L0170201	服务组件市场	可选服务、插件、模板均以组件形式通过服务组件市场对外展现，供开发者选择使用。支持第三方服务、组件、模板经审核后上传到服务组件市场，并提供变现激励
L0170202	资源服务提供	经申请、审核、付费、验证后，可为开发者提供容器、虚拟资源、物理资源服务

应用功能编号	应用功能名称	描　述
L019	开发者门户	为开发者提供应用开发相关自助服务的门户，包括：开发者注册、申请测试及运行环境资源、创建应用及申请应用的访问权限及主密钥、下载开发工具及 SDK、开放接口文档说明、开发者交流社区，以及应用的部署、版本切换、管理监控等
L01901	开发者管理	开发者对个人信息、应用版本、安全、配额等信息进行自助管理 系统后台可对所有开发者进行全局管理
L01902	开发者应用管理	开发者对自有应用进行自服务管理，包括目前创建了哪些应用，以及应用当前的开发进度、代码托管、测试 buglist 跟踪、部署及运行状态、收入分成情况等
L0190201	应用配额管理	开发者申请查看自己应用相应的服务 API 配额信息，如当前服务调用负载、历史数据。如要扩容，可随时向云平台提出申请
L0190202	应用安全管理	开发者可以查看自己的主密钥，并可重置主密钥；可查看当前的会话密钥（加解密密钥和签名密钥），并可清空会话密钥。会话密钥清空后，下次访问会自动重新申请
L0190203	应用版本发布	开发者对媒体云平台或其他渠道提供完成测试、验证、审核的应用，包括应用相关的信息
L01904	开发者社区	开发者社区是智慧媒体云平台为原生应用开发者提供的持续学习、交流的园地
L0190401	社区服务	为开发者提供及时的技术支持服务，并主动组织培训等活动，激发开发者的热情
L0190402	开发接口文档	为开发者提供开发所需文档、辅助软件、工具链

12.3　智慧媒体云平台 PaaS 层

平台 PaaS 层将云平台内的各种能力以组件、服务方式通过服务交付平台（SDP）进行集成。遵循 SOA 治理规则，合理划分平台内各系统的功能和边界，降低系统间的耦合度；同时，SDP 负责将云平台内可对外的服务进行编排调度，以可管控、可计量的方式对上层业务提供服务。

12.3.1　PaaS 层需求

PaaS 层通过服务交付平台（SDP）以多租户模式对外提供容器、中间件、流程引擎、数据库及能力服务，也可整合 IaaS 层基础资源服务，统一对外提供服务，实现"能力运营"。

PaaS 层支持服务化治理，基于开放性架构，形成"高内聚、低耦合"的快速迭代的云平台。PaaS 层支持开放 API 接口，实现自有应用的敏捷开发，以及对第三方应用开发者的共享支持。

PaaS 层支持服务/应用的自动化部署、弹性调度、运行监控、服务管理等功能，与应用开发平台协同实现 DevOps 的全流程管理。

12.3.2　服务交付平台

服务交付平台是云平台实现 SOA 服务治理、流程优化、能力开放的核心系统。其主要子系统如下。

服务治理：统一各能力系统的对外接口，实现服务标准化，并对服务进行运行期监控等管理。

容器平台：基于原生 Docker 和 Kubernetes 框架提供的容器集群管理与编排调度，构建 CI/CD 应用及微服务架构，进行基于容器的应用开发、部署、升级、运维。

流程平台：负责服务编排、业务流程的全生命周期管理，包括业务流程的设计建模、测试与调试、部署、运行、监控、管理。

开放平台：将核心能力以安全、可控的方式开放给上层应用，同时具备计量能力，支撑 API 类能力产品的运营。

DevOps 管理：DevOps 重视软件开发人员和运维人员的沟通合作，通过自动化流程使软件构建、测试、发布更加快捷和可靠，基于 Docker 及 Kubernetes 构建的容器编排与调度，可统一服务/应用的部署环境，提供标准化的部署及更新流程。

服务交付平台功能架构如图 12-7 所示。

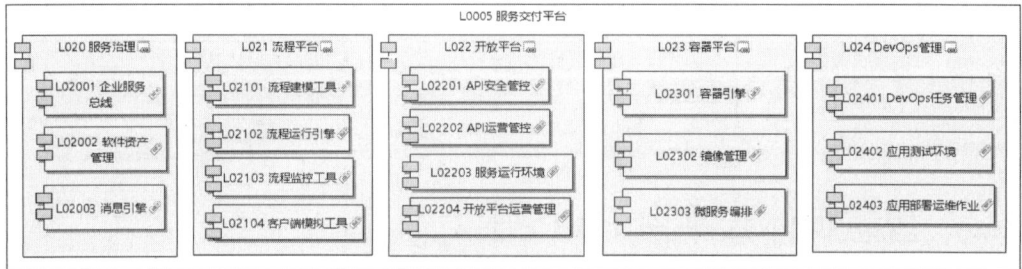

图 12-7　服务交付平台功能架构

1. 服务治理

基于 SOA 理念，对云平台进行模块化、组件化、接口无状态化设计，实现业务与功能解耦，实现资源、能力、流程的服务化管理。提供统一的 SpringCloud 微服务框架，支持所有服务的统一注册中心，配置管理中心、路由中心，从而实现在微服务拆分后的统一管理，对外提供统一接口，保证内部服务安全。

提供统一的服务注册发现中心，便于服务的统一监控管理，可视化监控每个组件的运行情况。

提供统一的配置管理中心，所有服务在注册中心注册之后，配置管理中心统一下发配置项。

提供路由中心，在所有服务注册运行之后，对外提供服务由路由中心统一管控，不对外直接暴露服务内部接口，达到服务的安全性要求。

提供分布式追踪能力，在所有服务链路通信中可进行追踪，通过链路熔断实现对 API 的实时监控能力。

服务治理系统功能架构如图 12-8 所示，服务治理系统功能架构的功能块/程序块要点描述见表 12-9。

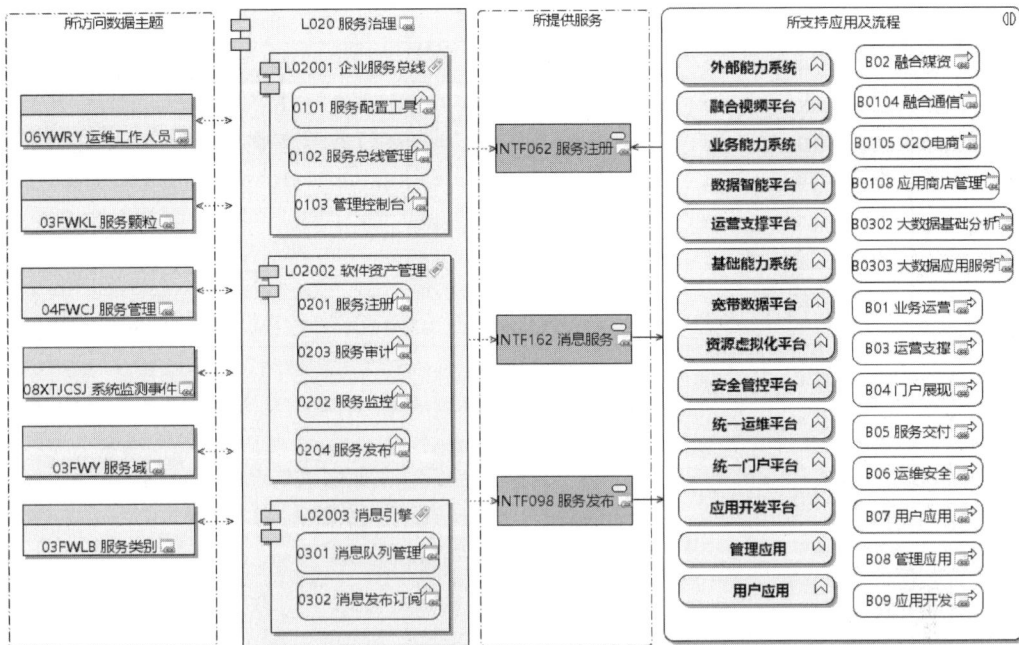

图 12-8 服务治理系统功能架构

表 12-9 服务治理系统功能架构的功能块/程序块要点描述

应用功能编号	应用功能名称	描　　述
L02001	企业服务总线	提供服务注册和发布功能，将服务提供者系统提供的服务统一接入，按统一的接口规范提供给服务消费者的系统调用。对于无法按统一标准提供接口的业务系统，通过协议适配器实现统一接入
L0200101	服务配置工具	为服务接入配置提供图形化配置工具，包括以下功能 （1）配置服务透传：将服务提供者提供的服务注册到 ESB，再由 ESB 重新发布。服务消费者可调用 ESB 发布的服务，ESB 转发到服务提供者 （2）实现服务编排：将来自不同服务提供者的服务（细粒度服务）按一定逻辑关系组合，形成新的服务（粗粒度服务） （3）支持协议适配：针对异构协议实现适配接入 （4）动态路由：根据请求报文内容动态确定服务提供者地址 （5）调试功能：支持直接在线调试，验证服务配置，并可在服务编排流程中设置断点
L0200102	服务总线管理	为服务配置提供运行环境，服务配置部署到运行环境才可按配置逻辑执行。此外，支持拦截器机制，通过定制拦截器，实现对报文的拦截处理，如记录日志、权限校验等
L0200103	管理控制台	为总线服务器提供运维管理界面，功能如下 （1）服务器管理：增加或取消对一个总线服务器的管理 （2）模块查询：对已部署模块的查询 （3）服务查询：对已部署服务的查询

应用功能编号	应用功能名称	描 述
L0200103	管理控制台	（4）部署：将配置工具导出的部署文件部署到总线服务器上运行 （5）卸载：将部署到总线服务器上的模块卸载 （6）变量管理：将部分配置信息设置为变量，并可根据具体运行环境由运维人员设置。例如，服务提供者的 IP 和端口在测试环境和生产环境下可以不同，由变量决定
L02002	软件资产管理	对 ESB 上发布的服务进行统一管理，包括服务的访问权限、开启关闭、流量控制等。基于服务访问日志，对服务访问行为进行监控、审计、统计分析等
L0200201	服务注册	对 ESB 发布的服务接口的描述信息进行注册并进行目录化管理。主要功能如下 （1）接口注册管理：注册接口描述信息，按业务域、应用系统、服务、操作分级管理 （2）接口服务统计：按提供者进行接口统计，统计各提供者发布接口的数量等 （3）系统 IP 地址管理：对所管理的业务系统主机的 IP 地址进行注册及管理，以便根据 IP 地址映射到业务系统 （4）系统调用关系管理：对系统间的调用关系进行注册及管理，可设置对非授权访问进行拦截 （5）系统调用关系统计：统计系统间的调用情况
L0200202	服务监控	基于日志对服务状态进行实时监控，对监控数据进行统计。主要功能如下 （1）服务调用统计：从服务消费者和服务提供者维度，统计某时间段内 ESB 上的服务调用情况，如调用次数、成功/失败次数、平均响应时间、平均请求及应答报文大小等 （2）服务调用历史查询：查询某次服务调用的详细记录，包括请求、应答时间、成功/失败状态、客户端及服务端地址、详细的报文内容等
L0200203	服务审计	基于监控日志对服务调用行为进行事后审计。功能如下 （1）设置审计任务：定制执行哪类审计，如调用关系审计、报文审计等，并指定审计任务的执行计划，使审计任务在指定时间被调度执行 （2）查询审计报告：查询历次审计任务执行后生成的报告，并可下载
L0200204	服务发布	完成注册、纳入监控、审计管理的服务，经审核后可正式发布，形成服务目录
L02003	消息引擎	为云平台中系统之间、服务之间、服务与应用之间、应用与系统之间提供消息通信机制，提供高效的消息传递、更新服务
L0200301	消息队列管理	对申请、推送信息以队列机制进行统一管理，通过弹性资源提供足够的服务能力保障
L0200302	消息发布订阅	以发布、订阅的方式建立并管理消息发布方、接收方的通信关系

2. 流程平台

提供统一的流程引擎及流程建模工具，支持基于 API 与第三方业务系统集成，从而实现跨系统流程。

提供专门的流程监控工具，便于实时掌握各流程实例的运行状态，必要时可对流程实施中止、挂起、恢复等操作。提供模拟客户端工具，使用户在完成流程建模后，不必专门编写操作界面即可开始调试及使用流程。流程平台功能架构如图 12-9 所示，流程平台功能架构的功能块/程序块要点描述见表 12-10。

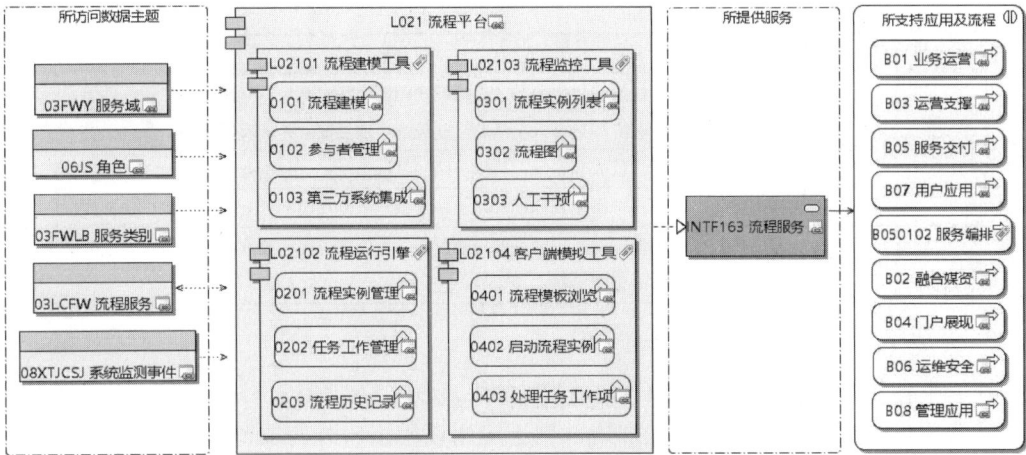

图 12-9　流程平台功能架构

表 12-10　流程平台功能架构的功能块/程序块要点描述

应用功能编号	应用功能名称	描　　述
L02101	流程建模工具	为管理人员提供图形化工具，建立流程模型，管理流程的参与者，实现流程与第三方系统集成
L0210101	流程建模	提供图形化流程建模工具，定义流程的活动、参与者及流转关系
L0210102	参与者管理	基于自身的组织机构框架，或与第三方组织机构管理系统集成，实现对参与者的管理。人工活动的参与者可以指定给组织机构中的人员、部门、角色等
L0210103	第三方系统集成	针对人工活动，提供集成 API，包括查询及领取工作项、提交工作项等 对于自动活动，支持以多种方式调用第三方系统功能，如基于 Web Service、HTTP、Java、数据库操作等
L02102	流程运行引擎	借助流程模板建立流程实例，并驱动流程实例运行，处理分支、循环、并行、合并等逻辑。针对人工活动，生成工作项等待参与者处理；对于自动活动，则调用系统功能
L0210201	流程实例管理	每个流程模板被启动后即生成流程实例，流程引擎驱动流程实例执行，支持流程执行或被中止。一个流程模板的多个实例可以并行。流程引擎为每个流程实例维护独立的上下文
L0210202	任务工作管理	流程实例执行到人工活动时，流程引擎相应地生成工作项等待参与者处理。参与者领取、处理并提交工作项后，流程引擎则驱动流程实例继续执行
L0210203	流程历史记录	记录每个流程实例执行的历史信息，包括执行过哪些活动、每个人工活动的实际参与者（人员），以及提交的处理数据
L02103	流程监控工具	利用流程平台提供的流程监控工具可以了解每个流程实例的当前状态，如处理到哪个环节，以及已处理的各环节的处理数据。此外，可以对流程执行状态进行干预
L0210301	流程实例列表	通过列表查看当前正在执行的流程实例，可根据条件查询某个流程实例的详细信息
L0210302	流程图	以图形方式显示某个流程实例当前的执行状态，如当前执行到哪个环节、已经执行了哪些环节，以及执行的历史数据
L0210303	人工干预	管理员可根据需要干预流程的执行状态，如暂停、恢复、中止、等待

应用功能编号	应用功能名称	描　述
L02104	客户端模拟工具	提供模拟客户端工具，在流程建模完成后，不必专门编写人工操作界面，即可利用模拟客户端处理人工活动，完成工作项领取、处理及提交等
L0210401	流程模板浏览	查看当前流程引擎上可供使用的流程模板，可根据条件查询
L0210402	启动流程实例	可选择一个流程模板，启动、定制一个流程实例
L0210403	处理任务工作项	处理指派的工作项，包括查看工作项信息、流程实例上下文信息等，可提交工作项并输入处理信息

3. 开放平台

开放平台将 ESB 上发布的服务 OpenAPI 分组，形成能力包提供给上层应用调用，并为能力运营提供支撑；为应用生成主密钥，用于应用调用接口时的加密及签名处理；在应用调用接口时进行配额检查、流量控制及访问计量等处理。开放平台功能架构如图 12-10 所示，开放平台功能架构的功能块/程序块要点描述见表 12-11。

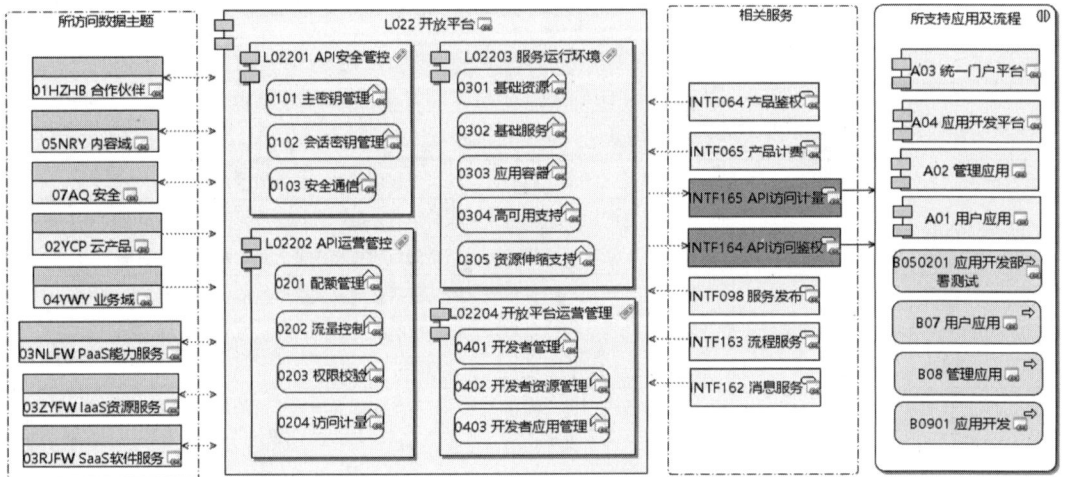

图 12-10　开放平台功能架构

表 12-11　开放平台功能架构的功能块/程序块要点描述

应用功能编号	应用功能名称	描　述
L02201	API 安全管控	为第三方应用调用开放的能力接口提供安全保障，防止第三方应用的身份被冒用，以及防止接口调用的报文数据被窥探或篡改
L0220101	主密钥管理	为第三方应用生成主密钥。主密钥可由开发者从开发者门户登录后获取，也能以离线方式下发。如果开发者发觉主密钥泄露，可立即申请重置
L0220102	会话密钥管理	为第三方应用生成会话密钥。会话密钥包括通信层的加解密密钥及签名密钥。会话密钥具有有效期，在有效期内可重复使用，超出有效期则无法使用，需要重新申请。会话密钥的下发通过主密钥加密
L0220103	安全通信	基于会话密钥，实现开放接口的安全调用。第三方应用调用开放接口时，须在通信参数中标明自己的身份（应用 ID），且请求应答报文经过加密及签名，开放平台会进行相应的解密及签名验证处理，并对应用 ID 进行验证

应用功能编号	应用功能名称	描述
L02202	API 运营管控	对第三方应用调用开放接口的行为进行运营方面的管理及控制
L0220201	配额管理	对应用访问能力接口的配额进行校验。如果已无配额，则禁止调用。开发者须为应用充值后才能继续使用
L0220202	流量控制	对应用的接口访问进行流量控制，如每天或每秒的调用次数不能超出设定的上限。如果超出，则禁止访问
L0220203	权限校验	对应用访问能力接口的权限进行校验。如果超出授权的能力包范围，则禁止调用
L0220204	访问计量	对成功的能力接口调用计数，并消费相应的配额
L02203	服务运行环境	为各类系统提供云端的服务运行环境，服务可部署到 SEE 下运行。SEE 可以基于物理/虚拟资源、容器资源
L0220301	基础资源	为服务运行提供基础资源，如虚拟主机、操作系统、数据库、基础软件、容器等
L0220302	基础服务	通过提供基础服务可完成一些基本操作，既简化服务实现，又减少对环境的依赖，便于统一管理。典型基础服务包括： （1）文件服务，提供文件读写服务 （2）数据库服务，提供数据库操作 （3）日志服务，提供日志记录及查询功能 （4）定时服务，提供定时任务调度机制
L0220303	应用容器	为各类应用或服务提供运行容器。应用或服务部署到容器中运行，容器为应用或服务提供基础服务，并保障应用运行的安全
L0220304	高可用支持	为应用或服务提供高可用支持，如负载均衡、双机热备、存储高可用等
L0220305	资源伸缩支持	根据伸缩策略动态调整应用或服务运行的基础资源、基础服务的规模及性能参数等，既保证应用运行有足够的资源，也保证资源的充分利用
L02204	开放平台运营管理	为运营人员提供管理界面。包括审核开发者的各项申请（注册、资源、应用、权限等），对应用的日常运营行为（配额、流量等）进行管理，对应用的接口访问行为进行统计分析等 为运维人员提供管理界面。包括在测试环境或生产环境下为开发者创建资源；应用的上线、下线及版本切换；对服务的运行进行监控，必要时强制下线或回退版本
L0220401	开发者管理	对开发者的注册申请进行审批，进行开发者的修改、注销管理
L0220402	开发者资源管理	管理开发者的应用环境资源（主机、操作系统、基础软件、基础服务等）。包括根据开发者的申请创建资源，管理资源相关的数量及各项指标参数等。对运行环境的基础服务的运行状态进行监控，以拓扑图的形式展示服务的部署及运行状态，以及各服务的启动、停止操作
L0220403	开发者应用管理	管理开发者的应用。包括根据开发者的申请创建应用，管理应用所访问的能力包、应用的运行环境及相关资源等。对第三方应用的版本进行管理，如应用版本的上线、下线、升级、回退等。每个应用可有多个发布版本，但只有一个在线版本

4. 容器平台

采用 Docker 技术对物理服务器实现资源池化，服务、应用系统运行在 Docker 上，相比于传统物理服务器，将大大提高服务器利用率和应用系统的可用性，减少应用系统宕机时间，同时可减少应用系统部署时间，实现资源的高度共享、集中管理及动态扩展，从而提高资源的利用率。

目前基于 Java 的应用微服务化得到广泛支持的是 Pivotal 提供的 Spring Cloud 框架，Spring Cloud 基于 Spring Boot 实现。Docker 容器引擎也可对其提供支持。

通过 Docker 技术和 DevOps，实现资源的统一运维，提高云平台整体管理水平。容器平台功能架构如图 12-11 所示。

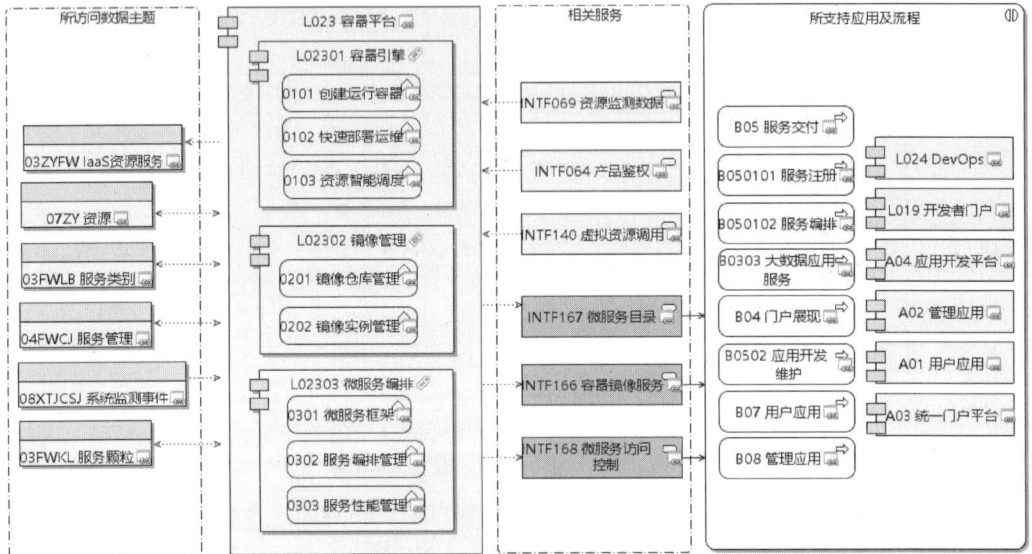

图 12-11　容器平台功能架构

1）容器引擎

容器引擎（Container Engine）提供高可靠、高性能的企业级容器应用管理服务，智能选择适配主机，具有快速的故障切换、弹性伸缩等功能，同时支持 Kubernetes 社区原生应用和工具，可简化云上自动化容器运行环境搭建。容器引擎功能架构的功能块/程序块要点描述见表 12-12。

表 12-12　容器引擎功能架构的功能块/程序块要点描述

应用功能编号	应用功能名称	描　　述
L0230101	创建运行容器	自动化创建容器集群，秒级自动弹性伸缩，并自动化部署中间件服务（消息服务、缓存服务等）和容器化业务，实现全生命周期一站式管理
L0230102	快速部署运维	快速部署运维容器应用，一键式滚动升级，实现代码变更、代码构建、镜像构建和应用部署的全流程自动化
L0230103	资源智能调度	配合第三方开发流水线测试工具，自动完成从代码提交到应用部署的 DevOps 完整流程，替代部署复杂、迭代缓慢的传统方式，提高企业代码交付和部署的效率

2）镜像管理

Docker 容器平台分为镜像（Image）、仓库（Repository）、容器（Container）三层。容器的创建基于镜像。Docker 镜像管理主要针对镜像仓库及镜像实例的操作与管理，支持镜像仓库创建与维护，支持镜像的增/删/改、导入/导出。Docker 仓库管理中，上传/下载镜像通过 Docker 仓库来实现。镜像管理的功能块/程序块要点描述见表 12-13。

表 12-13　镜像管理的功能块/程序块要点描述

应用功能编号	应用功能名称	描　述
L0230201	镜像仓库管理	镜像仓库用于存储镜像，Docker 提供公共仓库 Docker Hub，也可建立私有仓库
L023020101	创建镜像仓库	用户在 Docker 容器平台中创建镜像仓库，填写仓库名称并设置管理员，单击"添加"，即可完成创建。需要选择创建公共仓库还是私有仓库。通常每个仓库存放某一类镜像，如 Ubuntu 仓库、CentOS 仓库、Nginx 仓库等
L023020102	编辑仓库	对于创建好的镜像仓库可分配仓库管理员权限，对仓库中的镜像做各类管理操作
L023020103	镜像列表	镜像仓库中的镜像列表可显示当前平台中所有的镜像及其状态
L0230202	镜像实例管理	Docker 的镜像概念类似虚拟机的镜像，是一个只读的模板。一个镜像包括创建容器所需的数据。镜像的实例化运行即可创建新的容器
L023020201	上传下载镜像	镜像是只读静态文件。可向仓库上传或下载镜像文件。可以在界面上以 tgz、tar 包的方式上传，也可以在平台内、外部上传
L023020202	删除镜像	对平台中已有的镜像可以删除，按照镜像的 tag 来选定删除哪个镜像
L023020203	镜像锁定	对某个镜像做锁定操作，一旦被锁定，该镜像就不能进行更新、删除操作
L023020204	操作日志	每个镜像的上传、下载、删除、锁定操作都会有审计日志来记录，这样可以更好地追溯镜像的使用情况

3）微服务编排

基于微服务架构，一个完整的业务流程通常需要多个微服务的协作，即通过服务编排来实现。服务编排通常基于相对完善的编排框架，由业务或研发人员进行配置。采用 Kubernetes（简称 K8S）可对微服务更好地进行编排。微服务编排的功能块/程序块要点描述见表 12-14。

表 12-14　微服务编排的功能块/程序块要点描述

应用功能编号	应用功能名称	描　述
L0230301	微服务框架	K8S 支持多语言微服务框架，支持零侵入微服务解决方案，提供微服务流水线编排
L0230302	服务编排管理	提供图形化的服务编排，支持容器节点 Node 内、Node 间的服务编排
L0230303	服务性能管理	支持多维度服务指标监控及弹性伸缩，支持微服务调用链分析
L023030301	故障转移	当服务所在主机因故障宕机时，能快速进行故障转移，保证服务的连续性
L023030302	弹性伸缩	当发生浪涌式访问时，配置弹性伸缩即可在访问量剧增时，横向扩展出多个容器承担压力，当访问量降低后，自动释放多余的容器

5. DevOps 管理

DevOps 是近年兴起的打通应用开发、测试、部署、运维的高效理念，是敏捷开发（Agile Dev）模式的必然要求。为了按时交付软件产品和服务，只有持续集成/持续交付（CI/CD），开发、测试、运维工作必须紧密合作。基于容器更利于将该理念落到实处。

持续集成要求不同程序员能够自己完成单元测试（Unit Test），并保持协同编程。持续交付意味着不同程序员修改、整合和构建代码时，可在与生产环境类似的环境中自动测试代码。在不同环境中发布和测试的过程称为部署流水线（Pipeline）。

DevOps 通过技术工具链完成持续集成、持续交付、用户反馈和系统优化的整合。通常用到的工具链包括：协作开发及版本控制工具 GitHub、自动构建及测试工具 Apache Ant、持续集成及交付工具 BuildBot、容器平台 Docker+Kubernetes、配置管理工具 Chef/Rudder、日志管理工具 Logstash、监控警告及分析工具 Nagios/Ganglia 等。

DevOps 管理系统功能架构如图 12-12 所示，DevOps 管理系统功能架构的功能块/程序块要点描述见表 12-15。

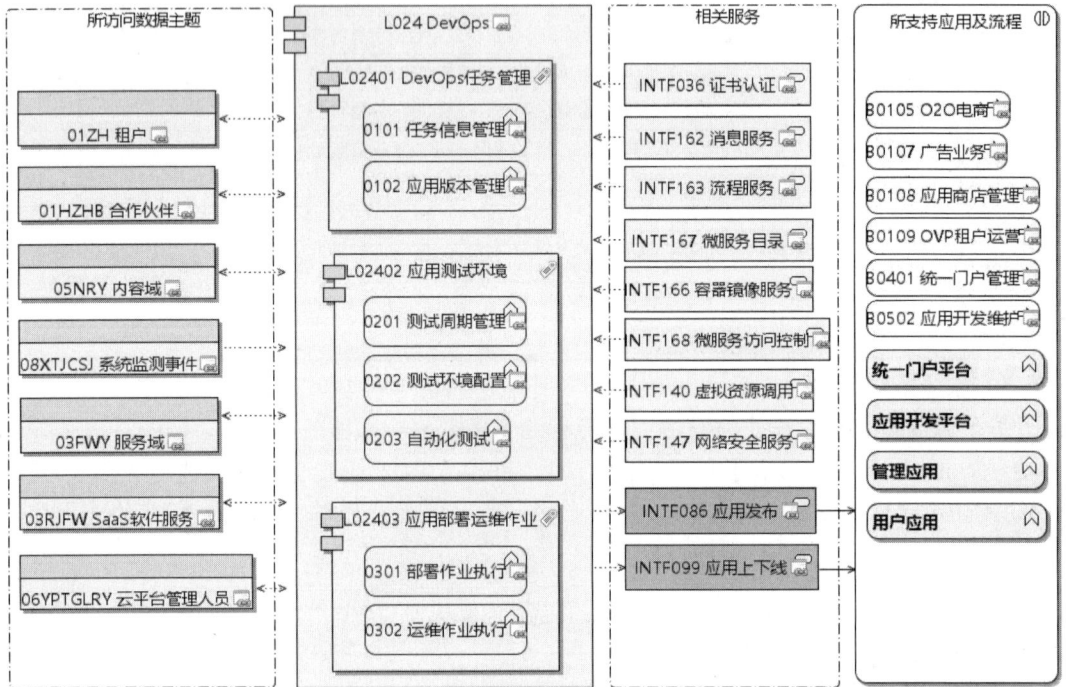

图 12-12　DevOps 管理系统功能架构

表 12-15　DevOps 管理系统功能架构的功能块/程序块要点描述

应用功能编号	应用功能名称	描　　述
L02401	DevOps 任务管理	云平台上同时会有多个系统、服务的多项 DevOps 任务运行，须对这些开发、测试、部署、运维任务进行有序管理，对不同应用的版本进行全生命周期维护
L0240101	任务信息管理	添加 DevOps 项目，配置项目信息。自定义配置步骤：代码打包、代码发布、自动化测试等。当更新代码后，DevOps 系统检测到变化，自动触发工程进行构建，之后对服务进行滚动更新；任务完成后，会将结果通知管理人员
L0240102	应用版本管理	平台支持对接已有或新建版本管理工具，读取版本管理工具中的项目。每次版本更新都进行版本标识 Docker 支持持续集成（CI），每次提交代码都可实时发布到对应测试环境，验证代码质量
L02402	应用测试环境	基于虚拟化或容器平台为开发者提供离线或在线的测试环境，以支持应用调试
L0240201	测试周期管理	支持在线及离线调试，可以在各级逻辑实现及代码行中设置断点，并跟踪查看断点处的上下文状态。测试形成报告并通知开发团队，对整个测试周期进行跟踪管理

续表

应用功能编号	应用功能名称	描 述
L0240202	测试环境配置	按生产环境的实际部署方式建立服务端测试环境，开发者可以利用开发工具或实际的终端访问服务端。服务端测试环境中可以部署开发者自己的应用服务端，也包含各能力接口的测试环境 离线的服务端模拟器以插件形式嵌入开发环境，可以模拟应用调用服务端能力接口的效果，以支持离线开发及调试。开发者可以自行设定服务端模拟器处理请求的逻辑及返回的应答
L0240203	自动化测试	通过自动化测试系统及辅助工具，对大量可回归测试项进行自动化测试，以显著降低人工测试工作量，提升效率
L02403	应用部署运维作业	基于虚拟化或容器平台的统一管理，测试通过的应用版本，可便捷地部署运维
L0240301	部署作业执行	Docker 可实现生产环境与测试环境的"零"差别，因此可有效支持持续交付（CD），结合配置管理工具，使部署工作更加快捷
L0240302	运维作业执行	监控警告及分析工具是运维工作的"耳目"，可帮助运维管理人员及时发现问题；而 Docker+Kubernetes 的容器平台则提供了更高的可用性，也可帮助运营人员实现更短的故障恢复时间

12.3.3　融合视频平台

融合视频平台是 PaaS 层专门负责提供视频内容处理、媒资管理、视频业务（直播、点播、时移、回看等）的能力平台，主要包括直播、互动 VOD、内容聚合、融合 CDN 等系统。

融合视频平台是 OVP 的核心组成部分，通过与统一门户平台、运营支撑平台及相关能力系统的协作，提供完整的 OVP 功能，实现对外提供 SaaS 服务。融合视频平台功能架构如图 12-13 所示。

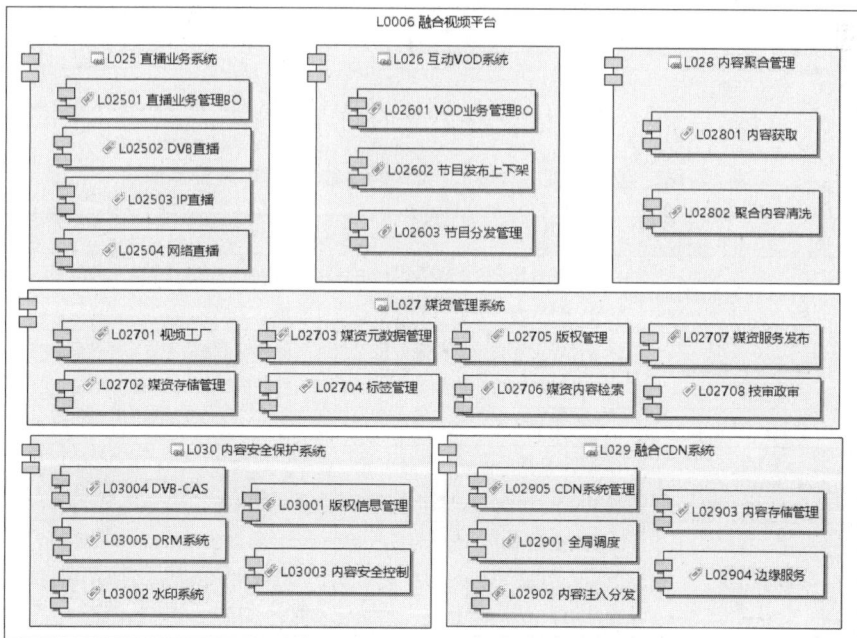

图 12-13　融合视频平台功能架构

1. 互动 VOD 系统

互动 VOD 系统完成面向多屏的 VOD 业务的管理功能，包括面向不同终端的栏目定义及节目编排、编排审核；如要进行节目转码，须向转码能力系统下发转码任务；对业务包进行定义，作为 BOSS 定义产品的基础；对审核通过的内容，向融合 CDN 发出注入指令；对待发布内容进行审核、上下架操作。互动 VOD 系统功能架构如图 12-14 所示，互动 VOD 系统功能架构的功能块/程序块要点描述见表 12-16。

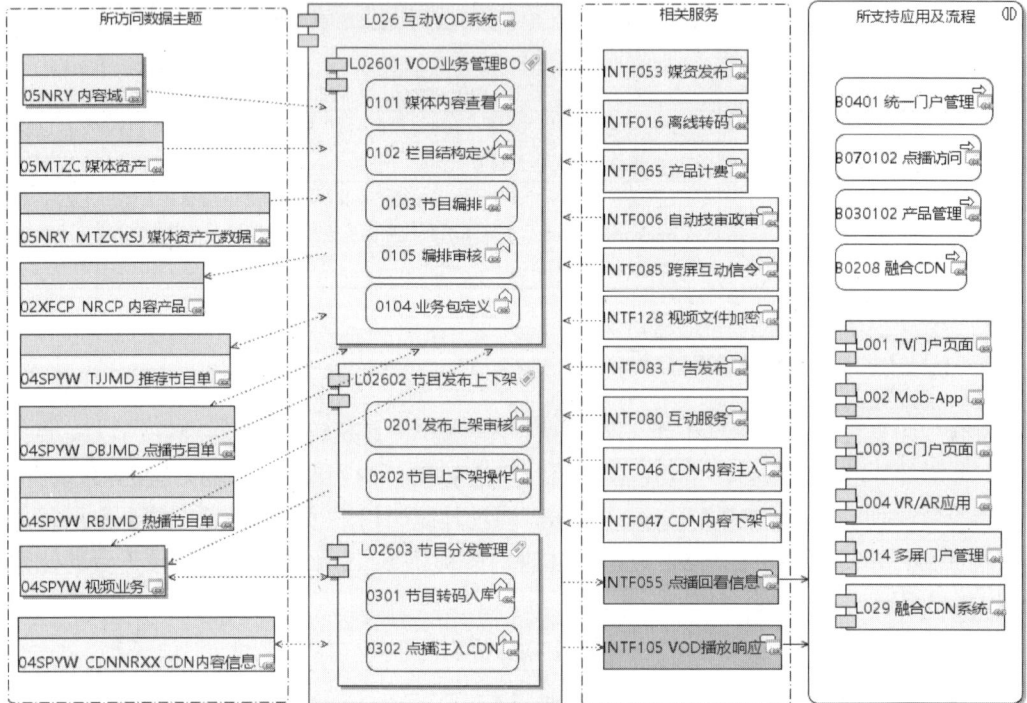

图 12-14　互动 VOD 系统功能架构

表 12-16　互动 VOD 系统功能架构的功能块/程序块要点描述

应用功能编号	应用功能名称	描述
L02601	VOD 业务管理 BO	通过媒资管理系统获得媒体内容相关元数据，基于 VOD 业务规划，对内容进行分栏目、分专题、分组、分终端等节目编排
L0260101	媒体内容查看	通过媒资管理系统的服务接口获得媒体内容，包括媒体文件及元数据。可提供按分类、关键字等方式进行的查询、索引、视频预览
L0260102	栏目结构定义	面向多屏进行分终端、分栏目、分专题、分组等多维度的栏目结构定义
L0260103	节目编排	基于 VOD 业务规划，对应定义好的栏目结构进行节目分组、编排，建立栏目结构与相应节目的对应关系，并可持续更新节目内容
L0260104	业务包定义	业务包是可用于产品定义的节目组合。业务包可以是单个节目、一定数量的节目组，也可以是栏目、专题、分组（含专区），面向不同终端的内容可以同步，也可以有差异

应用功能编号	应用功能名称	描　述
L0260105	编排审核	对节目编排的列表、节目相关内容进行审核，对媒体文件进行预览。对审核未通过内容进行驳回
L02602	节目发布上下架	对面向多终端的待发布内容进行审核、上下架操作管理
L0260201	发布上架审核	对面向多终端的待发布内容进行栏目编排核对、节目包核对、预览审核
L0260202	节目上下架操作	对审核通过的节目，发起 CDN 注入，并对多屏门户及应用发布上架 对审核未通过的节目进行驳回。对已上架节目，可进行下架操作，在修改节目单的同时，通知 CDN 系统将该节目从服务器中删除
L02603	节目分发管理	拟上架的媒体文件，如有适应多屏、多码流的要求，则须转码；转码后的节目保存在点播节目库中，以供注入 CDN 分发
L0260301	节目转码入库	根据 VOD 发布任务指令，从媒资库获取媒体文件，对于面向不同终端的发布内容，须检查是否有相应格式的媒体文件；如没有，则发起转码任务。转码的节目保存到点播节目库的存储服务器上
L0260302	点播注入 CDN	业务包定义完成后，相关节目进入待发布状态。同时发起向融合 CDN 注入的指令，根据面向多屏的节目编排，注入相应格式的媒体文件 直观显示注入状态、进度，可对注入任务进行管理

2. 直播业务系统

直播业务包括 DVB 直播、网络/OTT 直播、视频监控等多种形式，以及基于直播的时移、回看等延伸业务。可基于直播共享功能模块实现直播业务的统一管理，包括 DVB 直播信号，转码后可通过广电 IP 内网和互联网进行 IP 直播；网络直播信号，转码后可通过运营商内网进行 DVB 直播、IP 直播。直播业务系统功能架构如图 12-15 所示，直播业务系统功能架构的功能块/程序块要点描述见表 12-17。

表 12-17　直播业务系统功能架构的功能块/程序块要点描述

应用功能编号	应用功能名称	描　述
L02501	直播业务管理 BO	直播业务系统中，DVB 直播、IP 直播、网络直播共同的功能可以统一实现，有利于业务统一管理
L0250101	EPG 信息管理	对自办直播频道须提前完成 EPG 编排，对转播电视直播 EPG 信息进行编辑管理，为门户系统、租户等外部系统提供 EPG
L0250102	时移回看管理	在直播收录基础上实现直播时移，结合 EPG 导航实现回看
L0250103	在线转码管理	如有直播在线转码需求，则调用转码系统的在线转码服务进行直播流转码
L0250104	业务包定义	直播业务包是可用于产品定义的直播节目组合。业务包可以是单个频道、一定数量的频道组，也可以对应时移、回看功能进行定义 面向不同终端的业务包定义可以同步，也可以有差异
L02502	DVB 直播	DVB 直播，包括电视频道转播、自办直播 频道转播会对 EPG 信息经复用器重新映射，对加密节目须先解密。对要实现时移回看的频道内容须进行直播收录 自办直播须先编排 EPG，根据 EPG 进行媒资内容的上线，在播出之前应进行 CAS/DRM 加密。DVB 直播信号采用 TS 码流格式

续表

应用功能编号	应用功能名称	描　述
L0250201	SI 信息生成	基于 EPG 信息重映射生成 DVB 规范的 SI 表，插入直播 TS 码流
L0250202	DVB 直播服务器	用以实时生成直播视频 TS 码流，并注入复用加扰器；也可提供延时播功能，对指定频道进行指定时段的延迟。延时播、垫播是保障安全播出的一种策略
L0250203	复用加扰调制	DVB 直播系统中，对 TS 码流的处理包括复用、加扰、调制三个主要环节，通常采用专用硬件设备。实现多路 SPTS 码流的 MPTS 复用，通过 CAS 系统实现 TS 加扰，实现 TS 码流的 QAM 调制
L02503	IP 直播	指电视频道转播、自办直播频道经 IP 网络的转播。与 DVB 直播不同，其播出视频流通常基于 HLS 等流媒体协议实现
L0250301	直播在线转码	通常须调用转码系统的在线转码服务，对 DVB 直播频道进行转码形成 IP 直播流
L0250302	IP 播出服务器	IP 播出服务器负责直播信号源的生成和管理
L0250303	直播注入 CDN	将 IP 直播流注入融合 CDN，进行网络高效分发
L02504	网络直播	网络直播是指通过网络获取直播信号源，包括互联网直播、视频监控信号等。其推流通常也采用 IP 流媒体协议
L0250401	视频采集工作站	对一路或多路摄像信号进行采集、IP 视频播出。多路信号须做导播切换管理
L0250402	IP 直播服务器	IP 播出服务器负责直播信号源的生成和管理
L0250403	直播注入 CDN	将 IP 直播流注入融合 CDN，进行网络高效分发

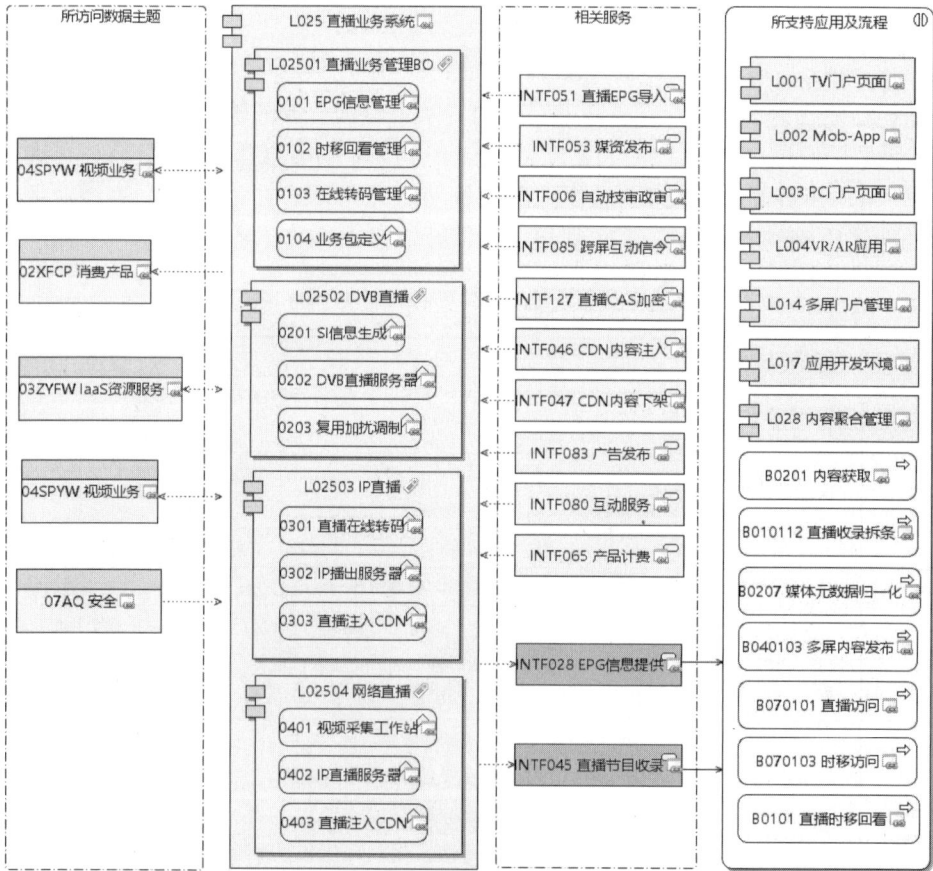

图 12-15　直播业务系统功能架构

3. 内容聚合管理

内容聚合管理负责多来源内容的采集，包括直播 EPG 导入、直播收录、批量媒体文件及元数据的导入、本地内容上传、网络爬取等，并对内容进行技审政审，对爬取内容进行数据清洗、内容质控。内容聚合管理功能架构如图 12-16 所示，内容聚合管理功能架构的功能块/程序块要点描述见表 12-18。

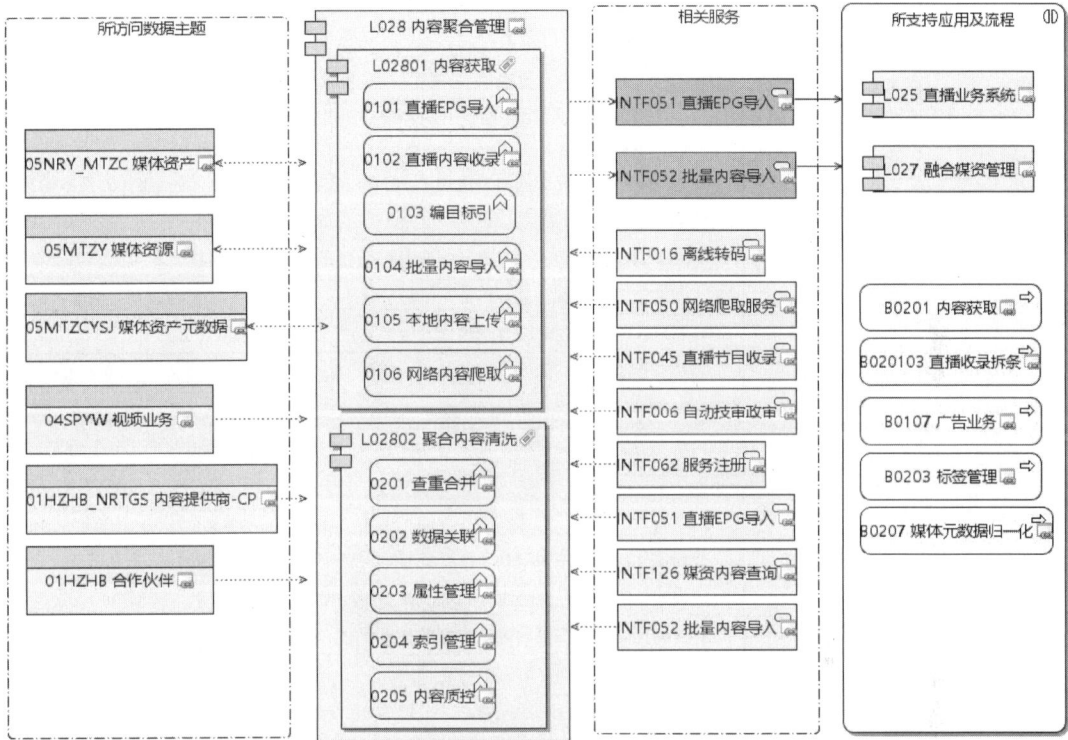

图 12-16　内容聚合管理功能架构

表 12-18　内容聚合管理功能架构的功能块/程序块要点描述

应用功能编号	应用功能名称	描　述
L02801	内容获取	内容获取是对多来源内容（媒体文件、元数据）的统一引入，包括电视直播收录内容、直播 EPG 信息、CP/SP 内容、自有内容、UGC/PGC 内容等。SP 通常对自己的媒体文件自主分发，其发布的元数据须同步获取，以便于后续提供全局搜索、推荐服务
L0280101	直播 EPG 导入	导入直播 EPG 信息，作为收录任务管理的依据。EPG 可从 DVB 直播 TS 码流中解析，也可通过带外方式获取
L0280102	直播内容收录	设置电视直播频道收录任务，并调用直播节目收录服务，将收录拆条的视频存入素材库。同时，对收录生成的文件进行编目
L0280103	编目标引	对多来源音视频内容的元数据进行著录、标引，基于完善的元数据提供各种检索服务。对于编目任务，可分为处理中、已完备、未完备三种状态

应用功能编号	应用功能名称	描　述
L0280104	批量内容导入	对 CP 提供的媒体文件及元数据进行批量导入，存入成品库；系统提供对 CP 内容导入路径、存储路径的管理 对 SP 在线发布内容对应的元数据，通过接口提前获取或实时采集 OVP 平台租户分为机构和个人，也可通过 API 接口进行内容批量导入
L0280105	本地内容上传	运营商或 OVP 租户可将本机存储内容上传到素材库
L0280106	网络内容爬取	从网络上爬取相关的媒体内容，主要可获取元数据及丰富的扩展信息，也可通过下载获取媒体文件
L02802	聚合内容清洗	由于各类来源不遵循统一规范，导致聚合获取的媒体文件和元数据严重不一致，须专门进行数据清洗 通过对聚合内容元数据的清洗加工，整合出完备的元数据集，包括媒体的基本信息、属性信息及多来源的关系信息，以实现元数据归一化
L0280201	查重合并	将多来源媒体元数据按各属性字段进行信息比对，做自动为主、人工为辅的查重工作。通过设置比对参数项，将比对结果分为"完全重合"和"疑似相同"两类。经人工判断后，将相同内容合并形成同一媒体资产
L0280202	数据关联	系统自动为合并后的元数据分配唯一媒资 ID，与其对应多来源的媒体文件 ID 及播放地址进行绑定；对于相似的内容，人工介入查重判定后进行关联绑定
L0280203	属性管理	网络爬取的视频内容除了基本媒体元数据，还具备更多的扩展信息，可分如下 4 种属性 基本属性：名称、媒体类别、导演、主演、梗概等基本信息 访问属性：互联网访问量、排行榜权重、评论、评分、顶/踩等 版权属性：互联网在播源站名称及其多终端播放版权情况 标签属性：用户产生的对该内容的补充信息，可作为运营的另一种参考维度
L0280204	索引管理	查询某个视频内容，可有多种途径 原样保留一份各源站的元数据，以通过 SP 专区进行检索 多来源内容查重合并后形成的统一元数据用于全局搜索、推荐服务
L0280205	内容质控	各源站的内容上下线较随意，网络爬取的元数据及链接一定时间后有可能失效。内容质控主要是监测和管理内容有效性 因此，须对爬取的内容链接进行周期性监测，当发现失效链接后，须标识预警；通过有效性处理规则实现自动下线或交由人工处理

4. 媒资管理系统

　　媒资管理系统须在传统媒资基础上，针对面向多屏发布、面向 OVP 开放模式的需求，进行功能增强，主要功能包括：视频工厂、媒资文件及存储管理、多来源媒资元数据的归一化管理、元数据有益扩展的标签管理、版权管理、基于内容聚合提供更好的检索功能、对通过最终审核的内容数据对外发布媒资服务。融合媒资的工作流程比较复杂、多变，可借助工作流引擎进行各类流程设置和管理。媒资管理系统功能架构如图 12-17 所示，媒资管理系统功能架构的功能块/程序块要点描述见表 12-19。

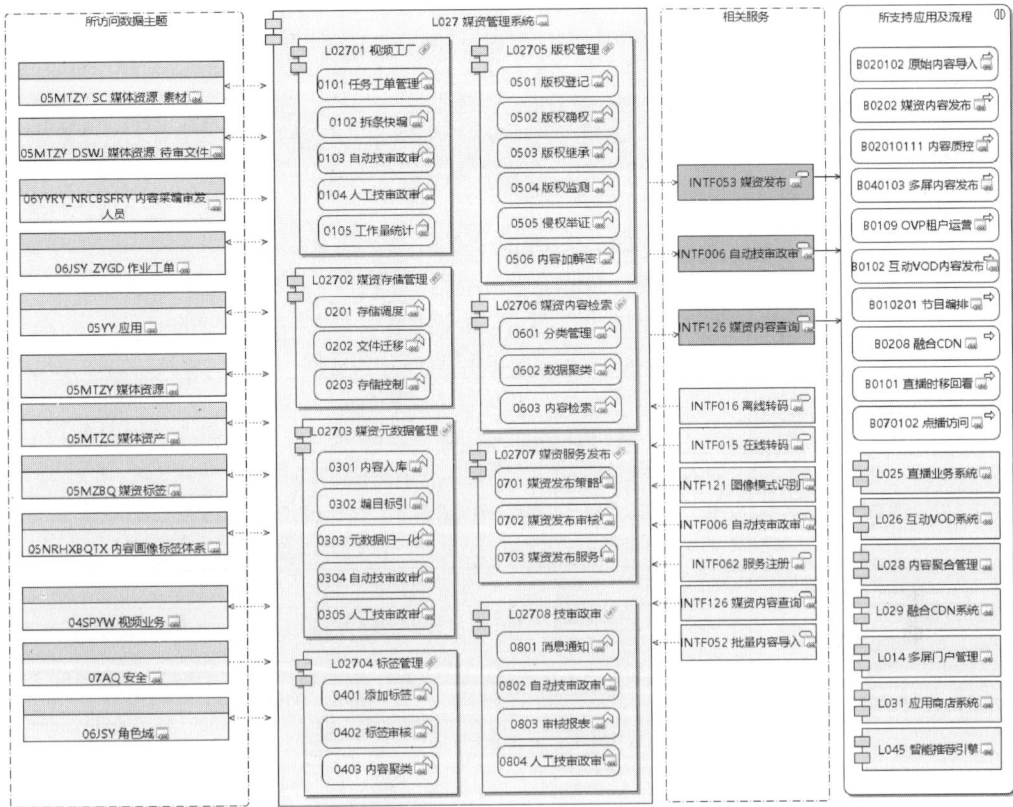

图 12-17　媒资管理系统功能架构

表 12-19　媒资管理系统功能架构的功能块/程序块要点描述

应用功能编号	应用功能名称	描　　述
L02701	视频工厂	主要负责视频文件的编辑加工，包括直播收录后文件的拆条快编，对编辑加工任务工单的管理，以及编辑工作量的统计。如要进一步加工，须增加非线编功能
L0270101	任务工单管理	通过任务工单实现对编辑加工的任务分配和跟踪管理。借助工作流引擎进行各类流程设置和管理
L0270102	拆条快编	对直播收录内容中的频道、栏目通过打点、拆条、获取关键帧等操作，进行自动化快编在此基础上，可进行简单的人工剪切修正，并引入编目、审核环节。将通过审核的媒体文件与元数据进行合成，并存入媒资存储库
L0270103	自动技审政审	调用自动技审政审服务
L0270104	人工技审政审	对于内容审核，人工审核可在任何环节介入
L0270105	工作量统计	对编辑加工的工作量、任务执行进度进行统计，并可展示一段时间内的工作量和总时长等数据
L02702	媒资存储管理	对媒资文件及其在素材库、成品库、发布库间的迁移进行管理
L0270201	存储调度	实现对素材库、成品库、发布库的媒资文件进行统一调度、监控
L0270202	文件迁移	按照调度策略、操作指令实现对内容在素材库、成品库、发布库之间做迁移
L0270203	存储控制	对媒资文件的存储状态进行监控
L02703	媒资元数据管理	在内容聚合系统的基础上，对媒资元数据进行入库、编目、归一化、审核等管理

应用功能编号	应用功能名称	描　　述
L0270301	内容入库	对内容获取环节获得的元数据进行审核、入库
L0270302	编目标引	对多来源音视频内容的元数据进行著录、标引,基于完善的元数据提供各种检索服务。支持根据已有的编目字段结构,录入部分字段的值,创建编目模板,编目模板有模板名、创建人、编目层次等属性 对于编目任务,状态可分为处理中、已完备、未完备三种
L0270303	元数据归一化	在内容聚合元数据归一化基础上,进行完备、一致的元数据管理,支撑全局搜索、推荐等服务。同时继承 CP/SP 提供的元数据版本,用于专区展现和检索
L0270304	自动技政审	调用自动技政审服务,实现对内容的计审政审
L0270305	人工技审政审	对于内容审核,人工审核可在任何环节介入
L02704	标签管理	对媒资内容添加标签,是对元数据的有益扩展
L0270401	添加标签	引入的多来源内容,如自带标签,可支持标签批量导入 基于媒资元数据,可实现自动提取标签,作为元数据的有益扩展 允许编辑(或用户)对内容添加标签,标签添加须遵循规范
L0270402	标签审核	对批量导入、自动提取、人工添加的标签须提供审核、修正功能
L0270403	内容聚类	通过分类、聚类算法,基于内容元数据及扩展标签,实现内容的自动化分类、聚类,便于查询搜索
L02705	版权管理	对媒资内容的版权信息、加密保护、版权监测、侵权举证进行管理
L0270501	版权登记	通过权威版权认证平台获得版权信息,进行内容版权登记 主内容的版权登记(作品名称、作品类型、著作权人) 外来文件的版权继承(作品名称、作品类型、著作权人)
L0270502	版权确权	与权威版权认证平台对接,获得版权信息或通过服务方式在线实现内容版权认证及确权;实现对多来源获取的内容的版权检索
L0270503	版权继承	多来源聚合内容的版权信息继承与管理 在面向多终端进行发布时,须进行版权过滤 在发布后的传播过程中,须进行版权信息传递
L0270504	版权监测	根据媒资内容 DCI 码(数字版权唯一标识符)及相应的作品信息(作品名称、作品类型、著作权人),在广泛的传播范围内进行作品侵权监测。通常会购买第三方监测平台服务
L0270505	侵权举证	提供版权监测以获取侵权证据并保存。为用户生成报告时,所提取的是当前最新的网络信息,可使用该报告作为证据
L0270506	内容加解密	在进行版权内容分发时,须进行版权保护,调用内容安全保护服务,实现对内容的加密、解密处理
L02706	媒资内容检索	基于媒资元数据及标签管理,做进一步分类、聚类处理,为融合媒资系统使用者提供内容检索服务
L0270601	分类管理	媒资系统遵循元数据标准的分类管理,媒资库里的内容可属于一个或多个分类。随着分类标准的变更,系统支持分类的增减、修改等功能
L0270602	数据聚类	通过聚类算法,基于内容元数据及扩展标签,实现自动化聚类,识别形成特定主题,通过词汇挖掘、实体识别、关系抽取、多源融合,形成媒资内容知识图谱
L0270603	内容检索	基于分类、聚类形成的媒资内容知识图谱,提供更加自由、灵活的内容检索服务。支持语义检索、模糊搜索、问答交互、热点发现等更加智能的海量内容的快速检索

应用功能编号	应用功能名称	描　述
L02707	媒资服务发布	对通过视频编辑加工、元数据编目及技审政审的媒资内容,进行媒资发布审核 媒资管理系统不直接面向终端用户提供内容,而以数据服务方式为门户系统、应用系统提供基础内容的输出
L0270701	媒资发布策略	通过设计多种过滤条件来筛选可以对外发布的媒资内容 过滤条件主要包括面向的终端类型、内容获取来源、版权许可范围、租户权限范围、清晰度、编码格式、内容分类等多种维度
L0270702	媒资发布审核	基于媒资发布策略过滤的媒资内容可以自动通过审核并发布;也可引入人工审核调整机制,面向多终端的发布任务,对待发布内容进行审核干预、调度、监控等管理
L0270703	媒资发布服务	正式通过发布审核的内容,将以服务接口的方式对外提供。有访问权限的工作人员、租户可访问,并获取相关数据
L02708	技审政审	对多来源聚合内容,进行自动技审政审,对自动审核报警进行人工处理。可引入人工技审政审的干预环节 自动/人工技审政审在融合媒资管理系统的内容聚合、数据关联、内容加工、属性管理等流程中根据需要可重复部署
L0270801	消息通知	各技审政审环节中对审核的批注意见,以消息的形式通知相关人员做后续处理
L0270802	自动技审政审	基于算法模型自动完成技术审核,包括内容是否有黑场、马赛克、爆音等技术问题;基于算法模型自动完成内容审核,保证内容画面准确无误,无涉黄、涉暴、涉恐等违规内容
L0270803	审核报表	每次自动或人工审核结果形成报表,管理人员可查看所有的审核报表和状态
L0270804	人工技审政审	对于内容审核,人工审核可在任何环节介入

5. 融合 CDN 系统

媒体业务、分发渠道及用户终端的多元化,不仅对媒资管理系统提出了融合的要求,对 CDN 系统也提出了兼容多种内容分发模式的要求。融合 CDN 系统可实现对 NGOD、IP、Internet 等不同内容分发体系的统一调度管理,使媒体业务的开展更加简单、高效。融合 CDN 系统功能架构如图 12-18 所示,融合 CDN 系统功能架构的功能块/程序块要点描述参见表 12-20。

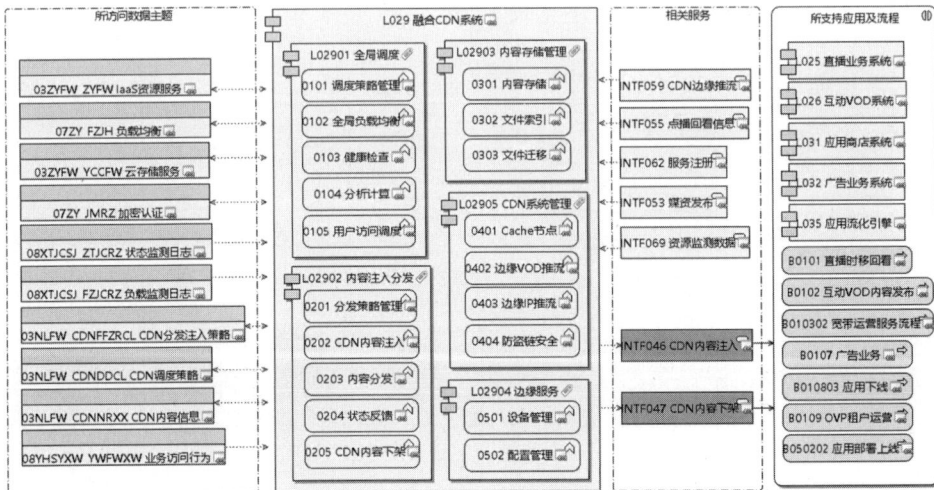

图 12-18　融合 CDN 系统功能架构

表 12-20　融合 CDN 系统的功能块/程序块要点描述

应用功能编号	应用功能名称	描　述
L02901	全局调度	全局调度系统按主动分发策略将注入源站的内容向分节点、边缘节点进行主动推送 全局调度系统被动响应应用用户请求，根据用户终端的位置信息、CDN 边缘节点的健康状况，以及预先设定的调度策略，将用户调度到合适的 CDN 边缘节点上并提供服务
L02902	内容注入分发	负责接收业务系统的内容注入指令，将指定内容注入 CDN 源站以待分发；除源站外，也可支持分节点、边缘节点注入 管理融合 CDN 系统的内容注入策略，主要根据源地址和目的地址，协同全局调度策略进行内容分发 将融合 CDN 系统的内容注入、分发执行结果反馈给业务系统
L02903	内容存储管理	基于分布式存储系统实现对注入融合 CDN 系统的数据进行统一存储管理。根据内容注入及分发策略进行数据的创建、复制、迁移、更新、删除等操作
L02904	边缘服务	响应全局调度指令，为用户终端提供吐流服务，同时承担边缘节点的管理功能 （1）对边缘节点的负载、健康状态进行监控，并基于本地内容的热度数据进行本地负载调度 （2）对热门内容进行本地缓存和副本复制，对冷门内容按策略及时清除 （3）实施防盗链等安全操作，拒绝非法访问 （4）生成服务日志，方便问题追踪及对账
L02905	CDN 系统管理	主要实现融合 CDN 系统的设备管理、配置管理、角色权限管理等

6. 内容安全保护系统

传媒业务的核心赢利模式主要是广告模式和内容付费模式。内容付费模式成立的前提条件是媒体内容得到有效的安全保护，只有付费用户才能有条件获得媒体内容服务。成熟的媒体内容安全保护技术主要包括 CAS、DRM、水印等。基于区块链的内容价值保护方案尚在探索中，这里暂不介绍。内容安全保护系统功能架构如图 12-19 所示，内容安全保护系统功能架构的功能块/程序块要点描述见表 12-21。

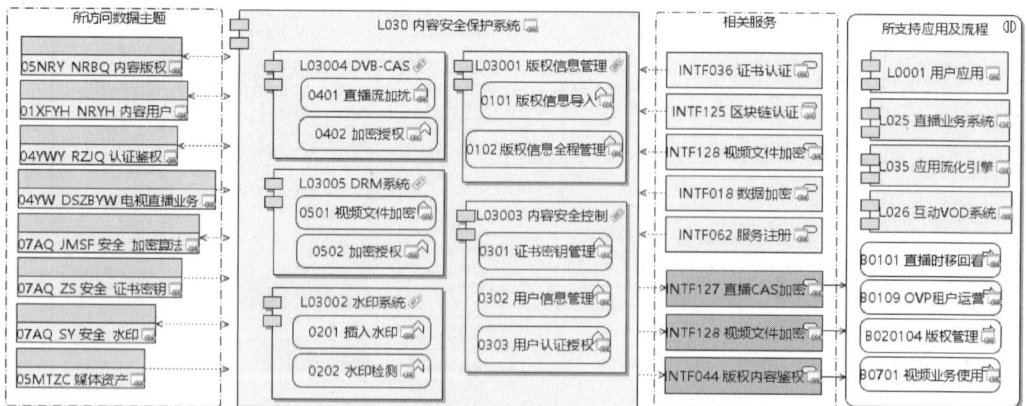

图 12-19　内容安全保护系统功能架构

表 12-21 内容安全保护系统功能架构的功能块/程序块要点描述

应用功能编号	应用功能名称	描 述
L03001	版权信息管理	获得媒体内容的数字版权是合法使用内容的前提
L0300101	版权信息导入	根据媒体内容引入的渠道，获得相应的版权信息并导入系统
L0300102	版权信息全程管理	媒体云平台运营商获得哪些内容的版权使用授权，适用范围、期限的约定等信息均须进行全程管理 对合作引入的第三方内容，也要对 CP/SP 所提供内容的版权信息进行核实、管理
L03003	内容安全控制	内容安全保护系统的核心功能是证书密钥的管理及用户认证授权的控制
L0300301	证书密钥管理	内容安全保护通常采用非对称加密算法。为每个合法用户颁发证书，证书包括公钥、姓名、数字签名三部分。合法用户同时获得与证书公钥配对的秘密私钥系统，对用户证书申请、颁发、更新、注销进行全程管理，提供按证书 ID、用户 ID、设备 ID、状态、申请时间等条件进行查询的功能 密钥安全是云平台整体安全的核心。内容安全保护系统所需密钥（公钥/私钥）均由 PKI 基础设施提供密钥生成、密钥分配及传递、密钥保存、密钥备份及销毁等管理功能及服务
L0300302	用户信息管理	内容安全保护系统须对付费业务申请用户的基本信息、申请产品、付费情况等进行管理，作为用户接受付费业务的前提条件
L0300303	用户认证授权	用户在访问付费业务时，须使用私钥解密被加密的媒体内容，解密的前提就是用户终端通过内容安全保护系统的身份认证，之后方可得到通过加密通道传递给用户的授权控制字（CW），用于媒体内容的解密
L03004	DVB-CAS	通过对数字视频广播业务进行内容加密、访问控制，为付费收看业务提供内容安全保护的技术系统
L0300401	直播流加扰	遵循 DVB 系列规范，对数字电视直播流进行加扰后混入复用器的 TS 码流，并进行广播传输
L0300402	加密授权	借助独立的智能卡（Smart IC）、集成到终端电路上的安全芯片或者集成到主芯片中的安全区（Trust Zone），与 CAS 系统建立安全可信链路以传递授权信息
L03005	DRM 系统	通过对数字媒体内容进行加密，并结合内容版权信息进行防盗版。随着版权意识的提升，DRM 技术广泛应用于互联网、移动终端及 IPTV 等专网环境
L0300501	视频文件加密	国际主流的 DRM 标准有标准组织制定的 OMA-DRM、Marlin-DRM，以及苹果的 Fairplay、微软的 Play Ready、谷歌的 Windvine 等，中国主导的 ChinaDRM 标准已进入推广阶段。在专网环境中，用户终端完全受控，因此可采用相对单一的加密算法及流媒体协议。而在开放互联网环境中，为覆盖尽可能广的用户群，须采用主流标准，甚至要同时兼容所有主流标准，也要考虑对 MPEG-DASH、HLS、Smooth Streaming ABR、CMAF 等主流视频格式的支持
L0300502	加密授权	DRM 的安全等级因采用不同安全等级的芯片而不同。在芯片基础上，还须与 iOS、Android 或中国 TVOS 等操作系统集成，与平台侧 DRM 系统建立安全可信链路以传递授权信息
L03002	水印系统	通过在数字内容中加入可追踪水印，实现对盗版行为的事后追踪
L0300201	插入水印	在原始媒体数据中插入具有一定意义的附加信息作为标记，这些信息与原始数据紧密结合，并随之一起被传输。水印分为显性、隐性两种
L0300202	水印检测	在广泛的传播平台、渠道、接收端获得媒体文件副本，通过专用工具将内嵌水印信息提取出来，即可用于验证该平台或渠道是否盗用了版权方内容

12.3.4 业务能力系统

业务能力系统是指一系列相对独立且与业务功能实现有密切关系的能力系统，主要有广告业务系统、应用商店系统、融合通信系统、O2O电商系统、互动支撑系统、自然交互引擎、应用流化引擎、3D-GIS引擎、XR应用引擎、区块链引擎等。随着业务的不断创新发展，业务能力系统可不断增加、调整。目前已有不少公有云平台在提供GIS引擎、AI智能引擎、区块链引擎等新兴的能力服务，随着5G的商用化，应用流化引擎、XR应用引擎也日益受到重视。建议媒体云平台运营商，前期可尝试性地通过外部合作直接引入新兴的能力服务，用于对上层应用的支撑；待业务需求越来越多，再考虑通过混合云、私有云方式自主建设相应的业务能力系统。

1. 广告业务系统

广告业务系统负责在云平台覆盖范围内以人工编排为主的传统方式进行广告投放；也可通过与智能推荐引擎提供的广告定向服务相结合，实现广告精准投放。

互联网媒体日益成为用户聚集地，互联网广告产业化程度也越来越高。基于实时竞价（Real Time Bidding，RTB）机制，细化出供应方平台（Sell-Side Platform，SSP）、需求方平台（Demand-Side Platform，DSP）、广告交易（AdExchange）平台、数据管理平台（Data-Management Platform，DMP）、监测分析（Measurement&Analytics）平台等，形成了丰富的生态。

媒体融合发展大势之下，智慧媒体云平台运营商除了自建广告业务系统，还可通过与领先的互联网广告平台合作，引入大量广告主资源，也可拓展更多的广告渠道，提升智慧媒体云平台的广告变现能力。广告业务系统功能架构如图12-20所示，广告业务系统功能架构的功能块/程序块要点描述见表12-22。

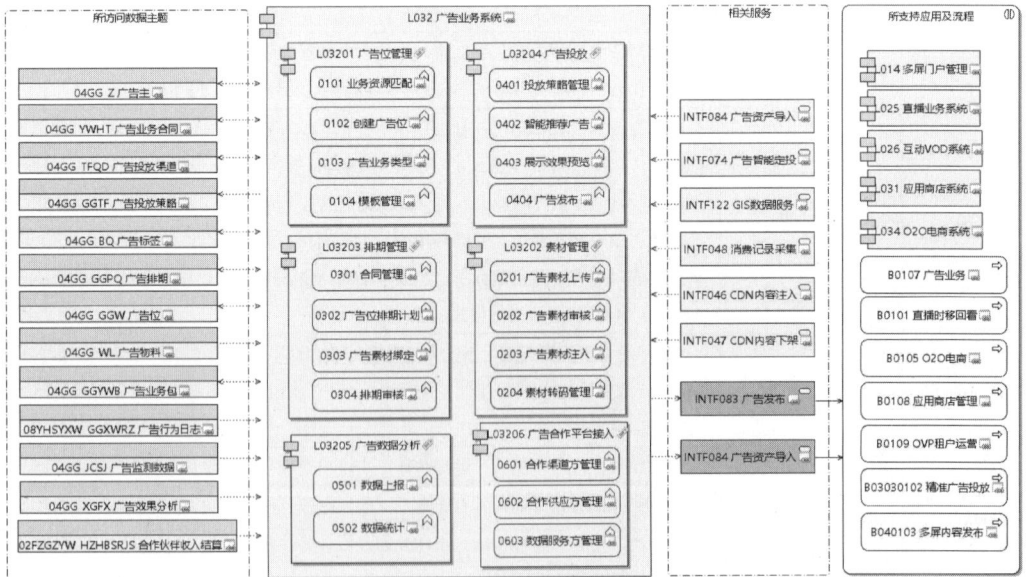

图12-20 广告业务系统功能架构

表 12-22　广告业务系统功能架构的功能块/程序块要点描述

应用功能编号	应用功能名称	描　述
L03201	广告位管理	所有广告投放都须以广告位为载体。广告位创建后一般会使用默认图片作为内容展示。广告位管理包含业务匹配、广告业务类型、模板等基础数据
L0320101	业务资源匹配	广告位是依附于相应的业务而存在的，如门户页面、直播频道栏目、影视剧、图文内容、游戏、应用等。须明确广告位在业务资源中的位置及尺寸
L0320102	创建广告位	根据业务资源匹配的广告位规划在广告系统中创建并维护广告位
L0320103	广告业务类型	通常定义的广告业务类型包括：图片、视频、口播、动画、弹出、软文、冠名、植入等，广告付费模式包括 CPM、CPC、CPA、CPS 等。广告位可根据其特性对应一种或多种广告业务类型
L0320104	模板管理	广告模板用来设置广告位的规格，包括尺寸规范、展现方式、互动功能等。广告位可根据其特性对应一种或多种广告模板。基于模板为广告位及广告素材提供规格规范，方便使用
L03202	素材管理	广告素材又称广告物料，是要投放的广告内容。素材可分为视频、图文、页面、互动小应用等
L0320201	广告素材上传	将广告主提供的广告素材上传到系统存储空间，并完成对广告素材的基本信息录入和管理，与广告主及广告合同建立对应关系
L0320202	广告素材审核	对上传、录入的广告素材及其信息进行技审政审
L0320203	广告素材注入	审核通过的图片、视频等广告素材，向融合 CDN 发起注入指令。广告管理系统异步接收 CDN 的反馈，并对其状态进行标识
L0320204	素材转码管理	视频广告素材如要转码，则通过调用转码服务完成。广告管理系统须接收或向转码系统查询转码任务状态，并根据反馈对转码任务进行标识
L03203	排期管理	根据广告位资源可用情况，匹配广告投放的有效时间窗口
L0320301	合同管理	广告合同是广告业务排期的依据。广告合同管理指明确广告形态、投放渠道、区域、时段、频次、周期、效益等
L0320302	广告位排期计划	对平台所掌握的所有广告位资源的可用情况进行全盘管理。在保护用户体验的同时，充分发掘每个广告位价值，以实现收益最大化。针对每个可用的广告位资源，与已签约的广告业务合同匹配 针对特定时间范围和特定广告位资源提供广告位占用和剩余情况，供广告业务人员销售时作为参考，选择最优方案，避免超售情况
L0320303	广告素材绑定	根据广告位排期计划，确定每个已排期广告位对应的广告素材是否就绪，将准备就绪的广告素材与已排期广告位资源进行绑定。绑定广告素材时可对素材进行预览以检查素材是否符合要求
L0320304	排期审核	对广告位排期计划、广告素材绑定状态进行审核，避免计划冲突，及时纠错，为广告投放做好准备
L03204	广告投放	实现广告的投放策略和发布控制。广告投放系统可对接智能推荐引擎，实现基于用户画像的精准广告投放
L0320401	投放策略管理	投放策略管理是广告排期、投放发布得以有效执行的关键逻辑模块 基于广告形态、付费模式、投放渠道、广告排期、优先等级、人群定向、区域定向等多维度进行投放策略的设置和管理。可支持如下广告的投放策略控制： （1）直播频道广告 （2）VOD 贴片广告 （3）弹出广告

应用功能编号	应用功能名称	描　述
L0320401	投放策略管理	（4）浮层广告 （5）页面嵌入广告 （6）互动广告 （7）植入广告 （8）其他渠道和形态
L0320402	智能推荐广告	广告业务系统与智能推荐引擎协作，可实现基于人群、区域的广告定向投放，也可实现针对用户的不同内容访问行为提供关联广告的精准投放
L0320403	展示效果预览	在广告正式发布前，通过展示效果预览进行审核，及时纠错
L0320404	广告发布	预览审核通过后的广告即可正式发布。广告系统将按照排期计划实现广告素材向指定广告位的自动发布 广告业务系统部署资源，须满足广告投放、广告访问的高并发性能要求
L03205	广告数据分析	基于广告数据上报模块，对广告监测数据进行采集，并进行统计分析，对广告业务运营、决策提供支撑
L0320501	数据上报	通过 Cookie 或埋码方式实现对所有广告渠道、终端、广告位资源提供数据采集上报机制，实时采集广告曝光及广告访问数据
L0320502	数据统计	基于采集的广告曝光及广告访问数据，进行多维度统计分析形成分析报告。允许用户自服务查询，或将广告效果分析报告提交给广告主；广告数据分析也可为广告业务运营提供决策支持
L03206	广告合作平台接入	对接广告代理机构或广告渠道需求方平台，引入大量广告主资源。通过广告业务系统，进行人工编排为主的传统方式的投放
L0320601	合作渠道方管理	智慧媒体云平台运营商的网络媒体业务与广告供应方平台合作，获得更多的渠道资源
L0320602	合作供应方管理	与广告需求方平台合作，获得更多的广告主资源
L0320603	数据服务方管理	与广告数据管理平台、广告监测分析平台合作，获得覆盖全互联网的数据智能分析能力支持

2. 应用商店系统

应用商店系统主要对应用程序和开发者信息进行统一管理。管理员在系统中能对应用程序进行增、删、改、查操作，使用应用上下线、应用评价管理、应用排行管理、应用搜索管理、应用推荐等功能，对开发者信息进行查询、统计等操作。应用商店系统功能架构如图 12-21 所示，应用商店系统功能架构的功能块/程序块要点描述见表 12-23。

表 12-23　应用商店系统功能架构的功能块/程序块要点描述

应用功能编号	应用功能名称	描　述
L03101	应用及发布管理	对应用提供一个上下线、升级管理模块
L0310101	基本信息管理	管理（新增、修改、删除、查询）应用的基础信息，信息包括应用名称、图标、开发者、分类、版本、状态等
L0310102	应用标签管理	基于应用分类（如社交、游戏、教育、工具等）扩展丰富的标签，用于分栏目发布，便于用户检索
L0310103	应用互动功能	为用户提供针对某应用的评价、评分、分享等互动操作，可调用互动支撑系统的服务来实现

续表

应用功能编号	应用功能名称	描 述
L0310104	应用业务包定义	将单独应用及应用分组定义为业务包，为应用类产品定义提供基础数据
L0310105	应用推荐管理	基于应用分类及元数据信息，通过关联推荐方式为用户提供推荐选项；也可由运营人员根据推新、优选等策略，对某些应用做重点推荐
L0310106	应用排行管理	基于各应用的用户下载量、使用量形成排行榜，保留允许管理者人工干预的机会
L0310107	应用上下架管理	对测试通过的应用进行发布和上下架操作，同时将发布信息推送给门户或应用商店界面进行展现
L0310108	应用 OTA 升级	基于应用版本的持续维护，提供应用在线升级的统一管理，可以对一个应用维护多个版本，设置一个默认最新版本
L03102	应用提供者管理	对应用提供者提供注册、绩效评估等管理
L0310201	应用提供者信息	云平台原生应用开发者可转化为应用提供者，可从开发者平台同步开发者信息。第三方应用提供者须注册填写提供者信息
L0310202	应用提供者评估	根据应用提供者提供的应用情况及升级服务质量对应用提供者进行评级，作为应用本身或广告收入分成的依据
L03103	应用分发注入	将应用注入 CDN 进行分发，或者启动应用流化服务
L0310301	应用分发	在应用发布的同时，将 App 程序存入 FTP 服务器提供下载服务，或注入 CDN 进行下载加速
L0310302	应用流化	如具备应用流化引擎，可为安装流化插件的终端提供 App 云端运行的服务，允许低配置终端访问高性能要求的应用
L03104	终端用户管理	对平台支持的终端类型进行适配管理，支持应用适配性测试、管理及维护
L0310401	终端管理	对应用商店中应用支持的所有终端类型进行管理，包括操作系统、分辨率、品牌、机型、CPU 等软硬件配置信息的管理和维护，以便为应用正常下载和运行提供适配性保障
L0310402	用户管理	终端用户通过注册才能从应用商店下载、使用应用，系统须对用户及其使用行为进行管理

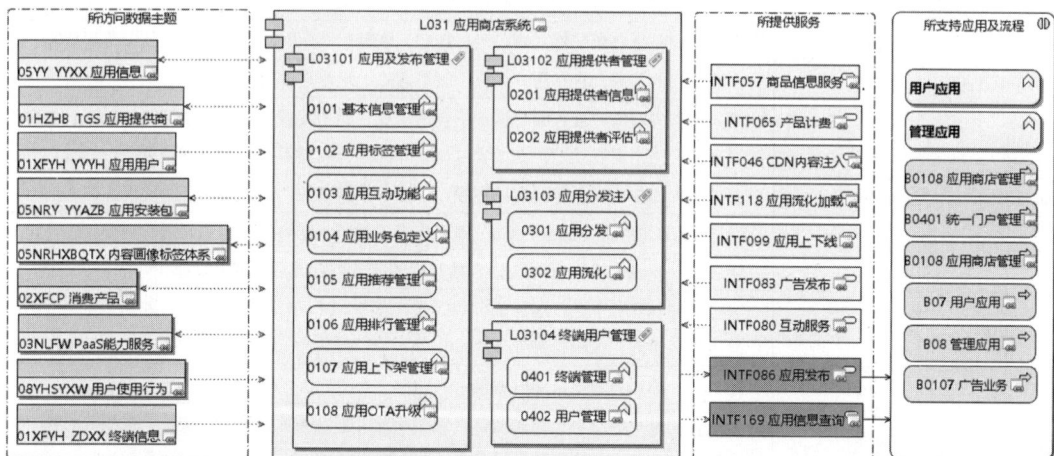

图 12-21 应用商店系统功能架构

3. 融合通信系统

融合通信（Unified Communication）系统基于 SIP 及 IMS 体系架构，实现包括语音通信、视频/多媒体会议、即时通信、安防监控在内的通信全业务服务。

融合通信系统可采用开放架构，对外提供一系列通信服务 API，便于上层应用调用。智慧媒体云平台运营商采用融合通信系统，重点是弥补通信能力的短板，增强应用交互特性。融合通信系统功能架构如图 12-22 所示，融合通信系统功能架构的功能块/程序块要点描述见表 12-24。

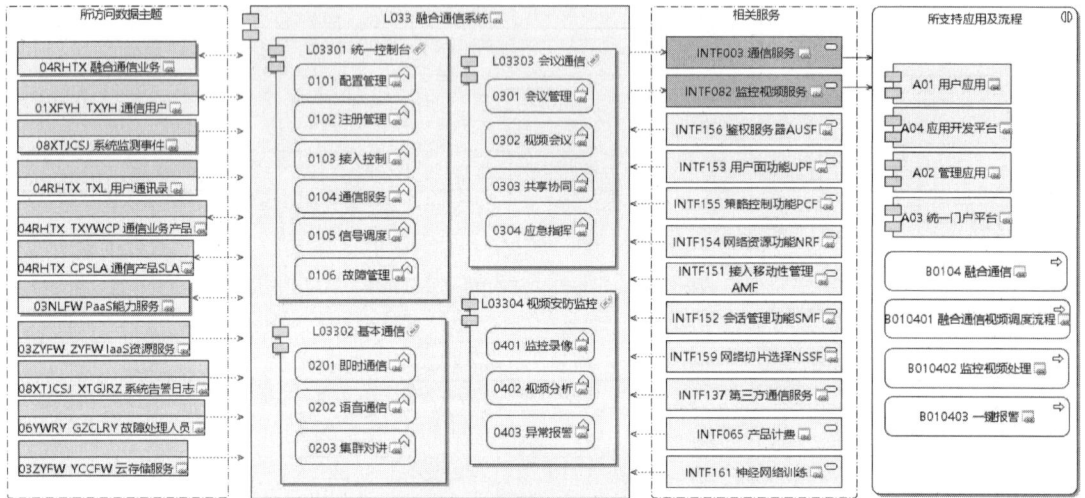

图 12-22　融合通信系统功能架构

表 12-24　融合通信系统功能架构的功能块/程序块要点描述

应用功能编号	应用功能名称	描　述
L03301	统一控制台	实现融合通信的多点控制、信号调度，可有机集成监控安防系统、广播电视系统、通信系统，可扩展支持应急指挥、呼叫中心等复杂应用
L0330101	配置管理	完成各业务子系统配置（增、删、挂起、恢复）、负载均衡配置、产品资费配置等
L0330102	注册管理	注册用户的信息，包括用户名称、联系方式、地址、使用的终端等
L0330103	接入控制	接入时首先对用户进行身份认证、会话鉴权、能力鉴权，提供会话控制（Token 生命周期管理）及路由调度功能，完成实时计量并向运营支撑系统提供详细信息
L0330104	通信服务	对外提供通信服务，包括启动视频、音频、多方通信，调用通信资源实现各类通信
L0330105	信号调度	通过 MCU（Multi Control Unit）对多来源的视频、语音、数据信号进行调度管理，可对视频会议、视频监控、电视直播/点播等视频信号进行灵活的调度管理
L0330106	故障管理	实时监测各业务子系统运行状态和性能、服务 API 运行状态和性能，并基于监测数据进行故障分级管理、故障告警管理
L03302	基本通信	指一对一的语音通信、即时通信
L0330201	即时通信	用户之间进行的一对一消息通信，包括互发文字、图片、语音、文件、视频等内容在此基础上可进一步实现电子邮件、朋友圈等功能
L0330202	语音通信	指传统意义上的电话通信服务
L03303	会议通信	多方参与的电话/视频会议，有预约会议和即时会议两种

应用功能编号	应用功能名称	描　述
L0330301	会议管理	预约会议需要提前预订会议资源，提供会议接入地址、加入密码、持续时长等，支持主席召集、自行加入两种接入方式 即时会议是指不需要提前预订资源，可以随时通过拨打特定号码来创建的会议。具有无时间限制、召集方便、效率高等特点 融合通信客户端可支持录音、录像功能
L0330302	视频会议	基于多方视频通信功能进行会议活动。视频会议通常具备共享协同功能，所以也叫多媒体会议
L0330303	共享协同	白板共享：电子白板支持多人同时进行书写、绘图、标注、勾画等操作 文档共享：可将本机的各类文档上传共享给所有与会人员，也可把打开的文档及其修改操作进行共享 屏幕共享：用户可以将自己的桌面或应用程序的操作步骤共享给全体与会人员 留言讨论：所有与会人员可通过对话框进行文字和图片的提问和讨论
L0330304	应急指挥	基于会议通信系统，根据应急指挥特殊需求进行增强，提供组织结构、通讯录、应急流程及预案的支持，集成多种通信手段，灵活发起和下达各级指令，实现快速联动，以有效处理重大突发事件
L03304	视频安防监控	通过分布式部署在各重要位置的多路摄像头，将现场视频集中到监控中心进行监看、分析和处理
L0330401	监控录像	基于云存储空间对监控系统的各路视频进行实时采集、录像、存储，提供倍速、无级变速快进、快退方式
L0330402	视频分析	基于图像处理、模式识别技术，对录像视频进行智能分析，可对画面中出现的行为特征进行分析预警，对越界、聚集、徘徊、打架等行为进行自动识别，也可实现自动巡更、门禁检测、特定人识别等功能
L0330403	异常报警	基于监控视频的智能分析，可设定行为特征的异常报警条件，通知执勤人员及时处理

4. O2O 电商系统

O2O 电商系统是媒体云平台运营商自主运营的电商平台，主要对区域内用户提供日常生活用品，对互联网用户提供本地特色产品。

系统应用架构力求简洁实用，与运营支撑平台共享多数运营支撑功能，通过调用相应服务完成客户管理、订单管理、支付管理、账务管理等功能。O2O 电商系统重点实现商品管理、商铺管理、配送调度等功能。O2O 电商系统功能架构如图 12-23 所示，O2O 电商系统功能架构的功能块/程序块要点描述见表 12-25。

表 12-25　O2O 电商系统功能架构的功能块/程序块要点描述

应用功能编号	应用功能名称	描　述
L03401	商铺管理	负责为商家提供简单、快捷的自助式商铺设计和美化的功能。可借助统一门户平台的模板管理等相关功能组件及服务
L0340101	商铺申请	商户申请建立商铺。商户须提供相关信息和资质，管理员对信息进行审核 提交的申请包括商户身份信息、商户联系方式、商铺名称、商铺的产品描述等 资质提交：提交商标、营业执照、身份证等相关图片 审批：管理员对商铺提交的资料进行审批，验证是否真实可信

应用功能编号	应用功能名称	描　　　述
L0340102	商铺开通	商户创建商铺后，提交给管理员，管理员对商铺的内容进行审核，将通过审核的商铺发布到门户 商户如果停止运营商铺，需要提交停运申请；管理员审核停运申请，查看商铺是否有纠纷或未完成服务，如果有，责成商铺解决 管理员发现商铺有违规行为，有权直接关停商铺。整改合规后可以重新开启
L0340103	模板管理	提供商铺模板库，商户使用模板可快速创建、定制自己的商铺。基于模板可修改布局、配色、功能组件，填写商铺名称及描述信息。提供预览环境，在商铺发布前通过手机、电视、计算机等终端进行预览
L03402	商品管理	为商家提供商品信息、商品进销存、商品上下架、销售分析等管理功能
L0340201	商品进销存管理	入库一种商品，对商品进行编号并记录入库数量及时间 对商品销售数量及经营数据进行统计分析，根据销售情况及时补货 商品售出并下单配送，将该商品标记为出库
L0340202	商品上下架管理	商户维护所有的商品信息，包括商品名称、商品描述、商品图片等信息 审核通过的商品，可进行发布并上架在商铺显示，商户自行管理商品上下架 管理员如果发现不合规的商品，也可强行直接下架该商品
L0340203	商品评价管理	提供用户评价打分功能，为用户提供参考，同时帮助商户获得反馈并改进服务
L03403	配送中心	负责已支付订单的配送单分发。负责管理合作配送商、配送人员、配送记录、配送进度等
L0340301	配送商管理	管理配送商的信息、联系方式、配送人员、配送区域等，根据配送量结算费用
L0340302	配送任务管理	对本商铺所有配送任务进行全程跟踪管理 商户对售出商品向配送商下达配送工单。配送员负责更新配送记录信息，包括配送商品、商铺名称、接单时间、配送时间、配送客户名称、配送员、配送商等信息 用户可以通过该功能了解商品的物流状态

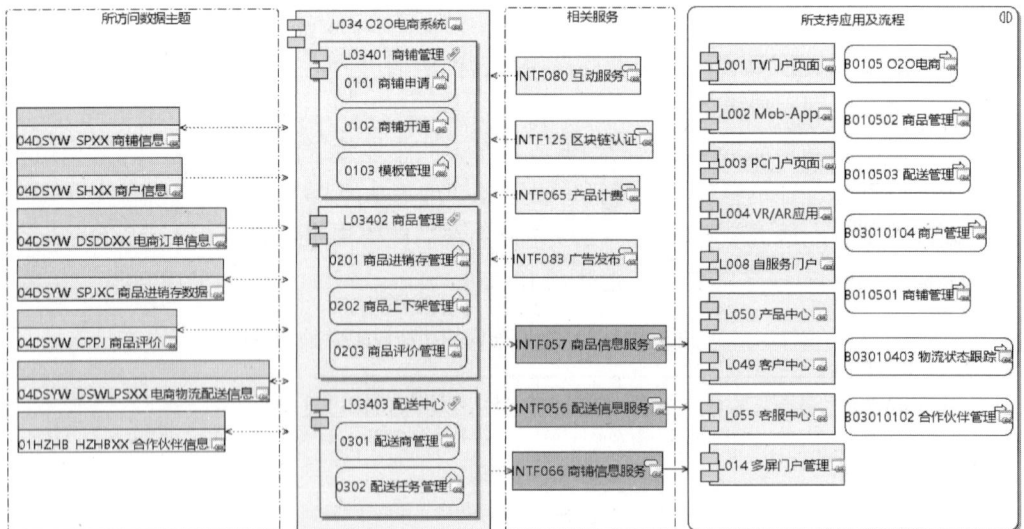

图 12-23　O2O 电商系统功能架构

5. 互动支撑系统

互联网应用通过其产品良好的互动功能提升用户使用体验，增强用户黏性。

智慧媒体云平台通过互动支撑系统为视频、游戏、App、教育等各类应用提供点赞、送花、踩顶、投票、评分、打赏等各种可选的基本互动功能，提供 Vlog 空间、活动等互动参与形式。用户个人中心对用户在视频、游戏、App、教育等各类应用中的互动操作进行记录和管理。会员管理通过会员等级体系，对用户的消费行为进行积分管理，基于积分实现等级晋升、荣誉奖励、礼品兑换等激励。通过与 BOSS 打通，实现产品优惠等营销活动。互动支撑系统功能架构如图 12-24 所示，互动支撑系统功能架构的功能块/程序块要点描述见表 12-26。

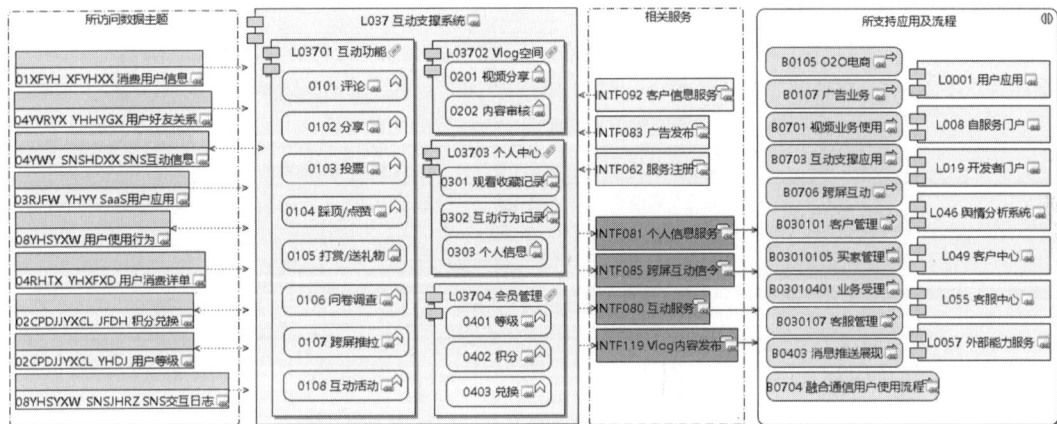

图 12-24　互动支撑系统功能架构

表 12-26　互动支撑系统功能架构的功能块/程序块要点描述

应用功能编号	应用功能名称	描　述
L03701	互动功能	在用户观看视频、文章或使用应用的过程中，可提供常见的评论、投票、调查、踩顶、赞、送花、分享等互动功能
L0370101	评论	用户可对观看的内容或服务随时进行评论，也可对其他用户评论进行二次评论 组件后台管理人员对用户评论进行查看、管理、审核、统计分析等操作
L0370102	分享	用户向好友、朋友圈分享自己所看内容
L0370103	投票	用户可发起投票活动，用于收集大家对投票主题的态度、想法及意愿
L0370104	踩顶/点赞	用户可对观看的内容或服务通过踩顶/点赞表达自己的态度
L0370105	打赏/送礼物	用户可将红包、虚拟礼物等有价品赠送给自己支持的好友、主播
L0370106	问卷调查	用户可发起在线问卷调查，发起者可基于模板定义调查表单、问卷形式
L0370107	跨屏推拉	基于 MQTT、XMPP、GCM 等消息协议，提供 TV、Pad、Phone 之间的跨屏互动功能，主要实现大屏至小屏的拉屏、小屏至大屏的推屏、手机遥控器等功能
L0370108	互动活动	活动报名：发布相应的线下、线上活动，统计用户对活动报名的数据情况。通过设置不同的活动，收集不同终端用户报名数据 抽奖活动：用于产品营销与活动推广。提供多款抽奖模板，抽奖发起者可结合场景自定义抽奖活动，可通过网站、微信、App 等渠道进行投放。抽奖结果自动收集，并反馈到后台

应用功能编号	应用功能名称	描　述
L03702	Vlog 空间	为用户提供建立自己 Vlog 空间的便捷工具，类似短视频、视频直播的分享功能
L0370201	视频分享	个人 UGC、机构 PGC 用户均可使用云平台提供的 Vlog 互动功能，在手机 App、TV、PC 端应用中建立自己的 Vlog 视频空间 用户可随时随地将自己记录的短视频上传，也可开通视频直播，通过云平台对外发布
L0370202	内容审核	后台须采用自动和人工相结合的技审政审工具，对 Vlog 视频内容进行审核 可先局限于媒体云平台自有用户范围，再适时对外开放分享
L03703	个人中心	为用户提供一个对个人信息、行为历史、积分兑换等进行操作的窗口
L0370301	观看收藏记录	查看和管理使用过的应用、播放过的内容的历史列表
L0370302	互动行为记录	查看和管理自己参与的各类互动行为记录
L0370303	个人信息	查看和管理个人信息。管理各种终端的信息与状态，包括电视、机顶盒、手机等 通过唯一标识将机顶盒（TV 屏）、手机、Pad 等多种终端进行关联绑定，达到实现终端之间的多屏管理的目的
L03704	会员管理	建立会员体系，对用户分等级管理，以提升用户黏性和忠诚度
L0370401	等级	用户在系统中获取的积分达到一定数量，则提升用户等级。为不同等级的用户提供有区分的服务和优惠
L0370402	积分	用户在系统中进行消费或互动活动，按规则获得对应积分
L0370403	兑换	用户可用积分在系统中兑换商品、优惠券等

6. 自然交互引擎

人机交互方式除了传统的遥控器、手柄操作，还有更加自然的交互方式。目前已成熟的自然交互方式有数字语音交互、机器视觉交互等。与自然交互紧密相关的还有生物特征识别、图像处理与模式识别等技术。这些技术都是人工智能领域的重要方向和组成部分。

人工智能的广泛应用需要更加人性化的人机交互界面。人工智能技术也将大大促进人机自然交互应用的快速发展。动作捕捉、表情捕捉等技术在影视 CG、游戏动漫领域有着广泛应用，手势识别、眼动追踪等技术对推动 XR 应用普及起到了重要作用。

自然交互引擎功能架构如图 12-25 示，自然交互引擎功能架构的功能块/程序块要点描述见表 12-27。

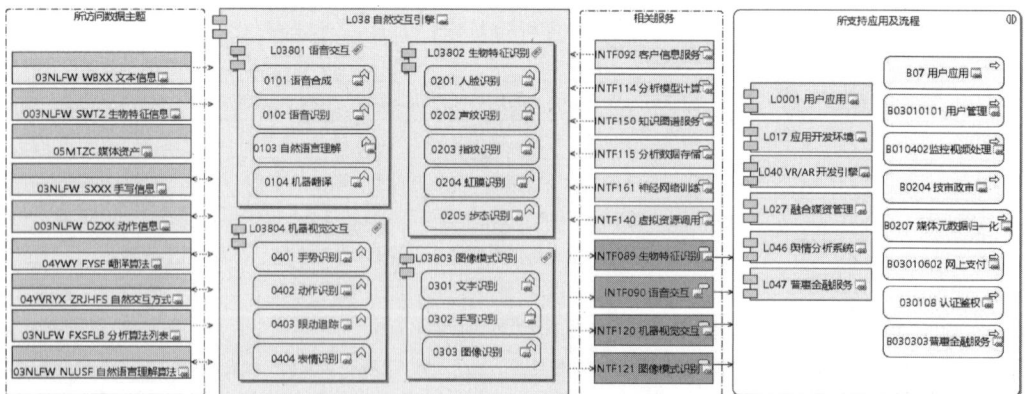

图 12-25　自然交互引擎功能架构

表 12-27　自然交互引擎功能架构的功能块/程序块要点描述

应用功能编号	应用功能名称	描　　　述
L03801	语音交互	语音和语言是人类最自然的一种交互方式
L0380101	语音合成	将任意的数字文本自动转换成为语音文件 支持条件：对各种语言的词库、不同特色的声音库及规则库的维护
L0380102	语音识别	通过机器学习对人类语音表达做分析和理解，并转换为文字
L0380103	自然语言理解	通过语义分析算法，把人类语言用机器进行自动分析和理解 分词：对文章、句子进行分词处理 句法分析：对文本中的句子结构进行分析 语义推理：根据分词间的语义关系进行推理，帮助对文本进行理解 场景理解：通过固定的场景来判断文本所表达的内容 多轮对话：在预设的场景中，支持人机多轮问答交互
L0380104	机器翻译	在语音识别、自然语言理解的基础上，实现多种人类语言之间的自动翻译 基于海量语料库的机器学习，结合语法、语义、常识的规则优化，机器翻译目前已基本达到实用化水平，如实时同声翻译
L03802	生物特征识别	基于语音、人脸、虹膜、指纹等生物特征数据，进行用户身份识别
L0380201	人脸识别	提取人脸特征值，通过机器自动完成人脸匹配判断 人脸注册：通过录入人员人脸照片完成人脸模型注册 人脸对比：输入新的人脸照片，与模型或系统中原有人脸数据进行匹配
L0380202	声纹识别	提取个人声音特征，通过机器自动完成个人声音匹配判断
L0380203	指纹识别	通过提取个人指纹特征，通过机器自动完成指纹匹配判断
L0380204	虹膜识别	通过提取个人虹膜特征，通过机器自动完成虹膜匹配判断
L0380205	步态识别	通过人走路的姿态进行身份识别。与其他生物识别技术相比，步态识别具有非接触、远距离和不容易伪装等优点，尤其在公共场合监控场景下较有优势
L03803	图像模式识别	利用机器学习技术，借助模式识别算法对图像、视频进行分析和理解
L0380301	文字识别	通过图像处理技术，对图像、视频里的文字信息进行自动识别
L0380302	手写识别	利用图像处理技术及算法，通过分析手写轨迹来识别出所写文字。需要基于丰富的手写字库及联想算法
L0380303	图像识别	利用模式识别算法对图像、视频进行处理、分析和理解，识别出其中不同模式的目标和对象
L03804	机器视觉交互	动作、肢体语言和微表情是人类语言之外最重要的自然交互方式
L0380401	手势识别	机器视觉技术通过识别特定的手势指令实现自然的人机交互
L0380402	动作识别	通过激光定位、惯性传感、视觉模式识别等技术实现动作捕捉，基于 3D 时空的骨骼几何角度的分析实现动作的三维重构和识别
L0380403	眼动追踪	通过分析眼睛的注视动作来实现更轻松的人机交互，通过增加对瞳孔变化的分析，可进一步对用户意图和情绪进行分析和理解
L0380404	表情识别	机器视觉技术通过对面部表情捕捉和识别可进一步理解人类的表情

7. 应用流化引擎[18]

应用流化引擎使得在计算和存储资源有限的用户终端上运行超出其能力的应用成为可

18　参考视博云流化平台。

能。在 Linux 机顶盒上，可运行 Android、H5、Windows 应用；在低配置的用户终端上，可运行主机游戏等大型应用。

应用流化引擎功能架构如图 12-26 所示，应用流化引擎功能架构的功能块/程序块要点描述见表 12-28。

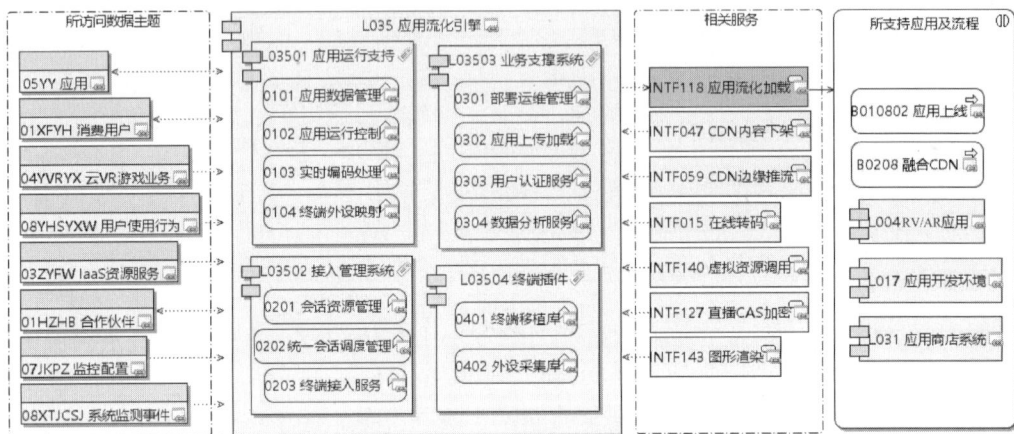

图 12-26 应用流化引擎功能架构

表 12-28 应用流化引擎功能架构的功能块/程序块要点描述

应用功能编号	应用功能名称	描　述
L03501	应用运行支持	是应用流化引擎的核心，可实现各类业务（EPG、游戏、教育、政务等）的虚拟化运行、编码，完成流化和分发，并实现终端操控外设映射，保障用户的交互体验
L0350101	应用数据管理	是用户使用应用时的配置信息、关卡信息、浏览器 Cookie、行为记录等的存档。在用户再次启动应用前，应用都会加载此类信息。过大的存档会导致应用启动速度下降，这是选择和适配应用过程中需要考量的因素
L0350102	应用运行控制	实现应用部署和运行的逻辑组件。根据应用类型采用不同的参数设置，各应用间"多开"隔离运行。对应用进行状态监控，当应用出现问题时，第一时间通知接入管理平台并根据其指令确定下一步的处理方法
L0350103	实时编码处理	主要功能是将应用运行时的音频和视频原始数据进行采集、编码，并通过 IP 或 Cable 网络传送给终端。因网络问题导致终端解码异常时，可从终端发送反馈给云端系统，插入 I 帧而恢复图像显示，使终端在解码异常情况下可再恢复
L0350104	终端外设映射	将从终端接收到的键值指令传送给云端运行的应用，使得用户可以实现对应用的操控，要兼容类型繁多（如遥控器、鼠标、游戏手柄）、协议多样（如 USB 协议等）、厂家专用（如北通手柄、索尼 PS4 手柄、微软 Xbox 360 手柄）的外设
L03502	接入管理系统	负责用户终端的接入及会话生命周期的管理，处理在终端会话生命周期内的用户认证鉴权、应用的启动与停止、资源的统一调度和分配等工作
L0350201	会话资源管理	负责维护终端访问流化资源的接入，为应用运行支持模块提供统一的终端寻址。在终端接入与退出过程中根据终端类型及业务关系，为用户运行会话提供资源管控
L0350202	统一会话调度管理	负责全局调度服务和全局会话管理 全局调度服务：根据终端传入的参数分配可为其提供服务的会话资源 全局会话管理：负责用户认证，为认证通过的用户生成并维护全局会话 ID，存储会话相关参数，并与会话资源管理模块保持同步

应用功能编号	应用功能名称	描　　述
L0350203	终端接入服务	在用户使用流化应用前，将云端的用户应用存档传递给统一会话调度、会话资源管理及流化应用。针对不同运营商的终端参数也不尽相同，终端接入服务须快速适配
L03503	业务支撑系统	为应用运行支持和接入管理系统提供运行时所需的辅助能力支撑，包括用户认证、应用上传加载、部署运维、数据分析等组件
L0350301	部署运维管理	部署运维管理系统负责部署、配置、日志和监控，同时提供用户应用存档的存储服务。通过与每台服务器的驻留服务通信，完成运维相关的一系列操作，服务器驻留服务对通过它部署的模块提供 API 接口和标准的调用流程
L0350302	应用上传加载	将应用软件部署在云端，并通过流化引擎启动应用运行。流化引擎通过集群部署支持多应用并行和用户高并发访问
L0350303	用户认证服务	为与不同 BOSS 对接提供用户二次认证接口的封装。根据用户访问信息和 usertoken，调用运营商认证接口服务进行用户二次认证，确保用户本次接入的合法性
L0350304	数据分析服务	对系统运行、用户使用状态等数据进行实时采集、分析，并形成报表
L03504	终端插件	终端插件实现外设数据采集及其与云端的交互。由于终端类型繁多，终端插件集成须考虑普适性、可扩展性及易维护性。终端插件由终端移植库和外设采集库两部分组成
L0350401	终端移植库	终端移植库负责交互协议封装，在上层应用和下层中间件之间定义接口及集成规范。为保障用户体验，终端解码时延在 20ms 以下，因此终端须进行解码时延的优化。降低芯片解码时延的调优参考方法：（1）关闭音视频同步，包括 PTS 和 PCR；（2）减小 frame buffer 大小；（3）采用更快的数据注入方式（PES 注入 PES buffer）；（4）减小数据注入的阈值
L0350402	外设采集库	外设采集库是基于 Linux 开发的驱动程序，负责各类终端的 USB 外设交互数据的采集，并回传云端进行解析。添加外设时，在云端系统的终端外设映射加入设备描述符的解析程序即可，终端驻留软件不用升级

8. 3D-GIS 引擎

3D-GIS 引擎可基于计算生成逼真、完美、全空间虚拟三维可视化场景，并将相关信息融入三维场景中，用户可以使用一种全新、直观、可视化的 3D 虚拟交互方式体验信息获取、传播方式。这对融媒体平台建设、智慧城市/城镇的数据聚合与共享、业务流程打通，都将起到重要作用。

3D-GIS 引擎面向对象统一建模，支持二、三维数据一体化存储，数据结构定义遵循国际标准，以利于云平台模式下异构客户端的共享使用。3D-GIS 引擎功能架构如图 12-27 所示，3D-GIS 引擎功能架构的功能块/程序块要点描述见表 12-29。系统目标如下。

（1）基于 3D-GIS 引擎实现对某地理区域内二、三维地理信息数据的采集、转化、存储、加工、管理。

（2）基于 3D-GIS 引擎运行的 3D 模型提供鸟瞰、漫游、测量等基本交互功能。

（3）基于 3D-GIS 引擎的二次开发，实现与其他应用的整合，提供基于 3D 场景的更丰富的交互功能。

（4）针对智能终端（TV、Mob）、VR 终端进行性能优化，提供流畅体验。

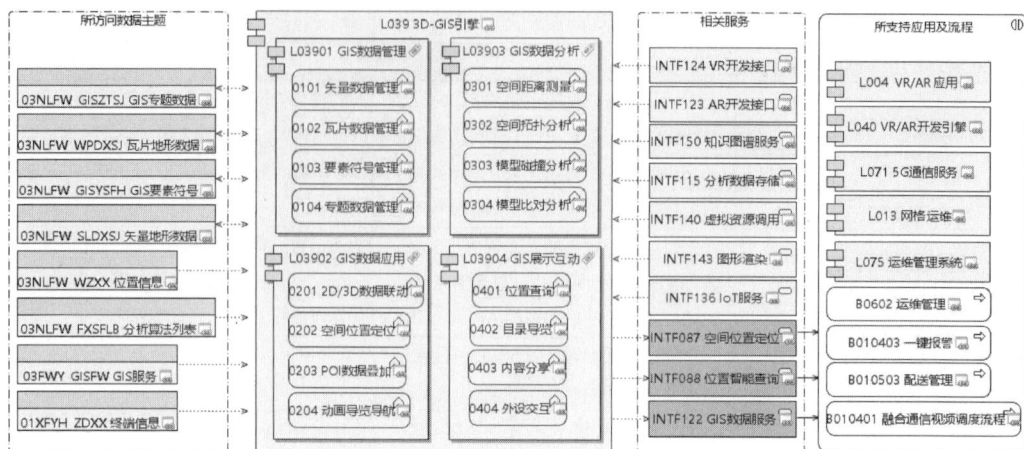

图 12-27　3D-GIS 引擎功能架构

表 12-29　3D-GIS 引擎功能架构的功能块/程序块要点描述

应用功能编号	应用功能名称	描　述
L03901	GIS 数据管理	2D/2.5D/3D 地理信息数据管理，可对图层数据进行添加、修改、删除、导入/导出、迁移、状态显示等操作
L0390101	矢量数据管理	包含 2D 矢量数据、3D 矢量数据、地形数据、高程数据等
L0390102	瓦片数据管理	包含 2D 瓦片数据（地图数据、影像数据）、2.5D 瓦片数据、3D 瓦片数据
L0390103	要素符号管理	包含 2D/2.5D/3D 统一比例尺、方位标、图例、点状符号、线状符号、面状符号等
L0390104	专题数据管理	结合地图使用的业务数据，如旅游、教育、商业、传媒、政务、城市治理等
L03902	GIS 数据应用	基于 2D/2.5D/3D 数据，引擎提供二、三维数据应用，方便用户日常使用操作
L0390201	2D/3D 数据联动	在 2D 地图数据上叠加 3D 空间数据，可实现两套数据移动、放大、缩小等操作一致
L0390202	空间位置定位	传统 2D 地图只能在平面地图上定位，3D 空间定位更准确、更精准
L0390203	POI 数据叠加	在 2D/3D 地图数据上，叠加用户感兴趣的 POI（Point of Interest）数据，可根据 POI 设定关联信息，进行统计查询
L0390204	动画导览导航	支持对 2D/3D 空间进行预设路线导览，支持设定起终点导航，也可自主漫游
L03903	GIS 数据分析	根据 2D/3D 地理数据和专题数据进行数据分析
L0390301	空间距离测量	测定多个点、多个模型之间的空间长度，也可测算平面长度、面积、体积
L0390302	空间拓扑分析	可进行空间网络拓扑分析，查找最短路径，实现障碍物绕行等
L0390303	模型碰撞分析	可设置碰撞分析，进行空间绕行
L0390304	模型比对分析	对三维模型进行比对，分析大小、结构、颜色等属性是否一致
L03904	GIS 展示互动	提供 3D-GIS 内容数据查询、导览、分享、外接设备等互动
L0390401	位置查询	根据输入关键字和用户操作进行 VR 内容查询，做空间定位
L0390402	目录导览	对内容分类导览，也支持对关注度进行统计排行，帮助用户快速找到所需资源
L0390403	内容分享	可将感兴趣的内容录制或截屏分享给朋友，也可关联微信、微博、QQ，发文字和图片到朋友圈、微博、QQ 空间等
L0390404	外设交互	可通过外部设备（如智能手机、电视、大屏、XR 眼镜等）连接到云端系统进行交互

9. XR 应用引擎

XR 应用引擎，是指 VR/AR 应用开发的工具及相应的云端服务。应用开发工具多数可单机或离线使用，但会有越来越多的云端服务加入 XR 应用，因此我们把这种云端协同的开发模式统称 XR 应用引擎。XR 应用引擎功能架构如图 12-28 所示，XR 应用引擎功能架构的功能块/程序块要点描述见表 12-30。

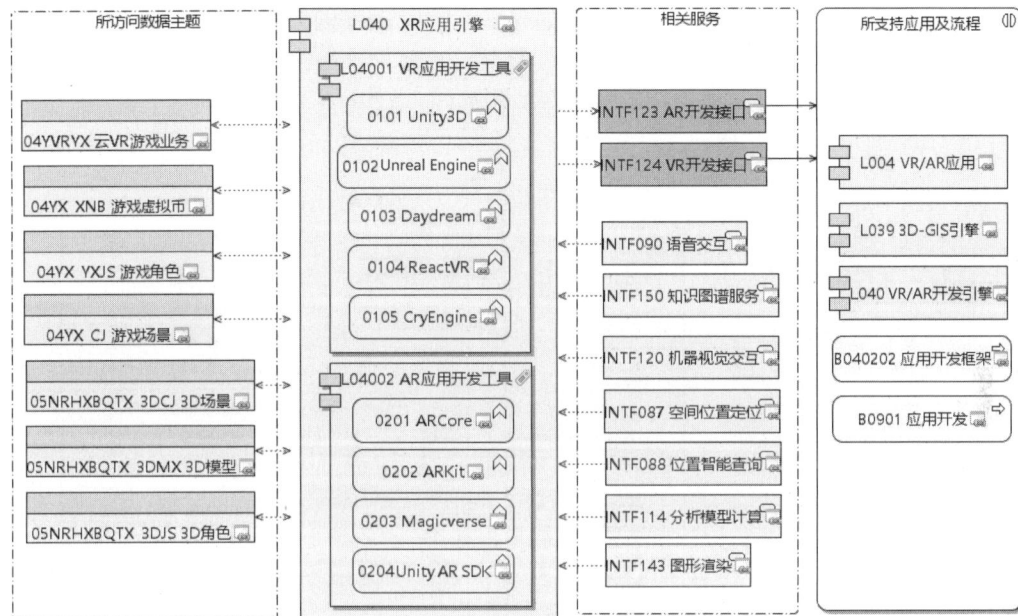

图 12-28　XR 应用引擎功能架构

表 12-30　XR 应用引擎功能架构的功能块/程序块要点描述

应用功能编号	应用功能名称	描　　述
L04001	VR 应用开发工具	用于开发 VR 应用，是主流的游戏开发引擎
L0400101	Unity3D	Unity 3D 游戏开发引擎是 VR/AR 领域占有率最高的开发引擎之一。支持的终端和发布平台：Oculus、Steam、HTC Vive、PS VR、Mac、iOS ARKit、GearVR、Google VR、Leap Motion、OSVR、Wii、Hololens、Xbox、Facebook Gameroon
L0400102	Unreal Engine	Ureal Engine 游戏开发引擎支持的终端及发布平台：Oculus、Steam、HTC Vive、PS VR、Mac、iOS ARKit、GearVR、Google VR、Leap Motion、OSVR
L0400103	Daydream	Google 的 VR 开发平台
L0400104	ReactVR	Oculus 的 VR 开发工具
L0400105	CryEngine	著名游戏开发引擎，支持的终端及发布平台：Oculus、Xbox、Windows、PS4
L04002	AR 应用开发工具	AR 应用开发工具相对较新，也更轻量化
L0400201	ARCore	Google 的 AR 开发 SDK
L0400202	ARKit	苹果公司的 AR 应用开发工具
L0400203	Magicverse	Magic Leap 的开发平台
L0400204	Unity AR SDK	百度基于 Unity 提供的 AR 研发工具，包括 SLAM、图像跟踪、手势识别、图像识别等功能

10. 区块链引擎

区块链技术具有去中心化、开放自治、可溯源、不可篡改等特性，受到学术和工业界的高度关注，目前已在金融、物联网、能源、商贸、司法等诸多领域尝试应用，具有广阔的发展前景。

区块链技术的应用是广泛分布式的 P2P 应用，与基础网络、上层应用都须进行直接连接。区块链技术目前在传媒领域的应用还处于探索阶段，有机会成为版权内容价值传播的信任基础，或打击盗版、假新闻、非法内容的有力武器。这里仅将其作为服务引擎的部分抽取出来进行功能性介绍。区块链引擎功能架构如图 12-29 所示，区块链引擎功能架构的功能块/程序块要点描述见表 12-31。

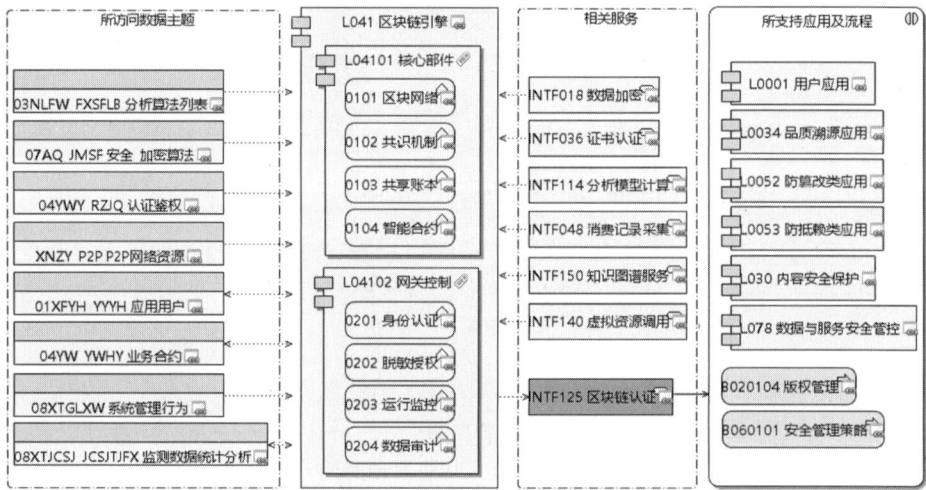

图 12-29　区块链引擎功能架构

表 12-31　区块链引擎功能架构的功能块/程序块要点描述

应用功能编号	应用功能名称	描述
L04101	核心部件	区块链技术超越了最初数字货币的应用范畴，将其作为一种可信引擎，可以广泛应用于许多行业领域，如行政管理、文化艺术、企业供应链、医疗健康、物联网、产权登记等
L0410101	区块网络	区块链网络的本质是 P2P（Peer-to-Peer）网络，网络中的资源和服务分散在所有节点上，信息传输和服务实现都直接在节点间进行，无须中间环节和服务器介入。每个节点既接收信息，也产生信息，节点间通过维护一个共同的区块链来同步信息 区块链底层数据是一个区块+链表的数据结构，它包括数据区块、链式结构、时间戳、哈希函数、Merkle 树、非对称加密等
L0410102	共识机制	共识机制保障区块链网络中有效节点的状态一致性，让高度分散的节点对区块数据的有效性达到快速共识的基础 主要的共识机制有工作量证明机制（Proof Of Work，POW）、权益证明机制（Proof of Stake，POS）、委托权益证明机制（Delegated Proof of Stake，DPOS）和实用拜占庭容错（Practical Byzantine Fault Tolerance，PBFT）等 激励机制也就是大家常说的挖矿激励模型，鼓励节点参与区块链的安全验证工作，包括发行机制、分配机制的设计等。要求支持国密算法以满足合规要求，支持多密码体系

应用功能编号	应用功能名称	描　述
L0410103	共享账本	共享账本模型对数据进行有效组织和管理，需要定义数据结构和数据处理的操作模型。以"键值"结构来组织业务数据，定义标准的读写操作，记录数据变更历史，维护数据完整性与不可否认性
L0410104	智能合约	智能合约主要实现智能合约业务定义、合约自动触发机制，使得广泛的业务领域使用区块链成为现实。智能合约+前台交互界面的组合称为DApp
L04102	网关控制	区块链架构在不断演进，通过增加网关控制，加强对系统管理安全的支持，通过数据审计提高管理的可信度
L0410201	身份认证	网关通过身份认证，隔离外部实体，杜绝干预内部共识过程，保证共识和业务之间的独立性
L0410202	脱敏授权	借助密码算法和隐私保护协议，隐藏端到端身份信息，脱敏处理数据，防止无权限访问
L0410203	运行监控	对系统运行状态、节点健康状态的监控管理
L0410204	数据审计	对身份信息、业务数据、管理数据的全面审计

12.3.5　数据智能平台

数据智能平台综合运用传统数据库、大数据、人工智能技术，是智慧媒体云平台中对全局数据进行统一采集、处理、分析计算的核心平台。人工智能（AI）在传媒领域的应用也基于数据智能平台，通过针对性的 AI 算法，实现特定的智能服务。

1. 大数据采集

大数据采集系统主要完成云平台内各系统的数据采集，同时负责对接云平台外部用于大数据分析的数据源，对所采集数据进行初步的 ETL 处理后，载入大数据基础分析系统的存储系统以供数据分析所用。大数据采集功能架构如图 12-30 所示，大数据采集功能架构的功能块/程序块要点描述见表 12-32。

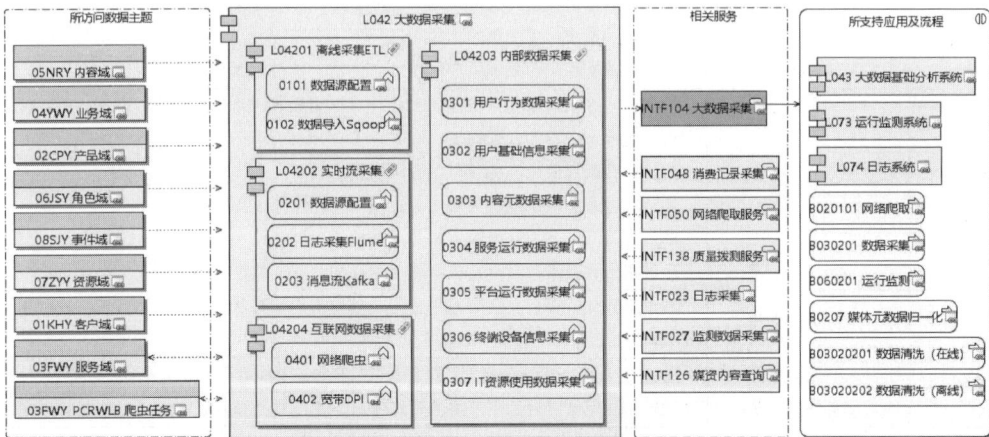

图 12-30　大数据采集功能架构

表 12-32　大数据采集功能架构的功能块/程序块要点描述

应用功能编号	应用功能名称	描述
L04201	离线采集 ETL	离线采集 ETL 包括提取（Extract）、转换（Transform）和加载（Load）三个步骤 在转换的过程中，需要针对具体的业务场景对数据进行治理，如进行非法数据监测与过滤、格式转换与数据规范化、数据替换、保证数据完整性等
L0420101	数据源配置	配置数据源采集的源头信息 根据采集规范，实现对用户行为数据、用户基础信息数据、内容元数据、服务运行数据、平台运行数据、终端设备信息、IT 资源使用数据等信息的采集功能
L0420102	数据导入 Sqoop	SQL 导入 NoSQL，或者 NoSQL 导入 SQL
L04202	实时流采集	实时流采集主要用于考虑流处理的业务场景，如网络监控的流量管理、金融应用的股票记账、Web 服务器记录的用户访问行为等
L0420201	数据源配置	配置数据源采集的源头信息。确定拟采集的实时流数据源
L0420202	日志采集 Flume	作为分布式的日志收集系统
L0420203	消息流 Kafka	Kafka 作为高吞吐量的分布式消息系统，在流处理领域应用广泛，一般作为"发布-订阅"流处理的数据源
L04203	内部数据采集	提供数据采集服务接口，供业务系统使用，向大数据分析平台提供数据 根据采集规范，实现对用户行为数据、用户基础信息数据、内容元数据、服务运行数据、平台运行数据、终端设备信息、IT 资源使用数据等信息的采集功能
L0420301	用户行为数据采集	采集用户行为，如用户收视数据、产品订购信息、商品购买信息、用户浏览记录、用户购物车信息、对某一款产品或商品的停留时间等 用户行为数据来自多个系统 统一门户系统：登录、浏览、点击、直播频道选台及停留等行为 互动 VOD 系统：点播次数、点播过程中的行为 直播业务系统：IP 直播、时移、回看的行为 互动支撑系统：互动行为 广告业务系统：广告曝光、点击、订购转化等行为 智能推荐引擎：推荐内容的点击、转化行为 业务运营支撑：产品订购、支付、结算等行为 增值应用系统：具体应用的用户行为 宽带数据平台：用户上网行为 其他相关系统：可提供的相关用户行为
L0420302	用户基础信息采集	通过运营支撑平台采集用户的住址、性别、姓名、联系方式等
L0420303	内容元数据采集	内容元数据从融合视频平台、O2O 电商平台及相关增值业务系统获得，网络爬取的数据可作为推荐内容的元数据 通过权威版权信息机构获得内容版权信息 通过广告业务系统或外部合作 DSP 平台获得广告内容数据 通过应用商店系统获得应用相关元数据 通过宽带数据平台获得完成本地化缓存的互联网数据信息
L0420304	服务运行数据采集	通过服务交付平台，获取云平台内全部服务的运行状态、调用访问量、性能指标等相关数据
L0420305	平台运行数据采集	通过统一运维平台、安全管控平台获取云平台的整体运行状态数据、安全态势分析数据
L0420306	终端设备信息采集	通过统一运维平台的用户终端管理系统采集终端类型、MAC 地址、机器识别码等信息
L0420307	IT 资源使用数据采集	通过 IT 资源虚拟化平台、宽带数据平台、基础能力系统获取云平台整体的 IT 资源使用数据
L04204	互联网数据采集	通过爬虫或 DPI 技术对互联网流量数据进行采集
L0420401	网络爬虫	网络爬虫按照一定规则自动抓取互联网数据，包括图片、音频、视频等文件或附件
L0420402	宽带 DPI	通过对宽带网核心节点的镜像网络流量做深度包解析（DPI）获得互联网流量数据

2. 大数据基础分析

Hadoop 大数据基础分析系统对采集来的海量数据经 ETL 清洗处理后存入大数据存储空间。Hadoop 大数据基础分析系统可为各类数据智能应用系统提供分析建模、算法、计算执行、计算存储资源等支持，同时具备模型管理、数据分析可视化及较完善的系统管理功能。大数据基础分析功能架构如图 12-31 所示，大数据基础分析功能架构的功能块/程序块要点描述见表 12-33。

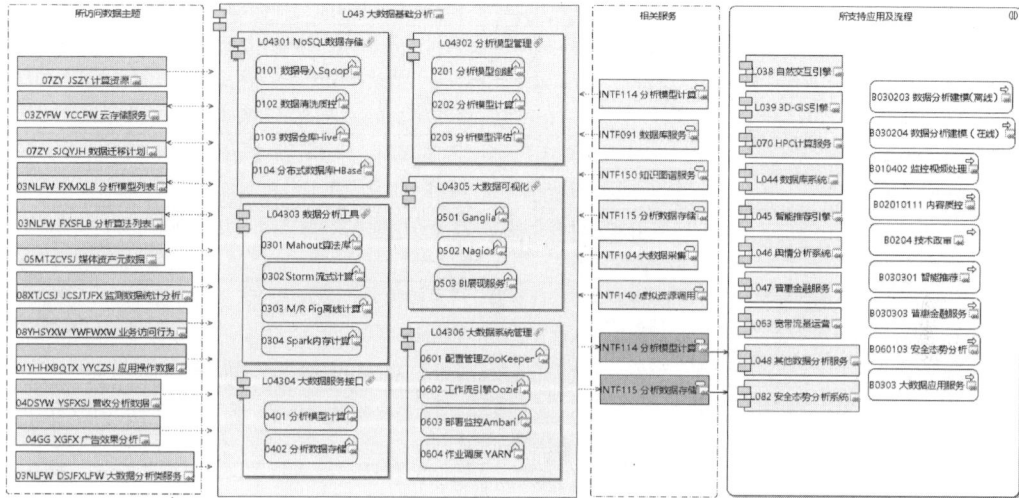

图 12-31　大数据基础分析功能架构

表 12-33　大数据基础分析功能架构的功能块/程序块要点描述

应用功能编号	应用功能名称	描　述
L04301	NoSQL 数据存储	主要完成数据导入、数据清洗质控等任务，并将数据存入 NoSQL 数据库
L0430101	数据导入 Sqoop	Sqoop 可作为大数据平台与传统 SQL 数据库间的通道，主要功能是将 SQL 数据库（MySQL、Oracle 等）中的数据导入大数据平台（HDFS、Hive、HBase 等），或者反向将数据从大数据平台导入 SQL 数据库
L0430102	数据清洗质控	须通过 ETL 数据清洗质控，形成有效的基础数据集。主要解决如下问题： （1）单数据源模式层问题（如缺少完整性约束、糟糕的模式设计等） （2）单数据源实例层问题（如数据输入错误） （3）多数据源模式层问题（如异构数据模型和模式设计等） （4）多数据源实例层问题（如冗余、冲突、不一致的数据等）
L0430103	数据仓库 Hive	Hive 是 Hadoop 的基础数据仓库，提供一系列工具，可用来对存储在 Hadoop 中的大规模数据进行查询和分析，进行数据提取、转化、加载（ETL）处理
L0430104	分布式数据库 HBase	HBase 是一个高可靠性、高性能、面向列、可伸缩的分布式存储系统
L04302	分析模型管理	分析模型管理主要实现模型的创建、执行及模型优化的全周期管理
L0430201	分析模型创建	根据结果、要求创建模型算法
L0430202	分析模型计算	执行模型算法，并得出结果
L0430203	分析模型评估	对模型分析出的结果进行评估，同时对分析模型进行优化，反复进行直到分析出满意结果

应用功能编号	应用功能名称	描　述
L04303	数据分析工具	提供对海量数据进行在线并行计算、离线并行计算的大数据计算能力和工具
L0430301	Mahout 算法库	Mahout 是 Apache Software Foundation（ASF）旗下的一个开源项目，提供可扩展的机器学习领域经典算法，旨在帮助开发人员更加方便快捷地创建 AI 应用。Mahout 提供聚类、分类、协同过滤、频繁项集挖掘等基础算法
L0430302	Storm 流式计算	Storm 是一种分布式实时计算框架，提供一组通用原语，可用于"流处理"、实时处理消息并更新数据库，也是管理队列及工作任务集群的一种方式
L0430303	M/R Pig 离线计算	Pig 是一种编程语言，它简化了 Hadoop 常见的工作任务。Pig 可加载数据、表达转换数据及存储最终结果。Pig 内置的操作使得半结构化数据变得有意义（如日志文件），同时 Pig 可扩展使用 Java 中添加的自定义数据类型并支持数据转换
L0430304	Spark 内存计算	Spark 是一个基于内存计算的集群计算系统，目的是让数据分析更加快速。Spark 与 Hadoop 集群计算相似，但可以优化迭代工作
L04304	大数据服务接口	大数据分析平台通过数据服务接口承接上层应用下达的计算任务，以及数据存储、读写任务
L0430401	分析模型计算	大数据应用借助数据分析工具完成设计模型构建，通过分析模型计算服务接口调度计算资源进行计算作业的执行。 例如，通过使用各数据分析工具接口上传处理程序并调用 MapReduce
L0430402	分析数据存储	大数据应用的分析模型计算所需数据、过程数据、结果，均须通过 HDFS、Hive、HBase 接口上传到存储空间
L04305	大数据可视化	可视化展现大数据分析结果
L0430501	Ganglia	使用 Ganglia 工具展示数据，用于集群运行监控
L0430502	Nagios	使用 Nagios 展示数据，用于网络监控
L0430503	BI 展现服务	使用 BI 展现工具提供对海量数据的处理与展现服务
L04306	大数据系统管理	对大数据基础分析系统进行全局的系统配置、部署监控、作业调度、工作流配置等管理
L0430601	配置管理 ZooKeeper	用于大型集群的统一配置管理。把公共配置抽取出来统一维护，集群服务实时监听，ZooKeeper 配置文件一旦被修改，集群所有服务就会自动更新
L0430602	工作流引擎 Oozie	提供对 MapReduce 和 Pig Jobs 的任务调度与协调。在 Oozie 上设定好工作流后，可实现数据的自动导入 HDFS→清洗→处理→导出同步的过程
L0430603	部署监控 Ambari	Ambari 是对 Hadoop 进行全局部署、监控和生命周期管理的 Web 工具，支持管理的服务有 HBase、HCatalog、HDFS、Hive、MapReduce、Oozie、Pig、Sqoop、Templeton、ZooKeeper 等
L0430604	作业调度 YARN	承接并分配大数据存储分析的作业任务，负责大数据基础分析平台资源的全局调度

3. 数据库

将数据库系统作为一种通用服务，为云平台中各类能力系统、业务系统、应用系统提供传统 SQL 数据库、内存数据库、知识图谱等数据库服务，实现对大量数据的存储、处理、管理和应用。数据库功能架构如图 12-32 所示，数据库功能架构的功能块/程序块要点描述见表 12-34。

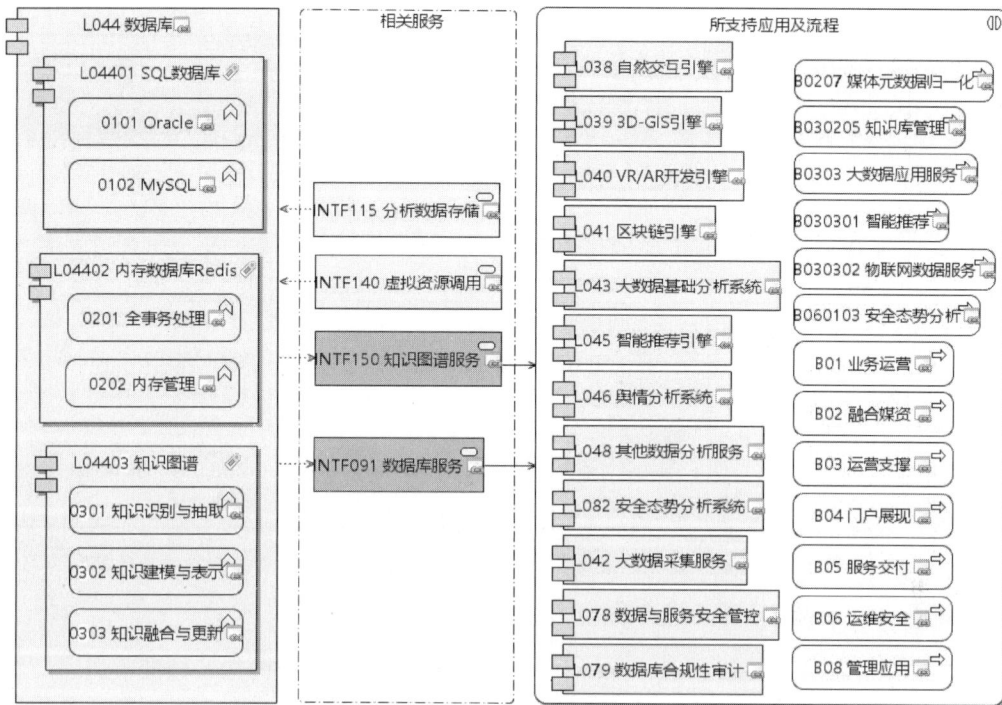

图 12-32　数据库功能架构

表 12-34　数据库功能架构的功能块/程序块要点描述

应用功能编号	应用功能名称	描　　述
L04401	SQL 数据库	为云平台上各种应用系统提供关系型数据库服务
L0440101	Oracle	Oracle 是一款普遍应用的关系型数据库系统，具有应用广泛、高效率、高可靠、高吞吐的优点。Oracle 也推出了云架构的分布式数据库，本书不做介绍
L0440102	MySQL	一种开放源代码的关系型数据库系统，许多大型互联网平台基于 MySQL 定制开发应用
L04402	内存数据库 Redis	内存数据库将数据库的部分内容存放于磁盘上，而将其余部分存放于内存中 可将高优先级数据存入内存表中以实现即时访问，其他数据可存入磁盘表中
L0440201	全事务处理	内存数据库可以对内存中的数据实现全事务处理，这与仅把数据以数组形式放在内存中完全不同。内存数据库与应用和存储介质无关，可实现查询与存档使用完全相同的数据库，内存表与磁盘表也使用完全相同的存取
L0440202	内存管理	实现了数据在内存中的管理，而不仅仅是数据块缓存。内存数据库为随机访问内存而特别设计了数据结构和算法，可避免因使用排序命令而降低性能，减少了磁盘 I/O 对数据访问性能的限制
L04403	知识图谱	知识图谱（Knowledge Graph，KG）是一种揭示实体间关系的语义数据库，目前开源的有 Neo4j、Wikidata、Twitter FlockDB、JanusGraph、Microsoft Concept Graph OpenKG 等 知识图谱分为数据层、模式层。模式层构建在数据层之上，通过本体库来规范数据层的事实表达。知识图谱突破了结构化知识库局限，层次结构更强且冗余度更小

应用功能编号	应用功能名称	描　　述
L0440301	知识识别与抽取	知识抽取是指通过自动化技术抽取出可用的知识单元。知识单元主要包括实体、关系、属性三要素，并以此为基础形成一系列高质量的事实表达。知识抽取完成实体抽取、关系抽取、属性抽取三项工作
L0440302	知识建模与表示	知识表示是以深度学习为代表的表示学习技术，可将实体的语义信息表示为稠密低维实值向量，在低维空间高效计算实体、关系及其语义关联，对知识库的构建、推理、融合及应用均具有重要的意义
L0440303	知识融合与更新	由于知识图谱中的知识来源广泛，质量良莠不齐，存在重复、关联差等问题，所以必须进行知识融合。知识融合是高层次的知识组织，使不同来源的知识在同一框架规范下进行异构整合、消歧、加工、推理验证、更新，达到数据、信息、方法、经验及认知的融合，形成高质量的知识库 随着认知能力、知识储备及业务需求不断递增，知识图谱的内容也要与时俱进，不论是通用知识图谱，还是行业知识图谱，都需要不断地迭代更新

4. 智能推荐引擎

智能推荐引擎基于大数据基础分析系统，通过针对性的用户画像、精准推送、广告定向、个性化热词等建模分析，实现特定的推荐、搜索业务需求。智能推荐引擎功能架构如图 12-33 所示，智能推荐引擎功能架构的功能块/程序块要点描述见表 12-35。

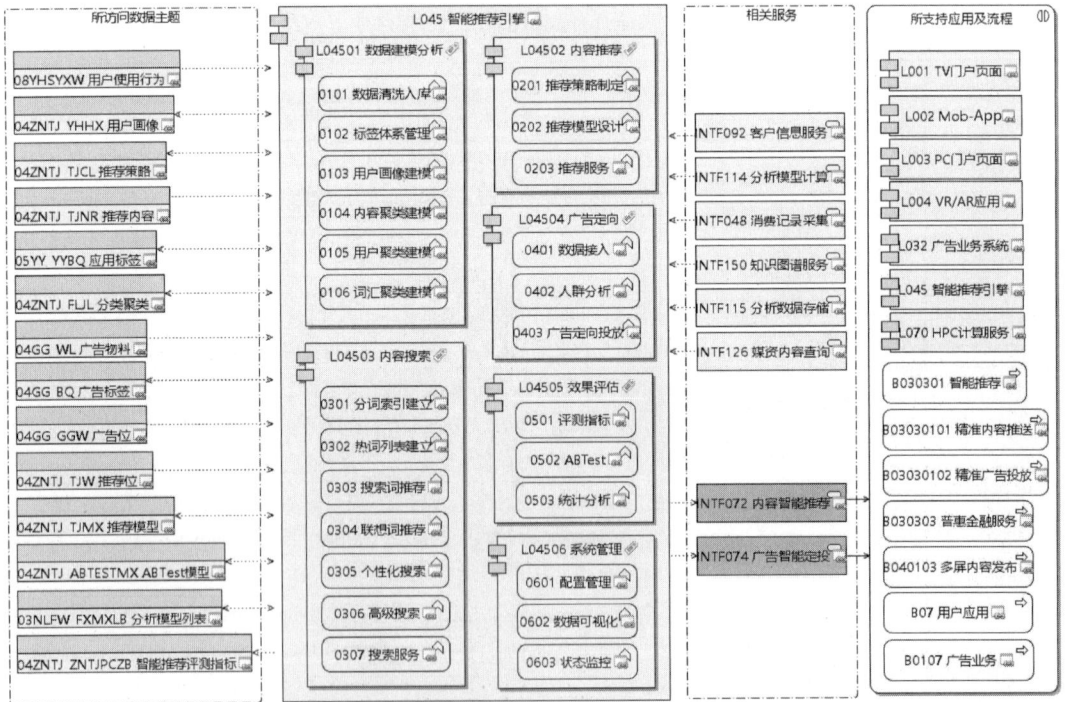

图 12-33　智能推荐引擎功能架构

表 12-35　智能推荐引擎功能架构的功能块/程序块要点描述

应用功能编号	应用功能名称	描　述
L04501	数据建模分析	针对业务分析目标，借助基础算法构建分析模型，建立分析规则，实现数据挖掘、多维分析，以发现其内在关系和规律，形成并维护知识图谱。知识图谱不仅能表达标签体系，也可以表达实体之间的关系
L0450101	数据清洗入库	将清洗后的数据存入数据库
L0450102	标签体系管理	针对内容、用户、词汇等数据对象进行多来源、多维度的标签录入和维护，通过建模对标签数据做分类分析处理，建立丰富的标签体系
L0450103	用户画像建模	基于个人用户性别、年龄、地域等维度，以及用户行为、偏好、习惯数据建立其多维标签体系，通过 Cookie、IP 等连接点将多来源用户行为数据打通，形成统一的用户画像
L0450104	内容聚类建模	基于内容标签体系，通过聚类算法分析内容的关联度、相似度，形成内容主题
L0450105	用户聚类建模	基于个人用户画像，通过聚类算法分析用户的关联度、相似度，形成群体画像
L0450106	词汇聚类建模	基于词汇标签体系，通过聚类算法分析词汇的关联度、相似度，形成词汇主题
L04502	内容推荐	推荐引擎核心部件，实现智能推荐服务，可对用户进行个性化内容推荐、当前所看内容的关联推荐
L0450201	推荐策略制定	从特定推荐时机、推荐场景、用户特征等维度预测用户可能存在的推荐需求，确定推荐策略，用于指导推荐模型的设计
L0450202	推荐模型设计	推荐模型设计可能会用到分类、聚类、特征变换、协同过滤、关联规则、矩阵分解、线性回归等算法。针对不同场景的推荐模型各不相同，常用的推荐模型有： 基于内容/用户相似度的推荐模型 基于内容的协同过滤推荐模型 基于用户的协同过滤推荐模型 基于热度内容的推荐模型
L0450203	推荐服务	智能推荐引擎对外提供非实时和实时推荐服务
L04503	内容搜索	搜索引擎借助自然语言分析等核心技术，为用户快速、准确找到所需内容，为用户提供高效、稳定、方便的搜索功能
L0450301	分词索引建立	对文本信息进行语义分析、切词处理形成分词库，建立分词索引作为搜索的基础数据
L0450302	热词列表建立	基于词汇的热度分析建立并更新维护热词列表
L0450303	搜索词推荐	基于热词列表提供搜索词推荐
L0450304	联想词推荐	基于热词列表，在用户搜索框中输入部分分词后提供联想词推荐。在输入框中停止输入后，根据之前输入的内容进行补全提醒，选择提醒的词后直接搜索
L0450305	个性化搜索	基于热词列表结合用户画像，提供个性化备选搜索热词推荐。在用户搜索框中输入确定关键词之后，提供个性化的搜索结果列表
L0450306	高级搜索	用户可以输入两个或以上的词，用特殊字符连接进行条件搜索
L0450307	搜索服务	智能推荐引擎对外提供个性化或高级搜索服务
L04504	广告定向	广告定向是需要运营参与的精准圈人系统
L0450401	数据接入	智能推荐引擎提供数据接入 OpenAPI 接口保证平台的高内聚性。通过数据接入服务进行广告数据、内容数据、用户数据与智能推荐引擎的对接
L0450402	人群分析	智能推荐引擎对接入的用户数据进行分析，形成不同的群体用户画像
L0450403	广告定向投放	智能推荐引擎提供广告定向投放服务接口，基于群体用户画像，进行细分的广告投放
L04505	效果评估	将前台应用中用户实际使用情况的数据反馈至后台，作为效果评估的依据，用于对分析模型的验证和持续优化

应用功能编号	应用功能名称	描述
L0450501	评测指标	对推荐及搜索服务所产生的预期效果制定评测指标
L0450502	ABTest	可以对推荐模型做线上测试，不断对各类推荐模型进行比较，并据此迭代优化
L0450503	统计分析	对推荐、搜索服务的效果数据进行持续统计分析，用于评价当前推荐、搜索算法的优劣
L04506	系统管理	对智能推荐引擎的系统配置、用户权限、系统状态监控等方面进行管理，同时对系统接入、处理、产生的数据进行可视化分析、展现
L0450601	配置管理	对各类推荐模型提供图形化的参数配置
L0450602	数据可视化	对相关分析数据进行可视化图形展示
L0450603	状态监控	对系统状态、负载、API调用次数等进行状态监控

5. 舆情分析

舆情分析采集海量互联网信息，借助大数据计算能力、人工智能分析模型，自动识别、挖掘、聚类事件，分析事件热度，梳理事件来龙去脉，进行多维度舆情分析，提供预警功能。当网民关注舆情的讨论量或负面评论数量达到阈值时，即刻发出预警，以便及时干预，不错过舆情处理的黄金时间。

面向传媒领域，针对新闻线索发现、热点新闻预测、网民观点分析、主题策划、内容生产、传播效果分析、运营效果分析、客户满意度分析等业务场景，舆情分析系统都具有重要价值。基于智慧媒体云平台的大数据分析能力建设舆情分析系统，将是帮助媒体运营商切实推进向智慧媒体转型的重要工具。舆情分析功能架构如图 12-34 所示，舆情分析功能架构的功能块/程序块要点描述见表 12-36。

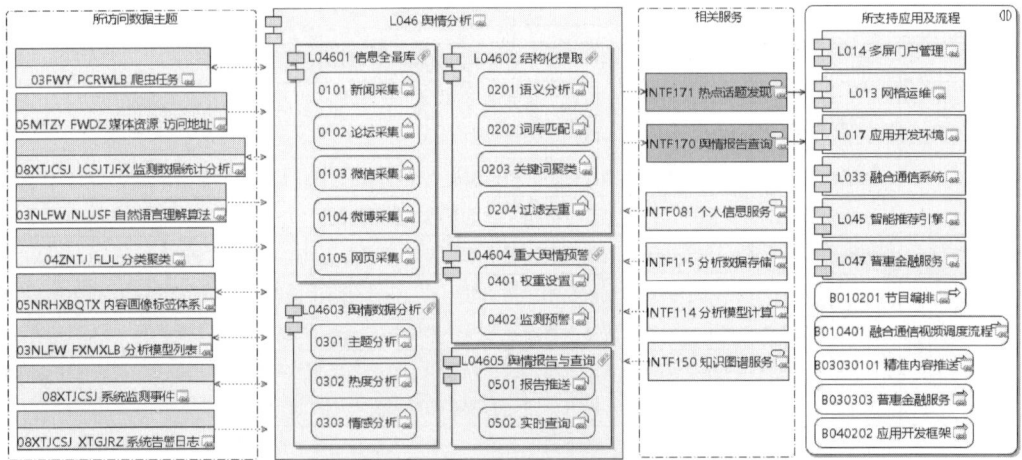

图 12-34　舆情分析功能架构

表 12-36　舆情分析功能架构的功能块/程序块要点描述

应用功能编号	应用功能名称	描述
L04601	信息全量库	通过互联网广泛采集原始数据，形成"信息全量库"，作为舆情分析的基础
L0460101	新闻采集	建立主要门户网站、新闻网站/应用的数据采集机制，及时获取相关内容及访问数据
L0460102	论坛采集	建立面向主要论坛、博客等自媒体的数据采集机制，及时获取相关内容及访问数据

应用功能编号	应用功能名称	描　　述
L0460103	微信采集	建立微信、微博等社交媒体的数据采集机制，及时获取相关内容及访问数据
L0460104	微博采集	
L0460105	网页采集	建立主要 RSS 的数据采集机制，及时获取相关内容及访问数据
L04602	结构化提取	文本语义分析平台是舆情分析的核心，基于句法分析，切词分词，并进行关键词聚类、过滤去重，形成高质量的结构化舆情信息
L0460201	语义分析	借助语音识别技术将目标语音数据转换为文字，借助自然语义理解能力对文本信息进行语义分析
L0460202	词库匹配	基于词库匹配分类算法，对清洗后的数据集采用向量空间模型进行特征表达，建立分类词库，帮助识别热点和线索
L0460203	关键词聚类	基于关联规则聚类算法，量化分析用户访问行为、搜索行为的热点关键词
L0460204	过滤去重	基于协同过滤算法，对不同来源的数据进行去重处理，分析其关联度，去除噪声
L04603	舆情数据分析	基于结构化舆情信息，借助算法模型提取主题，进行热度分析、情感分析
L0460301	主题分析	基于分类词库、关键词，结合地区分布、访问人群画像、热度、时间区间、行业等维度，进行事件主题分析
L0460302	热度分析	基于分类词库、关键词、主题分析，结合时间区间对应不同媒体的曝光权重/频次、关注数、转发数、评论数、点赞数等维度，进行热度分析
L0460303	情感分析	基于语义分析，抽取带情感色彩的主观性文本进行归纳推理和概念性分析，与创建的情感（如高兴、愤怒、悲伤、愉悦、憎恨、害怕、内疚、自豪、自卑等）或意图倾向（如关注、感兴趣、支持、反对、中立、不感兴趣等）分类进行量化匹配，从而分析出大众/群体对某事件的情感反应及其在时间维度上的变化趋势
L04604	重大舆情预警	基于舆情预警模型的权重设置，监测舆情发展，并对重大事件做出预警
L0460401	权重设置	基于舆情预警模型从主题、热度、情感等多维度设置权重，对重大事件进行量化监测
L0460402	监测预警	当舆情预警达到阈值时，系统即刻通知相关管理人员进行应对
L04605	舆情报告与查询	提供实时舆情数据查询服务、舆情分析报告服务。舆情分析系统也可用于分析商业情报、传播效果等各行业特定的业务场景
L0460501	报告推送	周期性生成舆情报告或重大事件舆情报告，上报相关管理人员
L0460502	实时查询	提供事件、时间、地区、人群、行业、主题、关键词等不同维度的实时查询服务

6. 普惠金融服务

普惠金融服务基于大数据基础分析平台，为广大中小微企业、个人用户提供及时、优惠的金融服务。普惠金融服务可以推出单独的 App，也可通过融媒体的 TV 门户、PC 门户、Mob-App 面向用户提供服务，还可借助融媒体云平台为用户提供自助服务。

普惠金融服务是典型的大数据分析应用，其风控模型、产品智能推荐模型需要借助大数据平台进行大量用户信息的采集、分析，须访问用户画像等分析数据。普惠金融服务功能架构如图 12-35 所示，普惠金融服务功能架构的功能块/程序块要点描述见表 12-37。

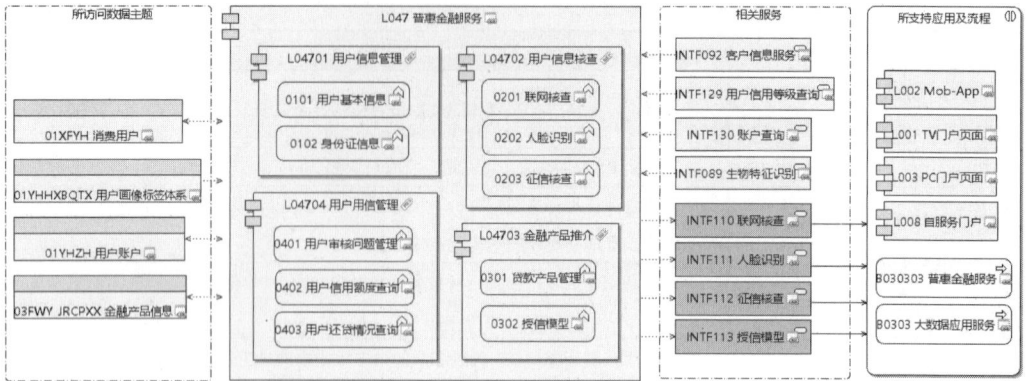

图 12-35　普惠金融服务功能架构

表 12-37　普惠金融服务功能架构的功能块/程序块要点描述

应用功能编号	应用功能名称	描　　　述
L04701	用户信息管理	对注册用户的基本信息进行增/删/改/查、统计分析等管理
L0470101	用户基本信息	允许注册用户新建、修改、完善用户基本信息
L0470102	身份证信息	为用户上传身份证照片操作提供规范说明，对上传身份证照片进行质量检查，通过 OCR 技术进行文字识别，通过图像识别技术对人脸照片进行识别
L04702	用户信息核查	对用户身份信息、征信信息进行核查
L0470201	联网核查	普惠金融系统与所有合作银行系统均进行联网，可实现对用户身份证信息的远程联网核查
L0470202	人脸识别	可实现联网人脸识别远程身份核查，后续也可提供人脸识别登录、支付
L0470203	征信核查	系统通过与合作银行的联网接口，对用户征信信息进行查询；查询个人征信须得到本人授权确认
L04703	金融产品推介	向用户提供普惠金融产品的匹配推介
L0470301	贷款产品管理	通过与多家银行或金融机构合作，获得丰富的符合中小微企业及个人需求的贷款、金融产品；系统对这些产品的基本信息、定价、优惠策略、生命周期、绩效分析等进行统一管理。基于个性化智能推荐模型，为用户匹配推荐产品
L0470302	授信模型	系统调用合作银行的授信模型，结合自身风控模型，对用户授信进行综合评估，根据用户当前情况输出该用户的最高授信额度
L04704	用户用信管理	用户启用产品，系统对用户提供支持服务
L0470401	用户审核问题管理	对用户信息核查出现的问题进行查询、分析，并协调解决
L0470402	用户信用额度查询	对用户信用额度进行查询、统计分析，支持客户服务、市场营销
L0470403	用户还贷情况查询	对用户还贷情况进行查询、统计分析，支持客户服务

12.3.6　运营支撑平台

运营支撑平台是智慧媒体云平台运营商全业务发展的重要支撑系统。突破传统架构，采用云化理念，将运营支撑的系统功能进行模块化、服务化治理，形成客户中心、产品中心、营销中心、订单中心、支付中心、客服中心、账务中心、OA 支撑等能力组件。运营支撑平台功能架构如图 12-36 所示，运营支撑平台功能架构的功能块/程序块要点描述见表 12-38。

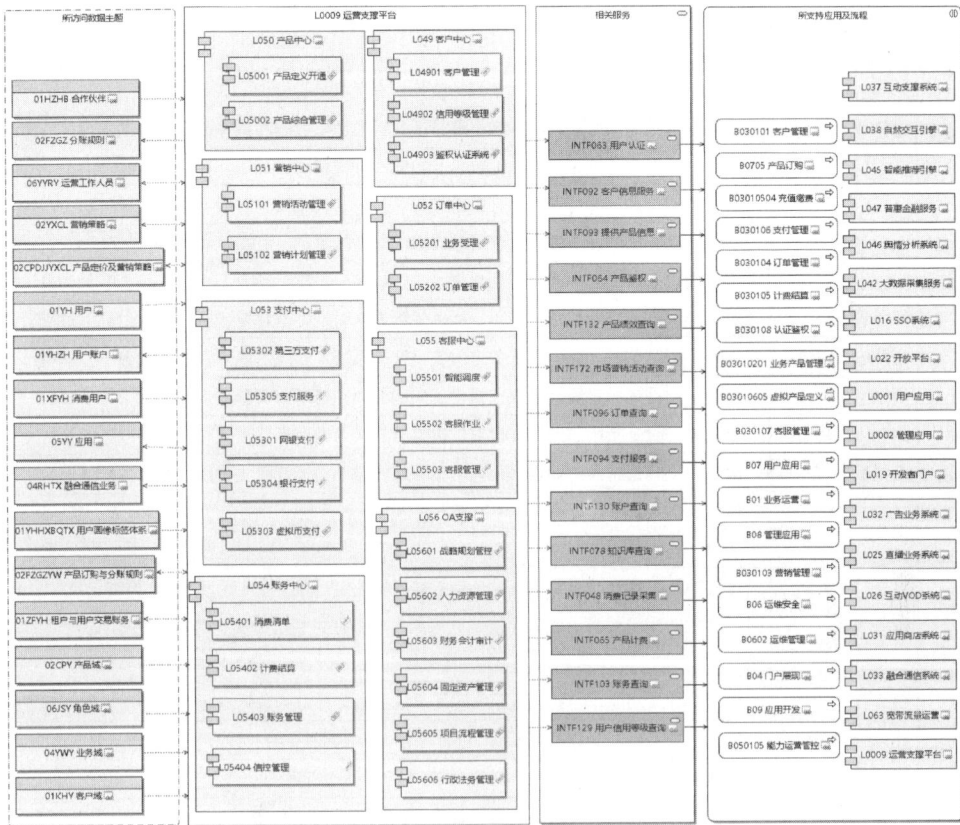

图 12-36 运营支撑平台功能架构

表 12-38 运营支撑平台功能架构的功能块/程序块要点描述

序 号	应用功能名称	描 述
L049	客户中心	负责客户、用户、账务管理,负责统一认证鉴权计量的 AAA 服务提供
L04901	客户管理	对客户姓名、地址、账号等信息的统一管理 客户包括个人、家庭、集团、政企等用户,以及 CP、SP、开发者等合作伙伴
L04902	信用等级管理	客户的等级和信用管理,等级不同在各业务上享受的服务不同,信用则会影响后付费业务的使用权限
L04903	鉴权认证系统	对用户身份认证及业务使用的鉴权
L050	产品中心	负责云平台全部产品的定义、发布、绩效考评的全生命周期管理
L05001	产品定义开通	对各类业务、服务、套餐进行产品定义、定价,并开通业务。对产品特性、销售对象、定价、上下架进行管理。产品上架后,能够通过门户系统向用户进行展示并销售。产品下架后,则对用户不可见
L05002	产品综合管理	定义管理各种产品,包括内容产品、广告产品、云服务产品、电商产品等
L051	营销中心	在产品上架后,结合市场测试结果及预期目标,通过对各项指标,如业务量、市场份额、成本和收益、客户满意度等进行评估,比较分析产品在市场上的实际表现是否达到预期目标
L05101	营销活动管理	市场营销手段、渠道、费用等的管理。对营销活动的折扣、促销、赠送等活动成本进行分析,作为产品绩效评估的参考依据 业务优惠策略包括秒杀、满减、买赠、批量购、免费试看片段、看广告赢免费权益、虚拟币支付、积分兑换、充值卡支付、优惠券支付、白条、VIP 优惠、团购等

序　号	应用功能名称	描　述
L05102	营销计划管理	提供目标客户群市场的营销策划、执行、跟踪与目标管理 收集汇总市场与行业、目标客户群特征、相关历史数据和销售品市场测试反馈等方面的信息，并进行分析，为销售绩效的预测分析、绩效考评提供支撑
L052	订单中心	负责销售产品的业务受理及订单管理等
L05201	业务受理	提供产品销售的业务受理，对用户身份状态进行鉴定，生成订单，开通业务，进行计费。客户续费或新订购产品，须支付相应费用
L05202	订单管理	对订单进行监控、分析、变更、撤销等管理。对未付费订单或者超时未付订单进行取消
L053	支付中心	支付中心是关联支付方和账务方的支付交易系统，实现对用户消费的扣费
L05301	网银支付	网银支付是指用户通过网银方式自动向运营商支付所购买服务的费用
L05302	第三方支付	第三方支付是指用户通过支付宝、微信等方式自助向运营商支付所购买服务的费用
L05303	虚拟币支付	虚拟币支付是指用户通过平台内虚拟币方式自助向运营商支付所购买服务的费用
L05304	银行支付	使用绑定银行卡、开通托收账户等方式通过银行收费。托收有单笔联机托收、多笔联机托收等方式
L054	账务中心	账务中心主要针对系统中正常计费的客户每天出日账，每月底出月账，详细记录客户每日、每月所产生的账单信息，账务系统能够根据每日的账务情况分析出当前用户的账户是否有足够的余额
L05401	消费清单	指消费计量功能，将各业务系统对用户消费进行计量的数据进行汇总整理，作为计费的依据
L05402	计费结算	基于用户订购产品、消费计量，进行综合计费。对外部合作伙伴进行对账、分账、结算等处理
L05403	账务管理	管理账务的生命周期
L05404	信控管理	信控管理主要包含管理客户信用等级、催费和开停机等，是自动化用户行为判断和用户权限控制的处理过程
L055	客服中心	客服中心首先为客户提供各种服务，包括投诉受理、呼出回访、故障受理等；其次承担部分业务拓展、产品推广工作，以及实现对客服人员的管理
L05501	智能调度	系统提供智能功能，调度来自各种通信渠道的客户呼叫，实现智能排队、自动业务播报
L05502	客服作业	客服人员的工作内容包括投诉受理、呼出回访、故障受理等
L05503	客服管理	对客服人员提供知识库、培训支持，并进行工作统计、监控、考核等管理
L056	OA 支撑	OA 支撑作为企业内部办公 IT 系统，与运营支撑系统密切关联，完成公司内部的流程运转和后台支持。简单的 OA 支撑通常会独立部署，当企业业务复杂度较高时发展为 ERP
L05601	战略规划管控	基于行业分析、数据支撑、定位决策等的战略规划制定及管控，包括投融资、战略合作等
L05602	人力资源管理	为企业战略实施提供相适应的组织架构、人力资源支撑
L05603	财务会计审计	对企业经营的日常财务会计工作及财务审计工作进行全面管控
L05604	固定资产管理	对企业的生产、办公用固定资产、无形资产进行进销存管控
L05605	项目流程管理	对平台建设、产品开发、业务开展、管理提升等各类项目进行流程化管控
L05606	行政法务管理	对企业日常行政、法务、后勤等支持性工作的管理

12.3.7　外部能力接口

智慧媒体云平台的建设是一个长期持续迭代的过程。对一些新兴的服务能力，以及一些在互联网中已得到大规模应用的服务能力，可考虑通过外部能力引入的方式嫁接到智慧媒体云平台，为自身平台的应用开发提供更多的服务可选项。外部能力接口功能架构如图 12-37 所示，外部能力接口功能架构的功能块/程序块要点描述见表 12-39。

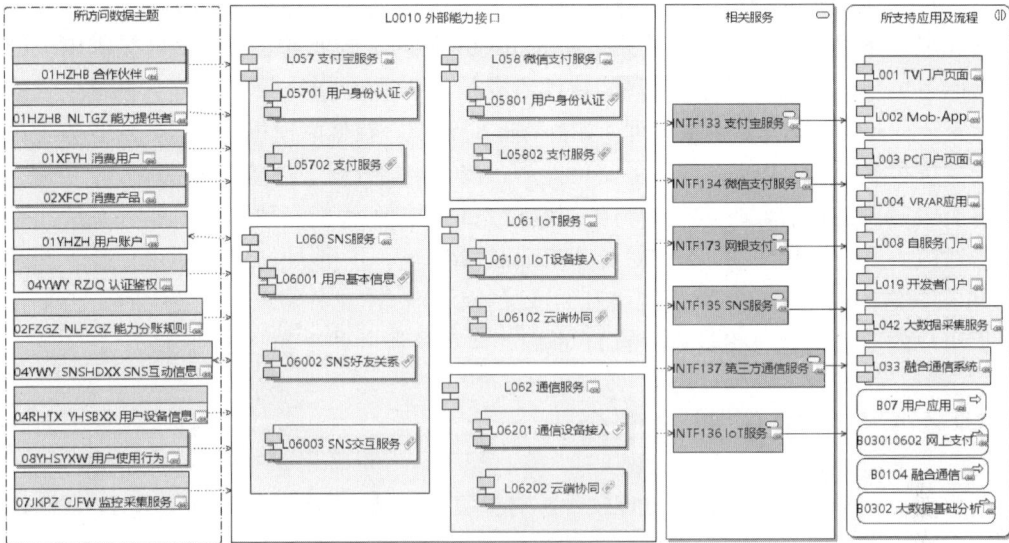

图 12-37　外部能力接口功能架构

表 12-39　外部能力接口功能架构的功能块/程序块要点描述

序　号	功能名称	描　述
L057	支付宝服务	全球最大的移动支付平台之一，有支付宝与支付宝钱包两个品牌。与国内外 180 多家银行及 VISA、MasterCard 等国际组织机构建立了战略合作关系
L058	微信支付服务	微信支付是集成在微信客户端的支付功能，用户可以通过手机完成快速支付流程。微信支付以绑定银行卡的快捷支付为基础，向用户提供安全、快捷、高效的支付服务
L060	SNS 服务	基于构建熟人关系网、陌生人关系网，为用户提供信息发布、内容分享、LBS、朋友圈、即时通信等互动功能的社会化网络服务（Social Networking Services），如微信、微博、脉脉、钉钉等
L061	IoT 服务	IoT 指通过 RFID、GPS、北斗、红外等各种传感器实时采集声、光、热、电、力学、化学、生物、位置等信息，通过网络实现物与物、物与人的泛在连接，提供智能感知的数据服务。与 AI 相结合，可提供专业的数据智能服务
L062	通信服务	引入公有云的云通信服务

12.4　智慧媒体云平台 IaaS 层

IaaS 层利用虚拟化技术，有效整合底层各种基础设施和基础能力，将底层基础设施及基础能力以资源服务的形式对上提供、对外开放，以满足上层应用对服务器、网络、加密、视频处理、视频分发等各种资源及能力的使用需求。IaaS 层部署在云数据中心。

云数据中心的云业务管理平台应基于开放架构，支持主流虚拟化平台及框架，为租户屏蔽异构虚拟化平台差异,支持在多虚拟化平台环境下为租户提供相同的云服务,并支持 IPv6 传输协议。云业务管理平台应提供云资源运营平台,在调度云资源的同时,提供强大的运营管理功能,使管理员能够创建组织、管理用户、定义资源申请审批流程、为云资源定价、完成多维度计费等,从而达到运营云资源的目的。云业务管理平台应提供统一的自助式云服务门户,供租户申请、使用、管理云资源,包括云主机、云存储、云网络、云数据库、云安全、云负载均衡、模板管理(如操作系统镜像、数据库模板等)等。云业务管理平台应支持虚拟私有云(VPC)的服务交付能力,按需申请计算、存储、网络和安全资源,并进行各类云资源的部署,形成一个与传统物理系统功能和性能一致的逻辑业务系统。不同的租户对应不同的 VPC,不同 VPC 之间资源逻辑隔离,IP 地址、VLAN 可重叠。同时,VPC 可在一定的安全策略下实现网络互通或受控访问。在业务需求发生变化时,云平台能够根据租户的要求快速调整其对应的 IT 资源,实现资源的共享和高效利用。

12.4.1 资源虚拟化平台

资源虚拟化平台通过部署虚拟化软件,对计算、存储、网络、安全等物理 IT 资源进行虚拟化,形成虚拟资源池,实现更高效的利用、更便捷的管理。

1. 计算虚拟化

应支持 CPU 通用计算资源池、VDI 虚拟桌面计算资源池和 GPU 计算资源池。计算虚拟化的软件系统应包括虚拟化内核平台和虚拟化管理平台两部分。

(1)针对上层客户操作系统对底层硬件资源的访问,虚拟化内核平台应支持屏蔽底层异构硬件之间的差异性,消除上层客户操作系统对硬件设备及驱动的依赖,同时具备增强虚拟化运行环境中的硬件兼容性、可靠性、可用性、可扩展性及性能优化等功能。

(2)虚拟化管理平台应实现对数据中心内的计算资源的虚拟化管理,对上层应用提供自动化服务,支持的业务范围应包括虚拟计算、虚拟网络、虚拟存储、高可用性、动态资源调度、虚拟机容灾与备份、模板管理、集群文件系统、虚拟交换机策略等,提供云资源管理、虚拟机视图管理、灵活资源调度管理、告警管理、报表管理、系统管理等功能。

2. 存储虚拟化

应支持把分散的、不同品牌或不同级别的存储产品统一到一个或几个大的存储池下,将物理存储虚拟化成逻辑存储,并通过分布式存储软件系统的统一管理调度对外提供统一的存储服务,包括块存储、文件存储和对象存储,从而提高管理效率和资源利用率。云数据中心应采用基于 IP 的单网结构分布式存储,除了提供 NAS 访问接口,还需要具备提供大数据接口和对象接口的能力,具备与 OpenStack、VMware、CloudStack 等多种主流平台框架对接的能力,以便更好地支撑媒体内容运营和媒体数据挖掘。

3. 网络虚拟化

为满足计算资源池和存储资源池对网络的需求,应支持对数据中心网络的虚拟化管理,包括对物理网络设备的纳管和对虚拟交换机、虚拟路由器、虚拟负载均衡、虚拟 VPN、虚拟防火墙等虚拟设备的管理。 网络虚拟化组网采用 Overlay 方式，应支持虚拟可扩展局域网（VxLAN）技术，使用基于隧道的大二层互联机制，在控制平面支持服务发现、隧道管理、地址通告和映射等功能。控制平面应采用集中或分布式控制模式。在集中模式下，如采用 SDN 控制器，宜通过集中的控制器集群实现 VxLAN 的控制平面；在分布式模式下，宜采用 EVPN 方式实现 VxLAN 的控制平面。网络虚拟化能力应在兼容标准 Overlay 网络的同时融合传统网络，支持跨三层的虚拟机迁移，基于三层物理网络实现大二层虚拟网络、广播风暴抑制、虚拟机动态感知等，支持通过云管理平台动态感知虚拟机迁移，实现虚拟机迁移的网络策略动态跟随，进而实现网络与计算、存储的高效融合。根据云数据中心不同场景的组网需求，Overlay 的网络部署应选择支持网络 Overlay、主机 Overlay 和混合 Overlay 三种组网模型中的一种或多种。

资源虚拟化平台功能架构如图 12-38 所示，资源虚拟化平台功能架构的功能块要点描述见表 12-40。

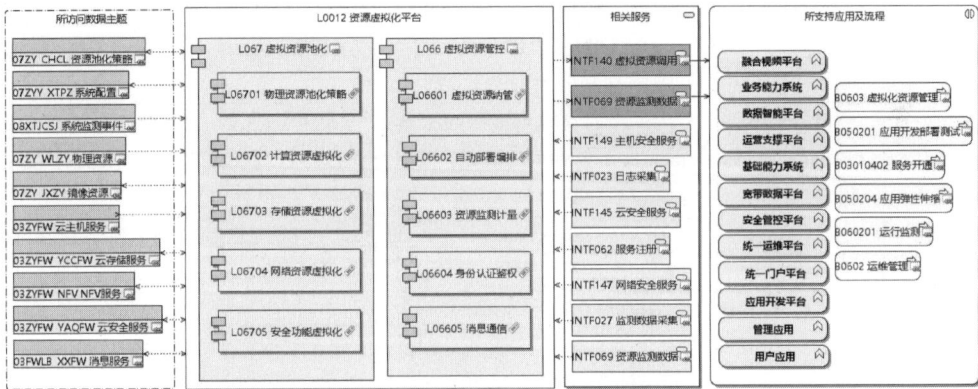

图 12-38　资源虚拟化平台功能架构

表 12-40　资源虚拟化平台功能架构的功能块要点描述

应用功能编号	应用功能名称	描　　述
L066	虚拟资源管控	为物理、虚拟资源的全局管理提供工具和支撑
L06601	虚拟资源纳管	虚拟化平台可能面临多种虚拟资源的管理问题，须通过打通系统配置、部署编排、身份认证、监测计量等通用服务，实现对 OpenStack、KVM、AWS、Xen、VMware、Citrix 等各类虚拟资源进行统一纳管
L06602	自动部署编排	OpenStack 架构中的 Heat 组件，提供一种通过模板定义的协同部署方式，实现云基础设施软件运行环境（计算、存储和网络资源）的自动化部署
L06603	资源监测计量	OpenStack 架构中的 Ceilometer 组件，将内部发生的几乎所有事件都收集起来，为计费和监控，以及其他服务提供数据支撑
L06604	身份认证鉴权	OpenStack 架构中的 Keystone 组件，负责认证和访问策略服务，依赖自身 REST（基于 Identity API）系统进行工作，授权对动作消息来源者请求的合法性进行鉴定。Keystone 提供以下三种服务 令牌服务：含有授权用户的授权信息 目录服务：含有用户合法操作的可用服务列表 策略服务：利用 Keystone 具体指定用户或群组某些访问权限

应用功能编号	应用功能名称	描 述
L06605	消息通信	基于 HTTP 协议：通过各项目的 API 建立通信关系 基于消息队列：通过 AMQP 协议进行通信，如 Rabbit MQ，消息代理（也称消息中间件）为其他各种服务之间提供统一的消息通信服务 基于 SQL 的通信：通过数据库连接实现通信
L067	虚拟资源池化	通过虚拟化系统实现对计算、存储、网络、安全等物理设备的虚拟化
L06701	物理资源池化策略	对所有物理资源的使用进行全局规划，分不同的安全域、资源特性、业务需求，对必要的资源进行虚拟化，使云平台共享这些物理、虚拟资源池，提高资源利用率
L06702	计算资源虚拟化	OpenStack 架构中的 Nova 组件，负责虚拟机创建、开机、关机、挂起、暂停、调整、迁移、重启、销毁等全生命周期管理，配置 CPU、内存等信息规格
L06703	存储资源虚拟化	OpenStack 架构中的 Swift 组件，是大规模可扩展对象存储系统 OpenStack 架构中的 Cinder 组件，为运行实例提供稳定的数据块存储（Block Storage）服务，如创建卷、删除卷、在实例上挂载和卸载卷等 分布式存储 CephFS 支持文件存储、对象存储、块存储，以及 Mout 访问、NFS 访问 Hadoop 架构中的分布式文件系统 HDFS
L06704	网络资源虚拟化	OpenStack 架构中的 Neutron 组件，实现网络虚拟化，可定义 Network、Subnet、Router，配置 DHCP、DNS、负载均衡、L3 服务，网络支持 GRE、VLAN、L2-in-L3 隧道（如 VxLAN、GRE 隧道），支持第三方 API 扩展 NFV（Network Functions Virtualization）技术的目标是在标准服务器上提供网络功能，由服务提供商推动，以加快引进其网络上的新服务
L06705	安全功能虚拟化	安全功能虚拟化（Security Function Virtualization，SFV），将安全资源转化为逻辑形态的安全资源池，实现安全资源与物理形态解耦，解决现有基础安全防护系统缺乏协同防护机制的问题，从而提升网络安全防护效果，满足新形势下的网络安全防护需求

12.4.2 宽带数据平台

宽带数据平台是宽带接入业务的支撑平台。除通过 Cache 实现用户访问内容本地化、通过 CDN 镜像直接引入源站内容等基本功能外，还要建立宽带流量运营系统，持续优化宽带流量效率，提升用户接入体验。

宽带流量运营系统：采集用户访问日志、DNS 日志及质量日志，并对日志进行逐条分析，抽取关键信息进行统计，根据质量分析系统、可缓存分析系统对网络质量数据、服务质量数据、热点域名列表、热门请求列表数据的采集、分析，提供相应的调度策略及缓存策略，如路由优化策略、链路优化策略、域名调度优化策略、本地缓存优化策略、内容引入建议等。

Cache 系统：通过重定向系统监听用户的动作，如文件下载、在线视频观看等，并根据用户的动作，自动将用户引导到缓存系统上，由缓存系统提供服务。

CDN 镜像系统：用户从源站调度服务器上获取 CDN 镜像服务集群的访问链接，向 CDN 镜像服务器发起访问请求，源站调度系统收到用户的请求后，根据用户所处位置，将用户调度到相应的 CDN 镜像集群上。

宽带数据平台功能架构如图 12-39 所示，宽带数据平台功能架构的功能块要点描述见表 12-41。

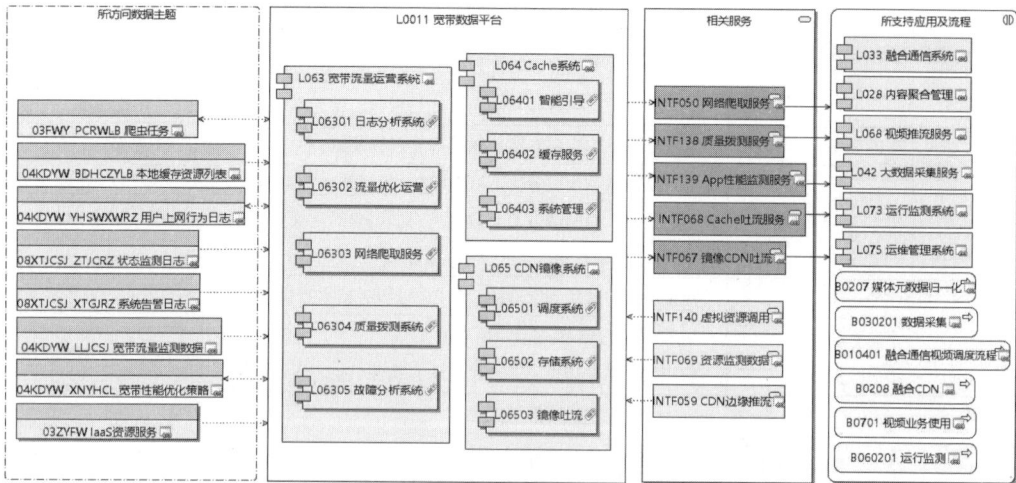

图 12-39　宽带数据平台功能架构

表 12-41　宽带数据平台功能架构的功能块要点描述

应用功能编号	应用功能名称	描　述
L063	宽带流量运营系统	对系统日志、质量拨测等数据进行采集，分析网络质量、服务质量、热点域名、热门请求等数据，制定路由优化策略、链路优化策略、域名调度优化策略、本地缓存优化策略、内容引入建议等
L06301	日志分析系统	调取缓存日志、DPI 日志、DNS 日志及质量拨测日志等信息，并调用大数据分析平台对日志信息进行统计分析，为系统持续优化策略提供依据
L06302	流量优化运营	从域名和应用层面进行缓存分析，给出缓存建议或内容引入建议。除为平台开发、部署、运维提供工具外，还要配合人工提供流量优化策略，才能达到最佳效果
L06303	网络爬取服务	网络爬取是按照一定规则自动抓取 Web 信息的程序或脚本，用于获取互联网 HTTP 协议的内容资料及链接播放资源。通过分布式部署爬虫服务器，建立与互联网的定期定策略连接，爬虫服务器会从指定的地址爬取媒体内容，包括视频、音频、图文和节目元数据等。爬虫模块支持爬取任务的调度、监控和负载均衡，对反爬取机制建立应对策略，保障平台内容来源的持续性，同时支持周期性的有效性自检
L06304	质量拨测系统	通过部署质量拨测模块，从多个环节、维度对质量进行拨测，并对拨测结果进行分析，从而生成各类优化策略，指导运营工作，达到降低运营成本、提高用户体验的目的。通过对关键 App 进行 APM 拨测，有助于分析 App 问题，改善用户体验
L06305	故障分析系统	日常运维工作中不可避免会出现各类故障，故障分析工具可以协助运维人员快速定位问题，及时排除故障，减少用户投诉
L064	Cache 系统	通过重定向系统监听用户的动作，如文件下载、在线视频观看等，并根据用户的动作，自动将用户引导到缓存系统上，由缓存系统提供服务
L06401	智能引导	采集用户的互联网访问请求 对用户的请求进行深度分析 完成对用户请求的引导

应用功能编号	应用功能名称	描　述
L06402	缓存服务	热门内容本地缓存 为用户提供吐流服务 识别并处理源站的防盗链算法 根据文件访问热度，自动淘汰冷门内容，保证本地磁盘空间得到高效利用
L06403	系统管理	管理 Cache 的设备，部署软件，并进行配置
L065	CDN 镜像系统	用户从源站调度服务器上获取 CDN 镜像服务集群的访问链接，向 CDN 镜像服务器发起访问请求，源站调度系统收到用户的请求后，根据用户所处位置，将用户调度到相应的 CDN 镜像集群上
L06501	调度系统	实现将用户调度到合理的 CDN 边缘服务器上提供服务
L06502	存储系统	用于存储 CDN 镜像节点所有的文件
L06503	镜像吐流	响应用户访问请求，通过本地边缘镜像节点提供吐流服务

12.4.3　基础能力系统

基础能力系统是指一系列相对独立的、功能实现与基础资源有密切关系的能力系统。随着业务的不断创新和发展，基础能力系统会不断增加。随着 ICT、TMT 的高度融合，媒体、通信、网络、计算、安全的基础能力服务逐渐成为智慧媒体云平台不可或缺的构件。运营商可视业务需求逐步增加和完善。

近期需求明确的基础能力系统有视频转码/推流服务、HPC 计算服务、5G 通信服务、PKI 基础设施等。

1. 视频转码/推流服务

智慧媒体云平台中的视频业务是核心业务，而视频转码/推流服务是最基础、复用度最高的处理功能。视频转码/推流服务功能架构如图 12-40 所示，视频转码/推流服务功能架构的功能块要点描述见表 12-42。

表 12-42　视频转码/推流服务功能架构的功能块要点描述

应用功能编号	应用功能名称	描　述
L068	视频推流服务	融合 CDN 系统的边缘服务能力，为 DVB/IP 视频、云 VR 业务提供推流服务
L06801	点播推流	VOD 点播指当边缘模块收到终端用户的点播请求时，若本地有节目，则直接向终端推流；若本地没有节目，则边缘模块要一边回源到上级内容存储模块获取节目，一边向终端推流
L06802	直播推流	支持通过 HLS 协议开展直播、时移、回看业务。直播有几个切片的延时，时移和回看都是对以前录制节目的播放
L06803	回看推流	
L06804	时移推流	
L06805	跨网推流	内容定位模块收到客户端请求时，能根据请求的 IP 区分内网和外网，选择合适的边缘节点进行推流
L069	视频转码服务	负责直播、离线转码系统的任务管理，根据转码器的空闲状态，智能动态分配转码任务。离线转码主要完成离线文件的内容转码，包括格式、码率等，支持多任务调度；在线转码主要完成实时信号流的转码工作，支持多种格式和多种码率的实时转码

应用功能编号	应用功能名称	描　述
L06901	转码器管理	管理在线和离线转码器的信息。配置转码器的位置、端口、计算能力、并发等。增加新的转码器进入转码池，对转码器实施备份策略，对故障转码器进行任务迁移
L06902	在线转码	通常是对电视直播频道的实时转码，用以生成其他格式，通过其他网络途径进行转播。也可将 IP 直播/网络直播流实时转码为 TS 格式，通过 DVB 通道向数字电视进行转播 支持 ASI/SDI/IP 直播源输入，转码压缩输出为 HLS、TSoverUDP、RTSP 等协议格式；支持一进多出多码率转码；支持输入源主备；支持信源告警；支持 $M+N$/1+1 主备
L06903	离线转码	支持主流文件格式输入，采用分片式转码，转码效率更高；支持 TS、HLS、MP4、FLV 文件输出；支持一进多出多码率转码

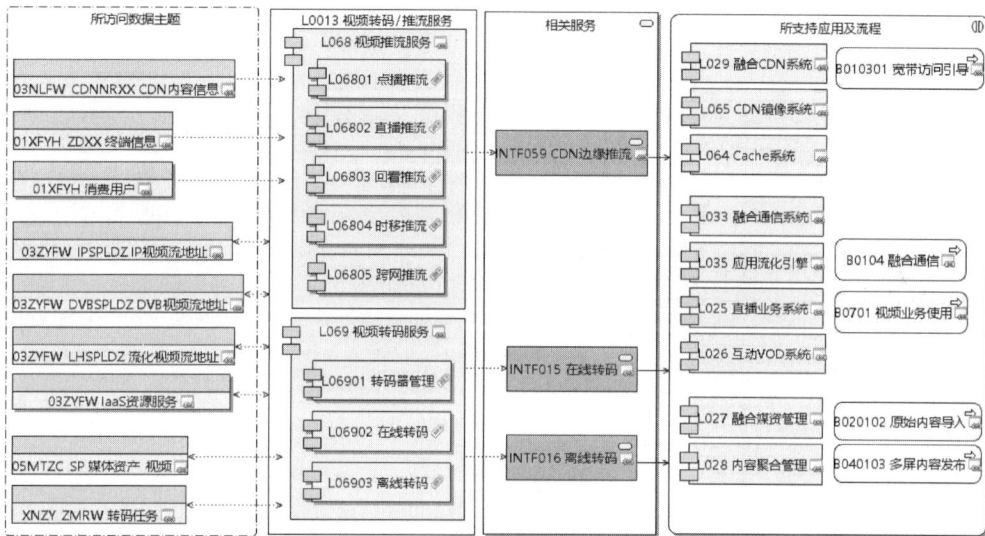

图 12-40　视频转码/推流服务功能架构

2. HPC 计算服务

智慧媒体云平台中最直接的 HPC 应用是 3D 建模及图形图像渲染。随着计算机视觉、深度学习、人工智能技术在媒体领域、交叉领域的广泛应用，HPC 计算服务逐渐成为提升媒体竞争力越来越重要的支撑力量。HPC 计算服务功能架构如图 12-41 所示，HPC 计算服务功能架构的功能块/程序块要点描述见表 12-43。

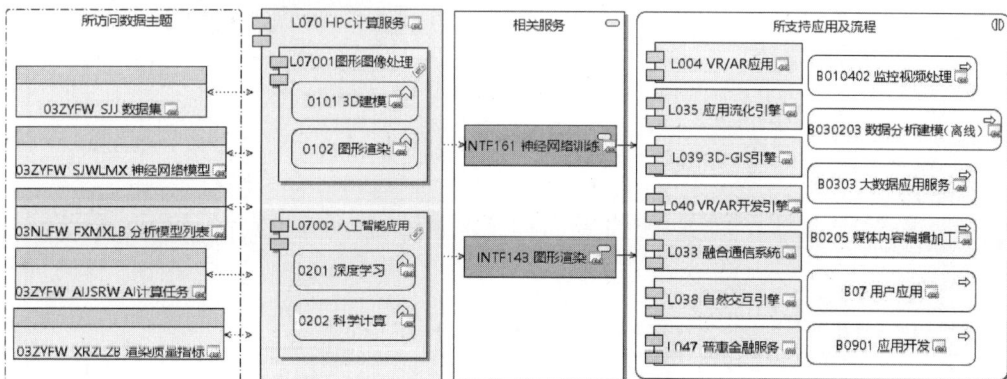

图 12-41　HPC 计算服务功能架构

表 12-43　HPC 计算服务功能架构的功能块/程序块要点描述

应用功能编号	应用功能名称	描　述
L07001	图形图像处理	图形处理中 GPU 的操作流程：应用程序→几何处理→光栅处理
L0700101	3D 建模	应用程序执行的相关操作包括碰撞侦测、全局加速算法、动画处理、物理模拟等 几何处理就是对图元进行处理，所谓图元是指点、线、面等几何体 光栅化则是将确定了位置、大小和光照的几何体映射到屏幕空间栅格化后的处理，如像素着色、贴图、混合。光栅化处理的目的就是计算并设置好被对象覆盖区域的像素颜色
L0700102	图形渲染	实时渲染场景中包含的对象（模型）可以有很多个，但是只有被摄像机（或者说观察者，即设定的视角）覆盖的视图（Viewport）区域才会被渲染。这个摄像机在世界空间里有一个用来摆放的位置和面对的方向
L07002	人工智能应用	人工智能是研究、开发用于模拟、延伸和扩展人的智能的理论、方法、技术及应用系统。人工智能涉及计算机科学、心理学、哲学和语言学等学科
L0700201	深度学习	深度学习（Deep Learning，DL）是学习样本数据的内在规律和表示层次，在学习过程中获得的信息对诸如文字、图像和声音等数据的解释有很大的帮助。其目标是让机器像人一样具有分析和学习能力，能够识别文字、图像和声音等数据 深度学习在搜索技术、数据挖掘、机器学习、机器翻译、自然语言处理、多媒体学习、语音、推荐和个性化技术，以及其他相关领域都取得了很多应用成果 卷积神经网络（CNN）是深度学习的一个成功实例，其计算操作和 GPU 的图形点矩阵运算相同，因此深度学习可以用 GPU 进行加速
L0700202	科学计算	这里的科学计算（Scientific Computing，SC）是指为解决科学和工程中的数学问题而利用计算机进行的数值计算。数值计算方法研究目前面临的突出难点包括：高维数、计算规模大、多时空尺度、强非线性、不适定、长时间、奇异性、几何复杂、高度病态、精度要求高等。科学计算至少有以下三个特点： （1）无损伤 （2）全过程、全时空诊断 （3）可用相对低成本的方式，短周期地反复迭代进行，获得各种条件下研究对象的全面、系统的仿真

3. 5G 通信服务

5G 通信服务是指 3GPP 标准组织定义的 5G 通信业务核心网提供的一系列功能及服务。5G 通信服务功能架构如图 12-42 所示，5G 通信服务功能架构的功能块/程序块要点描述见表 12-44。

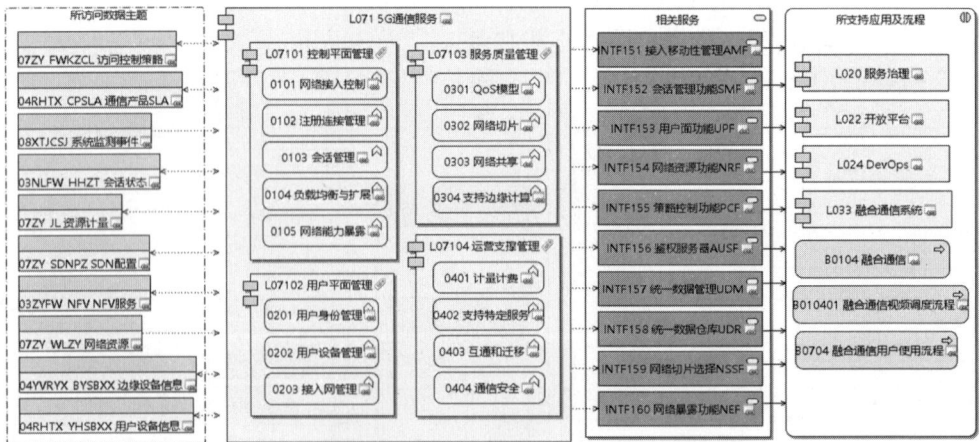

图 12-42　5G 通信服务功能架构

表 12-44 5G 通信服务功能架构的功能块/程序块要点描述

应用功能编号	应用功能名称	描　　述
L07101	控制平面管理	通过独特的控制平面协议将多种不同类型的 5G-AN（如 3GPP RAN，用于不可信接入 5GC 的 N3IWF）连接到 5GC，5GC 控制平面内的网络功能应使用基于服务的接口进行交互
L0710101	网络接入控制	网络接入是用户连接到 5G CN 的方式。网络接入控件包含以下功能：网络选择、识别和认证、授权、接入控制、控制策略、合法拦截
L0710102	注册连接管理	注册管理用于向网络注册或注销 UE/用户，并在网络中建立用户报文。连接管理用于建立或释放 UE 和 AMF 之间的信令连接
L0710103	会话管理	5GC 支持 PDU 连接服务，即在 UE 和由 DNN 识别的数据网络之间提供 PDU 交换的服务。通过根据 UE 的请求建立的 PDU 会话来支持 PDU 连接服务
L0710104	负载均衡与扩展	要确保 5G 系统内的网络功能在标称容量下运行，以便为 UE 提供连接和必要的服务。在高峰运行等极端情况下，要提供对负载均衡、过载控制和 NAS 级别拥塞控制的支持。当 5GC NF 在其标称容量以上运行时被认为处于过载状态，会导致性能降低（包括对处理输入和输出流量的影响）
L0710105	网络能力暴露	支持网络功能的外部开放，可分为监控功能、供应功能和策略/计费功能。监控功能用于监控 5G 系统中 UE 的特定事件，并使这些监控事件信息可通过 NEF 进行外部展示。供应功能允许外部提供可用于 5G 系统中的 UE 的信息。策略/计费功能用于根据外部请求处理 UE 的 QoS 和计费策略
L07102	用户平面管理	处理 PDU 会话的用户平面路径。3GPP 规范支持针对给定 PDU 会话使用单个 UPF 或多个 UPF 进行部署。UPF 选择由 SMF 执行
L0710201	用户身份管理	应为 5G 系统中的每个用户分配一个 5G 用户永久标识符（SUPI），以便在 3GPP 系统内使用。5G 系统支持识别用户，而与用户设备的识别无关
L0710202	用户设备管理	应为访问 5G 系统的每个 UE 分配一个永久设备标识符（PEI）
L0710203	接入网管理	包括连接到 5G 核心网络的 NG-RAN 和/或非 3GPP AN 的接入网络
L07103	服务质量管理	5G 核心网的 QoS 模型，须通过网络切片、支持边缘计算执行；在网络共享场景下，须考虑 QoS 保证
L0710301	QoS 模型	5G QoS 流：5G 系统中 QoS 转发处理的最小粒度。映射到相同 5G QoS 流的所有流量都采用相同的转发处理（如调度策略、队列管理策略、速率整形策略、RLC 配置等）。提供不同的 QoS 转发处理需要单独的 5G QoS 流 5G QoS 标识符：用作对要提供给 5G QoS 流的特定 QoS 转发行为（如丢包率、分组延迟预算）的参考的标量。可以通过控制 QoS 转发处理的 5QI 参考节点特定参数在接入网络中实现（如调度权重、准入阈值、队列管理阈值、链路层协议配置等）
L0710302	网络切片	网络切片：提供特定网络功能和网络特征的逻辑网络 网络切片实例：一组网络功能实例和构成部署的网络切片的所需资源（如计算、存储和网络资源）
L0710303	网络共享	网络共享架构应允许多个参与运营商根据商定的分配方案共享单个共享网络的资源。共享网络包括无线接入网络。共享网络运营商根据其计划和当前需求及服务级别协议向参与运营商分配共享资源。5G 标准当前版本仅支持 5G 多运营商核心网络（5G MOCN）网络共享架构，其中仅在 5G 系统中共享 RAN
L0710304	支持边缘计算	边缘计算（Edge Computing）使运营商和第三方服务能够靠近 UE 的接入连接点进行托管，从而通过减少端到端延迟和传输网络负载，实现高效的服务交付。通常适用于非漫游和 LBO 漫游方案 由于用户或应用功能移动性，可能需要基于服务或 5G 网络的要求来提供服务或会话连续性。5G 核心网可以向 Edge Computing Application Function 公开网络信息和功能

应用功能编号	应用功能名称	描　　述
L07104	运营支撑管理	5G 核心网提供了计量计费、特定服务支持、互通与迁移、通信安全的接口，可在业务运营支撑平台进行集成
L0710401	计量计费	5GC 计费支持收集和报告网络资源使用的计费信息，如 TS 32.240 [41]中所定义 SMF 支持与计费系统的交互，如 TS 32.240 [41]中所定义 UPF 支持收集和向 SMF 报告使用数据的功能。N4 参考点支持 SMF 控制 UPF 集合和报告使用数据 由 PCF 收到的 PCC 规则或 SMF 提供的预配置信息及 OCS 通过信用控制会话机制进行在线计费的触发 支持 SMF 暂停计费功能的目的是使核心网络中的计费和使用监视数据更准确地反映实际发送到 RAN 或 AN 的下行链路业务
L0710402	支持特定服务	公共预警系统、IMS、短信、紧急服务、多媒体优先服务、关键任务服务等
L0710403	互通和迁移	与互联网、4G 网等外部网络的互通和业务迁移
L0710404	通信安全	通过网络与 UE 进行互相认证 安全报文生成和分发 用户平面数据机密性和完整性保护 控制平面信令机密性和完整性保护 用户身份保密

4. PKI 基础设施

PKI 基础设施是用非对称加密算法实现并提供安全服务的通用性安全基础设施。其在收发双方之间建立信任关系，提供身份认证、数字签名、加密等安全服务，收发双方通过公钥加密传输会话密钥。PKI 基础设施功能架构如图 12-43 所示，PKI 基础设施功能架构的功能块/程序块要点描述见表 12-45。

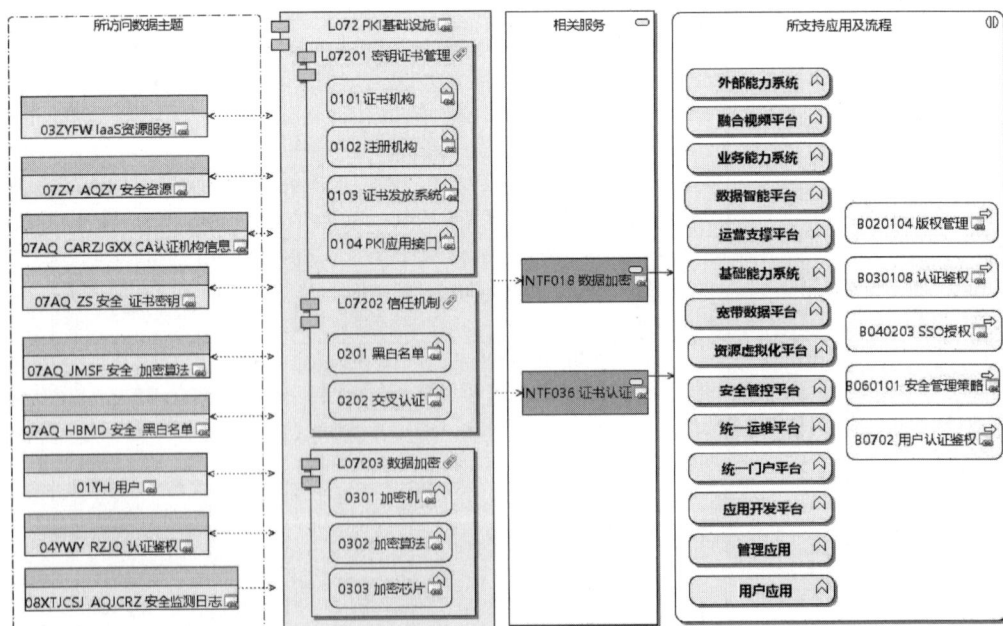

图 12-43　PKI 基础设施功能架构

表 12-45　PKI 基础设施功能架构的功能块/程序块要点描述

应用功能编号	应用功能名称	描　　述
L07201	密钥证书管理	基于非对称公钥体系提供对证书的管理功能，实现用户注册和证书认证、发放、更新等
L0720101	证书机构	证书机构（CA）是 PKI 的信任基础，它管理公钥的整个生命周期，其作用包括：密钥对生成管理、证书创建、证书颁发与备份、证书库管理、证书有效期管理、证书验证、证书废除列表（Certificate Revocation List，CRL）管理
L0720102	注册机构	注册机构（RA）主要收集用户信息和确认用户身份，并向 CA 提出证书请求
L0720103	证书发放系统	证书发放系统负责证书的发放和撤销，CRL 用于记录尚未过期但已声明作废的用户证书
L0720104	PKI 应用接口	透明性：屏蔽密码实现安全服务的细节 扩展性：满足系统发展需求，证书库、CRL 可不断扩展 支持多种应用：提供文件加密存储、加密传输、身份认证、加密交易等 互操作性：支持多环境、多操作系统的 PKI 互操作
L07202	信任机制	提供认证服务，确认用户、系统身份是否合法可信
L0720201	黑白名单	黑名单是非法用户或设备列表。通过用户 ID、设备 ID、邮件、电话等对系统中非法的用户或设备进行标识。被列入黑名单的用户或设备将被禁止发放证书 白名单是用户信任的用户或设备列表
L0720202	交叉认证	两个 CA 之间建立信任关系，均取得双方信任的交叉证书。最终用户可利用本方 CA 公钥来校验对方 CA 的交叉证书，以确定对方是否可信
L07203	数据加密	实现数据加密
L0720301	加密机	加密系统是整个 CA 系统安全的基础，CA 系统中使用的加密机主要有以下功能： （1）CA 系统中的密钥（签名密钥对、会话密钥）生成、存储 （2）数据加解密运算 （3）数字签名、验证运算 （4）数字证书签发和验证等运算 （5）数字信封及摘要的运算
L0720302	加密算法	加密算法是保障信息安全的核心技术，国际通用的加密算法体系及相关标准有 3DES、SHA-1、RSA 等。国家密码管理局规定，自 2011 年 3 月 1 日起，在建和拟建公钥密码基础设施电子认证系统和密钥管理系统应使用国密算法 国密算法主要有： （1）SM1（对称加密），安全强度与 AES 相当 （2）SM2（非对称加密），安全强度和运算速度高于 RSA （3）SM3（消息摘要），可与 MD5 做对比理解 （4）SM4（分组对称算法），与 AES 算法具有相同的密钥长度和分组长度，在安全性上高于 3DES 算法
L0720303	加密芯片	嵌入式加密芯片用于用户终端，以加强对私钥及算法执行的安全保护

12.5　智慧媒体云平台安全与运维

在安全与运维方面，首先，建立与平台相适应的信息安全保障体系，确保平台服务安全，保证网络、终端及基础设施正常运行，有效防范和控制安全风险，增强平台安全预警和应急处置能力。其次，建立一套基于 ITIL 的 IT 运维体系，确定 IT 服务流程，实现对应用系统、基础设施的综合管理监控和日常技术支持，快速响应和及时解决平台运行过程中出现的各种问题和故障。

12.5.1　安全与运维需求

1. 安全需求

云数据中心的安全保护应达到三级，要构建完善的统一安全防护体系，统一考虑物理与环境安全、主机安全、网络安全、虚拟化安全、接口安全、运行安全、数据安全、应用安全、出口边界安全、云间互联安全、租户间安全等相关问题。同时，应通过安全体系与相应安全策略的部署，确保云数据中心的安全、稳定运行及业务的连续服务。

2. 运维需求

云数据中心应建立一套 IT 运维体系，实现对应用系统、基础设施的综合管理监控和日常技术支持，快速响应和及时解决平台运行过程中出现的各种问题和故障，并实现开发与运维衔接，支持云环境统一部署和管理，实现开发测试生产环境标准化管理及持续集成和持续交付能力。在运维方面应具备以下能力。

（1）集中监控能力：包括各种 IT 组件及应用和业务层面的监控管理，告警信息的集中展示、处理和分析，以及网络运行质量、资源配置水平、资源使用效率、人力资源效率、资产利用率和运维效益等的监控管理。

（2）网络保障能力：包括网络维护水平和维护能力，主要有网络安全、网络优化、网络设备维护、维护成本控制、资源数据管理与服务等。

（3）服务保障能力：包括主动服务能力、快速响应能力和综合业务支撑能力，以满足业务和客户服务需求。

（4）服务支撑能力：包括人才队伍培养和可视化运维管理系统建设，可实现运维的自动化和流程化，提高效率和避免人为错误。

12.5.2　统一运维平台

统一运维平台负责云平台整体运行状态监控、流程化运维管控，保障云平台正常、高效运转，及时发现并排除故障。

统一运维平台的作用是统一资源管理，整合基础指标体系，强化 IT 管控能力、业务管理能力和运营分析能力，达到"主动服务、优化管理"的目标。

运行监测系统负责采集云平台的各种数据，监测云平台的软硬件状态。运维管理系统负责管理云平台的角色权限，以及各系统的安装部署等。日志系统提供对系统日志的采集、分析及管理功能，日志记录包括操作员、操作步骤、操作时间、操作对象、操作客户端 IP 等信息，可按照操作员、操作步骤、操作时间、操作对象、操作客户端 IP 等条件进行搜索。

统一运维平台实现对异构的 IaaS 平台进行纳管，通过 SSO 实现各系统管理门户的集成。统一运维平台功能架构如图 12-44 所示，统一运维平台功能架构的功能块要点描述见表 12-46。

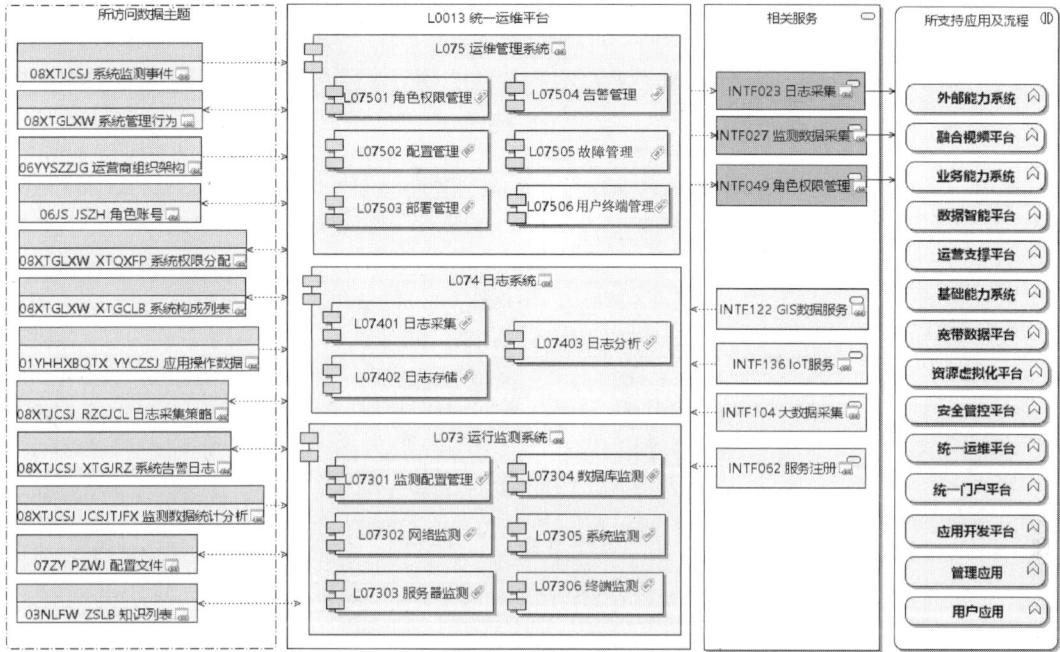

图 12-44　统一运维平台功能架构

表 12-46　统一运维平台功能架构的功能块要点描述

应用功能编号	应用功能名称	描　述
L073	运行监测系统	通过数据采集对云平台的运行状态进行监测
L07301	监测配置管理	采集监测数据，并进行统一分析管理。配置监测对象、监测模板、报警阈值、触发器等
L07302	网络监测	通过 SNMP、ICMP、ARP 等协议自动发现设备基本信息、设备接口配置信息、设备之间物理连接关系等 基于自动生成的网络拓扑图，根据网络带宽利用率不断修改连接符号的填充百分比，使连接符号以不同方式显示当前流量情况，使用户对网络链路流量的了解变得更为方便和直观。当用户点击选中某连接符号后，可以显示该链路的详细流量情况 按日常维护习惯或指定的方式进行导航/查询，如按职能部门、地理区域、设备厂商、设备类型等组织数据导航树。为每个节点提供一站式的综合监控管理，包括设备基本配置、当前主要性能指标、最近一天主要性能运行趋势、设备各个接口的状态与流量、设备实时与历史告警信息等
L07303	服务器监测	实现对主机性能、故障、进程、磁盘、文件系统、日志的监控，并生成报表和告警信息，主要性能管理内容包括： 服务器 CPU 性能（5 分钟、小时、日、周） 服务器内存性能（5 分钟、小时、日、周） 服务器磁盘性能（日、周） 服务器流量性能（分、时、日、周） 服务器 CPU 峰值分析（小时/日） 磁盘 I/O 繁忙分析（小时/日）

应用功能编号	应用功能名称	描 述
L07304	数据库监测	采用 ODBC、DB Link、数据库 SQL 接口的无 Agent 等方式，实现对 Oracle、SQL Server 等各种数据库进行实时监控，为用户提供更深层次的数据库运行性能分析和挖掘，帮助运维人员进一步分析数据库性能，同时根据这些信息为用户管理数据库提供专家建议 数据库监测包括以下内容：数据库性能监测、数据库空间监测、内存利用率监测、数据库用户连接监测等，由此掌握数据库的基本信息和当前运行情况，包括数据库实例基本信息、连接信息、SGA/PGA 区配置、锁、缓冲区命中率、联机日志、表空间和数据库文件、回滚段、Schema Objects 等
L07305	系统监测	对云平台各应用系统软件的运行状态进行监测。基于对服务调用、流程状态、功能模块运行状态的监测，提供及时的性能、故障告警
L07306	终端监测	对全部或部分区域终端状态进行监测和展示，主要通过图和列表的形式展示注册用户数、在线用户数、离线用户数、直播用户数、点播用户数、桌面用户数、应用商店用户数、故障用户数等 支持监视器展示，可增加多个监视器 支持终端实时监控、终端状态汇总、终端状态明细等功能 支持按序列号、区域、终端类型、状态、硬件版本、软件版本、业务查询终端
L074	日志系统	对云平台所有系统的日志进行采集和集中存储管理
L07401	日志采集	支持离线和实时两种方式对数据进行采集，并根据日志类型对日志文件及内容进行预处理，方便其他模块做进一步处理。可以提供操作员对系统进行操作的详细日志记录，以列表形式显示，日志记录包括操作员、操作步骤、操作时间、操作对象、操作客户端 IP 等信息，可按照操作员、操作步骤、操作时间、操作对象、操作客户端 IP 等条件进行搜索
L07402	日志存储	对采集获得的云平台的各系统日志进行统一存储管理，对使用率低的日志设置自动清理规则。日志服务器可集群部署以提升效率。基于日志分析结果进行可视化展示，或者提供查询、搜索等服务
L07403	日志分析	支持对各类数据进行采集、分析、统计
L075	运维管理系统	为云平台提供全局运维管理支持，以管理应用的运维管理门户作为统一界面
L07501	角色权限管理	对使用系统的各种人员进行管理，包括运营人员、运维人员、合作伙伴、终端用户等
L07502	配置管理	提供一个统一的流程来管理 IT 基础架构中的各个组成部分，以确保所有配置项被正确识别，配置项当前和历史状态得到记录，配置项记录的完整性得到维护和确认
L07503	部署管理	对各系统软件代码及版本，以及与其对应的部署资源进行管理
L07504	告警管理	对告警等级、告警显示、告警处理进行管理
L07505	故障管理	对故障等级、故障处理、故障分析进行统一管理
L07506	用户终端管理	对用户终端的基本信息、运行状态进行管理

12.5.3 安全管控平台

安全管控平台负责智慧媒体云平台整体安全的保障和管控。由于采用云平台架构和虚拟化技术，因此在传统 ICT 安全体系的基础上，还要考虑因云而产生的新的安全问题。

云平台在安全架构上分为网络边界、本地网络、虚拟边界、虚拟网络、虚拟主机、应用服务和数据，比传统系统在架构上多了虚拟边界、虚拟网络、虚拟主机三个层次，而传统的信息安全设备无法覆盖这三个层次。这三个层次恰恰是云平台为租户所创建的软件运行环境,面临租户网络被入侵、网络服务被篡改等安全风险。可信云服务是构建各类公有/私有 IaaS 云平台的虚拟化产品组件。可信云服务除提供通用的云平台基础功能外,还通过虚拟化安全技术,在虚拟边界、虚拟网络和虚拟主机上构建全套安全保障机制。通过这些安全保障机制可对智慧媒体公有云或私有云内的业务系统、客户数据和用户操作进行全方位的防护和监控,从而构建一个安全、可信的公有/私有 IaaS 云环境。

安全管控平台功能架构如图 12-45 所示,安全管控平台功能架构的功能块要点描述见表 12-47。

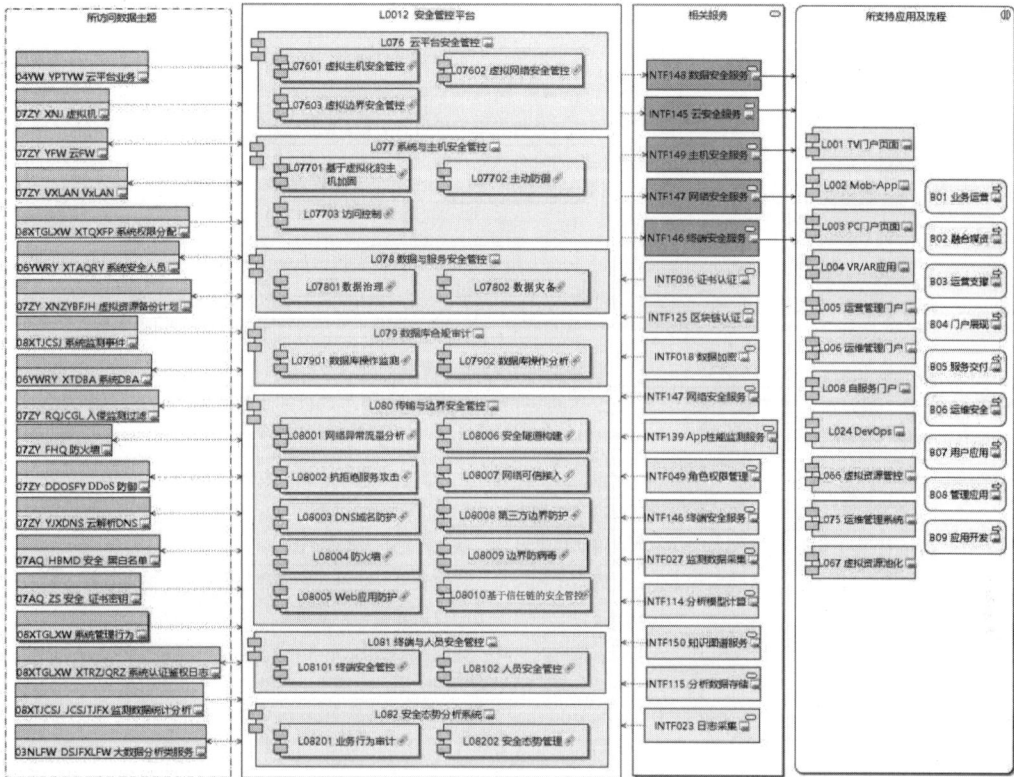

图 12-45　安全管控平台功能架构

表 12-47　安全管控平台功能架构的功能块要点描述

应用功能编号	应用功能名称	描　　述
L076	云平台安全管控	对因采用云架构、虚拟化而产生的安全威胁加强管控
L07601	虚拟主机安全管控	在虚拟机全生命周期内,对虚拟机进行安全加固和监控审计,确保虚拟机内程序和数据的安全
L07602	虚拟网络安全管控	实现可视化的网络管理,基于内置虚拟交换和路由,实现网络数据的监控和安全分析
L07603	虚拟边界安全管控	提供虚拟防火墙功能,实现三重安全隔离
L077	系统与主机安全管控	对操作系统和服务器进行安全管控

应用功能编号	应用功能名称	描述
L07701	基于虚拟化的主机加固	采用基于虚拟安全平台的系统加固方案，以及宿主机+虚拟机的构建方式，将实际的业务系统运行在虚拟机中，在其宿主机中实现访问控制、安全审计、特权控制等安全功能。宿主机与网络进行物理隔离，切断攻击者对宿主机进行攻击的渠道，形成安全主机。虚拟机中原有的应用、网络配置、数据库无须改变
L07702	主动防御	通过入侵检测、防病毒系统、漏洞扫描等手段，提高系统的安全性
L07703	访问控制	通过对程序、设备、文件、网络、登录权限等的访问控制，实现安全管控
L078	数据与服务安全管控	对数据和服务的安全性及可用性进行管控
L07801	数据治理	数据一致性、完整性，数据防篡改、防泄露（包括数据对外开放的脱敏处理）
L07802	数据灾备	根据不同数据中心的特点，分别采用冷备、暖备、热备和双活等灾备技术 （1）通过网络将关键数据进行备份并存放在异地，确定相应的灾难恢复计划，建立备份中心，配备部分数据处理系统及网络通信系统 （2）使用备份管理软件，自动通过通信网络将部分关键数据定时备份到异地，确定相应的灾难恢复计划 （3）通过硬件的镜像技术和软件的数据复制技术，实现应用站点与备份站点的数据多备份更新 （4）利用专用的存储网络，将关键数据同步镜像至备援中心，数据不仅在本地进行确认，而且在异地进行确认，确保零数据丢失 （5）当一个工作中心发生灾难时，能够提供一定程度的跨站点动态负载平衡和自动系统的故障切换功能
L079	数据库合规审计	对云平台所有新系统的数据库操作的合规性进行审计
L07901	数据库操作监测	通过各子系统上报的日志、经旁路采集的日志，对数据库操作进行监测
L07902	数据库操作分析	对数据库操作数据从各个维度进行分析，根据用户定义的策略判断合规性，并提供多种报表
L080	传输与边界安全管控	对网络传输及安全域边界进行安全管控
L08001	网络异常流量分析	互联网接入层是传媒运营商网络接入互联网的出口，网络上存在各种攻击和异常流量。在流量成分日益复杂、异常流量海量涌现的情况下，对网络流量进行深入分析，从而全面了解流量的分布及变化趋势，就显得十分必要。主要防护措施是部署流量检测系统。通过在网络出口链路部署流量检测系统（旁路部署Netflow流量采样检测模块），实现流量统计分析、路由分析、异常流量检测
L08002	抗拒绝服务攻击	针对拒绝服务攻击需要采取相应的保护措施。双向的分布式拒绝服务攻击（DDoS）、蠕虫病毒等大规模流量型攻击是系统的潜在威胁
L08003	DNS 域名防护	DNS 服务器作为互联网的组成部分，具有重要作用，DNS 的任何故障（系统瘫痪、解析错误）都会引起非常严重的网络稳定性问题及安全问题。而 DNS 域名解析的集中性、服务器的开放性特点，会提高这类安全问题的出现概率和严重程度。因此，DNS 服务器和域名解析的安全防护也必须考虑。但是，由于 DNS 安全防护技术的复杂性，以及相应技术应用范围较小，使得很少有专业安全厂商涉及此类防护技术，大多数 DNS 服务器还是利用传统的网络防火墙、IPS 等产品进行保护，其安全防护效果必然受限
L08004	防火墙	在云平台业务系统各安全区域边界部署防火墙产品，通过深入洞察网络流量中的用户、应用和内容，并借助全新的高性能单路径架构并行处理引擎，提供有效的安全防护，帮助运营商安全地开展业务并简化网络安全架构。运用包过滤、代理网关、NAT 转换、IP+MAC 地址绑定等技术，实现对信息流的全面控制（允许通过、拒绝通过、过程监测），包括 IP 地址、TCP/UDP 端口、协议、服务、连接状态等

应用功能编号	应用功能名称	描 述
L08005	Web 应用防护	在 Web 2.0 的技术趋势下，75%以上的攻击都瞄准了网站。Web 应用防护技术通过深入分析和解析 HTTP 的有效性提供安全模型，只允许已知流量通过。应用层规则、基于会话的保护，可检测应用程序异常情况和敏感数据（如信用卡、网银账号等）是否正在被窃取，并阻断攻击或隐蔽敏感数据，保护云平台的 Web 服务器，确保 Web 应用和服务免受侵害。与传统防火墙和 IPS 系统相比，Web 应用防护技术基于对 HTTP/HTTPS 流量的双向分析，为 Web 应用提供实时防护
L08006	安全隧道构建	终端与服务器间的通信数据采用密文形式传输，以防止攻击者通过分析双方的通信数据，掌握完整的通信协议。攻击者掌握了通信协议的特点后，可通过模仿服务器实现服务替换，使终端播放非法来源的节目单和音视频节目。可通过建立安全加密隧道，对终端与平台间的数据通信提供机密性和完整性保护
L08007	网络可信接入	为保证运营商业务系统网络边界的完整性，需要对非法接入的系统和主机进行监控与阻断，形成网络可信接入。针对业务系统内部用户，通过部署终端安全管理系统来实现；针对外部用户，可将部署终端安全管理系统与 CA 数字证书相结合。监测外来主机非法接入、篡改 IP 地址、盗用 IP 地址等不法行为，由监测控制台进行告警。利用用户信息和主机信息匹配的方式，实时检测接入主机的合法性，及时阻止对 IP 地址的篡改和盗用行为
L08008	第三方边界防护	不同安全等级的系统互联互通，要求不同等级安全域互联后各级系统能够满足本级各项基本技术要求，高安全等级的系统要充分考虑引入低安全等级系统后带来的风险，不能因为互联而无法达到相应的基本要求，破坏本级的安全边界。为了保证系统从外部获取数据的真实性、完整性，有必要采取相应的安全防护措施，保证运营商业务系统与第三方系统之间的互访得到有效控制，防止恶意的网络攻击从第三方系统进入运营商业务系统。因此，要在运营商业务系统与第三方系统间部署多功能防火墙
L08009	边界防病毒	系统可能通过接触互联网感染病毒，在网络边界部署反病毒网关可以有效地解决病毒泛滥的问题
L08010	基于信任链的安全管控	在可信云平台基础上，实现基于 PKI 信任链的信任系统构建
L081	终端与人员安全管控	对终端设备、用户及角色等进行安全管控
L08101	终端安全管控	终端安全管控模块位于终端操作系统与应用之间，其作用一是为上层应用提供安全存储、加密传输、签名验签等安全接口；二是通过操作系统加固、应用控制、应用防篡改等安全机制，为上层应用提供安全可信的计算环境；三是对安全芯片的密码算法调用、安全存储等接口进行封装，为上层应用提供统一的用户接口，使上层应用可适应各种软硬件安全机制
L08102	人员安全管控	建立统一的身份认证系统，完成用户身份的统一鉴别，并对人员的操作行为进行监控
L082	安全态势分析系统	对云平台面临的安全态势进行全局性分析
L08201	业务行为审计	对云平台内部网络流量进行监控，对异常流量进行告警；对可疑事件、恶意 IP 攻击等行为进行实时审计和分析；对云平台所有设备进行分析，梳理设备间互联关系；为网络管理员进行防火墙策略梳理提供依据
L08202	安全态势管理	收集云平台全局网络安全系统及数据探针的安全态势数据，进行安全基线评估、风险告警和流量态势分析等安全态势分析

12.6 智慧媒体云平台应用服务目录

智慧媒体云平台应用服务目录见表 12-48。服务治理是一个滚动迭代的持续过程。运营商可参考此服务目录，结合自身平台及业务实际情况，进行具体细化工作。

表 12-48 智慧媒体云平台应用服务目录

服务编号	服务名称	服务描述
INTF100	门户发布	测试通过的门户应用，方可正式发布。发布的门户应用将静态化部署于 Web 服务器，以降低 HTTP 请求数，提升访问性能
INTF102	门户页面上下线	将发布的门户应用中的某一个或多个内容页面进行更新或删除
INTF075	SSO 证书发放	为使用单点登录系统的应用系统发放 SSO 证书
INTF076	SSO 认证鉴权	用户登录门户及应用，由 SSO 系统提供认证鉴权服务。用户登录认证通过后，提供跨门户及应用的免登录服务。用户登录其他系统时，这些系统将用户的 Ticket 传送给 SSO 系统进行验证，如果通过，则向用户分配功能权限，允许用户使用这些系统
INTF062	服务注册	将服务注册到企业服务总线或容器平台
INTF098	服务发布	服务总线或容器平台对外发布或更新服务目录
INTF162	消息服务	消息引擎提供的内部系统或服务之间的消息通信服务
INTF163	流程服务	流程引擎提供的流程定义、运行、管理服务
INTF164	API 访问鉴权	开放平台对访问 OpenAPI 的应用/服务进行认证鉴权
INTF165	API 访问计量	开放平台对访问 OpenAPI 的应用/服务进行访问计量
INTF166	容器镜像服务	容器平台提供的镜像上下载服务，支持创建或删除容器实例
INTF167	微服务目录	容器平台对外发布或更新的服务目录
INTF168	微服务访问控制	容器平台对访问微服务的应用/服务进行认证鉴权
INTF099	应用上下线	对应用的上下线控制接口
INTF028	EPG 信息提供	提供电视直播频道列表、频道节目单、节目信息等 EPG 信息
INTF045	直播节目收录	对电视直播频道的内容进行实时收录存储，作为拆条处理的基础。实时收录系统采用任务预约方式进行收录任务的创建
INTF055	点播回看信息	点播回看节目信息经过审核后，进入发布状态，并通知相关系统，如门户系统、App 等
INTF105	VOD 播放响应	VOD 系统响应用户播放请求，提供 HLS 或 RTSP 协议播放地址
INTF006	自动技审政审	技审是对媒体文件进行黑场、马赛克、静帧及元数据的校对；政审主要实现媒体文件和元数据的审核，保证节目播出安全，严防不符合规定的内容上线。技审政审包括自动审查和人工审查。这里指自动处理的服务
INTF053	媒资发布	媒资内容经审核通过后，进入发布状态，并通知相关系统，如直播业务系统、点播业务系统等
INTF126	媒资内容查询	提供媒资内容查询接口
INTF051	直播 EPG 导入	通过该接口将 EPG 信息导入内容聚合系统
INTF052	批量内容导入	通过该接口向内容聚合系统批量导入内容
INTF046	CDN 内容注入	接收内容注入指令，将指定内容注入 CDN 系统的服务器
INTF047	CDN 内容下架	接收指令，将 CDN 内容从各个节点删除
INTF044	版权内容鉴权	用户访问受 DRM 保护的加密内容，须经鉴权后方可解密观看
INTF127	直播 CAS 加密	通过 CAS 系统对直播频道进行加密

服务编号	服务名称	服务描述
INTF128	视频文件加密	通过 DRM、水印系统对视频文件进行加密
INTF086	应用发布	提供应用商店正式发布上线的应用列表、应用信息
INTF169	应用信息查询	提供应用信息查询接口
INTF083	广告发布	广告完成投放审核之后，进入发布状态，并通知门户、应用、CDN 等系统
INTF084	广告资产导入	通过该接口导入广告元数据与素材
INTF003	通信服务	调用该服务，实现应用层通信服务，但该服务仍须依赖基础的网络通信资源
INTF082	监控视频服务	为外部系统提供实时监控视频或历史视频查询接口
INTF056	配送信息服务	将配送信息写入配送中心，或者从配送中心读取配送信息、配送状态
INTF057	商品信息服务	为门户、产品中心等系统提供商品信息
INTF066	商铺信息服务	为门户、电商应用提供商铺信息
INTF118	应用流化加载	将应用上传到流化引擎并启动云端运行
INTF080	互动服务	为应用提供互动服务接口，实现评论、投票、问卷调查、打赏等互动功能
INTF081	个人信息服务	对用户基本信息的查询，提供收藏记录、播放历史、个人信息管理等信息查询
INTF085	跨屏互动信令	为跨屏互动提供信令通信服务
INTF119	Vlog 内容发布	用户发布短视频或视频直播
INTF089	生物特征识别	录入语音、图像、人脸、语言、指纹、虹膜等自然数据，用于识别或认证个人身份
INTF090	语音交互	通过语音对话方式，实现与应用的交互操作
INTF120	机器视觉交互	通过手势、动作、眼动等方式，实现与应用的交互操作
INTF121	图像模式识别	以图像为输入，识别特定模式的内容或对象
INTF087	空间位置定位	传统 2D 地图只能在平面上定位，3D 空间定位更准确
INTF088	位置智能查询	根据输入的关键字和用户操作行为进行基于位置的内容查询
INTF122	GIS 数据服务	提供基于 GIS 的位置、空间信息服务
INTF123	AR 开发接口	AR SDK 对外开放的接口
INTF124	VR 开发接口	VR SDK 对外开放的接口
INTF125	区块链认证	对接入区块链的应用提供认证服务接口
INTF104	大数据采集	提供数据采集服务接口，供业务系统使用，向大数据系统提供数据
INTF114	分析模型计算	接受并执行分析模型计算任务，并返回结果
INTF115	分析数据存储	接收分析数据，并将分析数据存入大数据存储空间
INTF091	数据库服务	为应用系统提供数据库安装、运行等服务
INTF150	知识图谱服务	基于输入数据提供知识识别提取、建模表示、融合更新的服务
INTF072	内容智能推荐	根据输入的内容及推荐位，输出推荐内容
INTF074	广告智能定投	根据输入的广告物料及广告位排期，输出定向广告投放目标
INTF170	舆情报告查询	查询新闻舆情、商情、传播效果等分析报告
INTF171	热点话题发现	提供对社会新闻线索发现、热点追踪的报告服务
INTF110	联网核查	对输入的用户进行身份证信息的联网核查
INTF111	人脸识别	对输入的身份证人像照片进行身份识别
INTF112	征信核查	对输入的用户征信额度进行联网核查
INTF113	授信模型	系统调用合作银行的授信模型，结合自身风控模型，对用户授信进行综合评估
INTF063	用户认证	根据用户登录信息，确定用户是不是合法用户

服务编号	服务名称	服务描述
INTF064	产品鉴权	确定用户是否有访问某些产品及服务的权限
INTF092	客户信息服务	提供授权范围内的客户信息查询服务
INTF093	提供产品信息	提供授权范围内的产品信息查询服务
INTF132	产品绩效查询	提供授权范围内的产品绩效查询服务
INTF172	市场营销活动查询	提供授权范围内的市场营销活动查询服务
INTF096	订单查询	提供授权范围内的订单状态、详细信息、汇总信息查询服务
INTF094	支付服务	用户通过自有账户进行支付、充值服务
INTF130	账户查询	查询用户账户数据
INTF048	消费记录采集	采集各子系统产生的用户消费记录
INTF065	产品计费	根据用户使用产品的数量、时间等进行费用计算
INTF103	账务查询	提供用户账务查询服务
INTF129	用户信用等级查询	查询用户在智慧媒体云平台的信用等级
INTF078	知识库查询	为业务运营、客户服务、系统运维、网格运维、客户自服务等工作提供知识查询服务
INTF133	支付宝服务	通过支付宝进行支付的服务
INTF134	微信支付服务	通过微信支付功能进行支付的服务
INTF173	网银支付	通过网银进行支付的服务
INTF135	SNS 服务	提供用户 SNS 分享交互服务
INTF136	IoT 服务	提供 IoT 数据采集服务
INTF137	第三方通信服务	通过外部通信服务接口，为上层应用提供通信服务
INTF050	网络爬取服务	通过爬取系统建立爬取任务，实现从网络获得指定信息
INTF138	质量拨测服务	通过探针对指定环节进行性能数据采集分析
INTF139	App 性能监测服务	通过探针对 App 性能进行监测分析
INTF068	Cache 吐流服务	通过 Cache 边缘向用户推送数据、视频流等
INTF067	镜像 CDN 吐流	通过镜像系统向用户推送数据、视频流等
INTF069	资源监测数据	租户使用虚拟资源时，通过该服务获取资源状态
INTF140	虚拟资源调用	租户通过接口使用虚拟资源服务
INTF059	CDN 边缘推流	调用该服务，将融合 CDN 注入的视频数据，通过边缘节点推流服务器，以 DVB、IP、云 VR 等不同协议推向终端
INTF015	在线转码	实现在线码流不同编码格式的转换 （1）创建在线转码任务 （2）终止在线转码任务 （3）获取转码状态
INTF016	离线转码	实现不同格式的视频文件的转码，如将 MPEG2 文件转码为 H.264 文件等
INTF143	图形渲染	提供 3D 建模、图形渲染的基础资源和计算服务
INTF161	神经网络训练	提供神经网络的数据训练和计算服务
INTF142	通信服务资源	提供实现通信应用服务的基础资源服务
INTF151	接入移动性管理功能（AMF）	实现接入移动性管理
INTF152	会话管理功能（SMF）	实现会话管理
INTF153	用户面功能（UPF）	主要功能是负责数据包的路由转发、QoS 流映射

服务编号	服务名称	服务描述
INTF154	网络资源功能（NRF）	负责各个服务的注册与发现
INTF155	策略控制功能（PCF）	采用统一的策略框架管理网络行为，提供策略规则给网络实体执行，访问统一数据仓库的订阅信息，PCF 只能访问与其具有相同 PLMN 的 UDR
INTF156	鉴权服务器（AUSF）	支持 3GPP 接入的鉴权和 Untrusted Non-3GPP 接入的鉴权
INTF157	统一数据管理（UDM）	主要功能有： （1）产生 3GPP 鉴权证书和鉴权参数 （2）存储和管理 5G 系统的永久性用户 ID （3）订阅信息管理 （4）MT-SMS 递交 （5）SMS 管理 （6）用户的服务网元注册管理
INTF158	统一数据仓库（UDR）	（1）UDM 存储订阅数据或读取订阅数据 （2）PCF 存储策略数据或读取策略数据 （3）存储暴露的数据或读取暴露的数据
INTF159	网络切片选择功能（NSSF）	提供不同等级的网络切片以供选择
INTF160	网络暴露功能（NEF）	3GPP 的网元是通过 NEF 将其能力暴露给其他网元的。NEF 可以通过访问 UDR 获取其他网元的相关信息，NEF 只能访问与其具有相同 PLMN 的 UDR
INTF018	数据加密	加密机用公钥对拟保护内容进行加密
INTF036	证书认证	通过用户提供的证书，认证用户的身份是否合法
INTF027	监测数据采集	采集反映各子系统软硬件健康状态的数据
INTF023	日志采集	将日志采集并保存到日志中心存储空间
INTF049	角色权限管理	各子系统通过该服务创建并维护相关角色、权限、账号等
INTF145	云安全服务	提供基于虚拟化的安全管控服务
INTF149	主机安全服务	提供主机安全管控服务
INTF148	数据安全服务	提供数据安全管控服务
INTF147	网络安全服务	提供网络与边界的各类安全管控服务
INTF146	终端安全服务	提供与终端相关的安全管控服务

第 13 章　智慧媒体云平台集成架构

智慧媒体云平台为企业战略落地、更多类型业务的开展、运营策略的执行、运行效率的提高提供了有力的支撑。智慧媒体云平台（以下简称"云平台"）由诸多子系统构成，与传统烟囱式业务系统相比，其集成工作复杂度和要求更高。

13.1　概述

13.1.1　集成参考框架

参照云平台总体规划参考框架，集成架构须从跨系统的业务流程集成、功能集成、服务治理、OpenAPI 规范、应用开发、管理门户集成、安全体系集成等多个维度进行梳理，以实现云平台诸多子系统的有机协同工作。云平台集成参考框架如图 13-1 所示。

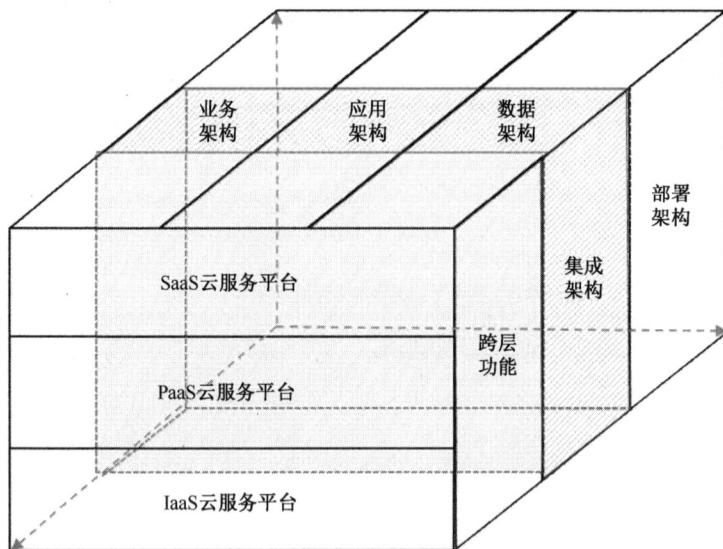

图 13-1　云平台集成参考框架

13.1.2　总体性能要求

国家级和省级媒体云平台运营商均拥有千万级甚至亿级的家庭、个人用户，随着宽带用户、智能终端个人用户数量的增长，云平台建设规模会逐步扩展，必须保证云平台的运行性能。

云平台的总体性能指标，须分解到各层面及各环节。工作负载从客户/用户访问业务开始，到业务流程处理、应用系统执行、基础设施运行，逐层传递并分担。总体性能指标则在各环节指标的基础上叠加并最终呈现。本节给出性能指标的基本评估原则，具体性能指标规范要求及分配在项目实施中进行管控。

云平台总体性能主要关注是否满足上线性能要求、系统极限承载能力如何、系统稳定性如何，通过软件性能测试做以下评估。

● 评估系统当前性能，判断系统是否满足预期的性能需求。

● 寻找软件系统可能存在的性能问题，定位性能瓶颈并解决问题。

● 评估软件系统的性能表现，预测系统负载承受力，在应用部署之前评估系统性能。

云平台总体性能分析模型如图 13-2 所示。主要性能指标有以下几个。

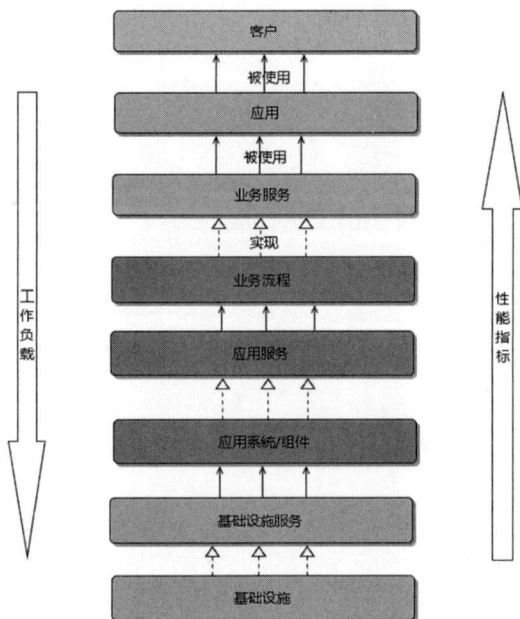

图 13-2　云平台总体性能分析模型

1. 并发用户数

系统能够支持的用户数是系统容量的重要指标，并发用户数用于度量系统在高并发量访问下的并行处理能力。一般而言，如果系统中存在死锁、资源争用等情况，在并发访问下，由于请求处于队列等待中，系统响应就会逐渐变慢。一般情况下，应选用高吞吐量、高数据库 I/O、高商业风险的业务功能进行并发用户访问测试。系统应满足以下条件。

（1）业务功能操作平均响应时间在合理范围内。

（2）事务成功率在合理范围内。

（3）系统运行无故障（无异常宕机）。

（4）系统资源指标使用在合理范围内。

2．平均响应时间

对于客户端用户来说，最直观的体验就是访问页面的快慢，即响应时间的长短。例如，在持续并发性能测试过程中，用户感到访问应用很慢，监控到的平均响应时间也逐渐变长，这时就需要借助监控到的资源指标，首先排除资源方面的限制因素，再从应用本身进行定位，如可采用页面细分工具（如 HttpWatch、LoadRunner Analysis 中的页面组件）分析响应比较慢的页面。

3．事务成功率、超时出错率

事务成功率越高，表明系统处理能力越强。出现失败事务主要是由于系统响应慢，导致访问业务功能超时，或者系统业务功能异常，不能正常访问等，需要根据事务错误提示信息具体分析。

云平台性能测试是监控→分析→调优不断进行的过程，监控的目的是为分析提供更多的参考数据，分析是为了进行调优，调优是解决当前系统存在的性能瓶颈，为用户提供更好、更快的使用体验[19]。

13.2　智慧媒体云平台流程集成框架

流程集成是云平台集成的首要目标。业务经营和平台管理所需各类流程是否都能顺畅运转，是检验云平台建设、集成成功与否的重要考量因素。

13.2.1　流程集成简介

智慧媒体云平台中提供了统一的流程引擎，以支持系统内部及跨系统的业务流程。对于流程中的人工处理环节（如审批等），流程引擎会生成相应的待办任务，并等待具有相应处理权限的用户处理。用户处理后，流程才会继续执行。

流程引擎通过 API 支持与第三方系统界面的集成，因此统一门户平台中应包含流程任务处理组件，为用户提供统一的待办及已办任务的查询及处理服务，用户还可以跟踪查看与自己相关的流程的执行状态。

13.2.2　流程集成的目标

流程集成的目标是基于统一流程平台实现跨系统的业务流程。

流程平台独立于业务系统，以业务逻辑为核心实现业务流程，并随着管理模式的变化和发展同步演进，而各业务系统在流程中体现为不同的支撑环节。例如，某业务部门可在

19　奋斗 1984. 浅谈软件性能测试中关键指标的监控与分析[EB/OL]. [2015-07-03]. http://www.51testing.com/html/18/n-3549018.html.

自己的业务系统中发起人员信息变更申请，流转到 OA 系统中完成审批，并最终流转到人力资源管理系统中完成变更操作。

流程平台的核心功能体现在如下几方面。

1. 统一的流程建模工具

以图形化的方式实现流程模型定义。在流程模型中通过定义一系列人工活动、自动活动，以及活动间的流转关系，实现对业务流程的描述。除一般的分支、循环逻辑外，流程模型还支持诸如基于用户权限体系的任务分派、多工作项、回退、子流程等复杂的控制方式。

2. 流程实例监控

以图形化的方式展示每个流程实例当前的运行状态，如查看当前运行到哪个环节、流程执行的历史轨迹及各环节的处理数据等。此外，管理员可以根据需要对流程的运行状态进行干预，如中止流程执行、修改数据等。

3. 与第三方系统集成

通过流程平台提供的 API，第三方系统可以处理流程平台的人工活动，也可以以某种方式提供接口供流程平台的自动活动调用。

4. 灵活的部署模式

流程平台可以与第三方业务部署在一个应用中，也可以独立部署，通过接口（如Web Service）与第三方应用实现远程交互。此外，流程平台应支持集群、多租户等复杂的部署模式。

13.2.3 流程平台工作机制

1. 流程模型

流程模型中包含三类要素：人工活动、自动活动、流程管理及监控。下面以接口组创建流程为例加以说明。

流程模型示例如图 13-3 所示。该流程模型对应的业务流程如下。

- 业务人员根据业务需要，创建一个接口组（将一组接口定义为一个服务产品，以便对外实现运营），并发起申请流程，在第一个人工活动中提交申请信息，如接口组名称、描述信息、包含的接口列表、运营策略、计费策略等。
- 申请提交后，由管理人员在第二个人工活动中完成审批，并提交审批意见（同意或不同意）。
- 如果审批通过，则在自动活动中调用后台系统（接口管理系统）提供的接口，自动完成接口组的创建；如果审批不通过，则流程直接结束。

2. 流程实例

基于一个流程模板启动一个流程，就生成了流程实例。每个流程实例有唯一的 ID，有独立的上下文，有自己的生命周期。

3. 流程上下文

每个流程实例有独立的上下文。上下文中所包含的变量集合则由流程模型定义。

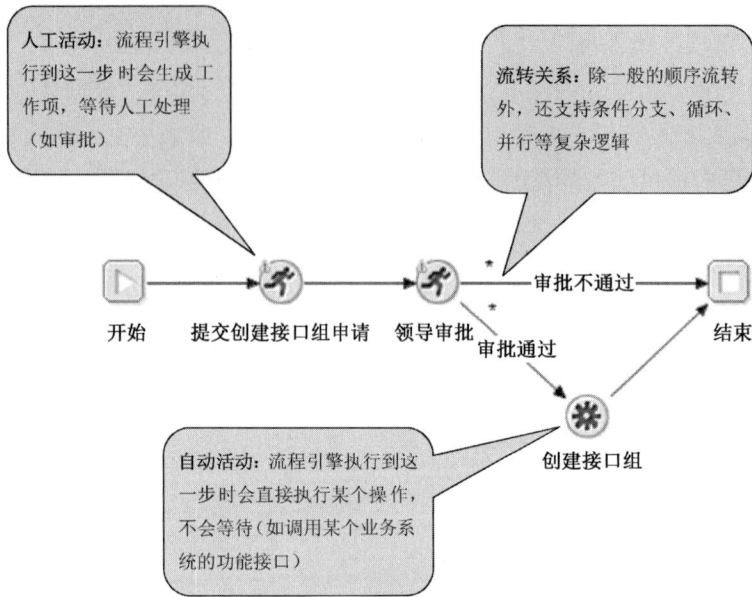

图 13-3　流程模型示例[20]

流程实例启动时，流程引擎会依据流程模板的定义初始化流程上下文中的变量；在流程实例执行过程中，流程模板中定义的人工活动、自动活动都可能读写上下文中的变量，同一个流程模板的多个流程实例因各自的执行状态不同，上下文状态也会不同。

4. 人工活动

人工活动需要指定参与者，即指定由谁来完成这个操作。参与者来自组织机构体系，可以是具体的用户，也可以是角色、岗位等。

当一个流程实例在流程引擎的驱动下执行到一个人工活动时，就会生成相应的工作项。参与者可以领取工作项，领取工作项后就可以读写流程上下文数据（不一定能读写全部上下文数据，上下文数据的可见性由流程模板控制）。

参与者在完成处理工作所必需的数据读写后，可以提交工作项。工作项被提交后，流程引擎将驱动流程实例继续执行。

参与者领取和提交工作项时，流程引擎会根据组织机构体系赋予的用户权限进行权限校验。如参与者被指定给某个角色，在用户领取工作项时，就会检查该用户是否具有该角色。

5. 自动活动

与人工活动不同，自动活动不需要人工处理。当一个流程实例在流程引擎的驱动下执行到一个自动活动时，会自动执行一项操作。

20　参考普元 BPS。

自动活动须指定用什么方式完成这项操作，如调用 Web Service、调用 Java 代码、操作数据库等。

无论用哪种方式实现这项操作，都会涉及一组输入和输出参数。因此，自动活动需要定义上下文数据与这些输入和输出参数的对应关系，即将哪些上下文数据作为自动活动的输入，而自动活动的输出数据回写到上下文中的哪些数据。

6. 流程管理及监控[21]

流程引擎平台提供统一的流程监控工具，允许管理人员查看每个流程实例的执行状态，包括以图形化的方式显示当前流程执行到了哪个步骤。流程实例管理界面如图 13-4 所示。

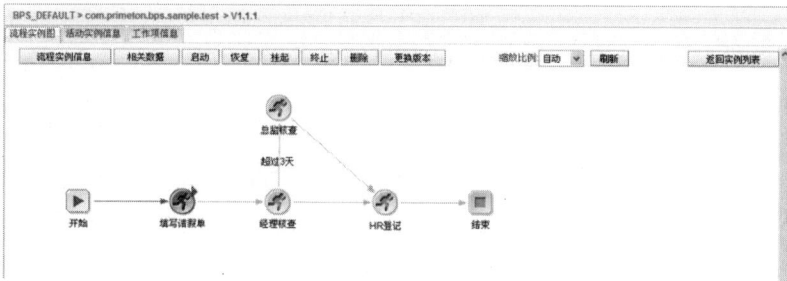

图 13-4　流程实例管理界面[22]

管理员可以对流程实例的执行状态进行干预，如执行暂停、恢复、终止等操作。流程引擎平台也提供对流程实例中的具体活动进行创建、修改，以及执行过程中的挂起、恢复、激活、终止等管理操作。流程活动管理界面如图 13-5 所示。

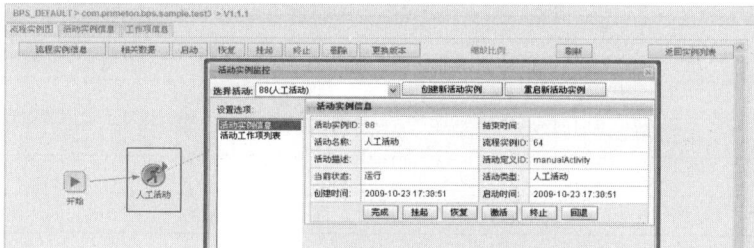

图 13-5　流程活动管理界面[23]

13.2.4　流程集成方案

1. 与客户端系统的集成

客户端系统是指作为参与者完成人工活动处理的业务系统。客户端系统通常需要实现人工操作界面。客户端系统可通过流程平台提供的一组 API 完成人工活动处理，如启动流程实例、领取工作项、提交工作项等。

21　参考普元 BPS。

22　参考普元 BPS。

23　参考普元 BPS。

注意：因为参与者来自组织机构体系，所以客户端系统须首先完成基于组织机构体系的身份认证（如通过登录）。如果这个组织机构体系由独立的系统实现，则客户端系统和BPS 都需要与组织机构体系集成。

2. 与服务端系统的集成

服务端系统是指提供自动活动对应功能的业务系统。服务端系统通常不涉及人工操作界面。

服务端系统可以以多种方式集成，如直接通过 Web Service、HTTP 等机制远程调用业务系统，或者由业务系统将 API 封装为 SDK 在 BPS 中直接调用，也可以由业务系统直接暴露数据库供 BPS 操作。

13.2.5　业务角色配置建议

通过对各个业务域主要流程的系统化梳理，更加全面地展现平台的业务运行逻辑。基于对业务流程中业务活动及其角色的分析和总结，形成如下业务角色配置建议。

1. 智慧媒体云平台业务运营基本角色

智慧媒体云平台业务运营基本角色见表 13-1。

表 13-1　智慧媒体云平台业务运营基本角色

序号	角色名称	所属业务	角色职责
1	总编	内容管理 业务运营	对自主业务、合作业务的内容合法性、版权合法性、内容运营合规性进行管理，组织领导日常编辑事务，如审核、审样、撰写重要言论等
2	视频编辑	内容管理	负责相关视频内容的收集、转码、编辑、元数据编目、审核等操作
3	视频运营经理	内容管理 业务运营	负责自主及合作的视频业务的栏目、专题、活动、专区的策划与运营管理
4	模板编辑	业务运营	负责设计、制作、维护门户展示模板
5	图文编辑	业务运营	负责图文内容的制作、修改及发布等操作
6	广告编辑	业务运营	负责广告内容的制作
7	美工	业务运营	负责各类业务所需的美工设计、制作
8	增值应用运营经理	业务运营	负责自主及合作的非视频业务的栏目、专题、活动、专区的策划与运营管理
9	商务拓展经理	应用业务 运营支撑	根据业务规划拓展和维护网络运营商、政府、行业、企业客户的关系，促成业务合作，签署销售合同
10	合作运营经理	应用业务 运营支撑	负责 CP/SP 合作伙伴的审核、联络及管理，实现内容及应用的引入及合作运营，鼓励、指导合作伙伴采用智慧媒体云平台的应用开发平台进行组件开发、应用制作，负责合作协议、合同编写、审定，评估合作伙伴绩效
11	服务治理工程师	服务治理	负责根据业务需求基于 SDP 进行能力的服务化、OpenAPI 的定义，并根据实际运行效果进行服务优化
12	应用开发经理	应用业务	运营商业务部门专门设立岗位，基于应用开发平台进行自主应用的开发制作、上下线，同时兼顾合作伙伴的应用审核、上下线工作

序号	角色名称	所属业务	角色职责
13	流程配置工程师	服务治理	负责根据业务需求基于流程引擎进行业务流程配置及维护，并根据实际运行效果进行流程优化
14	开放平台客户经理	服务治理 运营支撑	负责开放平台的开发者管理，为开发者提供政策和资源上的支持，协助开发者实现产品创新和运营
15	市场经理	运营支撑	根据经营战略及市场状况制定公司的品牌及宣传策略，并负责落实执行
16	营销经理	运营支撑	发现和评价市场机会，细分市场和选择目标市场，组织制定营销策略，发展市场营销组合和确定市场营销预算，执行和控制市场营销计划
17	产品经理	应用业务 运营支撑	负责调查并分析用户需求，进行产品（具体包括业务类、API 类、资源类等产品）定义，推动相应产品的开发组织，根据产品的生命周期协调研发、营销、运营等，确定和组织实施相应的产品策略，以及其他一系列相关的产品管理活动
18	客服专员	运营支撑	通过电话、邮件等通信方式对客户提出的疑问与建议做出响应，并向运维、运营部门下发工单
19	数据分析师	业务运营 运营支撑	基于业务运营和企业管理的需求，通过大数据技术进行科学分析、挖掘、展现，提供科学管理和决策支持所需的数据服务
20	建模分析师	运营支撑	根据数据分析师的需求，设计分析模型，通过大数据平台实施，并对分析模型进行评估和优化
21	广告销售	运营支撑	通过向有意向的客户介绍广告产品特色，促成广告销售
22	营业员	运营支撑	基于线上或线下营业厅，受理用户的开户、订购、付费、变更等日常业务
23	账务管理员	运营支撑	基于 BOSS 系统，负责日常业务的计费、批价、账务、结算等业务管理
24	资产管理员	运营支撑	负责设备库存出入口、日常清点、质量抽检等业务

2. 智慧媒体云平台运维基本角色

智慧媒体云平台运维基本角色见表 13-2。

表 13-2　智慧媒体云平台运维基本角色

序号	角色名称	所属业务	角色职责
1	作业计划管理员	平台运维	负责作业计划的确定、审批并指导作业计划的最终实施
2	值班主管	平台运维	负责编排值班计划，完成值班工作考核
3	一线支持人员	平台运维	值班人员
4	二线支持人员	平台运维	内部专家
5	三线支持人员	平台运维	相关合作厂商
6	值班人员	平台运维	负责 7×24 小时监控平台运行状态，及时记录并上报问题
7	事件经理	平台运维	内部专家，负责 7×24 小时处理各类应急事件；负责制定和改进应急预案、策略和流程，提高服务运行质量；负责安全监控、系统性能管理和优化、网络性能管理和优化；负责对运维事件及问题的管理、分析、跟踪、解决
8	变更经理	平台运维	负责通过标准、统一的方法和步骤来管理和控制所有对 IT 生产环境有影响的变更
9	配置经理	平台运维	提供统一的流程来管理 IT 基础架构中的各个组成部分，以确保所有配置项被正确识别；对虚拟化、容器等资源进行弹性管理
10	系统管理员	平台运维	负责平台系统日常管理和维护，具有平台的最高管理权限
11	安全管理员	平台运维	在任务和程序要求一致的条件下，最大限度保障安全，运行决策之前充分了解剩余风险

13.3　智慧媒体云平台功能集成框架

首先对几个相关概念做简单对比，以厘清它们之间的关系。

开放视频平台（OVP）是通过整合传统 DVB 视频系统、IP 视频系统，兼顾外部 OTT 视频合作及跨网视频业务，统一规划形成的视频服务平台。OVP 主要突出视频服务能力的开放。除做好媒体宣传之外，视频服务也是服务政府、行业、民生应用的重要能力。

开放应用平台（OAP）是智慧媒体云平台面向内部及外部应用开发者提供的一套基于 DevOps 理念的服务，主要特征是允许开发者便捷高效、低门槛地开发各类应用，充分利用智慧媒体云平台提供的视频及其他服务能力。其应用范围包括媒体、民生、政府、行业等。

智慧媒体云平台是融合 OVP、OAP 的功能所形成的统一云平台，其作为媒体平台运营商全局战略的 ICT 重要基础支撑，是应对媒体融合发展的有力武器。智慧媒体云平台可帮助运营商实现传统媒体与新兴媒体形态的融合，完成业务流程的重塑、优化，增强应用创新和媒体传播能力。其业务表达方式包括视频及非视频，应用范围包括媒体、民生、政府、行业等。

智慧媒体云平台建设难度大、投入大，通常由省市级媒体运营商、互联网运营商建设。地级或县级融媒体中心由于规模小，单独建设媒体云平台不经济，依托更大规模的媒体云平台获得良好的云服务是更为明智的路线。

13.3.1　云平台功能集成总体框架

云平台功能集成，从宏观上讲是将应用架构涉及的所有子平台、子系统、功能模块集成为一个有机的整体，从微观上讲是基于服务的集成。服务是最小的独立功能模块。子系统之间的集成关系，主要体现为不同子系统之间的服务接口关系。

图 13-6 从服务/微服务的视角给出了技术实现层面的智慧媒体云平台功能集成总体框架。本节主要从子系统的角度出发，结合业务流程探讨 OVP、OAP、县级融媒体云平台解决方案的实现。具体的服务治理方法将在 13.4 节专门介绍。

13.3.2　开放视频平台解决方案

开放视频平台的作用是为有开展视频业务需求的广大客户提供专业的视频服务及端到端运营解决方案。智慧媒体云平台运营商应充分发挥媒体云平台拥有的专业视频服务能力优势，帮助电视台、政企行业、自媒体等需要进行视频制作、传播的客户，在硬件资源零投入的基础上实现向视频化新媒体的快速转型。开放视频平台解决方案如图 13-7 所示。

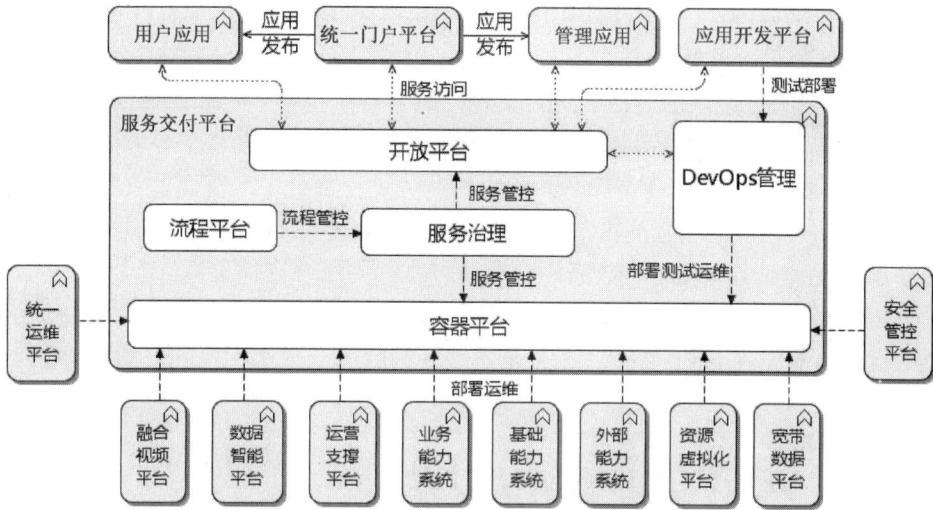

图 13-6　智慧媒体云平台功能集成总体框架

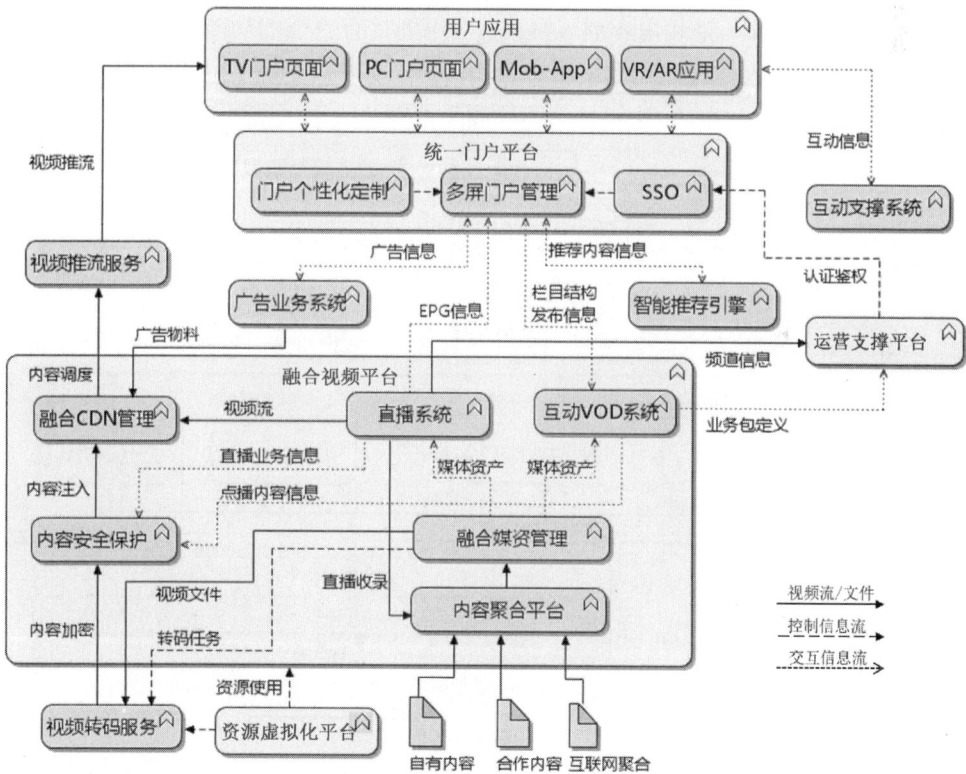

图 13-7　开放视频平台解决方案

　　媒体云平台的 OVP 客户可将该平台当作自己的视频云平台来使用，轻松开展自己的视频业务。客户只需要向云平台运营商购买相应的云服务，即可获得视频上传、编辑制作、转码、发布、UI 个性化、添加 SNS 互动功能、内容分发、流程定制、广告变现、内容收费、智能推荐、用户管理、业务运营管理等端到端的完整视频云服务。OVP 客户日常业务操作均可远程接入云平台进行，无须自己组建研发、运维团队，大大降低了 IT 平台建设及运维成本，并缩短了产品上线周期。

OVP 以基于服务治理的开放云平台架构，融合传统视频业务和互联网视频业务功能，是传统媒体运营商再造业务流程、重塑业务模式的对症解决方案。平台可采用多租户方式为 OVP 客户开放相应权限，所有 OVP 租户的业务过程都处于运营商的管控之下，保障视频内容和交易的合法性。运营商内部的不同业务部门也能以 OVP 客户形式进行管理，使得内部和外部的视频业务可通过视频云平台解决方案得到统一支撑。

开放视频平台在发挥媒体行业自身优势的同时，充分借鉴互联网媒体的互动功能、变现激励等优势，对发展 OVP 客户，尤其是本地区的政府、文化、教育、旅游、行业企业客户将大有裨益。

13.3.3　开放应用平台解决方案

开放应用平台的作用是为广大客户提供低门槛、高效率的非视频类应用开发、交付、维护的端到端解决方案。视频内容展现直观，应用则具有更强的功能性，OVP 与 OAP 各有其特点及优势，可互为补充。开放应用平台解决方案如图 13-8 所示。

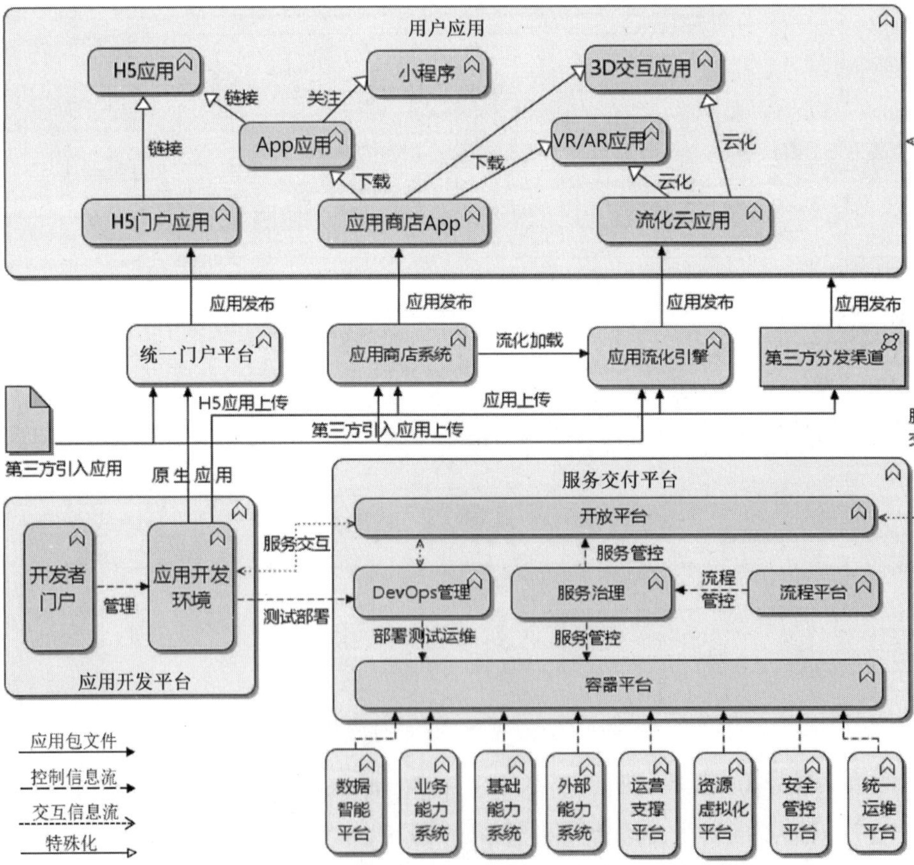

图 13-8　开放应用平台解决方案

OAP 依托媒体云平台的基础资源及丰富的服务能力，整合应用开发平台、统一门户平台、应用商店系统、应用流化引擎、第三方分发渠道，形成对智慧媒体云平台原生应用及第三方引入应用的有力支撑，可为客户、合作伙伴快速构建面向一云多屏、快速开发交付自主应用的有力工具。同时，通过聚合大量开发者、合作伙伴，可为广大用户提供丰富的 SaaS 应用服务，把传统受众转变为高黏性用户。具体应用形态，既包括传统的 H5 门户应用、应用商店、App 应用，也包括新兴的 VR/AR 应用、3D 交互应用。借助应用流化引擎，可使高性能要求的应用实现云端运行，允许低配置终端接入云 VR、云游戏等流化云应用。

媒体形态不断创新变化，已远远超越了单纯、静态的图文、视频媒体表达方式。媒体云平台运营商已从之前狭义的信息生产者、传播者，转型为新生活方式的倡导者、组织者、提供者，成为未来社会生活的重要枢纽。在信息技术和社会生活融合度越来越高的今天，开放应用平台应顺应传媒科技发展和媒体转型发展趋势，充分借助下一代 ICT 技术，主动融入智慧城市、智慧社区、智慧健康、智慧教育、智慧家庭等新业务领域，争取更大的发展空间。

13.3.4　县级融媒体云平台解决方案

2018 年，中共中央宣传部《关于加强县级融媒体中心建设的意见》提出，县级融媒体中心要整合媒体资源，建设"中央厨房"，实现一次采集、多种产品、多媒体传播；丰富传播载体，实现最大化覆盖；建设技术支撑平台，实现覆盖全省的移动新媒体平台；整合政务信息，打造"指尖上的政府服务中心"；整合生活信息，提供全方位生活服务信息；创新手段机制，组织开展群众活动。

县级融媒体不仅是媒体本身的变革，还加入推进国家治理体系和治理能力现代化的进程中，并成为基层创新社会治理的重要平台。城镇化建设的趋势是智能化，应更加注重数据对服务的提升作用，对各种城市服务进行整合，从全局的角度支撑城市运行，并赋能行业经济、民生服务。

发展县级融媒体的策略，高屋建瓴且落在实处，是传统媒体转型发展的难得机遇窗口。但从目前县级融媒体中心建设看，达到预期效果的很少。很多地方的工作停留在装修个"中央厨房"、建个展示大屏、开发个 App、发几个公众号的层面，有限的资金没用在刀刃上，无法真正实现媒体与服务的深度融合。"学套路""小而全"的思维局限是根本原因，另一个重要原因就是缺乏强有力的智慧媒体云平台支撑。

以整合成立的省级传媒集团为主体建设智慧媒体云平台，统一支撑省域内所有县级融媒体业务发展；县级融媒体中心的重点任务是做好本地化的媒体、政务、行业、民生服务，充分发掘本地市场潜力；省市县分工协作，集约化建设，鼓励跨省竞争合作，才是有效破题之道。融媒体云平台解决方案如图 13-9 所示。

省级智慧媒体云平台运营商基于开放视频平台与开放应用平台的有效结合，可充分满足中共中央宣传部《关于加强县级融媒体中心建设的意见》的要求，统一支撑省域内各县级融媒体云平台的业务需求。

省级智慧媒体云平台建设的核心任务，就是在原有视频和传媒优势服务能力的基础上，构建扎实的服务能力体系，为各市/县级融媒体中心提供云平台支撑。考虑到融媒体业务范围的显著扩大，须重视数据智能平台、3D-GIS 引擎、互动支撑系统、应用流化引擎、自然交互引擎、VR/AR 应用引擎、区块链引擎等对融媒体业务创新有重要支撑作用的新兴技术的跟进和应用。基于容器微服务架构的 PaaS 平台有助于服务能力体系的构建，可提供高可用性及更高的 DevOps 效率，为融媒体业务的快速迭代、部署、运行提供基础保障。

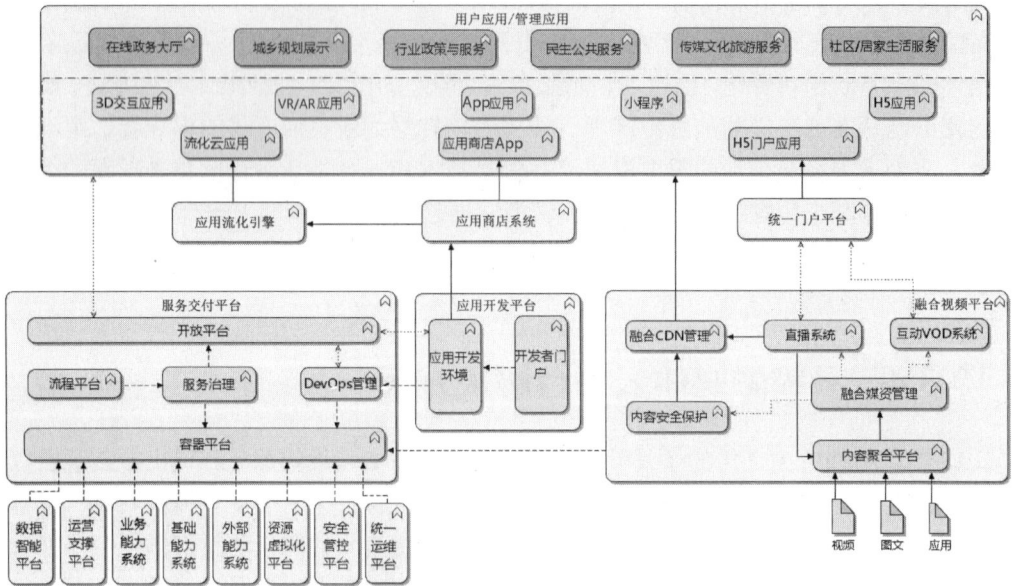

图 13-9　融媒体云平台解决方案

13.4　智慧媒体云平台服务治理

13.4.1　服务治理的目标

将各能力系统的服务在服务总线上统一注册并发布，各系统间通过服务接口访问实现互通，以此为基础对接口访问进行有效管控，达到服务治理的目的。

从服务的生成环境、运行环境和管理环境出发，综合规划服务所需的各种功能及其所依赖的各种资源，并把这些资源统筹规划、合理分配，实现各种资源实体之间的松耦合架构，建立可扩展的服务交付平台，最大限度地利用资源。可扩展的服务交付平台是云平台运营商多业务化的基础。

服务的复杂性决定了 SDP 必然是一个分布式系统，针对分布式系统的特点，采用面向服务架构（SOA）可以具有更高的抽象级别、更大的粒度、更强的独立性和更加灵活的可重用性。SOA 借鉴了较为成熟的基于服务的松耦合运营模式理念，通过对服务的高层次抽象构建分布式系统，具有更强的扩展性。其主要特点表现为系统的开放性和松耦合结构，支持服务动态发现绑定，服务独立于物理功能实体，服务访问通过大量数据低频交互实现。

Docker 容器技术的引进，使服务向微服务化发展，通过容器平台的编排调度，可以实现服务功能的快速迭代和部署。

13.4.2 服务治理的实施步骤

服务治理的实施工作可以按照如下步骤进行。

- 服务梳理。通过业务层面的流程梳理，确定业务系统间的调用关系，进而确定哪些业务系统可以作为服务提供者，将自身的能力暴露为服务；哪些系统可以作为服务消费者，通过调用其他业务系统的服务支持自身的业务功能。
- 确定服务接口规范。要实现系统间基于服务的互联互通，就需要各系统间的服务接口遵从统一的规范，这种规范应该具有技术上的通用性，如基于 Web Service、HTTP 等。
- 服务注册及发布。将服务提供者提供的服务地址注册到 ESB，再由 ESB 以新的地址发布，供服务消费者调用。此后，服务消费者可以不直接调用服务提供者的服务地址，而统一调用 ESB 发布的服务地址，由 ESB 完成到服务提供者的转发。原则上，服务提供者应基于统一的服务接口规范提供服务，而服务消费者也应按照统一的服务接口规范调用服务，但如果某个系统因特殊原因无法支持统一的接口规范，则可以由 ESB 实现适配。
- 服务管控。由于所有的服务消费者到服务提供者的服务调用都通过 ESB，因此 ESB 可以对服务调用行为进行有效管控，如记录访问日志、拦截非法访问、控制访问流量等。基于访问日志，可以对访问行为进行统计分析，进而对服务质量进行度量。

13.4.3 服务接口梳理方法及原则

服务接口梳理可以参照如下步骤进行。

（1）确定业务流程列表。根据业务流程运转实际情况与要求，确定描述所有跨系统业务流程的业务流程列表，该表描述系统间业务数据交互关系，关注的是系统之间和技术无关的业务数据的交互情况。

（2）确定系统集成关系图。把业务流程列表中所有跨系统业务流程进行整合，确定系统间交互关系，明确系统间分工边界，形成系统集成关系图。

（3）确定具体的系统间接口要求，以及流程与接口的映射。根据系统集成关系图，分析系统之间的数据要求和技术要求，整理出具体接口要求，最后完成流程与接口的映射。

需要说明的是，在实际应用中，以上步骤可能要循环多次。

系统集成关系图是接口整理的主要输入，在具体的接口整理工作过程中，还需要进行分析、归并及扩展，可参考以下处理原则。

（1）具备同步返回特点的响应信息，应该和请求信息合并考虑，分别作为一个统一接口的输入信息和输出信息。对于具备异步特点的响应信息，可以考虑作为一个异步接口，也可以考虑作为两个同步接口。用途类似的数据传输信息，应该合并作为一个统一的数据接口。

（2）系统间的数据交互可由提供数据的系统或接收数据的系统提供接口，一般情况下由接收数据的系统提供接口。

（3）应该合理补充一些辅助接口和扩展接口，以满足主要业务流程之外的需求。

（4）为了使整理结果更清晰和不重复，应从接口提供者的角度汇总接口信息。从便于系统建设者的角度考虑，可按系统汇总该系统提出的服务请求和提供的接口调用。

13.4.4　微服务治理 12 因素法[24]

对微服务的治理应严格遵循以下原则。

- 　使用标准化流程自动配置，从而使新的开发者花费最少的学习成本加入当前项目。
- 　和操作系统之间尽可能划清界限，在各个系统中提供最大的可移植性。
- 　适合部署在现代云计算平台，从而在服务器和系统管理方面节省资源。
- 　将开发环境和生产环境的差异降至最低，并通过持续交付实施敏捷开发。
- 　可以在工具、架构和开发流程不发生明显变化的前提下实现扩展。

微服务治理可采用 12 因素法，具体因素介绍如下。

1. 基准代码

一份基准代码，多份部署。基准代码和应用之间总是保持一一对应的关系。一旦有多份基准代码，就不能称为一个应用，而是一个分布式系统。分布式系统中的每一个组件都是一个应用，每一个应用可以分别使用 12 因素法进行开发。

多个应用共享一份基准代码是有悖于 12 因素法的。解决方案是将共享的代码拆分为独立的类库，然后使用依赖管理策略去加载它们。尽管每个应用只对应一份基准代码，但可以同时存在多份部署。所有部署的基准代码相同，但每份部署可以使用其不同的版本。

2. 依赖

显式声明依赖关系。12 因素法下的应用程序不会隐式依赖系统级的类库。它一定通过依赖清单，确切地声明所有依赖项。此外，在运行过程中通过依赖隔离工具来确保程序不会调用系统中存在但清单中未声明的依赖项。这一做法会统一应用到生产和开发环境中。

3. 配置

在环境中存储配置。12 因素法推荐将应用的配置存储于环境变量中。环境变量可以非常方便地在不同的部署间做修改，却不改动一行代码；与配置文件不同，不小心把它们签入代码库的概率微乎其微；与一些传统的解决配置问题的机制（如 Java 的属性配置文件）相比，环境变量与语言和系统无关。12 因素法应用中，环境变量的粒度要足够小且相对独立。它们永远也不会组合成一个所谓的"环境"，而是独立存在于每个部署之中。当应用程序不断扩展，需要更多种类的部署时，这种配置管理方式能够做到平滑过渡。

---

24 FirstSeven. 微服务要素——十二要素[EB/OL]. [2017-10-27]. https://blog.csdn.net/firstSeven/article/details/78365419.

4. 后端服务

把后端服务当作附加资源。12 因素法应用不会区别对待本地服务和第三方服务。对应用程序而言，这两种都是附加资源，通过一个 URL 或其他存储在配置中的服务定位/服务证书来获取数据。12 因素法应用的任意部署应该可以在不进行任何代码改动的情况下，将本地 MySQL 数据库换成第三方服务（如 Amazon RDS）。类似地，本地 SMTP 服务应该也可以和第三方 SMTP 服务（如 Postmark）互换。

5. 构建、发布、运行

严格分离构建和运行。12 因素法应用严格区分构建、发布、运行三个步骤。每个发布版本必须对应一个唯一的发布 ID。新的代码在部署之前，需要开发人员触发构建操作。但是，运行不一定需要人为触发，而是可以自动进行。

6. 进程

以一个或多个无状态进程运行应用。12 因素法应用的进程必须无状态且无共享。任何需要持久化的数据都要存储在后端服务内，如数据库。黏性 Session 是 12 因素法极力反对的。Session 中的数据应该保存在诸如 Memcached 或 Redis 这样的带有过期时间的缓存中。

7. 端口绑定

通过端口绑定提供服务。12 因素法应用完全自我加载而不依赖于任何网络服务器就可以创建一个面向网络的服务。互联网应用通过端口绑定来提供服务，并监听发送至该端口的请求。

8. 并发

通过进程模型进行扩展。在 12 因素法应用中，进程是"一等公民"。12 因素法应用的进程主要借鉴自 UNIX 守护进程模型。开发人员可以运用这个模型设计应用架构，将不同的工作分配给不同的进程类型。

9. 易处理

快速启动和优雅终止可最大化健壮性。12 因素法应用的进程是可支配的，即它们可以瞬间开启或停止。这有利于快速、弹性地伸缩应用，迅速部署变化的代码或配置，稳健地部署应用。进程应当追求最短启动时间。进程一旦收到终止信号就会优雅终止。

10. 开发环境与线上环境等价

尽可能保持开发、预发布、线上环境相同。12 因素法应用想要做到持续部署，就必须缩小本地与线上差异。12 因素法应用的开发人员应该避免在不同环境中使用不同的后端服务。

11. 日志

把日志当作事件流。12 因素法应用本身从不考虑存储自己的输出流，不要试图去写或管理日志文件。在开发环境中，开发人员可以通过这些数据流，在终端实时查看应用的活动。

12. 管理进程

把后台管理任务当作一次性进程运行。一次性管理进程应该和正常的常驻进程使用同样的环境。这些管理进程和任何其他的进程一样使用相同的代码和配置，基于某个发布版本运行。后台管理代码应该随其他应用程序代码一起发布，从而避免同步问题。所有进程类型应该使用同样的依赖隔离技术。12 因素法尤其青睐那些提供了 REPL Shell 的语言，因为那会让运行一次性脚本变得简单。

13.4.5 服务接口规范概述

基于 SDP 服务管控平台的服务接口规范，可简述为"HTTP（POST）+JSON"形式，即以 HTTP1.1 协议（POST 方式）发送服务请求，且报文体为 JSON 格式文本，代表请求数据；取得的应答内容也为 JSON 格式文本，代表应答数据。需要说明一点，对于无法按管控平台服务接口规范提供服务的异构系统，须另行制定相关规范。

1. 服务地址（URL）

由 SDP 服务管控平台发布的服务地址（服务消费者调用的服务地址）的统一格式如下：

http://<Host>:<Port>/com.sdtv.SDP.<Domain>.<Application>.<Service>

其中：

<Host>为 SDP 服务管控平台主机域名。

<Port>为 SDP 服务管控平台提供服务访问的端口。

<Domain>为服务提供者系统所属的业务域标识。

<Application>为服务提供者应用系统标识。

<Service>为服务标识，由服务提供者自行确定，在一个应用系统中唯一标识一个服务。

例如：http://media.SDP-esb.yun:9090/com.sdtv.SDP.media.cmp.movietype 为内容聚合管理平台（CMP）提供"影片分类结构"服务的地址，且 CMP 属于媒体域。

注意：此处的地址格式适用于 SDP 服务管控平台发布的服务地址（服务消费者调用 SDP 服务管控平台的地址）。对于 SDP 服务管控平台的服务注册地址（服务提供者提供 SDP 服务管控平台调用的地址），暂不做强制性要求。

2. ContentType

基于 HTTP1.1 协议，对 HTTP 请求和响应报文头的 ContentType 有如下要求。

- MIME 类型为 application/json。
- char-set 为 UTF-8。
- 无压缩。

3. 请求报文头（HTTP Request Header）

必须是基于 HTTP1.1 协议的请求报文头。为达到服务管控目的，须在请求报文头中加入如下 Header。

- OperationCode：操作编码，表示所调用的服务中的具体操作，格式为<Service>.<Operation>。其中，<Operation>为操作标识，由服务提供者自行确定，在一个服务中唯一标识一个操作；<Service>为此前所述的服务编码，其格式为

com.sdtv.SDP.\<Domain\>.\<Application\>.\<Service\>。注意：如不需要对服务再细分"操作"，即一个服务中只有一个操作，则此项 Header 可不做强制性要求，而由 SDP 统一设置为"default"。

- ClientId：客户端标识，用于标识由哪个服务消费者（客户端）调用服务，其格式为 com.sdtv.SDP.\<Domain\>.\<Application\>。注意：如服务消费者系统与 IP 有严格的绑定关系，则此项 Header 可不做强制性要求，而由 SDP 基于客户端 IP 确认调用者身份并相应补充该 Header。

- TransactionId：交易标识。唯一标识一次服务调用，由服务消费者（客户端）创建，生成规则由消费者自行确定，但要确保（在本子系统范围内）每次调用都具有唯一值。该标识为文本格式，可由数字、英文字母（区分大小写）、下画线、短横线、"."组成，不得有空格，最大长度为 64 字节。注意：ClientId、TransactionId 的组合即可在全局范围内标识一次服务调用，故此项 Header 有助于服务消费者、服务提供者及 SDP 间匹配日志数据，以利于问题的排查，如无此需要，可暂时不做强制性要求。

4. 请求报文体（HTTP Request Body）

请求报文体要求为 JSON 格式文本。出于业务管理方面的需要，可考虑进一步规范 JSON 报文的格式，如规定统一的消息头、消息体等，且各主要字段的数据格式应遵从数据字典。出于性能考虑，在服务调用时 SDP 不会对此进行检查，但可以将报文记录到日志中，对基于业务维度的统计分析仍有意义。

5. 响应报文头（HTTP Response Header）

必须是基于 HTTP1.1 协议的响应报文头。

6. 响应报文体（HTTP Response Body）

响应报文体要求为 JSON 格式文本。出于业务管理方面的需要，可考虑进一步规范 JSON 报文的格式，如规定统一的消息头、消息体等，且各主要字段的数据格式应遵从数据字典。出于性能考虑，在服务调用时 SDP 不会对此进行检查，但可以将报文记录到日志中，对基于业务维度的统计分析仍有意义。

13.4.6　服务管控的主要内容

1. 服务接口的注册及管理

服务管控平台对 ESB 上各服务接口的元数据进行注册和管理。

服务接口按照"域""应用系统""服务""操作"四级目录体系进行管理。上级对下级均为一对多的关系，即一个域包含多个应用系统，一个应用系统包含多个服务，一个服务包含多个操作。通常所说的一个具体的"服务接口"指一个服务中的"操作"。

各级目录的划定原则及具体含义如下。

（1）域：从业务角度将一个特定业务范围的服务接口划定为一个域。物理上通常一个域会部署在一个单独的 ESB 节点上（在可用性要求较高的环境下，一个 ESB 节点可能包含两台以上的 ESB 主机），故按域划分有助于从物理上隔离不同业务范围的服务，以免相互影响。

（2）应用系统：指一个特定的服务提供者应用系统。通常一个应用系统由一个特定的开发商提供，基于特定的技术架构，物理上对应一组或多组特定的（用于服务调用的）IP 地址和端口。

（3）服务：也称接口集群，包含一组业务功能比较接近或关系比较紧密的接口（操作）。从技术角度讲，一个服务对应一个特定的 URL；从 ESB 管理角度讲，一个服务对应一组运行期资源（如线程池），故服务的划分决定了运行期资源的管理粒度。

（4）操作：即服务接口。通过处理输入参数，返回输出参数，来完成一种业务功能。操作是服务提供者提供服务功能的最终体现。一个服务中的多个操作共用一个 URL，具体是哪个操作由 HTTP Header 中的特定属性标识，如果不需要对服务进一步细分操作，即一个服务仅包含一个操作，则对此属性标识不做强制性要求。

2. 服务调用关系管理

服务管控平台可以对系统间的服务调用关系进行注册，即显式声明哪个应用系统可以调用哪个服务接口。对于未显式声明却发生调用的行为，可以采取以下两种处理策略。

（1）较严格的管控：拦截调用请求，服务提供者不会收到这个请求。

（2）较宽松的管控：允许调用，但在日常审计中记录非授权调用。

3. 服务控制

服务管控平台可以对 ESB 上的服务调用行为实施如下控制措施。

（1）拦截非授权调用：对于未显式声明的服务调用关系，拦截服务请求。

（2）流量控制：对服务的访问量（如每秒调用次数、字节流量等）设定上限，对于超出上限的服务访问，拦截服务请求。这用于合理调配服务器资源，或者保护服务提供者系统免受过大压力。

（3）状态控制：可以暂时关闭某个服务。服务处于关闭状态时，所有对该服务的调用请求均被拦截。关闭的服务可以重新开启，继续接受调用。这用于在特殊情况下临时停止某项服务。

以上功能均基于 ESB 的拦截器机制实现。拦截器是 ESB 的一个重要扩展机制，通过定制实现拦截器，可以支持特定的需求，如特定的安全校验策略、加解密等。

4. 服务监控及审计

服务管控平台会对 ESB 上的服务调用行为进行详细的日志记录，包括：请求及应答时间、客户端地址、所访问的服务端地址，以及请求和应答报文的报文头、报文体等。

基于这些日志，可以追踪到每一次调用的详细情况。基于日志内容，可以从多个维度对服务调用情况进行分析统计，如统计某个时间段内，分别有哪些应用系统调用了哪些服务，以及成功和失败次数、平均响应时间、平均报文大小等。如果进一步解析报文内容，则可以从业务维度进行各种统计分析。日志信息分别记录在数据库或日志文件中，格式公开，因此可以根据具体需要定制实现其他的统计分析功能。

13.4.7　对能力开放的支持

ESB 上发布的服务可以进一步通过 SDP 能力开放平台开放给第三方应用使用。

能力开放的意义在于支持能力运营，因此能力开放平台的主要作用是对第三方应用访问能力接口的行为进行计量、流量控制，以及配额管理等。此外，因为能力开放平台的接口调用通常来自第三方应用系统，所以在安全上有更严格的要求。

13.5　智慧媒体云平台 OpenAPI 简介

在智慧媒体云平台设计中，根据各系统提供能力使用的范围和权限，分为系统之间的接口和对外提供的 OpenAPI 服务。本节将对 OpenAPI 的定义和规范进行介绍。在后续系统开发建设过程中，可对各接口进行详细定义。

13.5.1　OpenAPI 的定义

ESB 上发布的服务可以进一步通过 SDP 能力开放平台，以 OpenAPI 的形式开放给第三方应用使用。OpenAPI 即开放 API，是服务型网站常见的一种应用，网站服务商可以将自己的网站服务封装成一系列 API 开放出去，供第三方开发者使用。

出于安全考虑，通常请求或应答报文会采取加密或签名的方式传输，为此在基于HTTP1.1 协议的请求报文头中，增加了如下 Header。

AppCode：应用唯一标识（必填）。字串，最大长度 64 位。一般情况下，AppCode 是应用标识，用于唯一标识一个应用，在开发者创建应用时获取。

AskId：签名密钥 ID（必填）。整数，Long 型。签名密钥是对第三方应用发送给 OpenAPI 的报文进行签名所使用的密钥，应用需要将密钥对应的 ID 发送给开放平台以完成签名验证。

AedkId：加解密密钥 ID（必填）。整数，Long 型。加解密密钥是对第三方应用发送给OpenAPI 的报文进行加密所使用的密钥，合作伙伴需要将密钥对应的 ID 发送给 OpenAPI以完成报文解密。

SignValue：签名值（必填）。字符串，最大长度 128 位。签名值是第三方应用对请求报文签名后生成的字符串，主要用来鉴定接口调用方的身份。

ApiCode：接口编码（必填）。字符串，最大长度 64 位。每一个 ApiCode 对应一个OpenAPI 接口。

相关的实体名称定义如下。

APK：应用主密钥。

ASK：应用签名密钥。

AEDK：应用加解密密钥。

APPCODE：应用的唯一标识。

APICODE：API 唯一编码。

ACCESSTOKEN：访问令牌。

以上是开放平台的基本安全机制，在项目实施过程中可视整体安全框架的需要做相应调整。

13.5.2 OpenAPI 规范

1. 协议规范

支持 HTTP1.1 协议。

2. API 调用地址

API 调用地址为 http://domain/open。

3. 请求方式

业务调用只支持 POST 请求方式。

4. API 请求参数

请求头参数列表见表 13-3。

表 13-3　请求头参数列表

Key	Value	Required	备注
AccessToken	授权码	false	访问令牌
AppCode	客户端 ID	true	客户端 ID
ApiCode	API 编码	true	API 唯一标识
AskId	签名密钥 ID	true	签名密钥 ID，调用 SDK 签名 API 返回的密钥 ID
AedkId	加解密密钥 ID	true	加解密密钥 ID，调用 SDK 加密 API 返回的密钥 ID
SignValue	签名值	true	签名值，调用 SDK 签名 API 返回的签名值

请求体为 JSON 格式，请求报文根据具体的业务类型而定。

请求参数示例如下：

```
{
"acct_id":130000221,
"cust_id":10000021,
"phone_id":"13764545618",
"user_id":200000001
}
```

5. API 响应参数

响应格式为 JSON 格式。

ClientId 参数为空的响应示例如下：

```
{"message":"clientId 不能为空。","body":"","code":-101}
```

配额不足的响应示例如下：

{"message":"配额不足","body":"","code":-114}

ApiCode 参数为空的响应示例如下：

{"message":"apiCode 不能为空。","body":"","code":-104}

响应成功示例如下：

```
{
"code":0,
"message":"",
"body":{
"message":null,
"result":{
"descriptor":"CapricornusServerisQuotaManageSystem",
"company":"Primeton",
"name":"CapricornusServer",
"build":"2013.07.01",
"version":1
},
"status":true,
"code":0
}
}
```

6. API 响应异常编码

API 响应异常编码见表 13-4。

表 13-4　API 响应异常编码

响应异常编码	异常描述
1	其他错误
2	TransactionId 为空
3	AppCode 为空
4	AskId 为空
5	AedkId 为空
6	ApiCode 为空
7	签名值为空
8	AskId 错误
9	AedkId 错误
10	ApiCode 错误
11	AppCode 错误
12	签名验证错误
13	解密错误
14	加密错误

响应异常编码	异常描述
15	签名错误
16	超过流控阈值
17	配额计量错误
18	无可用配额
19	响应超时
20	密钥无效
21	服务异常

13.5.3　OpenAPI 使用示例

1. 基于 OpenAPI 实现 VOD 应用

这里描述的是 VOD 视频应用涉及哪些基础服务、组合服务、流程服务，而不关注具体流程的时序、接口和数据的具体定义。直播、点播、时移、回看等视频应用对服务及流程的需求基本相同。可由 VOD 系统或服务提供商遵照 OpenAPI 规范对 VOD 应用的实现进行具体定义。

基于 OpenAPI 实现 VOD 应用如图 13-10 所示。

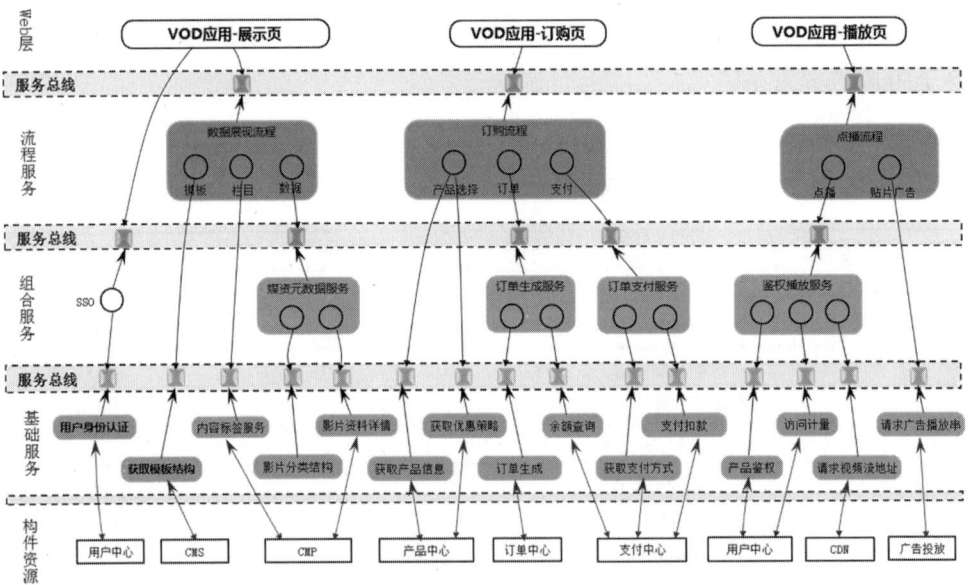

图 13-10　基于 OpenAPI 实现 VOD 应用

VOD 应用之前是通过业务系统实现的，业务逻辑均在系统内实现。云平台二期实施中，在服务治理的基础上，VOD 应用可通过 OpenAPI 及流程编排调用来实现。这是一种基于云平台的"轻应用"实现模式。

1）Web 层

Web 层既包括展示页，也包括付费内容的订购页，播放页在电视端通常为全屏播放。

2）流程服务

- 数据展现流程：根据设定的模板结构，以及定义的栏目标签和内容编排，进行元数据的有序展现。
- 订购流程：完成用户对付费产品的选择、订单处理及支付。
- 点播流程：完成用户点播视频的服务提供，包括贴片广告的播放。

3）组合服务

- SSO：实现用户的身份认证，以及跨应用的 Token 传递。
- 媒资元数据服务：对影片分类结构、影片资料详情进行组合，提供应用展现所需的元数据。
- 订单生成服务：基于用户选择的产品及优惠策略，结合用户的积分或虚拟币等余额情况，生成待支付的订单。
- 订单支付服务：选择用户适合的支付方式及账号，并进行扣款。
- 鉴权播放服务：用户通过产品鉴权之后，方可获得有效的视频播放地址。

4）基础服务

- 用户中心提供的服务：用户身份认证、产品鉴权、访问计量。
- CMS 提供的服务：获取模板结构。
- CMP 提供的服务：内容标签服务、影片分类结构、影片资料详情。
- 产品中心提供的服务：获取产品信息和优惠策略。
- 订单中心提供的服务：订单生成。
- 支付中心提供的服务：余额查询、获取支付方式、支付扣款。
- CDN 提供的服务：请求视频推流。
- 广告投放提供的服务：请求广告播放串。

2. 基于 OpenAPI 实现 SP 专区应用

SP 专区应用需要 SP 业务系统与智慧媒体云平台协同实现，可以复用部分运营商自主 VOD 应用相关的基础服务、组合服务，也可通过智慧媒体云平台的流程引擎来进行业务流程的定义和执行。

SP 专区应用的展现页、订购页、播放页等须通过 SP 自身的系统实现，在 SP 专区与运营商门户之间须基于用户 SSO 完成用户双认证。

智慧媒体云平台运营商基于多家 SP 内容元数据的聚合，结合自身具备的版权内容，可为用户提供全局搜索的内容服务。搜索结果页的实现可基于云平台内部服务完成。

SP 专区应用的订购流程，通过专区页面进行产品选择，订单生成、订单支付等活动都基于智慧媒体云平台的服务完成。SP 专区应用的点播流程须经过双鉴权，视频播放、广告播放等活动由智慧媒体云平台的服务完成。

基于 OpenAPI 实现 SP 专区应用如图 13-11 所示。

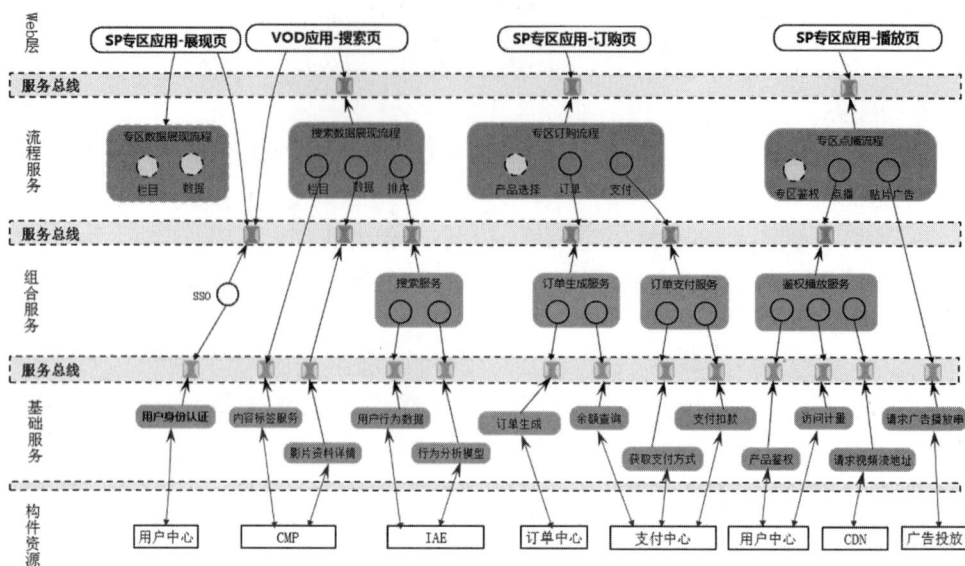

图 13-11　基于 OpenAPI 实现 SP 专区应用

13.6　智慧媒体云平台应用开发框架

13.6.1　跨平台集成开发环境的选择[25]

移动和云时代的企业应用技术涉及前端 UI、中台服务及管理后台、前端设备 API。前后端分化并各自独立发展已经是事实和趋势。

（1）前端 UI 的技术现状及趋势：互联网和浏览器已经普及和扎根，企业应用的前端 UI 和样式组件都会沿着 W3C 的 HTML+CSS+JS 路线发展，资源越来越多，如 Bootstrap 等。几乎没有任何企业能离开 W3C 的 HTML+CSS+JS 标准而另起炉灶。

（2）中台服务及管理后台的技术现状及趋势：与前端相反，这方面的技术正走向多元化。Node.js、Python、Java 并存，PaaS、BaaS 云服务逐渐成熟，数据绑定也支持多种技术和方向。

（3）前端设备 API 的技术现状及趋势：移动设备快速发展，硬件种类不断丰富，如可穿戴设备、智能家居设备、VR/AR 头戴设备等。

统一开发工具必须符合上述技术发展趋势，而且要求是开源的。这样开发出来的应用在发布和部署时不受任何限制。同时，统一开发工具应支持跨平台多前端应用开发，可实现一次开发，多平台运行。

---

25 响马. 轻松看透 WeX5 产品能力和技术[EB/OL]. [2015-02-10]. http://docs.wex5.com/wex5-intro-01/.

13.6.2　集成开发环境的技术体系[26]

统一开发工具采用的是业界的标准技术和主流框架。

（1）UI 技术：采用 HTML+JS+CSS 的标准技术，框架是 jQuery、RequireJS 和 Bootstrap。

（2）本机 API Framework：采用 Cordova/PhoneGap，微软的 Visual Studio、IBM 的 Worklight、Intel 的 XDK 等开发工具都在用。

（3）后端：可以采用 PHP、.NET、JavaEE、Node.js 等。

13.6.3　形成统一的应用开发框架

基于云平台 SDK、集成开发环境，形成统一的应用开发框架，实现云端与终端服务能力的统一封装，云端 OpenAPI 及终端组件 API 对外开放，大幅降低 App 开发者的工作量与对接难度。智慧媒体云平台应用开发框架如图 13-12 所示。

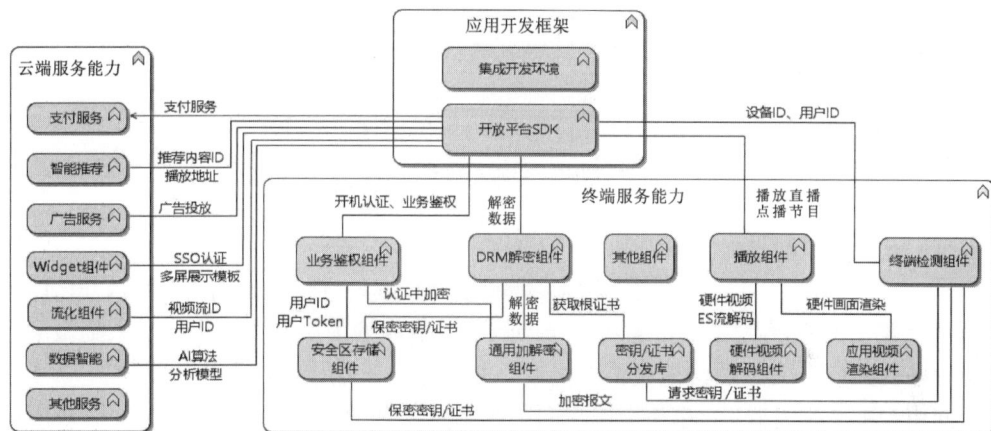

图 13-12　智慧媒体云平台应用开发框架

13.7　智慧媒体云平台管理门户集成

13.7.1　门户集成的主要目标

智慧媒体云平台包含大量独立的子系统、服务组件、程序模块，必须通过统一集成的"平台管理门户"才能进行有效的运营、运维和自服务管理。

平台管理门户实现对各子平台、子系统管理界面的集成，为各类管理者访问云平台提供统一的入口和界面展示。基于统一的身份认证实现单点登录，对平台的访问行为实行统一的安全控制。通过多屏门户服务、门户快速定制服务，以及丰富的 Widget 组件，为各类

---

26 响马. WeX5：轮子、车子和票子[EB/OL]. [2015-03-17]. http://docs.wex5.com/wex5-intro-2/.

云平台管理角色提供不同功能的个性化工作台。智慧媒体云平台管理门户集成架构如图 13-13 所示。

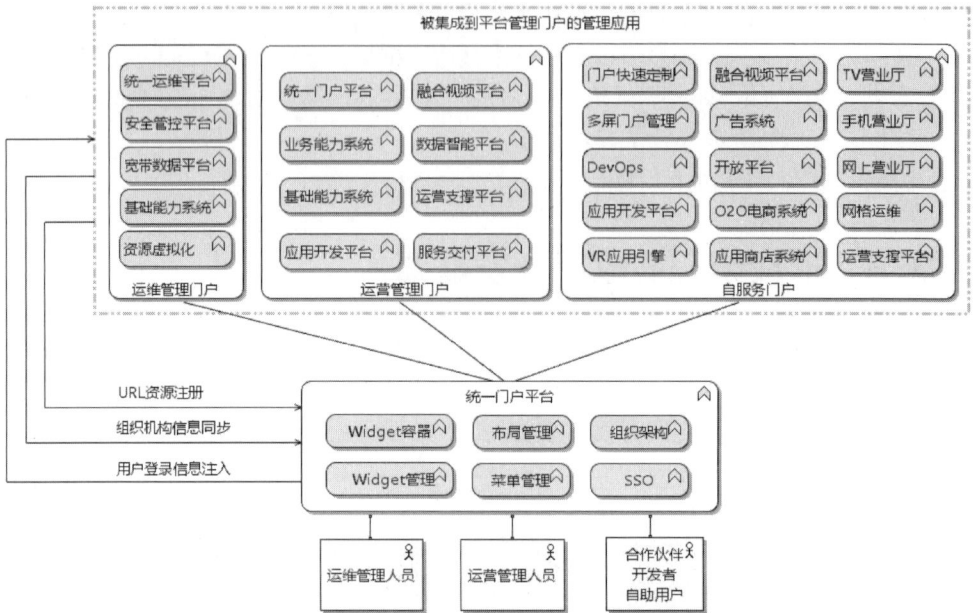

图 13-13　智慧媒体云平台管理门户集成架构

管理门户集成的思路，同样适用于用户应用的集成。

新媒体、融媒体的发展，体现为越来越多的应用入口，在传统的 TV 门户、PC 门户之外，随着智能手机的普及出现了各种 App，随着微信成为国民应用又出现了大量微信公众号，小程序受到广泛关注后又出现了直达号、服务号、头条号等，不一而足。

面向用户的"应用群"，也使得用户面临越来越复杂的使用问题，可参照"管理应用"的门户集成方法进行"用户应用群"的集成，为广大用户提供良好的"跨应用"使用体验。

13.7.2　门户集成实现的主要功能

1. 单点登录集成

单点登录集成是多应用集成过程中必然会面临的问题。门户集成应提供单点登录集成组件，帮助用户实现"单点登录、全网漫游"。单点登录集成组件应提供可扩展的用户认证接口，支持多种用户认证模式；并且提供多种客户端，支持多种不同应用的单点登录集成，如 Java 应用、.NET 应用等。

此外，门户集成应从各个层面保证单点登录的安全性。例如，通过 SSL 传输协议保证传输安全性，确保数据在网络传输过程中不会被窃取；通过多种手段保证票据（Ticket）的安全性，确保票据不可被仿造。

2. 内容集成

Widget 是门户中提供特定服务或信息（如提供日历、天气预报、公司新闻、管理驾驶舱等）的窗口，可通过 Widget 容器处理请求、加载并生成动态内容。一个门户主页可以有多个 Widget，通过不同的 Widget 可以在一个界面上分别显示来自不同来源（网络服务）的信息。用户在统一的界面上获取各种来源的信息，而不会意识到信息的真正来源。

3. Widget 交互

门户集成须支持 Widget 间的交互。来自各个不同应用系统的 Widget 运行在一个大的上下文环境中，由这个环境管理这些 Widget 实例，同时为各个彼此不能感知的 Widget 或其他过程提供事件监听和响应机制，实现通信。每个集成的应用系统通过实例化相应的类，对外提供接口，实现对外发布事件、提供数据、响应外部事件等。应用系统之间通过这些特定的接口对集成的应用进行编程，而不需要详细了解被集成应用的页面信息等。

4. 多层次权限控制

门户集成提供多层次的安全机制，从登录、应用入口、系统主题、Widget、内容访问等多个层面提供安全管理。在应用管理中提供了授权控制，使得用户登录 Portal 后，在系统菜单中只能看到自己有权限访问的应用。同时，门户系统提供系统主题和 Widget 访问权限控制，用以限制合法用户可访问系统主题和 Widget 的范围。

5. 个性化

门户系统提供系统级个性化功能和用户级个性化功能，提供主题定制、首选项配置、换肤和布局等个性化服务。

系统级个性化功能为门户系统提供一致的风格、系统主题和系统 Widget，为云服务平台用户提供一个默认的访问门户。系统级的个性化内容会自动同步到每一个客户端，让用户在彰显个性的同时拥有统一的风格和必要的内容。

用户级个性化功能为每一个用户提供个性化的手段，配置个人关注的主题、内容和首选项，提供换肤功能，实现用户的个性化工作台。

6. 菜单集成组件

门户系统提供菜单集成组件，包括系统菜单、功能菜单、快捷菜单等，支持快速集成和实施。

13.7.3　门户集成的非功能性要求

1. 性能

采用轻量框架，第一次加载小于 150KB，缓存后小于 40KB。

支持异步加载 Widget，在高并发情况下性能更好。

SSO 并发用户数为 1000，响应时间小于 2s。

2. 扩展性

支持身份认证扩展：提供多种身份认证机制，如 SQL 模式、缓存模式、LDAP 模式，并提供灵活的接口/实现分离的模式，支持用户定制和扩展。

支持 Widget 容器扩展：提供常用 Widget 容器并支持容器扩展，支持加载多种类型的 Widget，如 Web 页面、Flash 插件、符合 JSR168 标准的 Portlet、符合 Open Social 规范的 Widget 等。

支持门户主页扩展：用户可根据需要扩展主页模板、布局模板和菜单。

支持 Widget 扩展：支持 Widget 最大化、最小化、配置首选项和菜单、Widget 换肤等。

支持组织机构扩展：提供统一的组织机构权限接口框架，与已有的组织机构框架集成。

3. 集成性

组件可插拔，可从界面、菜单、组织机构和单点登录等方面与多种应用快速集成。

提供事件总线，支持 Widget 交互，无须修改原有代码即可满足业务数据交互需求。

支持 JS 注入，满足特殊集成需求。

可与多种应用无缝集成，支持集成 Java、.NET 应用，以及金蝶、用友、SAP、Lotus 等套装软件。

4. 安全性

提供完善的安全管理机制，通过 SSL 协议和 Ticket 保证登录用户的安全性，通过沙箱机制保证门户框架的安全性。

提供文档访问权限控制，通过文档加密、水印加载等技术进一步保障文档资料的安全性。

支持可靠消息推送，保证信息发布的可靠性。

13.7.4 门户界面集成规划建议

门户可分为三大类：

● 针对外部用户（最终用户、合作伙伴等）的自服务门户；
● 针对内部运营管理人员的运营管理门户；
● 针对内部运维管理人员的运维管理门户。

各类门户分别集成相关的应用功能界面，有自己的统一界面风格，但可以包含相同的基础组件，如工作流任务处理、消息协同、公司新闻等。

13.7.5 组织机构规划建议

针对云服务平台用户，在组织机构上相应建立三套体系：

● 外部用户（最终用户、合作伙伴等）；
● 运营管理人员；
● 运维管理人员。

在每套体系内，可以分别建立多级的部门及角色体系，每个用户可以归属某个部门及身兼多个角色，每个用户用自己的用户名和密码进行登录认证，相应地被授予部门和角色的权限。每个用户在门户界面中只能看到自己权限范围内的菜单和页面，也只能执行自己权限范围内的操作。

三套体系中的用户、部门、角色相互独立，没有重叠。如果一个人的工作内容涉及不同体系，应分别使用不同的用户身份登录。

13.7.6　SSO 集成方案建议

单点登录允许用户登录一次并进行认证之后，就可以访问平台中不同的应用系统，而不需要在访问每个应用系统时都重新输入用户名和密码，从而避免了由于各个应用系统独立进行用户认证而造成的重复开发，用户也无须记忆大量的用户名和密码，方便了用户的使用和对各应用系统的管理。

SSO 集成模型如图 13-14 所示。

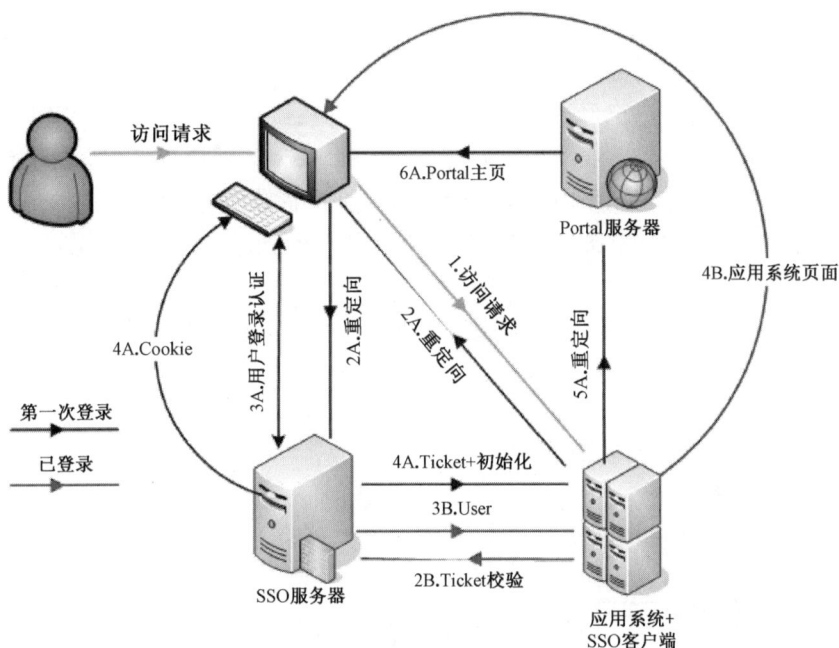

图 13-14　SSO 集成模型

单点登录分为 SSO Server（SSO 服务器）和 SSO Client（SSO 客户端）两部分。SSO Client 替换原来应用程序认证部分的代码，以 Filter 方式保护 Web 应用的受保护资源，过滤从客户端过来的 Web 请求。单点登录集成首先需要把 SSO Client 安装到相应的应用系统中。

在没有登录的情况下，当用户向某个应用程序发起第一次访问请求时，部署在该应用程序中的 SSO Client 会分析 HTTP 请求中是否包含 Service Ticket，如果没有，则说明该用户是没有经过认证的，SSO Client 会将该请求转发给 SSO Server，并传递 Service（也就是要访问的目的资源地址，以便登录成功后转回该地址）。SSO Server 会将单点登录页面返回给用户。

用户在单点登录页面中输入用户名和密码并执行登录，然后 SSO Server 会对用户名和密码进行认证。认证通过之后，会执行以下操作：

（1）SSO Server 随机产生一个相应长度、唯一、不可伪造的 Service Ticket，并缓存该 Ticket 以待将来验证。

（2）之后，系统自动重定向到 SSO Client（附带之前产生的 Service Ticket），并为客户端浏览器设置一个 Ticket Granted Cookie（TGC），其中保存了用户登录信息。

SSO Client 在获得 Service 和新产生的 Ticket 后，将带有 Service Ticket 的请求转发给 SSO Server，通过 Service Ticket 完成 SSO Server 和 SSO Client 之间的用户身份核实（确认 SSO Client 的 Service Ticket 的合法性），SSO Server 用 Ticket 查到登录用户信息，将登录用户信息返回给 SSO Client，之后 SSO Server 销毁缓存中的 Service Ticket。SSO Client 根据登录用户信息对应用系统进行初始化（初始化 Session）。最后，SSO Client 将页面重定向，回到应用系统页面（第一次登录时也可通过配置直接定向到 Portal 主页）。应用系统此时就实现了成功登录。

当用户再次向该应用发起访问请求时，SSO Client 会首先判断 Session 是否存在，如果 Session 存在，则认为用户已经登录，SSO Client 会直接将请求发送给应用服务器。如果 Session 不存在，则请求会被 SSO Client 重定向到 SSO Server，SSO Server 会主动获取 TGC，然后执行下面的操作：首先判断用户持有的 TGC 是否有效，如果 TGC 有效，则 SSO Server 返回登录用户信息给 SSO Client，SSO Client 初始化 Session；如果 TGC 无效，则认为用户没有登录，会跳转到登录页面，重新进行用户认证。

如果在已登录状态下，用户进入其他应用程序，则安装在这些应用程序中的 SSO Client 首先仍然会重定向到 SSO Server。此时，SSO Server 会通过 TGC 中的信息来确定用户是否已经登录，然后返回正确的登录用户信息，由 SSO Client 初始化此应用。这样，就不再需要用户继续输入用户名和密码，从而实现了单点登录。

注意：在单点登录体系中，并没有通过 HTTP 进行密码的传递，因此是十分安全的。

13.8　智慧媒体云平台安全体系集成

13.8.1　安全体系集成架构

智慧媒体云平台的安全体系可分为三层：云平台层包括应用、数据、主机三部分，网络层包括骨干网、IDC/EDC、接入网三部分，终端层包括边缘网络、终端设备、App 三部分。它们分别从不同的维度对系统进行保护，形成完整的安全体系。

智慧媒体云平台安全体系集成架构如图 13-15 所示。

应用安全：应从身份认证、访问控制、安全审计、剩余信息保护、通信保护、抗抵赖、软件容错、资源配额控制等方面对上线的应用进行改造。对于传媒运营商业务系统，应从系统的安全需求出发，对信息安全进行思考和设计，和 CA 体系结合实现 HTTPS 的访问方式，应由应用系统开发商负责业务应用系统安全模块的开发和改造。

云平台
- 应用：身份认证、访问控制、抗抵赖、安全审计、剩余信息保护、通信保护、软件容错、资源配额控制
- 数据：完整性、保密性、备份/恢复、服务安全、视频监控、虚拟存储安全
- 主机：身份认证、访问控制、安全审计、剩余信息保护、入侵防范、恶意代码防范、资源控制、虚拟主机安全

网络
- 骨干网：路由保护、防嗅探、身份认证、访问控制、安全审计、网络边界整合、资源控制、虚拟边界安全
- IDC/EDC：公共区、接口区、核心交换区、核心生产区、运管区、虚拟网络安全
- 接入网：边界整合、资源控制、虚拟边界安全、身份认证、访问控制、安全审计

终端
- 边缘网络：身份认证、访问控制、防嗅探
- 终端设备：类同主机
- App：类同应用系统

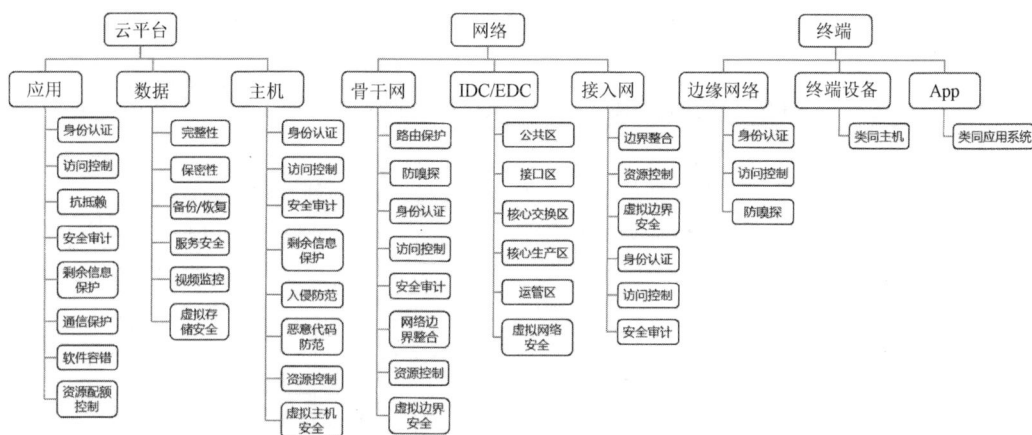

图 13-15　智慧媒体云平台安全体系集成架构

数据安全：数据对于任何一个业务系统来说都是非常重要的，一旦泄露，将会带来巨大的经济损失和政治影响，因此必须采取必要的安全防护手段。针对传媒运营商业务系统中的结构化数据、非结构化数据，要保证存储中的数据、传输中的数据、使用中的数据的安全。

通过事前、事中、事后的整体安全策略对数据进行全过程保护，事前预防应做到避免安全事件的发生或降低安全事件发生的概率，事中监控应做到降低安全事件造成的影响，事后审计应做到在安全事件发生后可追溯。数据安全主要从数据的完整性、保密性、备份/恢复、服务安全、视频监控、虚拟存储安全等方面进行保护。

主机安全：目前广电传媒业务系统服务器大量采用 Linux 操作系统，存在着访问控制粒度大、超级用户权限过大、不断被发现的安全漏洞等致命性安全问题。攻击者一旦通过提权攻击获得 Root 权限，就会拥有对服务器系统的全部控制权，危险性极大。主机安全应从身份认证、访问控制、安全审计、剩余信息保护、入侵防范、恶意代码防范、资源控制、虚拟主机安全等方面进行保护。

骨干网安全：骨干网是用来连接城域网的高速高带宽网络。骨干网安全应从路由保护、防嗅探、身份认证、访问控制、安全审计、网络边界整合（互联网/VPN/专网）、资源控制、虚拟边界安全等方面进行保护。

IDC/EDC 安全：数据中心网络分为 EDC 和 IDC，EDC 采用业务平台和信息系统双核心组网，业务平台和信息系统不直接互通，而采用接口方式完成业务交互。EDC 有生产、本地容灾和异地容灾三个中心，系统和平台根据容灾等级和安全等级进行部署。IDC/EDC安全应从公共区、接口区、核心交换区、核心生产、运管、虚拟网络安全等方面进行保护。

接入网安全：接入网指网络中城域网（或骨干网）下沿（PE 设备）到用户终端之间的部分。其长度一般为几百米到几千米，因为被形象地称为"最后一公里"。目前企业的接入网大部分采用传统的同轴电缆接入，最大的挑战是双向网络改造。接入网安全可以从边界整合、资源控制、虚拟边界安全、身份认证、访问控制、安全审计等方面进行保护。

边缘网络安全：边缘网络安全应充分考虑 DHCP 限制、终端认证等安全措施，即从身份认证、访问控制、防嗅探等方面进行保护。

终端设备安全：STB、Mob、VR/AR 等终端设备的安全保护策略与主机安全保护策略类同。

App 安全：App 安全保护策略与应用系统安全保护策略类同。

智慧媒体云平台安全体系集成架构如图 13-16 所示。云平台安全机制和保护对象关系表见表 13-5。

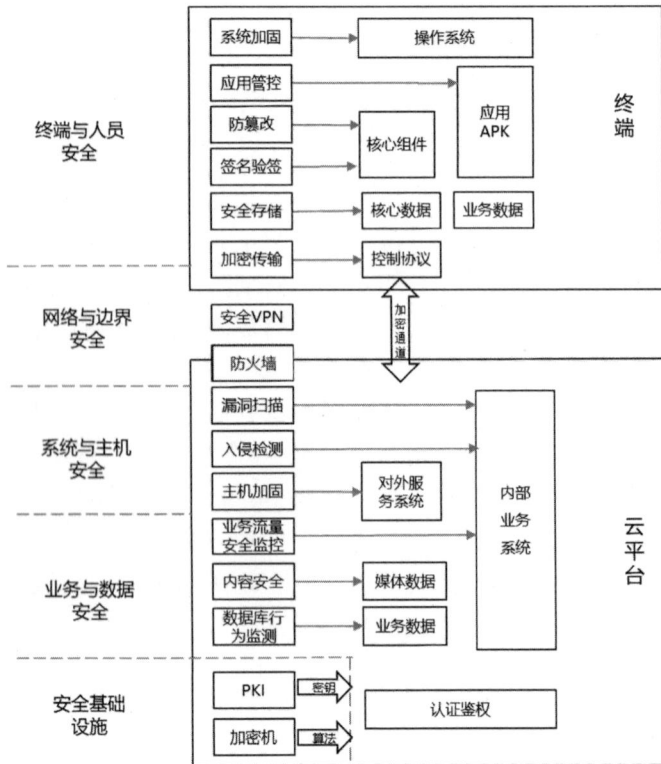

图 13-16　智慧媒体云平台安全体系集成架构

表 13-5　云平台安全机制和保护对象关系表

保护对象		防火墙	安全VPN	漏洞扫描	入侵检测	虚拟化主机加固	业务流量安全监控	数据库行为监控	数字水印	DRM	运管行为监控	终端安全内核	系统加固	应用管控	应用防篡改	安全存储	传输加密
网络与边界	传输	√															
	边界		√														
系统与主机				√	√	√											
业务与数据	系统					√	√										
	文件					√			√	√							
	数据库							√									

续表

保护对象		防火墙	安全VPN	漏洞扫描	入侵检测	虚拟化主机加固	业务流量安全监控	数据库行为监控	内容安全		运管行为监控	终端安全					
									数字水印	DRM		终端安全内核	系统加固	应用管控	应用防篡改	安全存储	传输加密
终端	系统												√					
	应用													√	√			
	数据																√	√
人员安全												√						
安全态势																		

13.8.2 基于 PKI 信任链的信任体系构建

1. 服务信任体系

为服务颁发证书，支持服务与平台、服务与服务间的信任体系构建。安全功能包括：

- 服务上线、下线控制（省中心平台、分中心平台、运营商平台）；
- 服务间双向认证。

智慧媒体云平台服务信任体系构建过程如图 13-17 所示。

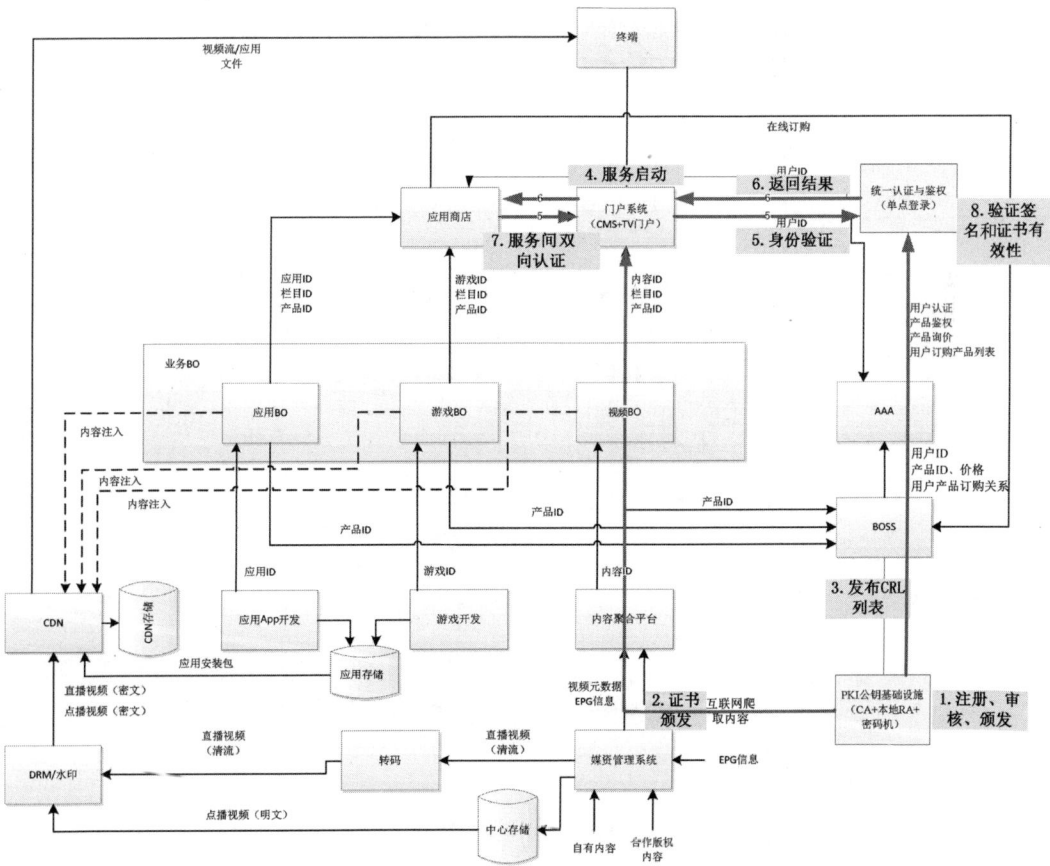

图 13-17 智慧媒体云平台服务信任体系构建过程

2. 应用信任体系

为终端应用颁发数字证书，支持终端应用与后端平台、终端应用与终端应用间的信任体系构建。安全功能包括：

- 终端应用的上线、下线控制（省中心平台、分中心平台、运营商平台，可与 BOSS 结合实现终端应用间的双向认证）；
- 为终端应用与后台服务间的通信提供加密密钥，如果有消息服务器，则此功能可以不要。

智慧媒体云平台应用信任体系构建过程如图 13-18 所示。

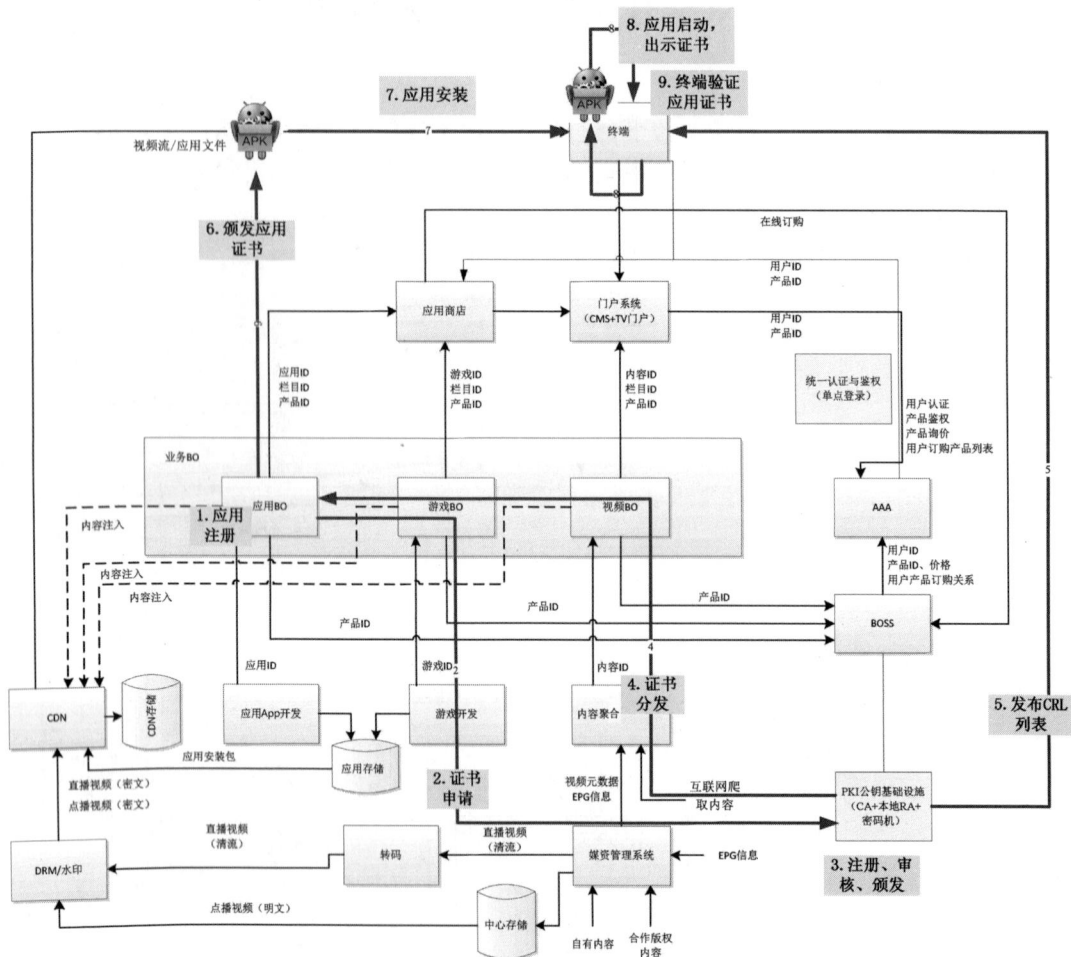

图 13-18　智慧媒体云平台应用信任体系构建过程

3. 管理信任体系

为管理员颁发数字证书，支持管理员的统一单点登录和权限管理控制。安全功能包括：

- 管理员强认证；
- 支持单点登录。

智慧媒体云平台管理信任体系构建过程如图 13-19 所示。

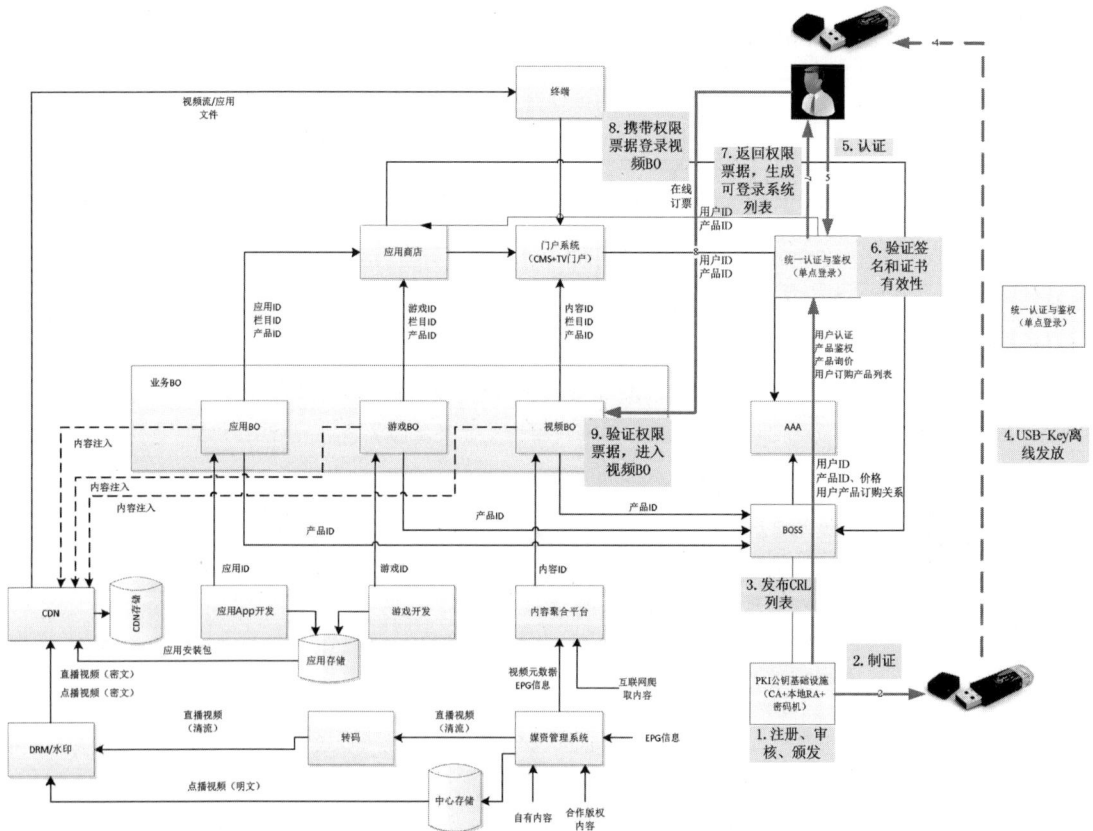

图 13-19　智慧媒体云平台管理信任体系构建过程

4. 端+云信任体系

云平台和终端的安全不能分割开来，必须构建端+云信任体系，才能提供有效保护。

云平台：第一，安全支撑体系为云平台的应用服务提供安全功能的调用接口，对云平台进行全方位的安全防护；第二，对安全功能进行抽象和封装，以 OpenAPI 的形式为第三方应用服务和运营商提供安全服务，形成云化的安全服务能力。

终端：第一，构建定制的安全内核，保护终端核心应用的安全，为智慧媒体云平台的业务开展提供可信的运行环境；第二，集成瑞芯微的安全芯片，支持硬件级和软件级的安全功能实现方式，为终端应用提供不同级别的安全防护能力；第三，对软件和硬件实现的安全功能进行统一封装，屏蔽软硬件安全机制的实现细节，形成安全 SDK 供终端核心业务和第三方应用调用。

云平台与终端安全集成关系如图 13-20 所示。

云平台的 PKI 基础设施为所有终端颁发证书，支持终端与平台间的信任体系构建。安全功能包括：

- 实现终端与平台（门户）间的双向认证，防止终端被仿冒及门户被旁路；

- 支持省中心平台和分中心平台终端的上线、下线控制；
- 支持建立终端与平台间的安全隧道，功能由消息服务器实现。

云平台与终端信任链构建过程如图 13-21 所示。

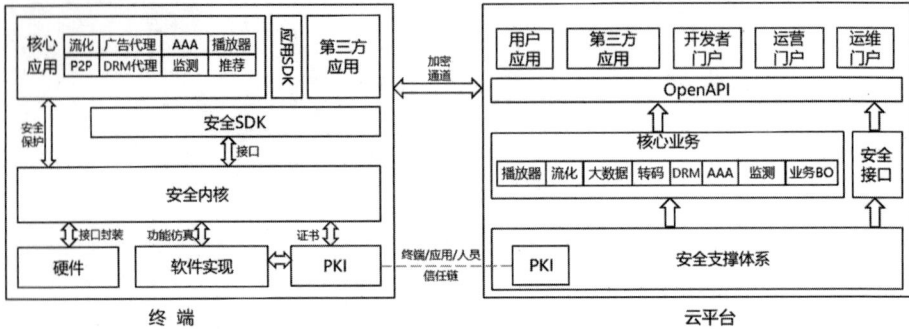

图 13-20　云平台与终端安全集成关系

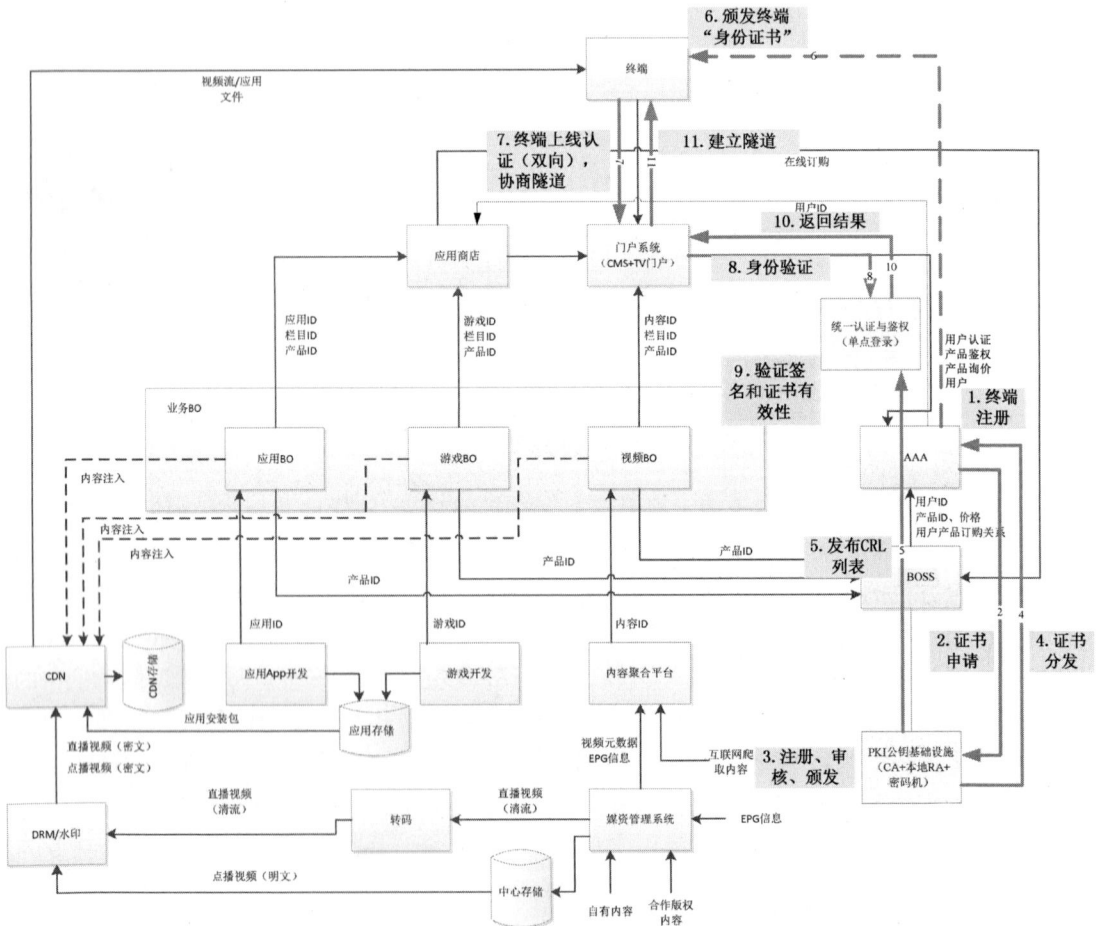

图 13-21　云平台与终端信任链构建过程

13.8.3 网络与边界安全

通过部署 VPN 安全网关和防火墙，实现平台与终端间的安全传输，防止来自互联网的恶意攻击及平台内部的风险扩散。网络与边界安全架构如图 13-22 所示。

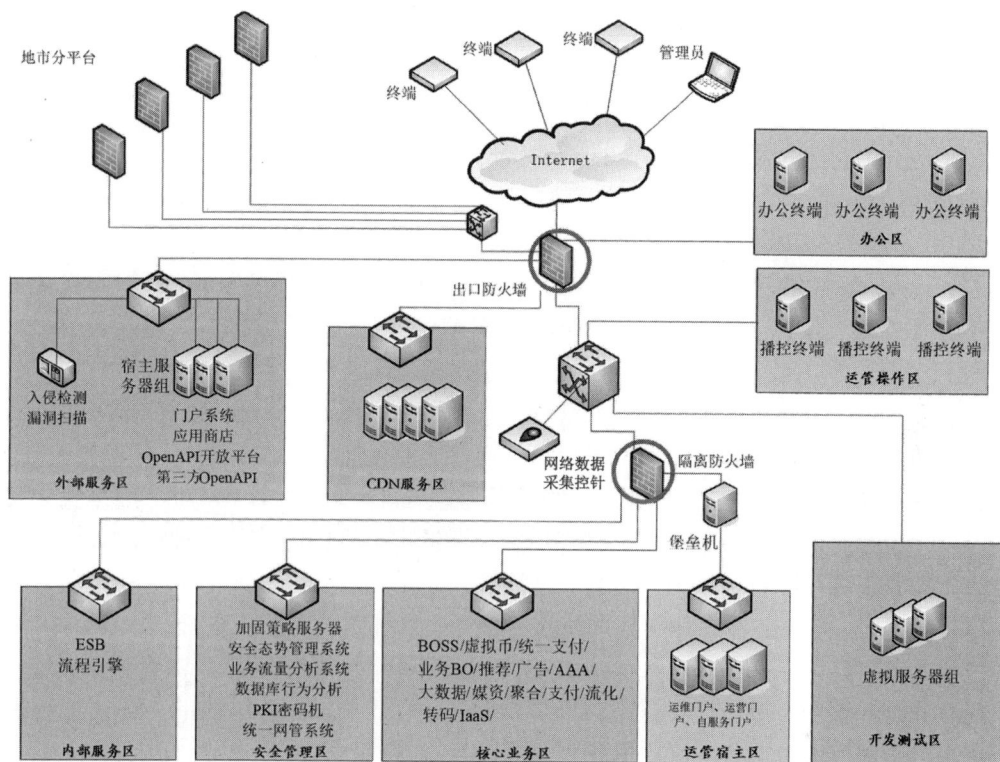

图 13-22 网络与边界安全架构

1. 防火墙

中心（和分中心）平台的 IDC 机房中部署出口防火墙和隔离防火墙。

出口防火墙：部署在 IDC 机房网络出口上，外网口接入互联网，DMZ 口连接外部服务区，内网口有多个，分别连接办公区、CDN 服务区和核心交换机。

隔离防火墙：用于内部业务系统之间的安全隔离，其外网口通过核心交换机连接至出口防火墙的内网口。内网口有多个，分别连接至不同的功能分区。通过设置隔离防火墙的安全策略，严格控制外部对内部各功能分区的访问，以及控制功能分区间的互访。

2. 构建安全隧道

终端与服务器之间的通信数据采用密文形式进行传输，防止攻击者通过分析双方的通信数据，掌握完整的通信协议，从而篡改通信内容，造成节目单被篡改。更严重的是，攻击者掌握了通信协议的特点后，可以通过仿冒服务器实现服务替换，使终端播放非法来源的音视频节目。

终端和平台通过安全 SDK 和 OpenAPI 建立安全的加密隧道，对终端与平台间的数据通信提供机密性和完整性保护。

3. 平台功能分区

按照平台业务系统的功能和服务对象，可将整个业务系统划分为外部服务区、内部服务区、核心业务区、安全管理区、运管宿主区、运管操作区、办公区、CDN 服务区、开发测试区等。

办公区：为云平台运营商内部办公区，可访问互联网，但不能向内访问。

运管操作区：该区部署远程访问终端（远程桌面），用于远程操控运管宿主区中某个运管虚拟机。该区不能访问互联网。

外部服务区：主要功能是提供服务，可供终端用户和第三方直接访问，部署门户系统、应用商店、开放平台和第三方 OpenAPI。该区可访问互联网。

CDN 服务区：主要存储加扰过的视频，为系统的源栈，对外提供服务，可访问互联网。

开发测试区：用于部署应用开发系统和服务 API 仿真系统，该区可访问互联网，但不能对其他区域进行访问。

内部服务区：主要功能是为业务系统提供支撑服务，终端用户和第三方不可达。该区为业务"跳板"，部署 ESB、流程引擎，可访问核心业务区。

运管宿主区：部署运管服务器组，该服务器为宿主机，其上运行虚拟机，虚拟机中安装运维门户、运营门户和自服务门户。管理员只能通过虚拟机中的这些管理门户对核心业务区内的业务系统进行控制。该区不与互联网连接。

核心业务区：主要部署各种业务系统的后台管理系统和关键业务系统，如 BOSS、虚拟币、统一支付、业务 BO、推荐、广告、AAA、大数据平台、媒资管理、内容聚合、流化系统、IaaS 和转码系统。核心业务区不对外提供服务，仅供内部服务区内的 ESB、流程引擎等系统进行访问，由运管宿主区内的管理程序进行维护。

安全管理区：主要功能是对智慧媒体系统进行安全管控和安全策略配置，部署加固策略服务器、安全态势管理系统、业务流量分析系统、证书签发系统、PKI 密码机、DRM 等。该区可对整个系统的主机进行状态采集和维护。该区不与互联网进行连接。

13.8.4 系统与主机安全

1. 基于虚拟化技术的主机加固

目前媒体云平台的服务器均采用 Linux 操作系统，Linux 操作系统的安全性较低，存在着访问控制粒度大、超级用户权限过大、不断被发现的安全漏洞等致命性安全问题。攻击者一旦通过提权攻击获得 Root 权限，就会拥有对服务器系统的全部控制权，危险性极大。

因此，必须对服务器操作系统进行加固，使系统具备以下安全功能。

- 进程运行控制：以白名单的方式限制系统中可运行的服务，使服务器只开启特定服务进程，防止木马等有害进程的运行。

- 程序完整性校验：对可执行文件、动态库等重要程序进行 Hash 校验，防止木马注入和来自攻击者的恶意篡改。

- 管理权限保护：严格限制和保护系统管理员的权限，如 Linux 系统中的 Root 和 Windows 系统中的 Administrator，防止攻击者获取系统权限。
- 端口管理：对服务器的 USB 端口、光驱、移动硬盘的使用进行严格控制，关闭不必要的硬件接口，只有经过注册审核的移动介质才能使用。

通过上述功能，确保服务器中只能运行与业务相关的服务进程，并保证其完整性，防止其被篡改。

2. 入侵检测

入侵检测系统（IDS）是常用的入侵防护设备，部署于外部服务区。IDS 通常接在核心交换机的镜像端口上，只具有检测功能，不具备阻断功能，阻断功能需要与防火墙等设备进行联动才能实现。市场上有多款成熟的 IDS 产品可供选择。部署 IDS 后可以对网络流量、访问行为特征进行检测，发现表面上符合防火墙规则的网络攻击，IDS 是网络系统的第二道安全屏障。

IDS 不可避免地会存在误报和漏报现象，规则配置质量将影响防护效果和性能。管理 IDS 需要具备一定的信息安全基础知识，对管理员要求较高。并且，IDS 只能检测出包含恶意流量的入侵攻击，无法对基于正常流量和加密行为的攻击进行检测。

13.8.5 业务与数据安全

1. 服务进程完整性校验

基于虚拟化技术，采用带外的方式，对可执行文件、动态库等重要程序进行 Hash 校验，防止木马注入和来自攻击者的恶意篡改。该技术与操作系统加固是一体化的，具体原理见 13.8.4 节。

2. 服务内容防篡改

存储在服务器中的文件是安全保障的重点对象之一，这里采用虚拟化技术，将对文件的访问控制功能在安全宿主机中实现。对用户和攻击者而言，宿主机中的访问控制机制是外加的，即使攻击者通过缓冲区溢出攻击等方式获得了虚拟机中的权限，只要其操作行为违反了宿主机中的访问控制策略，该操作也不能执行。该技术与操作系统加固是一体化的，具体原理见 13.8.4 节。

3. 业务流量安全监控

对内部网络流量监控、告警、木马发现、恶意 IP 攻击等进行实时审计和分析，并可对内部设备进行分析，梳理出内部设备互联关系，为网络管理员进行防火墙策略梳理提供依据。核心业务包括：境内外互联监控、黑名单互联监控、业务互联监控、安全域流量路径监控、防火墙策略梳理、恶意 IP 监控告警等。主要功能如下。

1）违规设备发现与分析

通过系统提供的违规设备发现和分析功能，解决长期困扰企业管理人员的几个管理难题，包括无法准确掌握网络资产的信息、不能掌握网络资产的动向、无法掌握私自入网设备的操作行为等。

2）安全域可视化拓扑

通过系统提供的安全域可视化拓扑，使管理人员能及时发现违反安全域的规定私自部署或调整设备的行为；同时，能够基于真实的网络安全域拓扑结构进行安全域的划分审计，准确掌握安全域出口设置情况。

3）业务互联监控

通过系统提供的业务互联监控图，使企业管理人员能及时掌握业务之间的关系，及时了解是否有非法业务发生，以及是否存在业务安全风险。

4. 版权控制——DRM/数字水印

DRM 系统作为互联网电视业务系统的核心功能部件，对节目内容提供端到端全生命周期的安全保护。在互联网电视业务系统中，DRM 系统主要提供以下两方面功能。

（1）媒资系统调用 DRM 加密库或 DRM 预加密系统对节目内容进行加密；内容加密可在切片前进行，也可在切片后进行。

（2）终端在播放 DRM 加密节目时，机顶盒中的 DRM 代理库发起获得内容许可证请求，DRM 系统响应机顶盒请求并将 DRM 内容许可证安全发送给终端，DRM 代理库根据授权情况，对内容进行解密，提供给机顶盒解码芯片播放。DRM 系统在授权过程中须从 AAA 系统获取终端内容授权。播放器 APK 调用 DRM 代理库完成内容授权、解密。

5. 数据库行为检测

数据库行为检测支持对多种数据库的操作行为进行采集记录，探测器通过旁路接入，在相应的交换机上配置端口镜像，对用户访问数据库的数据流进行镜像采集并保存信息日志。

1）行为记录

数据库行为检测能够详细记录每次操作的发生时间、数据库类型、源 MAC 地址、目的 MAC 地址、源端口、目的端口、数据库名、用户名、客户端 IP、服务器端 IP、操作指令、指令内容、操作返回状态值等。数据库行为检测支持记录的行为包括：

- 数据操作类（如 Select、Insert、Delete、Update 等）；
- 结构操作类（如 Create、Drop、Alter 等）；
- 事务操作类（如 Begin Transaction、Commit Transaction、Rollback Transaction 等）；
- 用户管理类及其他辅助类（视图、索引、过程等操作）。

2）违规操作告警

数据库行为检测可通过规则设置对各类数据库操作行为进行实时监测，对网络中的异常数据库操作行为及时进行告警，实时显示告警信息并记录存储。告警信息可通过邮件或短信方式通知管理员，以确保管理员在第一时间发现用户对数据库的违规操作。

3）集中存储审计记录

数据库行为检测可以将分布在网络不同位置、不同类型数据库的访问信息集中到统一的安全审计系统中进行存储，以便对记录数据进行分析。采用专有的 MySQL 数据库对规范化的审计日志进行存储，并对海量日志的存储及检索进行优化。采用高容量硬盘存储空间，防止由于硬件问题导致的数据丢失，支持外挂存储系统，实现存储空间的海量扩充。

4）审计记录查询

用户在检索历史审计日志时，可以通过多条件相结合的方式进行日志查询，如日志源IP、日志发生时间、数据库操作信息字段内容等，从而实现审计日志的快速准确定位。

5）审计报表

数据库行为检测通过动态报表的方式对数据库操作行为审计结果进行统计分析。系统内置丰富的报表模板，其中大部分报表均满足 SOX 法案、等级保护等法规、标准对信息系统的审计需求。用户也可以根据自身的实际需求自定义报表内容，生成审计报表，审计报表可以以 HTML 和 Word 等格式导出。

13.8.6　终端安全

1. 终端安全集成架构

终端安全内核位于终端操作系统与应用之间，其作用一是为上层应用提供安全存储、加密传输、签名验签等安全接口；二是通过操作系统加固、应用控制、应用防篡改等安全机制，为上层应用提供安全可信的计算环境；三是对安全芯片的密码算法调用、安全存储等接口进行封装，为上层应用提供统一的用户接口，使上层应用可适应各种软硬件安全机制。

终端安全集成架构如图 13-23 所示，终端安全集成功能及其保护对象见表 13-6。终端安全集成架构可实现的安全功能如下。

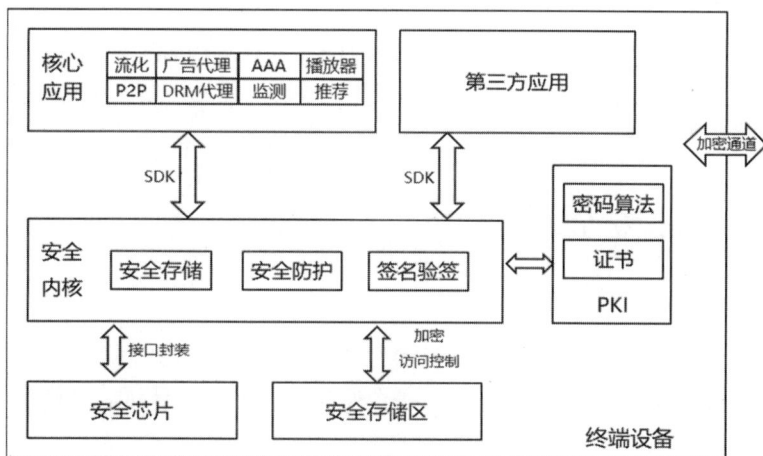

图 13-23　终端安全集成架构

- 操作系统（OS）加固：对终端操作系统进行安全加固，通过防 Root、协议限制、端口控制、接口管控等安全机制，为上层业务构建安全可信的运行环境。
- 应用管控：以黑白名单的方式对终端应用的运行、安装、卸载过程进行管控，防止非法应用安装、运行，防止核心应用被篡改。
- 应用防篡改：通过对系统进程、核心应用实行快照（哈希）和验证快照机制，防止核心应用被注入木马、篡改，保障核心应用的完整性。
- 身份认证：基于数字证书和 RSA 密码算法，对终端、终端应用的身份进行验证。

- 安全存储：构建安全存储区域，提供存储接口，上层应用调用安全存储接口，可实现其重要数据的安全存储。对安全存储区域内的数据实行加密、访问控制等安全机制，防止数据被非授权应用访问，保障重要数据的机密性。

- 安全传输：构建从终端到云端的安全隧道，提供安全传输接口，上层应用通过调用安全传输接口，实现数据的加密传输，防止重要的数据在传输过程中被非法窃取、篡改。

- 内容加扰：对视频节目、图片内容进行加扰（加密），防止非授权终端和应用对内容进行播放、复制和传播。

表 13-6　终端安全集成功能及其保护对象

保护对象	OS 加固	应用管控	应用防篡改	身份认证	签名验签	安全存储	安全传输	内容加扰
操作系统	√							
核心组件		√	√	√				
应用 APK		√	√					
核心数据					√	√		
控制协议							√	
视频内容								√

2．实现形式

终端安全有两种实现形式：胖终端和瘦终端。

胖终端：基于安全芯片实现安全存储、进程运行隔离和内容加解密。

瘦终端：以软件形式提供统一的签名验签、加解密等安全服务，建立专用或加密区域，为上层应用提供安全存储，形成一套完整的可信支撑功能。

13.8.7　人员安全

1．单点登录

在智慧媒体云平台中，终端用户在一次点播业务流程中需要访问多个服务器，如 EPG、CDN、DRM 服务器。传统的实现方法是在每个服务器上分别做认证，这样会导致用户信息不一致等问题。

建立统一的身份认证系统，完成用户身份的统一鉴别，主要的安全功能包括以下几方面。

（1）支持多种认证方式。系统具有证书方式登录、口令方式登录、证书与口令相结合的方式登录等多种认证方式。

（2）安全单点登录。系统具有安全单点登录功能，用户只需登录一次，便可按照系统授予的权限进行资源访问。认证服务器统一负责对访问安全域的用户进行登录认证，及时传递用户身份信息给用户将要访问的服务器，并响应合法用户对登录信息的查询。

（3）证书处理功能。能够对数字证书的有效性进行验证，包括证书链验证、证书有效期验证、证书签名有效性验证等内容。

（4）日志审计功能。提供较完善的认证系统工作日志，在客户端可以查看用户访问日志。在认证服务器上可查看本安全域内所有用户的访问情况，包括用户的登录、登出、访问请求记录，支持日志查询，并能够进行日志转储。

2. 运管行为监控

建设基于云计算及虚拟化技术的安全播控系统，保障平台运营/运维管理员进行远程访问时的安全，减少远程接入给云平台带来的安全风险，提高管理过程的安全强度。运管行为远程接入示意图如图 13-24 所示。

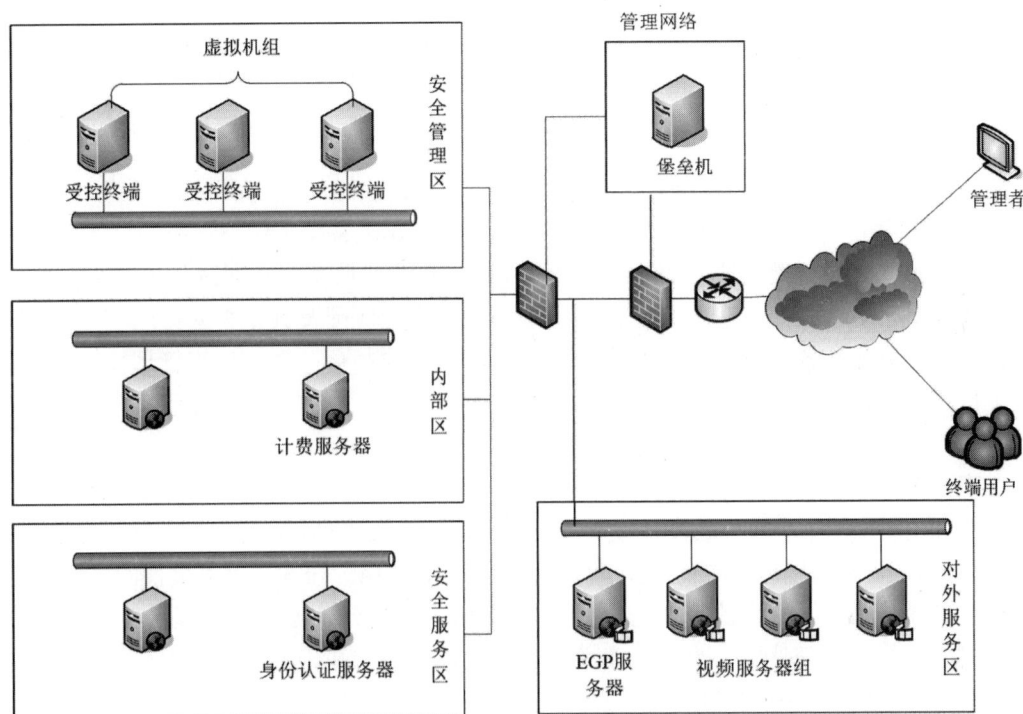

图 13-24　运管行为远程接入示意图

运营/运维管理员使用远程终端访问工具通过堡垒机接入安全管理区的受控终端，进行各种管理维护操作。堡垒机使用两个网卡，每个网卡连接不同的网络。一个网卡连接内部隔离防火墙，另一个连接中心出口防火墙，通过中心出口防火墙连接公网（Internet）。在堡垒机上，所有非远程访问协议的网络端口都将被删除或禁用。堡垒机和内网信任主机之间并不共享认证服务，即使堡垒机被攻破，入侵者也无法利用堡垒机攻击内网。

为管理员配置远程终端访问工具，采用虚拟化加固方式实现所有运管终端的安全管理。采用这种方式的主要优点有：

- 管理员所有运管操作的桌面图像都会被记录下来（事后取证手段）；
- 为管理员配备远程访问终端，可以实现安全的跨互联网操作，这些终端通过堡垒机连入内网；
- 实际用于运管的虚拟机（运行各类运管软件工具）位于内网，便于安全管理和访问控制。

13.8.8　安全态势管理

收集安全系统及数据探针的安全态势数据，进行安全基线评估、事件管理、综合风险评估、脆弱性管理、关联分析、综合告警管理等。

1. 安全基线评估

可进行多种类型的主机、数据库、网络设备、中间件的安全基线信息采集和安全基线检测工作。安全态势管理系统可以针对 Windows 主机、Linux 主机、Solaris 主机、Cisco 网络设备、华为网络设备、数据库、中间件等进行安全基线检测。检测方式包括 Telnet、SSH、SMB、Agent 等。安全态势管理系统具备分布式大规模部署的能力，能够实现对分布式环境下大规模网络进行远程管理、监测、控制的能力，以及对不可达网络的脱机代理检查能力。

2. 事件管理

事件管理主要处理事件收集、事件整合和事件可视化三方面工作。

事件管理功能首先要完成对事件的采集与处理，即事件收集。它通过代理（Agent）和事件采集器的部署，在所管理的骨干网络、不同的承载业务网及其相关支撑网络和系统上的不同安全信息采集点（防病毒控制台、入侵检测系统控制台、漏洞扫描管理控制台、身份认证服务器和防火墙等）获取事件日志信息，并通过安全通信方式上传到安全管控平台的安全管理服务器进行处理。

在事件收集的过程中，事件管理功能还将完成事件整合工作，包括聚并、过滤、范式化，从而实现对全网安全事件的高效集中处理。事件管理功能本身支持大多数被管理设备的日志采集，对于一些尚未支持的设备，可采用通用代理（UA）技术，确保事件的广泛采集。

在事件统一采集与整合的基础上，提供多种形式的事件分析与展示，实现事件可视化，包括实时事件列表、统计图、事件仪表盘等。此外，还能够基于各种条件进行事件的关联分析、查询、备份、维护，并生成报表。

3. 综合风险评估

接收来自安全事件监控中心的事件，依据资产管理和脆弱性管理中心的脆弱性评估结果（包括漏洞扫描结果和基线检查结果）进行综合的事件协同分析，并基于资产进行综合风险计算和评估，形成统一的 5 级风险体系，然后根据级别阈值设定生成告警，参照网络安全运行知识管理平台的信息，依据安全策略管理平台的策略驱动响应管理中心进行响应处理。同时，将告警传递给指定的安全管理人员，使安全管理人员掌握网络的最新安全风险动态，并为调整安全策略适应网络安全的动态变化提供依据。

通过风险管理可以掌握组织整体及局部的风险状况，根据不同级别的风险状况，各级安全管理机构可及时采取防范措施，将风险降低到组织可以接受的水平。

4. 脆弱性管理

通过脆弱性检查可以掌握全网各个系统中存在的安全漏洞情况，根据每种脆弱性检查的潜在威胁度和各自的权重，结合概率论的方法计算出资产的脆弱性等级，提示潜在威胁，并根据设定的脆弱性阈值进行告警，帮助各级安全管理机构及时调整安全策略，开展有针对性的安全工作。另外，借助弱点评估中心的技术手段和安全考核机制，可以有效督促各级安全管理机构落实安全工作。

5．关联分析

关联分析能够将原始的设备报警进一步规范化并归纳为典型安全事件类别，从而协助使用者快速识别当前威胁的性质。

系统提供三种关联分析：基于规则的事件关联分析、统计关联分析和漏洞关联分析。根据关联分析模块的功能，结合客户业务应用系统的事件特征，制定相关的特定关联分析规则。

6．综合告警管理

关联分析、风险分析、脆弱性分析等模块都有各自独立的告警产生机制，称为一次告警。在现实中，一次告警的产生非常频繁，大量告警会导致管理人员对信息的分析失去焦点。综合告警管理中心的作用就在于首先对大量的一次告警进行筛选，只保留符合条件的告警，然后对同类型告警进行合并，从而使得管理人员获得的告警信息是精简的，并且可以根据告警信息追溯至产生该告警的事件和脆弱性等原始信息，这有助于安全问题的快速定位和解决。

第 14 章　智慧媒体云平台部署架构

14.1　总体架构

　　智慧媒体云平台是一个全新的、开放的、更利于多方合作的跨界融合业务平台，能够灵活高效地适应未来视听文化内容及应用的生产、管理、分发及管控，能够全面确保三网融合下健康和合法内容的安全传播。智慧媒体云平台分为资源、数据、服务、应用、门户五个层级，采用云技术对各层级进行整合，形成基础设施虚拟化、服务虚拟化、应用虚拟化的三位一体的云架构，从而建立层次清晰、扩展能力强、规范的业务平台，重构系统结构，以专业化的几大平台代替业务化的几个业务系统，大幅提升业务接入、开发和交付能力。

　　智慧媒体云平台（以下简称"云平台"）将全面支撑以电视屏为主导、面向多屏接收的"政务云""企业云""视听云"等可管可控的云服务，既面向千万级的省级广电网内用户，又面向全省乃至全国的公网用户；既服务于各级党政机关，又全面承载众多企事业单位的信息化、智慧化专网项目；既广泛提供全新的视听娱乐服务，又助力于党员远教、政务公开、安防监控、智慧交通、在线金融等一系列涉及社会民生和产业升级的重大工程。

14.1.1　部署基本要求

1. 可用性

　　云平台的软件和硬件系统应稳定、可靠，能够满足业务系统 7×24 小时不间断运行的要求，并且应具备成熟的高可用解决方案。对数据的完整性、准确性应有可靠的保证机制，在发生意外情况时能够很好地处理并给出错误提示，并且能够及时恢复，减少不必要的损失。

2. 安全性

　　云平台在安全性方面须考虑诸多因素。第一，应提供集群化部署和热备方案，确保系统运行的无单点特性，系统中不存在非授权的访问通道；第二，在软件系统安全方面，应对使用的 Linux 及 Windows 操作系统进行必要的安全加固，关闭不必要的组件及端口等；第三，在数据安全方面，应对相关模块采用口令技术来约束和限制管理权限，具有相应管理权限的人员只能管理其被分配的系统；第四，应具备完善的监控、日志等支撑管理功能，增加必要的控制手段。总体而言，在整体安全性方面应满足安全等保（等级保护）三级的要求。

3. 经济性

　　云平台在满足系统需求的前提下，应尽可能选用先进的技术体系，提升平台的整体资源利用率，利用虚拟化、分布式部署、集群处理等技术，实现低成本、高性能的平台架构，确保对软硬件资源的充分利用。在硬件方面，应选用性价比较高的系统和设备，降低系统建设的前期投入，避免不必要的资源浪费。

4. 扩展性

云平台应采用具有良好升级能力和扩展性的设备，整个系统采用松耦合、模块化设计，可以进行软件在线升级和并发用户数扩容，可以在不中断现有业务的情况下平滑升级系统处理能力和提供新的业务功能。

系统的部署方式（包括服务器部署方式、安全体系、内容分发网络和骨干网传输方式）、规模（支持最大并发流数）和可提供的业务应能灵活扩展。设计时应留有余量，可支持后续 3～5 年的业务变化，可采用参数化设计方法，保证未来可通过配置满足新的需求。系统应采用高度抽象的应用架构设计，充分考虑后续几年内的需求变化。设计系统数据表时，应预留备用字段，以应对新的业务需求。

系统应支持业务的水平扩展。新业务的加载和已有业务的卸载不会引发系统工程再造，或者在用系统组件与接口的改变，并尽可能以实时方式构建接口。

5. 可维护性

第一，应为系统运维管理人员提供极其便利的可视化管理界面，使得对系统的配置和运行监控工作绝大多数都可以远程完成；第二，系统应具备良好的负载均衡、可分布式部署的能力，在系统扩容时，无须对系统框架做修改，只需要动态增加节点；第三，系统应提供对操作、关键流程的分级别的日志，管理员可以根据系统目前的运行情况设定所需的日志级别，从而达到分析系统运行情况的目的；第四，系统应具备丰富的监控功能及监控接口，可供系统运维人员实时监控系统的运行状态，包括服务器及模块信息等。

14.1.2 地域分级部署原则

智慧媒体云平台的部署基于网络和资源虚拟化、容器技术的使用，将分布于多处的数据中心整合为统一的云数据中心（CDC）。CDC 应做地域分级部署，可采用中心节点、分中心节点、边缘节点三级架构，节点间通过专网连接。CDC 的云化特征，允许分中心节点不按照行政区划进行部署，而是按照地域人口分布、业务规模等进行划分，有可能几个地级市只部署一个分中心节点。智慧媒体云平台的云数据中心分级部署参考架构如图 14-1 所示。

CDC 中心节点部署智慧媒体云平台的全局性和核心功能，如全局调度网管、全局业务管控、核心服务能力、数据交换中心等。

CDC 分中心节点部署本地业务管理、本地服务功能。

边缘节点只需要部署边缘基础资源、基础服务功能，无须部署业务系统。

14.1.3 安全分域部署原则

云平台的安全分域部署须遵循以下原则：不同安全等级的网络分区划属不同的逻辑分区；不同功能的网络分区划属不同的逻辑分区；承载不同应用架构的网络分区划属不同的逻辑分区；分区总量不宜过多，各分区之间松耦合连接。

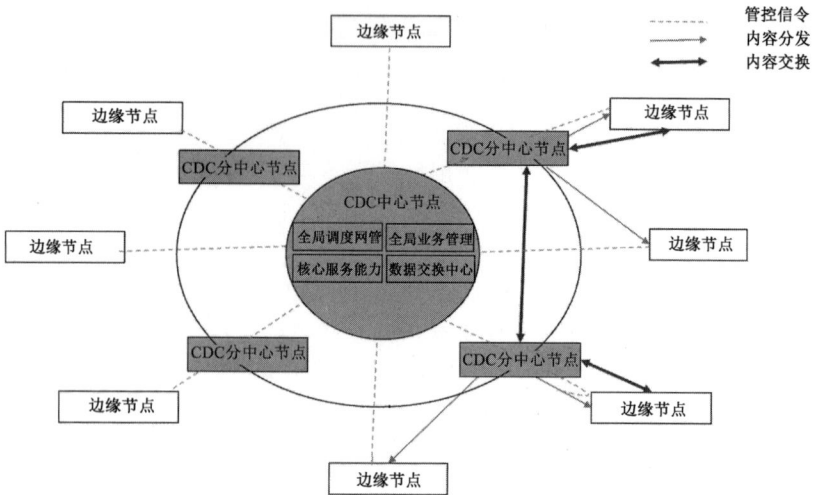

图 14-1 智慧媒体云平台的云数据中心分级部署参考架构

智慧媒体云平台安全分域部署架构如图 14-2 所示，CDC 的安全要求可划分为对外服务、内部转发、核心业务、外部接入 4 个安全域。

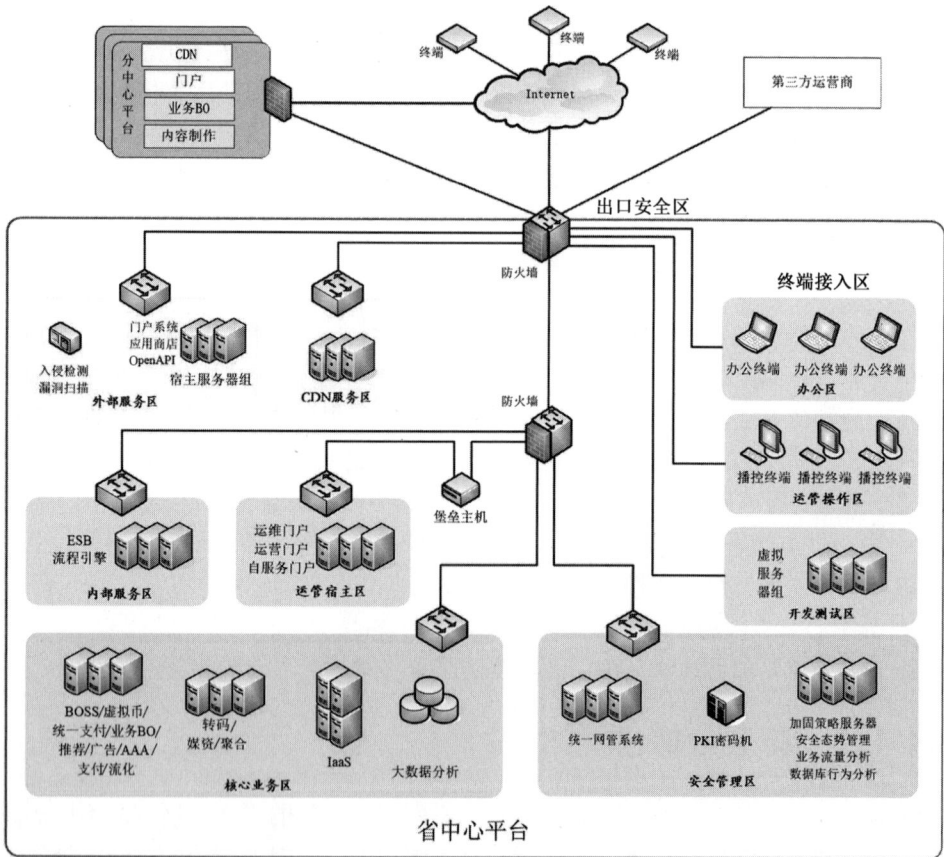

图 14-2 智慧媒体云平台安全分域部署架构

1. 对外服务安全域

对外服务安全域负责向用户和第三方提供开放式访问服务,包括外部服务区和 CDN 服务区。

外部服务区:部署提供外部访问的 Web 服务、OpenAPI 服务等,互联网用户可访问。

CDN 服务区:对外部提供视频推流、文件下载、边缘计算、转码服务等,互联网用户可访问。

2. 内部转发安全域

内部转发安全域作为外部访问内部核心业务和数据的"跳板",负责服务交换、请求转发,包含内部服务区和运管宿主区。

内部服务区:部署服务治理、流程引擎等管控功能。终端用户和第三方不可达,可访问核心业务区。

运管宿主区:部署运管门户系统,基于虚拟机提供运维门户、运营门户、自服务门户服务。虚拟机是管理员进行运营和运维操作的"跳板",管理员只有通过虚拟机中的这些管理门户才能对核心业务区内的业务系统进行控制。该区不与互联网连接。

3. 核心业务安全域

核心业务安全域是智慧媒体云平台中安全要求最高的区域,包括核心业务区和安全管理区。

核心业务区:部署各种业务系统、能力系统和管理系统。该区不对外提供服务,仅供内部服务区内的 ESB、流程引擎等系统进行访问,由运管宿主区的管理程序进行维护。

安全管理区:部署 PKI 基础设施、安全管控和安全策略等核心安全构件,通过 NFV 方式实现跨安全区横向访问的业务流安全保障。该区为整个云平台安全体系提供基础设施支撑,进行状态采集和维护。该区不与互联网进行连接。

4. 外部接入安全域

外部接入安全域是云平台 CDC 与互联网出口、广域网连接、外部操作访问的总接口区,包括出口安全区和终端接入区。

出口安全区:部署高性能安全网关及 DMZ,对来自互联网的访问进行严格的流量审计及安全防护,同时提供地址转换。借助路由器 MPLS VPN 为各类管控信令划分单独的安全通道。

终端接入区:为 OA 办公、运管操作、开发测试等对云平台的访问行为提供安全管控。

14.1.4 资源分池部署原则

基于运营商自有 IT 基础设施,包括计算、存储、网络、安全等物理和虚拟资源池,可为云平台各能力系统及各类应用系统提供部署所需的弹性资源。

计算资源池包括 x86 物理机、高性能计算及虚拟机资源。存储资源池包括物理存储服务器、SAN、NAS 磁盘阵列等。网络资源池包括公网 IP 地址、NAT、带宽、路由器、交换机、FW、LB 及虚拟网络资源。

业务系统对安全等级有不同的需求，对计算、存储、网络、安全资源的需求也有明显区别。因此，应在根据安全等级进行分区的基础上，进行资源分池，业务系统的不同构件须在适当的资源池上进行部署。部署前，须分析业务系统的特性，评估其是否具备云化部署的条件，根据业务系统的性能及架构需求，提出云资源需求。之前对 GPU 有要求的应用受限于 GPU 无法虚拟化，必须独立部署；目前相关技术取得了实质进展，因此也可构建 GPU 的虚拟资源池。

虚拟化对系统会有一定的性能损耗，具体损耗大小与业务特点有关。计算类应用损耗比较小，I/O 类应用则损耗较大，而且会增加时延，因此对时延性能要求高的应用不适合用虚拟资源池部署。大数据分析基础平台和虚拟化基础平台的技术框架目前还是相对独立的体系，因此大数据分析基础平台仍需独立的物理资源进行部署。

CDC 中心须部署所有类型的资源池，CDC 分中心则可根据业务需求选择性部署。智慧媒体云平台资源分池部署架构如图 14-3 所示。下面对主要的资源池类型做介绍。

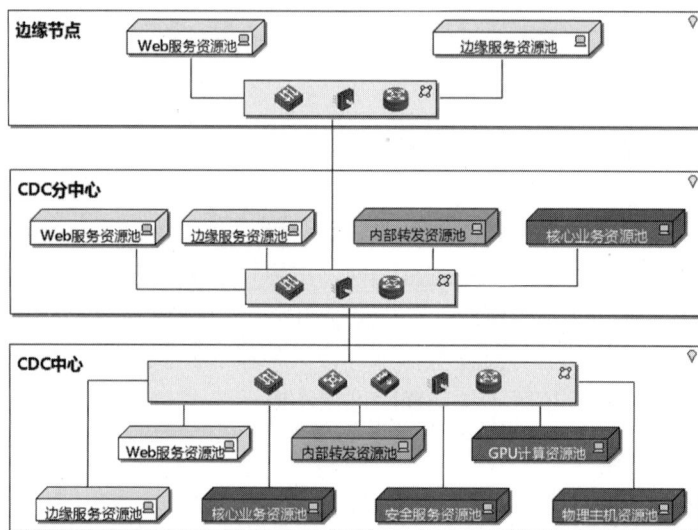

图 14-3　智慧媒体云平台资源分池部署架构

1. Web 服务资源池

- Web 服务资源池部署在对外服务区，主要面向用户提供 Web 访问服务。
- 服务器分为两类：一类是大缓存服务器，用于前置页面 Cache 服务器或分布式内存数据库；另一类是普通服务器，用于运行 Web 服务。
- 可采用虚拟化或容器技术，具体虚拟机的虚拟 CPU 核数、内存及存储容量等配置参数要根据具体需求计算确定。

2. 边缘服务资源池

- 边缘服务资源池部署在对外服务区，主要面向用户提供视频推流、边缘转码、渲染、下载等服务。

- 边缘服务器要求较大的网络 I/O、磁盘 I/O，转码服务器要求较高的 CPU、内存配置，应根据实际需求优化配置。
- 可采用虚拟化或容器技术，以获得更高的管理灵活性。

3. 内部转发资源池

- 内部转发资源池部署在内部服务区、运管宿主区，主要实现外部访问向内部核心业务访问的转发。
- 服务器配置主要考虑 CPU、内存，应根据实际需求优化配置。
- 可采用虚拟化或容器技术，以获得更高的管理灵活性。

4. 核心业务资源池

- 核心业务资源池部署在核心业务区，主要实现内部业务系统核心部件的部署。
- 服务器配置主要考虑 CPU、内存，应根据实际需求优化配置。
- 可采用虚拟化或容器技术，以获得更高的管理灵活性。

5. GPU 计算资源池

- GPU 计算资源池部署在核心业务区，主要针对 3D 建模、图形渲染、深度学习模型等高性能计算需求的业务。
- 服务器配置主要考虑 CPU、NPU、FPGA、内存，应根据实际需求优化配置。
- 可采用虚拟化技术或服务多开并行方式，以获得更强的并发处理能力和更低的单流成本。

6. 物理主机资源池

- 物理主机资源池部署在核心业务区，主要针对部分有特殊需求的业务系统，如大数据采集、分析、存储业务。
- 采用通用的主流经济型服务器配置即可。
- 采用裸金属架构，不采用虚拟化或容器技术。

7. 安全服务资源池

- 安全服务资源池部署在安全管理区，主要对内部业务系统之间的横向流量进行安全防护，对 CDC 及核心业务进行保护。
- 采用通用的主流经济型服务器，PKI 体系部分设备须采用专用硬件。
- 采用裸金属架构，谨慎采用虚拟化或容器技术。

14.1.5　发展趋势及其影响

云平台架构演进及资源池化的发展趋势，对新一代 ICT 平台的规划、开发、部署、建设、运维产生了很大的影响，使之发生了明显的变化。对智慧媒体云平台的部署、建设产生的影响主要有以下几方面。

原有的网络拓扑结构是按照行政区划进行分级规划和部署的，由于各分中心业务量分布不均匀，广域/城域网拓扑结构、CDC 布局都需要进行相应的优化调整。

由于虚拟化及容器技术的成熟和广泛使用，CDC 内部的网络拓扑结构、应用系统的部署方式与之前相比有了较大变化。

新一代 ICT 技术对 IT 应用系统的架构和应用开发、部署模式也产生了显著的影响。按照独立系统在一组物理设备上进行部署的方式，正在演变为系统的不同组件和程序块，在不同的安全域、资源池进行分布式部署。

14.2　网络架构

14.2.1　资源规划原则

1. IP 地址规划原则

无论使用 IPv4 地址或 IPv6 地址，均须确定使用规则，以提升部署和运维效率。具体内容包括：

- 子网掩码和接入子网规模的相关规定；
- 网关、网管等基础服务地址定义规则；
- 确定在一段地址中是从编号小的地址开始使用还是从编号大的地址开始使用；
- 边界设备上各端口地址的使用规则；
- 静态分配与动态分配地址的空间划分规则等。

建议网络设备互联地址采用单独的地址段，包括：

- 考虑到临时加入网络监控工具的可能性，地址应从低到高分配；
- 同类设备互联，编号小的设备取奇地址，编号大的设备取偶地址；
- 不同层次的设备互联，靠近网络核心的设备取奇地址，远离网络核心的设备取偶地址。

建议网络设备的 Loopback 管理地址采用单独的地址段，地址应从高到低分配。

建议视频会议和 IP 电话系统终端分别采用独立的地址段。

确定地址翻译规则及可用的地址段，用于指导网络边界建设。

基于以上规划原则，规范在网络边界进行的路由汇总，以降低全网路由的复杂度。

2. DNS 部署原则

假设 xxxtv.com 是运营商的根域，建议运营商确定 DNS 的逻辑架构及 DNS 子域的命名规则，设置 DNS 层次化架构，如 city.xxxtv.com、city.country.xxxtv.com 等。

根 DNS 部署在 CDC 中心或分中心，子 DNS 依照等级分别部署在各级 CDN。

各层 DNS 采用一主（Primary）多从（Secondary）架构，主 DNS 物理部署在各级中心的安全管理区，只有运维管理人员能够更改主 DNS 内容，更新后的内容经由主 DNS 分发至从 DNS。

终端用户访问指向边缘节点的从 DNS，每个 DNS Entry 需要指向两个或两个以上目标节点，以防单点失败或因 DNS 正在更新而不能获取所请求的信息。

重要节点的 DNS 需要采用集群（Cluster）的方式部署，以提高 DNS 总体可用性及解析性能。应基于运营商未来业务需求、地域扩展及组网方式，综合考虑负载均衡手段，以提高 DNS 解析性能。

3. VLAN 划分原则

- 二层交换和三层路由的边界位于每个网络功能分区的分布层。
- 接入层设备通过 VLAN 连接服务器和终端等。
- 接入层设备和分布层设备之间通过 Trunk 方式连接。
- 分布层设备之间通过 Trunk 方式连接。
- 分布层设备和核心层设备之间通过路由方式连接。
- 基于网络的功能分区划分 VLAN。
- 不同地点的网络中，功能一致的 VLAN，建议采用相同的 VLAN 编码。
- 基于用户的分类，可定义不同的用户 VLAN。

4. 设备命名原则

一般而言，除早期的 Microsoft 网管工具有 15 个字符的限制外，其他的网管工具都支持 21 个字符的设备名称，有些网管工具对大小写字母较为敏感。这里建议采用 21 个字符的设备名称。

设备命名规则：aa_bb_ccc_dd_ee_ff###

aa——用 2 个字符表示区域代码，如 AP（亚洲）、EU（欧洲）、NA（北美洲）及 LA（拉丁美洲）。

bb——用 2 个字符表示国家代码。

ccc——用 3 个字符表示城市代码。

dd——用 2 个字符表示机构代码。

ee——用 2 个字符表示节点级别代码。

ff——用 2 个字符表示设备（包括功能）代码。

###——用 3 个字符表示设备编号。

14.2.2 广域网部署

广域网部署主要实现 CDC 中心与分中心的互联，确保内容分发、管理信令的安全传输，还能实现与其他运营商网络、互联网之间的互联。

1. 广域网拓扑结构

根据运营商实际情况，采用 MSTP/MPLS VPN/OTN 专线方式实现 CDC 中心下连 N 个分中心的组网形式。智慧媒体云平台的 CDC 广域网拓扑结构如图 14-4 所示。

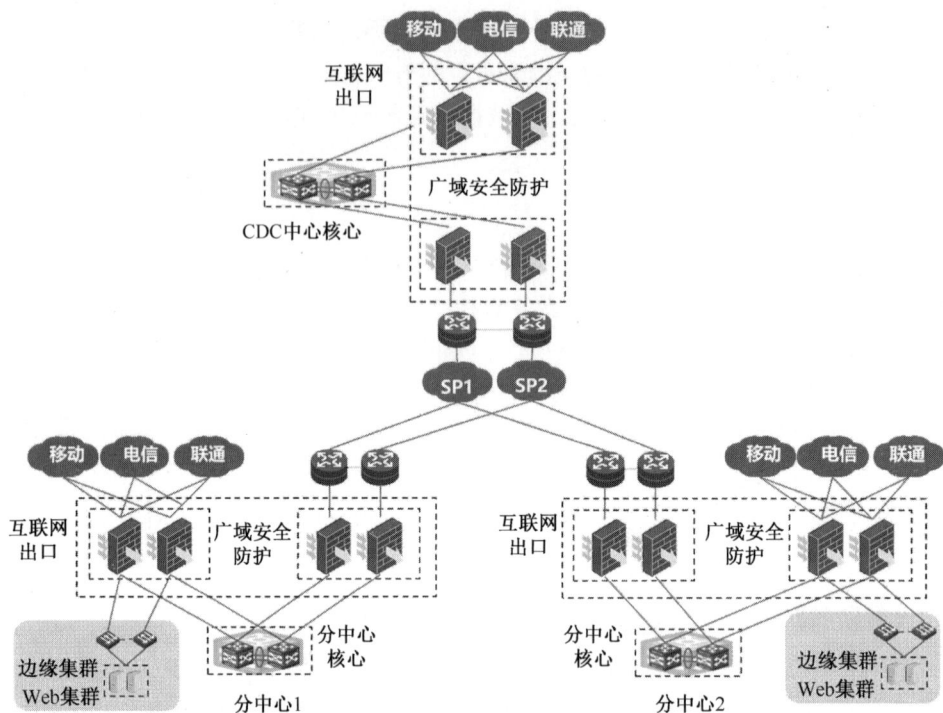

图 14-4 智慧媒体云平台的 CDC 广域网拓扑结构

路由器、高性能安全网关均采用横向虚拟化技术，提高故障收敛速度到 ms 级别，简化路由部署。

借助广域网路由器，实现跨中心的二层网络，满足未来虚拟机在省、市两级迁移的需要，提高业务同步和部署效率。

实现广域安全防护和互联网出口融合。CDC 中心（省中心）、分中心均部署一套高性能安全网关，借助虚拟化技术完成横向整合、资源复用，同时作为广域安全防护（二层模式）、互联网出口设备。

广域网部署路由器实现多业务融合。借助路由器的 MPLS VPN，为各类控制信令划分单独的网络通道，相当于多类管理网融合。借助 QoS，实现多类信令优先级保障和突发流量整形。

2. IP 地址及路由规划

本地 DNS 服务器属于 DMZ 区域内的重要节点，用于完成内网用户的数据解析。对于内网用户访问互联网，本地 DNS 服务器负责解析内网用户发送的 DNS 请求，并将该请求转发给公共权威名称服务器；对于外网用户访问 CDC 内部资源，通过公网 DNS 服务器，解析到本地应用服务器的外网映射 IP 地址，从而解析到内部访问资源。

考虑到高业务并发，建议在 DNS 服务器前段汇聚交换机旁挂 LB 设备实现本地业务负载均衡，从而缓解过载的压力。

3. 设备配置

广域网互联设备要实现与各运营商互联，并承担着出口 NAT、安全防护、策略调度等任务，因此对其要求较高，主要要求如下。

- 系统架构：采用控制、数据、业务相互分离的全分布式架构，具备独立的主控引擎、独立的交换引擎、独立的接口单元，主控引擎、交换引擎、接口单元硬件槽位分离。
- 并发连接数大于或等于 9000 万，每秒新建连接数大于或等于 180 万。
- 系统可靠性：主控引擎 1+1 冗余，即主控引擎发生故障或切换时，设备最大转发性能不受任何影响。
- 虚拟防火墙：支持将一台设备虚拟化为多台设备使用，可为虚拟防火墙划分各类硬件资源（至少包括 CPU、内存、存储空间），支持网络虚拟化（如 IP、VLAN、VRF 资源），虚拟防火墙可以按需启动、停止，设备上可以查看到虚拟防火墙状态；一个物理接口可同时属于不同虚拟防火墙；支持虚拟防火墙数大于或等于 768。
- NAT 性能：系统支持的 NAT Server 数大于或等于 4096。

4. 安全性和可用性设计

根据运营商智慧媒体云平台的特点合理划分安全域是保证安全防护效果的重要环节。在安全域隔离和防护方面，主要的部署建议如下。

- 对于广域网远程分支的安全防护，建议使用多功能集成的高性能广域网安全产品实现。除传统的安全隔离方法之外，如果远程分支具备 Internet 边界，还可利用 Anti-virus 和 IPS 等特性实现对 Web 类应用威胁的访问控制。
- 在 CDC 分中心内部，基于与 CDC 中心同样性能的产品，实现对安全区域的严格划分，各类业务系统可以有相应独立的安全域，通过安全分域实现它们相互之间的访问控制。
- CDC 中心广域汇聚区需要考虑各个分支之间的安全隔离，在涉及 Internet 接入方式的情况下，还需要考虑 DMZ 安全区域的安全防护，以及 Web 应用层的安全防护。
- 在设备形态方面，对于广域网的 CDC 中心汇聚位置，建议使用多功能集成的安全平台，通过在交换路由平台集成高性能的安全模块方式进行组网，以简化设备的部署和管理。在设备功能方面，除传统的安全特性之外，还可考虑使用虚拟防火墙，以实现不同业务之间或不同分支之间的安全隔离。
- 针对不同业务资源区，建议在广域网安全出口设备上划分不同的安全域，同时针对部分需要 NAT 映射到外网的应用，提前做好安全分域规划。

省级媒体云平台 CDC 属于大型网络系统，为保证网络路由可达、便于管理、维护简单及降低路由开销，可采用 OSPF 协议作为骨干网络上的 IGP 路由协议。CDC 中心与各分中心之间建议采用 BPG 方式实现互联，并且将 CDC 中心核心出口安全网关作为 BGP 的路由反射器（BGP Route-Reflector）。建议全省 BGP AS 的号采用私有 AS 号。

选用 OSPF 协议的原因如下。

- OSPF 协议是一个通用路由协议，已获得绝大多数网络设备厂商的支持，被广泛应用在多厂商产品的网络环境中。

- OSPF 协议支持 IP 的可变长掩码（VLSM）设置，这也是无类别路由协议的一大优势。VLSM 允许网络设计人员根据实际情况划分不同大小的子网，还可将子网再划分为更小的子网。这样就可以充分利用有限的 IP 地址资源。这在一定程度上增强了网络的安全性，提高了网络效率和网络灵活性。
- OSPF 协议采用的是"链路状态法"，它不同于普通路由协议（如 RIP）所采用的"距离向量法"。链路状态法将域内的所有网络拓扑结构存放在一个路由信息数据库中，并通过最短路径生成算法，生成到达网络中任一节点的完整路径，而距离向量法只记录到达目的节点路径的下一个地址，所以，前者路由选择的准确性更高。
- OSPF 协议的优点还包括快收敛和有限的路由交换流量。使用 OSPF 协议的路由器发现网络状态发生变化时，会马上把路由变化的信息（不是整个路由表）传给域内的所有路由器，使每个路由器能在最短时间内更新路由信息数据库，保证路由选择的正确性。而在无网络状态变化时，只有少量的路由信息通信，从而减少了对通信带宽的占用。OSPF 协议在域之间具有路由汇总功能，即将复杂的路由信息综合成一条路由信息，减少了路由信息的流量。

OSPF Router ID 规划：每个设备 Router ID 的设置与该设备的 Loopback 地址相同，针对本期广域网区域设备 Loopback 地址，在网络架构部署规划中就已明确，每个设备初步规划两个 Loopback 地址由 IGP/BGP 路由使用。

OSPF 子区（Area）规划：结合 CDC 规划，建议核心交换区采用 OSPF 协议核心区（Area 0），各业务资源区依次按照 Area 1～Area N（N 为业务资源区数量）来进行分配，所有业务资源区均与核心交换区互联；对于广域网互联区，建议采用 OSPF Area 1。

为了减少整个 OSPF 路由域中的路由条目，在区域边界路由器（ABR）可以进行路由聚合操作，向区域外部发送聚合后的路由信息。所有设备的 Loopback 地址不进行聚合。

14.2.3 CDC 中心网络部署

1. 局域网拓扑结构

在遵循安全分域、资源分池原则的基础上，可根据业务特性及安全要求划分逻辑分区，每个逻辑分区对应一个虚拟私有云（VPC），各 VPC 间互访默认经过防火墙加强安全控制，VPC 内互访默认不经过防火墙（可按需经防火墙隔离）。

智慧媒体云平台的 CDC 中心网络拓扑结构如图 14-5 所示。相关功能说明如下。

1）虚拟私有云管理

虚拟私有云为租户提供专属的虚拟网络。VPC 之间可以实现安全隔离和灵活互通，满足多租户同时部署的业务需求。在 VPC 内部，租户可以灵活部署自己的业务应用，拥有计算、存储和网络虚拟实例完整的使用权和管理权。在自己的 VPC 中，租户可以定制主机、存储服务，通过关联 VLB 来实现业务负载均衡。在网络安全方面，用户可以自主规划私网网段，有效解决不同租户之间的 IP 地址重复问题。同时，可通过设定 VFW 的域间策略实现安全隔离。另外，租户还可以为应用申请公网 IP，支持互联网外对服务的使用。

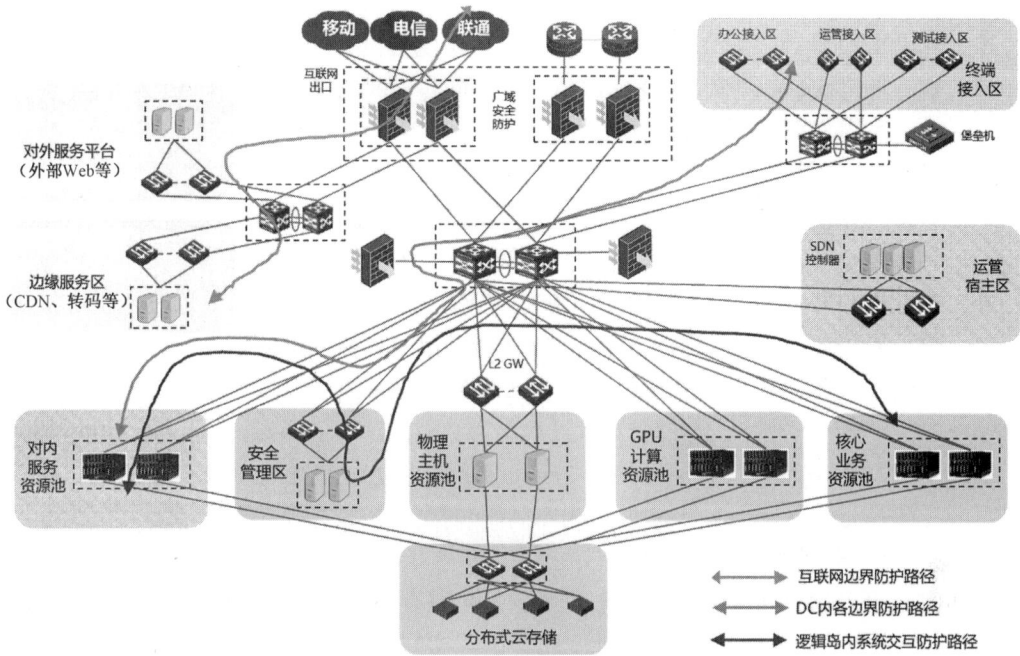

图 14-5　智慧媒体云平台的 CDC 中心网络拓扑结构

在虚拟私有云的网络环境下，用户无须关心如何打通基础网络，而只需要关注服务本身，通过云运营平台统一界面实现服务的操作和访问。云运营平台提供服务监控统计数据，时刻关注服务质量。

2）虚拟私有云的实现方式

基于 OpenStack 架构的虚拟私有云（VPC）网络模型，如图 14-6 所示。

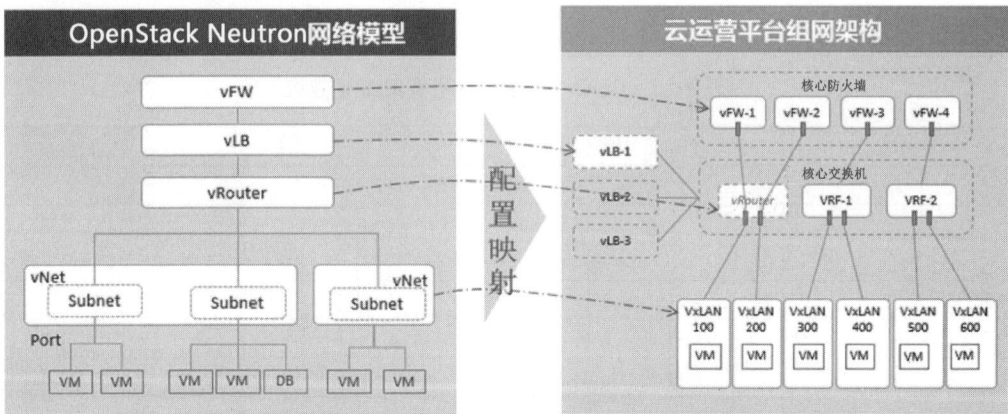

图 14-6　基于 OpenStack 架构的 VPC 网络模型

● 业务核心、防火墙、负载均衡基于不同的 VPC 用户虚拟出不同的虚拟设备（如 vRouter、vFW、vLB），每个设备用 VRF Index 来唯一标识某 VPC 用户的业务。

- 接入区每个 VPC 用户的一个或多个业务用一个或多个 VxLAN ID 进行标识。
- 在业务核心将同一个 VPC 用户的 VxLAN ID 的 Interface 与其 VRF 绑定，业务报文在业务核心、防火墙、LB 虚拟设备之间传递时将通过同一个 VRF Index 进行标识，并且在同一个 VRF 空间内转发。
- 不同 VPC 用户采用不同 VRF Index 进行区分，并在不同 VRF 空间内转发。
- 管理网存在与所有 VRF 内的主机互通的需求，需要在管理核心针对每个 vPC 创建 VRF，在互联网出口将内部 IP 通过 NAT 转化为外部 IP。
- 云数据中心内的物理网络资源（核心交换机、接入交换机等），以及主机虚拟化软件的 OVS 均可提供 SDN、VxLAN 功能，组成虚拟网络资源池。
- 不同租户可通过基于 OpenStack 的云运营平台来调度云数据中心内网络资源池、GPV 计算资源池、云存储资源池及安全服务资源池中的资源，组成自己的虚拟网络。
- VPC 内的安全防控，通过使用 Service Chain 的方式调用安全服务资源池中的虚拟化安全组件（NFV）来实现，为不同用户提供 2～7 层的安全隔离。

3）虚拟私有云的组网设计

考虑到云平台项目建设中采用物理机和虚拟机共存的建设模式，SDN 网络必须支持网络 Overlay、主机 Overlay 和混合 Overlay 三种组网模型。

网络 Overlay：在这种模型中，所有 Overlay 设备都是物理设备，服务器无须支持 Overlay，这种模型支持虚拟化服务器和物理服务器接入。

主机 Overlay：所有 Overlay 设备都是虚拟设备，服务器全虚拟化，物理网络无须改动。

混合 Overlay：物理设备和虚拟设备都可以作为 Overlay 边缘设备，可接入各种形态的服务器，可以充分发挥硬件网关的高性能和虚拟网关的业务灵活性。

2. IP 地址及路由规划

CDC 中心路由协议规划与广域网路由协议规划一致，针对各安全区域、资源池做隔离。CDC 中心及分中心 IGP 规划建议见表 14-1。

表 14-1　CDC 中心及分中心 IGP 规划建议

业务资源区	路由协议	协议进程号	区域号	备注
中心路由协议规划				
核心交换区	OSPF	100	0（骨干）	骨干区域与所有非骨干区域汇聚交换机直连
Web 服务区	OSPF	100	1	
边缘服务区	OSPF	100	2	
运管宿主区	OSPF	100	3	
对内服务区	OSPF	100	4	
安全管理区	OSPF	100	5	
核心业务资源池	OSPF	100	6	
GPU 计算资源池	OSPF	100	7	

业务资源区	路由协议	协议进程号	区域号	备注
中心路由协议规划				
物理主机资源池	OSPF	100	8	
云存储资源池	OSPF	100	9	
地址保留区	OSPF	100	10	
分中心路由协议规划				
核心交换区	OSPF	101～117	0	各分中心核心交换区与各非骨干区汇聚层直连
Web 服务区	OSPF	101～117	1	
边缘服务区	OSPF	101～117	2	
安全管理区	OSPF	101～117	3	
通用计算资源池	OSPF	101～117	4	
核心业务资源池	OSPF	101～117	5	
GPU 计算资源池	OSPF	101～117	6	
物理主机资源池	OSPF	101～117	7	
云存储资源池	OSPF	101～117	8	
地址保留区	OSPF	101～117	9	

3. 设备选型及配置

CDC 中心及分中心的核心交换区采用数据中心级交换机，主要基于以下几点考虑。

- 高性能：各业务系统间、业务系统内部各节点间存在持续的大流量高速交换，须提供无阻塞、无丢包的网络环境，须具备高密度的各类端口交换能力。
- SDN 网络特性：支持 VxLAN 及 OpenFlow，用于构建大规模 SDN+Overlay 网络的核心 VxLAN IP 网关，实现 VxLAN 与外部网络的互通。
- 全面的数据中心特性：通过网络虚拟化技术可以构建规模较大的二层网络环境，并可根据需要将网络分成不同切片，使网络拥有足够的弹性。可实现横向虚拟化、纵向虚拟化、多虚一、一虚多等多种网络虚拟化技术的综合应用，可满足各种灵活组网的需要。
- 高扩展性：具有高密度的各类板卡，可满足大规模的接入交换机汇接需求；各种类型的接口可以旁接多种类型的防火墙等安全设备，为整个系统提供安全扩展能力。
- 高可靠性：具有主控和交换网板分离的架构，能够最大限度保证转发不中断、不丢包。可提供主要部件冗余能力，保证设备长时间稳定运行。

4. 安全性与可用性设计

对于 CDC 内部的南北向业务流量，需要经过核心交换机资源区的安全准入及流量清洗。对于访问互联网的业务流量，需要进行匹配广域网的安全调度。而对于资源区之间互访的东西向业务流量，需要经过安全管理区来进行统一的资源分配调度。

14.2.4　CDC 分中心网络部署

部分业务访问量比较突出的 CDC 分中心需要为 CDC 中心进行业务分流，同时与 CDC 中心保持冗余和互通。

1. 局域网拓扑结构

智慧媒体云平台 CDC 分中心局域网拓扑结构如图 14-7 所示。

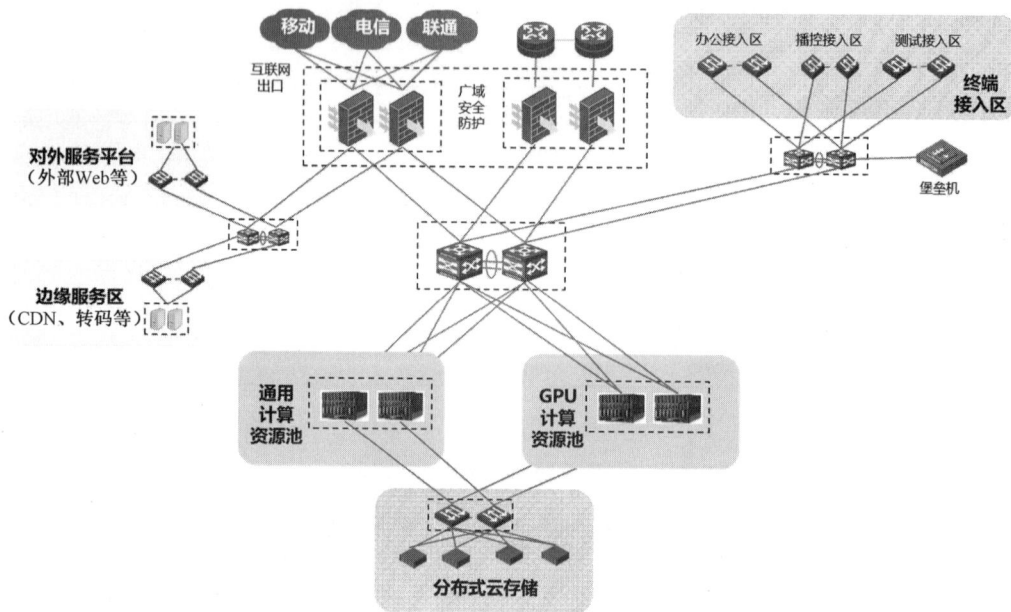

图 14-7　智慧媒体云平台 CDC 分中心局域网拓扑

2. IP 地址及路由规划

CDC 分中心的 IP 地址、路由协议规划参考 CDC 中心的规划和分配方法。

3. 设备选型及配置

由于 CDC 分中心承担着 CDC 中心平台冗余保护、业务分流的任务，因此建议 CDC 分中心平台各资源区网络设备型号与 CDC 中心平台保持一致。

4. 安全性与可用性设计

CDC 分中心的安全性与可用性应与 CDC 中心平台保持一致。

14.2.5　管控 VPN 网络部署

1. 管控 VPN 网络拓扑结构

管控 VPN 通过 Overlay 等云计算技术将 CDC 中心与分中心的资源池打通，建设统一的资源调度和云管理系统。为了使各类控制信令通道相互隔离，建议广域网引入路由器

MPLS VPN 提供多个逻辑通道，并在路由器部署 IPSEC VPN 隧道增强安全性。路由器划分
VRF，中心、分中心路由器之间运行 BGP/MPLS 转发，每种控制信令使用一个逻辑通道。
VPN 通道开启 QoS 保障带宽及性能。

智慧媒体云平台的管控 VPN 网络拓扑结构如图 14-8 所示。

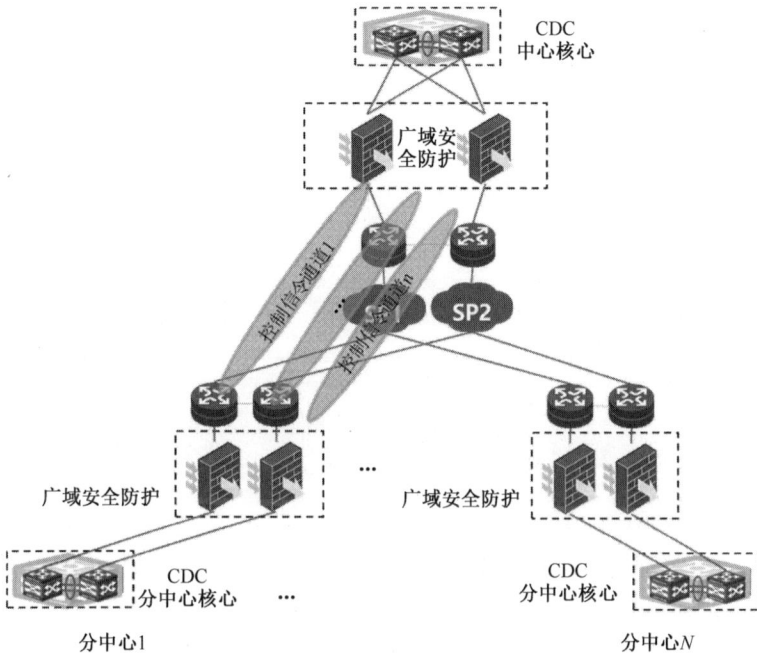

图 14-8　智慧媒体云平台管控 VPN 网络拓扑结构

2. IP 地址及路由规划

管控 VPN 基于广域路由器的 MPLS VPN 技术构建，IP 地址可采用保留资源区中的 IP
地址段。

3. 设备选型及配置

管控 VPN 可采用广域网出口安全网关设备，并承担对接入用户的认证和行为审计功能。

4. 安全性与可用性设计

管控 VPN 基于广域网构建，其安全性应注意以下几点。

● 加固边界安全防护，实现云平台 CDC 整体安全事件的统一管理。边界安全防护和
安全域划分一直是安全建设的重点，管控 VPN 的安全策略应纳入广域网部署统一
考虑。

● 重点关注客户端的接入安全，建立完整的安全准入机制，实现对用户的认证鉴权。
在广域分支的安全建设过程中，员工的接入行为是造成安全风险的重要因素。因
此，必须规范员工的安全接入行为，针对不同属性的员工，设定差异化的终端准
入访问策略，实现对客户端安全准入组件（如杀毒软件、操作系统）的补丁自动升
级维护，对部分关键业务严格设定用户访问权限，确保广域分支用户的"合规"访问。

- 强调数据传输通道的安全性，为固定和移动接入用户创造安全的接入环境。
- 持续进行广域网链路质量优化，保障关键应用的服务质量，提升应用的交付性能。在规划建设多业务的广域分支时，无论是通过广域网的专线互联，还是利用 Internet 链路进行互联，都需要考虑多业务对带宽的占用情况。

14.3 服务器分层架构

智慧媒体云平台的服务器分层架构如图 14-9 所示。服务器基本要求说明如下。

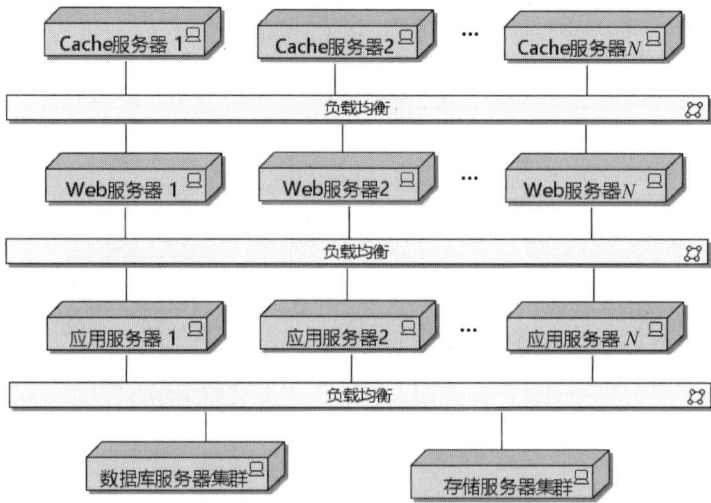

图 14-9 服务器分层架构

- Cache 服务器部署在直接提供用户访问服务的边缘节点，采用多台负载均衡的模式代理后面多个应用的 Web 服务器提供内容访问。
- Web 服务器按应用进行划分，处理应用静态页面的生成和代理业务逻辑的访问，每个应用采用多台服务器负载均衡访问，Web 服务器部署在分中心和源中心。
- 应用服务器按应用进行划分，处理应用的动态业务逻辑，部署在分中心和源中心。
- 数据库服务器负责应用动态数据的存储和管理，部署在源中心和分中心。
- 运营发布类应用还需要独立的图片服务器、视频转码服务器、下载服务器等，它们和 Cache 服务器及 Web 服务器部署在一起。

14.3.1 服务器选型原则

- Web 服务器：可采用 PC 服务器基于硬件的负载均衡提供横向扩展机制。采用双网卡均衡网络访问，服务器选型应尽量保证高网络 I/O、高内存、高磁盘 I/O 的系统，CPU 主频不需要过高。

- Cache 服务器：架构和选型原则基本与 Web 服务器相同，应选用性价比高的主流配置。
- 视频转码服务器/图片服务器/下载服务器：须保证双网卡负载均衡，并且应选择高网络 I/O、高磁盘 I/O 及高内存的服务器配置；建议采用 NAS 或 GFS 等支持 IP 网络共享的存储集群。
- 应用服务器：对于内容生产和业务运营等的应用服务器，可采用 PC 服务器，基于应用的负载均衡提供横向扩展机制；对于支撑和管理系统等，可根据应用性能需求选择高端服务器，采用主备部署提供纵向扩展能力。应用服务器选型应注重高 CPU 和高内存配置。
- 数据库服务器：对于内容生产和业务运营等的数据库服务器，可以采用高端 PC 服务器，基于应用的负载均衡提供横向扩展机制。对于支撑和管理系统等，可根据性能需求选择高端服务器，采用主备部署提供纵向扩展能力。数据库服务器选型对内存、CPU、磁盘、网络 I/O 等配置要求都较高。

14.3.2 服务器使用规范

- 建议采用 Cache 服务器和 Web 服务器分离、Web 服务器和应用服务器分离、应用服务器和数据库服务器分离的方式部署。
- 系统整体支持高可用性。前端的 Cache 服务器和 Web 服务器利用硬件实现负载均衡。应用服务器采用基于应用的 Cluster 或 HA 方案提供高可靠性。后端数据库服务器采用 HA 方案提供高可靠性。
- 基于 B/S、C/S 结构的业务系统的应用服务器建议采用 Cluster 结构以提高系统的可靠性。
- 在 UNIX 系统中，有 5 个主要的系统文件目录，它们是/usr、/bin、/var、/tmp 和/home。/tmp 文件目录中只包含临时文件。分配给/tmp 的磁盘空间应小于 swap 空间。/var 是一个单独的文件目录，并且允许其随需求而增长。根据服务器的用途，/home 可以被认为是操作系统或应用程序的一部分。可以将应用程序必需的用户及文件系统的挂载点建立在/home 下。数据库可以部署在"/home/db/数据库名"目录下。依此类推，中间件可以部署在"/home/mw/中间件名"目录下，应用可以部署在"/home/app/应用名"目录下。
- 服务器的端口也要制定相应的使用规范，数据库和中间件不建议使用默认端口。应统一规划服务器的端口使用，相同应用的一系列端口最好连续。

14.3.3 视频转码服务器

视频应用是一个多标准、多码率、多封装格式并存的广阔领域。其中使用的视频转码服务器，有专用硬件设备，也有基于通用服务器集群实现的云转码产品和方案。在完成标清向高清升级之后，目前 4K/8K 超高清（UHD）视频已成为主流。UHD 视频标准从分辨率、宽色域、高色深、高帧率及高动态范围 5 个维度提升画质水平。

目前国际主流的编码标准是 H.265 和 AVS2，AVS2 是我国自主知识产权的视频编码格式。超高清电视技术在直播卫星（DTH）、IPTV、OTT、有线电视、移动视频等领域都得到了广泛应用。考虑到普遍适应性，视频转码服务器应支持 H.265+AVS2 编码标准。

视频转码服务器的硬件配置建议采用 CPU+GPU 架构，增强视频处理能力。为满足大规模视频云转码需求，可基于云架构在 CDC 中心及分中心构建大规模云转码服务器集群，由统一的转码能力系统进行调度管理，负责完成媒体云平台各应用系统的实时、离线视频转码任务。云转码服务器集群通常与云存储服务器集群协同部署。

14.3.4 存储服务器

存储服务器主要用于满足云平台中的数据存储、CDN 分发等方面的需求。智慧媒体云平台中的数据绝大部分是非结构化的音/视频等多媒体数据，具有容量大，但文件结构关系简单的特性，若采用传统磁阵系统来存储，由于其存在控制节点瓶颈，必然会出现容量规模与性能效率之间无法调和的矛盾。因此，建议采用分布式的云存储架构来搭建底层的通用可扩展存储资源池，以满足海量多媒体数据的高效存储需求。

云存储系统部署方式，通过内部接入交换机实现存储系统内部通信，通过集群核心交换机实现与上层业务服务器系统的通信互联。元数据节点与接入交换系统都采用高可用冗余配置，保证控制系统与网络链路的高可用性。CDC 中心与分中心的云存储系统部署方式类似，只有存储节点数量的差异。云存储架构的统一性能避免分中心系统与省级系统之间的存储异构问题，使系统数据交互更为顺畅与稳定。作为核心数据存储资源系统，必须提供完善的数据安全冗余策略，利用云存储系统自身的安全性优势，结合异地灾备架构设计，为云平台提供高效的数据安全保障。

智慧媒体云平台将面对省级以上规模用户的业务访问，不仅前端系统将承受极大的并发访问压力，后端资源存储系统也将面对极大的数据访问、存取、索引等并发任务压力。传统存储系统如 SAN 存储等，仅能依靠控制器本身的处理性能来应对这样的压力，会成为整个系统的性能瓶颈。而云存储系统的特性之一则是利用分布式架构，将任务处理及数据反馈等操作分散到后端存储节点完成。后端存储节点并发响应所有数据请求，能极大地分散高并发压力，可充分利用系统网络带宽，使整个系统具备良好的吞吐能力与高并发响应能力，提供更好的平台性能表现。

智慧媒体云平台须为上层各类应用提供数据存储服务。在传统架构中，各类应用可以搭建适合其自身特性的数据存储系统，但在统一的云平台架构下，无须再为每种应用都搭建一套独立的存储系统，可采用统一的存储架构来为所有的应用提供数据服务。为保障云存储系统具备良好的通用性、兼容性，以及与业务系统的对接便捷性，须支持通用的 POSIX 协议，使得整个云存储系统可以挂载于前端应用服务器，成为它的一个海量磁盘分区空间。对于某些特殊的上层应用软件，云存储系统提供了完整、标准的 Web Service API，以便其利用云存储资源。

14.4 应用系统部署

14.4.1 应用系统部署原则

应用系统是与硬件设备及底层操作系统相对的概念。这里的"应用系统"是指智慧媒体云平台应用架构中所有的业务系统、能力系统和管理系统。

应用系统通常由子系统/功能模块、服务、数据库、管理应用/用户应用等部分构成。各应用系统的不同组成模块，须遵循业务分级、安全分域、资源分池的原则进行部署。CDC中心应部署全部应用系统，分中心、边缘节点可根据实际需求选择性配置。下面对各应用系统的部署分别做说明。

14.4.2 统一门户平台部署

智慧媒体云平台的统一门户平台负责面向 TV、PC、Pad、Phone、VR/AR 等多终端门户，以及 App、公众号、小程序等新兴应用的内容发布及展现交互功能。它基于门户个性化展现功能，支持应用 UI 的个性化定制。

智慧媒体云平台的统一门户平台部署结构如图 14-10 所示。部署要求说明如下。

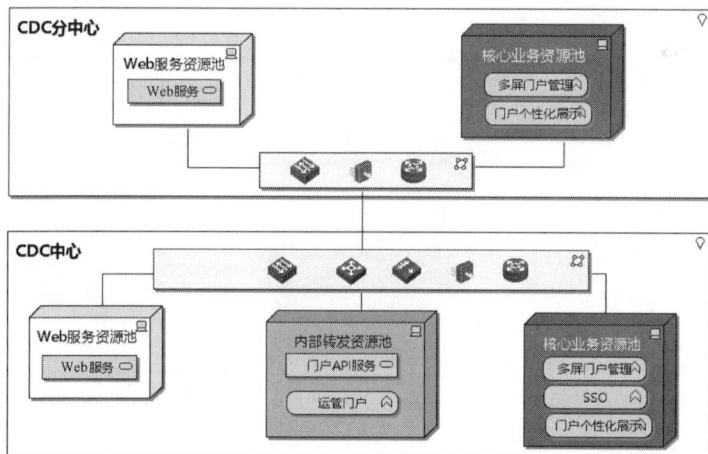

图 14-10　智慧媒体云平台的统一门户平台部署结构

1. 须在 CDC 中心部署的构件

（1）多屏门户管理、SSO、门户个性化展示 3 个子系统，部署在核心业务资源池。

（2）统一门户平台作为提供者的 API 服务，基于开放平台，部署在内部转发资源池。

（3）统一门户平台的运管门户，部署在内部转发资源池。

（4）CDC 中心可提供部分 Web 访问流量，与 CDC 分中心进行负载分流，同时带来一定灵活性。

2. 须在 CDC 分中心部署的构件

（1）为了赋予各地本地业务运营的自主权，建议在 CDC 分中心核心业务资源池部署多屏门户管理、门户个性化展示两个模块。

（2）在 CDC 分中心部署统一门户平台的 Web 服务，承接本地用户的访问流量。随着用户量的快速增长，可部署下沉边缘节点。

14.4.3 应用开发平台部署

智慧媒体云平台的应用开发平台基于容器平台构建的可视化、组件化、低代码的应用开发模式，支持在线开发、测试和部署各种智慧媒体云平台的原生组件和应用，同时通过开发者门户提供社区交流功能。

可视化开发工具支持 HTML、CSS、JS 的 H5 应用开发，允许开发者借助已有的功能组件、模板快速开发新的应用，也允许开发者将自己开发的组件、模板上传到开发平台的组件市场供其他人使用。组件市场是开发平台提供的一种代码共享和变现机制。

智慧媒体云平台的应用开发平台部署结构如图 14-11 所示。部署要求说明如下。

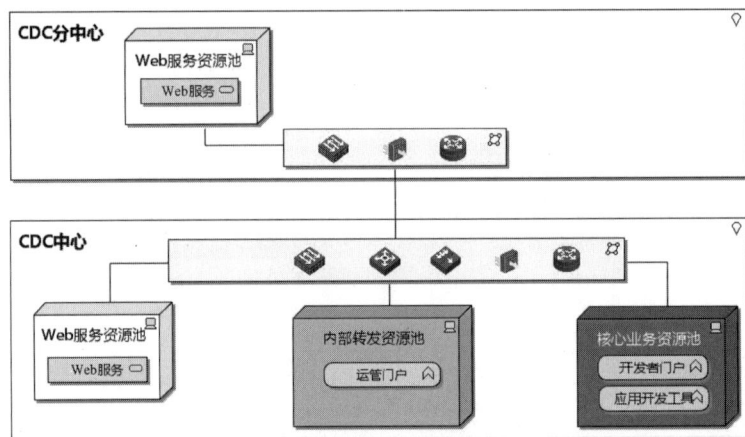

图 14-11　智慧媒体云平台的应用开发平台部署结构

1. 须在 CDC 中心部署的构件

（1）开发者门户、应用开发工具 2 个子系统，部署在核心业务资源池。

（2）应用开发平台本身不对外提供 API 服务，而是通过应用开发框架访问云端、终端的服务 API。

（3）应用开发平台的运管门户，部署在内部转发资源池。

（4）应用开发平台的访问量不会很大，Web 服务部署在 CDC 中心，承接开发者的访问流量。

2. 须在 CDC 分中心部署的构件

如应用开发平台访问量不断增长，可考虑在 CDC 分中心部署 Web 服务，分担 CDC 中心的访问流量。

14.4.4 融合视频平台部署

智慧媒体云平台的融合视频平台是智慧媒体云平台中提供视频服务的核心能力系统，也是 OVP 解决方案的核心组成部分。作为能力系统的融合视频平台不能独立支撑视频业务，须与统一门户平台、运营支撑平台及相关能力系统协作，才能构成 OVP 对外提供视频 SaaS 服务。相关内容参见 13.3 节。

智慧媒体云平台的融合视频平台部署结构如图 14-12 所示。部署要求说明如下。

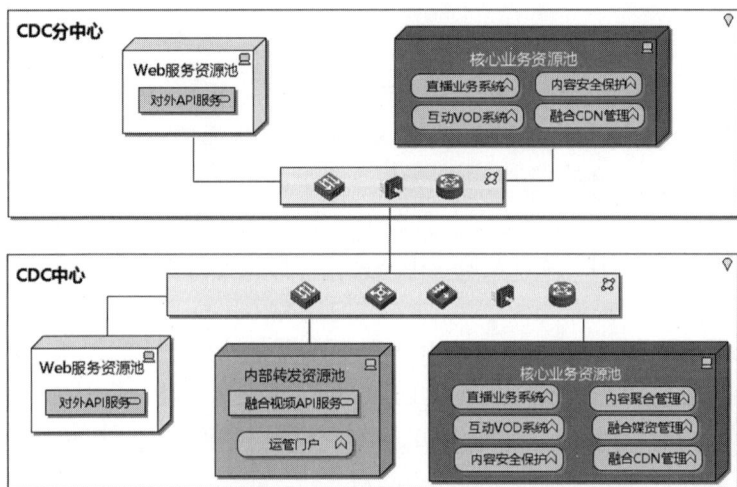

图 14-12　智慧媒体云平台的融合视频平台部署结构

1. 须在 CDC 中心部署的构件

（1）融合视频平台包括 6 个子系统，均部署在核心业务资源池。

（2）融合视频平台作为服务提供者的 API 服务，基于开放平台，部署在内部转发资源池。

（3）融合视频平台 6 个子系统的运管门户，部署在内部转发资源池。

（4）作为能力系统，直接的用户 Web 访问量不会很大，但 API 访问量较大，开放访问的 API 服务部署在 Web 服务资源池。

2. 须在 CDC 分中心部署的构件

（1）为了赋予各地本地视频业务运营的自主权，建议在 CDC 分中心核心业务资源池部署直播业务系统、互动 VOD 系统、融合 CDN 管理、内容安全保护 4 个子系统的模块。

（2）CDC 分中心部署融合视频平台的对外 API 服务，承接本地应用的访问流量。随着访问量的快速增长，可部署下沉边缘节点。

14.4.5　业务能力系统部署

智慧媒体云平台的业务能力系统是指一系列相对独立且与业务功能实现有密切关系的能力系统。

基于对应用广泛、发展相对成熟的相关技术的考量，将广告业务系统、应用商店系统、O2O 电商系统、互动支撑系统、融合通信系统、应用流化引擎、VR 应用引擎、自然交互引擎、3D-GIS 引擎、区块链引擎共 10 个业务能力子系统纳入智慧媒体云平台的 1.0 版本。后续随着业务和技术的不断创新和发展，业务能力系统可不断得到丰富。相关内容参见 12.3.4 节。

广告业务系统负责在智慧媒体云平台覆盖范围内，以人工编排为主的传统方式进行广告投放；也可与智能推荐引擎相结合，实现广告精准投放；通过与领先的广告代理商、广告需求方平台（DSP）进行对接，可引入大量广告主资源，提升智慧媒体云平台的广告变现能力。

互动支撑系统包含丰富的 SNS 互动及跨屏互动功能。在互动功能方面，可为视频、游戏、App、教育等各类应用提供点赞/顶踩、送礼物/打赏、投票/评分、评论/分享等各种互动形式。在跨屏互动功能方面，可基于 MQTT、XMPP 等消息通信协议，提供 TV、Pad、Phone、VR 终端之间的跨屏互动服务，主要实现大屏→小屏的拉屏、小屏→大屏的推屏、手机遥控器等功能。可基于个人行为数据建立会员等级体系，对用户的消费和互动行为进行积分管理，基于积分实现等级晋升、荣誉奖励、礼品兑换等形式的激励；也可通过与 BOSS 打通，实现产品优惠等营销活动。

融合通信系统是对基于 SIP 协议及 IMS 体系的通信功能定义的继承，但扬弃了过时的、过于复杂的通信功能，吸收了基于云架构的 5G 通信的业务功能，其中包括基本通信（语音通信、即时通信、集群对讲）、会议通信、监控安防调度等功能。在传统监控系统的基础上，结合 AI 视频分析算法可对监控画面中的对象进行深入分析，实现对象移动侦测、跨线报警、人员计数、活动目标跟踪等丰富场景的应用；在交通等细分行业，还可实现如对车辆识别、人脸识别、身份识别等功能。

应用流化引擎使得在计算和存储资源有限的用户终端上，运行超出其能力的应用成为可能。例如，在 Linux 机顶盒上，可运行 Android、H5、Windows 应用；在低配的智能电视、VR 等终端上，可运行主机游戏等大型应用。

3D-GIS 引擎致力于生成逼真、完美、全空间虚拟三维可视化的场景，并将任意信息融入三维场景，使用户可以使用一种全新的、直观的、可视化的虚拟交互方式体验信息获取/传播方式。该系统主要目标包括：实现对全平台 3D-GIS 内容的统一管理；实现 3D-GIS 与其他信息内容整合并显示、查询、互动；实现全平台二维和三维地理信息管理；实现 3D-GIS 与线下硬件设备关联整合。

自然交互引擎用于实现自然交互方式。目前发展成熟的自然交互方式有：基于语音识别及自然语言理解的语音交互、基于生物特征识别及图像模式识别的机器视觉交互（以手动、眼动等方式交互）。

智慧媒体云平台的业务能力系统部署结构如图 14-13 所示。部署要求说明如下。

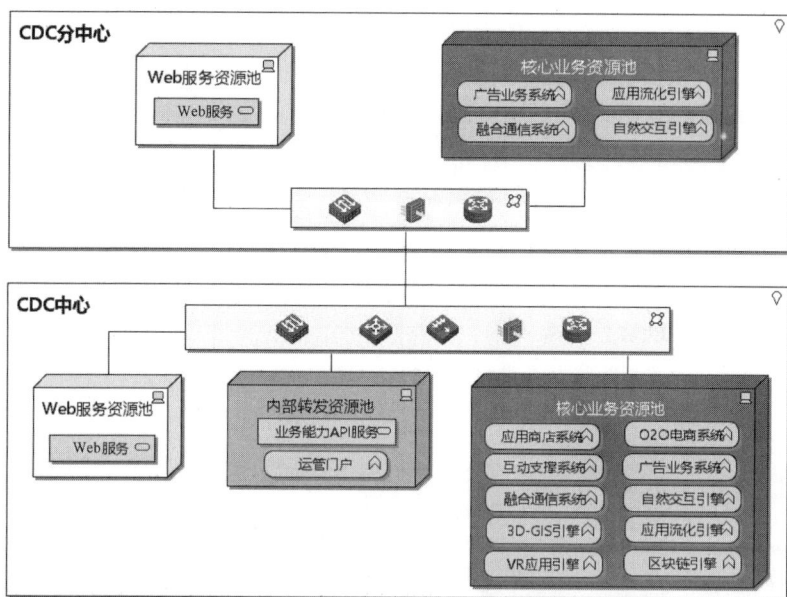

图 14-13　智慧媒体云平台的业务能力系统部署结构

1. 须在 CDC 中心部署的构件

（1）当前版本包括 10 个业务能力子系统，均可部署在核心业务资源池。

（2）业务能力系统作为服务提供者的 API 服务，基于开放平台，部署在内部转发资源池。

（3）业务能力系统的运管门户，部署在内部转发资源池。

（4）作为能力系统，直接的用户 Web 访问量不会很大，但 API 访问量较大，开放访问的 API 服务部署在 Web 服务资源池。

2. 须在 CDC 分中心部署的构件

（1）为了赋予各地本地视频业务运营的自主权，以及实现分布式业务提供能力，建议在 CDC 分中心核心业务资源池部署广告业务系统、融合通信系统、应用流化引擎、自然交互引擎 4 个子系统的模块。

（2）CDC 分中心部署业务能力系统的对外 API 服务，承接本地应用的访问流量。随着访问量的快速增长，可部署下沉边缘节点。

14.4.6　数据智能平台部署

智慧媒体云平台的数据智能平台负责提供大数据采集、存储、处理，以及智能推荐、舆情分析等智能化数据服务能力。

该平台基于 Hadoop、Spark 的大数据采集与分析能力，与智能推荐引擎、舆情分析等智能化服务模块松耦合连接，保证具备开放性，以便后续扩展支撑新的能力系统。

智慧媒体云平台的数据智能平台部署结构如图 14-14 所示。部署要求说明如下。

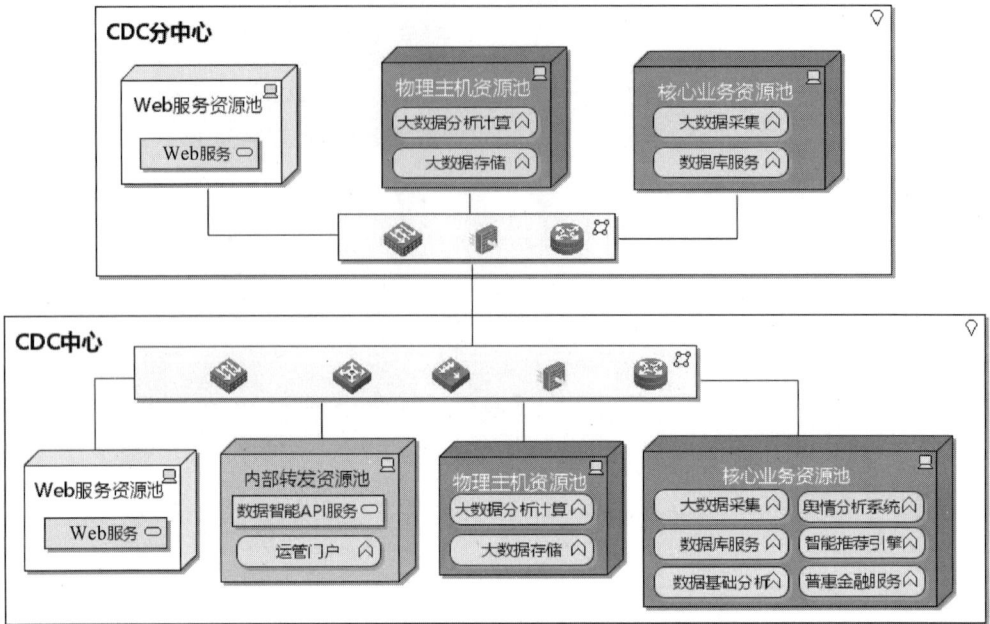

图 14-14　智慧媒体云平台的数据智能平台部署结构

1. 须在 CDC 中心部署的构件

（1）数据智能平台包括大数据采集、数据库服务、数据基础分析、舆情分析系统、智能推荐引擎、普惠金融服务 6 个子系统，均可部署在核心业务资源池。

（2）为避免基于虚拟化的效率降低，大数据存储及大数据分析计算可部署在物理主机资源池。

（3）数据智能平台作为服务提供者的 API 服务，基于开放平台，部署在内部转发资源池。

（4）数据智能平台的运管门户，部署在内部转发资源池。

（5）作为能力系统，直接的用户 Web 访问量不会很大，但 API 访问量较大，开放访问的 API 服务部署在 Web 服务资源池。

2. 须在 CDC 分中心部署的构件

（1）为了实现分布式业务提供能力，建议在 CDC 分中心核心业务资源池部署大数据采集、数据库服务子系统，在物理主机资源池部署大数据存储及大数据分析计算执行模块。

（2）在 CDC 分中心部署数据智能平台的对外 API 服务，承接本地应用的访问流量。随着访问量的快速增长，可部署下沉边缘节点。

14.4.7　运营支撑平台部署

智慧媒体云平台的运营支撑平台涵盖传统的 BOSS、OA 支撑。OA 支撑以运营商组织体系运作过程管理为中心，根据需求可扩展为 ERP。

运营支撑平台包括 8 个能力系统：客户中心、产品中心、营销中心、订单中心、支付中心、账务中心、客服中心、OA 支撑系统。运营支撑平台可分核心业务层、应用服务层、访问接入层进行系统部署。

核心业务层：包含运营支撑平台各能力系统的所有核心业务逻辑，须借助服务治理、流程引擎进行有效组织，须借助数据库服务进行核心数据的存储和管理。

应用服务层：应用服务层主要是运营支撑平台各能力系统提供的 API 服务，须借助开放平台进行服务注册及对外发布。应用服务层主要承担日常业务操作的数据处理、内部业务系统的服务访问、与外部业务系统（银行、支付、合作业务平台等）的数据交互等任务，起着承上启下的作用，屏蔽核心业务层，并为访问接入层提供服务。

访问接入层：访问接入层为运营支撑操作员、合作伙伴、自服务人员等提供 Web 展现服务。可以通过 Internet 或内部网络，访问运营支撑管理门户。

智慧媒体云平台的运营支撑平台部署结构如图 14-15 所示。部署要求说明如下。

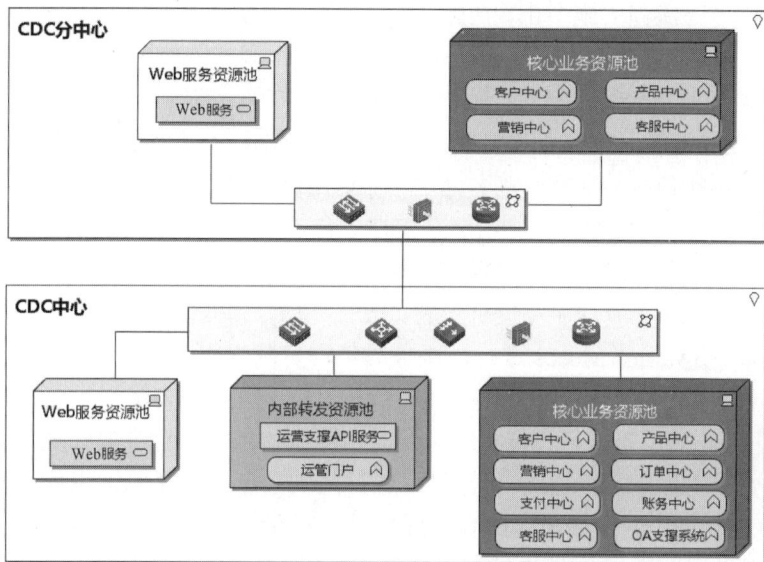

图 14-15　智慧媒体云平台的运营支撑平台部署结构

1. 须在 CDC 中心部署的构件

（1）运营支撑平台包括 8 个子系统，均可基于虚拟机或容器技术部署在核心业务资源池。

（2）运营支撑平台的各子系统作为服务提供者的 API 服务，基于开放平台，部署在内部转发资源池。

（3）运营支撑平台各子系统的运管门户，部署在内部转发资源池。

（4）作为能力系统，直接的用户 Web 访问量不会很大，但内部和外部业务系统的 API 访问量较大，开放访问的 API 服务部署在 Web 服务资源池。

2. 须在 CDC 分中心部署的构件

（1）为了赋予各地本地业务运营的自主权，并实现分布式业务提供能力，建议在 CDC 分中心核心业务资源池酌情部署客户中心、产品中心、营销中心、客服中心等模块。

（2）在 CDC 分中心部署运营支撑平台的对外 API 服务，承接本地应用的访问流量。

14.4.8　服务交付平台部署

智慧媒体云平台的服务交付平台是智慧媒体云平台实现 SOA 或微服务架构的支撑枢纽。将该云平台中所有能力系统的服务通过服务总线进行统一注册，并进行服务目录发布，作为各系统间互通访问的基本机制。服务交付平台还要为所有服务和 API 的高效运行提供监控和维护管理工具。

服务治理：从云平台规划设计阶段开始，就基于 SOA 理念对系统功能进行模块化、组件化、接口无状态化设计，从而在智慧媒体云平台投入运营后，实现业务与功能解耦，以及资源、能力、流程的服务化治理。

流程引擎：提供统一的流程引擎及流程建模工具，支持基于 API 与内部或外部业务系统的集成，实现跨系统的流程。提供专门的流程监控工具，便于实时掌握各流程实例的运行状态，必要时可对流程实施中止、挂起、恢复等操作。提供模拟客户端工具，使用户在完成流程建模后，可通过操作界面所见即所得地进行流程调试及使用。

开放平台：开放平台基于 API 网关实现能力服务的对外开放。将能力分组打包，作为 PaaS 服务产品提供给第三方合作伙伴或应用开发者。借助 PKI 体系，为服务消费者生成密钥，用于应用调用接口时的加密及签名处理。对调用服务接口的应用进行配额检查、流量控制及访问计量等处理，并将数据提交给运营支撑平台，作为 PaaS 服务产品运营的主要依据。

容器平台：基于 Docker 为智慧媒体云平台各系统提供容器服务，与服务治理相结合，为原子服务、组合服务、流程服务提供部署、运行环境，并提供镜像仓库、镜像实例管理。基于 Kubernetes、Swarm、Mesos 进行微服务的集群负载均衡和智能调度，为 DevOps 管理提供支撑。

DevOps：这是基于容器平台贯穿应用开发、测试、部署、运维的管理工具。开发人员提交代码后，它自动完成代码编译和打包；进行基础功能自动化测试流程，打通开发、测试、运维环节，从整个生命周期保障代码或软件的质量。另外，它在客观上降低了开发者的技术门槛，能为开发者及应用提供有效的管控手段。DevOps 对支持大量开发者的开放平台，以及包含大量服务组件的高复杂度云平台来说，都是重要的效能工具。

智慧媒体云平台的服务交付平台部署结构如图 14-16 所示。部署要求说明如下。

1. 须在 CDC 中心部署的构件

（1）该服务交付平台包括 5 个子系统，均可部署在核心业务资源池；容器实例可部署在任意需要使用容器服务的资源池，统一归容器平台管理。

（2）该服务交付平台能力系统作为服务提供者的 API 服务，基于开放平台，部署在内部转发资源池。

（3）该服务交付平台各能力系统的运管门户，部署在内部转发资源池。

（4）该服务交付平台直接的用户 Web 访问量不会很大，但 API 访问量较大，开放访问的 API 服务部署在 Web 服务资源池。

2. 须在 CDC 分中心部署的构件

（1）为了实现分布式业务提供能力，建议在 CDC 分中心核心业务资源池部署容器平台、开放平台、DevOps 子系统。

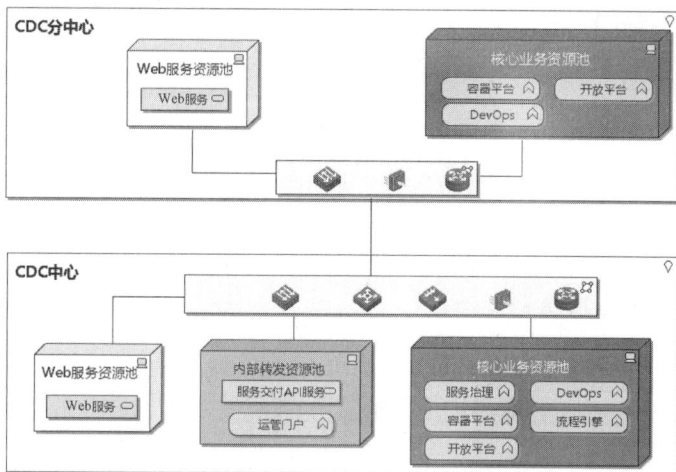

图 14-16　智慧媒体云平台的服务交付平台部署结构

（2）在 CDC 分中心部署服务交付平台的对外 API 服务，承接本地应用的访问流量。随着访问量的快速增长，可部署下沉边缘节点。

14.4.9　资源虚拟化平台部署

智慧媒体云平台的资源虚拟化平台包括资源虚拟化和虚拟资源管控两个子系统。通过部署 OpenStack 虚拟化软件，将计算、存储、网络、安全等物理 IT 资源进行虚拟化，形成虚拟资源池，实现更高效的利用、更便捷的管理。资源虚拟化平台和容器平台可在智慧媒体云平台中并存，虚拟化资源用于部署各类子系统，容器用于部署服务。

智慧媒体云平台的资源虚拟化平台部署结构如图 14-17 所示。部署要求说明如下。

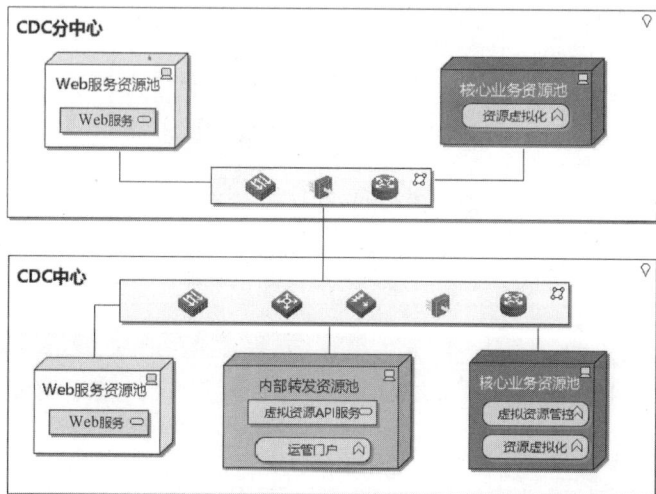

图 14-17　智慧媒体云平台的资源虚拟化平台部署结构

1. 须在 CDC 中心部署的构件

（1）资源虚拟化平台包括两个子系统，均可部署在核心业务资源池；虚拟化实例可部署在任意需要使用虚拟化服务的资源池（物理主机资源池除外），统一归资源虚拟化平台管理。

（2）资源虚拟化平台作为服务提供者的 API 服务，基于开放平台，部署在内部转发资源池。

（3）资源虚拟化平台各子系统的运管门户，部署在内部转发资源池。

（4）资源虚拟化平台直接的用户 Web 访问量不会很大，但 API 访问量较大，开放访问的 API 服务部署在 Web 服务资源池。

2. 须在 CDC 分中心部署的构件

（1）为了实现分布式业务提供能力，建议在 CDC 分中心核心业务资源池部署资源虚拟化子系统。

（2）在 CDC 分中心部署资源虚拟化平台的对外 API 服务，承接本地应用的访问流量。随着访问量的快速增长，可部署下沉边缘节点。

14.4.10　基础能力系统部署

智慧媒体云平台的基础能力系统是指一系列相对独立、功能实现与基础资源有密切关系的能力系统。

基于对应用广泛、发展相对成熟的相关技术的考量，将推流服务、转码服务、HPC 计算服务、5G 通信服务、PKI 基础设施 5 个基础能力子系统纳入智慧媒体云平台的 1.0 版本。后续随着业务和技术的不断创新和发展，基础能力系统可不断得到丰富。相关内容参见12.4.3 节。

智慧媒体云平台的基础能力系统部署结构如图 14-18 所示。部署要求说明如下。

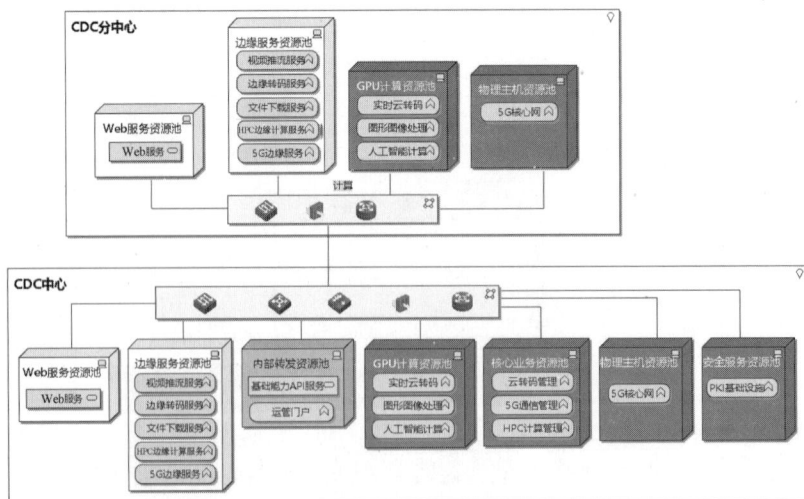

图 14-18　智慧媒体云平台的基础能力系统部署结构

1. 须在 CDC 中心部署的构件

（1）5G 核心网部署在专用的物理主机资源池，以获得最佳性能。

（2）实时云转码、图形图像处理、人工智能计算等需要 GPU、NPU 计算资源的组件，部署在 GPU 计算资源池。

（3）PKI 基础设施部署在安全服务资源池，以获得最高等级的安全保护。

（4）对外提供的视频推流服务、边缘转码服务、文件下载服务、HPC 边缘计算服务、5G 边缘服务，部署在边缘服务资源池。

（5）基础能力系统作为服务提供者的 API 服务，基于开放平台，部署在内部转发资源池。

（6）基础能力系统的运管门户，部署在内部转发资源池。

（7）作为能力系统，直接的用户 Web 访问量不会很大，但 API 访问量较大，开放访问的 API 服务部署在 Web 服务资源池。

2. 须在 CDC 分中心部署的构件

（1）为实现分布式业务提供能力，建议在 CDC 分中心专用物理主机资源池部署 5G 核心网组件，在 GPU 计算资源池部署实时云转码、图形图像处理、人工智能计算组件。

（2）在 CDC 分中心边缘服务资源池，部署对外提供的视频推流服务、边缘转码服务、文件下载服务、HPC 边缘计算服务、5G 边缘服务。随着访问量的快速增长，可部署下沉边缘节点。

（3）在 CDC 分中心部署基础能力系统的对外 API 服务，承接本地应用的访问流量。随着访问量的快速增长，可部署下沉边缘节点。

14.4.11 宽带数据平台部署

智慧媒体云平台的宽带数据平台是宽带接入业务的支撑管理平台。除通过 Cache 实现用户访问内容本地化、通过 CDN 镜像直接引入源站内容等基本功能外，还要建立流量运营服务系统，持续优化宽带流量效率，提升用户上网体验。

智慧媒体云平台的宽带数据平台部署结构如图 14-19 所示。部署要求说明如下。

1. 须在 CDC 中心部署的构件

（1）宽带数据平台包括流量运营服务、宽带 Cache 管理两个子系统，均可部署在核心业务资源池。

（2）对外提供的宽带 Cache 服务、CDN 镜像服务部署在边缘服务资源池。

（3）宽带数据平台作为服务提供者的 API 服务，基于开放平台，部署在内部转发资源池。

（4）宽带数据平台的运管门户，部署在内部转发资源池。

（5）作为能力系统，直接的用户 Web 访问量不会很大，但 API 访问量较大，开放访问的 API 服务部署在 Web 服务资源池。

2. 须在 CDC 分中心部署的构件

为实现分布式业务提供能力，建议在 CDC 分中心边缘服务资源池部署对外提供的宽带

Cache 服务、CDN 镜像服务。随着访问量的快速增长，可部署下沉边缘节点。

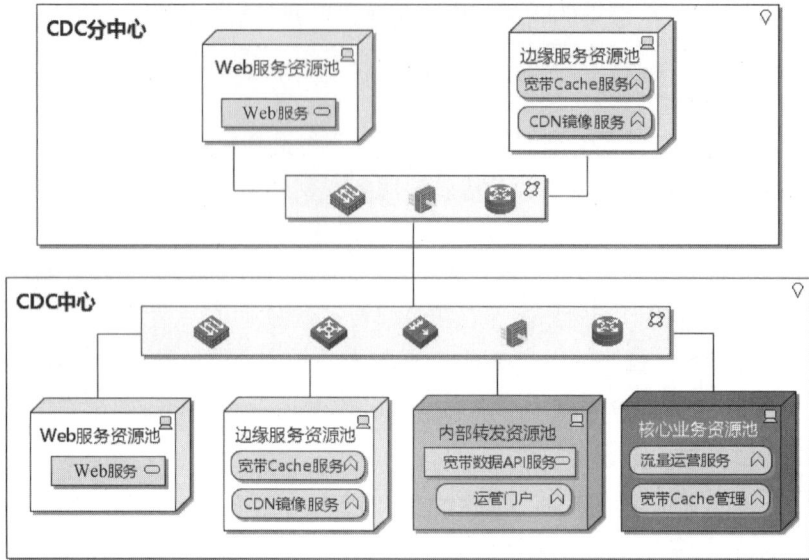

图 14-19　智慧媒体云平台的宽带数据平台部署结构

14.4.12　统一运维平台部署

智慧媒体云平台的统一运维平台为智慧媒体云平台中所有资源、系统、服务、应用提供统一运维支撑和管理。统一运维平台通过 3 个子系统优化资源管理，整合基础指标体系，构建面向多层面运维管理者的运维界面，建立起以 SLA 保证为核心的运维服务模型，达到"主动运维、优化管理"的目标。

1. 运行监控系统及日志系统

将智慧媒体云平台中网络、服务器、数据库、应用系统、终端设备等监控对象的运行状态全部纳入监控范围；对智慧媒体云平台中的虚拟资源、容器资源也进行统一管理，监控集群、资源池、宿主机、虚拟机、虚拟存储的运行状况。对所有相关日志进行集中采集、存储和管理。通过优化监控配置模型，全面梳理资源、系统、服务、应用之间的关系，做到数据量化、分析链化、直观可视化。

2. 统一运维的"一个门户和三个中心"

- 运维管理门户：在统一呈现界面的基础上，实现个性化定制，建立多维度、多视角的功能视图，满足不同层面使用者的监控、运维、分析和管理需求。
- 监控管理中心：实现一点监控，消除监控死角，为监控人员提供故障诊断管理和操作控制管理功能，提升故障解决效率和运维工作效率。
- 业务管理中心：面向客户感知，全面强化可用性管理功能；完善关键业务的专题分析和评估功能；从端到端服务的角度，实现业务健康度管理和业务水平管理。
- 运维管理中心：细化管理流程，落实事件、问题、变更、发布的闭环管理。强化流程之间的横向和两级流程之间的纵向交互管理。对基础支撑水平、业务质量、运维流程效率等方面进行多角度、多维度的分析,帮助各层面管理人员及时了解系统、业务、服务的运行状况和变化趋势等,为系统优化、管理决策和流程改进等提供依据。

3. 部署结构

智慧媒体云平台的统一运维平台部署结构如图 14-20 所示。部署要求说明如下。

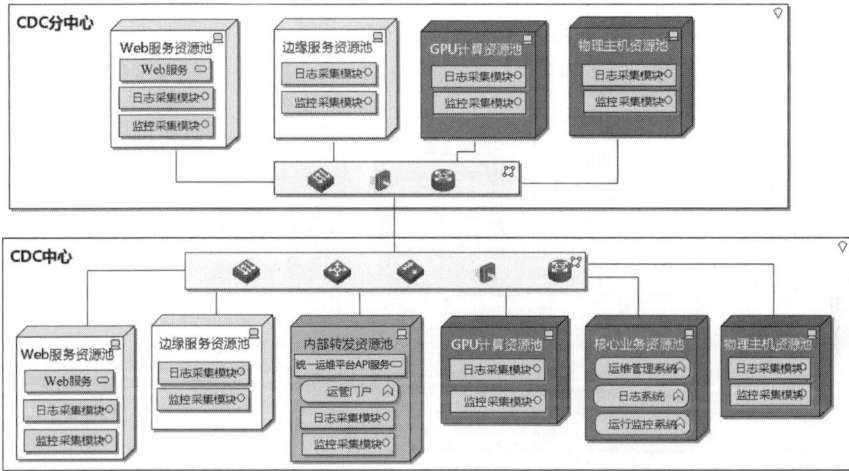

图 14-20　智慧媒体云平台的统一运维平台部署结构

1)须在 CDC 中心部署的构件

(1)统一运维平台包括 3 个子系统,均可部署在核心业务资源池。

(2)日志采集模块、监控采集模块须部署在除安全管理域之外的所有资源池。

(3)统一运维平台作为服务提供者的 API 服务,基于开放平台,部署在内部转发资源池。

(4)统一运维平台的运管门户,部署在内部转发资源池。

(5)统一运维平台直接的用户 Web 访问量不会很大,但 API 访问量较大,开放访问的 API 服务部署在 Web 服务资源池。

2)须在 CDC 分中心部署的构件

建议在 CDC 分中心不部署统一运维平台的管理模块,CDC 分中心的运维人员基于角色授权,通过统一运维平台进行本地运维监控,并协助 CDC 中心运维人员一起进行故障排查和处理。

14.4.13　安全管控平台部署

智慧媒体云平台的安全管控平台负责云平台整体安全保障和管控,包括安全态势分析、云平台安全管控、数据与服务安全、数据库合规审计、系统与主机安全、传输与边界安全、终端与人员安全子系统。

智慧媒体云平台的安全管控平台通过进程运行控制、程序完整性校验、管理权限保护、端口管理、数据防窃取和篡改等管控机制，保证业务服务器中业务进程和业务数据的安全。

对业务管理员行为进行监管，防止业务服务器被非法操作、非法接入，并对违规操作进行取证。

实时监测数据库的运维和使用过程，对违规使用内容进行告警。

实时监测网络中的业务访问流量行为，支持自动生成黑白名单业务访问秩序基线，对违反秩序的访问行为、恶意地址访问行为、可疑木马访问行为、境外 IP 访问行为进行告警。

实时采集安全设备、网络设备、服务器的安全事件和日志信息，通过关联分析发现网络中存在的安全风险，实时监测网络运行安全态势。

智慧媒体云平台的安全管控平台部署结构如图 14-21 所示。部署要求说明如下。

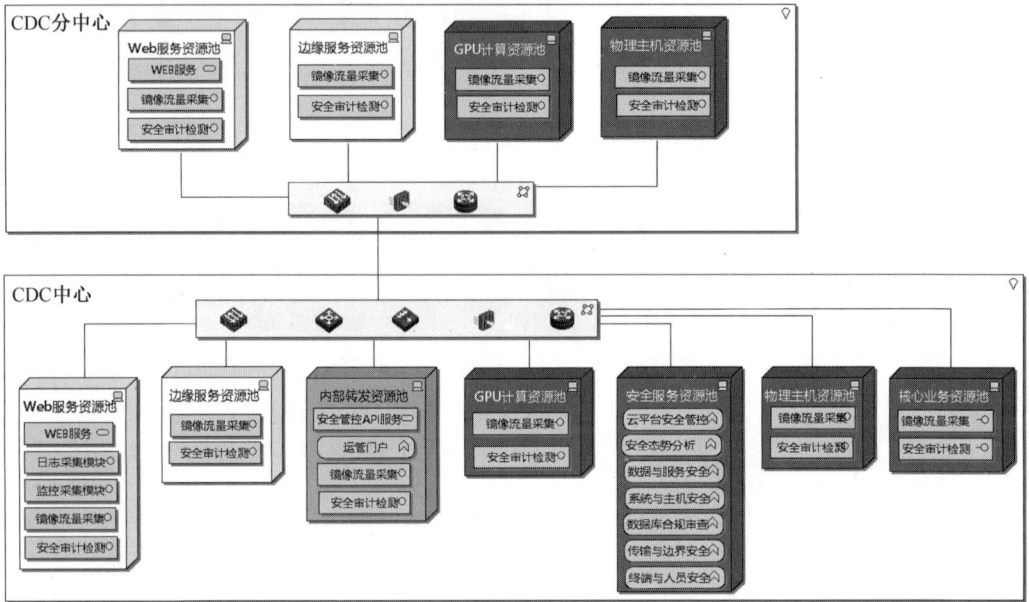

图 14-21　智慧媒体云平台的安全管控平台部署结构

1. 须在 CDC 中心部署的构件

（1）安全管控平台包括 7 个子系统，均部署在安全服务资源池。

（2）安全数据采集的镜像流量采集模块、安全审计检测模块须部署在 CDC 所有资源池。在安全服务资源池部署的子系统中已包含这两个模块。

（3）安全管控平台作为服务提供者的 API 服务，基于开放平台，部署在内部转发资源池。

（4）安全管控平台的运管门户，部署在内部转发资源池。

（5）安全管控平台直接的用户 Web 访问量不会很大，但 API 访问量较大，开放访问的 API 服务部署在 Web 服务资源池。

2. 须在 CDC 分中心部署的构件

建议在 CDC 分中心不部署安全管控平台的管理模块，CDC 分中心的运维人员基于角色授权，通过安全管控平台进行本地监控，并协助 CDC 中心运维人员一起进行故障排查和处理。

14.5 安全体系部署

14.5.1 服务器加固系统部署

1. 服务器加固系统逻辑架构

服务器加固系统由虚拟机、安全宿主机和加固策略服务器组成。服务器加固系统逻辑架构如图 14-22 所示。具体构成说明如下。

虚拟机：虚拟机中运行被保护的应用系统，如门户系统、应用商店等。

安全宿主机：实现访问控制、安全审计、授权管理等功能，将系统的安全防护措施隐藏到被保护系统（虚拟机）无法探测和干扰的底层，从而建立起一道可超越被保护系统的、透明的安全屏障。

加固策略服务器：负责管理和分发安全加固策略，安全加固策略是安全宿主机执行安全保护功能的依据。

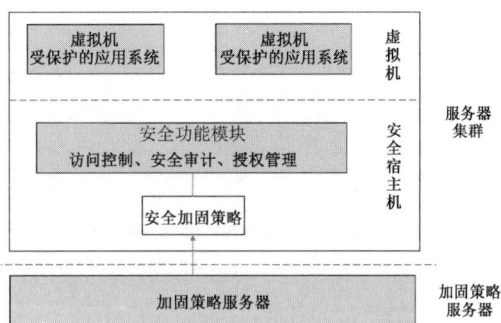

图 14-22　服务器加固系统逻辑架构

2. 服务器加固系统网络拓扑结构

宿主机直接将网卡映射给虚拟机（如门户系统），不降低其网络性能。断绝虚拟机访问宿主机的一切通道，防止虚拟逃逸。

宿主机单独组网，与对外服务的网络进行物理隔离，断绝攻击者对宿主机发动攻击的渠道，形成安全宿主机。网管系统通过管理网对宿主机的资源进行管理。加固策略服务器部署于内网，如核心安全区。为了最大限度地保障服务器的安全，安全加固策略通过离线的方式进行分发。

服务器加固系统网络拓扑结构如图 14-23 所示。

14.5.2 运管行为监控系统部署

1. 运管行为监控系统逻辑架构

运管行为监控系统基于云计算及虚拟化技术，保障云平台管理人员进行远程维护时的安全，减少远程接入给云平台带来的安全风险，提高管理过程的安全强度。运管行为监控系统由业务系统服务器、业务系统虚拟机、堡垒机、运管终端和运管监控安全策略服务器组成。

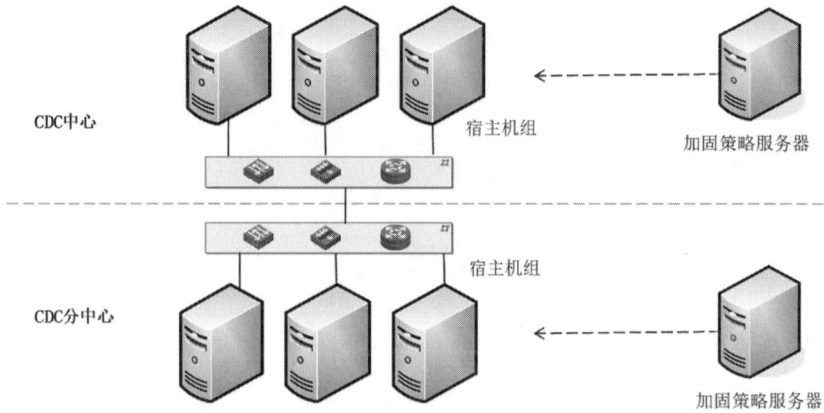

图 14-23　服务器加固系统网络拓扑结构

运管行为监控系统逻辑架构如图 14-24 所示。具体构成说明如下。

业务系统服务器为基于虚拟化技术的业务系统宿主机,在宿主机中运行安全审核模块,安全审核模块对业务系统虚拟机中的操作、调用、显示等行为进行监控,支持对多个业务系统虚拟机同时进行监控。

业务系统虚拟机为安装了各业务系统的虚拟机。

运管终端为业务系统虚拟机的远程访问端。

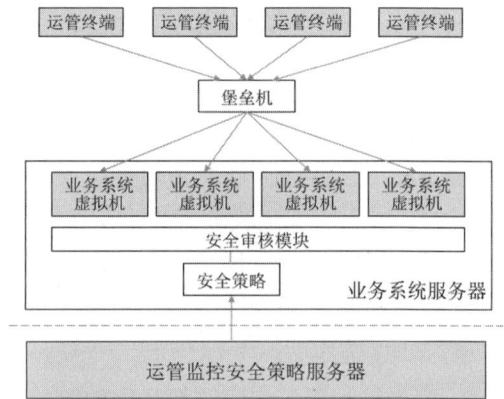

图 14-24　运管行为监控系统逻辑架构

堡垒机使用两个网卡,每个网卡连接不同的网络。一个网卡连接业务系统虚拟机,另一个网卡连接运管终端。在堡垒机上,所有非远程访问协议的网络端口都将被删除或禁用。堡垒机和内网信任主机之间并不共享认证服务,即使堡垒机被攻破,入侵者也无法利用堡垒机攻击内网。

运管监控安全策略服务器:负责管理和分发运管监控安全策略,是业务系统服务器执行安全审核功能的依据。

2. 运管行为监控系统网络拓扑结构

建议开辟专门的安全区部署业务系统宿主机,通过防火墙策略严格限制运管终端和业务系统宿主机的网络访问行为。

运管监控安全策略服务器部署于核心安全区,堡垒机部署于业务系统宿主机区的出口处。该系统部署于 CDC 中心平台,CDC 分中心平台不进行部署。运管行为监控系统网络拓扑结构如图 14-25 所示。

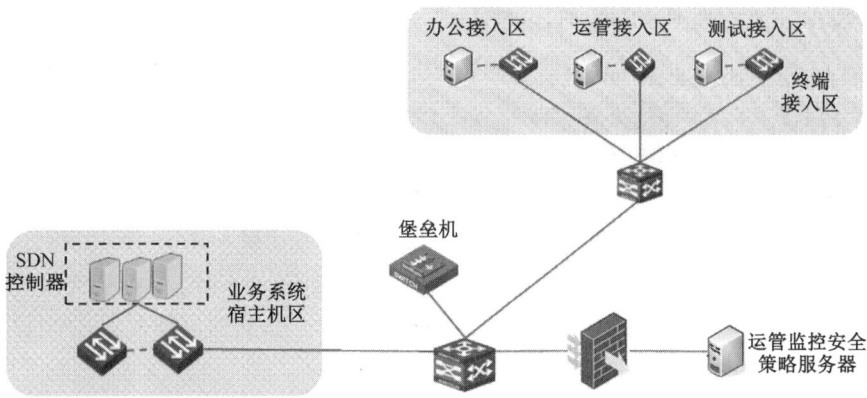

图 14-25　运管行为监控系统网络拓扑结构

14.5.3　数据库行为检测系统部署

1. 数据库行为检测系统逻辑架构

数据库行为检测的主要工作是数据库合规审计。数据库行为检测系统逻辑架构如图 14-26 所示。具体构成说明如下。

流量采集系统：负责采集交换机的镜像流量，分析网络数据报文，提取报文特征内容，匹配黑白名单的策略。

协议分析系统：根据各类协议格式，提取协议的内容，并上报到业务系统。

策略制定系统：收集协议分析系统的数据，根据管理系统下发的策略进行规则匹配和事件告警，并阻断违规操作。

监控管理系统：管理系统为用户提供管理数据库合规审计系统的操作界面，用于配置管理，制定审计策略，查看审计结果，下载审计报表。

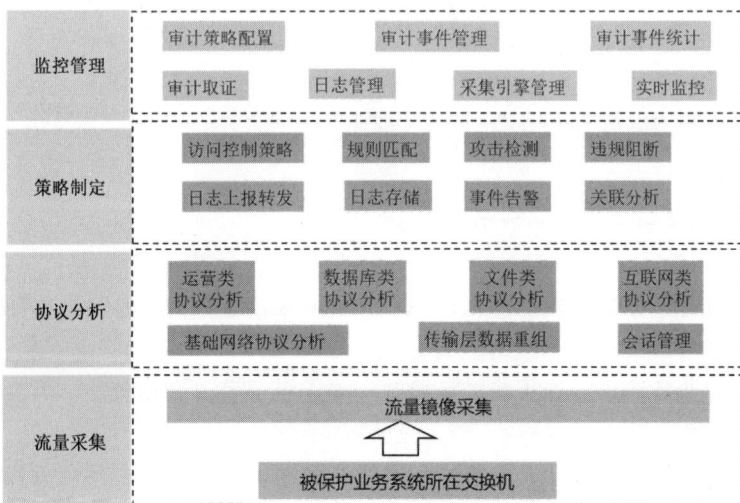

图 14-26　数据库行为检测系统逻辑架构

2. 数据库行为检测系统网络拓扑结构

数据库行为检测系统网络拓扑结构如图 14-27 所示。部署要求说明如下。

- 在 CDC 中心部署数据库合规审计系统，每个 CDC 分中心也要部署该系统。
- 各 CDC 分中心的审计数据统一汇总到 CDC 中心的安全管控平台。
- 各 CDC 分中心的数据库合规审计系统可以采用带外组网方式，与 CDC 中心的安全管控平台连接。如果中间有防火墙隔离，需要配置相应的访问策略。
- 数据库合规审计系统采集用户交换机的镜像流量，须通过交换机镜像功能将网络流量传送到数据库合规审计系统的网卡抓包口，从而对网络流量中的数据库访问操作和运维操作进行审计。

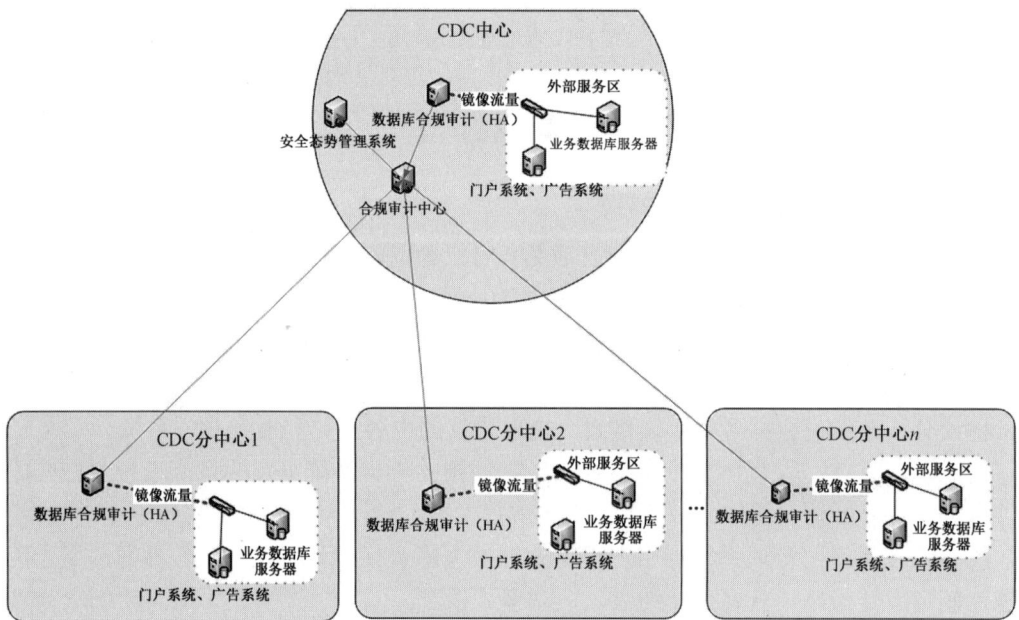

图 14-27　数据库行为检测系统网络拓扑结构

14.5.4　业务流量安全监控系统部署

1. 业务流量安全监控系统逻辑架构

业务流量安全监控系统逻辑架构如图 14-28 所示。具体构成说明如下。

数据采集：负责采集交换机的镜像流量，分析网络数据报文，提取报文特征内容，匹配黑白名单的策略。

数据清洗：对业务流量镜像采集的数据进行业务流重组、会话分析、协议分析、应用层重组和安全策略匹配。

数据分析：对业务流量采集、清洗后的数据，基于流事件处理，进行分析、查询、归并和入库。

监控管理：基于数据流事件处理及分析引擎，实现监控管理的各类应用分析并进行展示，分析网络异常行为，以发现异常接入设备和异常互联行为。

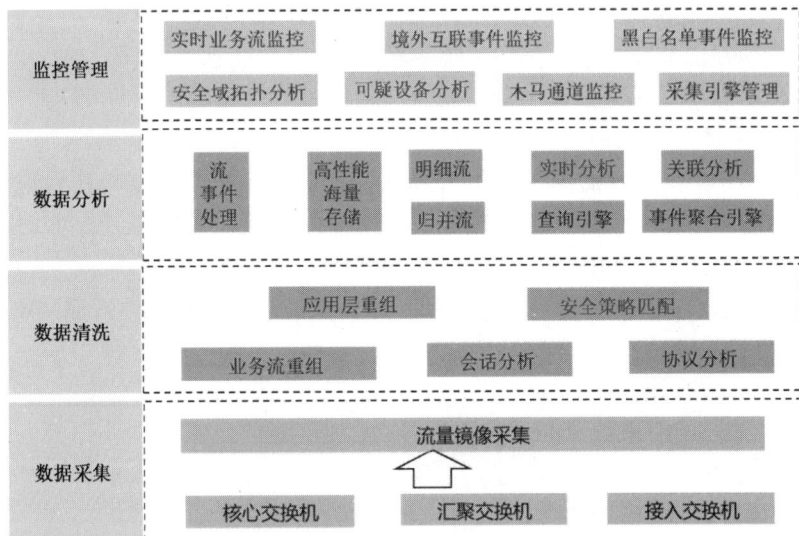

图 14-28　业务流量安全监控系统逻辑架构

2. 业务流量安全监控系统网络拓扑结构

业务流量安全监控系统网络拓扑结构如图 14-29 所示。部署要求说明如下。

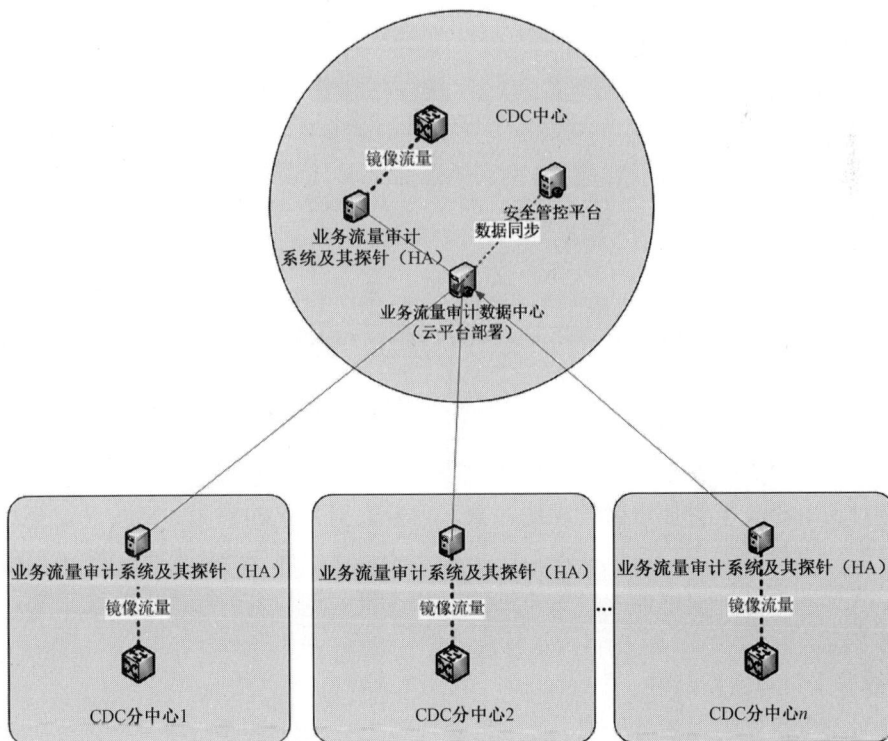

图 14-29　业务流量安全监控系统网络拓扑结构

- 在 CDC 中心部署业务流量审计系统，在每个 CDC 分中心和边缘节点部署业务流量审计系统及其探针。
- 各 CDC 分中心的审计数据统一汇总到 CDC 中心的安全管控平台。
- 各 CDC 分中心的业务流量审计系统可采用带外组网方式，与 CDC 中心的安全管控平台连接。如果中间有防火墙隔离，须配置相应的访问策略。
- 业务流量审计系统的探针采集用户交换机的流量，须通过交换机镜像功能将网络流量传送到探针的网卡抓包口，从而对网络流量进行监控，并对异常行为进行告警。
- CDC 中心和分中心都可登录业务流量审计系统做配置管理，查看网络中的互联关系，梳理业务关系等。

14.5.5　安全态势管理系统部署

1．安全态势管理系统逻辑架构

安全态势管理系统逻辑架构如图 14-30 所示。具体构成说明如下。

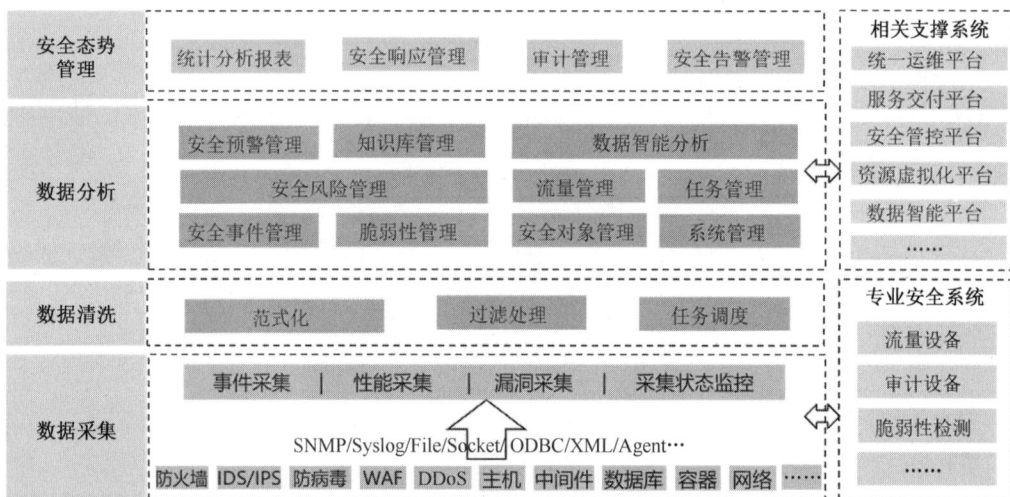

图 14-30　安全态势管理系统逻辑架构

这里的安全对象指安全管控平台监控范围内的系统、设备、数据和应用等各种安全资产。安全对象既是安全管控平台管理的对象，也是数据采集的来源。通过对安全对象上发生的各种安全事件的采集，可以实现对网络和安全对象当前安全态势的分析，得出当前网络的安全状况和级别，根据需要产生不同的安全告警，进而采取相应的安全措施，以保障整体网络安全。

1）数据采集与数据清洗

完成对安全事件的采集与处理。通过部署代理（Agent）和事件采集器，在所管理的骨干网络、不同的承载业务网及其相关支撑网络和系统上的不同安全信息采集点（防病毒控制台、入侵检测系统控制台、漏洞扫描管理控制台、身份认证服务器和防火墙等）获取事件日志信息，并通过安全通信方式上传到安全管控平台的安全管理服务器进行处理。在事件采集过程中，事件管理功能还将完成事件的整合工作，包括聚并、过滤、范式化，从而实现全网安全事件的高效集中处理。

2）数据分析

数据管理层对采集到的数据进行分析，以发现潜在的安全风险和攻击行为，通过告警响应机制，通知安全运维人员采取相应的安全措施，以保障网络和安全对象的安全。

3）安全态势管理

安全态势管理通过可视化手段，包括实时事件列表、统计图、事件仪表盘等，将当前网络与安全对象的安全状况展示给运维管理人员，以便管理人员及时了解当前网络的运行状况。

2. 安全态势管理系统网络拓扑结构

运营商将基于虚拟化的计算、存储、网络基础资源池进行各类系统部署。安全态势管理系统网络拓扑结构如图 14-31 所示。部署要求说明如下。

- 在 CDC 中心安全管理域部署安全态势管理系统。
- 在 CDC 中心、分中心和边缘节点部署安全事件日志采集服务器。
- 各 CDC 分中心的安全事件日志采集服务器通过管控 VPN 方式，与 CDC 中心的安全态势管理系统连接。如果中间有防火墙隔离，须配置相应的访问策略。

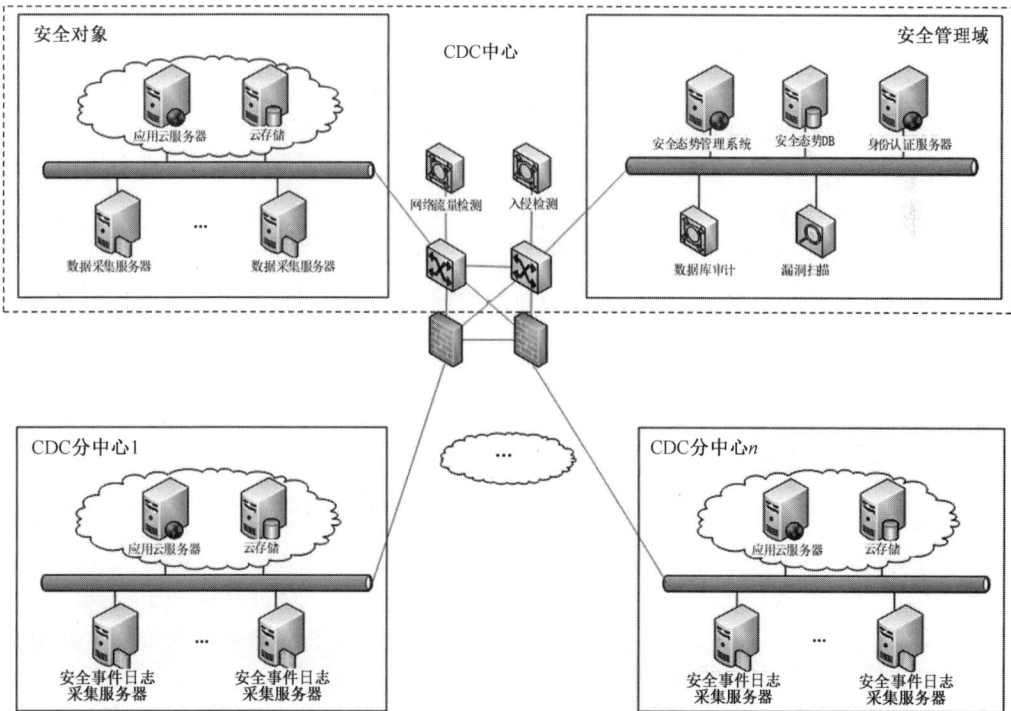

图 14-31　安全态势管理系统网络拓扑结构

14.5.6 PKI 基础设施部署

1. PKI 基础设施逻辑架构

PKI 基础设施是对数字证书和加密密钥进行全过程管理的安全系统。PKI 基础设施逻辑架构如图 14-32 所示。

PKI 基础设施由证书签发管理系统（CA）、证书注册审核系统（RA）、证书发布及状态查询系统（LDAP）、证书在线查询系统（OCSP）、密码设备和注册审核代理（LA）组成。

1）证书签发管理系统

证书签发管理系统由证书签发管理服务器、证书签发数据库组成。主要功能如下。

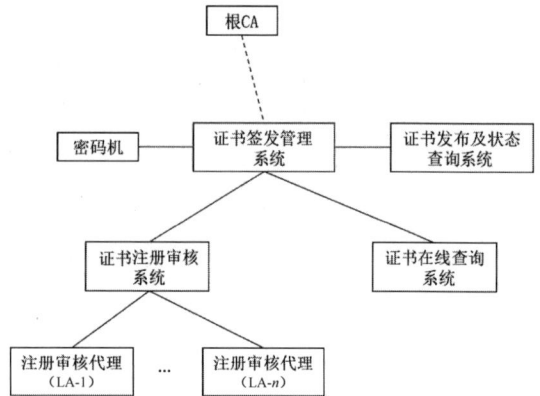

图 14-32 PKI 基础设施逻辑架构

- 证书生成与签发：从数据库中读取用户信息，根据拟签发的证书类型向密钥管理系统申请加密密钥对，生成用户的签名证书和加密证书，将签发完成的证书发布到证书发布及状态查询系统和数据库中。
- 证书更新：系统提供 CA 证书及用户证书的更新功能。
- 证书注销列表生成与发布：接收注销信息，签发证书注销列表，将签发后的注销列表发布到证书发布及状态查询系统和数据库中。
- 安全审计：负责对证书签发管理系统的管理人员、操作人员的操作日志进行查询、统计及生成报表等。
- 安全管理：对证书签发管理系统的登录进行安全访问控制，对数据库进行管理和备份；设置管理员、操作员，并为他们申请和下载证书；配置不同的密码设备；配置不同的证书模板。
- 存储证书和证书注销列表。
- 证书签发管理系统应具有并行处理能力。

2）证书注册审核系统

证书注册审核系统由注册管理服务器和注册管理数据库组成。证书注册审核系统主要功能如下。

- 用户信息录入：录入用户申请信息，用户申请信息包括签发证书所需要的信息，以及用于验证用户身份的信息，这些信息存放在证书注册审核系统的数据库中。证书注册审核系统应能够批量接收由外部系统生成的、以电子文档形式存储的用户信息。
- 用户信息审核：提取用户申请信息，审核用户的真实身份，审核通过后，将证书签发所需要的信息提交给证书签发管理系统。

- 用户证书下载：提供证书下载功能，当证书签发管理系统为用户签发证书后，证书注册审核系统能够下载用户证书，并将用户证书写入指定的证书载体，然后分发给用户。
- 安全审计：对系统管理人员、操作人员的操作日志进行查询、统计及生成报表等。
- 安全管理：对证书注册审核系统的登录进行安全访问控制，对数据库进行管理和备份。
- 证书注册审核系统应具有并行处理能力。

3）注册审核代理

注册审核代理负责资料的整理、申请录入、审核和证书下载，并将申请提交给 RA 或远程 RA。

4）证书发布及状态查询系统

PKI 基础设施对证书进行在线发布，CA 签发用户证书完成后，签发服务器将证书发布到目录服务器中，以供用户查询。用户可以在线下载自己的证书，也可以在 CA 对外服务的目录服务器中查询其他用户的证书。CRL 每 24 小时签发一次，通过证书发布及状态查询系统目录服务器对外发布。证书发布及状态查询系统面向用户和应用系统提供证书下载及 CRL 下载功能。

- 证书存储。
- 证书注销列表存储。
- 证书和 CRL 发布。
- 目录访问控制：证书发布及状态查询系统需要对目录的访问进行控制，用户和应用系统可根据证书中签发的目录服务器地址及 DN 访问从目录服务器，下载对应的数字证书和 CRL。

5）密码设备

密码设备由服务器密码机、密码卡和智能密钥组成。服务器密码机（密码卡）为证书签发管理系统、注册审核系统服务端提供加解密、签名及签名验证、产生随机数、数字摘要等多种密码服务及密钥管理功能。智能密钥提供客户端加解密、签名及签名验证、产生随机数、数字摘要等多种密码服务，以及数字证书存储和证书密钥管理功能。

2. PKI 基础设施网络拓扑结构

根据云平台运营商的安全需求，拟采用分层的 PKI 体系结构，建立由 CDC 中心 CA、CDC 分中心 RA/第三方 RA 构成的两级 CA 结构。

PKI 基础设施网络拓扑结构如图 14-33 所示。部署要求说明如下。

第一级：CDC 中心 CA。CDC 中心 CA 部署证书签发管理系统、注册审核系统、LDAP 服务器，为 CDC 中心平台和规模较小县市提供数字证书注册、颁发、验证服务。

第二级：CDC 分中心 RA/第三方 RA。根据用户规模，在 CDC 分中心平台建设远程 RA，负责为该分中心平台提供数字证书的注册、审核和发放服务；可以根据业务需要，在第三方运营商部署 RA，完成对运营商的用户证书注册和编辑，并由 CDC 中心 CA 完成证书颁发，方便运营商进行渠道拓展和业务开展。随着业务逐步扩大，当 CDC 分中心平台的用户达到一定数量级时，可以为该分中心平台建设二级 CA，提供对该分中心平台的数字证书签发功能，减轻 CDC 中心 CA 的压力。

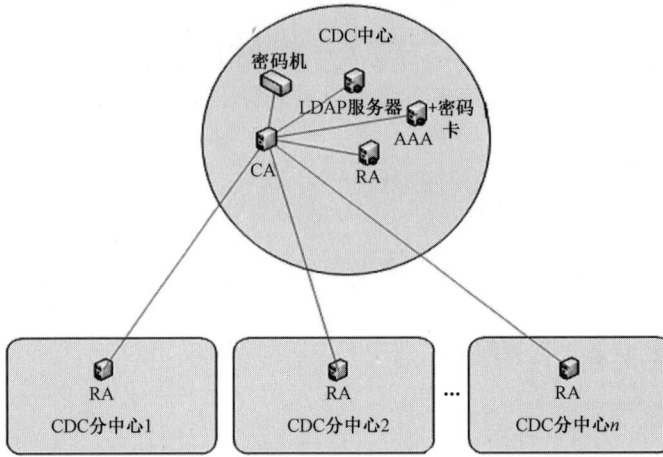

图 14-33　PKI 基础设施网络拓扑结构

第15章 智慧媒体云平台建设演进策略

智慧媒体云平台建设演进策略，既要考虑现有平台的投资保护，更要考虑未来3～5年业务发展的需要。本章基于运营商平台现状及"五年规划"的综合考虑，提出智慧媒体云平台建设演进策略建议。

15.1 智慧媒体云平台演进基本策略

智慧媒体云平台的演进，首先要考虑支撑融合媒体发展的云平台整体架构，其次要考虑对现有业务的顺利迁移，最后要考虑持续完善云平台功能、丰富云平台能力，从而实现为不断发展的智慧媒体业务提供有效支撑。

智慧媒体云平台演进基本策略如图15-1所示。

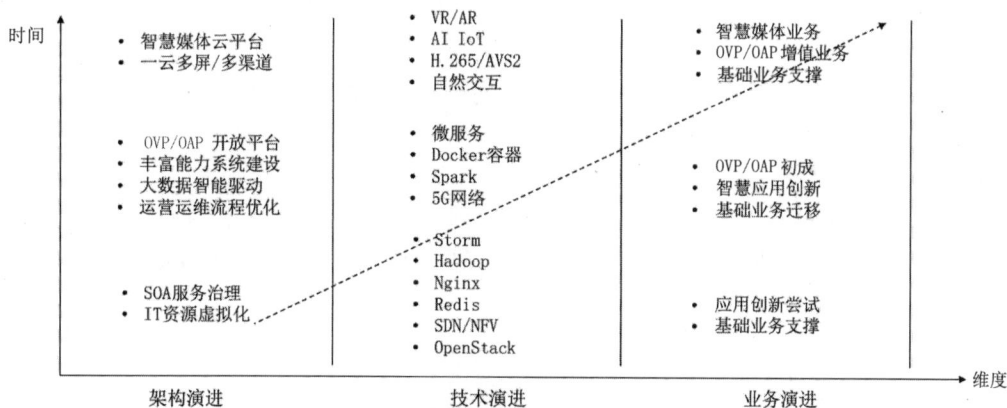

图 15-1 智慧媒体云平台演进基本策略

1. 架构演进：基础灵活

通过 SOA，实现业务与系统可复用功能的解耦。

通过虚拟化，实现应用系统与 IT 资源的解耦。

通过 SDN，实现基于 IT 资源池部署的应用系统间的逻辑隔离。

2. 技术演进：稳定为先

开源架构采用稳定的版本，稳步跟进。

多级测试流程保障代码质量，平滑升级。

冗余集群保障系统可用性及数据安全，弹性扩展。

3. 业务演进：敏捷高效

产品开发从自主运营、自我掌控转向开放合作、共同创新。

业务形态从主营视频扩展至非视频类的丰富应用类型。

智慧媒体云平台建设应基于云平台的总体规划分步实施。应首先建设开放视频平台，再扩展建设开放应用平台。在开放平台不断迭代建设的进程中，应积极尝试"互联网+"应用创新。通过应用促进云平台能力的不断丰富，而云平台不断丰富的能力也将促进应用发展，由此形成业务与技术平台的相互促进，逐步实现智慧媒体云平台的转型战略。建设演进过程中应注意以下几点。

● 基于统一的云平台架构进行项目建设。

"五年规划"的项目之间必然存在大量功能交叉、重叠，分别建设将造成巨大浪费。待实施项目必须基于统一的云平台架构进行建设，以免造成技术体系混乱。平台建设及应用开发须遵循已制定的云平台服务规范，避免业务系统再次陷入"竖井"壁垒旧模式。

● 进行云平台数据资产的全局规划和管理。

智慧媒体云平台全局数据架构规划，将有助于业务优化、流程再造、组织变革。数据已成为重要的企业资产，在平台建设和运营过程中，须高度重视对数据的集中采集、存储、管理和开发。

● 充分共享 IaaS 基础资源池。

基于云平台架构实现资源虚拟池化，可获得更高的使用效率，也能带来管理的便利性。公司生产性系统、业务支撑系统、内部管理系统等，应尽量在 IaaS 私有云上部署。在满足自身业务需求的同时，应考虑对外拓展 IaaS 服务，承接集客和智慧城市业务，并为开展 SaaS/PaaS 公有云服务提供支撑。

● 全面提升云平台信息安全管控体系。

云平台架构的全面实施对信息安全体系提出了更高的要求。安全管控体系建设要与云平台建设演进同步，应严格按照安全等级进行分域部署，保障核心业务及数据的安全。

15.2　智慧媒体云平台架构扩展路径[27]

云平台架构的显著优势之一就是可提供充分的扩展性，使平台建设具有良好的延续性。在业务发展和云平台建设的不同阶段，由于所需承载的业务规模不同，必须采用与之相适应的技术架构，逐步扩展。同理，智慧媒体云平台中的每个业务系统、能力系统的架构也可随着业务规模的增长而分步扩展。

当用户访问日 PV 小于 100 万时，Web 服务器集群前置部署 Cache 服务器（页面缓存、片段缓存、数据分布式缓存），通常可采用 Ngnix、Redis 等开源软件。Web 服务器集群部署采用 Apache 或 LVS 的软件负载均衡。软件负载均衡无法承担巨大的 Web 访问量（请求

27　weixin_33786077. 一步步构建大型网站[EB/OL]. [2017-07-17]. https://blog.csdn.net/weixin_33786077/article/details/85916451.

连接数、网络流量等）的调度，当访问量进一步增加时，建议采用硬件负载均衡，如 F5、A10、Netsclar、Athelon 等。采用分布式文件系统，以应对状态信息同步、文件共享时的瓶颈问题。数据库设计通常采用分库分表策略，以解决数据读写的性能问题。采用分布式缓存及文件系统的平台架构如图 15-2 所示。

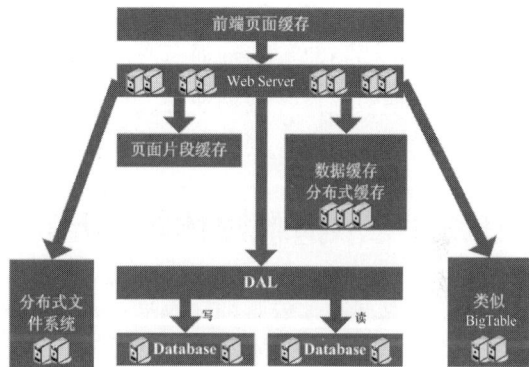

当用户访问日 PV 达到 100 万~500 万时，应用系统的 Web Server 数量将会过多，会导致数据库连接的资源不足。用传统 SQL 数据库服务做分库分表处理已不能满足要求时，可采用数据读写分离的分布式数据库，如 HBase（类似 BigTable）。采用分布式数据库的平台架构如图 15-3 所示。

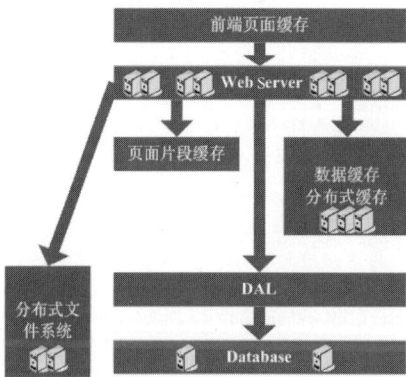

图 15-2　采用分布式缓存及文件系统的平台架构　　图 15-3　采用分布式数据库的平台架构

当用户访问日 PV 达到 500 万~1000 万时，高负载业务系统必须将业务逻辑拆分成多个独立服务，借助服务交付平台的服务治理工具、流程引擎支持多种不同的服务调用方式。这就是所谓的基于 SOA 的服务治理。服务治理必须在业务梳理、数据梳理的基础上进行。基于 SOA 实现的分布式应用系统，其高性能运行要依赖多个服务、分布式数据库及多处 Cache，因此平台的高可用性、可维护性就显得很重要。服务交付平台就是提供服务管控、编排调度管理的重要基础支撑系统。基于 SOA 服务治理的平台架构如图 15-4 所示。

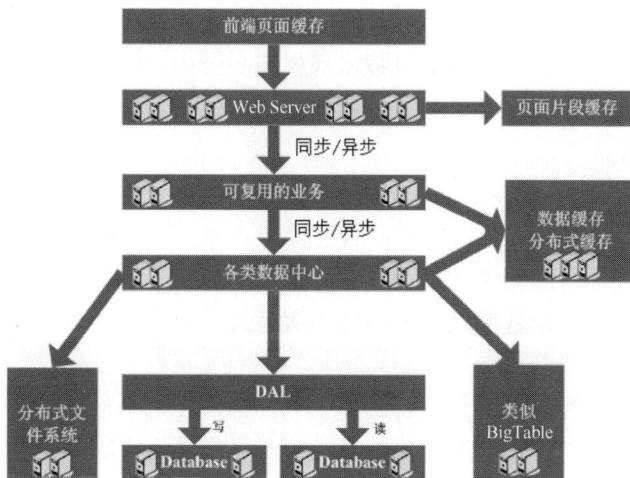

图 15-4　基于 SOA 服务治理的平台架构

15.3　智慧媒体云平台建设项目实施建议

智慧媒体云平台承载业务繁多、功能复杂，必须合理分解为多个建设项目，有条不紊地按计划推进。在建设项目管理方面，建议引入项目群管理方法，成立专门的项目群管理办公室（PMO），配备和培养合格的项目经理队伍，实施有效的项目管理。项目实施的基本原则如下。

- 应用创新引导，根据业务产品体系分步实施。
- 平台建设支撑，根据业务发展需求，逐步增加能力。
- 平台集成自主，测试验证请外部专业团队提供服务支撑。

15.3.1　承担融媒体等项目落地

媒体融合发展及社会智能化发展，从不同层面提出了业务需求及目标。为实现不同业务间充分协同，相应的技术平台也必须有机整合，避免烟囱式的系统建设，同时实现投资集约化的整体效果。主要应遵循如下原则。

- 基于统一的云平台架构进行项目建设。
- 进行云平台数据资产的全局规划和管理。
- 充分共享 IaaS 基础资源池。
- 全面提升云平台信息安全管控体系。

15.3.2　平台建设项目分解

根据前述智慧媒体云平台总体规划，主要从应用功能相关性的角度进行平台建设项目的分解。项目分解粒度过大，容易造成技术提供商平台内部细节隐藏，导致解耦不充分；分解粒度过小，则会导致项目数量太多、招投标周期过长、项目管理复杂度加大、项目间协调成本过高等问题。

因此，建议将总体规划的应用域作为项目划分的基本依据，将项目分为应用开发类、技术建设类两大类，在同步推进的同时，相互协同呼应。

- 应用开发类项目：无论是运营商自主应用还是第三方应用，均可先定义应用的交互展现；可基于平台侧已具备的能力服务进行开发；对于平台侧不具备的能力服务，可提出增补需求。
- 技术建设类项目：按照云平台总体规划，快速推进基础系统的建设，并实现规划内的能力服务；应用开发急需但目前不具备的能力，可与应用开发项目同步实施开发。

智慧媒体云平台建设项目分解及优先级策略如图 15-5 所示。具体的项目分解及实施策略须根据企业自身情况确定。智慧媒体云平台建设项目分解建议见表 15-1，可供读者参考。

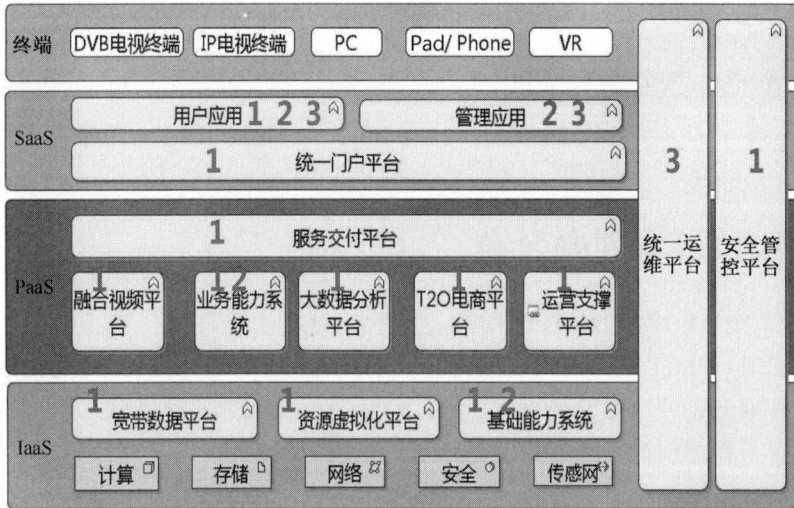

图 15-5　智慧媒体云平台建设项目分解及优先级策略

说明：

- 从技术建设类项目实施的紧迫程度分析，应优先启动与业务开展直接相关的基础性项目，如统一门户平台、服务交付平台、虚拟化平台、安全管控平台、宽带数据平台等；各项子系统功能可分期实施
- 应优先实施融合视频平台及相关业务能力系统、基础能力系统
- 如资金、团队等条件允许，可同步推进各项目

表 15-1　智慧媒体云平台建设项目分解建议

序号	云平台建设项目	包含子系统	实施策略
1	用户应用	TV 门户页面、PC 门户页面、移动 App 及其包含的相关应用等，也包括第三方应用接入	自主应用由智慧媒体应用入围厂商负责开发，第三方应用由合作引入
2	管理应用	运营门户、运维门户、自服务门户（网厅）、网格运维等	可包含在统一门户平台、统一运维平台等相关项目中
3	统一门户平台	CMS、模板管理、发布管理、应用商店管理	基于现有平台改造升级
4	服务交付平台	服务治理、流程引擎、开放平台、开发环境	基于 SDP，补充欠缺的子系统并集成
5	融合视频平台	直播系统、互动系统、融合 CDN 系统、内容聚合系统、媒资管理系统、版权管理系统	单独招标
6	业务能力系统	跨屏互动、广告管理、监控安防、融合通信、应用流化引擎、自然交互引擎、2/3D-GIS、O2O 电商平台	与应用同步建设
7	基础能力系统	收录、转码、推流、PKI 等	与应用同步建设
8	运营支撑平台	客户中心、产品中心、订单中心、支付中心、营销中心、账务中心、客服中心	基于现有 BOSS 升级改造或招标
9	T2O 电商平台	配送中心、商品管理、商铺管理	新建项目招标
10	大数据分析平台	多源数据采集、大数据基础分析、智能推荐引擎、业务经营分析等	新建项目招标
11	宽带数据平台	流量运营服务系统、宽带 Cache、宽带 CDN 镜像等	在原有系统基础上新增流量运营服务系统并进行集成
12	资源虚拟化平台	虚拟资源管理、虚拟资源监控	在现有基础上进行扩容
13	统一运维平台	日志管理、运行监测、运维管理等	新建或扩容

序号	云平台建设项目	包含子系统	实施策略
14	安全管控平台	服务器管控、数据库合规审计、业务行为审计、网络安全防护与审计、终端安全防护与审计、安全态势分析等	新建
15	基础环境设施	—	—
16	服务器/网络/终端	—	—

15.3.3 成立项目群管理办公室

对投资建设规模大、系统复杂度高的云平台项目,建议成立项目群管理办公室(PMO),这有利于多项目的组合管理。PMO 通常负责企业内的多项目管理和监控。PMO 负责收集和汇总所有项目的信息和绩效,并向企业高层报告,同时为其他需要部分项目信息的组织或部门提供部分报告;负责将组织战略和项目实施计划相关联,确定项目实施优先级,负责平台建设投入产出的平衡目标。

项目群管理办公室的定位如图 15-6 所示。PMO 的基本职能:在企业管理层指导下,对智慧媒体云平台相关的项目进行统筹管理;负责项目的监察和汇报、关键点决策,完善标准化项目管控机制;负责多项目的资源协同,并为各项目团队提供培训和指导,为执行团队提供有效支撑。

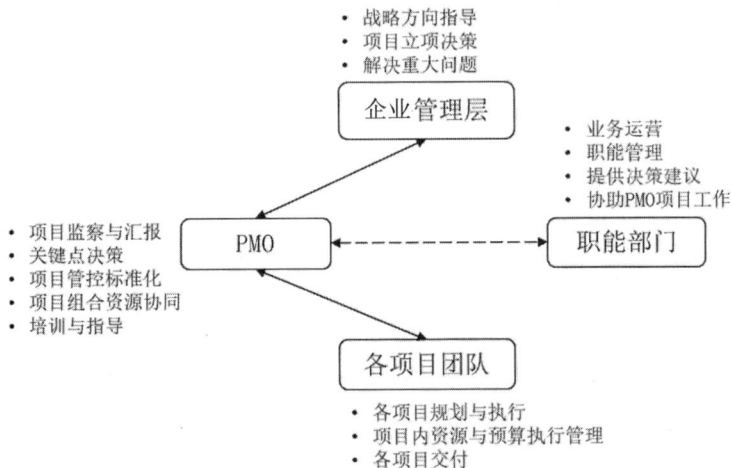

图 15-6　项目群管理办公室的定位

15.4　智慧媒体云平台项目分期实施建设

根据项目实施难度及业务迫切性,为各子系统打分,依据各子系统的最后得分,确定子系统建设的优先级。智慧媒体云平台项目分期实施优先级评估如图 15-7 所示,智慧媒体云平台项目分期实施系统对照表见表 15-2。

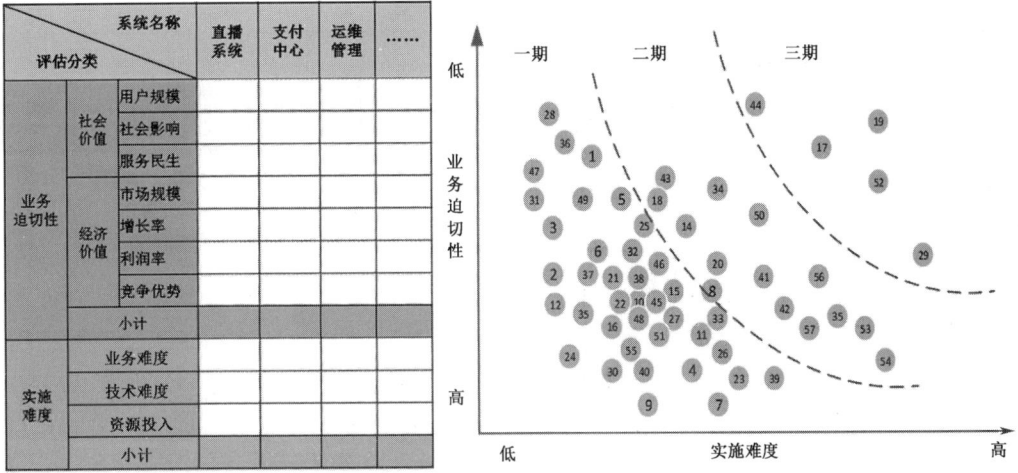

图 15-7 项目分期实施优先级评估[28]

表 15-2 智慧媒体云平台项目分期实施系统对照表

系统编号	系统名称	系统编号	系统名称	系统编号	系统名称
L001	互动 VOD 系统	L023	互动支撑系统	L045	宽带流量运营系统
L002	云平台安全管控	L024	运维管理门户应用	L046	宽带 Cache 系统
L003	大数据采集	L025	监控安防系统	L047	宽带 CDN 镜像系统
L004	网格运维	L026	广告业务系统	L048	服务治理
L005	大数据基础分析系统	L027	跨屏互动系统	L049	流程引擎
L006	系统与主机安全管控	L028	直播业务系统	L050	开放平台
L007	数据与服务安全管控	L029	应用商店系统	L051	应用开发平台
L008	PC 门户页面	L030	3D-GIS	L052	业务服务器管控
L009	数据库系统	L031	内容聚合管理	L053	基于 PKI 信任链安全管控
L010	数据库合规审计	L032	自然交互引擎	L054	服务与内容安全管控
L011	TV 网厅	L033	应用流化引擎	L055	人员安全管控
L012	智能推荐引擎	L034	融合媒资管理	L056	安全态势管理
L013	传输与边界安全管控	L035	配送中心	L057	日志系统
L014	融合通信系统	L036	商品管理	L058	多屏门户管理系统
L015	TV 门户页面	L037	商铺管理	L059	门户展现快速定制
L016	终端与人员安全管控	L038	客户中心	L060	虚拟资源监控系统
L017	行为审计与安全态势管理	L039	产品中心	L061	虚拟资源管理系统
L018	PC 网厅	L040	营销中心	L062	运行监测系统
L019	Mob 超级 App	L041	订单中心	L063	运维管理系统
L020	Mob 网厅	L042	支付中心	L064	融合 CDN 系统
L021	微信网厅	L043	账务中心	L065	内容安全保护系统
L022	运营管理门户应用	L044	客服中心	L066	直播收录

28 参考 IBM 企业战略分析工具。

系统编号	系统名称	系统编号	系统名称	系统编号	系统名称
L067	转码	L069	ERM	L071	容器平台
L068	PKI 基础设施	L070	SSO 系统	L072	DevOps

根据以上方法确定的云平台建设项目分期实施计划及阶段性目标说明如下。

15.4.1 一期建设目标

- 初步构建云平台架构，实现智慧媒体云平台。
- 尝试"互联网+"传媒应用创新，发展"智慧家庭""智慧社区"和"智慧城市"新业务，对云平台进行验证。
- 加大力度发展宽带数据业务。
- 推动高清、超高清节目的发展，在有条件的地市全面实现节目高清化。
- 初步完成企业运营数据存储，实现对基础数据的采集功能，如用户收视数据、用户浏览信息、用户基本信息等，同时开始搭建企业仓库。
- 推出新型智能网关，启动家庭大数据、云计算、物联网等技术的应用。建设运行监测系统、内容安全保护系统、安全态势分析系统等安全管控平台，提高文化信息传播安全技术管理能力。

15.4.2 二期建设目标

- 完善云平台架构，升级 SDP，增加容器平台，实现传统业务的灵活迁移。
- 全面推进智慧媒体战略，完善应用开发平台，初步形成广电传媒领域的"互联网+"生态。
- 持续大力发展宽带数据业务。
- 形成以家庭为单位的消费爱好、习惯、层次、途径等的精准定位数据库，结合用户行为数据、运维数据、媒资数据等形成数据分析闭环，实现电视商务、智慧导视、智慧社区、家庭银行、智能家庭等功能。成功引入大量社会资源，共同发展家庭大数据、云计算、物联网等技术应用，并形成一定规模。

15.4.3 三期建设目标

- 企业愿景基本达成。
- 实现用户"任何时间、任何地点、任何终端"享受广电融合媒体服务。
- 市场竞争格局有所扭转。
- 成为"智慧城市"建设的重要力量。
- 与其他省市智慧媒体云平台互联互通，打造"媒体+"行业生态圈。
- 基于开放平台引入大批 CP/SP，快速丰富平台上的应用。充分发挥应用流化、多屏互动、视频处理、虚拟资源、网络接入等能力优势，提升客户服务水平，创造新媒体价值，打造围绕传媒广电运营商的新媒体生态圈。

- 融合媒体库内容极大丰富，实现高清、超高清全省覆盖。搭建完成完善的家庭大数据服务体系，形成涉及多领域的数据交换和服务平台，除服务于自身发展外，还成为政府相关政务管理、安全监控、远程医疗、远程教育等的有效信息接口，并初步实现大数据信息的商业化，成为新的业务增长点。成功引入大量社会资源，共同发展家庭大数据、云计算、物联网等技术应用，形成产业链。

第 16 章　传媒运营商风险挑战与应对策略

尽管云计算、大数据技术在互联网、电信运营商，乃至电力能源、金融保险、商业零售、政务、海关等传统行业已经有了广泛的应用，但自 2012 年以来，传统媒体行业一直在尝试和摸索，始终未有成效显著的媒体云平台建成，多数省市尚处于起步阶段。

后发的优势是可以从行业外借鉴许多成功经验，避免走弯路，但长期落后也将面临更为严峻的风险和挑战。这里有针对性地提出部分应对策略建议，供媒体平台运营商参考。

16.1　行业政策变化

当前传统媒体平台运营商面临的政策环境总体向好，但政策保护效应日趋弱化，时间窗口渐窄。

- 政策热词变化之一

2014 年以来，传媒行业政策热词从三网融合、IPTV、互联网电视，开始转向宽带中国、移动互联网、互联网+。这意味着传统媒体行业的特殊政策保护期窗口已逐渐在关闭。

- 应对策略

媒体平台运营商应快速转变思路，摆脱"三网融合"保护伞的安逸，大力发展固网宽带，并抓紧实施基于 700M 的 5G 通信网建设。各省市广电网络公司与国家广电网络公司共同努力，才能成就名副其实的中国第四大网络运营商。

"互联网+"战略，是基于"宽带中国"的国家信息基础设施而提出的两化融合、产业升级的总体策略。媒体融合发展是"互联网+传媒行业"的具体体现。媒体平台运营商需要快速推进云平台、大数据等新一代技术体系建设，为传媒行业的战略转型提供技术支撑。

广电网络作为"宽带中国"的重要组成部分，不仅要加强内部有线、卫星、地面、宽带网的覆盖，更要积极推进媒体产业的生态繁荣，成为智慧城市建设的重要组成部分。

- 政策热词变化之二

近年来另一个明显的政策热词变化是，从网络电视台、集成播控，开始转向媒体融合发展、现代公共文化服务体系、创新驱动战略、大力发展云计算和大数据等新一代 IT 产业、网络安全与信息化。这意味着，国家层面明显看到了传统媒体、新兴媒体之间的此消彼长，提出了媒体融合发展的新要求。如不快速融合、吸收新兴媒体的互动、分享、移动等特点，以及先进的 IT 技术优势，传统媒体将会逐渐失去传播力和影响力的竞争优势。

- 应对策略

媒体融合发展、构建现代公共文化服务体系，是国家创新驱动、信息化发展战略在传媒领域的具体体现，传媒行业面临全面战略转型。采用云计算、大数据等新一代 IT 技术建设智慧媒体云平台已成为必然选择。越是犹豫不决，就越容易陷于落后挨打的被动境地；越是快速拥抱新技术和新应用，就越会早一天看到光明。

传媒行业的内容安全保护是国家网络安全和信息化工作的重要内容。媒体融合、平台云化对安全提出了更高的要求，需要在传统内容安全管控、安全播出和监测体系的基础上，构建全面的网络及平台安全保障体系，这也是国家信息安全的重要组成部分。

16.2 市场竞争加剧

1. 面临的挑战

激烈的市场竞争进一步加速了业务变化。传统媒体行业长期处于政策保护的温室环境，缺乏足够的市场竞争意识，更缺乏有效的业务模式创新、应用服务创新的行动能力。

2. 应对策略

要取得竞争胜利，就要有自主阵地；要做业务创新，就要有先进技术平台的支撑。

在企业战略及业务策略分析部分，我们给出了明显区别于竞争对手的战略定位，并提出了既包容原有业务体系又超越现状的基于云平台的新兴云服务产品，以及拓展类智慧城市业务产品体系，完全覆盖了传媒行业近 5 年内可能的业务范围。

智慧媒体云平台是云计算、大数据、物联网、AI、VR/AR 等新兴技术的综合运用，充分借鉴了互联网开放平台理念，并采用了先进的平台架构设计方法论，保障了云平台不落后于竞争对手的技术先进性。

网络视频业务形态的热点正从 UGC、影视点播、自制剧，转向网络直播、短视频，并在积极探索 VR/AR 应用。视频业务本来是传媒平台运营商最擅长的，有理由做到更好。本书建议，首先，基于云平台基本架构快速实现开放视频平台、开放应用平台，从自主经营为主转向广泛的合作运营，基于云平台精心打造产业合作伙伴关系；其次，在逐步做大做强的同时，不断完善智慧媒体云平台并进行全国范围的对等互联，为构建整体传媒产业生态奠定基础。

16.3 技术快速变化

1. 面临的挑战

比业务变化更快的是技术的发展和进步。仅仅数年的时间，云计算技术又有了新的变化，从过去的虚拟化向容器技术发展，从 SOA 服务向微服务进化。大数据及深度学习/神经网络技术得到广泛应用之后,人工智能成为了新的热点。物联网技术已不再停留在视频监控、智能控制的层面,而是结合更精准的 3D-GIS、BIM 技术,以及更丰富的传感技术,创造出越来越多的智能应用。

随着电信运营商 5G 网络建设的加速,传媒行业的广电网络公司的 5G 战略明显落后,如何充分发挥优质的 700M 无线频谱资源优势,并实现业务快速变现呢?IPv6、SDN/NFV 已成为避不开的技术议题,传媒广电运营商在新的网络升级中,如何在 HFC 和 IP 之间取舍呢?

2. 应对策略

从 5G 标准看,通信网络的架构已完全服务化,网络云平台日益融合,电信运营商也将面临传统通信业务及 IMS 体系向云平台演进的挑战。广电网络运营商的 HFC 正日益失去产业支持优势,必须借助 5G 网络的建设,加快拥抱云平台架构,加快技术升级换代。

架构演进:基于开放的云平台架构,适应技术的快速变化。

- 通过 SOA,实现业务与系统可复用功能的解耦。
- 通过虚拟化和容器技术,实现应用系统与 IT 资源的解耦。
- 通过 SDN,实现基于 IT 资源池部署的应用系统间的逻辑隔离。
- 技术演进:稳定为先,不冒进跟新。
- 尽可能采用开源架构的稳定版本,稳步跟进。
- 多级测试流程保障代码质量,平滑升级。
- 冗余集群保障系统可用性及数据安全,弹性扩展。

16.4 资源投入保障

1. 面临的挑战

智慧媒体云平台建设需要投入大笔资金,同时有更高的专业技术人才需求。媒体平台运营商近年来发展局促,普遍资金紧张;传媒行业技术人才梯队建设,没有快速跟上技术发展步伐。

2. 应对策略

无须一步到位,小步快跑即可;可步步为营,分步实施。

通过对智慧媒体云平台进行总体规划,对云平台的业务流程、功能构成、技术架构、集成关系、部署落地方式有了清晰的认识。扭转过去的烟囱式业务系统建设模式,不仅可有效减少低效投资,甩掉旧包袱;还可轻装上阵,占得先机,降低滞后的技术转型导致的机会丧失成本。

对于云平台建设项目的实施管理,建议运营商自己主导集成,建立 PMO 管理机制。可为并行的多个项目配备专职项目经理,并聘请外部专业团队提供测试验证服务支撑,以保障云平台建设按时保质完成。如实在无力启动云平台建设,可考虑阶段性租用云服务。

16.5　合作伙伴的选择

1. 面临的挑战

智慧媒体云平台建设在国内传媒行业内还处在不断探索的阶段，传统行业内大多数技术提供商尚不具备完善的云平台架构理念及能力。合作伙伴如选择不恰当，将为建设项目的实施埋下隐患。

2. 应对策略

首先，需要选择既对业务有深刻理解，又具备良好云架构设计方法和实施经验的专业团队作为合作伙伴，共同完成云平台总体规划和实施方案的制定。

其次，在云平台技术选型过程中，要敞开怀抱，接纳行业外具备先进技术理念和产品解决方案的技术企业作为合作伙伴。

最后，核心系统须选择商誉、征信良好，实力强大的合作伙伴，避免由于合作伙伴转型或破产导致项目受影响。用户应用、业务能力系统、基础能力系统等组件的开发，可适当选择具备创新能力的中小技术公司甚至初创企业合作，充分发挥其创新潜力，帮助运营商快速试错。

16.6　技术管理组织治理

用户需求和业务形态的变化，以及技术平台架构的变化，给平台建设运维、技术管理和组织带来了显著变化，也对其提出了更高的要求。

1. 能力要求的变化

在传媒行业数字化进程中，技术人员的技能从传统视频及 HFC 网络技术转向了系统 IT 化、网络 IP 化的层面。随着云平台架构成为时代之选，技术人员须尽快学习并掌握云计算、大数据、物联网、AI 等新一代 ICT 相关技术。要做好云平台的规划、建设、运维和应用创新工作，传媒平台运营商的技术人员应分层次学习如下内容。

- 云平台架构规划方法论与实践。
- 虚拟化与 IaaS 技术应用实践。
- SOA、微服务及 PaaS 技术应用实践。
- 大数据及人工智能技术应用实践。
- HTML5 应用开发框架技术应用实践。
- VR/AR 新一代 3D 交互技术及应用。
- 云平台集成测试方法论与实践。

● 项目管理方法论与实践。

技术为企业的业务发展提供平台支撑，因此还要求媒体云平台运营商的技术人员有产品和服务意识，要学会业务需求分析，理解产品设计，并与业务部门有效沟通和协作。

2. 组织结构的适应性

面对新的市场竞争格局、新的技术架构发展，媒体平台运营商的组织结构也需要做出适应性调整，以便更好地面对市场竞争的挑战。

过去媒体平台运营商的技术部门主要有规划部、系统技术部、网络部、信息化部、安全播出部等。云平台的复杂性对规划、建设、运维岗位提出了更高的要求，需要有平台架构师、服务管理、开放平台技术支持等过去没有的岗位来承担这些新的工作。数据资产的价值越来越受到重视，大数据技术应用日趋广泛，也使数据分析师、模型设计师成为炙手可热的新岗位。过去广电网络只关注电视终端，随着内容多屏发布成为标配，我们必须高度重视移动端的应用开发。目前基于开发框架进行应用开发的模式，已大有超越原生 Android/iOS 应用开发的趋势，因此，过去只关注 TV 应用的开发者也需要快速适应新的变化。

相应地，过去媒体平台运营商的业务部门主要分数字电视、宽带、集客三块。当云平台可以对外提供 SaaS/PaaS/IaaS 服务后，会有大批的多租户、开发者、政企行业客户待发展，组织结构上需要有相应职能的岗位设置。增值业务通过合作运营方式开展成为一种可行的模式，商务拓展、合作运营经理的岗位设置也将十分有必要。还要有流程管理的角色，随时根据外部竞争、内部管理调整带来的业务变化，进行行业业务流程的优化。网格化服务是目前白热化竞争格局下打阵地战、街巷战的有效手段，这需要培养一线运营、维护人员的综合处事能力，以适应这种岗位的新挑战。

云平台建设是持续进行的项目，应用开发也是持续的日常工作。这些都需要高素质的项目经理、产品经理来管控和执行。这也是媒体平台运营商过去的组织结构中薄弱环节之一。

3. 协作流程的弹性

过去媒体平台运营商的业务比较单一，部门间协作流程也相对简单。随着云平台架构的开放性越来越高，企业自主应用、外部合作应用的开发、部署、运营变得更加高效和便捷，但也对云平台的开发、运维提出了更高要求。

过去基于物理机的部署，逐渐被虚拟化平台所替代；过去端到端系统的开发模式，逐步被 DevOps 模式所替代；过去只要做好安全播控即可，现在则要从云、管、端全方位提供安全管控；过去内容发布只有人工编辑的方式，现在基于智能引擎的自动推荐占据越来越大的比例；过去主要是企业自主运营的业务，现在外部合作的业务数量和类型越来越多，企业内外的协作已变成日常。

这些都对协作流程提出了按需快速变化的要求。超越过去简单的工作流管理，基于流程引擎实现协作流程的弹性，是非常必要的技术管理手段。

术语与缩略语

术语/缩略语	全称	说明
AAA	Authentication,Authorization, Accounting	鉴权、授权、计量
SSO	Single Sign On	单点登录
TOGAF	the Open Group Architecture Framework	开放组体系结构框架
业务架构	Business Architecture	定义了商业策略、管理、组织和关键业务流程
应用架构	Application Architecture	为待配置的个人应用系统提供一个蓝图
数据架构	Data Architecture	描述一个组织逻辑和物理的数据资产和数据管理资源的结构
集成架构	Integrated Architecture	标识系统间接口关系的结构
部署架构	Deployment Architecture	描述对象的地理部署、网络部署、服务器及数据库部署的结构
BMS	Business Management System	业务管理系统
BOSS	Business and Operations Support System	业务运营支撑系统
CDN	Content Distribute Network	内容分发网络
CMS	Content Management System	视频内容管理系统
CSC	Cloud Service Customer	云服务客户
CSN	Cloud Service Partner	云服务合作者
CSP	Cloud Service Provider	云服务提供者
ESB	Enterprise Service Bus	企业服务总线
NMS	Network Management System	网管系统
OCSPI	Open Cloud Service Platform Interface	开放平台互联接口
OTT	Over the Top	基于互联网的业务系统
QoS	Quality of Service	服务质量
PII	Personally Identifiable Information	个人识别信息
VS	Video Server	视频服务器
RESTful	Representational State Transfer	表述性状态转移,是设计基于命名资源而非消息的松耦合应用程序的一种风格
ISMP	Intelligence Service Management Platform	智慧媒体综合业务管理平台
SLA	Service Level Agreement	服务等级承诺协议
SOA	Service-oriented Architecture	面向服务架构
SOAP	Simple Object Access Protocol	简单对象访问协议,一种标准化的通信规范,主要用于 Web 服务
GPU	Graphics Processing Unit	图形处理器
IaaS	Infrastructure as a Service	基础设施即服务
PaaS	Platform as a Service	平台即服务
SaaS	Software as a Service	软件即服务
MSS	Management Support System	管理支撑系统
OpenAPI	Open Application Programming Interface	开放应用程序编程接口

术语/缩略语	全称	说明
OCSPI	Open Cloud Service Peer Interface	开放云服务平台互联接口
OVP	Open Video Platform	开放视频平台
OAP	Open Application Platform	开放应用平台
VDI	Virtual Desktop Infrastructure	虚拟桌面基础架构
DevOps	Development Operations	软件开发（Dev）和运维（Ops）的一体化支持
CI/CD	Continuous Integration/Continuous Delivery	持续集成
DRM	Digital Rights Management	数字版权管理
DVI	Digital Voice Interactive	数字语音交互
TTS	Text to Speech	语音合成
ASR	Automatic Speech Recognition	语音识别
NLU	Natural Language Understanding	自然语言理解
MT	Machine Translation	机器翻译
IPPR	Image Processing and Pattern Recognition	图像处理模式识别
OCR	Optical Character Recognition	光学字符识别
HWR	Handwriting Recognition	手写识别
PR	Picture Recognition	图像识别
BR	Biometrics Recognition	生物特征识别
AFR	Auto Face Recognition	自动人脸识别
VPR	Voiceprint Recognition	声纹识别
FPR	Fingerprint Recognition	指纹识别
IR	Iris Recognition	虹膜识别
GR	Gait Recognition	步态识别
MVI	Machine Vision Interaction	机器视觉交互
TGR	Tap Gesture Recognizer	手势识别
MC	Motion Capture	动作识别
ET	Eye Tracking	眼动追踪
ER	Expression Recognition	表情识别
KG	Knowledge Graph	知识图谱
HBase	Hadoop Database	Hadoop 分布式数据库
POI	Point of Interest	位置兴趣点
OTA	Over the Air	在线升级
RSS	Really Simple Syndication	简易信息聚合
RTB	Real Time Bidding	实时竞价
SSP	Sell-side Platform	供应方平台
DSP	Demand-side Platform	需求方平台
ADE	Ad Exchange	广告交易平台
DMP	Data Management Platform	数据管理平台
M&A	Measurement&Analytics	监测分析
VR	Virtal Reality	虚拟现实

术语/缩略语	全称	说明
AR	Augmented Reality	增强现实
MR	Mixed Reality	混合现实
XR	X Reality	AR+VR+MR
DT	Digital Twin	数字孪生
HPC	High Performance Computing	高性能计算
3D-GIS	3D-Geographic Information System	3D 地理信息系统
O2O	Online to Offline	线上带动线下
VOD	Video on Demand	视频按需点播
NGOD	Next Generation on Demand Video Architecture	新一代视频点播服务的基本架构
ICT	Information and Communications Technology	信息通信技术
TMT	Telecom Media Technology	网络媒体高科技，又称数字媒体产业
CAS	Conditional Access System	条件接收系统

反侵权盗版声明

电子工业出版社依法对本作品享有专有出版权。任何未经权利人书面许可，复制、销售或通过信息网络传播本作品的行为；歪曲、篡改、剽窃本作品的行为，均违反《中华人民共和国著作权法》，其行为人应承担相应的民事责任和行政责任，构成犯罪的，将被依法追究刑事责任。

为了维护市场秩序，保护权利人的合法权益，我社将依法查处和打击侵权盗版的单位和个人。欢迎社会各界人士积极举报侵权盗版行为，本社将奖励举报有功人员，并保证举报人的信息不被泄露。

举报电话：（010）88254396；（010）88258888

传　　真：（010）88254397

E-mail：　　dbqq@phei.com.cn

通信地址：北京市万寿路 173 信箱

　　　　　电子工业出版社总编办公室

邮　　编：100036